सेकुलर / साम्प्रदायिक

एक भारतीय उलझन
के कुछ आयाम

CSDS
विकासशील
समाज अध्ययन
पीठ

वाणी प्रकाशन

सेकुलर/साम्प्रदायिक

एक भारतीय उलझन के कुछ आयाम

अभय कुमार दुबे

वाणी प्रकाशन

वाणी प्रकाशन

4695, 21-ए, दरियागंज, नयी दिल्ली 110 002

शाखा

अशोक राजपथ, पटना 800 004

फ़ोन : +911123273167 फ़ैक्स : +911123275710

www.vaniprakashan.in

vaniprakashan@gmail.com

sales@vaniprakashan.in

SECULAR/SAMPRADAYIK
Ek Bhartiya Uljhan Ke Kuchh Aayam
by Abhay Kumar Dubey

ISBN : 978-93-5229-492-3

Social Science

प्रथम संस्करण

मूल्य : ₹695

एस.के. ऑफ़सेट, दिल्ली-110 095 में मुद्रित

वाणी प्रकाशन का लोगो मक़बूल फ़िदा हुसेन की कूची से

गणेश शंकर विद्यार्थी की स्मृति में

प्राक्कथन

आज़ादी के अढ़सठ साल भी भारतीय लोकतंत्र ने ऐसा कोई सिक्काबंद फ़ार्मूला विकसित नहीं कर पाया है जिसके ज़रिये यह पता लगाया जा सके कि हमारे सार्वजनिक जीवन में कौन सेकुलर है और कौन साम्प्रदायिक। शायद इस मुश्किल का प्रमुख कारण यह है कि राजनीति और विमर्श के दायरे में पाले के दोनों तरफ़ दो-दो हमशक्ल मौजूद हैं। यानी सेकुलर की भी दो क़िस्में हैं और साम्प्रदायिक की भी। एक अल्पसंख्यक सेकुलरवाद है और दूसरा बहुसंख्यक सेकुलरवाद। इसी तरह एक अल्पसंख्यक साम्प्रदायिकता है और दूसरी बहुसंख्यक साम्प्रदायिकता। विडम्बना यह है कि इन हमशक्लों की मौजूदगी से बाक़ायदा वाक़िफ़ होने के बावजूद अभी तक हम इन्हें अलग-अलग करके देखने और समझने की तमीज़ विकसित नहीं कर पाये हैं।

इसका एक कारण तो यह हो सकता है कि भारत में अल्पसंख्यक कहीं-कहीं बहुसंख्यक भी हैं, और बहुसंख्यक कहीं-कहीं अल्पसंख्यक भी हैं। संख्या का यह खेल उनका राजनीतिक आचरण बदलता रहता है। लेकिन, यह एक छोटा कारण है। असली समस्या यह है कि दोनों सेकुलरवाद और दोनों साम्प्रदायिकताएँ हर समय संघर्ष और एकता के मौक़ापरस्त समीकरणों में परस्पर गुँथी रहती हैं। ये प्रवृत्तियाँ व्यवहार के धरातल पर ही नहीं, बल्कि विमर्श के दायरे में भी कभी एक-दूसरे से टकराती हैं तो कभी एक-दूसरे को पनपाती हैं। यह प्रक्रिया पाले के दोनों तरफ़ ही नहीं, वरन् पाले के आरपार एक परस्परव्यापी दायरे में भी चलती है। कभी-कभी वे पाला भी बदल लेती हैं। जो किसी संदर्भ में सेकुलर है, वह किसी और संदर्भ में साम्प्रदायिक लगने लगता है, और यही

परिघटना अपने उलटे रूप में भी घटित होती रहती है।

किताबी लिहाज़ से कहें तो उन्हें साम्प्रदायिक समझा जाना चाहिए जो खुल कर धर्म के आधार पर राजनीतिक गोलबंदी या उसकी पैरोकारी करते हैं। इसके मुताबिक़ हिंदुत्ववादी पार्टियाँ, सिखों के बोलबाले की अपील करने वाली ताक़तें और मुसलमान-एकता या ईसाई क़िस्म की राजनीतिक अपील करने वाले दल और उनका समर्थन करने वाले बुद्धिजीवी साम्प्रदायिक हुए। लेकिन, बात इतनी आसान नहीं है। ये शक्तियाँ ख़ुद को साम्प्रदायिक मानने से इंकार करते हुए अपनी राजनीति के आधारभूत उसूलों को सेकुलर क़रार देती हैं। वे अलग-अलग कोण से दावा करती हैं कि वे ही सच्चे तौर पर सेकुलर हैं। यह दिक़्क़त उस समय और बढ़ जाती है जब हम पाते हैं कि अकाली दल जैसी धर्म आधारित पार्टी की न तो सार्वजनिक छवि साम्प्रदायिक दल जैसी है, और न ही वह ख़ुद को इस रूप में पेश करती है।

ऐसे सभी राजनीतिक दल सेकुलरवाद से प्रतिबद्ध भारतीय संविधान की शपथ लेते हैं और चुनाव जीत कर सरकारें चलाते हैं। जब राजनीतिक गोटी लाल करने का समय आता है तो, ख़ुद को अल्पसंख्यकों का रक्षक कहने वाली सरकार हो या बहुसंख्यकवादी हुकूमत हो, दोनों ही अपनी शपथ को ताक पर रख कर अल्पसंख्यकों के बड़े-बड़े संहार आयोजित करने से भी नहीं हिचकते। ख़ास बात यह है कि आँखों में चुभने वाले इन बेरहम तथ्यों के बावजूद इन पार्टियों की संविधानगत सेकुलर दावेदारियों में ज़रा भी शिकन नहीं पड़ती। कुल मिला कर किसी को साम्प्रदायिक कहने का मतलब है एक अंतहीन बहस निमंत्रित करना। इससे यह भी इशारा मिलता है कि हमारे यहाँ औपचारिक सेकुलर दायरे में साम्प्रदायिक गोलबंदी करते हुए हमेशा सेकुलर दावेदारियाँ करते रहने की बेचैन कर देने वाली गुंजाइश मौजूद है।

सम्भवत: सेकुलर शिविर में अल्पसंख्यक और बहुसंख्यकवाद सेकुलरवादों का हमशक्ल खेल अपनी अलग-अलग शिनाख़्त को सबसे ज़्यादा चुनौती देता है। जो बौद्धिक और राजनीतिक शक्तियाँ साम्प्रदायिक गोलबंदी का सहारा लिए बिना सेकुलर उसूलों को बुलंद करती नज़र आती हैं, वे भी ऊपरी सतह खुरचने पर अपने दावों के मुताबिक़ सेकुलर नहीं रह जातीं। वे खुले तौर पर साम्प्रदायिक शक्तियों का विरोध तो करती हैं, पर उनका विमर्श और राजनीतिक-सामाजिक कार्रवाई भी बहुसंख्यकवादी या अल्पसंख्यकवादी साम्प्रदायिक विमर्श से ज़मीन साझा करते हुए नज़र आती है। बाबरी-ध्वंस की प्रतिक्रिया-स्वरूप हिंदी में रचे गये साम्प्रदायिकता विरोधी विमर्श की जाँच-पड़ताल करने पर इस परिघटना के

दिलचस्प प्रमाण मिलते हैं। कहना न होगा कि इन सभी तत्त्वों की आत्मछवि सेकुलर रंगों में रँगी हुई है। इससे एक अपरिभाषित और अदृश्य अंतराल बनता है जिसके कारण सेकुलर और साम्प्रदायिक ख़ेमों में एक चौंका देने वाली आवाजाही होती रहती है। न केवल ख़यालों का तबादला होता है, बल्कि गठजोड़ राजनीति के ज़रिये समर्थन आधार भी लिया-दिया जाता रहता है। व्यावहारिक राजनीति में इसकी मिसालों की कोई कमी नहीं है।

मेरी यह किताब इसी सेकुलर/साम्प्रदायिक उलझन को सम्बोधित करने का एक प्रयास है। मेरा ख़याल है कि अपनी इन रचनाओं के माध्यम से मैंने समस्या की परतों को खोल कर उसे रेखांकित कर दिया है, पर इसका हल मेरी पकड़ से बाहर है। सम्भवतः मैंने यह समझ लिया है कि धर्म को राज्य से अलग रखने वाले सेकुलर बंदोबस्त में धार्मिक पहचानों की राजनीति अपनी घुसपैठ कैसे करती है। शायद मैंने कुछ-कुछ यह भी समझ लिया है कि सचेत सेकुलर अचेत रूप में साम्प्रदायिक कैसे होता है। लगता है कि मैंने मुसलमान समुदाय द्वारा लगातार अपने से बाहर देखने के रवैये से होने वाले नुक़सानों पर उँगली भी रख दी है। लेकिन, इन समस्याओं के समाधान महज़ बौद्धिक क़वायद का नतीजा नहीं हो सकते। ये हल तो राजनीति और समाज की ज़मीन पर संरचनागत रूप से ही निकल सकते हैं। इसलिए, मैं इस पुस्तक को एक निमंत्रण की तरह पेश कर रहा हूँ। और, यह निमंत्रण है सेकुलरवाद की एक ऐसी व्यावहारिक ज़मीन तैयार करने का जो दोनों तरह की साम्प्रदायिकताओं का पूरी तरह से निषेध करती हो।

मैंने यह रचना उपनिवेशवाद विरोधी आंदोलन के अमर हुतात्मा गणेश शंकर विद्यार्थी को समर्पित की है। उन्होंने साम्प्रदायिक राजनीति की सबसे खूनी अभिव्यक्ति यानी दंगों में हिंदू-मुसलमान एकता कराते हुए उस समय अपने प्राणों की आहुति दी जब वे अपनी राजनीति और बौद्धिकता के शिखर पर थे। विद्यार्थीजी निर्विवाद रूप से न केवल आधुनिक हिंदी पत्रकारिता के शलाका पुरुषों में से एक थे, बल्कि यशस्वी *प्रताप* के लिए लिखी गयी उनकी रचनाएँ हमें यह भी शिक्षित करती हैं कि सार्वजनिक जीवन में साम्प्रदायिकता विरोधी विमर्श कैसे चलाया जाना चाहिए।

ये लेख लिखे ही नहीं जा सकते थे, अगर मैंने यदाकदा रजनी कोठारी, धीरूभाई शेठ, आशिस नंदी, शैल मायाराम और मधु किश्वर जैसे वरिष्ठ विद्वानों और सहयोगियों की सोहबत में कई तरह की सकारात्मक और कुछ नकारात्मक किस्म की शिक्षाएँ न ग्रहण की होतीं। इन लोगों के साथ हुई अन्योन्यक्रिया ने

न केवल मुझे यह सिखाया कि इस उलझन पर किस तरह सोचा जाए, बल्कि यह भी बताया कि किस प्रकार के चिंतन से मुझे परहेज़ करना चाहिए। इसके अलावा इन लेखों के पीछे आदित्य निगम, हिलाल अहमद, रविकान्त, अवधेंद्र शरण, राकेश पाण्डेय और प्रथमा बनर्जी के साथ अक्सर होते रहने वाले विचारोत्तेजक संवाद की भी रचनात्मक भूमिका है। मैं इन सभी का शुक्रिया अदा करता हूँ।

— अभय कुमार दुबे

ग्रीष्म, 2015

अनुक्रम

अभय कुमार दुबे

विकासशील समाज अध्ययन पीठ (सीएसडीएस) में एसोसिएट प्रोफ़ेसर और भारतीय भाषा कार्यक्रम के निदेशक, समाज-विज्ञान और मानविकी की पूर्व-समीक्षित पत्रिका *प्रतिमान समय समाज संस्कृति* के प्रधान सम्पादक

कृतियाँ :
हिंदी में हम : आधुनिकता के कारख़ाने में भाषा और विचार, फ़ुटपाथ पर कामसूत्र / नारीवाद और सेक्शुअलिटी : कुछ भारतीय निर्मितियाँ, क्रांति का आत्म-संघर्ष : नक्सलवादी आंदोलन के बदलते चेहरे का अध्ययन, कांशी राम : एक राजनीतिक अध्ययन, बाल ठाकरे : एक राजनीतिक अध्ययन, मुलायम सिंह यादव : एक राजनीतिक अध्ययन

सम्पादित कृतियाँ :
समाज-विज्ञान विश्वकोश (छह खण्ड), हिंदी की आधुनिकता : एक पुनर्विचार (तीन खण्ड), साम्प्रदायिकता के स्रोत, आधुनिकता के आईने में दलित, लोकतंत्र के सात अध्याय, बीच बहस में सेकुलरवाद, भारत का भूमण्डलीकरण, राजनीति की किताब : रजनी कोठारी का कृतित्व, सत्ता और समाज : धीरूभाई शेठ का कृतित्व

अनूदित कृतियाँ :
सर्वहारा रातें : उन्नीसवीं सदी से फ्रांस में मज़दूर-स्वप्न (नाइट्स ऑफ़ प्रोलेतारियत), भारतनामा (द आइडिया ऑफ़ इण्डिया), भारत के मध्यवर्ग की अजीब दास्तान (द ग्रेट इण्डियन मिडिल क्लास), जिन्ना : मुहम्मद अली से क़ायद-ए-आज़म तक (मुहम्मद अली जिन्ना), राष्ट्रवाद का अयोध्या कांड (द रामजन्मभूमि आंदोलन ऐंड द फ़ियर ऑफ़ सेल्फ़), देशभक्ति बनाम राष्ट्रवाद (रवींद्रनाथ टैगोर ऐंड पॉलिटिक्स ऑफ़ सेल्फ़), अंतरंगता का स्वप्न : भारतीय समाज में प्रेम और सेक्स (द इंटीमेट रिलेशंस), कामसूत्र से 'कामसूत्र' तक : आधुनिक भारत में सेक्शुअलिटी के सरोकार (अ क्वेश्चन ऑफ़ साइलेंस ?), लोकतंत्र के तलबगार ? (हू वांट्स डेमॉक्रैसी ?)

सेकुलरवाद की अजीब दास्तान

एक विमर्श : एक महाविवाद

भारत का सेकुलरवाद अक्सर मुश्किल में रहता है। यह बात कुछ अजीब लग सकती है, क्योंकि थोड़े से आधुनिकता विरोधी बुद्धिजीवियों या धर्मतंत्रीय राज्य के इक्का-दुक्का पैरोकारों को छोड़ कर ख़ुद को सेकुलर न बताने वाला इस देश में शायद ही कोई हो। नब्बे के दशक की शुरुआत में अपनी रथयात्राओं के ज़रिये अल्पसंख्यक विरोधी मुहिम चलाने वाले भारतीय जनता पार्टी के तत्कालीन अध्यक्ष लालकृष्ण आडवाणी भी ख़ुद को सेकुलरवाद के 'छद्म' संस्करण के मुक़ाबले 'सच्चे' सेकुलरवाद का अनुयायी बताने से नहीं हिचकते थे। उनका कहना था कि फ़र्ज़ी सेकुलरवाद अल्पसंख्यकों के तुष्टीकरण पर आधारित है, और सच्चा सेकुलरवाद वह है जो बहुसंख्यक समाज की भावनाओं को प्राथमिकता देता हो। आडवाणी ने अपने बहुसंख्यकवाद के साथ गाँधी का नाम जोड़ कर वैधता हासिल करने की कोशिश भी की थी।[1]

सेकुलरवाद और बहुसंख्यकवाद के सैद्धांतिक ताल्लुक़ात भले ही विवादास्पद हों, पर उसके साथ निजी जीवन में घनिष्ठता का दावा बहुसंख्यकवाद के कई विख्यात पैरोकारों ने किया है। वैसे भी यह असम्भव नहीं है कि कोई निजी ज़िंदगी में घोषित रूप से सेकुलर हो, लेकिन सार्वजनिक जीवन में किसी एक धर्म या समुदाय के वर्चस्व के लिए काम करता नज़र आये। ज़ियनवादी इजराइल के संस्थापक थियोडोर हर्ज़ल, मुसलमानों के लिए पाकिस्तान की स्थापना करने वाले मुहम्मद अली जिन्ना और राजनीतिक हिंदुत्व के संस्थापक विनायक दामोदर सावरकर के निजी जीवन में सेकुलर आग्रहों का महत्त्व निर्णायक था। इन तीनों की मिसाल यह भी बताती है कि किसी एक समुदाय के दबदबे वाले राष्ट्र की स्थापना के लिए ग़ैर-सेकुलर मुहिम चलाने के बाद उसे सेकुलर रूप देने की कोशिशें भी की जा सकती हैं। ज़ियनवादी आधार के बावजूद इजराइली समाज आज एक सेकुलर समाज बन चुका है। जिन्ना की बात उनके उत्तराधिकारियों ने नहीं मानी, हालाँकि उन्होंने 14 अगस्त, 1947 को एक राष्ट्र के रूप में पाकिस्तान का उद्घाटन करते समय उसे आधुनिक सेकुलर राष्ट्र बनाने

---

[1] *हिंदुस्तान,* जयशंकर गुप्त (2004) की रपट, 'भाजपा का सेकुलरिज़म महात्मा गाँधी की धर्मनिरपेक्षता के क़रीब- आडवाणी', 6 फ़रवरी.

का आह्वान किया था। सावरकर के हिंदुत्व का एक महत्त्वपूर्ण तात्पर्य यह भी है कि वह अल्पसंख्यकों के लिए ग़ैर-सेकुलर, लेकिन हिंदू समाज के लिए सेकुलर मंतव्यों वाला सिद्धांत है। ज़ाहिर है कि सेकुलरवाद को अगर बहुलतावाद से आवेशित न किया जाए, और उसे केवल धर्मतंत्रीय राज्य की मुख़ालफ़त तक ही सीमित रखा जाए, तो कोरी आधुनिकता, निर्मम बुद्धिवाद और सामाजिक-सांस्कृतिक समरूपीकरण का बुलडोज़र उसे अनुदार, बहुसंख्यकवादी और यहाँ तक कि फ़ासीवादी हाथों का औज़ार भी बना सकता है। बहुलतावाद से रहित सेकुलरवाद किसी समुदाय के आंतरिक आधुनिकीकरण का वाहक तो हो सकता है, पर समुदाय की सीमाओं से बाहर वह 'अन्यीकरण' अर्थात् चुने हुए समुदायों को पराया घोषित करने वाली राजनीति के ख़िलाफ़ कुछ नहीं कर पाता।

संविधान सभा की बहस में भी कुछ आवाज़ें थीं जिन्हें बहुसंख्यकवाद को सेकुलरवाद का पर्याय बताने में कोई संकोच नहीं था।[2] इन आग्रहों को परास्त करना आसान था। लेकिन, बहुसंख्यकवाद की वह दावेदारी ज़्यादा संगीन थी जिसकी प्रतिध्वनियाँ पश्चिमी सेकुलरवाद के नज़रिये से पेश किये गये प्रस्तावों में सुनाई पड़ रही थीं। धर्म और राज्य को अलग करने की ख़ातिर कुछ ख़ास तरह की तज़वीजें की गयी थीं। उन्हें मान लेने का मतलब था कि भारतीय राज्य पर धार्मिक अल्पसंख्यकों की हिफ़ाज़त का दायित्व नहीं रह जाता। इसमें कोई शक नहीं है कि ये प्रस्ताव एक सांस्कृतिक और धार्मिक श्रेणी के रूप में अल्पसंख्यकों के वजूद को मान्यता से वंचित कर देते।[3] इन प्रस्तावों की अंतर्निहित कल्पनाशीलता कुछ इस तरह की थी कि जैसे भारत धर्मबहुल न हो कर समरूप समाज वाला कोई यूरोपीय देश हो।

हम जानते हैं कि संविधान निर्माताओं और निर्मात्रियों[4] ने न केवल खुले बहुसंख्यकवाद को ठुकराया, बल्कि पश्चिमी तर्ज़ के सेकुलरवाद के ज़रिये

---

[2] संविधान सभा में इस आवाज़ की नुमाइंदगी लोकनाथ मिश्र ने की थी. वलेरियन रोड्रिग्ज ने संविधान सभा की बहस से निकलने वाली सेकुलरवाद की निर्मितियों पर तैयार किये गये अपने वक्तव्य में एक सेमिनार के दौरान यह हवाला दिया है. देखें, *कांस्टीट्युएंट एसेम्बली डिबेट*, खण्ड-3 : 822, 823 और 899.

[3] संविधान सभा की बहस में सेकुलरवाद के अध्ययन के लिए देखें शेफ़ाली झा (1997), 'सेकुलरज़िम इन दि कांस्टीट्युएंट एसेम्बली डिबेट—1943-1950', यह पर्चा इण्डियन इंस्टीट्युट ऑफ़ एडवांस स्टडी, शिमला द्वारा 1997 में आयोजित 'स्टडी वीक ऑन सेलेकुलर-कम्युनल क्वेश्चन' में पेश किया गया था.

[4] इस अभिव्यक्ति का श्रेय मैं भीखू पारेख (2003) को देना चाहूँगा. उन्होंने नेहरू के सेकुलरवाद पर लिखे गये बेहतरीन लेख 'नेहरू ऐंड सेकुलरिज़्म', एम. वी. कामथ (सम्पा.), *नेहरू रिविज़िटेड*, नेहरू सेंटर, 2003, मुम्बई में इसका इस्तेमाल किया. आमतौर से संविधान की रचना करने वालों को 'फ़ाउंडिंग फ़ादर्स' कह कर काम चला लिया जाता है, जो सम्भवतः अमेरिकी संविधान की रचना करने वालों के संदर्भ में एक सही अभिव्यक्ति है, पर भारतीय संविधान सभा के सदस्यों में कई महिलाएँ शामिल थीं. जिन्होंने बक़ायदा बहस में भाग ले कर संविधान के प्रावधान बनाने में सकारात्मक और ठोस योगदान किया था. इनमें राजकुमारी अमृत कौर प्रमुख थीं.

प्रस्तावित हो रहे बहुसंख्यकवाद को भी अपनाने से इनकार कर दिया। उन्होंने राज्य को किसी भी धर्म से अलग रखना पसंद किया ताकि सामाजिक सह-अस्तित्व की सम्भावनाएँ धर्मों की अन्योन्यक्रिया के बाहर ग़ैर-धार्मिक निष्ठाओं के विकास में तलाशी जा सकें। यह भारतीय सेकुलरवाद की बुद्धिवादी टेक थी। संविधान सभा ने इसके साथ राज्य द्वारा सभी धर्मों का सम्मान करने की थीसिस भी जोड़ी और अल्पसंख्यकों की रक्षा के दायित्व को भारतीय सेकुलरवाद का केंद्रीय घटक बनाया गया। इस दुतरफ़ा निर्णय ने बहुलतावाद को सेकुलरवाद के दायरे में संस्थागत आधार दिया। इसे भारतीय सेकुलरवाद का उदारतावादी पक्ष कहा जा सकता है। इसने बेहद महत्त्वपूर्ण ढंग से यह भी तय कर दिया कि भारतीय सेकुलरवाद धर्मविरोधी न हो कर धर्मतंत्रीय राष्ट्र की स्थापना का विरोधी होगा। संविधान सभा ने समान नागरिक संहिता लागू करने का संकल्प लेकर सेकुलरवाद के राज्यवादी आयामों की तरफ़ इशारा भी किया। इनके तहत विभिन्न समुदायों के निजी जीवन और सांस्कृतिक आचरण का राज्य निर्देशित सेकुलरीकरण किया जाना था। कुल मिला कर कहा जा सकता है कि संविधान सभा ने सेकुलरवाद को जो ख़ाका तैयार किया था, उस पर गाँधी और नेहरू के मिले-जुले विचारों की छाप थी। यह विशिष्ट क़िस्म का भारतीय सेकुलरवाद था।

बहरहाल, कुछ अंदेशे पूरी तरह ख़त्म नहीं हुए थे। सेकुलरवाद की 'सच्ची' अभिव्यक्ति के रूप में बहुसंख्यकवाद मौक़ा मिलते ही अपना दावा फिर से पेश कर सकता था। चुनावी राजनीति के साथ यह जन्मजात संशय जुड़ा हुआ था कि अस्थायी प्रकृति के परिवर्तनशील राजनीतिक बहुमत को धार्मिक बहुसंख्या के आधार पर रचे गये अपरिवर्तनीय और स्थायी बहुमत की तरह परिभाषित न कर दिया जाए। अल्पमत-बहुमत के खेल में यह अनिष्ट कभी भी घटित हो सकता था। आख़िरकार आधुनिकता कोई ऐसी शै तो थी नहीं कि केवल सेकुलरवाद के लिए ही उपलब्ध होती। बहुसंख्यकवाद का विचार मुख्यतः जनगणना की जिस तकनीक के ज़रिये गढ़ा गया था, वह दक्षिण एशियायी समाजों को आधुनिकता की ही देन थी। अल्पसंख्याएँ कभी भी बहुसंख्यक बनने के लिए आतुर हो सकती थीं, क्योंकि इसके बिना उन्हें राष्ट्र-राज्य हासिल होने वाला नहीं था।[5] सेकुलरवाद

---

[5] आधुनिकता के हाथों बहुसंख्यकवाद का गठन, उसके निर्माण में जनगणना की भूमिका और अल्पसंख्या द्वारा बहुसंख्या बनने के आग्रह की इस अंतर्दृष्टि का श्रेय सुदीप्त कविराज (1995) को जाता है जिसका विस्तार उनके लेख 'रिलीजन, पॉलिटिक्स ऐंड मॉडर्निटी', उपेंद्र बख़्शी और भीखू पारेख (सम्पा.), *क्राइसिस ऐंड चेंज़ इन कंटेम्परेरी इण्डिया*, सेज, नयी दिल्ली : 295-316 में देखा जा सकता है.

के भारतीय संस्करण की कठिनाइयों का एक सुराग़ इस बहुसंख्यकवाद की जाँच-पड़ताल में मिल सकता है, जिसे आज़ादी के बाद कम से कम साढ़े तीन दशक तक हाशिये पर रहना पड़ा।

यह सेकुलरवाद के बोलबाले की अवधि थी। इस दौरान भारतीय राष्ट्र-राज्य की प्रगति सेकुलरवाद की जीवनी के साथ इस क़दर गुँथती चली गयी कि दोनों एक ही लगने लगे। नेताओं और बुद्धिजीवियों का दावा था कि सार्वजनिक जीवन अब धार्मिक निष्ठाओं की तरफ़ नहीं लौट सकता। वे एक सेकुलर इयत्ता के निर्माण का सपना देखने लगे। पैंतीस साल तक यह प्रयोग करते-करते उनमें से बहुतों ने यह ख़ुशफ़हमी भी पाल ली कि यह इयत्ता तक़रीबन बन ही गयी है। जातिगत पहचानों के सेकुलर नामकरण (अछूत समझी जाने वाली जातियों को अनुसूचित क़रार देना और मँझोली किसान जातियों (शूद्रों) पर पिछड़े वर्गों का लक़ब चिपकाना) एक अर्थ में यदि उन्हें विशेष सुविधाएँ दे कर समता हासिल करने की कोशिश थी, तो दूसरा मतलब यह मान लेना भी था कि इस तरह से समाज की असुविधाजनक श्रेणीबद्ध हक़ीक़तें तिरोहित होती चली जाएँगी। इस सेकुलर इयत्ता की कल्पनाशीलता आदर्श क़िस्म की नागरिकता के साँचे में ढली थी। चाहे धार्मिक हों, जातीय हों, भाषाई हों या जातिगत हों, किसी भी क़िस्म की पारम्परिक निष्ठाओं का उसके लिए कोई वजूद नहीं था।[6] वामपंथी सेकुलरवादियों का ख़याल था कि राज्य के प्रयासों और विधिकर्ताओं के उत्साही हस्तक्षेप ने इतिहास-चक्र को उनकी मन-माफ़िक दिशा में घुमा दिया है। उदार सेकुलरवादी तो इन दोनों पहलुओं पर भरोसा करने के साथ-साथ यह भी मान बैठे थे कि भारतीय समाज (यहाँ उनका मतलब मोटे तौर से हिंदू समाज हुआ करता था, हालाँकि बारीक़ बातें करने वाले अल्पसंख्यक समुदायों को भी एकाश्म नहीं मानते थे) अपनी आंतरिक बहुलता के कारण एक नैसर्गिक क़िस्म के सेकुलरवाद से सम्पन्न है। उन्हें यक़ीन था कि हिंदू समाज क़िस्म-क़िस्म के अल्पसंख्यकों का जमावड़ा है और वह कभी एक बहुसंख्यक इकाई में नहीं बदल सकता।[7]

---

[6] सेकुलर इयत्ता के निर्माण में जातिसंबंधी जटिलताओं की भूमिका के बेहतरीन विश्लेषण के लिए देखें, विवेक धारेश्वर (1993), 'कास्ट ऐंड सेकुलर सेल्फ़', *जनरल ऑफ़ आर्ट्स ऐंड आइडियाज,* अंक 25-26, दिसम्बर 1993 : 115-126. मण्डल आयोग की सिफ़ारिशों के कार्यान्वयन के ख़िलाफ़ चले आंदोलन के बाद ही सेकुलर इयत्ता के साँचे पर सवाल उठने शुरू हुए. सेकुलरवादी इस मामले में दोनों तरफ़ से आलोचना के शिकार हुए हैं. जाति और समुदाय के बदलते हुए रूपों की तरफ़ से आँखें बंद कर लेने के कारण उन पर पश्चिमपरस्ती का आरोप तो लगा ही, दलित टिप्पणीकार सेकुलरवादियों पर आरोप लगाते हैं कि उन्होंने अछूतों के प्रश्न को अनदेखा किया क्योंकि उनके पास समाज का कोई दर्शन ही नहीं था. इसके लिए देखें, चंद्रभान प्रसाद (2004), 'सेकुलरिज़्म है क्या', *नवभारत टाइम्स,* 17 मार्च.

ज़ाहिर है कि वामपंथियों की उम्मीदें कार्ल मार्क्स की रैडिकल उम्मीदों से भी ज़्यादा थीं। मार्क्स ने स्पष्ट किया था कि 'राज्य की धर्म से मुक्ति का मतलब वास्तविक मनुष्य की धर्म से मुक्ति नहीं हो सकता।' द्वंद्वात्मक भौतिकवाद के इस सिद्धांतकार ने सेकुलरवाद द्वारा एक धर्मनुमा आस्था बन जाने के ख़िलाफ़ चेतावनी दी थी कि जीवन का सेकुलर आधार ख़ुद को ख़ुद से ही ऊपर उठा कर एक स्वायत्त दायरे में स्थापित कर लेता है, और तब उसकी यह प्रवृत्ति केवल उसके अंतर्विरोधों के ज़रिये ही व्याख्यायित हो सकती है।[8] उदारतावादी भी काफ़ी जोश में थे। वे विज्ञान की धर्म पर जीत के प्रति आश्वस्त एमील दुर्खाइम की उस अंतर्दृष्टि को भूल गये थे जिसके मुताबिक़ धर्म अपने ही प्रतीकों के ख़ात्मे के बावजूद बचा रह जाने वाला था, और लुप्त होने के बजाय उसका रूपांतरण ही अवश्यम्भावी था।[9]

दोनों तरह के सेकुलरवादी अपना समूचा विमर्श अंग्रेज़ी में चलाते थे। अंग्रेज़ी आधुनिक विचार की भाषा थी जिसमें आमतौर पर जाति, मत या सम्प्रदाय पर इस तरह शोध की जाती थी कि जैसे ये सभी निष्ठाएँ मरणोन्मुख होने के लिए परिवर्तनशील हों।[10] कुल मिला कर दोनों तरह के सेकुलरवादियों को ज़रूरत से ज़्यादा यक़ीन था कि आवश्यकता सिर्फ़ राज्य को सेकुलर बनाए रखने की है ताकि बहुसंख्यकवाद को केंद्र में आने से रोका जा सके। सेकुलरीकरण का बाक़ी सेकुलरीकरण का बाक़ी काम

[7] रजनी कोठारी (1993) के विमर्श में ये दावेदारियाँ स्पष्ट रूप से पढ़ी जा सकती हैं. अपने लेख 'चुनावी खेल से निकली साम्प्रदायिकता', अभय कुमार दुबे (सम्पा.), *साम्प्रदायिकता के स्रोत,* विनय प्रकाशन, नयी दिल्ली में वे साफ़ तौर से कहते हैं, 'दलितों. आदिवासियों, ऐतिहासिक रूप से उत्पीड़ित 'पिछड़े' समुदायों से लेकर जंगलवासी और प्रवासी सभी सामाजिक रूप से अल्पशंख्यक समुदाय हैं. यह जमावड़ा रंग-बिरंगा लग सकता है और है भी. ... असलियत यह है कि वास्तव में इलाक़ा और आबादी के लिहाज़ से भारत अल्पसंख्यकों का जमावड़ा है. उसकी समृद्धि इसी बात में निहित है कि हर समूह अल्पसंख्यक है और वह एक-दूसरे के साथ तालमेल के ज़रिये ही शक्तिशाली और सामर्थ्यवान बन सकता है. यही वजह है कि औपनिवेशिक काल के पहले 'साम्प्रदायिकता' का नामोनिशान मौजूद नहीं था. निश्चय ही, यह एक आधुनिक परिघटना है और इसका सबसे घातक पहलू है भारत की विविधता, यानी अल्पसंख्यक-बहुल समाज की अवधारणा का परित्याग और बहुसंख्यकवादी एकरूपीकरण और सामान्यीकरण की अवधारणा का थोपा जाना. साम्प्रदायिकता का उदय इसी का परिणाम है'.

[8] कार्ल मार्क्स (1974) का पहला कथन 'ऑन दि ज्युइश क्वेश्चन', *क्लेक्टिड वर्क्स,* खण्ड-3, प्रोग्रेस पब्लिशर्स, मास्को : 43-74 पर देखा जा सकता है. सेकुलरवाद संबंधी उनके विचारों के विस्तार में जाने के लिए देखें, कार्ल मार्क्स (1959), *बेसिक राइटिंग्स ऑन पॉलिटिक्स ऐंड फिलॉसफ़ी,* सम्पा. लेविस एस. फ्यूर, न्यूयॉर्क : 262-266 और 246-261.

[9] एमील दुर्खाइम (1915), *दि एलीमेंटरी फ़ॉर्म्स ऑफ़ रिलीजस लाइफ़,* मेक्मिलन, न्यूयॉर्क : 462-96.

[10] सेकुलरवादी विमर्श पर अंग्रेज़ी के प्रभुत्व और भारतीय भाषाओं में इसकी अनुपलब्धता से पैदा हुई समस्याओं पर मण्डल और आयोध्या के बाद की परिस्थिति में कई अध्येताओं का ध्यान गया है. इनमें सुदीप्त कविराज (1990), 'ऑन दि डिस्कोर्स ऑफ़ सेकुलरिज़म', बिद्युत चक्रवर्ती (सम्पा.) *सेकुलरिज़्म ऐंड इण्डियन पॉलिटी,* सेगमेंट बुक डिस्ट्रीब्यूटर्स, नयी दिल्ली; ज्ञानेंद्र पाण्डेय (1996), 'दि न्यू हिंदू हिस्ट्री', संकलित : जान मेकगुइर, पीटर रीव्ज़ और हावर्ड ब्रेस्टिड (सम्पा.), *पॉलिटिक्स ऑफ़ वायलेंस : फ्रॉम अयोध्या टु बेरहामपदा,* सेज, नयी दिल्ली : 143-158 और विवेक धारेश्वर (वही) प्रमुख हैं. कविराज का ख़याल है कि इसके कारण सेकुलरवाद मुट्ठी-भर अभिजनों का ख़याल बन कर रह गया. पाण्डेय ने इस पहलू की विवेचना बहुसंख्यकवादियों द्वारा हिंदी के इस्तेमाल के बरअक्स की है. धारेश्वर का कहना है कि सेकुलरवादी विमर्श द्वारा जाति के सामाजिक यथार्थ की उपेक्षा में अंग्रेज़ी की भूमिका को नज़रअंदाज़ नहीं किया जा सकता.

आधुनिक विकास और प्रगति के राज्य निर्देशित कार्यक्रमों से सम्पन्न हो जाएगा। ज़ाहिर है कि वे आधुनिकता और संसदीय राजनीति के हाथों हो रहे सामाजिक परिवर्तनों को केवल इच्छित दिशा में जाते हुए देखना चाहते थे। उनके इस मनमानेपन में भारतीय सेकुलर राज्य के संकट की आहटें छिपी हुई थीं।

साठ के दशक में जब संकट के अंदेशे स्पष्ट हुए तो कुछ विद्वानों ने उनकी व्याख्या कुछ इस शैली में की कि सेकुलरवाद का भारतीय मॉडल पश्चिम (अमेरिकी या यूरोपीय मॉडल) से अलग होने के कारण ही तमाम समस्याओं का शिकार है। भारतीय मॉडल के प्रशंसकों ने जवाब में कहा कि इस सेकुलरवाद में जो ख़ामियाँ बताई जा रही हैं, वे ही दरअसल इसकी ख़ूबियाँ हैं और उसे एक अनूठे प्रयोग की हैसियत दे देती हैं। अस्सी के दशक में जब संकट आ ही गया तो एक महाविवाद फूट पड़ा जो पिछले बीस वर्ष से आज तक चल रहा है। इसके तहत आधुनिकता, लोकतंत्र, धर्म, परम्परा, राष्ट्रवाद, प्रगति और विकास से जुड़ी अवधारणाओं और आचरणों की गहन यात्राएँ की गयी हैं। मार्क्स, वेबर, दुर्खाइम, गाँधी, नेहरू, विवेकानंद, सावरकर, आम्बेडकर, लॉक, कांट, मिल्स और रॉल्स जैसी हस्तियों के विचारों पर दिमाग़ खपाया गया है। समाज-विज्ञान के विभिन्न अनुशासनों से आये दसियों विद्वानों ने इसमें भागीदारी की है। समाज-विज्ञान के विश्व-इतिहास में अनूठे इस महाविवाद की रूपरेखा स्पष्ट करने के लिए ज़रूरी है कि सेकुलरवाद के यूरोपीय उद्‌गम पर एक सरसरी नज़र फेंकी जाए। इस महाविवाद में सेकुलरवाद पर बार-बार यही आरोप लगाया गया है कि इस विचार को यूरोप से लाकर भारत पर थोप दिया गया है।

I

सेकुलरवाद का संक्षिप्त इतिहास : युरोपीय आयाम

ग़ैर-पश्चिमी और ग़ैर-ईसाई सभ्यताओं का पुराना आरोप है कि सेकुलरवाद के ज़रिये पश्चिम और ईसाई धर्म उनकी वैचारिक और सामाजिक नाकेबंदी करना चाहता है। दरअसल, यह इलज़ाम उस हक़ीक़त की तरफ़ इशारा करता है जिसके अनुसार सेकुलरवाद की धारणा पश्चिमी इतिहास के एक ख़ास घटनाक्रम की देन है।[11] इस घटनाक्रम का ताल्लुक़ पहले तो ईसाई धर्म के अंदरूनी झगड़ों से रहा और फिर चर्च-राज्य संबंधों से जुड़ गया। लैटिन भाषा का एक शब्द है

[11] सेकुलरवाद के युरोपीय इतिहास का यह विवरण मुख्यतः *डेडलस, ग्रीष्म,* 2003 के अंक में प्रकाशित निकी आर. किड्डी के लेख 'सेकुलरिज़म ऐंड इट्स डिसकंटेंट्स' और मार्क जुरगेंसमेयर (1993) की पुस्तक *रिलीजस नैशनलिज़म कंफ्रंट्स दि सेकुलर स्टेट,* ऑक्सफ़र्ड, नयी दिल्ली में दिये गये तथ्यों की मदद से तैयार किया गया है.

सेकुलरिस जिससे फ्रेंच ने *सेकुलर* शब्द हासिल किया और जिसे मध्यकालीन अंग्रेज़ी ने अपना लिया। *सेकुलरिस* मूलतः पुरोहितों की जमात के उस हिस्से का द्योतक था जो ईसाई मठ व्यवस्था के नियम-क़ानून मानने से इनकार करती थी। इसका एक मतलब ईश्वरीय या दैवी के मुक़ाबले सांसारिक या लौकिक की नुमाइंदगी से भी था। इसकी पृष्ठभूमि में ईसाइयत के अंदरूनी विवाद की भूमिका नज़रअंदाज़ नहीं की जा सकती। कैथॅलिक चर्च के सर्वग्रासी वर्चस्व के विरोध में मार्टिन लूथर के नेतृत्व में चले प्रोटेस्टेंट आंदोलन की सफलता ने पहली बार सिद्धांत और व्यवहार में दिखाया कि ईश्वर से तादात्म्य स्थापित करने के लिए चर्च की बिचौलिया भूमिका ज़रूरी नहीं है। प्रोटेस्टेंटवाद के ख़िलाफ़ कैथॅलिकों में कड़ी प्रतिक्रिया हुई। धार्मिक युद्धों का सिलसिला शुरू हो गया। लेकिन, साथ में नये-नये सम्प्रदाय भी बनने लगे। इस लम्बे रक्तपात से थमने के बाद सरकारों ने देखा कि ईसाई धर्म में अब बहुत से मत बन चुके हैं। ज़ाहिर है कि धार्मिक, सामाजिक और राजनीतिक शांति के लिए धार्मिक आज़ादी का कोई न कोई फ़ार्मूला अपनाना उनके लिए ज़रूरी था। इसी सिलसिले में राज्य धर्म के प्रभाव से अलग हुआ। सोलहवीं सदी में इंग्लैण्ड के राजा हेनरी अष्टम ने रोम से नाता तोड़ कर चर्च की सम्पत्ति ज़ब्त कर ली। प्रोटेस्टेंटों ने धर्म-सुधार के ज़रिये जिन नये मूल्यों की स्थापना की, उन्होंने यूरोपीय ज्ञानोदय द्वारा प्रवर्तित व्यक्तिवाद पर निर्णायक असर डाला। ज्ञानोदय ने धर्म को पूरी तरह ख़ारिज तो नहीं किया, पर उसे तर्कबुद्धि की सीमाओं में बाँधने की तजवीज़ ज़रूर कर डाली।

सत्रहवीं सदी में वेस्टफ़ेलिया की संधि तक पहुँचते-पहुँचते इस प्रक्रिया को *सेकुलरीकरण* शब्द ने अभिव्यक्त करना शुरू कर दिया था। उस समय इसका मतलब चर्च की सम्पत्ति का राजा के नियंत्रण में हस्तांतरण तक ही सीमित था। अट्ठारहवीं सदी में इस प्रवृत्ति ने और ज़ोर पकड़ा और फ्रांस की क्रांति में ज्ञानोदय की विचारधारा और सेकुलरीकरण के आग्रह काफ़ी ताकतवर ढंग से व्यक्त हुए। इसे एक वाद का रूप उन्नीसवीं सदी के मध्य में मिला जब इंग्लैण्ड के रैडिकल अनीश्वरवादी जॉर्ज जैकब होलियॉक ने 1851 में इस शब्द का पहली बार प्रयोग किया। होलियॉक राबर्ट ओवेन के समाजवादी विचारों, उपयोगितावाद और फ्रांसीसी क्रांति से निकले गणराज्यवाद से प्रभावित थे। कुछ दिन पहले ही नास्तिकता का झण्डा बुलंद करने के कारण जेल काट कर लौटने वाले होलियॉक की कोशिश थी कि नास्तिक, काफिर, फ्री-थिंकर और अनीश्वरवादी जैसे शब्दों की जगह कोई नयी अभिव्यक्ति खोजी जाए। उन्हें लगा कि सेकुलरवाद उनके मक़सद को पूरी तरह व्यक्त कर सकता है।

होलियॉक और उनके उत्तराधिकारी चार्ल्स ब्रैडलॉ ने मिल कर सारे देश में सेकुलर संस्थाएँ खोलीं। इन्हें इस ज़माने में कुछ इस तरह देखा जाता था कि जैसे किसी वैकल्पिक चर्च की स्थापना करने की कोशिश की जा रही हो। इन सेकुलर संस्थाओं ने अंग्रेज़ मज़दूरों के उस हिस्से को आकर्षित किया जो अपेक्षाकृत ख़ुशहाल थे। उन्होंने माँग की कि एंग्लिकन चर्च की विशेष सुविधाएं ख़त्म की जाएँ, अन्य धर्मों और नास्तिकों को भी समान अधिकार मिलें, ईश्वर में आस्था न रखने वालों की गवाही भी वैध मानी जाए और ईशनिंदा को अपराध मानने का क़ानून ख़ारिज किया जाए। ब्रैडलॉ जब पहली बार ब्रिटिश संसद के लिए चुने गये तो उन्होंने ईश्वर के नाम पर शपथ लेने से इनकार कर दिया, और इस तरह पहली बार किसी अनीश्वरवादी के लिए सरकारी पद ग्रहण करना सम्भव हुआ। होलियॉक की मृत्यु के बाद इस सेकुलर मुहिम में ब्रैडलॉ का साथ दिया एनी बेसेंट ने जो बाद में हिंदू और बौद्ध प्रभाव वाले थियोसिफ़िकल आंदोलन के साथ जुड़ गयीं। सेकुलर आंदोलन से अलग हो कर थियोसिफ़िस्ट एनी बेसेंट के भारत आने और ब्रिटिश उपनिवेशवाद के ख़िलाफ़ राष्ट्रीय आंदोलन में भाग लेने की कहानी सभी जानते हैं।

उन्नीसवीं सदी में ही इटली के राजा विक्टर इमानुएल ने पोप को राज्यच्युत करके उसके साथ अपना रिश्ता तोड़ लिया। फ्रांस में सरकार और चर्च के बीच फ्रांसीसी क्रांति के ज़माने से ही चल रहे संघर्ष की परिणति 1901 और 1905 के बीच हुई जिसके तहत चर्च की सम्पत्ति ज़ब्त कर ली गयी। फ्रांस ने सेकुलर-शब्दावली में 'लाइसिज़म' जैसा शब्द जोड़ा जो सम्भवतः राज्य और धर्म के अलगाव को सबसे ज़्यादा कड़ाई से परिभाषित करता है। पश्चिम युरोप के अधिकांश देशों के राज्य और समाज पर रोमन कैथॅलिकवाद का शिकंजा था जिसे तोड़ने में लाइसिज़म ने निर्णायक भूमिका निभायी। रूस में पीटर महान् के क़दमों ने चर्च की ताक़त को कमज़ोर किया और फिर कैथरीन महान् और उनके बाद के जार चर्च की सत्ता को भंग करते चले गये। 1860 से 1914 के बीच की अवधि युरोपीय देशों में सेकुलरीकरण के विस्तार की अवधि मानी जाती है। इसी दौरान पुर्तगाल, स्पेन और लातीनी अमेरिकी देशों में भी इसी तरह का घटनाक्रम चला। उन्नीसवीं सदी में संयुक्त राज्य अमेरिका के नेताओं ने भी सेकुलर सिद्धांतों के आसपास राजनीतिक जीवन की संरचनाएँ बनायीं। अमेरिका में धार्मिक स्वतंत्रता इतनी थी कि कोई भी अपना धार्मिक सम्प्रदाय स्थापित कर सकता था, लेकिन बुद्धिजीवियों के बीच धर्म की सामाजिक भूमिका बुद्धिवादी विवेचना के आधार पर निर्धारित की जाती थी।

उन्नीसवीं सदी ख़त्म होते-होते ब्रैडलॉ के देहांत और सेकुलर विचार की बढ़ती हुई मान्यता के कारण इंग्लैण्ड में होलियॉक द्वारा चलाए गये सेकुलर आंदोलन की आवश्यकता ख़त्म हो गयी। राज्य ने चर्च को पहले के मुक़ाबले काफ़ी कमज़ोर कर दिया था। धार्मिक हों या अनीश्वरवादी, अल्पसंख्यकों को राज्य का संरक्षण मिलने लगा था। डार्विन के विकासवाद और मार्क्स के समाजवादी विचारों का बोलबाला हो चुका था। सेकुलरवाद इन प्रगतिवादी और आधुनिकतावादी वैचारिक आग्रहों का अभिन्न अंग था। ईश्वर में विश्वास न रखने वाले लोग ख़ुद को अज्ञेयवादी या एग्नॉस्टिक कहने लगे थे, क्योंकि राज्य और धर्म के अलगाव का सिद्धांत बन जाने के कारण सेकुलरवाद सिर्फ़ अनीश्वरवाद का प्रवक्ता नहीं रह गया था। सेकुलरवाद के साथ-साथ इसी मुक़ाम पर राष्ट्रवाद ने अपना वैचरिक दावा पेश किया। फ्रांसीसी क्रांति के ज़माने से यह एहसास होने लगा था कि राष्ट्र-राज्य आधारित राष्ट्रवाद एक ऐसी शै है जो एक ग़ैर-धार्मिक नैतिक, राजनीतिक और सामाजिक साझेदारी का आधार बन सकती है। पोलैण्ड और आयरलैण्ड में राष्ट्रवाद ने धार्मिक भावनाओं का अपवादस्वरूप सहारा ज़रूर लिया था, लेकिन बाक़ी सभी देशों में राष्ट्रवाद और सेकुलरीकरण का ताक़तवर संश्रय बन गया। सेकुलरवाद की मदद से राष्ट्र के प्रति निष्ठा धार्मिक वफ़ादारियों से ऊपर समझी जाने लगी। अभिजन और बौद्धिक हलक़ों में आम तौर पर समझा जाने लगा था कि राष्ट्रवाद और सेकुलरवाद के सम्मिलित प्रहार से धर्म अब हाशिये पर जाने के लिए अभिशप्त हो चुका है। 1917 की बोल्शेविक क्रांति से लगा कि फ्रांसीसी क्रांति के मूल्यों की चरण रैडिकल परिणति का वक़्त आ गया है।

समाज-विज्ञान की दुनिया में सेकुलरवाद का प्रवेश बीसवीं सदी में हुआ जब मैक्स वेबर जैसे उत्तर-मार्क्स समाजशास्त्रियों ने इस धारणा और सेकुलरीकरण की प्रक्रिया को अपने विमर्श में महत्त्वपूर्ण स्थान दिया। इसी मुक़ाम पर समाज-वैज्ञानिकों ने सेकुलरवाद के सिद्धांत और सेकुलरीकरण की प्रक्रिया की अलग शिनाख़्त की। उन्होंने देखा कि हमजोली होने के साथ-साथ इन दोनों का विकास एक-दूसरे से स्वतंत्र भी है।

सेकुलरवाद आधुनिक राज्य के वैचारिक औज़ार के रूप में उभरा जिसके मुताबिक़ धर्म और उसकी संस्थाओं को सरकारी नियंत्रण में रख जाता है, क़ानून बनाकर धर्म का स्वरूप बदला जाता है और सामाजिक-आर्थिक आधुनिकीकरण किया जाता है। सेकुलरवाद के ऐसे सरकारी इस्तेमाल के उदाहरण हैं मुस्तफ़ा कमाल पाशा का तुर्की, रजाशाह पहलवी का ईरान, बौरगुइबा का ट्यूनीशिया,

लेनिन का सोवियत संघ, माओ का चीन और कम्युनिस्ट हुक़ूमतों वाले पूर्वी युरोपीय देश। आगे चलकर सेकुलरवाद को भारत जैसे बहुधार्मिक देशों के लिए भी उपयुक्त माना गया। यहाँ के बहुसंख्यक समाज से आये नेताओं ने उसे आधुनिकीकरण के मुहावरे के तौर पर अपनाया और अल्पसंख्यकों के राजनीतिक प्रवक्ताओं ने उसे धार्मिक आज़ादी के नाम पर अपने धार्मिक-सांस्कृतिक अधिकारों की रक्षा के लिए स्वीकार किया। इस प्रकार सेकुलरवाद की कई तरह की परिभाषाएँ सामने आयीं : राज्य किसी धर्म को अपने मामलों में हस्तक्षेप नहीं करने देगा, उसका कोई अपना धर्म नहीं होगा, वह सभी धर्मों के प्रति तटस्थ रहेगा लेकिन इसका मतलब यह नहीं माना जाएगा कि उसे किसी धर्म में हस्तक्षेप करने का अधिकार नहीं होगा, वह सभी धर्मों का बराबर सम्मान करेगा, कुछ वाजिब सीमाओं के भीतर सभी को अपने धर्म का पालन करने की स्वतंत्रता होगी, धार्मिक अल्पसंख्यकों के अधिकारों की सुरक्षा की जाएगी, आदि-आदि। इन परिभाषाओं को व्यक्तियों और समुदायों द्वारा अपनी-अपनी सुविधाओं द्वारा अपनाया और छोड़ा जाता रहता है।

दूसरी तरफ़ सेकुलरीकरण की प्रक्रिया राज्य के सेकुलर इरादों पर निर्भर तो थी, लेकिन वह अनिवार्य तौर पर उसके अधीन नहीं थी। वह एक सतत चलने वाली प्रक्रिया थी जिसकी गति धीमी या तेज़ तो हो सकती थी, लेकिन वह कुछ विशेष परिस्थितियों को छोड़कर कभी बंद नहीं हो सकती थी। परम्परागत समाजों का आधुनिक दायरे में आना, धर्म का सार्वजनिक दायरे से हटकर उत्तरोतर निजी दायरे में जाना, आधुनिक शिक्षा का प्रचार-प्रसार, शहरीकरण और उद्योगीकरण जैसे सिलसिले सेकुलरीकरण के माध्यम और परिणाम माने गये। कालांतर में यह भी देखा गया कि मंदिर जाने वालों, चर्च जाने वालों या मसजिद में नमाज़ पढ़ने वालों की संख्या में कमी आने या बढ़ोतरी जैसे आँकड़ों से सेकुलरीकरण की रफ़्तार का अंदाज़ा नहीं लगाया जा सकता।

सेकुलरीकरण एक ऐसी प्रक्रिया है जो धार्मिकता के स्वरूप को और अंततः धर्म के स्वरूप को ही बदल देती है। वह एक ऐसी अस्मिता रचती है जो भले ही किसी पुराने या परम्परागत नाम से पुकारी जाती हो, पर अपने सार में बदली हुई होती है। युरोपीय और अमेरिकी ईसाइयों पर सेकुलरीकरण का असर तो साफ़ दिखता ही है, सेकुलरीकरण के दौर में पला-बढ़ा, ख़ुद को हिंदू कहने वाला और कुछ हिंदू धर्म-विधियों का पालन करने वाला व्यक्ति भी सेकुलरीकरण से पहले के दौर से कई मायनों में भिन्न होता है। अपने सार्वजनिक जीवन में या उत्पादन प्रक्रिया में संलग्न होने पर वह या तो धर्म का क़तई इस्तेमाल नहीं करता

या फिर धर्म के राजनीतिक संस्करण का प्रयोग करता है जिसका उसकी धार्मिकता से कोई ताल्लुक़ नहीं होता। इसी तरह दक्षिण एशिया की धार्मिक परम्पराओं का भी सेकुलरीकरण हुआ है। कई विद्वानों ने गाँधी को हिंदू धर्म के भरपूर सेकुलरीकरण का श्रेय दिया है। माना जाता है कि मुहम्मद इक़बाल और सैयद अहमद ख़ाँ ने इस्लाम के सेकुलरीकरण की मुहिमें चलायी थीं। आम्बेडकर ने तो बौद्ध धर्म के सेकुलरीकरण का पूरा शास्त्र ही तैयार कर डाला था।

II

सेकुलर राष्ट्रवाद के धार्मिक आयाम

इस संक्षिप्त इतिहास से यह पता चल जाता है कि राज्य द्वारा ऊपर से लागू किये गये सेकुलरवाद और आधुनिकीकरण की ज़मीन पर चलने वाली सेकुलरीकरण की प्रक्रिया के मुक़ाबले धर्म ने अपनी राजकीय भूमिका धीरे-धीरे कैसे छोड़ी। लेकिन, इस विवरण से यह पता नहीं चलता कि धर्म समाज के दायरे में और इंसान की निजी ज़िंदगी में किस तरह टिका रहा। इससे यह भी पता नहीं चलता कि धर्म को राजनीति की दुनिया से अंतिम रूप से बाहर करने का सेकुलरवादी मंसूबा क्यों पूरा नहीं हुआ।

क्या सेकुलरवाद की शुरुआती जीत एकतरफ़ा थी? हरगिज़ नहीं। धर्म ने दुहरी रणनीति अपनायी। उसे सेकुलरीकरण, आधुनिकता और राष्ट्रवाद की तिकड़ी से सीधी टक्कर तो लेनी ही पड़ी, साथ ही नये हालात उसे ख़ुद को सेकुलरवाद की कुछ शर्तों के मुताबिक़ ढाल कर अपने मूल्यों का आधुनिक राष्ट्रवाद के साथ तालमेल बिठाकर धार्मिक राष्ट्रवाद की संरचना तैयार करने की तरफ़ ले गये। ऐसा करने में उसे पश्चिमी सेकुलरवाद के उन आयामों की मदद मिली जिनके पीछे धार्मिक अंतःप्रेरणाएँ ही थीं और जिनके बिना सेकुलर राष्ट्रवाद अपने प्रति तर्कातीत क़िस्म की ग़ैर-धार्मिक निष्ठाओं की रचना को प्रोत्साहित नहीं कर सकता था। इस धार्मिक राष्ट्रवाद को जन-वैधता दिलाने में उन नाकामियों की भूमिका भी रही जो अनाप-शनाप ताक़त और वैधता हासिल होने के बावजूद सेकुलरवाद की दावेदारियों को हमेशा संदिग्ध बनाती रहती हैं।

जिस समय युरोप में सेकुलरीकरण की दुंदुभि बज रही थी, उस समय भी धार्मिक प्रतिष्ठान राजनीति पर अपनी दावेदारी बिना किसी ज़द्दोजहद के छोड़ने के लिए तैयार नहीं थे। जर्मनी में कैथॅलिकों ने उसी ज़माने में अपना राजनीतिक दल बनाया था और उल्लेखनीय ताक़त हासिल करके दिखाई थी। पिछले पचास साल में युरोप के राजनीतिक दायरों में धर्म आधारित पार्टियों ने बार-बार अपनी

दावेदारियाँ पेश की हैं। अमेरिका में धर्म की समाजशास्त्रीय और बुद्धिवादी व्याख्याओं के ख़िलाफ़ उन्नीसवीं सदी के आख़िरी दशकों से ही प्रोटेस्टेंट अनुदारतावादियों का आंदोलन चल रहा है जिसका प्रभाव पिछले दिनों ख़ासा बढ़ते हुए महसूस किया गया है। ये लोग प्राथमिक शिक्षा के स्तर से ही सेकुलरीकरण की प्रक्रिया के ख़िलाफ़ संघर्ष करते हैं। अमेरिकी जन-जीवन पर कैथॅलिक चर्च के प्रभाव को कम करके नहीं आँका जा सकता। गर्भपात को वैध घोषित करने और समलैंगिक संबंधों को क़ानूनी जामा पहनाने की मुहिमों को लगातार कैथॅलिकों के कड़े प्रतिरोध से गुज़रना पड़ा है।

धर्म द्वारा बाहर से किये गये इस संघर्ष से भी ज़्यादा ताक़तवर वह प्रक्रिया थी जिसने पश्चिम में धार्मिक राष्ट्रवाद की संरचनाओं को जन्म दिया और जिसने सेकुलरवाद के सबसे प्रभावशाली सहयोगी राष्ट्रवाद को उससे अलग करने की मुहिम चलायी। दरअसल, सेकुलर राष्ट्रवाद के भीतर ही वे गुंजाइशें मौजूद थीं जो राष्ट्रवाद को धार्मिक रूप दे सकती थीं। यह एक हक़ीक़त है कि जिस समय पश्चिम में धर्म का अ-राजनीतीकरण हो रहा था, उसी समय सेकुलर राष्ट्रवाद के भीतर उत्तरोतर ऐसे रुझान पैदा हो रहे थे जो ज्ञानोदय प्रदत्त बुद्धिवादी चिंतन के बजाय धार्मिक क़िस्म के रवैयों से ज़्यादा मेल खाते थे। विशुद्ध सेकुलरवाद के प्रवक्ताओं के लिए इस समस्या को विकृति कह कर दरकिनार करना आसान था। लेकिन, राष्ट्रवाद को कभी रोमानी और कभी विदेशी-द्वेष के रंग में रँगने वाले इन नज़रियों की ताक़त धीरे-धीरे बढ़ती चली गयी। फ्रांसीसी क्रांति ने क्रांतिकारी लोकतंत्र की जो विरासत आधुनिक जगत को सौंपी थी, उसमें पहले से ही धार्मिक आवेग के तत्त्व थे। क्रांतिकारी लोकतंत्र भी अपने अनुयायियों से उम्मीद करता था कि वे बुद्धि की देवी के उन प्रिय शिष्यों के नेतृत्व में अंध आस्था रखेंगे जिनकी 'प्रगल्भ वक्तृता' उन्हें लोकतंत्र की मशाल थमाने वाली थी। इसी तरह अमेरिकी सेकुलरवाद को जन्म देने वाली लोकतांत्रिक क्रांति का भी एक धार्मिक पहलू था। उसके कई नेताओं पर अट्ठारहवीं सदी के उस धार्मिक मत का प्रभाव था जिसके तहत चर्च के धर्म को विज्ञान की कसौटी पर कसने के बाद ख़ारिज करने की मुहिम चलायी गयी थी। अमेरिका की ही तरह फ्रांस ने भी 'सिविल रिलीजन' जैसी धारणाएँ विकसित की थीं जिसमें सेकुलर राष्ट्रवाद और ईसाइयत के प्रतीक चिह्नों का सहअस्तित्व था।[12]

---

[12] मार्क जुरगेंसमेयर ने अपनी उक्त पुस्तक में सेकुलर राष्ट्रवाद के धर्म सरीखे आयामों की तरफ़ विशेष इशारा किया है.

चोर दरवाज़े से धार्मिक राष्ट्रवाद : पश्चिमी सेकुलरवाद ने धर्म से राजसत्ता पूरी तरह छीन लेने के बाद उसकी कई प्रवृत्तियों को अपनाना शुरू कर दिया था। सैद्धांतिक और व्यावहारिक रूप से धर्म की सार्वजनिक भूमिका ख़ारिज हो चुकी थी, पर सेकुलरवाद के अपने दायरों ने धर्म के लिए चोर दरवाज़ा खोल दिया था। पश्चिमी सेकुलरवाद में धार्मिक छौंक की मात्रा बढ़ती जा रही थी। अमेरिका और युरोपीय देशों की अधिकांशत: एकरंगी धार्मिक-जातीय सामाजिक बनावट के कारण वह ऐसा करते हुए भी सेकलुर बने रहने का दावा कर सकता था। फिर आधुनिकता, राष्ट्रवाद और सेकुलरवाद उसके अपने ऐतिहासिक आविष्कार थे। एशिया, अफ्रीका और लातीनी अमेरिका की तरह ये संरचनाएँ उसे औपनिवेशिक अनुभव से गुज़रने के दौरान हासिल नहीं हुई थीं। पश्चिमी सेकुलरवाद और ईसाइयत के बीच गठजोड़ के लिए ज़मीन बनाने में बीसवीं सदी में प्रोटेस्टेंट धर्मशास्त्रियों द्वारा विकसित सेकुलर ईसाइयत के विचार ने भी योगदान किया। ज़र्मन धर्मशास्त्री डीट्रिश बोनहोफ़र ने घोषित किया कि ईसाइयत की सेकुलर व्याख्या अनिवार्य है। उनका विचार था कि तीव्र सेकुलरीकरण के युग में ईसाइयत अपना वजूद इसी तरह क़ायम रख सकती है।[13]

बहरहाल, ग़ैर-पश्चिमी दुनिया में सेकुलरवाद को ये सुविधाएँ उपलब्ध नहीं थीं। सेकुलर राज्य की विफलताओं ने धर्म और राष्ट्रवाद के गठजोड़ की भूमिका तैयार की : धार्मिक राष्ट्रवाद के इस संस्करण ने किसी राजशाही या धर्मतंत्रीय राज्य की वकालत नहीं की, बल्कि अपने आधुनिक होने का दावा किया। उसने निर्वाचन और लोकतंत्र के संस्थागत ढाँचे को अपनाते हुए सत्ता पर क़ब्ज़े की मुहिम चलायी और बाज़ार की ताक़तों में अपने यक़ीन का एलान किया। धार्मिक राष्ट्रवाद ने सेकुलरवाद को पूरी तरह ख़ारिज किया क्योंकि यह विचारधारा धर्म और राष्ट्रवाद को एंटीथीसिस की तरह देखती थी, पर उसने सेकुलर प्रयोगों के फलस्वरूप बने राज्य को अपना लिया। अगर सेकुलर राष्ट्रवाद 'व्यवस्था की विचारधारा' था, तो धार्मिक राष्ट्रवाद ने भी व्यवस्था की विचारधारा के रूप में उभरने का प्रयास किया।

धार्मिक राष्ट्रवाद का दावा था कि वह नागरिकों की आधुनिक ज़रूरतों के साथ-साथ परम्परा से उनके लगाव को भी स्पर्श देता है, जबकि परम्पराविहीनता सेकुलर राष्ट्रवाद को मूल्यहीन बना देती है। सेकुलर राष्ट्र-राज्य की कई विफलताओं से भी उसे नया उछाल मिला। दुनिया के कई हिस्सों में सेकुलर

---

[13] *अ डिक्शनरी फ़ॉर बिलीवर्स ऐंड नॉन बिलीवर्स* (1985), प्रोग्रेस पब्लिशर्स, मास्को : 514-15.

राज्य अपने वायदों को पूरा करने में विफल साबित हो चुका था। पूरी बीसवीं सदी में वह न तो सभी नागरिकों को राजनीतिक स्वतंत्रता दे पाया, न ही आर्थिक बराबरी का सपना पूरा हुआ और न ही सामाजिक न्याय मिला। विभिन्न समाजों में मध्यवर्ग के बहुत से सुशिक्षित लोगों ने लम्बे अरसे तक सेकुलर रहने के बाद धार्मिक राष्ट्रवाद में पनाह लेनी शुरू कर दी। इन लोगों को लग रहा था कि सेकुलर सिद्धांत पर बने पश्चिमी समाज नाकाम हो चुके हैं। अविवाहित मातृत्व, तलाक़, नस्लवाद, नशे की लत, संगठित अपराध, विश्वयुद्धों की हिंसा, वाटरगेट, ईरानगेट, व्हाइट वाटर, वियतनाम युद्ध, लगातार मंदी, बढ़ते हुए बजट घाटे, दलाली, सट्टेबाजी और सदाचारहीन जीवन-शैली से निकली छवि ने सेकुलरवाद से तीसरी दुनिया के मोहभंग को नये तर्क प्रदान किये। साथ ही इन लोगों ने देखा कि उनके अपने देशों में उपनिवेशवाद के ख़ात्मे के बाद बनी सेकुलर सरकारें बढ़ती हुई ग़रीबी, विकास नीति की विफलता, अधकचरे आधुनिकीकरण, सामाजिक विकृतियों, भ्रष्टाचार, भाई-भतीजावाद और प्रशासनिक अक्षमता की वाहक बनी हुई हैं। धार्मिक राष्ट्रवाद ने इन तमाम समस्याओं की व्याख्या तरह-तरह से की। मसलन, श्रीलंका के बौद्ध राष्ट्रवादियों ने इसका दोष सेकुलर राष्ट्रवाद की आत्यंतिक मूल्यहीनता पर मढ़ा, ईरान के अयातुल्लाओं ने इसे ईरानी सेकुलरवादियों की पश्चिमपरस्ती का नतीजा कहा, मिस्र के मुसलिम ब्रदरहुड ने इसे सेकुलर शासकों के विश्वासघात से जोड़ा पाकिस्तान के इस्लामी कट्टरपंथियों ने इसे शरियत के नियमों के उल्लंघन का दुष्परिणाम बताया, भारत के हिंदुत्ववादियों ने इसे अल्पसंख्यकों के तुष्टीकरण के मत्थे मढ़ दिया और भारत के ही सिख अलगाववादियों ने इसकी व्याख्या पंथिक नियमों के उल्लंघन के रूप में की।[14]

तीसरी दुनिया के देशों को गुलाम बनाने वाली पश्चिमी ताक़तों का विचार था कि उन्होंने उपनिवेशवाद के ज़रिये इन समाजों को सेकुलर राष्ट्रवाद की महान् विरासत थमाई है। इतिहास की कसौटी पर उनकी यह दावेदारी पूरी तरह से सही नहीं बैठती। यह सही है कि भारत जैसे देशों में ब्रिटिश उपनिवेशवादियों ने प्रशासनिक कामकाज में राज्य और धर्म के अलगाव के सिद्धांत का पालन किया और अपनी फ़ौजों के साथ आये ईसाई मिशनरियों को बढ़ावा देने से भी परहेज़ किया। यह भी सही है कि उन्होंने उपनिवेशों की जनता के ऊपरी तबक़ों के कुछ चुनिंदा हिस्सों को आधुनिकता और बुद्धिवाद का साक्षात्कार कराया।

[14] मार्क जुरगेंसमयेर की उक्त पुस्तक का तीसरा और चौथा अध्याय.

पर यह भी एक हक़ीक़त है कि पश्चिमी ताक़तों ने अपने-अपने उपनिवेशों में सेकुलरीकरण की प्रक्रिया चलाने में ढीला-ढीला रवैया अपनाया। मसलन, फ्रांसीसियों ने अपने देश में तो धार्मिक शिक्षा को निरुत्साहित किया, पर उपनिवेशों में ईसाई शिक्षा को बढ़ावा दिया ताकि स्थानीय राष्ट्रवादियों को शिक्षा के दायरे से बाहर रखा जा सके।[15] भारत में अछूतों के नेता डॉ. भीमराव आम्बेडकर ने जहाँ आधुनिक विचारों का अवदान देने के लिए एक ओर अंग्रेज़ों की प्रशंसा की है, वहीं हिंदू समाज के सेकुलरीकरण की उपेक्षा करने के लिए उनकी कड़ी आलोचना भी की है।[16] दूसरे, पश्चिमी ताक़तों की औपनिवेशिक नीति ने भारत की बहुधार्मिक बनावट का फ़ायदा उठाते हुए धार्मिक समुदाय की राजनीतिक महत्त्वाकांक्षाओं को दूसरे समुदाय की महत्त्वाकांक्षाओं से भिड़ाने की नीति अपनायी ताकि राष्ट्रवादी ताक़तें उनके ख़िलाफ़ एकजुट न हो सकें। इस प्रक्रिया में धार्मिक राजनीतिक अस्मिताओं को पानी मिला और धार्मिक राष्ट्रवाद के लिए ज़मीन बनती चली गयी। कहा जा सकता है कि भारत जैसे देशों में उपनिवेशवादियों के चले जाने के बाद सेकुलर राष्ट्रवादियों को सत्ता ज़रूर मिली, पर धार्मिक राष्ट्रवाद की ताक़तें हमेशा उनके साथ प्रतियोगिता करती रहीं।

III

गाँधी-नेहरू विरासत की उलझनें

भारतीय सेकुलरवाद पर कोई भी चर्चा उस साझी वैचारिक संरचना के ज़िक्र के बिना अधूरी रहेगी, जिसे आमतौर पर गाँधी-नेहरू विरासत कहा जाता है। इस लेख की शुरुआत में कहा गया है कि संविधान सभा प्रदत्त सेकुलरवाद पर गाँधी और नेहरू के मिले-जुले विचारों की छाप थी। दरअसल, यह एक जोखिम भरा वक्तव्य है, क्योंकि नेहरू और उनके सेकुलरवाद का विरोध करने वाले कई प्रभावशाली विद्वानों का दावा है कि इस मामले में गाँधी की नेहरू के साथ जोड़ी नहीं बनायी जा सकती क्योंकि गाँधी राजनीति को धार्मिकता से आवेशित करना चाहते थे, और नेहरू धर्मविरोधी थे। यह एक तथ्य भी है कि नेहरू ने स्वतंत्रता आंदोलन में धार्मिक प्रतीकों के इस्तेमाल के लिए गाँधी की आलोचना की थी। सेकुलरवाद के आलोचक गाँधी के साथ सेकुलरवाद के रिश्तों को दो तरह से

[15] निकी आर. किड्डी के लेख में इस तथ्य का हवाला मिलता है.

[16] डब्ल्यू.एन. कुबेर (1979), *आम्बेडकर : अ क्रिटिकल स्टडी,* पीपुल्स पब्लिशिंग हाउस, नयी दिल्ली : 157 में डॉ. आम्बेडकर द्वारा की गयी अंग्रेज़ों की कड़ी आलोचना का हवाला मौजूद है.

पेश करते हैं। पहली व्याख्या तो यह है कि गाँधी और सेकुलरवाद का कोई संबंध हो ही नहीं सकता, क्योंकि गाँधी को अपनी सभी प्रेरणाएँ अपने सनातनी होने से मिला करती थीं। वे आधुनिकता के विरोधी थे और स्वाभाविक तौर पर क़तई सेकुलर नहीं थे। सेकुलरवाद के ऐसे आलोचक सामुदायिक और धार्मिक सहिष्णुता की खोज गाँधीजनित प्रेरणाओं के आधार पर करना चाहते हैं। उनकी मान्यता है कि उत्तर-सेकुलरवादी राजनीति के सूत्र इसी तरह से खोजे जा सकते हैं। दूसरी व्याख्या का दावा है कि संविधान प्रदत्त सेकुलरवाद में सर्वधर्मसमभाव का विचार गाँधी की ही देन था। लेकिन, संविधान पारित होने के बाद नेहरू के नेतृत्व में किये गये सेकुलरवादी आचरण ने गाँधी विचार के प्रतीक सर्वधर्मसमभाव को जुबानी जमा-ख़र्च के खाते में डाल दिया और पूरे उत्साह से आधुनिकतावादी और बुद्धिवादी सेकुलरीकरण की परियोजना पर अमल शुरू कर दिया।

चूँकि सेकुलरवाद के आलोचकों ने गाँधी के विचार को ही अपनी प्रेरणाओं का स्रोत बताया है, इसलिए उनके आक्षेपों की विवेचना करने के लिए धर्म और राज्य के रिश्तों पर गाँधी के विचारों को भी जम कर खँगाला जाना स्वाभाविक ही था। इस पड़ताल में गाँधी-विचार की नाना प्रकार की निर्मितियाँ सामने आयीं। आलोचकों ने उन्हें वल्गर या 'अतिसरलीकृत गाँधीवाद' का शिकार बताया और वहाँ तक कहा कि स्वयं गाँधी पर भी अपने ही विचार के अतिसरलीकृत रूपों का असर दिखता है। सेकुलरवाद के मार्क्सवादी पैरोकारों ने 'नव-गाँधीवाद' जैसा पद हवा में उछाला और गाँधी के विचारों को ज़्यादा से ज़्यादा एक फ़ौरी कार्य-नीति के दायरे में सीमित करते हुए सेकुलरीकरण की विराट परियोजना के लिए अपर्याप्त क़रार दिया। व्याख्याओं के इसी क्रम में एक ख़ास तरह के 'सृजनशील गाँधीवाद' की चर्चा भी हुई जिसने गाँधी को सेकुलर राज्य का पक्षधर और उनके भारतीय राज्य की संरचना में उनके वैचारिक हस्तक्षेप को आधुनिकता के नज़रिये से किये गये हस्तक्षेप की तरह देखा। इस प्रकार सेकुलरवाद पर महाविवाद गाँधी-दर्शन की व्याख्याओं में भी महत्त्वपूर्ण योगदान करने वाला साबित हुआ।[17] स्वाभाविक ही था कि यह महाविवाद नेहरू के सोच-विचार, व्यक्तित्व और प्रधानमंत्री के रूप से आचरण पर भी दिलचस्प रोशनी डालता। अख़िरकार सेकुलरवाद की विफलताओं के लिए जवाहरलाल नेहरू को ही

[17] सेकुलरवाद के आलोचकों नंदी और मदन पर अतिसरलीकृत गाँधीवाद का आरोप राजीव भार्गव ने लगाया है और थामस पेंथम ने उनसे सहमति जताई है. अचिन विनायक ने नंदी-मदन को नव-गाँधीवादी क़रार दे कर ख़ारिज कर दिया है. और, ख़ुद पेंथम सृजनशील गाँधीवाद की थीसिस लेकर आये हैं.

खलनायक के रूप में पेश किया गया था।

सेकुलरवाद की गाँधी-नेहरू विरासत को अमान्य ठहराने वालों को गाँधी के ऐसे कथन अत्यंत प्रिय हैं जिनमें वे या तो ख़ुद को कट्टर सनातनी कहते नज़र आते हैं या फिर धर्म और राजनीति को अभिन्न बताते हुए कहते दिखते हैं कि दोनों को अलग-अलग करने वाले लोग न धर्म को जानते हैं, न ही राजनीति को।[18] गाँधी के वाङ्मय में धर्म और राजनीति को एक-दूसरे का पर्याय बताने वाले ऐसे कथन थोक में उपलब्ध हैं। लेकिन, उनके राजनीतिक जीवन का एक पक्ष और है जिसकी चर्चा करने में गाँधीवादियों को पता नहीं क्यों संकोच होता है। 1920-21 में असहयोग आंदोलन को एक धार्मिक शुद्धि आंदोलन बताने से लेकर 1943 तक धर्म को जीवन की प्रत्येक गतिविधि का आधार बताने वाले गाँधी ने चालीस के दशक में धर्म और राजनीति के संबंधों पर विशेष ध्यान दिया था। इस अवधि के दौरान उनके कथनों पर नज़र डाली जाए तो स्पष्ट हो सकता है कि भारतीय सेकुलरवाद की गाँधी-नेहरू विरासत का स्रोत कहाँ निहित है।

चालीस के दशक तक गाँधी को अंदाज़ा हो गया था कि राजनीति में नैतिकता फूँकने के उनके प्रयासों का बहुसंख्यकवादी या अन्य धार्मिक कट्टरपंथी बेजा इस्तेमाल कर सकते हैं। आज़ादी की घड़ी नज़दीक आती दिख रही थी। इस अवधि में गाँधी के रवैये से साफ़ लगता है कि वे निकट भविष्य में स्थापित हो सकने वाले भारतीय राज्य के भविष्य को लेकर चिंतित थे कि कहीं उस पर धार्मिक राजनीति करने वालों का क़ब्ज़ा न हो जाए। सम्भवतः इसीलिए 1940 से ले कर अपनी हत्या तक उन्होंने धर्म और राजनीति के रिश्तों पर अपने विचारों को बार-बार स्पष्ट किया। हालाँकि गाँधी पहले भी कई बार यह बात कह चुके थे, लेकिन 1940 में अपनी 'धार्मिक' राजनीति को उन्होंने दो बार ठोस रूप से परिभाषित किया कि वे जिस धर्म का ज़िक्र करते हैं वह हिंदू, इस्लाम या ईसाइयत से परे जाता है। उन्होंने ज़ोर दे कर कहा कि धर्म एक निजी सरोकार है जिसके ज़रिये व्यक्ति ईश्वर से तादात्म्य स्थापित करता है। अगस्त 1942 में उन्होंने साफ़ कहा कि इस प्रकार के धर्म का राजनीति में कोई स्थान नहीं होना चाहिए। अक्टूबर, 1946 में केंद्रीय और प्रांतीय सरकारों के संदर्भ में उनका कहना था कि उनमें हिंदू या मुसलमान का कोई भेदभाव नहीं होना चाहिए क्योंकि सभी भारतीय हैं और धर्म एक निजी मसला है। 1947 में उन्होंने तीन बार (फ़रवरी, अगस्त और

---

[18] यह आशिस नंदी का प्रिय वाक्य है जिसे वे 1985 से 2004 तक न जाने कितनी बार उद्धृत कर चुके हैं. इसे गाँधी की आत्मकथा (1929) *दि स्टोरी ऑफ़ माई एक्सपेरीमेंट्स विद टुथ,* अहमदाबाद : 591 पर देखा जा सकता है.

नवम्बर में) धर्म को राजनीति से अलग करने की वकालत की। उनका अगस्त का वक्तव्य इस प्रकार था, 'धर्म एक निजी मामला है और अगर हम इसे निजी स्तर तक सीमित रखने में सफल हो गये तो राजनीति में सब कुछ ठीक-ठाक रहेगा। ... राज्य पूरी तरह सेकुलर होने के लिए प्रतिबद्ध है।' नवम्बर, 1947 में एक प्रार्थना सभा में गाँधी जी ने कहा था, '... हम कांग्रेस के चवन्नी वाले सदस्य हों या न हों, हमें इस बात पर गर्व होना चाहिए कि हमारे बीच में धर्मतंत्रीय राज्य की स्थापना से नफ़रत करने वाली संस्था मौजूद है। इस संस्था को हमेशा विश्वास रहेगा और वह इस विश्वास पर खरी भी उतरेगी कि हमारी कल्पनाओं का राज्य सेकुलर और लोकतांत्रिक राज्य होना चाहिए ...।' गाँधी को सनातनी क़रार देने वाले लोगों को चाहिए कि वे 1920 से 1947 के बीच उनके दसियों कथन देखें जिनमें उन्होंने बिना किसी हीले-हवाले के कहा है कि आज के ज़माने में कोई भी धार्मिक मतवाद और शास्त्र बुद्धि की कसौटी पर कसे बिना नहीं माना जा सकता। कुरान और गीता दोनों को तर्क की कसौटी पर कसने का आह्वान करने में उन्हें कोई हिचक नहीं थी। रामराज्य को आदर्श राज्य बताने के अपने आग्रह के बारे में भी उन्होंने स्पष्ट किया था कि ईसाइयों के सामने वे इसे किंगडम ऑफ़ गॉड कहते हैं और मुसलमानों के सामने ख़ुदाई हुक़ूमत। इन उद्धरणों से एक अंदाज़ा मिल सकता है कि अपनी प्रार्थना सभाओं में सभी धर्मों के ग्रंथों से पाठ कराने वाले गाँधी ने अपने उत्तराधिकारी के रूप में अज्ञेयवादी नेहरू को क्यों चुना। चालीस के दशक से दो साल पहले ही 1938 में गाँधी अपने अनुयायियों को नसीहत दे चुके थे कि 'हालाँकि बढ़ती उम्र के कारण मेरे शरीर का क्षय ज़रूर हो रहा है, पर मुझे उम्मीद है कि यह नियम मेरी बुद्धि पर लागू नहीं होगा। मुझे यक़ीन है कि क्षय होने के बजाय उसका विकास ही हो रहा है।' यह कहने से ठीक पहले गाँधी ने यह भी कहा था कि 'मेरे ताज़े लेखन को सही मान कर उसके मुक़ाबले कहीं पुराने कथनों और क़दमों को ख़ारिज कर देना चाहिए।'[19]

लेकिन, गाँधी द्वारा राज्य और धर्म को अलग-अलग रखने की इस पैरोकारी का मतलब कुछ पेचीदा था। यह पूरी तरह मुमकिन है राज्य और धर्म को अलग-

---

[19] धर्म और राजनीति को अलग करने पर ज़ोर देने वाले गाँधी के इन कथनों के लिए 1940 से 1947 के बीच उनके पत्र *हरिजन* के अंक देखे जा सकते हैं. गाँधी की संकलित रचनाओं में ये अंक उपलब्ध हैं. इस पूरे संदर्भ में गाँधी के कथनों को इस क्रम से देखा जा सकता है : *हरिजन,* 10 फ़रवरी, 1940, *संकलित रचनाएँ,* खण्ड-71 : 177-78; 8 जून, 1940, *संकलित रचनाएँ,* खण्ड-72 : 134; 9 अगस्त, 1942, *संकलित रचनाएँ,* खण्ड-76 : 402; 20 अक्टूबर, 1946, *संकलित रचनाएँ,* खण्ड-85, 449, 10 फ़रवरी, 1940, *संकलित रचनाएँ,* खण्ड 71, 177-78 : 31 अगस्त 1947, *संकलित रचनाएँ,* खण्ड-89 : 79, 16 नवम्बर, 1947, *संकलित रचनाएँ,* खण्ड-44, 166 : 27 अगस्त, 1938, *संकलित रचनाएँ,* खण्ड-67 : 284; रामराज्य के बारे में गाँधी की सफ़ाई के बारे में देखें : 18 अगस्त, 1946, *संकलित रचनाएँ,* खण्ड-85 : 135.

अलग दायरों में रखने की स्पष्ट वकालत करने वाला व्यक्ति राज्य को धर्म के हस्तक्षेप से नहीं, बल्कि राज्य की दख़लंदाज़ी से धर्म को बचाना चाहता हो। ज़ाहिर है कि सेकुलर होने की डिग्री केवल राज्य और धर्म के बीच 'पृथकता की दीवार' की ऊँचाई और मज़बूती पर ही नहीं, बल्कि इस बात पर भी निर्भर है कि कौन किसको किससे बचाना चाहता है। उदाहरण के तौर पर यह बात गारंटी से कही जा सकती है कि गाँधी राज्य को धर्म से अलग रखना चाहते थे, पर यह दावा नहीं किया जा सकता कि वे सरकारी क़दमों के ज़रिये हिंदुओं के धार्मिक जीवन के सेकुलरीकरण के पक्ष में भी थे। धर्म के आधुनिकीकरण और सेकुलरीकरण की प्रक्रिया गाँधी के लिए कोई और ही मायने रखती थी। चालीस के दशक में गाँधी के एक कथन का तात्पर्य यह भी था कि गाँधी धर्म को आधुनिक राज्य के हस्तक्षेप से बचाने के लिए ही उसे राज्य से अलग करने के समर्थक थे। सितम्बर 1946 में उन्होंने कहा था कि अगर वे तानाशाह होते तो धर्म और राज्य को अलग-अलग कर देते क्योंकि राज्य का धर्म से कोई लेना देना नहीं होना चाहिए। गाँधी की निगाह में राज्य की गतिविधियाँ स्वास्थ्य, संचार, विदेश नीति, मुद्रा इत्यादि जैसे सेकुलर मामलों तक सीमित रहनी चाहिए थी। अर्थात् वे धर्म के सेकुलरीकरण की प्रक्रिया सरकारी और क़ानूनी दायरे से बाहर चलाना चाहते थे।[20]

बहरहाल, गाँधी और नेहरू के मतभेद जो भी हों, वे धर्म और राज्य को अलग करने के सवाल पर तो नहीं ही थे। उनके बीच मतभेद अगर कहीं हो सकते थे, तो वह उदारतावादी सेकुलर राज्य की गतिविधियों की सीमा तय करने के बारे में ही हो सकते थे। ज़ाहिर है कि सेकुलरवाद की गाँधी-नेहरू विरासत को सबसे ज़्यादा यही सवाल परेशान करने वाला था कि भारत के सेकुलर राज्य को हिंदुओं के धार्मिक और सांस्कृतिक जीवन में विधि-निर्माण के ज़रिये हस्तक्षेप

इस सिलसिले में गाँधी के विचारों की सर्वाधिक वस्तुनिष्ठ प्रतीत होने वाली व्याख्या के लिए यहाँ बिपिन चंद्र (2004) के लेख 'गाँधी, सेकुलरिज़म ऐंड कम्युनलिज़म' का हवाला देना आवश्यक है. यह लेख *सोशल साइंटिस्ट* के खण्ड 32, अंक 1-2, जनवरी-फ़रवरी 2004 : 3-29 में प्रकाशित हुआ है. इस संबंध में गाँधी के चिंतन की एक और विचारणीय व्याख्या थामस पेंथम (2004) ने की है. उनका लेख 'अंडरस्टेंडिंग इण्डियन सेकुलरिज़म : लर्निंग फ्राम इट्स रियसेंट क्रिटिक्स' राजेंद्र वोरा और सुहास पलशीकर द्वारा सम्पादित पुस्तक *इण्डियन डेमौक्रेसी : मीनिंग्स ऐंड प्रेक्टिसिज़,* सेज, नयी दिल्ली में संकलित है.

[20] भीखू पारेख ने 1989 में प्रकाशित अपने दो बेहतरीन गाँधी विषयक अध्ययनों (*गाँधीज़ पॉलिटिकल फ़िलॉसफ़ी* और कोलोनियलिज़म, *ट्रेडीशन ऐंड रिफ़ॉर्म्स)* में दिखाया है कि गाँधी ने धर्म और परम्परा का सेकुलरीकरण किस तरह किया. सितम्बर, 1946 को एक ईसाई मिशनरी के साथ बातचीत में गाँधी ने सेकुलर राज्य की ये सीमाएँ निर्धारित की थीं. देखें, *हरिजन* का 22 सितम्बर, 1946 का अंक, *क्लेक्टेड वर्क्स,* खण्ड 72 : 328.

करने की इजाज़त मिलनी चाहिए या नहीं?

यह प्रश्न उस समय और भी जटिल हो जाता है जब हम देखते हैं कि आज़ाद भारत की पहली सरकार ने हिंदू रीति-रिवाज़ों में तो हस्तक्षेप किया, अल्पसंख्यकों के सांस्कृतिक जीवन को एकदम अछूता छोड़ दिया। यही कारण था कि सेकुलर राज्य के लिए प्रतिबद्ध सरकार के ऊपर पचास के दशक में ही साम्प्रदायिक होने का आरोप लगा।[21] सेकुलरवाद पर की जाने वाली चर्चाओं में आज तक कहा जाता है कि नेहरू सरकार के इसी एकतरफ़ापन को बाद की कांग्रेस सरकारें और बढ़ाती चली गयीं। उन्होंने मुसलमानों की अल्पसंख्यक मनोदशा का वोट पाने के लिए दोहन किया। इसी कारण हिंदुत्ववादियों को अल्पसंख्यक तुष्टीकरण का आरोप लगाकार हिंदू वोट कुछ और बढ़ाने का मौक़ा मिल गया। भारतीय सेकुलरवाद के ये अंतर्विरोध और विरोधाभास उस समय और भी पेचीदा लगने लगते हैं जब कुछ विद्वान आरोप लगाते हैं कि नेहरू के जिन क़दमों की अल्पसंख्यक तुष्टीकरण कह कर आलोचना की जाती है, दरअसल उन्हें उठाते समय सेकुलर सरकार ख़ुद को हिंदुओं की सरकार की तरह देख रही थी। इस आरोप के मुताबिक़ सरकार की समझ थी कि हिंदुओं को राजकीय हस्तक्षेप के ज़रिये अपने सांस्कृतिक जीवन के आधुनिकीकरण से कोई ख़तरा महसूस नहीं करना चाहिए, क्योंकि आख़िरकार और प्रशासन पर हिंदू-वर्चस्व ही तो है।[22]

दरअसल, नेहरू गाँधी की तरह धर्म पर ज़ोर न देने के बावजूद धार्मिकता से रहित आध्यात्मिकता की खोज़ में रत लगते थे। वे इस मामले में पूरी तरह साफ़ थे कि राज्य का कोई धर्म नहीं होना चाहिए, लेकिन साथ ही वे सारे जीवन कोशिश भी करते रहे कि किसी तरह उनके निर्माणाधीन सेकुलर राष्ट्र को भारत

---

[21] नेहरू सरकार द्वारा हिंदुओं के सांस्कृतिक जीवन को क़ानून बनाकर बदलने के प्रयासों और अल्पसंख्यकों को छोड़ देने के बारे में समाजवादी नेता आचार्य कृपलानी ने कहा था : 'अगर हमारा राज्य लोकतांत्रिक है, तो मैं दलील दूँगा कि हमें एक समुदाय के बारे में ही क़ानून नहीं बनाने चाहिए ... केवल हिंदू महासभा वाले ही साम्प्रदायिक नहीं है, चाहे दावा कुछ भी हो पर साम्प्रदायिक तो सरकार भी है. ... अगर अपने सुधारवादी जोश को उन्होंने (संसद सदस्यों) सिर्फ़ हिंदू समुदाय पर ही केंद्रित किया तो उनके लिए साम्प्रदायिक होने के आरोप से बचना मुश्किल हो जाएगा. कहा जाएगा कि केवल हिंदू समुदाय के हितों के बारे में चिंतित हैं और मुसलमान या कैथॅलिक समुदायों के हितों की उन्हें कोई फ़िक्र नहीं है ... विवाह क़ानून हिंदू समुदाय को फ़ायदा पहुँचाए या नुक़सान, दोनों ही हालातों में वह एक साम्प्रदायिक क़दम बन कर रह जाता है'. कृपलानी के इस कथन का उल्लेख डोनाल्ड यूजेन स्मिथ (1963) ने अपनी विख्यात पुस्तक *इण्डिया एज़ अ सेकुलर स्टेट,* प्रिंसटन युनिवर्सिटी प्रेस, प्रिंसटन में किया है.

[22] भीखू पारेख ने अपने लेख 'नेहरू ऐंड सेकुलरिज़म' (वही) में इसका ज़िक्र किया है. यह प्रेक्षण उन्होंने सबसे पहले 'नेहरू ऐंड दि नैशनल फ़िलॉसफ़ी ऑफ़ इण्डिया', *इकॉनॉमिक ऐंड पॉलिटिकल वीकली,* 5-12 जनवरी, 1999 : 42 में किया था. मदन उनके इस विचार से सहमत हैं. देखें, टी.एन. मदन (1993), 'विदर इण्डियन सेकुलरिज़म', *मॉडर्न एशियन स्टडीज़, 27,* 3 (1993) : 667-697.

के सांस्कृतिक इतिहास से वैधता नसीब हो जाए।[23] उन्होंने अपनी इतिहास रचनाओं में अतीत के हमलावरों की शिनाख़्त उनके धर्म से न करके उनकी भौगोलिक पहचान से की, और दूसरी तरफ़ भारतीय उद्योगीकरण के लिए भविष्य के मंदिरों का रूपक गढ़ा। नेहरू के आलोचकों ने भी माना है कि लेनिन और अतातुर्क का प्रशंसक होते हुए भी उन्होंने सोवियत संघ या तुर्की की तर्ज़ पर राज्य की दमनकारी ताक़त से सेकुलरीकरण थोपने का प्रयास नहीं किया।[24] उनकी कोशिश थी कि किसी तरह सेकुलरवाद भारतीय स्वभाव का अंग बन जाए।

दिक़्क़त यह थी कि नेहरू के पास पश्चिमी सेकुलरवाद की तरह अपने राष्ट्रवाद में धार्मिक प्रतीकों का छौंक लगाकर सेकुलर बने रहने की सहूलियत नहीं थी। एक धर्मबहुल देश के सेकुलर नेता होने के नाते राष्ट्र को सांस्कृतिक आधार देने के लिए वे बहुसंख्यक संस्कृति के धार्मिक प्रतीकों का सहारा नहीं ले सकते थे। इसी उलझन के कारण नेहरू कई बार सेकुलर होने या न होने के बीच फँसे दिखाई दिये। जब गाँधी की अंत्येष्टि होनी थी तो सवाल उठा कि यह राजकीय कार्यक्रम धार्मिक रीति-रिवाज़ों से होना चाहिए या सेकुलर शैली से? गौतम बुद्ध की ढाई हज़ारवीं जयंती नेहरू की सरकार को मनानी चाहिए थी या नहीं? सोमनाथ मंदिर का जीर्णोद्धार सरकारी ख़र्चे से होना चाहिए था या नहीं? राष्ट्रपति बाबू राजेंद्र प्रसाद को बनारस में ब्राह्मणों के पैर धोने चाहिए थे या नहीं? सरकारी मंत्रियों, राज्य के मुखिया या विदेशों में भारत के राजदूतों को धार्मिक पूजा स्थलों पर जाने की इजाज़त दी जानी चाहिए थी या नहीं? ज़ाहिर है कि ये सभी सवाल आज तक विवादास्पद हैं। ख़ुद को बेहिचक कभी अनीश्वरवादी और कभी अज्ञेयवादी कहने वाले नेहरू के सेकुलरवाद की विडम्बना का चरमोत्कर्ष उस समय हुआ जब 1964 में ख़ुद उनकी राजकीय अंत्येष्टि भी मंत्रोच्चार के बीच धार्मिक विधि-विधान से हुई।

---

[23] देखें भीखू पारेख के दोनों लेख : 'नेहरू ऐंड सेकुलरिज़्म' और 'नेहरू ऐंड दि नैशनल फिलॉसफ़ी ऑफ़ इण्डिया'.

[24] देखें मदन के दो लेख 'विदर इण्डियन सेकुलरिज़्म'? और 'दि केस ऑफ़ इण्डिया', *डेडलस*, ग्रीष्म 2003 : 62-66.

IV

साठ के दशक के किंतु-परंतु

साठ के दशक में भारतीय सेकुलरवाद पर बहस का नेतृत्व करते हुए विल्फ्रेड केंटवेल स्मिथ ने कहा था कि भारत का सेकुलरवाद एक ऐसी आकांक्षा है जिसे धरती पर उतारा जाना अभी बाक़ी है।[25] केंटवेल स्मिथ ने यह बात इस उम्मीद से कही थी कि अगर भारत में सेकुलरवाद का प्रयोग कामयाब हो गया तो विश्व मानवता के इतिहास की बहुत बड़ी उपलब्धि होगी। उनके आशावाद में ख़ासे संगीन क़िस्म के किंतु-परंतु पढ़े जा सकते थे। लेकिन, सेकुलरवाद के लोकप्रिय विमर्श में ऐसे लोगों की संख्या ही ज़्यादा रही है जो हर आपत्ति का जवाब सेकुलर राष्ट्र बनाने के प्रति उस आमसहमति के दावे के साथ देते हैं जो उनकी निगाह में आज़ादी के आंदोलन के दौरान ही बन गयी थी। मोटे तौर पर सही लगने वाले इस दावे की बारीकी से जाँच करना ज़रूरी है।

इस दावे का पहला अधूरापन यह है कि सेकुलरवाद अपनाने के लिए आम सहमति का यह दावा आज़ादी के आंदोलन से निकले एक छोटे से अंग्रेज़ीदाँ राजनीतिक अभिजन वर्ग का था जो सभी भारतवासियों की नुमाइंदगी करते हुए इसे पेश कर रहा था। इस दावे का दूसरा अधूरापन यह है कि सेकुलर राष्ट्र बना कर जिस समाज के सेकुलरीकरण की मुहिम चलायी जाने वाली थी, वह पश्चिम के एकरूप समाजों के विपरीत धार्मिक, जातिगत, सांस्कृतिक, जातीय और भाषाई बहुलता पर आधारित था। दक्षिण एशिया की चारों बड़ी धार्मिक परम्पराएँ (हिंदू, सिख, इस्लाम और बौद्ध) जीवन के सेकुलर पक्षों की शिनाख़्त तो करती थीं, पर उनके पास ईसाइयत के प्रोटेस्टेंट मत की तरह सेकुलर दायरों को अपेक्षाकृत स्वायत्त दर्जा देने का वैचारिक आधार नहीं था। इस दावे का तीसरा अधूरापन यह है कि उस छोटे से राजनीतिक अभिजन के बीच भारतीय सेकुलरवाद के रूपों के बारे में ख़ासे मतभेद थे। चाहे धार्मिक आज़ादी का सवाल हो, अल्पसंख्यकों के अधिकारों का प्रश्न हो या फिर राज्य और धर्म के बीच रिश्तों का सवाल हो, संविधान सभा की बहस से हमारे अभिजनों के आपसी मतभेद सामने आ जाते हैं।

आपातकाल में किये गये बयालीसवें संविधान संशोधन से पहले भारतीय संविधान में भारतीय गणराज्य को स्पष्ट रूप से सेकुलर क़रार नहीं दिया गया

---

[25] विलफ्रेड केंटवेल स्मिथ (1965), 'दि प्रॉब्लम', सेकुलरिज़म, अ सिम्पोजियम ऑन दि इम्प्लीकेशन ऑफ़ दि नैशनल पॉलिसी, *सेमिनार*, 6 मार्च.

था। विद्वानों के बीच इस विषय में तो कोई मतभेद नहीं है कि संविधान रचयिताओं से सेकुलर शब्द ग़फलत में नहीं छूटा था, इसका उल्लेख न करने के पीछे एक सोची-समझी रणनीति थी। पर, मतभेदों की शुरुआत इस सवाल से होती है कि संविधान में भारतीय राज्य का चरित्र निर्धारित करते हुए सेकुलर शब्द का ज़िक्र न करने का कारण क्या था। भीखू पारेख की मान्यता है कि सेकुलरवाद संविधान निर्माताओं का सरोकार ही नहीं था, इसलिए उन्होंने सेकुलरवाद के विभिन्न मॉडलों पर ग़ौर करके भारत के लिए एक मॉडल चुनने की कसरत में वक़्त बर्बाद नहीं किया। उनकी चिंता तो अधिकारों, कर्तव्यों, स्वतंत्रताओं और संस्थाओं की भाषा में राज्य और धर्म के संबंधों को इस तरह व्यक्त करने की थी कि सभी समुदाय शांतिपूर्ण सहअस्तित्व में रह सकें।[26]

दूसरी तरफ़ संविधान सभा की संबंधित बहस के अध्येताओं का मानना है कि सेकुलरवाद के मॉडल पर भले ही सीधे चर्चा न हुई हो, पर सेकुलर राज्य की शक्ल-सूरत को लेकर विवाद बहुत जमकर हुआ। मुख्य तौर पर चार रवैये थे। पहला रवैया इस पक्ष में था कि राज्य सभी धर्मों से बराबर की दूरी रखे, धार्मिक स्वतंत्रता का अधिकार केवल पूजा तक ही सीमित रहे, समान नागरिक संहिता को बुनियादी अधिकार बनाया जाए, राज्य की मदद से चलने वाली संस्थाओं में धार्मिक शिक्षा क़तई न दी जाए, किसी भी क़िस्म के अल्पसंख्यकों (भाषाई, धार्मिक या सेक्शुअल) को सार्वजनिक मान्यता न दी जाए, उनके लिए किसी तरह का (विधायिकाओं में या नौकरियों में) आरक्षण न हो, राज्य समुदायों की नहीं बल्कि सिर्फ़ व्यक्तियों के अधिकारों की सुरक्षा करे। दूसरा रवैया चाहता था कि राज्य सभी धर्मों का बराबर सम्मान करे, धार्मिक आज़ादी पूजा करने के अधिकार तक ही सीमित न रह कर धार्मिक आचरण तक विस्तारित की जाए, समुदायों को अपने-अपने निजी क़ानून रखने का बुनियादी अधिकार हो, धार्मिक शिक्षा देने वाली संस्थाओं को भी सरकार की मदद मिले, भाषाई और धार्मिक अल्पसंख्यकों के सांस्कृतिक अधिकारों की रक्षा हो, धार्मिक अल्पसंख्यकों के लिए विभिन्न आरक्षणों का प्रावधान हो। तीसरे और चौथे रवैयों की कोशिश इन दोनों के बीच का रास्ता निकालने की थी। तीसरा रवैया धार्मिक पूजा और समान नागरिक संहिता के साथ धार्मिक अल्पसंख्यकों के लिए आरक्षण को जोड़ना चाहता था। चौथा रवैया धार्मिक

[26] भीखू पारेख ने यह दबाव अपने लेख 'नेहरू ऐंड सेकुलरिज़्म' में सेकुलरवाद पर छिड़े महाविवाद के आधार पर ही सवाल उठाते हुए किया है.

आज़ादी की व्याख्या पूजा से आगे बढ़ा कर धार्मिक आचरण तक करने के लिए तैयार था, लेकिन वह धर्म आधारित आरक्षण देने के लिए तैयार नहीं था। हम जानते हैं कि संविधान के प्रावधान इसी चौथे रवैये से प्रभावित हैं। इसी के कारण भारत का सेकुलर राज्य न केवल व्यक्ति के अधिकारों की बल्कि समुदायों के सांस्कृतिक अधिकारों (ख़ास तौर से अल्पसंख्यक अधिकारों) की रक्षा करने के लिए प्रतिबद्ध है।[27]

संविधान सभा की बहस से उभरने वाले मतभेदों को दो निगाहों से देखा गया। कुछ विद्वानों ने दावा किया कि भारतीय राज्य का ढुलमुल रवैया मतभेदों की देन था। पचास के दशक में भारतीय राज्य के सेकुलर आचरण पर टिप्पणी करते हुए एक अन्य अध्येता ने दिखाया है कि किस तरह अवधारणात्मक सफ़ाई न होने के कारण नेहरू की सरकार को इस मामले में तदर्थ रवैया अपनाना पड़ा जिसके कारण सेकुलरवाद और सेकुलरीकरण की परिवर्तनकारी सम्भावनाओं का भारतीय समाज को पूरा लाभ नहीं मिल सका। सेकुलरवाद के प्रश्न पर नेहरू के पुरुषोत्तम दास टंडन, वल्लभभाई पटेल और गोविंद वल्लभ पंत से मतभेद थे। जयप्रकाश नारायण और राममनोहर लोहिया जैसे वामपंथी सिद्धांतकारों की निगाह में सेकुलरवाद कोई बहुत अहम मसला नहीं था। हाँ, डॉ. आम्बेडकर ने इस प्रश्न पर काफ़ी मगजपच्ची की, लेकिन वे नेहरू के साथ किसी सैद्धांतिक विमर्श में कभी नहीं उलझे। चूँकि अवधारणा साफ़ नहीं थी, इसलिए हिंदू कोड बिल पर नेहरू और आम्बेडकर में मतभेद हो गये। समान नागरिक संहिता पर दुविधा रह गयी, अकाली दल और मुसलिम लीग जैसी राजनीतिक पार्टियों को धर्म आधारित गोलबंदी करने की इजाज़त मिल गयी, बहुसंख्यक और अल्पसंख्यक श्रेणियों का इस्तेमाल बिना सोचे-समझे किया जाने लगा, आरक्षण के प्रश्न और भाषाई राज्यों के सवाल भी विचार के स्तर पर हल नहीं हो पाए, चुनावी राजनीति में वोट के लिए सामुदायिक गोलबंदी के ख़िलाफ़ कोई विचार ही नहीं पनप पाया।[28]

ज़ाहिर है कि ये शुरुआती दुविधाएँ दक्षिण एशिया में सेकुलरवाद के लिए कोई अच्छा संकेत नहीं थीं। साठ के दशक में जब सेकुलरवाद के भारतीय प्रयोग ने अपने दस साल पूरे कर लिए तो समाज वैज्ञानिकों के बीच इसके मूल्यांकन

---

[27] संविधान सभा की बहस के ये चार मुख्य रवैये शेफ़ाली झा के आलेख से.

[28] वलेरियन रोड्रिग्ज़ ने संविधान सभा की बहस से निकलने वाली सेकुलरवाद की निर्मितियों पर तैयार किये गये अपने वक्तव्य में एक सेमिनार के दौरान यह विश्लेषण किया है. रोड्रिग्ज़ ने यह पर्चा इण्डियन इंस्टीट्यूट ऑफ़ एडवांस स्टडी, शिमला द्वारा 1997 में आयोजित 'स्टडी वीक ऑन सेकुलर-कम्युनल क्वेश्चन' में पेश किया था.

को लेकर ज़ोरदार बहस फूट पड़ी। इस बहस की राजनीतिक पृष्ठभूमि में भाषाई आधार राज्यों का गठन करवाने के लिए चले जुझारू आंदोलन थे। हालाँकि उत्तर-पूर्व के अलगाववादियों को छोड़ कर इस दौरान भारतीय राष्ट्रवाद को कोई सीधी चुनौती नहीं मिल रही थी, लेकिन भाषाई और सांस्कृतिक दावेदारियाँ सेकुलर इयत्ता में संशोधन करने का दवाब डाल रही थीं। एक तरह से सेकुलरवाद के लिए यह पहला व्यावहारिक संकट था। इसमें यह संदेश भी छिपा हुआ था कि अगर सेकुलर इयत्ता को समरूप बनाने की कोशिश की गयी तो एक दीर्घकालीन संकट भी पैदा हो सकता है।

इसी ज़माने में वेद प्रकाश लूथरा ने सेकुलरवाद के अमेरिकी मॉडल को आदर्श बनाते हुए ऐलान किया कि भारत में सेकुलर राज्य न है, न ही बन सकता है। यहाँ का राज्य तो ज़्यादा से ज़्यादा धर्मों के प्रति तटस्थता का रुख ही अख़्तियार कर सकता है और यह भूमिका भारतीय राज्य ठीक से निभा रहा है।[29]

लूथरा के निष्कर्ष सेकुलरवाद से बड़ी-बड़ी उम्मीदें रखने वालों के लिए हताशाजनक थे। पर, इसी समय डोनाल्ड यूजेन स्मिथ और मार्क गैलेंटर की विद्वत्ता ने बहस को अधिक गम्भीर और गहन आयाम दे दिया। इसी बहस से सेकुलरवादी प्रयोगों का एक और पहलू सामने आया, जो अपेक्षाकृत सकारात्मक था। बहस के दौरान लगा कि शायद संविधान सभा के मतभेदों के कारण भारतीय सेकुलरवाद को एक प्रयोगधर्मी ज़मीन मिल गयी है और सेकुलरवाद के पश्चिमी मॉडल के साथ-साथ उसका कोई भारतीय मॉडल भी हो सकता है।

स्मिथ भारतीय अनुभव की समग्र आलोचना लेकर सामने आये और माना कि नेहरू के नेतृत्व में भारत एक सेकुलर राज्य है और ऐसे कई आधार हैं जिनकी वजह से भारतीय सेकुलरवाद का भविष्य भी उज्ज्वल है। लेकिन, इसी के साथ स्मिथ द्वारा व्यक्त अंदेशों की सूची भी काफ़ी लम्बी थी। उनके अनुसार भारत का आधुनिक राज्य हिंदू धार्मिक मामलों में बहुत ज़्यादा हस्तक्षेप करके अपनी हिंदू छवि पेश कर रहा है। ऊपर से उसने धार्मिक समुदायों को अलग-अलग निजी क़ानून रखने की इजाज़त भी दे रखी है जो सेकुलर सिद्धांत के पूरी तरह से ख़िलाफ़ है। इसी तरह धार्मिक समूहों के सांस्कृतिक अधिकारों की सुरक्षा का वायदा भी सेकुलरवाद के अनुकूल नहीं है। स्मिथ का ख़याल था कि सेकुलर राज्य द्वारा इन समूहों की सुरक्षा की जा सकती है, पर केवल 'समान नागरिकता'

[29] वेद प्रकाश लूथरा (1962), *दि कंसेप्ट ऑफ़ दि सेकुलर स्टेट इन इण्डिया,* ऑक्सफ़र्ड, नयी दिल्ली.

के सिद्धांत के तहत। स्मिथ को लग रहा था कि पाकिस्तान के साथ युद्ध होने की स्थिति में भारत के सेकुलर चरित्र पर असर पड़ेगा। वे कांग्रेस में हो सकने वाले सम्भावित टूट को लेकर भी चिंतित थे क्योंकि इससे हिंदू साम्प्रदायिकता की पार्टियों को मज़बूत होने का मौक़ा मिल सकता था। चूँकि स्मिथ सेकुलरवाद को राष्ट्रीय विकास की परियोजना का अंग मानते थे, इसलिए उनका विचार था कि अगर विकास की गाड़ी पटरी से उतरी तो सेकुलरवाद भी कमज़ोर होगा।[30]

स्मिथ के इन अंदेशों का जवाब मार्क गैलेंटर ने दिया। उनका कहना था कि जिन बातों को स्मिथ भारतीय सेकुलरवाद की ख़ामी मान रहे हैं, वे दरअसल उसकी ख़ूबियाँ हैं। गैलेंटर की मान्यता थी कि स्मिथ भारत पर राज्य और धर्म के पार्थक्य का अमेरिकी फ़ार्मूला थोपना चाहते हैं, ऊपर से यह भी चाहते हैं कि भारतीय राज्य सभी धर्मों से तटस्थ रहे। जबकि भारतीय सेकुलरवाद प्रगति और धार्मिक स्वतंत्रता के आग्रहों के बीच संतुलन बनाते हुए विकसित हो रहा है। गैलेंटर के अनुसार आधुनिक सेकुलर राज्य धर्म की उसके धर्मवलम्बियों की मर्ज़ी पर नहीं छोड़ सकता। धर्म के बारे में अपनी समझ बनाने के लिए उसे धार्मिक रीति-रिवाज़ों को धर्म के किसी मानक रूप के आईने में देखना पड़ता है। वरना, वह धर्म का मूल्यांकन कैसे करेगा और उससे जुड़ी बातों पर फ़ैसला कैसे देगा। इसलिए, धार्मिक मसलों में सेकुलर राज्य द्वारा कुछ न कुछ हस्तक्षेप लाज़िमी है। प्रत्येक सेकुलर राज्य धर्मों के किन्ही पहलुओं को स्वीकार करके प्रोत्साहित करता है, कुछ पहलुओं की उपेक्षा करता है और धर्मों के कुछ तत्त्वों को प्रतिबंधित भी करता है। वह एक क़ानूनी ढाँचा बनाता है जिसके ज़रिये धर्म के दायरों से बाहर रहते हुए उसे विनियमित करने का काम होता है। गैलेंटर की व्याख्या थी कि भारतीय संविधान का मुख्य रुझान धर्म को अदालतों द्वारा की जाने वाली पुनर्व्याख्याओं के ज़रिये बदल डालने के बजाय विधि-निर्माण द्वारा उसके दायरों का सीमांकन करने का है। गैलेंटर ने उदाहरण देकर दिखाया कि भारतीय सर्वोच्च न्यायालय के जज अपने सेकुलरवादी उत्साह में धर्म की पुनर्व्याख्या का काम भी करने लगते हैं जिससे संविधान प्रदत्त सेकुलरवाद के मॉडल को नुक़सान होता है।[31]

---

[30] डोनाल्ड यूजेन स्मिथ (1963), *इण्डिया एज़ अ सेकुलर स्टेट*, प्रिंसटन युनिवर्सिटी प्रेस, प्रिंसटन.

[31] मार्क गैलेंटर (1999) के दो लेख देखें : 'हिंदुइज़्म, सेकुलरिज़्म ऐंड इण्डियन जुडिशियरी' और 'सेकुलरिज़्म, ईस्ट ऐंड वेस्ट', संकलित : राजीव भार्गव (सम्पा.), *सेकुलरिज़्म ऐंड इट्स क्रिटिक्स*, ऑक्सफ़र्ड, नयी दिल्ली.

स्मिथ और गैलेंटर की कई बातों को बाद के इतिहास ने सही ठहराया। पाकिस्तान से युद्ध, कांग्रेस की कमज़ोरी और उसकी जगह हिंदुत्ववादी पार्टियों के मज़बूत होने और सुप्रीम कोर्ट द्वारा शाह बानो मामले में धर्म की व्याख्या के प्रयास ने भारतीय सेकुलरवाद के लिए समस्याएँ पैदा कीं। साठ के दशक में चली बहस के पहले दौर के क़रीब बीस साल बाद ऐसे हालात बने जिन्होंने एक बार फिर विद्वानों को सेकुलरवाद पर बहस में कूद पड़ने के लिए आमंत्रित किया। लूथरा, स्मिथ और गैलेंटर के पास आकलन करने के लिए केवल दस साल का अनुभव था। लेकिन, अस्सी के दशक के शास्त्रार्थ के लिए सेकुलर प्रयोग के पूरे पैंतीस साल उपलब्ध थे। ऊपर से दुनिया के पैमाने पर आधुनिकता, राष्ट्रवाद, लोकतंत्र, धर्म और सेकुलरवाद पर बहस बहुत आगे बढ़ चुकी थी। आधुनिकता, के ही औज़ारों से आधुनिकतावाद और राष्ट्रवाद पर प्रहार करने वाले प्रखर बुद्धिजीवियों की क़तार सामने खड़ी हुई थी। 1979 की ईरानी इस्लामिक क्रांति की सफलता ने पश्चिमी वैचारिक वर्चस्व वाले सेकुलर राष्ट्रवाद पर पुनर्विचार करना अनिवार्य कर दिया था। धर्म आधुनिक राष्ट्रवाद के साथ नाता जोड़कर सेकुलर राष्ट्रवाद को कड़ी चुनौती देने में लगा हुआ था। आर्थिक विकास संबंधी नाकामियों की वजह से विभिन्न देशों की जनता के बीच सेकुलरवाद रक्षात्मक पैंतरा अपनाने के लिए मजबूर हो चुका था।

V

महाविवाद : पृष्ठभूमि और रूपरेखा

बीसवीं सदी के अस्सी के और नब्बे के दशक ने सेकुलर कल्पनाशीलता के आरामदेह जगत में खलबली पैदा कर दी। चूँकि 1947 में भारतीय सार्वजनिक जीवन नया था और सेकुलर राज्य भी एक नयी चीज़ थी, इसलिए लोगों को उससे बड़ी-बड़ी उम्मीदें थीं। लेकिन, पैंतीस साल बाद राष्ट्र-राज्य और सेकुलरवाद के गठजोड़ की सीवनें उसके विरोधियों को ही नहीं, उसके कुछ समर्थकों को दिखाई देने लगीं। हुआ यह कि आधुनिक लोकतांत्रिक राजनीति जिन नयी अस्मिताओं को बना रही थी, वे क्रिया-प्रतिक्रिया के सिलसिले से गुज़र कर ठीक वही कर रही थीं, जिनके होने की उदारतावादियों या वामपंथियों ने कभी कल्पना भी नहीं की थी। बड़े-बड़े राजनीतिक समुदाय बन रहे थे : कहीं जातीयता के आधार पर (जैसे असमी, मराठी और तेलुगू), कहीं धर्म के आधार पर (जैसे सिख और मुसलमान) और कहीं जाति के आधार पर (जैसे दलित और यादव)। ये नयी अस्मिताएँ पुरानी अस्मिताओं को प्रतिस्थापित करने

के बजाय उनके कुछ आधुनिकीकृत रूपों के साथ सहअस्तित्व में सक्रिय थीं। हिंदुओं द्वारा ख़ुद को बहुसंख्यक राजनीति के आईने में देखना अब पहले की तरह नामुमकिन नहीं रह गया था।[32] बहुसंख्यकवाद के लिए ज़रख़ेज़ ज़मीन तैयार हो रही थी।

छठा दशक अगर भाषाई आंदोलनों का था, तो अस्सी के दशक पर अलगाववादी आंदोलन छाए हुए थे। स्थापित राष्ट्रवादी कल्पनाशीलता को चौतरफ़ा चुनौती मिल रही थी। साफ़ दिख रहा था कि राष्ट्रवाद सिर्फ़ सेकुलर ही नहीं, कई क़िस्म का हो सकता है। इसी तरह आधुनिक इयत्ता सिर्फ़ सेकुलर ही नहीं हो सकती, वह धार्मिक मूल्यों से आवेशित होने के बावजूद बुद्धिवादी हरबे-हथियारों का इस्तेमाल कर सकती है। छोटी-छोटी पहचानों के आंदोलन जगह-जगह स्थापित राष्ट्रीय पहचान से टकरा रहे थे। हरित क्रांति का शो केस रहे पंजाब में सिख धार्मिक राष्ट्रवाद हथियारों के दम पर ख़ालिस्तान लेने की माँग कर रहा था। उत्तर-पूर्व का सबसे बड़ा राज्य असम स्थानीयतावाद पर आधारित जुझारू आंदोलन चला कर केंद्र के वर्चस्व के सामने झुकने के लिए तैयार नहीं था। क्षितिज पर हिंदुत्ववादी उभार के बादल मँडरा रहे थे। बहुसंख्यकवादी दावा कर सकते थे कि भारतीय राष्ट्रवाद बिना उनके रंग में रँगे मज़बूती से इन चुनौतियों का सामना नहीं कर सकता। यह वही दशक था जब इंदिरा गाँधी के रूप में पहली बार किसी प्रधानमंत्री ने सार्वजनिक मंच से मुसलमानों की देशभक्ति पर शक किया था। ऑपरेशन ब्लू स्टार, प्रधानमंत्री की उनके सिख अंगरक्षकों द्वारा हत्या, उसकी प्रतिक्रिया में हज़ारों सिखों का क़त्लेआम, राज्य की मशीनरी का हाथ पर हाथ रखे बैठे रहना और साम्प्रदायिकता का ताण्डव नृत्य होने देना, इस कुकृत्य में कांग्रेस के प्रतिष्ठित नेताओं के उकसावे की भूमिका, शाहबानो वाले मामले में इस्लामिक कट्टरपंथियों के तुष्टीकरण को संतुलित करने के लिए अयोध्या में विवादित स्थल के ताले खुलवाना, कांग्रेस सरकार द्वारा मंदिर का शिलान्यास करवाना और दिवराला (राजस्थान) में हुए रूपकँवर सतीदाह की घटनाओं ने बुद्धिजीवियों को राष्ट्रवाद, सेकुलरवाद, सेकुलरीकरण और धार्मिक सहिष्णुता संबंधी बुनियादी प्रश्नों पर एक बार फिर विचार करने के लिए मजबूर किया।

[32] मैं इस सूत्रीकरण का श्रेय भी सुदीप्त कविराज के लेख 'रिलीजन, पॉलिटिक्स ऐंड मॉडर्निटी' (वही) को देना चाहूँगा.

अस्सी के दशक की इन बेचैनियों के गर्भ से सेकुलरवाद पर एक महाविवाद का जन्म हुआ जिसके पहले अध्याय के रूप में आशिस नंदी की रचना 'एंटी-सेकुलरिस्ट मेनीफ़ेस्टो' सामने आयी जिसे 1985 में *सेमिनार* ने छापा।[33] बंगाल के ईसाई परिवार में जन्मे, निजी जीवन में अनीश्वरवादी और समाज-मनोविज्ञान में परम्परागत नंदी इससे पहले अपनी आधुनिकताविरोधी अवधारणाओं और औपनिवेशिक ज्ञान परम्परा की बखिया उधेड़ने के लिए चर्चित हो चुके थे।

फिर 1987 में वरिष्ठ समाजशास्त्री त्रिलोकी नाथ मदन अपनी रचना 'सेकुलरिज़्म इन इट्स प्लेस' लेकर आये।[34] मदन को धर्म और उसके समाजशास्त्र पर विशेष महारत हासिल थी। इन दोनों लेखों में धार्मिक राष्ट्रवाद के समर्थन में एक शब्द भी नहीं था और अगर कुछ था तो केवल उसकी कड़ी आलोचना थी। सेकुलरवाद की अपर्याप्ताओं पर सहमति के बावजूद उसके मूल्यांकन को लेकर दोनों में कई मतभेद थे। नंदी सेकुलरवाद को पूरी तरह ख़ारिज करके गाँधीवादी चिंतन के आधार पर उत्तर-सेकुलर राजनीति की रचना का आह्वान करते दिख रहे थे। उनका घोषणापत्र औपनिवेशिक ज्ञान परम्परा के ख़िलाफ़ दीर्घकालीन जिहाद का ही एक अंग था। जबकि, मदन ने सेकुलरवाद को ख़ारिज न करके एक धर्मप्राण देश में उसकी सीमाओं की शिनाख़्त की थी। वे सेकुलरवाद और धार्मिकता का जोड़ चाहते थे। लेकिन, इन अंतरों के बावजूद नंदी और मदन को एक ही श्रेणी में रखकर देखा गया। आरोपों का मोटा पुलिंदा निकट भविष्य में नंदी और मदन का इंतज़ार कर रहा था। उनके ऊपर न केवल समुदायवादी और परम्परावादी होने के आरोप लगने वाले थे, बल्कि कहीं न कहीं हिंदुत्ववादियों के साथ एक जैसी वैचारिक ज़मीन पर खड़े होने का इल्ज़ाम भी चस्पाँ किया जाने वाला था।

उल्लेखनीय है कि नंदी और मदन को इन आरोपों का सामना नब्बे के दशक तक नहीं करना पड़ा। इस दौरान दोनों ने अपने विचारों को और माँजा। 1988 में नंदी की रचना 'दि पॉलिटिक्स ऑफ़ सेकुलरिज़्म ऐंड दि रिकवरी ऑफ़ रिलीजस टॉलरेंस'[35] आयी, जिसमें उन्होंने सेकुलरवादी दबदबे को 'श्रेणियों के

---

[33] आशिस नंदी (1999), 'एंटी सेकुलरिस्ट मेनिफ़ेस्टो', *सेमिनार,* 314, अक्टूबर, 1985 और संकलित : राजीव भार्गव (सम्पा.) *सेकुलरिज़्म ऐंड इट्स क्रिटिक्स,* ऑक्सफ़र्ड, नयी दिल्ली.

[34] टी.एन. मदन (1987), 'सेकुलरिज़्म इन इट्स प्लेस', *जनरल ऑफ़ एशियन स्टडीज़,* खण्ड 46, अंक 4 और संकलित : राजीव भार्गव (सम्पा.) *सेकुलरिज़्म ऐंड इट्स क्रिटिक्स,* ऑक्सफ़र्ड, नयी दिल्ली.

[35] आशिस नंदी (1988), 'दि पॉलिटिक्स ऑफ़ सेकुलरिज़्म ऐंड दि रिकवरी ऑफ़ रिलीजस टॉलरेंस', *ऑल्टर्नेटिव्ज़,* 13 (2) : 177-94.

साम्राज्यवाद' की संज्ञा दी। सवाल यह है कि 1985 से लेकर 1994 तक सेकुलरवाद की आलोचना की आलोचना सामने क्यों नहीं आयी ? अमर्त्य सेन मानते हैं कि बुद्धिजीवियों को आधुनिकता, राष्ट्रवाद और सेकुलरवाद की तिकड़ी में इतनी ज़बरदस्त आस्था थी कि अस्सी के दशक की राजनीतिक बेचैनियों और नंदी-मदन के लेखों में हुई उनकी बौद्धिक अभिव्यक्तियों पर तुरंत प्रतिक्रिया की कोई ज़रूरत नहीं समझी गयी।[36] लेकिन, अगला दशक सेकुलरवादियों के लिए ज़्यादा बड़े धक्के की तैयारी किये बैठा था। सेकुलरवाद के आलोचकों को भी यह उम्मीद नहीं थी कि भारतीय लोकतंत्र के विकास और उसकी चुनाव प्रक्रिया में से सेकुलरवादियों के लिए एकदम नयी चुनौती निकल आएगी। यह चुनौती थी आरक्षण के ज़रिये निचली जातियों की वह दावेदारी जो किसी भी तरह से न तो आधुनिक और सेकुलर खाँचे में फ़िट बैठती थी, और न ही परम्परा को सहिष्णुता का स्रोत मानने वाले कह सकते थे कि यह नयी परिघटना उनकी आलोचनाओं को पुष्ट कर रही है।

नंदी और मदन मार्क्सवादी अकादमीय प्रतिष्ठान से बाहर के विद्वान थे, और कुल मिलाकर वे धर्मों की अन्योन्यक्रिया के संदर्भ में ही सेकुलरवाद पर ग़ौर कर रहे थे। उनकी आलोचना के केंद्र में किसी एक धर्म, ख़ासकर हिंदू धर्म के भीतर सेकुलरीकरण की समस्याएँ नहीं थीं। पर नब्बे के दशक ने आरक्षण, उसके ख़िलाफ़ चले आंदोलन, फिर बाबरी मसजिद ध्वंस और केंद्र पर संघ परिवार की सदस्य भारतीय जनता पार्टी के नेतृत्व वाली सरकार के क़ब्ज़े ने उन वामपंथियों की दुनिया में उथल-पुथल मचा दी जो इतिहास की सीधी अग्रगति पर आँख बंद करके भरोसा किये बैठे थे।

नब्बे के दशक का नज़ारा बहुत जटिल था। धर्मों के बीच ही नहीं, जातियों के बीच होड़ भी सेकुलरवादी निष्ठाओं पर सवालिया निशान लगा रही थी। हिंदू बहुसंख्यकवाद ने हिंदुओं के भीतर मण्डल की सिफ़ारिशों से उपजे 'जातियों के बहुसंख्यकवाद' से लोहा लेने के लिए तरह-तरह की राजनीति खेलने की शुरुआत कर दी थी। सोशल इंजीनियरिंग की अवधारणा सेकुलरीकरण के विचार के समानांतर पनप रही थी।[37] सेकुलरवादियों को पहली बार लगा कि वे एक हारी हुई लड़ाई लड़ रहे हैं। अगर उन्होंने अपनी स्थापित अवधारणाओं को पुनर्विचार

---

[36] अमर्त्य सेन (1993), 'दि थ्रेट्स टु सेकुलर इण्डिया', *सोशल साइंटिस्ट,* 21 (3-4), मार्च-अप्रैल : 5-23.

[37] 'जातियों के बहुसंख्यकवाद' की पराजय और उसमें हिंदुत्ववादी बहुसंख्यकवाद की भूमिका के लिए देखें, राजेंद्र वोरा (2004), 'डिक्लाइन ऑफ़ कास्ट मेजोरिटेरियनिज़म इन इण्डियन पॉलिटिक्स', संकलित : राजेंद्र वोरा और सुहास पलशीकर (सम्पा.), *इण्डियन डेमॉक्रैसी : मीनिंग्स ऐंड प्रेक्टिसिज़,* सेज, नयी दिल्ली.

के लिए न खोला तो शायद ज़मीन उनके हाथों से निकल जाएगी। सेकुलरवादियों की तत्कालीन दिमाग़ी कैफ़ियत आदित्य निगम के शब्दों में इस प्रकार थी :

> मण्डल-विरोधी आंदोलन के उन बेहद उत्तेजक दिनों में कुछ ख़ास बात थी। ख़ुद को सेकुलर आधुनिकतावादी मानने वाले बहुत से लोगों ने अचानक पाया कि जाति आधारित आरक्षण का समर्थन करना उनके लिए ज़रूरी हो गया है (और उन्हें इसके लिए बौद्धिक तर्क भी मिल गया)। दलितों और आदिवासियों के लिए आरक्षण की नीतियाँ 'हमेशा' से चल रही थीं, पर सेकुलर-आधुनिक मानस उन्हें महज ख़ास तरह के अस्थायी उपाय के रूप में देखता था। उसकी समझ थी कि इन कमज़ोर समुदायों के लोग व्यक्ति के रूप में आरक्षण के ज़रिये जब अन्य लोगों की बराबरी कर लेंगे तो अमूर्त नागरिकता का महान् उदारतावादी सपना सच हो जाएगा यानी सार्वजनिक जीवन से भिन्नता के सभी निशान मिट जाएँगे। पर हुआ कुछ और। आज़ादी के चालीस साल बाद उन्हें आरक्षण के दायरे में दूसरे समुदायों को लाने के बारे में सोचना पड़ रहा था। उन्होंने ऐसा कभी नहीं सोचा था। इस घटनाक्रम की और भी ख़ास बात यह थी कि जिस समय सेकुलरवादी जाति-आधारित आरक्षण का समर्थन करने के लिए मजबूर हो रहे थे, ब्राह्मणवाद बड़ी नफ़ासत के साथ विशुद्ध सेकुलरवादी और आधुनिकतावादी भाषा में योग्यता (मेरिट) और दक्षता की दलील लेकर आया। इस तरह सेकुलरवादियों पर समता के उसूल का उल्लंघन करने का आरोप ही नहीं लगा, उन्हें जातिवादी भी क़रार दिया गया। इसके बाद रामजन्मभूमि आंदोलन के दौरान सेकुलरवादियों को धीरे-धीरे इस हक़ीक़त का ठण्डा एहसास हुआ कि वे भले ही ख़ुद को सेकुलरवादी मानते हों, हिंदू दक्षिणपंथी उन्हें छद्म-सेकुलरवादी साबित करने पर तुले हुए हैं। हिंदुत्ववादियों ने सेकुलरवादियों पर कई आरोप लगाए जिनमें अल्पसंख्यक साम्प्रदायिकता को बढ़ावा देने और जातिवादी होने के आरोप भी थे। सेकुलरवादियों ने देखा कि पूरी भाषा ही पलट गयी है। मतलब बदल गये हैं और अचानक दुनिया कुछ की कुछ हो गयी है। जिसे हिंदू 'पुनरुत्थानवाद' का उभार समझा जा रहा था उसे ख़ुद को सेकुलर-आधुनिकतावादी बताने में कोई दिक़्क़त नहीं हो रही थी। उलटे उसकी भाषा ऐसी थी कि सेकुलरवादी कुछ थमने और सोचने के लिए मजबूर हो गये। इसके अलावा उन्हीं उथल-पुथल भरे दिनों में कई सेकुलरवादियों ने यह भी देखा कि समान नागरिक संहिता की माँग हिंदू दक्षिणपंथियों के युद्धघोष का रूप ले चुकी है और महिला संगठन उससे निबटने की कोशिश कर रहे हैं। यह वही सेकुलरवादी माँग थी जो संविधान सभा की बहस में ज़ोरदारी से उठाई गयी थी। हिंदुत्ववादियों का दावा था कि अल्पसंख्यकों को दूसरों से अलग रहने की इजाज़त क्यों दी जानी चाहिए। अर्थात् हालात सेकुलरवादियों को यह सोचने पर मजबूर कर रहे थे कि समरूपता और अभिन्नता अपने-आप में लाज़िमी तौर पर अच्छी बातें नहीं भी हो सकती हैं।[38]

---

[38] आदित्य निगम (1999), *इंसरेक्शन ऑफ़ लिटिल सेल्व्ज़ : क्राइसिस ऑफ़ सेकुलर नैशनलिज़म इन इण्डिया*, शीघ्र प्रकाश्य.

इन परिस्थितियों से पैदा हुए असमंजस और ऊहापोह के गर्भ से मार्क्सवादी दायरे में काम करने वाले विद्वानों ने भी सेकुलरवाद की आलोचनाएँ लिखीं। 1994 में सेकुलरवाद की तीसरी आलोचना पार्थ चटर्जी के बेहतरीन लेख 'सेकुलरजिम ऐंड टॉलरेंस' के रूप में सामने आयी।[39] चटर्जी का कहना था कि सेकुलरवाद के मौजूदा मॉडल के ज़रिये हिंदू दक्षिणपंथियों की चुनौती का सामना नहीं किया जा सकता। सुदीप्त कविराज ने 'रिलीजन, पॉलिटिक्स ऐंड मॉडर्निटी' में साम्प्रदायिकता और आधुनिकता के संबंधों की गहन जाँच-पड़ताल की।[40]

सेकुलरवाद के पक्षधरों ने भी जवाबी कमर कसी। इनमें सुमित सरकार[41], जवीद आलम[42], एजाज अहमद[43], अमर्त्य सेन[44], सुकुमार मुरलीधरन[45] और अचिन विनायक[46] जैसे विद्वान प्रमुख थे। सेकुलरवाद के भारतीय मॉडल की ख़ामियाँ मानते हुए राजीव भार्गव[47], अकील बिलग्रामी[48], भीखू पारेख[49], थामस पेंथम[50], जोसेफ़ थरमंगलम[51], पीटर रोनाल्ड डिसूजा[52] और विवेक धारेश्वर[53]

---

[39] पार्थ चटर्जी (1999), 'सेकुलरिज़म ऐंड टॉलरेंस', *इकॉनॉमिक ऐंड पॉलिटिकल वीकली,* 9 जुलाई, 1994 और संकलित : राजीव भार्गव (सम्पा.), सेकुलरिज़म ऐंड इट्स क्रिटिक्स, ऑक्सफ़र्ड, नयी दिल्ली.

[40] सुदीप्त कविराज (1995), 'रिलीजन, पॉलिटिक्स ऐंड मॉडर्निटी', संकलित : उपेंद्र बख़्शी और भीखू पारेख (सम्पा.), *क्राइसिस ऐंड चेंज इन कंटेम्परेरी इण्डिया,* सेज, नयी दिल्ली : 295-316.

[41] सुमित सरकार (1993), 'दि एंटी-सेकुलरिस्ट क्रिटीक ऑफ़ हिंदुत्व : प्रॉब्लम्स ऑफ़ अ शेयर्ड डिस्कर्सिव स्पेस', *जर्मिनल, खण्ड-1 और* 'फ़ासिज़म ऑफ़ दि संघ परिवार', *इकॉनॉमिक ऐंड पॉलिटिकल वीकली,* खण्ड-28, अंक 5, 30 जनवरी 1993.

[42] जवीद आलम (1998), 'दि इंडिस्पेंसिबिलिटी ऑफ़ सेकुलरिज़म', *सोशल साइंटिस्ट,* खण्ड-27, अंक 7-8, जुलाई-अगस्त.

[43] एजाज अहमद (1994), 'ग्राम्शी, इटली का फ़ासीवाद और हमारे लिए सबक', संकलित : मालिनी भट्टाचार्य (सम्पा.), *अयोध्या : कुछ सवाल,* अनुवाद : राजेंद्र शर्मा, सारांश प्रकाशन, नयी दिल्ली.

[44] अमर्त्य सेन (1994), 'सेकुलर भारत के सामने चुनौतियों', संकलित : मालिनी भट्टाचार्य (सम्पा.), *अयोध्या : कुछ सवाल,* अनुवाद : राजेंद्र शर्मा, सारांश प्रकाशन, नयी दिल्ली और 'सेकुलरिज़म ऐंड इट्स डिस्कंटेंट्स', संकलित : राजीव भार्गव (1999) (सम्पा.), *सेकुलरिज़म ऐंड इट्स क्रिटिक्स,* ऑक्सफ़र्ड, नयी दिल्ली.

[45] सुकुमार मुरलीधरन (1994), 'जनाधार विहीन राष्ट्रभक्ति : हिंदू राष्ट्रवादी विचारधारा का विकास और उसके मुख्य पड़ाव', संकलित : मालिनी भट्टचार्य (सम्पा.), *अयोध्या : कुछ सवाल,* अनुवाद : ललित कार्तिकेय, सारांश प्रकाशन, नयी दिल्ली.

[46] अचिन विनायक (1997), *कम्युनलिज़्म कंटेस्टिड : रिलीजन,* मॉडर्निटी ऐंड सेकुलरिज़म, विस्तार, नयी दिल्ली.

[47] राजीव भार्गव (1999), 'व्हाट इज सेकुलरिज़म फ़ॉर', संकलित : राजीव भार्गव (सम्पा.), *सेकुलरिज़म ऐंड इट्स क्रिटिक्स,* ऑक्सफ़र्ड, नयी दिल्ली.

[48] अकील बिलग्रामी (1994), 'टू कंसेप्ट्स ऑफ़ सेकुलरिज़म : रीजन, मॉडर्निटी ऐंड आर्कमीडियन आइडियल', *इकॉनॉमिक ऐंड पॉलिटिकल वीकली, 9* जुलाई.

[49] भीखू पारेख के दोनों नेहरू विषयक लेख.

[50] थॉमस पेंथम (1997), 'इण्डियन सेकुलरिज़म ऐंड इट्स क्रिटिक्स : सम रिफ़्लेक्शंस', *दि रिव्यू ऑफ़ पॉलिटिक्स,* ग्रीष्म.

[51] जोसेफ़ थरमंगलम (1995), 'इण्डियन सोशल साइंटिस्ट ऐंड क्रिटीक ऑफ़ सेकुलरिज़म', *इकॉनॉमिक ऐंड पॉलिटिकल वीकली, 4 मार्च.*

[52] पीटर रोनॅल्ड डिसूजा, 'सेकुलरिज़म इन इण्डिया : व्हाइट इज इट ऑल एबाउट', अप्रकाशित.

आदि ने उसके नवसंस्कार के लिए क़ीमती सुझाव दिये। इन सभी लोगों ने आमतौर पर नंदी, मदन और चटर्जी की धारणाओं को आड़े हाथों लिया, पर इन लोगों में कई महत्त्वपूर्ण मुद्दों पर आपस में भी ख़ासा मतभेद था। इसी दौरान *मानुषी* की सम्पादक मधु किश्वर[54] ने इस बहस में पड़े बिना शाह बानो विवाद की रोशनी में स्त्री के अधिकारों के मुद्दे पर सेकुलरवाद की जाँच की। सेकुलरवाद पर बहस की एक दिलचस्प झलक फ़िल्म अध्ययन के क्षेत्र में भी दिखाई पड़ी। फ़िल्म इतिहासकार रवि वासुदेवन[55] *रोजा, बॉम्बे* और *क्रांतिवीर* जैसी फ़िल्मों पर बड़ी नफ़ासत से तैयार किये गये विमर्श ले कर आये। लोकप्रिय सिनेमा में सेकुलर राष्ट्रवाद की अभिव्यक्तियों की यह विवेचना सर्वथा नये आयामों को खोलने वाली थी।

यही वह वक़्त था जब हिंदी जगत के कुछ विख्यात बुद्धिजीवी भी अपनी साम्प्रदायिकता विरोधी रचनाओं के माध्यम से सेकुलरवाद के संकट पर अपने विचार व्यक्त कर रहे थे। इनमें प्रभाष जोशी[56], राजेंद्र यादव[57], किशन पटनायक[58], सच्चिदानंद सिन्हा[59], राजकिशोर[60] का नाम प्रमुख था। हालाँकि ये बुद्धिजीवी अकादमीय दायरों से बाहर पत्रकारिता, साहित्य और राजनीतिक कार्यकर्ताओं की दुनिया के वासी थे, लेकिन आशिस नंदी द्वारा उठाये गये विवाद से उनका सीधा संबंध था। हिंदी के दायरे में सेकुलरवाद का विवाद इस शब्द के अनुवाद पर तो केंद्रित था ही, उसके साथ धर्म और पंथ के बीच फ़र्क़ करने से पैदा होने वाली समस्या से भी उसका गहरा ताल्लुक़ था। हिंदी क्षेत्र में चल रही इस बहस का अध्ययन करने से लगता था कि एक-दो अपवादों को छोड़ कर ये लोग सेकुलरवाद की एक बहुसंख्यकवादी 'हिंदू' निर्मिति के पैरोकार हैं। उल्लेखनीय है कि यह 'हिंदू' निर्मिति थी, न कि 'हिंदुत्ववादी'।

---

[53] विवेक धारेश्वर, वही.

[54] मधु किश्वर (1998), 'प्रो-वुमॅन ऑर एंटी-मुस्लिम? : दि शाह बानो कंट्रोवर्सी', संकलित : *रिलीजन एट दि सर्विस ऑफ़ नैशनलिज़्म ऐंड अदर एसेज़,* ऑक्सफ़र्ड, नयी दिल्ली.

[55] रवि वासुदेवन (1993), 'बॉम्बे ऐंड इट्स पब्लिक', *जनरल ऑफ़ आर्ट्स ऐंड आइडियाज़,* अंक 25-26, दिसम्बर : 115-126.

[56] प्रभाष जोशी (2003), *हिंदू होने का धर्म,* राजकमल प्रकाशन, नयी दिल्ली .

[57] राजेंद्र यादव, *काँटे की बात,* ग्यारह खण्ड, वाणी प्रफ़ाशन, नयी दिल्ली.

[58] किशन पटनायक (2000), *विकल्पहीन नहीं है दुनिया,* राजकमल प्रकाशन, नयी दिल्ली : 185 से 250 तक.

[59] सच्चिदानंद सिन्हा (1993), 'सेकुलरवाद : परम्परा और प्रासंगिकता', संकलित : *आज के प्रश्न : अयोध्या और उसके आगे,* सम्पादक : राजकिशोर वाणी प्रकाशन, नयी दिल्ली.

[60] राज किशोर (1993), 'साम्प्रदायिकता से संघर्ष कैसे न करें'!, राजकिशोर (सम्पा.), *आज के प्रश्न : अयोध्या और उसके आगे,* वाणी प्रकाशन, नयी दिल्ली.

सेकुलरवाद की आलोचना तो अपने आलोचकों द्वारा कसौटी पर कसी ही जा रही थी, आलोचना की आलोचना भी आलोचित हो रही थी।

VI

बीच बहस में सेकुलरवाद

इस अभूतपर्व क़वायद से निकलने वाले निष्कर्षों को तीन भागों में पेश किया जा सकता है :

▪ सेकुलरवाद का विचार युरोप में हुए धार्मिक संघर्षों के दौरान प्रोटेस्टेंट मत और युरोपीय ज्ञानोदय प्रदत्त बुद्धिवाद की द्वंद्वात्मकता से पैदा हुआ। लेकिन, उसे नितांत धर्मनिष्ठ एशियाई समाजों के धर्मबहुल यथार्थ पर थोप दिया गया। आधुनिक विकास के शौक़ीन तीसरी दुनिया के अभिजनों ने इस थमाई गयी समझ को अपने आधुनिक राज्य के नये धर्म की भाँति अपनाया। सेकुलरवाद को ही धार्मिक भाईचारा समझ लिया गया, जबकि वह तो उसे हासिल करने का एक माध्यम भर था। एशियाई समाजों की धार्मिक परम्पराओं में सेकुलर दायरे के लिए गुंजाइश तो थी, लेकिन इस दायरे को आध्यात्मिक दायरे से परे जा कर स्वायतता नहीं मिल सकती थी।

भारत जैसे देश में धार्मिक परम्पराओं के आपसी संवाद से सेकुलरवाद निकलना चाहिए था। लेकिन, वह कृत्रिम तरीक़े से विकसित हुआ। राज्य द्वारा कार्यान्वित किये जाने के कारण सेकुलरवाद को प्रशासकीय और कार्यविधिक प्राथमिकताएँ तो मिल गयीं, पर वह सामाजिक प्रामाणिकता हासिल नहीं कर सका।

सेकुलरवादी विमर्श मुट्ठी भर अंग्रेज़ी पढ़े-लिखे पश्चिमीकृत लोगों का दिमाग़ी शग़ल था। आम जनता का उससे ताल्लुक़ कभी नहीं हो पाया। सेकुलरवाद पर सारी बातचीत अंग्रेज़ी में होती थी। हिंदी में तो सेकुलरवाद के लिए कोई समानार्थक शब्द ही नहीं था। भारतीय समाज की हक़ीक़तों से कटे होने के कारण सेकुलरवादियों के पास दरअसल समाज का कोई दर्शन ही नहीं था। सेकुलरवादियों के अंग्रेज़ी प्रेम के मुक़ाबले साम्प्रदायिक ताक़तें हिंदी और अन्य भारतीय भाषाओं का इस्तेमाल करके कट्टरपंथी राजनीति का प्रसार कर रही थीं।

सेकुलर निजाम ने पारम्परिक धर्म को कूढ़मगज़ी समझ कर नीची निगाह से देखा और राज्य की ताक़त के दम पर उसका आधुनिकीकरण करना शुरू किया। अभूतपर्व वैधता और ताक़त मिल जाने के बावजूद सेकुलर राज्य अपने नागरिकों को न आर्थिक बराबरी दे पाया, न ही सामाजिक समता। वह न तो

युद्धों की हिंसा रोक पाया, न ही उसने भ्रष्टाचार मुक्त प्रशासन दिया। उसका वजूद किसी भी क़िस्म की नैतिकता से वंचित और मूल्यहीन निकला। उसके तहत पनपी ग़ैर-आध्यात्मिक निष्ठाएँ ज़िंदगी के आध्यात्मिक आयामों का स्थान नहीं ले पाईं। दूसरे, राजनीति से अलग रखने के दुराग्रह ने धर्म का राजनीतीकरण कर दिया। आध्यात्मिक क़िस्म की धर्मनिष्ठा विशाल लोकतांत्रिक राजनीतिक होड़ के फलस्वरूप बने राजनीतिक समुदायों के प्रति वफ़ादारी में बदल गयी। धर्म प्रदत्त सहिष्णुता का लाभ समाज को मिलना बंद हो गया।

सेकुलरवाद ने धर्मों के बीच के रिश्ते तो ख़राब किये ही, उसने धर्मों के आंतरिक प्रक्षालन की प्रक्रिया को भी ठेस पहुँचायी। चूँकि राजनीति के सिंहद्वार में धर्म का प्रवेश वर्जित था, इसलिए उसके विकृत रूपों ने पीछे के दरवाज़े से राजनीति में घुसपैठ कर ली। सेकुलर राज्य की व्यावहारिक विफलताओं ने भी आधुनिक राष्ट्रवाद के साथ धर्म के इन्हीं राजनीतिकृत रूपों की साठगाँठ को बल प्रदान किया।

धर्मबहुल समाज में नाना प्रकार के धार्मिक राष्ट्रवादों की होड़ के हिंसक और अलगाववादी आयामों ने बेरहम कट्टरपंथी हिंसा को जन्म दिया। इसकी प्रतिक्रिया ने पहले से राजनीतिक दावा पेश कर रहे बहुसंख्यकवाद के लिए आम हिंदुओं के मन में हमदर्दी पैदा कर दी। अल्पसंख्यकों की देशभक्ति को शक की निगाह से देखा जाने लगा। बहुसंख्यकवाद और अल्पसंख्यकवाद एक-दूसरे की प्रतिक्रिया में पनपने लगे।

सेकुलरवाद नाकाम हो गया। दो ही रास्ते रह गये। या तो उसे पूरी तरह ठुकरा कर सहिष्णुता के धर्म प्रदत्त आयामों की मदद से कुछ वैकल्पिक चिंतन किया जाए, या फिर किसी मिली-जुली धार्मिक-सेकुलर निर्मिति के बारे में सोचा जाए।[61]

▪ सेकुलरवाद के आलोचक उसकी जिन ख़ामियों और सीमाओं की तरफ़ इशारा करते हैं, वे विचारयोग्य हैं। इन्हीं ख़ामियों के कारण सेकुलरवाद का मौजूदा मॉडल हिंदू दक्षिणपंथियों की राजनीतिक चुनौती का सामना करने के लिए पर्याप्त नहीं रह गया है। यह भी सही है कि सेकुलरवाद और सेकुलरीकरण केवल बुद्धिवाद के निरंतर आगे बढ़ते हुए जुलूस का नाम नहीं है, उसके दायरे सत्ता और दमन की संरचनाओं से भी पुष्ट होते हैं।

---

[61] सेकुलरवाद की आलोचनाओं का यह सार-संकलन मुख्यतः आशिस नंदी, टी.एन. मदन, सुदीप्त कविराज, अकील बिलग्रामी और विवेक धारेश्वर के विचारों के आधर पर तैयार किया गया है. उल्लेखनीय यह है कि सेकुलरवाद के आलोचकों की त्रयी में तीसरी कड़ी समझे जाने वाले पार्थ चटर्जी के विचार इसमें शामिल नहीं है.

लेकिन, इसका मतलब यह नहीं निकाला जा सकता कि सेकुलरवाद को ख़ारिज करके उसका विकल्प खोजने की कोशिश शुरू कर दी जाए। ज़रूरत तो वैकल्पिक सेकुलरवाद की है। दरअसल, सेकुलरवाद के आलोचकों ने जिन वजहों से उसे ठुकराने की सिफ़ारिश की है, ठीक उसी वजह से उसकी ज़रूरत है। धर्मों की बहुलता के कारण दक्षिण एशियाई समाज धार्मिक संघर्षों की समस्या के शिकार हैं जिसका हल सेकुलरवाद के उपयुक्त मॉडल के सूत्रीकरण में ही हो सकता है।

पारम्परिक समाजों को आधुनिकता के हस्तक्षेप ने बहुसंख्यक और अल्पसंख्यक की श्रेणियों में बाँट अवश्य दिया है, लेकिन इसके बावजूद अब हम प्राक्-आधुनिक युग में नहीं लौट सकते। सेकुलरवाद के आलोचक अतिसरलीकृत गाँधीवाद से प्रभावित हैं। उन्होंने परम्परा और समुदाय से कुछ ज़्यादा ही उम्मीदें बाँध ली हैं, और आधुनिकता एवं सेकुलरवाद से कुछ ज़्यादा ही निराश हैं। आधुनिकता हमारे युग की एक विधेयक स्थिति है। धार्मिक बहुलतावाद और धार्मिक परम्पराएँ सेकुलरवाद की जगह नहीं ले सकतीं। दरअसल, आधुनिकीकरण की प्रक्रिया से गुज़रने के बाद परम्परा अब पहले की तरह सहिष्णुता के आधार मुहैया नहीं करा सकती। सामासिक संस्कृति और हिंदुओं के आंतरिक बहुलतावाद की सामाजिक भूमिकाएँ सीमित थीं। उसे पुराने ज़माने के सेकुलरवाद के रूप में पेश करना उचित नहीं होगा। आधुनिक राजनीति समुदायों के बीच पारम्परिक अन्योन्यक्रिया के आधार पर चलने के बजाय उन्हें सार्वजनिक संस्थाओं की तर्ज़ पर गढ़ने की तरफ़ ले जाती है। आज की तारीख़ में समुदाय राज्य की संस्था के हस्तक्षेप के बिना नहीं रह सकते। परस्पर सहिष्णुता के सर्वमान्य उसूल सामुदायिक सत्ता के छोटे-बड़े दायरों से अलग राज्य की संस्था और उससे जुड़े राजनीति के दायरे में ही रचे जा सकते हैं।

यह काम धर्मों से बराबर फ़ासले के सिद्धांत के बजाय धर्मों से उसूली फ़ासले के सिद्धांत को सेकुलरवाद का आधार बना कर किया जा सकता है। धर्मों से उसूली फ़ासले का सिद्धांत एक ऐसे राजनीतिक सेकुलरवाद की भित्ति खड़ी कर सकता है जो तात्त्विक सेकुलरवाद के धर्म विरोधी आग्रहों से अलग और भारतीय परिस्थिति के ज़्यादा अनुकूल होगा। इस राजनीतिक सेकुलरवाद का केवल एक ही मक़सद होगा : लोगों को शांतिपूर्ण सहअस्तित्व के हालात मुहैया कराना। इसके लिए ज़रूरी होगा कि राज्य न केवल सभी तात्त्विक आदर्शों से अपने हाथ झाड़ ले, बल्कि लोगों को 'धर्म की भ्रांत चेतना से' आज़ाद कराने की कोशिशों में भी न फँसे।

दूसरी तरफ़ उदारतावादी राजनीतिक सिद्धांत को धार्मिक अल्पसंख्यकों के सांस्कृतिक अधिकारों की रक्षा के अधिक अनुकूल बनाने से भी वैकल्पिक सेकुलरवाद की रचना प्रक्रिया में योगदान किया जा सकता है।[62]

■ इसमें कोई शक नहीं कि संघ परिवार की राजनीतिक सफलता ने सेकुलरवाद को संकट में डाल दिया है। नये हालत में सेकुलरवादी विमर्श की शर्तें वैसी नहीं रह गयी हैं जो उसके बोलबाले के दौरान हुआ करती थीं।

सेकुलरवाद के साम्प्रदायिकता विरोधी आलोचक एक तरफ़ तो उसे सीमित करते हुए धर्म से नफ़रत करने वाले नास्तिकवाद का पर्याय बताने पर तुले हुए हैं, और दूसरी तरफ़ उसे युरोपीय ज्ञानोदय से जोड़कर राज्य की संस्था की बुद्धिवादी संरचनाओं का प्रतीक बताया जा रहा है। कुल मिलाकर सेकुलरवाद की छवि कुछ इस तरह पेश की जा रही है कि जैसे वह कोई युरोप से आयात करके जनता पर थोपी जाने वाली आक्रामक धारणा हो जिसके कारण व्यक्तियों और समुदायों में परायेपन का एहसास विकसित हो गया हो।

आज यह समझना ज़रूरी है कि सेकुलरवाद के कई मायने हो सकते हैं। एक धर्मप्राण व्यक्ति भी सेकुलर हो सकता है और पूरी तरह नास्तिक व्यक्ति भी, क्योंकि दोनों ही साम्प्रदायिक घृणा और धर्मतंत्रीय राज्य के विचारों को ख़ारिज करते हैं। लेकिन इसका मतलब यह तो नहीं कि ग़ैर-धार्मिक सेकुलर अचानक विश्व हिंदू परिषद मुसलमान रूढ़िवादियों से भी ज़्यादा सच्चे हिंदू या सच्चे मुसलमान होने का दावा करने लगें। भारतीय सेकुलरवाद की समस्याओं का दोष पश्चिम और औपनिवेशिक हस्तक्षेप पर मढ़ देना एक तरह का फ़ैशन और बौद्धिक सरलीकरण हो गया है। हिंदुओं के बहुलतावाद के गम्भीर ऐतिहासिक अध्ययन के बिना उसके गीत गाने में भी यही रवैया देखा जा सकता है। सेकुलरवाद पश्चिमी आयात भर नहीं है, भारतीय परिस्थितियों में उसका महत्त्व युरोप या अमेरिका से कहीं ज़्यादा और विधेयक प्रकृति का है।

सेकुलरवाद के संकट में होने का मतलब यह भी नहीं होना चाहिए कि औपनिवेशिक विमर्श और ज्ञानोदय प्रदत्त बुद्धिवाद की आलोचना करते-करते हम उदारतावादी व्यक्तिवाद की दार्शनिक भाव-भूमि को ही ख़ारिज करने लगें। ऐसा करने पर होगा यह कि सेकुलरवाद के साम्प्रदायिकतावादी आलोचकों और

---

[62] सेकुलरवाद की आलोचना के कुछ मुद्दों से सहमति व्यक्त करते हुए उसके नये संस्कार की वकालत करने वाली इस धारा के सार-संकलन में मुख्यतः पार्थ चटर्जी, भीखू पारेख और राजीव भार्गव के विचारों की मदद ली गयी है. इसमें कुछ बातें सुदीप्त कविराज, बिलग्रामी और थामस पेंथम के लेखों से भी ली गयी हैं.

साम्प्रदायिक तत्त्वों के बीच एक अनपेक्षित और अनचाही साझेदारी बन जाएगी। परिणामस्वरूप फ़ासीवाद का ख़तरा अवश्यम्भावी हो जाएगा।

गाँधी के विचार की भूमिका अत्यंत सीमित है। सर्वधर्मसमभाव केवल एक अल्पकालीन नीति ही हो सकती है। फिलहाल बहुसंख्यकवादियों से धार्मिक दायरे में इस नज़रिये के आधार पर संघर्ष किया जा सकता है। पर, राज्य को उसके साथ चिपके नहीं रहना है। उसे दृढ़तापूर्वक बुद्धिजीवी तर्ज़ पर सेकुलरीकरण के रास्ते पर बढ़ना ही होगा।

यह भी समझना ज़रूरी है कि चुनावी लोकतंत्र में धर्म की ग़ैर-पारम्परिक और आधुनिक शैली की भागीदारी को लोगों ने धीरे-धीरे आत्मसात् कर लिया है। धार्मिक अल्पसंख्यक इस प्रक्रिया में उदारतावादी राजनीति की मुख्यधारा के केंद्र में आ गये हैं। अब उनके साथ एक आंतरिक संवाद चलाया जा सकता है और उस संवाद के ज़रिये एक मुश्तरका ज़मीन खोज कर सेकुलरवाद की भित्ति खड़ी की जा सकती है।[63]

VII

आलोचना और आलोचना की भी आलोचना

हम देख चुके हैं कि सेकुलरवाद के प्रमुख आलोचक के रूप में जिन तीन विद्वानों की रचनाओं ने इस महाविवाद में आधार-भूमिका निभायी है, वे हैं आशिस नंदी, त्रिलोकी नाथ मदन और पार्थ चटर्जी। इनकी रचनाओं के विवरण में जाने से पहले यह साफ़ कर देना ज़रूरी है कि सेकुलरवाद को एक धर्मबहुल देश के लिए अपर्याप्त मानने के अलावा इन लेखों में कोई आपसी साम्य नहीं है। इन्हें किसी भी तरह से एक चिंतन धारा का अंग नहीं माना जा सकता। तीनों विद्वानों का ताल्लुक़ भी समाज-विज्ञान के अलग-अलग अनुशासनों से है और वे सेकुलरवाद की पड़ताल भी अलग-अलग ज़मीन पर करते हैं। नंदी आधुनिकता प्रदत्त औज़ारों से आधुनिकतावाद और राष्ट्रवाद का विरोध करने वाले समाज-मनोविद् हैं। उनकी दिलचस्पी यह दिखाने में है कि किस तरह आधुनिक राष्ट्रवाद ने धर्म की शिनाख़्त एक विचारधारात्मक निर्मिति के रूप में की है और किस तरह सेकुलरवाद एक सहिष्णु समाज बनाने के कार्यभार में नाकाम ही नहीं हुआ है, वरन् सामाजिक असहिष्णुता बढ़ाने का ज़िम्मेदार भी है। समाजशास्त्री मदन

---

[63] सेकुलरवाद के मौजूदा मॉडल के पक्ष में दृढ़ता से खड़े होने वाली इस धारा के सार-संकलन में सुमित सरकार, अचिन विनायक और अमर्त्य सेन के विचारों की मदद ली गयी है.

सेकुलरवाद को दक्षिण एशिया की धार्मिक परम्पराओं की कसौटी पर कसते हैं और इस निष्कर्ष पर पहुँचते हैं कि पश्चिम द्वारा थमाये गये इस विचार के लिए हिंदू, सिख, बौद्ध और इस्लामिक परम्पराओं में सिर्फ़ दोयम दर्जे की जगह है। मदन की निगाह में सेकुलरवाद का रूप अगर बदला नहीं गया तो उसका कार्यान्वयन सांस्कृतिक रूप से असम्भव हो जाएगा। राजनीति सिद्धांतकार और इतिहासकार चटर्जी सेकुलरवाद को उदारतावादी राजनीतिक सिद्धांत के दायरे में परखते हैं। उनकी रुचि यह देखने में है कि अल्पसंख्यकों के सांस्कृतिक अधिकारों की हिफ़ाज़त करते हुए भी राज्य अपना सेकुलरवाद कैसे क़ायम रख सकता है। सेकुलरवाद के तीनों आलोचकों में मतभेदों की स्थिति यह है कि नंदी सेकुलरवाद और सेकुलरीकरण को पूरी तरह ठुकरा कर सहिष्णु समाज के स्रोतों की तलाश भारत जैसे धर्मबहुल देश की दैनंदिन आध्यात्मिकता में करना चाहते हैं। उनकी मान्यता है कि आधुनिकता ने समाज में धार्मिकता का क्षय कर दिया है। लेकिन, उनके विपरीत मदन की निगाह समाज में धार्मिकता की बढ़ोतरी की तरफ़ इंगित करती है। मदन सेकुलरवाद के ख़िलाफ़ हैं, पर सेकुलरीकरण के नहीं। चटर्जी का सरोकार सेकुलरवाद के विशिष्ट भारतीय मॉडल की खोज में योगदान करना है, क्योंकि मौजूदा मॉडल हिंदू दक्षिणपंथियों की चुनौती का सामना करने लायक़ नहीं रह गया है।

आलोचक मण्डली के एकमात्र सदस्य नंदी ही ऐसे हैं जो सेकुलरवाद को पूरी तरह ख़ारिज करते हैं। अपनी विख्यात रचना 'सेकुलरवाद विरोधी घोषणापत्र' में नंदी बड़े दिलचस्प अंदाज़ में एक तालिका के ज़रिये सेकुलरवाद की डिग्रियाँ पेश करते हैं। इसके अनुसार कोई निजी जीवन में धार्मिक है तो सार्वजनिक जीवन में सेकुलर और कोई इसका ठीक उलट है। कोई ख़ुफ़िया तौर पर धार्मिक या सेकुलर है तो कोई खुला धार्मिक या सेकुलर। कोई ज़िंदगी के दोनों दायरों में धार्मिक या सेकुलर है। आधुनिक राष्ट्र द्वारा आरोपित धार्मिक और सेकुलर का द्विभाजन दिखाते हुए वे सेकुलरवाद के दो रूपों के बीच फ़र्क़ करते हैं। एक सेकुलरवाद धर्म को राजनीति से अलग करने में दिलचस्पी रखने वाला पश्चिमीकृत और आधुनिकतावादी है, दूसरा सेकुलरवाद सर्वधर्मसमभाव से परिभाषित होता है जो धर्म का विरोधी न होकर युरोकेंद्रीयता, विदेशीद्वेष और कट्टरपंथ का विरोधी है। नंदी के ख़याल से दूसरे सेकुलरवाद की भूमिका गौण हो गयी है और पहले सेकुलरवाद के आधुनिकतावादी और राज्यवादी दुराग्रहों के परिणामस्वरूप धर्म आधारित राजनीति का प्रभाव बढ़ता चला जा रहा है। नंदी धर्म के दो रूपों के बीच भी फ़र्क़ करते हुए दिखाते हैं कि धर्म की एक

निर्मिति आधुनिकतावादी और विचारधारात्मक क़िस्म की है जिसकी शिनाख़्त करने में पश्चिमीकृत सेकुलरवाद को कोई दिक़्क़त नहीं होती; लेकिन उसकी दूसरी निर्मिति दैनंदिन जीवन की आध्यात्मिकता से जुड़ी है जिसे सेकुलरीकरण ख़त्म कर देना चाहता है।

नंदी के शास्त्र में ठोस राजनीतिक प्रेक्षण भी शामिल हैं। जैसे, वे बताते हैं कि आज़ादी के बाद शुरुआत में राजनीतिक गोलबंदी का दायरा शहरों तक ही सीमित था, इसलिए सेकुलरीकरण की प्रक्रिया कामयाबी से चली। पर जैसे ही लोकतांत्रिक सहभागिता का विस्तार हुआ, सेकुलरवाद की सीमाएँ साफ़ होने लगीं। धर्म के राजनीति से बहिष्करण का नतीजा यह हुआ कि धर्म की बुराइयाँ तो राजनीति में व्यक्त होने लगीं, लेकिन उसकी अच्छाइयाँ सार्वजनिक जीवन के भ्रष्टाचार और हिंसा को संयमित करने के लिए उपलब्ध नहीं रह गयीं। आधुनिकतावादी आग्रहों ने धार्मिक और जातीय अल्पसंख्यकों के प्रति प्रबंधकीय रवैया अपनाया जिसका पतन बहुसंख्यकवाद के मुताबिक़ लिए गये निर्णयों के रूप में होना लाज़िमी था। भारतीय राष्ट्र-राज्य को मिलने वाली जातीय और धार्मिक चुनौतियाँ इन्हीं हालात की पैदाइश थीं। सेकुलरवादी व्यवहार ने कट्टरपंथी राजनीति को जन्म दिया। सार रूप में ये दोनों ही आधुनिकता के प्रत्यय की उपज थे। दोनों ही साधारण धर्मावलम्बियों से नफ़रत करते पाए गये। धार्मिक जज़्बात नहीं, बल्कि साम्प्रदायिकता का सेकुलर इस्तेमाल ही दंगों का कारण बना। नंदी का निष्कर्ष है कि दक्षिण एशियाई समाजों में धार्मिक सहिष्णुता के आयामों का प्रयोग किये बिना एक सहिष्णु समाज बनाने के प्रयोग के तौर पर सेकुलरवाद आज नाकाम हो चुका है।

नंदी के बाद बहस में कूदे मदन की रचना 'सेकुलरवाद की सीमा' का शीर्षक ही बताता है कि वे सेकुलरवाद को पूरी तरह ख़ारिज करने के हक़ में नहीं हैं। उनकी मुहिम तो यह है कि सेकुलरवाद को राष्ट्रीय स्वभाव का अग कैसे बनाया जाए। इसके लिए उनके पास एक तजवीज़ है, 'बात धार्मिक दायरे के सेकुलर दायरे से अलग होने की नहीं है, बात तो यह है कि सेकुलर को धार्मिक दायरे में देखने की ज़रूरत है। ... मैं ज़ोर दे कर कहना चाहूँगा कि मैं हिंदू परम्परा (तथाकथित) को सेकुलर तत्त्वों के नकार के रूप में नहीं देखता। बल्कि मैं तो उसे सेकुलर और धार्मिक के बीच एक ख़ास तरह के संबंध के रूप में देखता हूँ। एक ऐसा संबंध जो श्रेणीमूलक है और जिसमें सेकुलर को धर्म अपने दायरे में ले लेता है।'

मदन की रचना सम्भवत: अपने तरह की अकेली रचना है जो धार्मिक

परम्परा के दायरे में सेकुलरवाद की जाँच करती है। उनके अनुसार सेकुलरवाद आधुनिक विज्ञान और प्रोटेस्टेंट मत के द्वंद्वात्मक संबंधों की देन है। दक्षिण एशिया की धार्मिक परम्पराओं में इस उधार की विचारधारा के तत्त्व खोजना बेकार की चेष्टा है। हिंदू इस्लामी, सिख और बौद्ध परम्पराएँ धार्मिक और सेकुलर के बीच फ़र्क़ तो करती हैं, पर वहाँ परस्पर श्रेणीगत संबंध के चलते सेकुलर को धार्मिक अपने दायरे में समेट लेता है। परिणामस्वरूप सेकुलरवाद का कोई स्वायत विचारधारात्मक आधार नहीं बन पाता। सेकुलरवाद इस इलाक़े की ज़मीन से जुड़ने के बजाय मुट्ठी भर लोगों का सपना बनकर रह जाता है जो वैज्ञानिक मानस के नाम पर जनसाधारण की जीवन–शैली को अंधविश्वास की संज्ञा देते हुए उन्हें अपनी छवि के साँचे में गढ़ना चाहते हैं।

मदन का तर्क है कि धर्म की विधेयक भूमिका को अस्वीकार करते हुए भी सेकुलर मक़सद से धर्म का राजनीतिक दोहन किया जाता है जिससे हिंदू पुनरुत्थानवाद, सिख आतंकवाद और मुसलमान कट्टरपंथ पैदा होता है। दरअसल, धर्मबहुल समाजों में सेकुलरवाद बुद्धिवाद का पर्याय नहीं हो सकता। सेकुलरवाद का भारतीय रूप रचने के लिए हमारे आधुनिकतावादियों को समझना होगा कि धर्म किसी धोखे का नाम नहीं है। गाँधी जैसे लोगों की बातों से हम धर्म और राजनीति के उपयुक्त रिश्ते के बारे में कुछ सबक सीख सकते हैं। धर्म को गम्भीरतापूर्वक लिए बिना दक्षिण एशिया में सहिष्णु समाज सम्भव नहीं हो सकता।

सेकुलरवाद के तीसरे आलोचक पार्थ चटर्जी 'सेकुलरवाद और सहिष्णुता' में दिखाते हैं कि भारतीय मुसलमान अपने धार्मिक मामलों में राज्य के हस्तक्षेप के हमेशा से ही विरोधी नहीं थे। लेकिन आज़ाद भारत में जब उन्होंने अपने सांस्कृतिक जीवन को बुद्धिवाद के दायरों से अलग रखने का आग्रह किया तो उदारतावादी सिद्धांत संकट का शिकार हो गया।

चटर्जी के अनुसार राज्य और धर्म के बीच पार्थक्य करने वाले सेकुलरवाद और आधुनिक राज्य की उदारतावादी विचारधारा के गर्भ से सामाजिक सहिष्णुता की गारंटी अपने–आप नहीं निकलती। भारतीय परिस्थितियों में तो 'पार्थक्य की दीवार' और उदारतावादी सिद्धांत और भी नाकाफ़ी साबित हुए हैं। यहाँ धार्मिक अल्पसंख्यक समूहों के अलग सांस्कृतिक अधिकारों का प्रश्न कहीं ज़्यादा जटिल है। उदारतावादी सिद्धांत को उस समय बगलें झाँकनी पड़ती हैं जब धार्मिक अल्पसंख्यक सार्वभौम नागरिकता के बुद्धिवादी सिद्धांत के आधार पर विमर्श में भागीदारी करने से इनकार कर देते हैं। वे अपनी सांस्कृतिक भिन्नता को क़ायम रखने का ही दावा नहीं करते, बल्कि उस दावे की वजह न बताने का दावा भी पेश करते हैं।

मिशेल फ़ूको द्वारा प्रवर्तित शासकीयता के सिद्धांत का सहारा लेते हुए चटर्जी कहते हैं कि राज्य की संस्था के सरकारीकरण के बावजूद सांस्कृतिक अल्पसंख्यक राज्य प्रदत्त मंचों पर विवाद न करके आग्रह करते हैं कि उनके अपने धार्मिक दायरों में ही उनके अपने सांस्कृतिक आचरण से जुड़े मसलों को सुलझाया जाना चाहिए। ऐसे में ज़रूरी हो जाता है कि सहिष्णुता की गाँधीवादी धार्मिक समझ के बजाय एक ऐसी राजनीतिक समझ खोजी जाए जो प्रचलित उदारतावादी सिद्धांत में भी बनी-बनायी नहीं मिलती।

चटर्जी के अनुसार इस नयी समझ के पैरोकार को एक द्वि-आयामी संघर्ष की शुरुआत करनी होगी : 'वह किसी भी अल्पसंख्यक समुदाय में बाहर से पड़ने वाले समरूपीकरण के दबावों का प्रतिरोध कर सकता है, और भीतर लोकतांत्रिकीकरण के लिए दबाव डाल सकता है।' इसे ही चटर्जी सहिष्णुता की रणनीतिक राजनीति क़रार देते हैं।

आलोचकों की आलोचना करने वालों में प्रमुख जवीद आलम अपने लेख 'सेकुलरवाद की अपरिहार्यता' में सवाल उठाया है कि ये लोग 'सेकुलरवाद की अवधारणा की तो कड़ी जाँच-पड़ताल करते हैं, लेकिन परम्परा को किसी कसौटी पर नहीं कसते। विश्लेषण का यह तरीक़ा परम्परा के नाम पर जो कुछ भी उपलब्ध है, उसके प्रति ग़ैरआलोचनात्मक रवैया अख़्तियार करता है। वह परम्परा पर सिर्फ़ ऊपरी नज़र डालता है और उसे स्वीकार कर लेता है।' आलम का ख़्याल है कि सेकुलरवाद विरोधी दलील में एक पद्धतिमूलक अस्पष्टता भी है। ऊपर से तो वह पश्चिमी विचार-श्रेणियों के वर्चस्व के ख़िलाफ़ लड़ती नज़र आती है, पर वास्तव में उसकी जड़ पश्चिमी पूर्व-धारणाओं में ही मिलती है। आलम की निगाह में सेकुलरवाद विरोधियों की दलीलें सिर के बल खड़ी युरोकेंद्रीय दृष्टि का ही प्रतिनिधित्व करती हैं।

आलम की स्पष्ट मान्यता है कि आधुनिकता ने हमें जिस मुक़ाम पर पहुँचा दिया है, वहाँ से वापसी मुमकिन नहीं है। सेकुलरवाद के आलोचक भले ही कहते रहे कि पश्चिमी विचार श्रेणी दक्षिण एशियाई समाजों पर थोप दी गयी है, पर असलियत यह है कि इसे पारम्परिक समाजों के आधुनिकीकरण से उपजी ज़मीनी ज़रूरत के रूप में देखा जाना चाहिए। पारम्परिक समाज आपसी संवाद के ज़रिये जिन समझौतों तक पहुँचते थे, आधुनिक समाज में विवादों का हल उनके माध्यम से नहीं हो सकता। उसके लिए नये दार्शनिक सिद्धांत, नये मूल्य और नयी प्रणाली की ज़रूरत पड़ती है। समता और लोकतंत्र के साथ सेकुलरवाद इसी ज़रूरत की पूर्ति करता है।

लेकिन, इसी जगह आलम चेतावनी देते हैं कि सेकुलरवाद या आधुनिकता को सिर्फ़ युरोपीय ज्ञानोदय की बुद्धिवादी विचारधारा के आईने में ही नहीं देखा जा सकता। देशकाल के मुताबिक़ तरह-तरह की आधुनिकताएँ और तरह-तरह के सेकुलरवाद हो सकते हैं। वे कहते हैं कि भारतीय परिस्थितियों के मुताबिक़ सेकुलरवाद के दार्शनिक सिद्धांत का निरूपण करने के लिए हमें देकार्तवादी या कांटवादी वैचारिक बुनियादपरस्ती से बचना चाहिए। हमें ज्ञानोदय से पहले के युरोपीय पुनर्जागरण काल में धर्म और राज्य को अलग-अलग करने के लिए किये गये चिंतन पर भी निगाह फेंकनी चाहिए। वह चिंतन धर्म का विरोधी नहीं था, पर वह धर्म को राजकीय मामलों से अलग रखने का हिमायती ज़रूर था।

विवादात्मक शैली में लिखी गयी आलम की रचना में भारतीय मार्क्सवादियों के लिए भी एक हिदायत है। वे उत्तर-मार्क्स चिंतन की ज़रूरत पर ग़ौर करते हुए कहते हैं, 'हमें जो मार्क्सवाद थमाया गया है और जिसके तहत कम्युनिस्ट इस मसले को देखते हैं, वह दरअसल ग़लत बौद्धिक परिप्रेक्ष्य का शिकार है। यह परिप्रेक्ष्य धर्म को जंजीरों में जकड़ कर रखना चाहता है। जब कि कम्युनिस्टों को ऐतिहासिक समझ का इस्तेमाल करते हुए उन परिस्थितियों पर नज़र डालना चाहिए था जिनमें आधुनिक व्यक्ति की रचना होती है। अलग-अलग समाजों की ख़ास सांस्कृतिक और भौतिक परिस्थितियों में यह प्रक्रिया अलग-अलग तरह से होती है। अगर कम्युनिस्ट इस तरह से देखते तो उनके सामने समाजवादी लोकतंत्र के विभिन्न रूप खोजने का रास्ता खुल सकता था। लेकिन मार्क्स के बाद विकसित समाजवादी विचार परम्परा में विभिन्न परिस्थितियों के तहत आधुनिक इंसान की रचना-प्रक्रिया के दौरान पैदा हुई सामाजिक और दार्शनिक समस्याओं पर गम्भीरता से ग़ौर किया ही नहीं गया है।'

राजीव भार्गव की रचना 'सेकुलरवाद का उद्देश्य और उसूली फ़ासले का सिद्धांत' राजनीतिक सैद्धांतिकी के दायरे की एक असाधारण कृति है। यह मदन, नंदी और चटर्जी द्वारा लगाये गये आरोपों का जवाब दे कर ही नहीं रह जाती, पर थियरी का सहारा लेते हुए उदारतावादी चिंतन की ज़मीन पर भारत के लिए सेकुलरवाद के उपयुक्त मॉडल की खोज करने की गम्भीर क़वायद करती है। नफ़ीस तर्कों से भरे हुए इस लेख की ख़ूबी यह है कि यह सेकुलरवाद की आलोचनाओं के सकारात्मक पक्षों को मानते हुए आलोचना की आलोचना करता है। भार्गव की रचना सर्वाधिक सुचिंतित और शास्त्रीय ढंग से आज़ादी के बाद विकसित हुए भारतीय सेकुलरवाद के मॉडल की तरफ़दारी करती है।

भार्गव ज़ोरदारी से कहते हैं कि मदन और नंदी की आलोचना आधुनिकता

का अंधविरोध करने वाले अति–सरलीकृत गाँधीवाद पर आधारित है। इन लोगों का बहुलतावाद पक्षपातपूर्ण है और वे पारम्परिक समुदायों की आपसी सहिष्णुता से कुछ ज़्यादा ही उम्मीद लगा बैठे हैं। ये आलोचक सेकुलरवाद के कुछ रूपों को ठीक ही आड़े हाथों लेते हैं, लेकिन साथ ही वे सेकुलरवाद के कुछ अन्य रूपों को पहचानने तक से इनकार कर देते हैं। हक़ीक़त यह है कि आज़ादी के बाद भारत ने सेकुलरवाद के जिस रूप को विकसित किया है, सभी धर्मों से समान फ़ासले सिद्धांत पर नहीं, बल्कि उसूली फ़ासले के सिद्धांत पर आधारित है। भारत का सेकुलरवाद इंग्लैण्ड और फ्रांस के सेकुलरवाद जैसा नहीं है। उसे चर्च और राज्य के टकराव की रोशनी में देखे जाने के बजाय धर्मबहुल राज्य में विभिन्न धर्मों के बीच होने वाले टकरावों को टालने और साधारण जनता के लिए सामाजिक सहअस्तित्व की गारंटी देने वाली परियोजना के संदर्भ में देखे जाने की ज़रूरत है। ये लोग सेकुलरवाद को जिस बात के लिए ख़ारिज करते हैं, दरअसल उसी बात के लिए उसकी सख़्त ज़रूरत है। आवश्यकता सेकुलरवाद के विकल्प की नहीं, वैकल्पिक सेकुलरवाद की है।

भार्गव का दिमाग़ इस मामले में पूरी तरह साफ़ है कि भारतीय सेकुलरवाद को हिंदू–मुसलमान समस्या से निबटने के लिए ही पहले–पहल सूत्रबद्ध किया गया था। वह प्रयोजन आज भी उतना ही महत्त्वपूर्ण है। विभाजन के बाद के हालात में दोनों समुदायों के बीच रिश्ते पहले से कहीं ज़्यादा ख़राब हो चुके हैं। वे पूछते हैं कि इस खाई को पाटने के लिए सेकुलरवाद का कौन–सा रूप सबसे ज़्यादा अनुकूल रहेगा? आज के भारत के लिए सेकुलरवाद का क्या तात्पर्य है? उनके पास इन सवालों के तीन सम्भव जवाब इस प्रकार हैं : (अ) अल्पसंख्यक अधिकारों के पक्ष में मज़बूती से खड़ा होना, लेकिन साथ में (ब) धर्मांधता को अलगाव में डालने के लिए धार्मिक सहिष्णुता के संसाधनों का इस्तेमाल करना और आंतरिक सुधारों को बढ़ावा देना, और अंत में (स) व्यापक समान हित की पहले से मौज़ूद सभी गुंज़ाइशों को और मज़बूत करना।

मधु किश्वर अपने विख्यात लेख 'शाहबानो का मुक़दमा' में स्त्री के अधिकारों की रोशनी में समान नागरिक संहिता बनाने की सेकुलर ज़रूरत के साथ जूझती हैं। उनकी मान्यता है कि शाहबानो के मुक़दमें में सर्वोच्च न्यायालय के फ़ैसले से समान नागरिक संहिता की माँग का साम्प्रदायिकीकरण हुआ। इस लिहाज़ से किश्वर की धारणा मार्क गैलेंटर द्वारा अदालतों के सेकुलर उत्साह की आलोचना के मुताबिक़ प्रतीत होती है।

मधु किश्वर के अनुसार सुप्रीम कोर्ट के फ़ैसले के बाद मुसलमान औरतों

के साथ होने वाले भेदभाव की आड़ में इस्लाम और मुसलमानों के ख़िलाफ़ आक्रामक मुहिम शुरू हो गयी। मुसलिम पर्सनल लॉ में परिवर्तन की कसौटी पर अल्पसंख्यकों की देशभक्ति को कसा जाने लगा। किश्वर इतिहास में जाकर बताती हैं कि ठीक इसी तरह कभी हिंदू स्त्रियों के साथ होने वाले भेदभाव की आड़ में अंग्रेज़ों ने हमारे स्वशासन के अधिकार पर सवालिया निशान लगाया था। अंग्रेज़ों ने जो किया था, ठीक वैसा ही कथित हिंदू प्रवक्ताओं ने मुसलमानों के साथ किया। स्त्री अधिकारों का मसला पृष्ठभूमि में चला गया। ऐसा लगने लगा कि जैसे हिंदू पर्सनल लॉ ज़्यादा सेकुलर और बेहतर क़ानून है। माहौल बनाया जाने लगा कि समान नागरिक संहिता के नाम पर इसी क़ानून के प्रावधान ग़ैर-हिंदू समुदायों को थमा दिये जाएँ। जबकि, असलियत यह है कि स्त्री को सम्पत्ति का अधिकार देने के मामले में यह मुसलिम पर्सनल लॉ से भी बदतर है।

मधु किश्वर की चेतावनी है कि एक सेकुलर क़िस्म की समान नागरिक संहिता तैयार करने की कोशिश करते समय सतर्क रहना होगा कि कहीं हिंदू पर्सनल लॉ के प्रावधानों को ही नये सिरे से पेश करने की साजिश तो नहीं की जा रही है। साथ ही यह भी सुनिश्चित करना होगा कि नयी संहिता का मसविदा स्त्रियों को समान अधिकार के उसूल की रोशनी में तैयार किया जाए।

धीरूभाई शेठ ने 'गुजरात के बाद हिंदुत्व और राज्य का सेकुलरत्व' के ज़रिये इस बहस में अपना योगदान किया है। उनका लेख गुजरात की चिंताजनक घटनाओं के संदर्भ में राज्य के सेकुलर बने रहने की ज़रूरत को उभारता है। गुजरात में संघ परिवार द्वारा किये गये साम्प्रदायिक प्रयोगों का अध्ययन पेश करते हुए धीरूभाई दिखाते हैं कि गुजरातीपन और जातीय बहुसंख्यक अस्मिता को जोड़कर संघ परिवार ने पूरे देश के सामने मिसाल पेश की है कि राज्य के सेकुलरत्व को नष्ट करने का फ़ार्मूला क्या हो सकता है। संघ परिवार लोकतांत्रिक बहुमत को बहुसंख्यकवाद में पतित करने की इस कोशिश में बहुत दिनों से लगा हुआ था। 1977 में हुए जनता पार्टी प्रयोग के जमाने में सम्भवत: उसने पहली बार समझा कि राजसत्ता में हिस्सेदारी के ज़रिये वह किस तरह हिंदू राष्ट्र बनाने के अपने मक़सद में कामयाब हो सकता है। उसी के बाद से संघ परिवार ने अपनी एक विशेष सत्ता-दृष्टि विकसित की, जिसकी एक अभिव्यक्ति हमें गुजरात में दिखाई देती है, और दूसरी भाजपा के नेतृत्व में चल रहे राष्ट्रीय जनतांत्रिक गठजोड़ के प्रयोग में।

धीरूभाई की मान्यता है कि सेकुलरवाद संकट में ज़रूर है, पर उस संकट का हल बहस को विभाजन-पूर्व के मुद्दों से निकाल कर और आधुनिकता के

पक्ष-विपक्ष में चल रहे तर्क-वितर्क से बचाते हुए एक नयी सेकुलर राजनीति के विकास से ही हो सकता है। उनका ख़याल है कि सेकुलरीकरण की प्रक्रिया में बाधा हिंदुत्व ही नहीं डालता, बल्कि यह बहस भी डालती है। आज़ादी से पहले कौमी एकता के रूप में जो सेकुलरवाद धार्मिकता का विलोम नहीं था, आज़ादी के बाद आधुनिकतावादी-राज्यवादी होकर छोटे से शासक वर्ग को वैधता दिलाने वाली विचारधारा बन गया। नतीजतन, निचली जातियों की जीवन-शैली को नीची निगाह से देखने वाले इस सेकुलरवाद ने बहुसंख्यक भारतीय समाज को हिंदुत्ववादियों के हाथों में खेलने के लिए छोड़ दिया।

धीरूभाई के अनुसार भारतीय राष्ट्र-राज्य की वैधता को आजकल ऊपर से भूमण्डलीकरण की ताक़तें और नीचे से क्षेत्रीयता की ताक़तें चुनौती दे रही हैं। लेकिन इन चुनौतियों से भी कहीं ज़्यादा गम्भीर और गहरी चुनौती राष्ट्र-निर्माण के इस मॉडल को हिंदुत्व के आंदोलन ने दी है। इसने सेकुलर-लोकतांत्रिक राज्य और बहुलतावादी राष्ट्रवाद की विचारधारा के बीच पनपे संस्थागत सूत्र को भंग करने का ख़तरा पैदा कर दिया है। हालाँकि आज भी अधिकांश हिंदू इसके पक्ष में नहीं हैं इसलिए इसे गठजोड़ की राजनीति का सहारा लेना पड़ रहा है। लेकिन इसे पूरी उम्मीद है कि भविष्य में यह हिंदुत्व की विचारधारा को भारतीय राज्य की विचारधारा के रूप में मान्यता दिलाने में कामयाब हो जाएगा। हिंदुत्व जातीय-धार्मिक बहुसंख्यकवाद को वैधता दिलाना चाहता है। अगर हिंदुत्ववादी संगठन हिंदुओं की बहुसंख्या का दीर्घकालीन राजनीतिक समर्थन पाने में कामयाब रहे तो भारतीय राष्ट्र-राज्य बहुसंख्यक-जातीय राज्य का चरित्र ग्रहण कर लेगा। तब भारत में भी अल्पसंख्यकों के साथ वही व्यवहार होना शुरू हो जाएगा जैसा उपमहाद्वीप के अन्य देशों में होता है।

धीरूभाई के पास नयी सेकुलर कल्पनाशीलता के लिए कुछ ठोस सुझाव भी हैं। उनके अनुसार संविधान में विशेष प्रावधान की व्यवस्था करनी होगी ताकि कोई राज्य अपने सेकुलर दायित्वों से पल्ला न झाड़ सके। राजनीतिक और सामाजिक जीवन में मुसलमानों की भागीदारी सचेत रूप से बढ़ानी होगी। हिंदुओं के धार्मिक जीवन के प्रति कठोर रवैया अपनाने की अवांछित प्रवृत्ति से बचना होगा। निचली जातियों की राजनीति के लोकतांत्रिक और सेकुलर आयामों का महत्त्व नये सिरे से समझना होगा। सेकुलर विमर्श को भूमण्डलीय स्तर तक ले जाकर भारतीय राज्य को इस्लाम विरोधी बनाने के प्रयासों का प्रतिकार करना होगा। इन सभी लक्ष्यों को वेधने में नयी परिस्थितियाँ काफ़ी मददगार हो सकती हैं। अब केंद्र में दो राष्ट्रीय गठजोड़ों की प्रतियोगिता की राजनीति ने क़दम

जमा लिए हैं। इस राजनीति के दबाव भाजपा और संघ परिवार के बीच दूरी को बढ़ा सकते हैं।

हमारे युग के सबसे प्रतिभाशाली राजनीतिशास्त्री रजनी कोठारी का लेख 'चार बाधाएँ और बीच का रास्ता' इस बात का प्रमाण है कि भले ही सेकुलरवाद साम्प्रदायिकता का उलट न हो, पर साम्प्रदायिकता का विश्लेषण करते-करते सेकुलरवाद संबंधी तजवीज़ों पर पहुँचा जा सकता है। कोठारी ने अपने ये विचार अधिकांशतः दस सालों की उस अवधि में सूत्रीकृत किये थे जो कमोबेश आपातकाल से लेकर 1984 के सिख विरोधी संहार तक फैली हुई है।

कोठारी की चिंता यह है कि 'भारत आज उसी नशे में चूर है जिसे मार्क्स ने कभी 'जनता की अफ़ीम' क़रार दिया था। दिक़्क़त यह है कि भारतीय समाज का स्वाभाविक चरित्र इसकी इजाज़त नहीं देता। आख़िरकार इस देश की बुनियाद में एक ऐसी सभ्यता है जिसकी प्रकृति मूलतः न तो धार्मिक थी और न ही सेकुलर। लेकिन, इसके बाद भी भारत पर धार्मिक राजनीति का भरपूर असर दिख रहा है। विडम्बना यह है कि मुसलमानों और ईसाइयों ने काफ़ी संयम से काम लिया है, पर धर्मशास्त्र अर्थों में ग़ैर-धार्मिक समझी जाने वाले 'हिंदू' समुदायों ने धर्म के आधार पर गोलबंदी को स्वीकार करना शुरू कर दिया है।'

इसका कारण खोजते हुए कोठारी इस नतीजे पर पहुँचे हैं कि भारतीय सेकुलरवाद इस समय तकनीकशाही और प्रबंधकीय राज्य, चुनाव आधारित लोकतंत्र के कारण आये बहुसंख्यकवाद, कठोर राज्य की अवधारणा और राज्य की संस्था के साम्प्रदायिकीकरण के कारण साँसत में है। हालात धार्मिक ध्रुवीकरण के अनुकूल हैं। मध्यवर्गीय राजनीति का दायरा असरदार नहीं रह गया है। मध्यवर्ग लोकतांत्रिक राजनीति के प्रति अरुचि का शिकार हो चुका है। सेकुलरवाद इन बाधाओं से तब तक पार नहीं पा सकता जब तक राजनीति पर एक बार फिर बीच का दायरा प्रभावी नहीं हो जाता और मध्यवर्ग की परिवर्तनकारी सृजनशीलता पुनः जागृत नहीं हो जाती। ऐसा करने के लिए केवल सेकुलर-राजनीतिक दायरे की तरफ़ ध्यान देना ही काफ़ी नहीं होगा। इसके लिए भारतीय बहुलतावाद की नैसर्गिकता को पकड़ना होगा। समझना होगा कि भारतीय आधुनिकता का इतिहास पश्चिमी आधुनिकता से भिन्न है। भारतीय बहुलतावाद सेकुलर विकास-क्रम की उपज नहीं है, बल्कि भारतीय सेकुलरवाद हमारे बहुलतावाद के आधार की देन है।

कोठारी आशा-निराशा के झूले में झूलते हुए कहते हैं कि राजनीतिक दलों की नाकामी के बावजूद उन्होंने उम्मीद का दामन छोड़ा नहीं है। इसकी वजह

ख़ुद मध्यवर्ग का नैसर्गिक चरित्र और उसका लोकतंत्र के साथ रिश्ता है। सैद्धांतिक रूप से लोकतंत्र मुख्यतः एक मध्यवर्गीय मूल्य ही है। मध्यवर्ग गुजरात की घटनाओं से बुरी तरह चौंक गया है। नरेंद्र मोदी द्वारा राज्य का खुला साम्प्रदायिकीकरण किये जाने से उसे एक तरह का सदमा लगा है। इसी के नतीजे के तौर पर हम आज तरह-तरह के नागरिक समूहों की सक्रियता देख सकते हैं। ये नागरिक समूह मोटे तौर पर साम्प्रदायिकता के ख़िलाफ़ और सेकुलर राजनीति के पक्ष में खड़े हुए हैं। आज का मध्यवर्ग जिस हक़ीक़त का सामना कर रहा है, वह उस हक़ीक़त से कहीं पेचीदा है जिसका आज़ादी मिलने के वक़्त तत्कालीन मध्यवर्ग ने सामना किया था।

रवि वासुदेवन के लेख 'बॉम्बे और उसका 'इण्डियन' ' सेकुलर आधुनिकता पर आधारित राष्ट्रीय अस्मिता रचने की कोशिश का आख्यान है। गोविंद निहलानी की फ़िल्म 'देव' के प्रदर्शन के बाद छिड़ी बहस की रोशनी में पढ़े जाने पर उनके लेख का महत्त्व और बढ़ जाता है। निहलानी की फ़िल्म पर समीक्षकों ने आरोप लगाया है कि उसमें मुसलमानों की साम्प्रदायिकता की रूढ़ छवि पेश की गयी है और अंत में उसे हिंदू उदारता और सेकुलरवाद के नेतृत्व के मातहत दिखा दिया गया है। वासुदेवन का लेख फ़िल्म कला की बारीकियों और हिंदी फ़िल्मों के इतिहास में जाकर दिखाता है कि किस तरह मणि रत्नम की फ़िल्म *बॉम्बे* में हिंदू— मुसलमान विवाह के माध्यम से सेकुलर आधुनिकता पर आधारित राष्ट्रीय अस्मिता रचने की कोशिश की गयी है।

वासुदेवन बताते हैं कि इस अस्मिता का नाम है 'भारतीय'। मणि रत्नम ने इस 'भारतीय' को गढ़ने के लिए पहले अल्पसंख्यकों का 'अन्यीकरण' किया, और फिर उस 'अन्य' की अस्मिता का तरलीकरण कर दिया ताकि विवाह की संस्था और आधुनिकतावादी बुद्धिवाद के ज़रिये बहुसंख्यक अस्मिता द्वारा उसे आत्मसात् किया जा सके। लेकिन, वासुदेवन गहरी अंतर्दृष्टि का संकेत देते हुए बताते हैं कि भारतीयता ग्रहण करने की इस प्रक्रिया में फ़िल्म का हिंदू नायक अपनी ही धर्म प्रदत्त अस्मिता को नकारता है। आत्म-नकार के इस प्रयास के कारण उसे अपनी ही देह बलिदान की वेदी पर प्रस्तुत कर देनी पड़ती है। रोमांस, सेक्सुअलिटी, फैंटेसी, समुदायगत रूढ़-छवियों और साम्प्रदायिक हिंसा के ख़ास तरह के चित्रण के ज़रिये लोकप्रिय मुहावरे की यह फ़िल्म अंततः सामाजिक विभाजनों से परे जाकर एक सेकुलर और आधुनिक परिवार की रचना करने में सफल हो जाती है।

वासुदेवन के अनुसार फ़िल्म का नायक ख़ुद को उस सामाजिक दायरे के

हाशिये पर फँसा हुआ पाता है जिसके भीतर जनसंहारी क़िस्म के अस्मिता-संघर्षों का चक्रवात आया हुआ है। संघर्षों के इसी भँवर के अंत में शेखर मिश्रा स्वयं को हिंदुओं से टकराता हुआ देखता है। इन हालात में एक 'अन्य' के रूप में मुसलमानों से परायापन महसूस करने की प्रवृत्ति एक अलग तरह के परायेपन के मातहत चली जाती है। यह परायापन स्वयं अपनी ही इयत्ता के एक रूप से है जो नायक पीछे छोड़ चुका है।

वासुदेवन की निगाह में यह सम्भवतः पहली फ़िल्म है जो हिंदू का हिंसक रूप दिखाती है जो शायद उसकी सर्वाधिक चौंका देने वाली छवि है। *बॉम्बे* में आधुनिकता अपनी राष्ट्र संबंधी आशंकाओं पर सोचते हुए अपने विभिन्न संस्करणों के ज़रिये ख़ुद को व्यक्त करती है। आधुनिकता की ये क़िस्में ताकि कुछ ऐसी गुंज़ाइशें पैदा की जा सकें जिनमें 'अन्य' के आत्मसातीकरण की सम्भावना हो।

इस महाविवाद की विवेचना तब तक पूरी नहीं हो सकती जब तक हिंदी की विशाल दुनिया में इस विषय पर हुई बहस का आलोचनात्मक जायज़ा न ले लिया जाए। इसी ज़रूरत को पूरा करने के लिए मैंने अपने एक विस्तृत समीक्षात्मक लेख 'सेकुलर 'हिंदू' वर्चस्व' में दिखाया है कि संविधान सभा की बहस में पराजित कर दिये गये बहुसंख्यकवादी आग्रह किस तरह नये रूपों में सेकुलरवाद को आक्रांत कर रहे हैं। मैंने क़रीब दो हज़ार पृष्ठ में फैले हुए हिंदी के साम्प्रदायिकता विरोधी चिंतन का विश्लेषण करके नतीजा निकाला है कि हिंदी का साम्प्रदायिकता विरोधी शिविर सेकुलरवाद को 'सर्वधर्मसमभाव' के रूप में देखने के लिए तैयार नहीं है। कभी तो वह उसे धर्मों से निरपेक्षता के रूप में परिभाषित करता है तो कभी धर्म को पंथ से श्रेष्ठ मान कर पंथों से निरपेक्षता का अर्थ देने की चेष्टा करता है। उसकी पंथनिरपेक्षता भारतीय सेकुलरवाद को हिंदू 'सनातन धर्म' का पर्याय बना देती है। उसकी निगाह में 'धर्म' को धारण करने वाले हिंदू राष्ट्रीयता के स्वाभाविक वाहक बन जाते हैं, और वह 'पंथ' को मानने वाले मुसलमानों के लिए अपनी राष्ट्रीयता साबित करने का कार्यभार तय करता नज़र आता है।

मैंने हिंदी के जिन लोकप्रिय साम्प्रदायिकता विरोधी लेखकों पर निगाह डाली है उनमें राजेंद्र यादव, प्रभाष जोशी, राजेंद्र माथुर, किशन पटनायक, सच्चिदानंद सिन्हा, राजकिशोर और खगेंद्र ठाकुर जैसे दिग्गज शामिल हैं। उनके विश्लेषण में पाठकों को यह देख कर आश्चर्य हो सकता है कि हिंदी के वामपंथी सेकुलर विमर्श में भी हिंदू-श्रेष्ठता राष्ट्रीयता के स्वाभाविक दावेदार के रूप में

सूत्रीकृत होती है। हिंदी का यह साम्प्रदायिकता विरोधी बुद्धिजीवी वर्ग अल्पसंख्यकों के साथ बराबरी का व्यवहार करने के पक्ष में संघ परिवार के ख़िलाफ़ संघर्ष करने में अग्रणी है। लेकिन, साथ में वह मुसलमान और इस्लाम की उसी रूढ़ छवि को अपने मानस में बसाए हुए है जो संघ परिवार के मुखपत्रों में अक्सर चित्रित होती रहती है। वामपंथी हों या ग़ैर-वामपंथी, हिंदी खित्ते के लिए सेकुलर राष्ट्र बनाने का संघर्ष दरअसल हिंदू दायरों में किया जाने वाला संघर्ष ही है। मुसलमान तो हाशिये पर खड़े होकर अपने जान-माल की हिफ़ाज़त के लिए उदार हिंदू बहुसंख्या का मोहताज होने के लिए अभिशप्त हैं। संघ परिवार ही नहीं, उसका जमकर विरोध करने वाले हिंदी के बुद्धिजीवी भी एक हिंदू-वर्चस्व की रचना करना चाहते हैं। फ़र्क़ यह है कि उनके हिंदू-वर्चस्व के आगे 'सेकुलर' शब्द भी लगा होगा।

मेरा कहना है कि हिंदी जगत में ऐसे विचारक विरले ही हैं जो पूँजीवाद और विकास के बेरहम हाथों द्वारा बदलती दुनिया के ठोस धरातल पर सेकुलरवाद के संकट की जाँच करने कोशिश कर रहे हों। जबकि भारतीय सेकुलरवाद का पुनर्सूत्रीकरण इन नयी हक़ीक़तों की उपेक्षा करके नहीं किया जा सकता, क्योंकि केवल इन्हीं के संदर्भ में समझा जा सकता है कि विश्व हिंदू परिषद को अचानक हिंदू समाज के एक बड़े हिस्से का समर्थन क्यों मिलने लगा है। एक तरफ़ समाज के साम्प्रदायिकीकरण की प्रक्रिया है, और दूसरी तरफ़ भूमण्डलीकरण के तहत हो रहा परिवर्तन इतना व्यापक है कि उसने सनातन धर्म को भी सनातन नहीं रहने दिया है। वह आधुनिकता, पूँजीवाद, राष्ट्र-राज्य और साम्प्रदायिकता के ही नहीं, सेकुलरवाद के धरातल पर भी वर्चस्व की माँग करने लगा है।

VIII
सेकुलरवाद बनाम बहुसंख्यकवाद

यह महाविवाद कम से कम दो बातें पूरी तरह साफ़ कर देता है :

पहली : संविधान सभा प्रदत्त सेकुलरवाद युरोप से आयात करके भारतीय समाज पर थोपी गयी रचना न होकर भारतीय लोकतंत्र की ही तरह एक विशिष्ट क़िस्म की भारतीय रचना थी। उसे गाँधी-नेहरू विरासत का वाहक कहा जा सकता था। भारतीय सेकुलरवाद का यह ख़ास चरित्र अपने-आप में इतना स्पष्ट था कि संविधान सभा की इस कामयाब कृति को पश्चिमी सेकुलरवाद के व्याख्याता अमेरिकी और युरोपीय सेकुलरवाद जैसा मानने के लिए तैयार कभी नहीं हुए। चाहे साठ के दशक में डोनाल्ड यूजेन स्मिथ, विलफ्रेड केंटवेल स्मिथ

और मार्क गैलेंटर रहे हों, या 2001 में विलफ्रेड एम. मेकक्ले रहे हों, सभी विदेशी विद्वानों ने बार-बार माना है कि भारतीय सेकुलरवाद जैसी रचना पश्चिम में उपलब्ध नहीं है।

लेकिन, भारतीय राज्य और न्यायपालिका समेत उसकी संस्थाओं के आचरण ने उसका मुँह एक ऐसे सेकुलरवाद की तरफ़ मोड़ दिया जो राजीव भार्गव की भाषा में कभी तो 'अति-तात्त्विक' प्रवृत्तियों (यानी धर्म को राजनीति से पूरी तरह अलग कर देने की ज़िद) से, तो कभी 'अति-कार्यविधिक' प्रवृत्तियों (यानी जिसे ज़्यादातर यही फ़िक्र रहती है कि राज्य हर हालत में तटस्थ दिखना चाहिए) से ग्रस्त दिखाई पड़ता है। इन दोनों प्रवृत्तियों की थोड़ी-बहुत ज़िम्मेदारी प्रतिष्ठानमूलक मार्क्सवाद के बौद्धिक प्रवक्ताओं द्वारा चलाए गये आक्रामक विमर्श पर भी डाली जा सकती है। अकादमिक हलकों, समाचार माध्यमों, निर्वाचन प्रक्रिया, दलीय प्रणाली और अदालतों के औपचारिक स्वर पर इन्हीं प्रवृत्तियों की अनुगूँज हावी रही है।

कुल मिला कर संविधान प्रदत्त मॉडल से इस भटकाव का परिणाम आशिस नंदी की भाषा में 'सरकारी सेकुलरवाद' के रूप में निकलता है। नंदी के ही अनुसार यह सरकारी सेकुलरवाद :

> ... नागरिक के राजनीतिक व्यक्तित्व को काट-छाँट कर लोकतांत्रिक प्रक्रिया को सीमित कर देता है। होता यह है कि पूरी तरह सेकुलर और आधुनिक दायरे के लोगों की शख़्सियत को लोकतांत्रिक व्यवस्था में ठीक से नुमाइंदगी मिल जाती है, पर इस दायरे से बाहर के लोगों की इयत्ता का एक अंश ही प्रतिनिधित्व प्राप्त कर पाता है। इस ग़ैर-आधुनिक-ग़ैर-सेकुलर इयत्ता का बाक़ी हिस्सा नियोजित रूप से सार्वजनिक जीवन से बाहर रखा जाता है।... इस रवैये के कारण राजनीति धार्मिक और सांस्कृतिक परम्परा के दायरे में कोई भी सृजनात्मक भूमिका निभाने से वंचित रह जाती है। अगर ग़ैर-आधुनिक-ग़ैर-सेकुलर इयत्ता को भी राजनीति के दायरे में जगह मिलती तो राजनीति के ज़रिये कुछ लघु परम्पराएँ एक-दूसरे के मुक़ाबले खड़ी होतीं। या इन लघु परम्पराओं के अंतर्निहित श्रेणीक्रम को राजनीति के ज़रिये पुनर्व्यवस्थित किया जाता। या फिर राजनीति विभिन्न लघु परम्पराओं के आपसी संबंधों की तरलता को ही क़ायम रखने का माध्यम बन जाती। बजाय इसके कि व्यक्ति के भीतर निजी और सार्वजनिक के बीच एवं राजनीति और संस्कृति के बीच कोई संवाद स्थापित किया जाता, सरकारी सेकुलरवाद दोनों दायरों को कड़ाई से अलग-अलग कर देता है। वे समय के साथ गतिशील नहीं रह जाते। इस चक्कर में संस्कृति का दायरा अतीत की वस्तु बन कर रह जाता है। परिणाम यह होता है कि धार्मिक और सांस्कृतिक परम्पराएँ यथास्थितिवादी हो कर रह जाने के लिए मजबूर हो जाती हैं। वैसे, आधुनिकतावादी हर हालत में उनके ऊपर यही आरोप भी लगाते हैं। मुश्किल यह होती है कि इस

तरीक़े से भी धर्म के राजनीति से अलग रहने की गारंटी नहीं हो पाती। धर्म राजनीति में एक दूसरे रास्ते से घुसपैठ कर लेता है।

दूसरी : भारतीय आधुनिकता और लोकतांत्रिक राजनीति ने सेकुलरवाद ही नहीं बहुसंख्यकवाद को भी जन्म दिया है। दोनों के बीच संघर्ष जारी है और अभी तय नहीं है कि जीत किसकी होगी। मामला काफ़ी पेचीदा है क्योंकि मैदान में एक नहीं कई क़िस्म के बहुसंख्यकवाद हैं। हिंदुत्व की राजनीति की शक्ल में तो बहुसंख्यकवाद 1925 से ही मौजूद है। मण्डल रपट के कार्यान्वयन के गर्भ से जातियों का बहुसंख्यकवाद भी निकल आया है। एक ख़ास क़िस्म के 'हिंदू' बहुसंख्यकवाद की निर्मिति भी सामने आ गयी है जो ख़ुद को संविधान सम्मत कहते हुए सेकुलर होने का दावा करती है। राज्य की संस्था पर क़ब्ज़े का प्रश्न इस लड़ाई को निर्णायक मोड़ दे सकता है। बहुसंख्यकवादियों ने दिखाया है कि केवल छह या सात साल तक केंद्र में एक मिली-जुली सरकार (जिसके कई घटक बहुसंख्यकवाद के विरोधी थे) का नेतृत्व करके वे क्या गुल खिला सकते हैं। लोकतांत्रिक राज्य की संस्थाओं में अपने वैचारिक कारकुनों की तैनाती करके किस तरह राज्य का रुख धार्मिक राष्ट्रवाद की तरफ़ मोड़ा जा सकता है।[64]

केंद्र में राष्ट्रीय जनतांत्रिक गठजोड़ की सरकार का तजरुबा यह भी बताता है कि राजनीतिक मौक़ापरस्ती के कारण सेकुलरवादियों के बीच बहुसंख्यकवाद के प्रति द्वैधवृत्ति आ जाने के नतीजे क्या हो सकते हैं।[65] उससे भारतीय राज्य अपने चरित्र के प्रति दुविधाग्रस्त हो सकता है। आज भारतीय राज्य के भीतर एक मोर्चा खुल गया है जिसमें पाले के एक तरफ़ बहुसंख्यकों की 'राष्ट्रीय भावनाओं के प्रकटीकरण'[66] में यक़ीन करने वाले, और दूसरी तरफ़ किसी धर्म, समुदाय या संस्कृति की तरफ़दारी से राज्य को परे रखने वाले तत्त्व हैं।

बहुसंख्यकवाद एक ऐसा रुझान है जो खुले तौर पर ही नहीं, छिपे तौर पर भी काम करता है। यह रुझान उन पार्टियों में भी दिखाई देता है जो भारतीय जनता

---

[64] लोकतांत्रिक राज्य की संस्थाओं में संघ परिवार की घुसपैठ के एक अंदाज़ के लिए देखें, प्रफुल्ल बिदवई (2004), 'सर्जरी टाइम्स, मि. सिंह', *हिंदुस्तान टाइम्स,* 3 जुलाई.

[65] यह द्वैध वृत्ति कांग्रेस के भीतर ही नहीं, समाजवादियों और गाँधीवादियों में भी देखी जा सकती है. बहुसंख्यकवाद अगर खुल कर मुसलमानों पर हमला न करे, तो इन लोगों को उसके साथ जाना निरापद लगता है. क्षेत्रीय ताक़तें भी इससे अछूती नहीं हैं. भाजपा के नेतृत्व में राष्ट्रीय जनतांत्रिक मोर्चे का गठन इसका प्रमाण है. अभी यह अध्ययन किया जाना शेष है कि ख़ुद को सेकुलर कहने वाले इस मोर्चे के घटक दल भाजपा को हिंदुत्ववादी क़दम उठाने से रोकने में कितने कामयाब हुए.

[66] यह बजरंग दल के किसी नेता का नहीं, अटल बिहारी वाजपेयी का बयान है जो उन्होंने टीवी कैमरे के सामने प्रधानमंत्री के रूप में दिया था.

पार्टी की तरह खुले तौर पर इसकी पैरोकारी न करके सिद्धांत में इसकी मुख़ालफ़त ही करती हैं। मसलन, 2002 के गुजरात में अगर भाजपा की सरकार ने राज्य का बहुसंख्यकवादी दुरुपयोग किया, तो 1984 में कांग्रेस की सरकार भी नयी दिल्ली और देश के अन्य कोनों में यही कर चुकी थी। कहीं इसका निशाना मुसलमानों को बनना पड़ा, तो कहीं सिखों को। बहुसंख्यकवाद के इन छिपे और खुले रूपों के कारण भारतीय राज्य में पैदा हुए अंतर्विरोधों पर बहस अब बीच बाज़ार में आ चुकी है। यह सरोकार केवल थोड़े से अकादमीशियनों का ही नहीं है, मध्यवर्ग के सांस्कृतिक दायरों में भी यह विवाद काफ़ी शिद्दत से चल रहा है। पचास साल पहले गाँधी की हत्या करने के इलज़ाम में जिस बहुसंख्यकवाद को फ़ाँसी की सज़ा सुनाई गयी थी, आज उसी का बेताल *मी नाथूराम गोडसे बोलतोय* के रूप में अपना रंगमंचीय वक्तव्य जारी करने की गुंजाइश प्राप्त कर चुका है।[67] रुपहले पर्दे ने दो फ़ाँकों में बँटे हुए भारतीय राज्य को अपने दोनों रूपों में मरते हुए दिखा दिया है : उसके संविधान सम्मत सेकुलर प्रतीक की दिन-दहाड़े साज़िशन हत्या कर दी जाती है, और दूसरी तरफ़ उसे बहुसंख्यकवाद से आक्रांत करने वाला प्रतीक ख़ुदकुशी करने पर मजबूर हो जाता है।[68] सवाल यह है कि क्या अपने चरित्र के प्रति आशंकित हो जाने वाली संस्थाएँ इसी तरह के हृदय विदारक अंत के लिए अभिशप्त होती हैं? क्या वास्तव में आधुनिक भारतीय राज्य का यही हश्र होने वाला है?

बहुसंख्यकवादी राजनीति राज्य के औपचारिक सेकुलर चरित्र को किस तरह हड़पती है, इसका एक दिलचस्प नमूना 'सच्चे' सेकुलरवादी आडवाणी ने 1998 में केंद्र सरकार के प्रतिनिधि के तौर पर लेह की हिमाच्छादित ऊँचाइयों पर सिंधु-दर्शन महोत्सव की शुरुआत करके पेश किया था। इसमें भगवाधारी साधुओं, बाबाओं और वेद मंत्रों के उच्चारण के साथ सरकार की छत्रछाया में राष्ट्रीय स्वयंसेवक संघ की निक्करधारी उपस्थिति के बीच सिंधु (माना जाता है कि अरबों ने सिंधु नदी को देख कर उसे हिंदू कह कर पुकारा, क्योंकि वे ह अक्षर का उच्चारण करने में असमर्थ थे, और इसी आधार पर सिंधु के पार रहने वालों को वे हिंदू कहने लगे) में गंगा, यमुना, गोदावरी, नर्मदा, कावेरी और

---

[67] प्रदीप दलवी के इस मराठी नाटक *मी नाथूराम गोडसे बोलतोय* में गाँधी का हत्यारा अपने कृत्य को जायज ठहराने की कोशिश करता है. महाराष्ट्र के कांग्रेसियों ने इसके ख़िलाफ़ विरोध प्रदर्शन किये और प्रतिबंध की माँग की. कांग्रेस और राकांपा की मिली-जुली सरकार ने नाटक पर पाबंदी लगायी. हिंदुत्ववादी ताक़तों ने अदालत की शरण ले कर पाबंदी हटवा दी.

[68] देखें गोविंद निहलानी की फ़िल्म *देव* का क्लाइमेक्स.

ब्रह्मपुत्र का पानी मिलाया जाता था। पूरे सात वर्ष तक सिंधु–दर्शन भगवा ध्वज की छाया में राष्ट्रीय एकता और अखण्डता की हिंदू–संरचना पेश करता रहा। कार्यक्रम में स्थानीय लद्दाखियों और उनकी समृद्ध बौद्ध संस्कृति की भागीदारी का कोई प्रावधान नहीं था। धीरे–धीरे सिंधु के तट पर संघ अपनी शाखाएँ भी लगाने लगा। सन् 2004 में चुनाव में हारने के बाद जैसे ही भारतीय जनता पार्टी के नेतृत्व वाली सरकार गयी और कांग्रेस के नेतृत्व में वामपंथियों के समर्थन वाली सरकार बनी, सिंधु–दर्शन महोत्सव की शक्ल पूरी तरह बदल गयी। बाबाओं, पुजारियों और पूजा–पाठ को जून के दूसरे पखवाड़े में हुए सरकारी समारोह के दायरे से बाहर कर दिया गया। सिंधु में देश की अन्य नदियों का पानी मिलाया ज़रूर गया, पर उस मौक़े पर कोई कर्मकाण्ड न होकर ओडिशी नृत्यांगना सोनल मानसिंह का सप्तनदी नृत्य हुआ। फिर लद्दाखी लोकनर्तकों ने अपनी कला का प्रदर्शन किया। इस दौरान संघ परिवार के निक्करधारी दूर–दूर तक नहीं दिख रहे थे।[69]

इस सांस्कृतिक राजनीति में भारतीय सेकुलरवाद और सेकुलरीकरण के लिए कई संदेश और कई बहसें छिपी हुई थीं। आडवाणी के लिए सिंधु–दर्शन दरअसल हिंदू–दर्शन और इस लिहाज़ से राष्ट्र–दर्शन का पर्याय था। जबकि कांग्रेस के नेतृत्व में बनी संयुक्त प्रगतिशील गठबंधन की पर्यटन मंत्री रेणुका चौधरी के वक्तव्य में यह दावा साफ़ पढ़ा जा सकता था कि उनकी सरकार ने राजनीतिक हिंदुत्व से मुक्त करके महोत्सव का सेकुलरीकरण कर दिया है। अब यह हिंदू–दर्शन न रहकर वास्तव में राष्ट्र–दर्शन हो गया है। एक तीसरी राय भी थी जो दोनों ही प्रकरणों को परम्परा और संस्कृति के दायरे में आधुनिक राज्य का आपत्तिजनक हस्तक्षेप क़रार दे रही थी। इसकी मान्यता थी कि राज्य अपनी दख़लंदाज़ी से दोनों ही स्थितियों में स्थानीय परम्पराओं की उपेक्षा करते हुए नयी परम्परा गढ़ने की कोशिश कर रहा है जिसका ज़मीन से कोई ताल्लुक़ नहीं है। राज्य को अगर संस्कृति के क्षेत्र में कोई भूमिका अदा करनी ही थी तो उसे कुछ ही दिन बाद होने वाले लद्दाख के स्थानीय हेमिस उत्सव को बढ़ावा देना चाहिए था जो तिब्बत से आये बौद्ध भिक्षु पद्मसम्भव की आध्यात्मिक विरासत से जुड़ा हुआ है।[70]

ध्यान रहे कि रेणुका चौधरी उसी क्रांग्रेस की सदस्य हैं जिसकी शीर्ष नेता

---

[69] *हिंदुस्तान टाइम्स* (19 जून, 2004) में कोलीन ब्रेगेंज़ा की सचित्र ख़बर, 'हिंदुत्व ब्रिगेड मिसिंग एट सिंधु दर्शन फ़ेस्ट'.

[70] *टाइम्स ऑफ़ इण्डिया* (23 जून, 2004) के सम्पादकीय पृष्ठ पर बहस : 'स्टेट स्पांसरशिप डिस्टॉर्ट्स ट्रेडीशन' और 'मॉडर्न सोसाइटी नीड्स गवर्नमेंट्स कल्चरल इंटरवेंशन'.

इंदिरा गाँधी ने अस्सी के दशक में हिंदू कार्ड खेल कर क्षेत्रीयतावादी शिव सेना को हिंदू उग्रपंथी संगठन बनने के लिए उकसाया था। उनके बाद उनके बेटे राजीव गाँधी ने साम्प्रदायिकताओं के बीच संतुलन की राजनीति करके रामजन्म भूमि आंदोलन के लिए ज़मीन मुहैया कराई थी। यह वही कांग्रेस हैं जिसकी केंद्र सरकार ने बाबरी मसजिद ध्वंस के अंदेशों की तरफ़ से आँखें बंद रखना मुनासिब समझा था। इसी कांग्रेस ने इक्कीसवीं सदी में गुजरात का विधानसभा चुनाव जीतने के लिए 'नरम हिंदुत्व' का पैंतरा अख़्तियार किया था।[71] लोकसभा चुनावों में भाजपा की हार को सेकुलरवाद की जीत बताने वाले प्रेक्षक इसीलिए बहुत ध्यान से नयी सरकार की गतिविधियों को देख रहे हैं। उन्हें कुछ-कुछ संतोष हो रहा है कि मानव संसाधन मंत्रालय ने केवल पिछले सात साल में पाठ्यक्रम पर पोता गया भगवा रंग साफ़ करने के लिए तत्पर है, बल्कि सेकुलरवाद के ग़ैर-हिंदू मोर्चे पर अपनी पिछली ग़लतियाँ दुरुस्त करने का इरादा भी रखता है।[72]

राज्य की संस्था एक बार फिर बहुसंख्यकवादियों के हाथों में जा चुकी है। वे अब हाशिये पर न हो कर देश की सबसे बड़ी राजनीतिक ताक़त हैं। विश्लेषकों में इस बात पर बहस है कि सोलहवीं लोकसभा के लिए हुए चुनावों में उन्हें जो जनादेश मिला, उसका कितना हिस्सा हिंदुत्ववादी है। बहुसंख्यकवाद के उदारतावादी आलोचकों का विचार है कि अगर नरेंद्र मोदी के नेतृत्व में भाजपा की सरकार नंगी साम्प्रदायिक राजनीति पर उतरी तो उनका संसदीय भविष्य अंधकारमय हो जाएगा। लेकिन हमें पता है कि 2004 का चुनाव हारने के बाद उन्होंने बड़ी सावधानी से अपने निर्माणाधीन हिंदू वोट बैंक पर नज़र क़ायम रखते हुए एक अनुदार दक्षिणपंथी ताक़त की तरह पैर पसारते रहने की नीति अपनायी थी।[73] इस रणनीति को जारी

---

[71] 'नरम हिंदुत्व' हाल ही में उभरी अभिव्यक्ति है जिसका इस्तेमाल गुजरात के चुनावों में कांग्रेस के अभियान के वर्णन में किया गया. इसका मतलब था कि कांग्रेस हिंदू वोटों के नाराज़ हो जाने के डर से नरेंद्र मोदी के 'कठोर हिंदुत्व' पर पूरा आक्रमण करने से हिचकिचा रही है. दरअसल, इसके सार में कांग्रेस का वह रवैया है जिसके मुताबिक़ वह जब चाहे साम्प्रदायिक कार्ड खेल सकती है और जब चाहे सेकुलर मुखौटा ओढ़ सकती है. कांग्रेस बीसवीं सदी के अस्सी के दशक से ही यह रणनीति अपना रही है. समाजवादियों द्वारा नरम हिंदुत्व के चक्कर में फँसने पर अफ़सोस व्यक्त करने वाले एक लेख के लिए देखें, कुलदीप कुमार, 'डिविज़िव ऐंड फ्रेक्चर्ड', *सेमिनार : अ मेंडेट फ़ॉर चेंज,* 531, नयी दिल्ली.

[72] मुशीरुल हसन को जामिया मिलिया इस्लामिया के कुलपति के तौर पर वापस लाया जाना (बारह साल पहले उन्हें मुसलमान कट्टरपंथियों के हमले के कारण हटाया गया था तो उस समय भी मानव संसाधन मंत्रालय में अर्जुन सिंह मंत्री थे) इसका पहला प्रमाण है. मुसलमानों में तीन तलाक़ की प्रथा को ख़त्म करवाने और मदरसों को राष्ट्रीय शिक्षा व्यवस्था की मुख्यधारा में लाने के सरकारी प्रयासों को भी इसी श्रेणी में रखा जा सकता है.

[73] अख़बारी टिप्पणीकारों को पराजय के बाद संघ परिवार में मतभेद दिखाई दे रहे थे. कई का ख़याल था कि भाजपा फिर से कट्टरपंथी हिंदुत्व पर लौट सकती है. लेकिन, पूरे प्रकरण का एक पाठ यह भी हो सकता था कि संघ परिवार

रखते हुए ऐसा लगता है कि यह चुनाव जीतने के बाद हिंदुत्ववादी ताक़तें 'लो-इंटेसिटी कांफ़्लिक्ट' के मॉडल पर काम कर रहीं हैं जिसके तहत बड़े पैमाने पर हिंसा और दंगों से परहेज़ किया जाता है, पर छोटे और अपेक्षाकृत ख़ामोश पैमाने पर अल्पसंख्यकों के लिए स्पष्ट रूप से भय और असुरक्षा बनाए बिना उन्हें संदेश दिया जाता है कि आधुनिक नागरिकता की पदानुक्रम में उनकी हैसियत बहुसंख्यकों के मुक़ाबले कमतर है। इस मॉडल के तहत बहुसंख्यकवादी सरकार हमेशा आँकड़े देते हुए दावा करती है कि उसकी हुकूमत में दंगे नहीं हो रहे हैं और वह धार्मिक स्वतंत्रता के आदर्श से प्रतिबद्ध है। दूसरी और संघ परिवार की 'नॉन-स्टेट' ताक़तें 'घर वापसी' की मुहिम चलाती रहती हैं, मुसलमानों से वोट का अधिकार छीन लेने के सुझाव दिये जाते रहते हैं, चर्चों पर भड़काऊ क़िस्म की पत्थरबाज़ी होती रहती है और धर्मांतरण का अधिकार ख़त्म कर देने पर बहस होती है। पूरा माहौल इस तरह का बनता है कि बहुसंख्यकों और अल्पसंख्यकों के बीच संविधानगत सामाजिक-राजनीतिक संबंधों का समीकरण अस्थिर लगने लगता है।

ग़ैर-हिंदुत्ववादी ताक़तें दुविधाग्रस्त हैं। उनका एक अच्छा ख़ासा हिस्सा सत्ता के स्वार्थों के चलते बहुसंख्यकवादियों के साथ है और फिलहाल रहेगा। परिस्थिति के मुताबिक़ बहुसंख्यकवादियों के ख़ेमे में ये ताक़तें 'नरम हिंदुत्व' की सवारी करते हुए पहुँच सकती हैं।

दरअसल, राज्य पर सेकुलरवाद की कमज़ोर पड़ती पकड़ ने सेकुलरवाद के आलोचकों की आवाज़ को और मज़बूत ही किया है। नंदी के बाद सेकुलरवाद के दूसरे प्रमुख आलोचक मदन ने सेकुलरवाद की जगह धार्मिकता से आवेशित सेकुलर समाज बनाने की वकालत की है।[74] दूसरी तरफ़, सेकुलरवादियों की तरफ़ से वैकल्पिक सेकुलरवाद की रूपरेखाएँ भी पेश की जा रही हैं। विवाद की शुरुआत करने वाले आशिस नंदी की तरफ़ से 'युरोप से आयात किये हुए' सेकुलरवाद की मृत्यु के मुहावरे का एक ख़ास अंदाज़ में इस्तेमाल शुरू करके अपनी तरफ़ से बहस का पटाक्षेप कर दिया गया है। लेकिन बहस उनका पीछा

ने बड़ी कुशलता से एकता स्थापित कर ली है और वह खुले साम्प्रदायिक मुद्दों को उठाए बिना अपने हिंदू वोट बैंक को क़ायम रखने के प्रयास में लग गया है ताकि इस प्रक्रिया में ग़ैर-बहुसंख्यकवादी दल भाजपा के नेतृत्व के प्रति शंकित न हों.

[74] टी.एन. मदन (2003), 'केस ऑफ़ इण्डिया', *डेडलस,* ग्रीष्म.

[75] आशिस नंदी, 'ट्वाइलाइट ऑफ़ सर्टीट्यूड्स : सेकुलरिज़म, हिंदू नैशनलिज़म ऐंड अदर मास्क्स ऑफ़ डिकल्चरेशन', *पोस्ट कोलोनियल स्टडी,* खण्ड-1, अंक-3 : 283-298.

नहीं छोड़ रही है। 'ट्वआइलाइट ऑफ़ सर्टीट्यूड्स'[75] व 'अनक्लेम्ड बैगेज : क्लोजिंग दि डिबेट ऑन सेकुलरिज़म'[76] लिखने के बावजूद उन्हें बार-बार सार्वजनिक मंचों पर अपने विचारों के कारण तीखे आक्रमणों का सामना करना पड़ रहा है। चूँकि वे सेकुलरवाद को ख़ारिज करते हैं, इसलिए उसकी जगह लेने के लिए उन्होंने कुछ सुझाव भी दिये हैं जिनमें एक की प्रेरणा उन्हें मध्ययुगीन इस्लामिक स्पेन में प्रचलित कनविवेंसिया की अवधारणा से मिली है। नंदी का दावा है कि पिछले एक हज़ार साल में युरोप के भीतर राजनीतिक बहुलतावाद का यही एक उदाहरण मिलता है, इसलिए अगर युरोप से ही प्रेरणा लेनी है तो सेकुलरवाद के बजाय कनविवेंसिया से क्यों न ली जाए। आधुनिक युग में वे निकारागुआ के वामपंथी सेंडिनिस्टाओं की बेहिचक ग़ैर-सेकुलर लिबरेशन थियोलॉजी आधारित विचारधारा की तरफ़ इशारा करते हैं। उनका यह सुझाव भारतीय वामपंथियों के लिए है।[77]

इन्हीं दोनों सुझावों के जवाब में नंदी के सेकुलरवाद विरोधी रुख और विशेष तौर से उनकी इतिहास संबंधी समझ पर युरोपीय इतिहास के विद्वान संजय सुब्रह्मण्यम ने बेहद आक्रामक आक्षेप किये हैं। सुब्रह्मण्य ने मार्क्सवादी शब्दावली का सहारा लिए बिना उन पर वही आरोप लगाया है जो सुमित सरकार और अचिन विनायक जैसे मार्क्सवादियों ने लगाया था कि उनके तर्क हिंदुत्ववादियों द्वारा इस्तेमाल किये जाने के ख़तरे से ग्रस्त हैं।[78] हालाँकि सुब्रह्मण्यम नंदी को एक बेहतर अकादमीशियन मानने के लिए ही तैयार नहीं है, पर यहाँ ध्यान रखना होगा कि नंदी की बौद्धिक उपलब्धियों के बेहिचक प्रशंसक और वरिष्ठतम राजनीतिशास्त्र रजनी कोठारी भी सेकुलरवाद की आलोचना में नंदी द्वारा अपनायी गयी शैली को इसी प्रकार के संदेह की निगाह से देख चुके हैं। उन्होंने 2003 में एक लम्बे साक्षात्कार के दौरान कहा था, 'जहाँ तक अध्ययन पीठ के उन विद्वानों की बात है जिन्होंने सेकुलरवाद विरोधी घोषणापत्र लिखा है या जो ऐसे विचारों से हमदर्दी रखते हैं, मेरी मान्यता है कि उनके अल्पसंख्यक-संबंधी सरोकार असंदिग्ध हैं। वे कहीं से भी साम्प्रदायिकता का समर्थन नहीं करते। लेकिन व्यावहारिक राजनीति में जहाँ अकादमीय बारीकी से चीज़ों को देख कर छवियाँ

---

[76] आशिस नंदी (2002), 'अनक्लेम्ड बैगेज : क्लोज़िंग दि डिबेट ऑन सेकुलरिज़म', यह छोटी सी टिप्पणी *लिटिल मैग़ज़ीन,* खण्ड-3, अंक-2, में प्रकाशित हुई थी.

[77] आशिस नंदी (2004), 'अ बिलियन गाँधीज़', *आउटलुक,* 21 जून.

[78] संजय सुब्रह्मण्यम (2004), 'अवर ऑनली कोलोनियल थिंकर', *आउटलुक,* 5 जुलाई.

नहीं बनायी जातीं, वहाँ ऐसे सूत्रीकरण ग़लत ताक़तों को लाभ पहुँचाते हुए नज़र आ सकते हैं।... ये लोग सिर्फ़ परम्परा का झण्डा बुलंद करना चाहते हैं।... मुझे यह कहने में भी कोई उज्र नहीं है कि ऐसे विचार व्यक्त करने वाले लोग जाने-अनजाने हिंदू लॉबी के हाथ में खेल सकते हैं।'[79] कुछ भी हो, हिंदुत्ववादी या सनातन धर्म का कोई पैरोकार अगर नंदी के विचारों का बेजा इस्तेमाल कर रहा है, इसकी ज़िम्मेदारी नंदी पर नहीं डाली जा सकती। उनके विमर्श का रिकॉर्ड इस मामले में पूरी तरह से साफ़ है। अगर उन्होंने सेकुलरवाद की पश्चिमी अवधारणा पर वह विचारोत्तेजक हमला न किया होता तो आज भारतीय ही नहीं, विश्व भर का समाज विज्ञान कम से कम इस प्रकार की समृद्ध बहस से तो वंचित ही रह जाता।

सेकुलरवाद पर तीस वर्ष पहले शुरू हुए महाविवाद की ख़ूबी यह है कि वह आगे बढ़कर परम्परा और आधुनिकता के रिश्ते की पुनर्व्याख्याओं और पुनर्संयोजनों का आह्वान करता है। दुनिया का सबसे मुश्किल काम अगर कोई है, तो यही है। ज़ाहिर है कि ऐसे विवाद की आख़िरी इबारत लिखी जानी हमेशा शेष रहेगी।

संदर्भ

अमर्त्य सेन (1993), 'दि थ्रेट्स टु सेकुलर इण्डिया', *सोशल साइंटिस्ट,* 21 (3-4), मार्च-अप्रैल.

अमर्त्य सेन (1994), 'सेकुलर भारत के सामने चुनौतियों', मालिनी भट्टाचार्य (सम्पा.), *अयोध्या : कुछ सवाल,* अनुवाद : राजेंद्र शर्मा, सारांश प्रकाशन, नयी दिल्ली और 'सेकुलरिज़म ऐंड इट्स डिस्कंटेंट्स', राजीव भार्गव (1999) (सम्पा.), *सेकुलरिज़म ऐंड इट्स क्रिटिक्स,* ऑक्सफ़र्ड, नयी दिल्ली.

अचिन विनायक (1997), *कम्युनलिज़म कंटेस्टिड : रिलीजन,* मॉडर्निटी ऐंड सेकुलरिज़म, विस्तार, नयी दिल्ली.

अकील बिलग्रामी (1994), 'टू कंसेप्ट्स ऑफ़ सेकुलरिज़म : रीजन, मॉडर्निटी ऐंड आर्कमीडियन

थॉमस पेंथम (1997), 'इण्डियन सेकुलरिज़म ऐंड इट्स क्रिटिक्स : सम रिफ़्लेक्शंस', *दि रिव्यू ऑफ़ पॉलिटिक्स,* ग्रीष्म.

आदित्य निगम (1999), *इंसरेक्शन ऑफ़ लिटिल सेल्व्ज़ : क्राइसिस ऑफ़ सेकुलर नैशनलिज़म इन इण्डिया,* शीघ्र प्रकाश्य.

आा.ाम नंदी, 'ट्वाइलाइट ऑफ़ सर्टीट्यूड्स : सेकुलरिज़म, हिंदू नैशनलिज़म ऐंड अदर मास्क्स ऑफ़

[79] देखें रजनी कोठारी से अभय कुमार दुबे का साक्षात्कार 'कोठारी बनाम कोठारी', अभय कुमार दुबे (2003)(सम्पा.) *राजनीति की किताब / रजनी कोठारी का कृतित्व,* लोकचिंतक ग्रंथमाला-1, वाणी प्रकाशन, नयी दिल्ली : 74.

डिकल्चरेशन', *पोस्ट कोलोनियल स्टडी,* खण्ड-1, अंक-3.

आशिस नंदी (1985), 'एंटी सेकुलरिस्ट मेनिफ़ेस्टो', *सेमिनार,* 314, अक्टूबर और राजीव भार्गव (सम्पा.) *सेकुलरिज़्म ऐंड इट्स क्रिटिक्स,* ऑक्सफ़र्ड, नयी दिल्ली.

आशिस नंदी (1988), 'दि पॉलिटिक्स ऑफ़ सेकुलरिज़्म ऐंड दि रिकवरी ऑफ़ रिलीजस टॉलरेंस', ऑल्टर्नेटिव्ज़, 13 (2).

आशिस नंदी (2002), 'अनक्लेम्ड बैगेज : क्लोजिंग दि डिबेट ऑन सेकुलरिज़्म', *लिटिल मैगजीन,* खण्ड-3, अंक-2.

आशिस नंदी (2004), 'ए बिलियन गाँधीज़', *आउटलुक,* 21 जून.

एमाइल दुर्खाइम (1915), *दि एलीमेंटरी फ़ॉर्म्स ऑफ़ रिलीजस लाइफ़,* न्यूयॉर्क, मेक्मिलन.

एजाज अहमद (1994), 'ग्राम्शी, इटली का फ़ासीवाद और हमारे लिए सबक', मालिनी भट्टाचार्य (सम्पा.), *अयोध्या : कुछ सवाल,* अनुवाद : राजेंद्र शर्मा, *सारांश प्रकाशन,* नयी दिल्ली.

एम.के. गाँधी (1929), *दि स्टोरी ऑफ़ माई एक्सपेरीमेंट्स विद टुथ,* अहमदाबाद.

कार्ल मार्क्स (1974), 'ऑन दि ज्युइश क्वेश्चन', *कलेक्टिड वर्क्स,* खण्ड-3, प्रोग्रेस पब्लिशर्स, मास्को.

-------- (1959), *बेसिक राइटिंग्स ऑन पॉलिटिक्स ऐंड फिलॉसफ़ी,* सम्पा. लेविस एस. फ्यूर, न्यूयॉर्क.

किशन पटनायक (2000), *विकल्पहीन नहीं है दुनिया,* राजकमल प्रकाशन, नयी दिल्ली.

कुलदीप कुमार, 'डिविसिव ऐंड फ्रेक्वर्ड', *सेमिनार : अ मेंडेट फ़ॉर चेंज,* 531, नयी दिल्ली.

चंद्रभान प्रसाद (2004), 'सेकुलरिज़्म है क्या', *नवभारत टाइम्स,* 17 मार्च.

जवीद आलम (1998), 'दि इंडिस्पेंसिबिलिटी ऑफ़ सेकुलरिज़्म', *सोशल साइंटिस्ट,* खण्ड-27, अंक 7-8, जुलाई-अगस्त.

जोसेफ़ थरमंगलम (1995), 'इण्डियन सोशल साइंटिस्ट ऐंड क्रिटीक ऑफ़ सेकुलरिज़्म', *इकॉनॉमिक ऐंड पॉलिटिकल वीकली, 4 मार्च.*

टाइम्स ऑफ़ इण्डिया (23 जून, 2004) के सम्पादकीय पृष्ठ पर बहस : 'स्टेट स्पांसरशिप डिस्टॉर्ट्स ट्रेडीशन' और 'मॉडर्न सोसाइटी नीड्स गवर्नमेंट्स कल्चरल इंटरवेंशन'.

टी.एन. मदन (1987), 'सेकुलरिज़्म इन इट्स प्लेस', *जनरल ऑफ़ एशियन स्टडीज़,* खण्ड 46, अंक 4 और राजीव भार्गव (सम्पा.) *सेकुलरिज़्म ऐंड इट्स क्रिटिक्स,* ऑक्सफ़र्ड, नयी दिल्ली.

टी.एन. मदन (1993), 'विदर इण्डियन सेकुलरिज़्म', *मॉडर्न एशियन स्टडीज़, 27,* 3.

टी.एन. मदन (2003), 'केस ऑफ़ इण्डिया', *डेडलस,* ग्रीष्म.

डब्ल्यू.एन. कुबेर (1979), *आम्बेडकर : अ क्रिटिकल स्टडी,* पीपुल्स पब्लिशिंग हाउस, नयी दिल्ली, 1979.

थामस पेंथम (2004), 'अंडरस्टेंडिंग इण्डियन सेकुलरिज़्म : लर्निंग फ्राम इट्स रियसेंट क्रिटिक्स' राजेंद्र वोरा और सुहास पलशीकर (सम्पा.), *इण्डियन डेमौक्रेसी : मीनिंग्स ऐंड प्रेक्टिसिज़,* सेज, नयी दिल्ली.

निकी आर. किड्डी (2003), 'सेकुलरिज़्म ऐंड इट्स डिसकंटेंट्स' *डेडलस, ग्रीष्म.*

पार्थ चटर्जी (1999), 'सेकुलरिज़्म ऐंड टॉलरेंस', *इकॉनॉमिक ऐंड पॉलिटिकल वीकली,* 9 जुलाई 1994 और राजीव भार्गव (सम्पा.), सेकुलरिज़्म ऐंड इट्स क्रिटिक्स, ऑक्सफ़र्ड, नयी दिल्ली.

पीटर रोनाल्ड डिसूजा, 'सेकुलरिज़्म इन इण्डिया : व्हाइट इज इट ऑल एबाउट', अप्रकाशित.

प्रभाष जोशी (2003), *हिंदू होने का धर्म,* राजकमल प्रकाशन, नयी दिल्ली .

प्रफुल्ल बिदवई (2004), 'सर्जरी टाइम्स, मि. सिंह', *हिंदुस्तान टाइम्स,* 3 जुलाई.

बिपिन चंद्र (2004), 'गाँधी, सेकुलरिज़्म ऐंड कम्युलिज़म' *सोशल साइंटिस्ट,* खण्ड 32, अंक 1-2, जनवरी-फ़रवरी.

भीखू पारेख (2003), 'नेहरू ऐंड सेकुलरिज़्म', एम. वी. कामथ (सम्पा.), *नेहरू रिविजिटेड,* नेहरू सेंटर, 2003, मुम्बई.

भीखू पारेख (1989), *गाँधीज़ पॉलिटिकल फिलॉसफ़ी* और *कोलोनियलिज़म, ट्रेडीशन ऐंड रिफ़ॉर्म्स,*

डोनाल्ड यूजेन स्मिथ (1963), *इण्डिया एज़ अ सेकुलर स्टेट,* प्रिंसटन युनिवर्सिटी प्रेस, प्रिंसटन.

भीखू पारेख (1999), 'नेहरू ऐंड दि नैशनल फिलॉसफ़ी ऑफ़ इण्डिया', *इकॉनॉमिक ऐंड पॉलिटिकल वीकली,* 5-12 जनवरी.

मधु किश्वर (1998), 'प्रो-वोमेन ऑर एंटी-मुसलिम ? : दि शाह बानो कंट्रोवर्सी', *रिलीजन एट दि सर्विस ऑफ़ नैशनलिज़्म ऐंड अदर एसेज़,* ऑक्सफ़र्ड, नयी दिल्ली.

मार्क जुरगेंसमेयर (1993), *रिलीजस नैशनलिज़म कंफ्रंट्स दि सेकुलर स्टेट,* ऑक्सफ़र्ड, नयी दिल्ली

अ डिक्शनरी फ़ॉर बिलीवर्स ऐंड नॉन बिलीवर्स (1985), प्रोग्रेस पब्लिशर्स, मास्को.

मार्क गैलेंटर (1999), 'हिंदुइज़म, सेकुलरिज़म ऐंड इण्डियन जुडिशियरी' और 'सेकुलरिज़म, ईस्ट ऐंड वेस्ट', राजीव भार्गव (सम्पा.), *सेकुलरिज़्म ऐंड इट्स क्रिटिक्स,* ऑक्सफ़र्ड, नयी दिल्ली.

रजनी कोठारी (1993), 'चुनावी खेल से निकली साम्प्रदायिकता', अभय कुमार दुबे (सम्पा.), *साम्प्रदायिकता के स्रोत,* विनय प्रकाशन, नयी दिल्ली.

रजनी कोठारी से अभय कुमार दुबे का साक्षात्कार 'कोठारी बनाम कोठारी', अभय कुमार दुबे (2003)(सम्पा.) *राजनीति की किताब / रजनी कोठारी का कृतित्व,* लोकचिंतक ग्रंथमाला-1, वाणी प्रकाशन, नयी दिल्ली.

राजेंद्र वोरा (2004), 'डिक्लाइन ऑफ़ कास्ट मेजोरिटेरियनिज़म इन इण्डियन पॉलिटिक्स', राजेंद्र वोरा और सुहास पलशीकर (सम्पा.), *इण्डियन डेमॉक्रेसी : मीनिंग्स ऐंड प्रेक्टिसिज़,* सेज, नयी दिल्ली.

राजीव भार्गव (1999), 'व्हाट इज सेकुलरिज़म फ़ॉर', संकलित : राजीव भार्गव (सम्पा.), *सेकुलरिज़्म ऐंड इट्स क्रिटिक्स,* ऑक्सफ़र्ड, नयी दिल्ली.

राजेंद्र यादव, *काँटे की बात,* ग्यारह खण्ड, वाणी प्रकाशन, नयी दिल्ली.

राज किशोर (1993), 'साम्प्रदायिकता से संघर्ष कैसे न करें'! राजकिशोर (सम्पा.), *आज के प्रश्न : अयोध्या और उसके आगे,* वाणी प्रकाशन, नयी दिल्ली.

रवि वासुदेवन (1993), 'बॉम्बे ऐंड इट्स पब्लिक', *जनरल ऑफ़ आर्ट्स ऐंड आइडियाज़,* अंक 25-26, दिसम्बर.

विलफ्रेड केंटवेल स्मिथ (1965), 'दि प्रॉब्लम', *सेमिनार,* सेकुलरिज़म, अ सिम्पोज़ियम ऑन दि इम्प्लीकेशन ऑफ़ दि नैशनल पॉलिसी, 6, मार्च.

विवेक धारेश्वर 1993), 'कास्ट ऐंड सेकुलर सेल्फ़', *जर्नल ऑफ़ आर्ट्स ऐंड आइडियाज,* अंक 25-26, दिसम्बर.

वेद प्रकाश लूथरा (1962), *दि कंसेप्ट ऑफ़ दि सेकुलर स्टेट इन इण्डिया,* ऑक्सफ़र्ड, नयी दिल्ली.

शेफ़ाली झा (1997), 'सेकुलरज़िम इन दि कांस्टीट्युएंट एसेम्बली डिबेट—1943-1950', यह पर्चा

इण्डियन इंस्टीट्युट ऑफ़ एडवांस स्टडी, शिमला द्वारा 1997 में आयोजित 'स्टडी वीक ऑन सेलेकुलर-कम्युनल क्वेश्चन' में पेश किया गया था.

संजय सुब्रह्मण्यम (2004), 'अवर ओनली कोलोनियल थिंकर', *आउटलुक,* 5 जुलाई.

सच्चिदानंद सिन्हा (1993), 'सेकुलरवाद : परम्परा और प्रासंगिकता', राजकिशोर (सम्पा.), *आज के प्रश्न : अयोध्या और उसके आगे,* वाणी प्रकाशन, नयी दिल्ली.

सुकुमार मुरलीधरन (1994), 'जनाधार विहीन राष्ट्रभक्ति : हिंदू राष्ट्रवादी विचारधारा का विकास और उसके मुख्य पड़ाव', संकलित : मालिनी भट्टचार्य (सम्पा.), *अयोध्या : कुछ सवाल,* अनु. : ललित कार्तिकेय, सारांश प्रकाशन, नयी दिल्ली.

सुदीप्त कविराज (1995), 'रिलीजन, पॉलिटिक्स ऐंड मॉडर्निटी', उपेंद्र बख़्शी और भीखू पारेख (सम्पा.), *क्राइसिस ऐंड चेंज इन कंटेम्परेरी इण्डिया,* सेज, नयी दिल्ली.

सुदीप्त कविराज ( ), 'ऑन दि डिस्कोर्स ऑफ़ सेकुलरिज़म', बिद्युत चक्रवर्ती (सम्पा.) *सेकुलरिज़म ऐंड इण्डियन पॉलिटी,* सेगमेंट बुक डिस्ट्रीब्यूटर्स, नयी दिल्ली.

सुमित सरकार (1993), 'दि एंटी-सेकुलरिस्ट क्रिटीक ऑफ़ हिंदुत्व : प्रॉब्लम्स ऑफ़ एक शेयर्ड डिस्कर्सिव स्पेस', *जर्मिनल, खण्ड-1 और* 'फ़ासिज़म ऑफ़ दि संघ परिवार', *इकॉनॉमिक ऐंड पॉलिटिकल वीकली,* खण्ड-28, अंक 5, 30 जनवरी.

हिंदुस्तान टाइम्स (19 जून, 2004) में कोलीन ब्रेगेंज़ा की सचित्र ख़बर, 'हिंदुत्व ब्रिगेड मिसिंग एट सिंधु दर्शन फ़ेस्ट'.

सुदीप्त कविराज (1995), 'रिलीजन, पॉलिटिक्स ऐंड मॉडर्निटी', उपेंद्र बख़्शी और भीखू पारेख (सम्पा.), *क्राइसिस ऐंड चेंज़ इन कंटेम्परेरी इण्डिया,* सेज, नयी दिल्ली.

ज्ञानेंद्र पाण्डेय (1996), 'दि न्यू हिंदू हिस्ट्री', संकलित : जान मेकगुइर, पीटर रीव्ज़ और हावर्ड ब्रेस्टिड (सम्पा.), *पॉलिटिक्स ऑफ़ वायलेंस : फ्रॉम अयोध्या टु बेरहामपदा,* सेज, नयी दिल्ली.

साम्प्रदायिकता विरोधी विमर्श

दंगों में पुलिस की भूमिका के बहाने एक अवलोकन

पश्चिमी संदर्भ में कम्युनलिज़म का अर्थ है समुदाय आधारित कार्रवाई। लेकिन भारतीय और दक्षिण एशियायी संदर्भ में इसका मतलब है धार्मिक समुदायों के बीच सामाजिक-राजनीतिक होड़ और टकराव। इसका नतीजा अकसर दोतरफ़ा हिंसक दंगों या अल्पसंख्यकों के एकतरफ़ा क़त्लेआम में निकलता है। साम्प्रदायिकता की यह विशिष्ट भारतीय परिघटना समझना आसान नहीं है। इसका अर्थग्रहण उस समय और भी जटिल हो जाता है जब साम्प्रदायिकता के इर्द-गिर्द होने वाली समाज-वैज्ञानिक बहस मध्ययुगीन इतिहास, उपनिवेशवाद, भारत-विभाजन, आधुनिकतावाद, राष्ट्रवाद और सेकुलरवाद के सैद्धांतिक परिप्रेक्ष्यों का इस्तेमाल करती है। आधुनिक भारतीय राज्य के आचरण, चुनाव के लिए गोलबंदी, सत्ता पर क़ब्ज़ा करने के लिए अपनायी जाने वाली बहुसंख्यकवादी और अल्पसंख्यकवादी रणनीतियाँ साम्प्रदायिकता के इस पहले से ही पेचीदा सवाल को और भी उलझा देती हैं। इसी वज़ह से आज हमारे पास साम्प्रदायिकता की कोई सर्वमान्य थियरी नहीं है।

लेकिन इसका मतलब यह नहीं निकालना चाहिए कि समाज-विज्ञान के पास कोई सुचिंतित साम्प्रदायिकता विरोधी विमर्श नहीं है। दरअसल, पिछले तीन दशकों में समाज-वैज्ञानिकों ने साम्प्रदायिकता की समझ हासिल करने के लिए दस अलग-अलग सैद्धांतिक परिप्रेक्ष्यों का सूत्रीकरण किया है। इनके प्रतिपादन का श्रेय बिपिन चंद्र, दिलीप सीमियन, रणधीर सिंह, रजनी कोठारी, धीरूभाई शेठ, आशिस नंदी, क्रिस्टोफ़र बेली, पॉल ब्रास, आशुतोष वार्ष्णेय और स्टीव विल्किंसन को जाता है। यह सूची बताती है कि इनमें इतिहासकार, राजनीतिशास्त्री, राजनीतिक-समाजशास्त्री और राजनीतिक-मनोविद् शामिल हैं। मैंने जानबूझ कर इन विद्वानों के नामों को एक ख़ास क्रम में रखा है। वरिष्ठता या अनुशासन के आधार पर तय न करके यह सिलसिला वैचारिक रुझान के मुताबिक़ बनाया गया है। मसलन, पहले तीनों विद्वान यानी बिपिन चंद्र, दिलीप सीमियन और रणधीर सिंह मार्क्सवादी हैं। कोठारी, नंदी और शेठ मोटे तौर पर उदारतावादी माने जाते हैं। ब्रास, वार्ष्णेय और विल्किंसन उन राजनीतिशास्त्रियों में शामिल हैं जिन्होंने सर्वेक्षण आधारित विश्लेषण के ज़रिये साम्प्रदायिकता के तात्पर्यों का संधान करने की कोशिश की है। दिलचस्प बात यह है कि इस सूची

के विद्वानों के लिए विचारधारात्मक समानता साम्प्रदायिकता से संबंधित समान समझ की गारंटी करती नहीं दिखती। इन सभी के बीच निष्कर्षों के धरातल पर मतभेद ही नहीं हैं, बल्कि उनके प्रस्थान-बिंदुओं, विश्लेषणात्मक रवैयों, पद्धतियों और अन्य रुझानों में भी काफ़ी फ़र्क़ है।

साम्प्रदायिकता विरोधी विमर्श का एक ग्यारहवाँ सूत्रीकरण भी है जिसका श्रेय किसी समाज-वैज्ञानिक को नहीं जाता। यह थियरी बनाने की कोशिश विभूति नारायण राय की है। उनकी ख्याति एक ऐसे हिंदी उपन्यासकार के रूप में है जिनके साहित्यिक रचना-संसार की एक प्रमुख भाव-भूमि हिंदू-मुसलमान समस्या पर आधारित है। लेकिन उनका एक और परिचय है। भारतीय पुलिस सेवा के एक बड़े अफ़सर के रूप में उन्होंने राष्ट्रीय पुलिस अकादमी, हैदराबाद की तरफ़ से साम्प्रदायिक दंगों में पुलिस की भूमिका का एकवर्षीय अकादमीय अध्ययन भी किया है। इसमें समाज-विज्ञान की पेशेवर शब्दावली का प्रयोग नहीं किया गया है, और न ही साम्प्रदायिकता के बारे में पहले से उपलब्ध विमर्श की कोई समग्र समीक्षा मिलती है। 1994 में जब राय अपना अध्ययन कर रहे थे, उस समय तक बिपिन चंद्र, कोठारी, नंदी और बेली का काम सामने आ चुका था। बाक़ी विद्वानों ने अपना विमर्श बाद में विकसित किया। एक समाज-वैज्ञानिक की दृष्टि से उनके इस अध्ययन 'साम्प्रदायिक दंगे और भारतीय पुलिस'[1] को पहली नज़र में देख कर यह भी लगता है कि क्या ही अच्छा होता अगर इसमें बाक़ायदा संदर्भों, टिप्पणियों और ग्रंथावली का उल्लेख किया जाता। ज़रूरत तो इस बात की भी थी कि वे अपने पूरे सैम्पल के बारे में विस्तार से बताते। उन तमाम लोगों की तालिकाबद्ध संख्या और वर्ग-विश्लेषण का भी उल्लेख किया जाना चाहिए था जिनसे इस अध्ययन के सिलसिले में उन्होंने बात की थी। किसी भी सर्वेक्षण आधारित अध्ययन की गुणवत्ता उसके सैम्पल की संरचना के ज़रिये जाँची जाती है। लेकिन, क्या हमें एक साहित्यकार से एक समाज-वैज्ञानिक के रूप में अनुशासित हो कर लिखने की अपेक्षाएँ करनी चाहिए? विभूति नारायण राय सुपरिभाषित अर्थों में समाज-वैज्ञानिक नहीं हैं, इसलिए उनकी कृति का मूल्यांकन इन शोध-प्रविधियों की कसौटी पर कसे बिना भी किया जा सकता है। दिलचस्प बात यह है कि समाज-विज्ञान के अनुशासनपरक आग्रहों को नज़रअंदाज़ करने के बावजूद यह देखना मुश्किल नहीं है कि राय के सूत्रीकरण साम्प्रदायिकता विरोधी विमर्श में अनुपूरक भूमिका निभाते हैं।

राजनीतिशास्त्री आशुतोष वार्ष्णेय ने एक जगह लिखा है : 'नेहरू और इंदिरा गाँधी की कांग्रेस के शासन में यदि उनकी मुसलमानों के प्रति हमदर्दी रखने वाली

राजनीतिक विचारधारा के बावजूद दंगे हुए तो इसका कारण क्या हो सकता है? क्या कुछ पुलिस अधिकारियों और नौकरशाहों के भिन्न विचारधारात्मक रुझानों में इसकी वजह तलाशी जानी चाहिए? या इसका कारण यह है कि शीर्ष पर बैठे हुए अफ़सरान तो शासकों की विचारधारात्मक प्रवृत्तियों से सहमत थे, लेकिन ज़िला स्तर के अधिकारियों की मान्यताएँ कुछ और थीं? या पुलिस अधिकारियों ने अपनी निष्ठाएँ दंगाई भीड़ों की अगुआई करने वाले अपराधियों के हवाले कर दी थीं, और पुलिस, अपराधियों और महत्त्वपूर्ण स्थानीय नेताओं के बीच ताल्लुक़ातों का एक नेटवर्क बन चुका था? या फिर हुक्मरानों के आदेश और दंगे रोकने की इच्छा के बावजूद पुलिस अधिकारी और नौकरशाह ऐसा करने में अक्षम साबित हुए? क्या उनकी अक्षमता का कारण ज़मीनी स्तर पर उन्हें मिलने वाली सूचनाओं का गड़बड़ होना था, या शासक दल के नेता इस मामले में एक राय के नहीं थे, या विपक्षी, ख़ास कर हिंदू राष्ट्रवादी नेता दंगे भड़काने और स्थानीय समाज में पैठ होने के कारण भीड़ को हिंसक बनाने के मामले में अधिक ताक़तवर साबित हुए?'[2] वार्ष्णेय का यह उद्धरण भी राय के अध्ययन की अहमियत और प्रासंगिकता का सबूत है। दरअसल, इन दस विद्वानों ने जिस महत्त्वपूर्ण पक्ष (भारतीय राज्य के विभिन्न अंग, मुख्यतः पुलिस) को क़तई छोड़ दिया है, राय ने उसी को केंद्र में रख कर साम्प्रदायिकता के कारणों को समझने और उसके समाधान का प्रयास किया है। इसीलिए मैंने इतने प्रतिष्ठित समाज-वैज्ञानिक नामों के साथ उनके सूत्रीकरण को ग्यारहवें सिद्धांत का दर्जा देने की जुर्रत की है।

जहाँ तक विचारधारा का सवाल है, राय ख़ुद को मार्क्सवाद से अनुप्राणित मानते हैं। लेकिन दिलचस्प बात यह है कि उनकी साम्प्रदायिकता संबंधी समझ मार्क्सवादी ख़ाने में फ़िट नहीं होती (हालाँकि उन्होंने बिपिन चंद्र के निष्कर्षों से मोटे तौर पर सहमति व्यक्त की है)। न ही उनकी समझ को उदारतावाद के साथ जोड़ कर देखा जा सकता है। हम आगे चल कर देखेंगे कि उनकी समझ न केवल इतिहास-लेखन के आधार पर बनाए गये क्रिस्टोफ़र बेली के मॉडल से भिन्न है (उन्होंने बेली के निष्कर्षों की स्पष्ट आलोचना भी की है), बल्कि ब्रास, वार्ष्णेय या विल्किंसन के राजनीतिशास्त्रीय मॉडल से भी अलग तरह की है।

---

[1] विभूति नारायण राय (2002), *साम्प्रदायिक दंगे और भारतीय पुलिस*, राधाकृष्ण प्रकाशन, नयी दिल्ली.

[2] आशुतोष वार्ष्णेय (2005), 'एन इलेक्ट्रोरल थियरी ऑफ़ कम्युनल रॉइट्स', *इकॉनॉमिक ऐंड पॉलिटिकल वीकली*, खण्ड 40, अंक 39, सितम्बर 24-30, : 4219-4224.

वस्तुतः अगर उनके अनुसंधान को कहीं रखा जा सकता है तो वह सोशल कंट्रोल थियरी की श्रेणी है। इस श्रेणी की संरचना पश्चिम, ख़ास कर अमेरिका में जातीयता और नस्ल आधारित हिंसक दंगों के अध्ययनों के आधार पर तैयार हुई है। तमाम राजनीतिक, सामाजिक, सांस्कृतिक, ऐतिहासिक और मनोवैज्ञानिक विमर्शों से परिचित-सूचित होने के बावजूद इस श्रेणी का ज़ोर साम्प्रदायिक हिंसा में सरकारी अधिकारियों, पुलिस और प्रशासन की नकारात्मक और सकारात्मक भूमिका की शिनाख़्त करने पर ज़्यादा रहता है। यह श्रेणी पुलिस वालों और अफ़सरों को सोशल कंट्रोल के एजेंट के रूप में देखती है। पुलिस अकादमी के अध्येता के रूप में राय जाने-अनजाने इस श्रेणी से जुड़ गये हैं। इसलिए हम सोशल कंट्रोल थियरी की पूर्व-शर्तों और उनके अनुसंधान की अभिप्रेत और अनभिप्रेत ख़ूबियों और सीमाओं की ओर इशारा करने की कोशिश करेंगे। लेकिन इससे पहले साम्प्रदायिकता विरोधी विमर्श के दस स्थापित परिप्रेक्ष्यों का एक संक्षिप्त जायज़ा लेना ज़रूरी है।

बिपिन चंद्र से विल्किसन तक

साम्प्रदायिकता के बारे में एक प्रचलित समझ यह है कि इसका जन्म अंग्रेज़ों द्वारा अपनायी गयी 'फूट डालो और राज्य करो' की कुटिल नीति के कारण हुआ था। 1857 के विद्रोह से पहले 1952 तक देश में कम से कम नौ-दस जगहों पर हिंदुओं और मुसलमानों में साम्प्रदायिक दंगे हुए थे। लेकिन विद्रोह के दौरान तीन वर्षों में हिंदुओं और मुसलमानों ने ज़बरदस्त एकता का प्रदर्शन करके उपनिवेशवाद को हिला दिया। साम्प्रदायिकता की यह थियरी कहती है कि इसीलिए अंग्रेज़ों ने मुसलमान, हिंदू, सिख और ईसाई हितों को अलग-अलग एक दूसरे की होड़ में प्रोत्साहित करना शुरू किया। बीस के दशक में इस नीति का आग़ाज़ मुसलमानों को दिये साम्प्रदायिक प्रतिनिधित्व की शक्ल में हुआ, जिसकी प्रतिक्रिया में हिंदू महासभा ने संयुक्त मतदाता मण्डलों की माँग की। दिलचस्प बात यह है कि ये दोनों माँगें साम्प्रदायिक होते हुए भी प्रातिनिधिक शासन के आधुनिक और सेकुलर उसूलों के सहारे की गयी थीं। साम्प्रदायिकता की इसी थियरी का एक परिष्कृत संस्करण कहता है कि साम्प्रदायिक नुमाइंदगी देने की नीति के पीछे प्रतिनिधित्व के उसूल की ब्रिटिश समझ थी। अंग्रेज़ एक समरूप समाज से आये थे जहाँ प्रतिनिधित्व का मतलब समूहों को नुमाइंदगी देने से था। चूँकि उनके समाज में राष्ट्रीय एकीकरण पहले हो गया था, और प्रतिनिधित्वमूलक संस्थाओं का विकास बाद में हुआ था इसलिए उन्हें इस तरह के

प्रतिनिधित्व से कोई दिक़्क़त नहीं हुई। भारत में स्थिति दूसरी थी। लेकिन इसके बावजूद उन्होंने यहाँ साम्प्रदायिक और विशेष प्रतिनिधित्व की प्रणाली लागू की।[3]

बीसवीं सदी के पहले दशक से ही यह सिलसिला शुरू हो गया और उसके साथ ही हिंदुओं और मुसलमानों की राजनीतिक खाई बढ़ती गयी। साम्प्रदायिकता की संरचना में उल्लेखनीय जटिलता का प्रवेश हुआ। साम्प्रदायिक माँगें सेकुलर मंचों से और सेकुलर भाषा में की जाने लगीं। राजनीतिक होड़ ने फ़िरक़ापरस्तों को मौक़ा दिया कि वे ख़ुद की साम्प्रदायिकता को अपने विपक्षी की साम्प्रदायिकता की प्रतिक्रिया क़रार दे कर बच निकलें। ज़ाहिर है कि साम्प्रदायिकता की परिघटना में ब्रिटिश योगदान से इनकार नहीं किया जा सकता, लेकिन उसे केवल अंग्रेज़ों के मत्थे मढ़ने से यह प्रश्न अनुत्तरित रह जाता है कि अंग्रेज़ों के चले जाने के बाद भी यह समस्या भारतीय लोकतंत्र को आज तक क्यों सता रही है? भारतीय राज्य तो अंग्रेज़ों की तरह फूट डालते हुए हुकूमत करने की नीति पर नहीं चलता। दूसरे, साम्प्रदायिकता को केवल उपनिवेशवाद की देन मान लेने के कारण उसे शासन की एक रणनीति में सीमित करने की प्रवृत्ति को बल मिलता है। यह रुझान भी साम्प्रदायिकता के सिद्धांतीकरण की कमी का एक बड़ा कारण है।

मार्क्सवादी विद्वानों ने साम्प्रदायिकता की एक ठोस परिभाषा पेश करने की कई कोशिशें की हैं। यह अलग बात है कि इस कोशिश में वे अलग-अलग परिभाषाएँ देते नज़र आये हैं। मसलन, इतिहासकार बिपिन चंद्र के अनुसार साम्प्रदायिकता एक ऐसा आग्रह है जिसके तहत एक धर्म के अनुयायी अपने सामाजिक, राजनीतिक और आर्थिक हितों को समान मान लेते हैं।[4] लेकिन दिलीप सीमियन को यह परिभाषा अपर्याप्त लगती है। एक लम्बी सैद्धांतिक चर्चा में उन्होंने कहा है कि बिपिन चंद्र की इस बात को ज्यों का त्यों राष्ट्रवाद की परिघटना पर भी लागू किया जा सकता है। दिलीप सीमियन द्वारा की गयी परिभाषा के अनुसार साम्प्रदायिकता का सार ऐतिहासिक स्मृति में निहित है जिसकी अभिव्यक्ति मिथकों, प्रतीकों और सांस्कृतिक पूर्वजों से जुड़े हुए ज़ज़्बात में होती है। इस सूत्रीकरण के अनुसार मिथकीय स्मृति के प्राचीन तत्त्वों और जन-इच्छा (रूसो के तर्ज़ पर) के आधुनिक आयामों के संयोग से साम्प्रदायिकता की विकृति

---

[3] रजनी कोठारी (2005), *भारत में राजनीति : कल और आज*, प्रस्तुति और सम्पादन : अभय कुमार दुबे, सीएसडीएस-वाणी, नयी दिल्ली : 90-95.

[4] बिपिन चंद्र (1990), 'कम्युनलिज़म ऐंड दि स्टेट : सम इशूज़ इन इण्डिया', *सोशल साइंटिस्ट*, खण्ड 18, अंक 8/9, अगस्त-सितम्बर : 38-47.

का जन्म होता है। यह थियरी भारत में साम्प्रदायिकता को अंततः फ़ासीवादी लोकलुभावनवाद और प्रजातीय राष्ट्रवाद का मिश्रण बता कर दिखाती है कि साम्प्रदायिक शक्तियाँ किस तरह अतीत के तथ्यों और भविष्य की कल्पना का घालमेल वर्तमान पर प्रक्षेपित करके अपना एजेण्डा तैयार करती हैं। मुसलमान साम्प्रदायिक 'मुसलमान सम्प्रभुता' की चर्चा कुछ इस अंदाज़ में करते हैं जैसे मध्ययुगीन सल्तनतों में हर मुसलमान को भागीदारी मिलती हो। सिख साम्प्रदायिक रंजीत सिंह के शासनकाल को ख़ालसा की हुकूमत क़रार देने का भ्रम फैलाते हैं। हिंदू राष्ट्रवाद के सिद्धांत से लैस हिंदुत्ववादी अपने समुदाय की बहुसंख्यकता को अपने अल्पसंख्यक विरोधी दावों के प्रमाण के रूप में पेश करने से नहीं हिचकते।[5] सीमियन की परिभाषा से क़तई प्रभावित न होते हुए वरिष्ठ मार्क्सवादी अध्येता रणधीर सिंह ने दावा किया है कि उनके पास साम्प्रदायिकता की एक कमोबेश मार्क्सवादी परिभाषा है। रणधीर सिंह के अनुसार समकालीन भारत में अपनी विचारधारा और व्यवहार के रूप में साम्प्रदायिकता शासक वर्गों द्वारा की जाने वाली राजनीति का एक प्रकार है। रणधीर सिंह मानते हैं कि साम्प्रदायिकता का राजनीतिक खेल एक ऐसे समाज में खेला जाता है जो अपनी सामंती-औपनिवेशिक विरासत की जकड़ में बुरी तरह से फँसा हुआ है, जो गहरे धार्मिक विभाजनों का शिकार है और जो पूँजीवादी विकास के अपने एक विशिष्ट रूप से गुज़र रहा है।[6]

उदारतावादी चिंतकों के बीच अत्यंत प्रतिष्ठित देश के प्रमुख राजनीतिशास्त्री रजनी कोठारी ने भी साम्प्रदायिकता पर विस्तार से विचार किया है। उन्होंने उसके आठ बुनियादी कारणों को गिनाया है : बहुदेववादी हिंदू धर्म के सामीकरण की कोशिश, चुनाव आधारित लोकतंत्र में पनपने वाली बहुसंख्यकवादी गुंजाइशें, इंदिरा गाँधी और राजीव गाँधी के दूसरे शासन काल में हुआ व्यापक अराजनीतीकरण और तकनीक का वर्चस्व, राजनीति का दक्षिणपंथी रुझान और कॉरपोरेट मॉडल, कठोर राज्य का विचार, राज्य द्वारा साम्प्रदायिक हिंसा को बढ़ावा देना, इंदिरा गाँधी द्वारा हिंदू वोट बैंक बनाने की कोशिश और उसका लाभ हिंदुत्ववादियों के खाते में जाना, बहुलतावाद और लोकतंत्र के ऊपर धर्मतंत्र

---

[5] दिलीप सीमियन (1986), 'कम्युनलिज़्म इन मॉडर्न इण्डिया : अ थियरीटिकल एग्ज़ामिनेशन', *मेनस्ट्रीम*, नयी दिल्ली : 13 दिसम्बर.

[6] रणधीर सिंह (1988), 'थियराइज़िंग कम्युनलिज़म : ए फ्रेगमेंटरी नोट इन दि मार्क्सिस्ट मोड', *इकॉनॉमिक ऐंड पॉलिटिकल वीकली*, खण्ड 23, अंक 30, 23 जुलाई : 1541-1548.

[7] रजनी कोठारी (1998), *कम्युनलिज़्म इन इण्डियन पॉलिटिक्स*, रेनबो पब्लिशर्स, नयी दिल्ली.

और प्रभुत्ववाद का हावी हो जाना।[7] लेकिन कोठारी के ही साथी आशिस नंदी के विचार इस मामले में उनसे बहुत हद तक अलग हैं। आधुनिकता की आलोचना के लिए विख्यात नंदी के अनुसार साम्प्रदायिकता की सतत और व्यापक उपस्थिति राष्ट्रवादी, सेकुलरवादी और आधुनिकतावादी परियोजना की देन है। यह परियोजना रोज़मर्रा की धार्मिकता और सहजीवन की परम्पराओं का क्षय कर देती है। नंदी की दलील है कि साम्प्रदायिकता फैलाने में उन नेताओं का ही सबसे बड़ा हाथ रहा है जो अपने निजी जीवन में घोर सेकुलर, अनीश्वरवादी और आधुनिक थे। हिंदुओं की तरफ़ से यह भूमिका विनायक दामोदर सावरकर निभा रहे थे, और मुसलमानों की तरफ़ से मुहम्मद अली जिन्ना।[8] धीरूभाई शेठ का ज़ोर साम्प्रदायिकता की राजनीति को रेखांकित करने पर है। 2002 में गुजरात की अल्पसंख्यक विरोधी हिंसा का विस्तृत विवेचन करके उन्होंने दिखाया है कि अस्मिता की राजनीति के साम्प्रदायिक पहलू किस तरह राज्य की उस संस्था को ही अपनी जकड़ में ले सकते हैं जो औपचारिक धरातल पर एक सेकुलर संविधान से प्रतिबद्ध है। ऐसी स्थितियों में लोकतांत्रिक उपकरणों के ज़रिये चुनी गयी सरकार राज्य की संस्था को दो समुदायों के बीच तटस्थ रखने के बजाय बहुसंख्यकवादी दावेदारियों की तरफ़ स्पष्ट रूप से झुका देती है। अपने विमर्श में धीरूभाई विस्तार से बताते हैं कि गुजरात जैसी या नयी दिल्ली में 1984 के दौरान हुई सिख विरोधी हिंसा जैसी परिस्थितियों को दोबारा पैदा होने से रोकने के लिए क्या-क्या पेशबंदियाँ की जानी चाहिए।[9]

ऊपर पेश किये गये छह विमर्श जहाँ आदर्शगत (नॉर्मेटिव) हैं, वहीं ब्रास, वार्ष्णेय और विल्किसन के विमर्श मुख्यतः तथ्यगत (एम्पिरिकल) की श्रेणी में आते हैं। दरअसल, इन तीनों के सूत्रीकरण साम्प्रदायिक हिंसा पर नब्बे के दशक में चलाए गये एक विशद अनुसंधान कार्यक्रम का ही परिणाम है। पॉल ब्रास उन विदेशी लेकिन वरिष्ठ भारतविद् राजनीतिशास्त्रियों में शामिल हैं जिन्होंने इन सूत्रीकरणों के लिए आधारभूत ढाँचा प्रदान किया है। अलीगढ़ (उप्र) में हुए दंगों पर विशेष ध्यान केंद्रित करते हुए उन्होंने निष्कर्ष निकाला है कि दंगा होने के लिए पाँच घटकों की आवश्यकता पड़ती है। सबसे पहले किसी एक ऐसी घटना का होना ज़रूरी है जिसके कारण साम्प्रदायिकता भड़क सकती हो। फिर

---

[8] आशिस नंदी (2005), 'सेकुलरवाद के ख़िलाफ़ घोषणापत्र', अभय कुमार दुबे (सम्पा.), *बीच बहस में सेकुलरवाद*, सीएसडीएस-वाणी प्रकाशन : 77-114.

[9] धीरूभाई शेठ (205), 'गुजरात के बाद हिंदुत्व और राज्य का सेकुलरत्व', अभय कुमार दुबे (सम्पा.), *बीच बहस में सेकुलरवाद*, सीएसडीएस-वाणी प्रकाशन : 306-347.

ऐसे नेताओं की भूमिका आती है जिनका राजनीतिक हित हिंसा फैलाने से सध सकता है। तीसरा घटक 'संस्थागत दंगा प्रणाली' का है। चौथी भूमिका साम्प्रदायिकता के विमर्श की है। पाँचवीं भूमिका एक सुदृढ़ प्रशासन की अनुपस्थिति के रूप में सामने आती है। इन पाँचों को मिला कर एक पूरा साम्प्रदायिक दंगा बनता है। अलीगढ़ की मिसाल देते हुए ब्रास यह भी नतीजा निकालते हैं कि साम्प्रदायिकता से ज़्यादा प्रभावित मुहल्लों और कम प्रभावित मुहल्लों के बीच फ़र्क़ राजनीतिक गतिविधि, संगठन और नेतृत्व का होता है।[10] हालाँकि वार्ष्णेय और विल्किसन ने साम्प्रदायिक दंगे के पाँच घटकों का ब्रास द्वारा सुझाया गया क्रम स्वीकार कर लिया है, लेकिन उनके अनुसंधान न केवल ब्रास से भिन्न हैं, बल्कि आपस में भी अलग-अलग हैं।

वार्ष्णेय उन परिस्थितियों की शिनाख़्त करने का प्रयास करते हैं जिनके तहत दंगा करने की संस्थागत प्रणालियाँ काम करती हैं। वे उन परिस्थितियों की तरफ़ भी इंगित करते हैं जिनके तहत राज्य का प्रशासन दंगे को क़ाबू में कर सकता है। साथ में वे ऐसे नागरिक नेटवर्कों का भी सुझाव देते हैं जिनकी मौजूदगी दंगे के अंदेशों को कम कर सकती है और दंगों पर लगाम कसने की सम्भावनाओं को बढ़ा सकती है। वार्ष्णेय का विचार है कि अगर नागरिक संगठन सहमति आधारित और एक से अधिक जातीयताओं से मिल कर बने हैं तो साम्प्दायिक ध्रुवीकरण करने की कोशिश करने वाले नेता या तो नाकाम हो जाएँगे या फिर अंत में वे ऐसी कोशिश ही नहीं करेंगे।[11] विल्किसन ने साम्प्रदायिक हिंसा को चुनावी राजनीति से जोड़ कर देखा है। उनकी थियरी आग्रह करती है कि लोकतंत्र में राजनीतिक दलों का चुनावी स्वार्थ दंगे होने या न होने का कारण बनता है। विल्किसन के अनुसार अगर किसी पार्टी के समर्थन आधार में अल्पसंख्यकों का घटक महत्त्वपूर्ण है या किसी सत्तारूढ़ गठजोड़ में शामिल किसी पार्टी के लिए अल्पसंख्यक वोट अहम हैं या सरकार बनाने के लिए अल्पसंख्यक समर्थन वाले राजनीतिक दल की मदद लेनी पड़ सकती है, तो संबंधित राजनीतिक शक्तियाँ अल्पसंख्यकों की सुरक्षा करती हैं जिसके परिणामस्वरूप दंगों की सम्भावना घट जाती है।[12]

---

[10] पॉल आर. ब्रास (2003), *दि प्रोडक्शन ऑफ़ हिंदू-मुसलिम वायलेंस इन कंटेम्परेरी इण्डिया*, ऑक्सफ़र्ड युनिवर्सिटी प्रेस, नयी दिल्ली.

[11] आशुतोष वार्ष्णेय (2002), *एथनिक कांफ़्लिक्ट ऐंड सिविक लाइफ़ : हिंदूज ऐंड मुस्लिम इन इण्डिया*, येल युनिवर्सिटी प्रेस, यूएस.

[12] स्टीव विल्किसन (2005), *वोट्स ऐंड वायलेंस : इलेक्ट्रोरल कम्पटीशन ऐंड कम्युनल रायट्स इन इण्डिया*, केम्ब्रिज युनिवर्सिटी प्रेस, नयी दिल्ली.

मैंने जिन नौ विद्वानों के सूत्रीकरणों का यहाँ ज़िक्र किया है, उन्होंने एक-दूसरे के विचारों और निष्कर्षों में कई तरह की ख़ामियाँ निकाली हैं। साम्प्रदायिकता विरोधी विमर्श का दसवाँ सूत्रीकरण क्रिस्टोफ़र बेली के इतिहास-लेखन से जुड़ा है। उन्होंने भारत में अंग्रेज़ों की हुकूमत स्थापित होने से पहले की अवधियों में हुई साम्प्रदायिक हिंसा के ब्योरे पेश किये हैं। उनके अनुसंधान की अवधि 1700 से 1860 के बीच की है। उनका तर्क है कि साम्प्रदायिक दंगों को केवल अंग्रेज़ों का नकारात्मक तोहफ़ा ही नहीं समझ लेना चाहिए, क्योंकि उनके क़दम जमने से काफ़ी पहले से इस देश में ऐसी धार्मिक हिंसा हुआ करती थी जिसकी संरचना औपनिवेशिक काल में हुए दंगों से मिलती-जुलती है। बेली का दावा है कि जिस हिंदू-मुसलमान सामासिक संस्कृति की चर्चा की जाती है, उसके तत्कालीन स्वरूप साम्प्रदायिक हिंसा भड़कने से रोकने में नाकाम रहते थे। बेली इस राष्ट्रवादी दावे को भी ठुकराते हैं कि भारत के उपनिवेश बनने से पहले और औपनिवेशिक शासन के शुरुआती दौर में धार्मिक समुदाय आमतौर पर शांतिपूर्ण सहअस्तित्व में रहते थे। जब भी राजनीतिक और आर्थिक सत्ता परिवर्तन के दौर से गुज़रती थी, धार्मिक मतभेद साम्प्रदायिक हिंसा के वाहक बन जाते थे।[13]

साम्प्रदायिक दंगे और भारतीय पुलिस

विभूति नारायण राय के अनुसंधान-स्वरूप प्रकाशित पुस्तक साम्प्रदायिक दंगे और भारतीय पुलिस पाँच अध्यायों में बँटी हुई है। चार अध्यायों में उन्होंने दंगों के इतिहास, समाजशास्त्र, मनोविज्ञान और भारतीय पुलिस से उनके संबंध पर विचार किया है। पाँचवें अध्याय में उनके निष्कर्ष और संस्तुतियाँ दर्ज हैं। अनुसंधानकर्त्ता की शोध-प्रविधि के मुख्यतः दो चरण हैं। पहले चरण में 1931 से 1993 के बीच हुए प्रमुख दंगों के दौरान पुलिस-आचरण पर रोशनी डालता हुआ तरह-तरह के सरकारी दस्तावेज़ों, जाँच कमेटियों की रपटों, राष्ट्रीय अभिलेखागार के साथ-साथ उत्तर प्रदेश और बिहार के अभिलेखागारों को खँगालने, नागरिक अधिकार संगठनों की रपटों वग़ैरह का अध्ययन किया गया है। दूसरे चरण में दंगा-पीड़ितों (अल्पसंख्यक और बहुसंख्यक) से एक प्रश्नावली के माध्यम से बातचीत की गयी है, और पुलिसकर्मियों (सेवानिवृत्त और सेवारत) से साक्षात्कार लिए गये हैं।

---

[13] क्रिस्टोफ़र एलन बेली (1985), 'दि प्रिहिस्ट्री ऑफ़ 'कम्युनलिज़्म'? रिलीजस कांफ्लिक्ट इन इण्डिया, 1-1700-1860', *मॉडर्न एशियन स्टडीज़,* खण्ड 19, अंक 2 : 177-203.

यहाँ यह बताना ज़रूरी है कि राय का विमर्श सीधा छलाँग मार कर पुलिस की भूमिका पर नहीं पहुँचता। भारतीय पुलिस का विश्लेषण तो वे अपने चौथे अध्याय में करते हैं। इससे पहले उन्होंने अपने साम्प्रदायिकता विरोधी विमर्श की बानगी पेश की है। तथ्यों और उनके विश्लेषण के ज़रिये वे मुख्यतः दो प्रश्नों की जाँच करते हैं। पहला, क्या दंगे मुसलमान शुरू करते हैं और उनमें मरने वालों में हिंदुओं की संख्या अधिक होती है (इसी में हिंदुओं क़े बीच फैली हुई यह धारणा भी शामिल है कि मुसलमान स्वभावतः क्रूर, हिंसक, विश्वासघाती और कट्टर होता है)? दूसरा, क्या साम्प्रदायिक हिंसा का मौजूदा स्वरूप ब्रिटिश उपनिवेशवादियों की देन है, और अगर ऐसा है तो अंग्रेज़ों के जाने के बाद यह हिंसा ख़त्म क्यों नहीं हुई (या अंग्रेज़ों के आने से पहले भी भारतीय समाज में यह हिंसा इसी तरह मौजूद थी)?

इन सवालों का जवाब तलाशने की प्रक्रिया में राय बिपिन चंद्र द्वारा दी गयी परिभाषा स्वीकार करते हुए बेली की दावेदारियाँ नकार देते हैं। ऐसा लगता है कि दिलीप सीमियन की ही तरह उन्हें भी बिपिन चंद्र की परिभाषा अपर्याप्त लग रही होगी, इसलिए उन्होंने उसका विस्तार कर दिया है। उनकी नज़र में न केवल साम्प्रदायिकता एक ऐसा आग्रह है जिसके तहत एक धर्म के अनुयायी अपने सामाजिक, राजनीतिक और आर्थिक हितों को समान मान लेते हैं, बल्कि उसके तहत एक धर्म के अनुयायी अपने विभिन्न हितों को समान समझने के साथ-साथ उन्हें दूसरे धार्मिक समुदाय के हितों के विपरीत भी मानते हैं। यानी साम्प्रदायिक समझ के आईने में हिंदू, मुसलमान, ईसाई अथवा सिक्ख समुदायों के हित परस्पर विरोधी दिखते हैं। राय ने इसमें यह भी जोड़ा है कि साम्प्रदायिकता बहुलवाद के तहत अपनाए जाने वाले शांतिपूर्ण सहअस्तित्व के सिद्धांत के विपरीत है। साम्प्रदायिकता को एक शत्रु की ज़रूरत होती है और यह शत्रु एक दूसरा धर्मावलम्बी ही हो सकता है। इसके तहत एक समुदाय के सदस्यों को विश्वास दिलाया जाता है कि उनके लौकिक और पारलौकिक हित दूसरे समुदाय के हितों को चोट पहुँचा कर ही सुरक्षित रखे जा सकते हैं।[14] यह परिभाषा देने के बाद थोड़ा आगे चल कर वे बेली के निष्कर्षों का स्पष्ट खण्डन करते हैं : 'यदि हम बेली के उदाहरणों को साम्प्रदायिकता की किसी भी स्पष्ट कसौटी पर कसें तो यह इसका दिलचस्प नमूना होगा कि किस तरह एक अकादमिक प्रयास कुछ

[14] विभूति नारायण राय, वही : 17.

पूर्वग्रहों को सही सिद्ध करने के लिए तथ्यों को तोड़-मरोड़ कर इस्तेमाल करता है। बेली द्वारा दिये गये उदाहरणों में से एक भी उदाहरण साम्प्रदायिक दंगों की कसौटी पर ख़रा नहीं उतरता। ये सभी उदाहरण किसी भी बहुलवादी समाज में विभिन्न आस्थाओं द्वारा एक-दूसरे को आत्मसात् करने की प्रक्रिया और उनकी आपसी राजनीतिक, आर्थिक एवं सामाजिक प्रतिद्वंद्विता से उत्पन्न संघर्ष की अनुगूँज के अधिक हैं, साम्प्रदायिक दंगों के कम।'[15] इस खण्डन के मुक़ाम पर राय भारतीय समाज में एक ऐसी शक्ति के प्रभुत्व की तरफ़ इशारा करते हैं जो मध्ययुगीन भारतीय राज्य से भिन्न थी। यह था औपनिवेशिक राज्य जिसकी सत्ता-संरचना मध्ययुगीन हुकूमतों के बिखरे हुए स्वरूप के मुक़ाबले अधिक केंद्रीय, हस्तक्षेपकारी और संवेदनशून्य थी। 15 अगस्त, 1947 को भारतीय समाज के क्षितिज पर एक तीसरी शक्ति उभरती है। औपनिवेशिक राज्य को प्रतिस्थापित करने वाला आधुनिक भारतीय राज्य। इसकी संरचना भी केंद्रीय थी, यह भी हस्तक्षेपकारी था, पर इसे संवेदनशून्य नहीं कहा जा सकता था। लेकिन, यह भारतीय राज्य औपनिवेशिक राज्य द्वारा खड़े किये गये पुलिस के महक़मे में कोई परिवर्तन नहीं करता।

उनके अनुसंधान के प्रमुख निष्कर्ष इस प्रकार हैं : यह धारणा तथ्यपरक नहीं है कि दंगे हमेशा मुसलमान शुरू करते हैं और उनमें मारे जाने वालों में हिंदुओं की संख्या ही अधिक होती है। दंगों के दौरान पुलिस का व्यवहार अधिकतर भेदभावपूर्ण रहता है। वह क़ानून-व्यवस्था लागू करने वाली एक तटस्थ संस्था के रूप में काम करने के बजाय एक हिंदू बल के तौर पर सक्रिय नज़र आती है। अधिकतर मुसलमान ही उसकी ज़्यादतियों के शिकार होते हैं। हिंदू जनता पुलिस को अपना मित्र समझती है और मुसलमान जनता शत्रु। मुसलमानों के साथ पुलिस का शत्रुतापूर्ण संबंध संघर्ष की स्थिति में दोनों तरफ़ से उत्तेजनात्मक प्रतिक्रिया पैदा करता है। औसत पुलिसकर्मी अपनी ड्यूटी करते समय अपने पूर्वग्रह और दुराग्रह नहीं छोड़ पाता और उसका यह रवैया मुसलमानों के प्रति उसके व्यवहार में साफ़ झलकता है। भारतीय समाज भी औसत पुलिसकर्मी से साम्प्रदायिक अपेक्षाएँ रखता है। वह पुलिस को पूरे समाज के रक्षक के तौर पर देखने के बजाय अपने समुदाय के रक्षक के तौर पर देखता है।

अनुसंधान से निकलने वाले कुछ अत्यंत महत्त्वपूर्ण और उपयोगी सुझाव इस प्रकार हैं : पुलिस बल में अल्पसंख्यकों को उनकी आबादी के मुताबिक़

---

[15] विभूति नारायण राय, वही : 26.

प्रतिनिधित्व मिलना चाहिए (यह सिफ़ारिश अनुसंधान से निकलने वाले इस निष्कर्ष की रोशनी में की गयी है कि मुसलमान (और हिंदू भी) पुलिस को मुख्यत: 'हिंदू' पुलिस के तौर पर देखते हैं, और देश के लगभग हर प्रांत में मुसलमानों की संख्या पुलिस में बहुत ही कम है); पुलिस को अपने समय की सामाजिक सच्चाइयों से रूबरू कराने के लिए बाकायदा एक सघन प्रशिक्षण कार्यक्रम से गुज़ारना चाहिए ताकि पुलिसकर्मियों का दिमाग़ अपना कर्त्तव्य निभाते हुए जाति-धर्म और क्षेत्रीयता का आग्रहों से मुक्त रह सके; दंगे रोकने में विफलता की ज़िम्मेदारी ज़िला अधिकारी और पुलिस अधीक्षक पर डाल कर सभी संबंधित अधिकारियों के ख़िलाफ़ कार्रवाई की जानी चाहिए; दंगों की जाँच करने वाली कमेटियाँ और आयोग अपनी रपट देने में देर न करें और उनकी सिफ़ारिशों पर अमल भी क़तई टाला न जाए।

सोशल कंट्रोल थियरी और उससे परे

इरादतन हो या ग़ैर-इरादतन, विभूति नारायण राय की यह रचना बेसाख़्ता दंगों से संबंधित सोशल कंट्रोल थियरी की याद दिला देती है। इस थियरी के केंद्र में सरकारी अधिकारियों, ख़ास कर पुलिस-बल को रखा जाता है, और दंगों के शुरू होने, फैलने और उन्हें दबाए जाने में उसकी भूमिका पर गहरी निगाह डाली जाती है। पश्चिमी अनुसंधानकर्त्ताओं ने सामाजिक नियंत्रण के एजेंट के रूप में पुलिस के बारे में दो परिकल्पनाएँ विकसित की हैं। पहली के मुताबिक़ पुलिस के भेदभावपूर्ण या अनुचित रवैये में ही वह चिंगारी निहित होती है जिससे दंगे की शुरुआत होती है। इसके बाद वही पुलिस अपने दल-बल का इस्तेमाल करके जब दंगा दबाने की कोशिश करती है तो साम्प्रदायिक हिंसा कम होने की बजाय और बढ़ जाती है।

दूसरी परिकल्पना यह है कि भले ही पुलिस की भारी-भरकम उपस्थिति विक्षोभ बढ़ाने वाली हो, कुल मिला कर अगर शुरुआत में ही पुलिस बड़े पैमाने पर दंगा दबाने के लिए सक्रिय हो जाए तो उसकी अवधि बहुत कम हो सकती है क्योंकि उसमें भाग लेने वाले हर व्यक्ति को पता होगा कि उसे अपनी हरकतों की क़ीमत चुकानी पड़ेगी। इस मसले पर जो भी तथ्यगत अनुसंधान हुए हैं, वे किसी सामान्य निष्कर्ष की तरफ़ इशारा करने में असमर्थ हैं। कुछ विद्वानों ने नतीजा निकाला है कि अगर पुलिस बड़े पैमाने पर तैनात की जाती है तो दंगों की तीव्रता कम होने के बजाय बढ़ सकती है, जबकि कुछ अन्य विद्वानों का दावा है कि पुलिस के बंदोबस्त की प्रकृति का दंगों के साथ कोई सीधा संबंध नहीं होता। इस संबंध में किये गये कुछ अन्य गुणात्मक और ऐतिहासिक अध्ययन बताते हैं कि पुलिस की प्रबलता इतनी

महत्त्वपूर्ण नहीं है जितनी यह कि उसने अपनी ताक़त का इस्तेमाल कैसे किया और यह कि पुलिस का दोनों समुदायों के साथ रिश्ता कैसा था।[16]

सोशल कंट्रोल थियरी के तहत किये गये विश्लेषणों और अध्ययनों पर अक्सर एक पूर्व-शर्त हावी रहती है। इसके मुताबिक़ प्रशासन और पुलिस राज्य की संस्था के औज़ार हैं, और राज्य सैद्धांतिक रूप से तटस्थ है। इस मान्यता के दबाव में अध्येतागण राज्य, पुलिस और प्रशासन द्वारा किसी भी सामाजिक टकराव की परिस्थिति में किये जा सकने वाले भेदभाव पर नज़र डालने से बच निकलते हैं। प्रशासनिक कौशल, बंदोबस्त की सक्षमता, कार्रवाई करने में हुई देरी, दंगा दबाने की विकसित-अविकसित प्रौद्योगिकियों और अधिकारियों द्वारा प्रदर्शित की गयी नेतृत्वकारी ख़ामियों-ख़ूबियों पर चर्चा ज़्यादा होती है। परिणामस्वरूप इस तरह के अध्ययन जहाँ पुलिस और प्रशासन की कार्रवाइयों के बारीक से बारीक ब्योरे और गहन समीक्षाएँ पेश करके समाज-विज्ञान को समृद्ध करते हैं, वहीं राज्य, उसकी राजनीति और पुलिस जैसी महत्त्वपूर्ण संस्था की आधारभूत राजनीतिक संरचना अलक्षित रह जाती है। दिलचस्प बात यह है कि पुलिस को मुख्यतः सोशल कंट्रोल के एजेंट के तौर पर देखने के बावजूद राय इस थियरी की इन अंतर्निहित सीमाओं से जद्दोजहद करते नज़र आते हैं। किसी मुक़ाम पर वे इस सीमा में बँधे हुए दिखते हैं, और कभी अपने बौद्धिक प्रयासों के ज़रिये उसके परे जाने में समर्थ हैं।

राय का अध्ययन उस समय ख़ुद को सोशल कंट्रोल थियरी की सीमाओं में फ़िट कर लेता है जब वह पाठकों को भारतीय पुलिस की औपनिवेशिक संरचना के इतिहास, उसकी आधारभूत राजनीति और मक़सद के बारे में कुछ बताने से परहेज़ करता है। उनका अध्ययन भारतीय राज्य द्वार किये जाने वाले सामाजिक-राजनीतिक तटस्थता के दावे को भी प्रश्नांकित नहीं करता, हालाँकि आज़ादी के तुरंत बात गृह मंत्री के रूप में सरदार पटेल द्वारा मेवातियों के साथ किये गये व्यवहार पर इतिहासकार सवालिया निशान लगा चुके हैं। अस्सी के दशक में इंदिरा गाँधी की हत्या के बाद सिख विरोधी हिंसा में राज्य की भेदभावपूर्ण भूमिका भी किसी से छिपी हुई नहीं है। भारतीय राज्य की इन्हीं प्रवृत्तियों का परिणाम आगे चल कर गुजरात (2002) की मुसलमान विरोधी हिंसा में निकला। अगर राज्य पुलिस का एकतरफ़ा इस्तेमाल करना चाहेगा तो पुलिस कितनी भी कुशल क्यों न हो, उसे साम्प्रदायिक हिंसा का या तो मूकदर्शक बने रहना होगा

[16] डैनियल जे. मायर्स, 'रॉयट्स', जॉर्ज रिट्ज़र (2007) (सम्पा.), *दि ब्लैकवेल इनसाइक्लोपीडिया ऑफ़ सोसियोलॉजी*, ब्लैकवेल, ऑक्सफ़र्ड : 3929-3964.

(जैसा उसने नयी दिल्ली में किया) या हिंसक कुकृत्यों में भागीदार बनना होगा (जैसा उसने गुजरात में किया)। दूसरे, यह प्रश्न पूरी तरह से अनुत्तरित रह जाता है कि आख़िरकार हमारे राष्ट्रीय नेतृत्व ने जिस पुलिस के डण्डे बीसियों साल खाए, उसी पुलिस को उसने सत्तारूढ़ होने के बाद वैसा का वैसा ही क्यों रहने दिया। और तो और, एक जगह राय बताते हैं कि अंग्रेज़ों ने पुलिस के संस्थागत प्रशिक्षण की शुरुआत 1859 में ही वेल्लौर स्थित स्कूल में कर दी थी। इस लिहाज़ से पुलिस देश की नागरिक सेवाओं में इस तरह प्रशिक्षित होने वाला पहला संगठन था। लेकिन, उसके बाद प्रशिक्षण की उपेक्षा सबसे ज़्यादा पुलिस में ही हुई।

राय उस समय सोशल कंट्रोल थियरी के दायरे से बाहर निकलने में समर्थ होते हैं जब उनकी बौद्धिक संवेदनाएँ और साहित्यिक-भाषाई विश्लेषण क्षमताएँ मुखर होती हैं। यहाँ मैं इस अनुसंधान को उनके साम्प्रदायिकता से संबंधित एक अन्य लेख के साथ मिला कर पढ़ना चाहूँगा। उनका लेख 'रणभूमि में भाषा' उस प्रक्रिया को मानीख़ेज़ ढंग से रेखांकित करता है जिसके तहत एक मामूली से लगने वाली भाषाई हेरफेर से साम्प्रदायिकता अपना व्यंजनात्मक विस्तार पाती है।[17] साम्प्रदायिकता की इस भाषाई संरचना से वे संस्थाएँ भी नहीं बच सकतीं जिन्हें राज्य की संस्था सोशल कंट्रोल के उपकरण की तरह इस्तेमाल करना चाहती है। राय बताते हैं कि जन्म के साथ आमतौर पर स्थान का इस्तेमाल किया जाता है और 1949 से पहले अयोध्या में भी एक जन्मस्थान चबूतरा ही था। लेकिन जैसे ही इस स्थान को भूमि कहना शुरू किया गया, साम्प्रदायिकता के लिए व्यापक ज़मीन की सम्भावना बनने लगी। जन्मभूमि के बाद ख़ालसा पंथ से लिए कारसेवा शब्द के निहितार्थों को पलट दिया गया। सिखों द्वारा रचना के लिए की जाने वाली कारसेवा बाबरी मसजिद विध्वंस के लिए गोलबंदी का पर्याय बन गयी। फिर शिलापूजन, शिलादान और रामभक्त जैसे पद ईज़ाद किये गये। कारसेवकों का अड्डा कारसेवकपुरम कहा जाने लगा। इस तरह धीरे-धीरे पूरी साम्प्रदायिक शब्दावली की रचना हुई। इस साम्प्रदायिक शब्दावली ने पुलिस की हिंदू तस्वीर में नये और तीखे रंग भरे।

अपनी बौद्धिक संवेदनाओं के कारण ही राय ने अपने अनुसंधान में राज्य की राजनीति के पक्षपातपूर्ण स्वरूप का संधान किये बिना पुलिस की सामाजिक संरचना का संधान कर पाए। अगर वे केवल सोशल कंट्रोल थियरी के दायरे में ही रहते तो उन्हें ऐसा करने की ज़रूरत ही नहीं थी। इन्हीं संवेदनाओं के ज़रिये वे यह सुझाव दे पाने में समर्थ हुए कि पुलिस में मुसलमानों को पर्याप्त प्रतिनिधित्व

---

[17] विभूति नारायण राय (2008), *रणभूमि में भाषा*, शिल्पायन, नयी दिल्ली.

मिलना चाहिए ताकि उसका एकतरफ़ा इस्तेमाल आज के मुक़ाबले कठिन हो जाए। इन्हीं संवेदनाओं के धरातल पर वे यह कहने में समर्थ हो पाए कि 'लॉजिस्टिक्स' मज़बूत करने से भी ज़्यादा महत्त्वपूर्ण है पुलिस के सोच में परिवर्तन करना। यह परिवर्तन सेकुलर आस्था के समावेश से ही हो सकता है। सेकुलर आस्था यानी राज्य की ड्यूटी करते समय अपने धार्मिक, जातिगत और जातीय आग्रह से प्रभावित हुए बिना कर्त्तव्य का पालन करना, आरक्षी की भूमिका निभाना और सामुदायिक के बजाय राष्ट्रीय दायित्व का वाहक बनना है।

संदर्भ

विभूति नारायण राय (2002), *साम्प्रदायिक दंगे और भारतीय पुलिस*, राधाकृष्ण प्रकाशन, नयी दिल्ली.

आशुतोष वार्ष्णेय (2005), 'एन इलेक्ट्रोरल थियरी ऑफ़ कम्युनल रॉइट्स', *इकॉनॉमिक ऐंड पॉलिटिकल वीकली*, खण्ड 40, अंक 39.

रजनी कोठारी (2005), *भारत में राजनीति : कल और आज*, प्रस्तुति और सम्पादन : अभय कुमार दुबे, सीएसडीएस-वाणी प्रकाशन, नयी दिल्ली.

बिपिन चंद्र (1990), 'कम्युनलिज़म ऐंड दि स्टेट : सम इशूज़ इन इण्डिया', *सोशल साइंटिस्ट*, खण्ड 18, अंक 8/9, अगस्त-सितम्बर.

दिलीप सीमियन (1986), 'कम्युनलिज़म इन मॉडर्न इण्डिया : अ थियरीटकल एग्ज़ामिनेशन', *मेनस्ट्रीम*, नयी दिल्ली, 13 दिसम्बर.

रणधीर सिंह (1988), 'थियराइज़िंग कम्युनलिज़म : ए फ्रेगमेंटरी नोट इन दि मार्क्सिस्ट मोड', *इकॉनॉमिक ऐंड पॉलिटिकल वीकली*, खण्ड 23, अंक 30, 23 जुलाई.

रजनी कोठारी (1998), *कम्युनलिज़म इन इण्डियन पॉलिटिक्स*, रेनबो पब्लिशर्स, नयी दिल्ली.

आशिस नंदी (2005), 'सेकुलरवाद के ख़िलाफ़ घोषणापत्र', अभय कुमार दुबे (सम्पा.), *बीच बहस में सेकुलरवाद*, सीएसडीएस-वाणी प्रकाशन, नयी दिल्ली.

धीरूभाई शेठ (205), 'गुजरात के बाद हिंदुत्व और राज्य का सेकुलरत्व', अभय कुमार दुबे (सम्पा.), *बीच बहस में सेकुलरवाद*, सीएसडीएस-वाणी प्रकाशन, नयी दिल्ली.

पॉल आर. ब्रास (2003), *दि प्रोडक्शन ऑफ़ हिंदू-मुसलिम वायलेंस इन कंटेम्परेरी इण्डिया*, ऑक्सफ़र्ड युनिवर्सिटी प्रेस, नयी दिल्ली.

आशुतोष वार्ष्णेय (2002), *एथनिक कांफ़्लिक्ट ऐंड सिविक लाइफ़ : हिंदूज़ ऐंड मुस्लिम इन इण्डिया*, येल युनिवर्सिटी प्रेस, यूएस.

स्टीव विल्किंसन (2005), *वोट्स ऐंड वायलेंस : इलेक्ट्रोरल कम्पटीशन ऐंड कम्युनल रायट्स इन इण्डिया*, केम्ब्रिज युनिवर्सिटी प्रेस, नयी दिल्ली.

क्रिस्टोफ़र एलन बेली (1985), 'दि प्रिहिस्ट्री ऑफ़ 'कम्युनलिज़म'? रिलीजस कांफ्लिक्ट इन इण्डिया, 1-1700-1860', *मॉडर्न एशियन स्टडीज़*, खण्ड 19, अंक 2.

डैनियल जे. मायर्स, 'रॉयट्स', जॉर्ज रिट्ज़र (2007) (सम्पा.), दि *ब्लैकवेल इनसाइक्लोपीडिया ऑफ़ सोसियोलॉजी*, ब्लैकवेल, ऑक्सफ़र्ड.

विभूति नारायण राय (2008), *रणभूमि में भाषा*, शिल्पायन, नयी दिल्ली.

हिंदी में 'हिंदू' सेकुलर

अनुवाद, निरपेक्षता और समभाव की राजनीति

हिंदी के अ-साम्प्रदायिक बुद्धिजीवियों के बीच सेकुलरवाद की बहस पूरी तरह हिंदू दायरे में सिमटी हुई है। उनके बीच सेकुलरवाद की परिभाषा पर ख़ासे मतभेद हैं। सेकुलरवाद को 'सर्वधर्मसमभाव' की तरह लेने के बजाय वे कभी तो उसे धर्मों से निरपेक्षता के रूप में परिभाषित करते हैं, तो कभी धर्म को पंथ से श्रेष्ठ मान कर पंथों से निरपेक्षता का अर्थ देते हैं। यह पंथनिरपेक्षता भारतीय सेकुलरवाद को हिंदू 'सनातन धर्म' का पर्याय बना देती हैं। 'धर्म' को धारण करने वाले हिंदू राष्ट्रीयता के स्वाभाविक वाहक बन जाते हैं, और वह 'पंथ' को मानने वाले मुसलमानों पर अपनी राष्ट्रीयता साबित करने की ज़िम्मेदारी डाली जाती है। यह देख कर अचरज हो सकता है कि हिंदी के वामपंथी सेकुलर विमर्श में भी हिंदू-श्रेष्ठता राष्ट्रीयता के स्वाभाविक दावेदारी की पर्याय है। हिंदी का यह अ-साम्प्रदायिक बुद्धिजीवी वर्ग अल्पसंख्यकों के साथ बराबरी का व्यवहार करने के पक्ष में संघ परिवार के ख़िलाफ़ संघर्ष करने में अग्रणी है। लेकिन, साथ में वह मुसलमान और इस्लाम की उसी रूढ़ छवि को अपने मानस में बसाए हुए है जो संघ परिवार के मुखपत्रों में अकसर चित्रित होती रहती है। वामपंथी हों या ग़ैर-वामपंथी, हिंदी ख़ित्ते के लिए सेकुलर राष्ट्र बनाने का संघर्ष दरअसल हिंदू दायरों में किया जाने वाला संघर्ष ही है। मुसलमान तो हाशिये पर खड़े होकर अपने जान-माल की हिफ़ाज़त के लिए उदार हिंदू बहुसंख्या का मोहताज होने के लिए अभिशप्त हैं। संघ परिवार ही नहीं, उसका जम कर विरोध करने वाले हिंदी के बुद्धिजीवी भी एक हिंदू-वर्चस्व की रचना करना चाहते हैं। फ़र्क़ यह है कि उनके हिंदू-वर्चस्व के आगे 'सेकुलर' शब्द भी लगा होगा।

क्या भारत जैसे धर्मबहुल देश में हिंदू-वर्चस्व को किसी प्रकार से सेकुलर माना जा सकता है? सेकुलरवाद पर मूलतः हिंदी में लिखी गयी सम्भवतः एकमात्र समाज-वैज्ञानिक रचना के हिसाब से इस प्रश्न का उत्तर सिर्फ़ नहीं में ही दिया जा सकता है।[1] सत्यपाल गौतम के इस लेख द्वारा प्रस्तुत तर्क को आगे बढ़ाते हुए कहा जा सकता है कि संविधान सभा ने राज्य की संस्था को किसी भी क़िस्म के धर्म से अलग रखने का प्रावधान किया था। चूँकि आधुनिक राज्य की पक्षधरता के बिना वर्चस्व की संरचनाएँ नहीं बन सकतीं, इसलिए हिंदू कितने भी बहुसंख्यक क्यों न हों, उनका वर्चस्व होने का सवाल ही नहीं उठता। अगर कुछ लोगों ने अपनी कल्पनाओं में इस वर्चस्व की रचना कर भी ली है, तो केवल इसी आधार पर उन्हें भारतीय सेकुलरवाद के मॉडल को परिभाषित करने की इजाज़त कैसे दी जा सकती

है। इसी क्रम में कोई भी सेकुलरवादी इस प्रश्न के मुक़ाबले कई प्रति-प्रश्न खड़े कर सकता है : क्या किसी विशेष धर्म या संस्कृति पर आधारित सामाजिक-राजनीतिक प्रभुता अपने आप में सेकुलर विचारधारा की एंटीथीसिस नहीं है? संविधान सभा में हुई बहस के दौरान अल्पसंख्यकों के धार्मिक, सांस्कृतिक और राजनीतिक अधिकारों की सुरक्षा के विषय में काफ़ी चिंता व्यक्त की गयी थी। क्या बहुसंख्यकों की प्रभुता इन अधिकारों को और कमज़ोर नहीं कर देगी? क्या गुज़रात में किये गये हिंदुत्ववादी प्रयोगों में इसके नतीजे नहीं देखे जा सकते? वहाँ के मुसलमानों को अपनी कार की नम्बर प्लेट पर इस्लाम के लिहाज़ से शुभ समझी जाने वाली संख्या 786 अंकित करवाने से पहले सौ बार सोचना पड़ता है।[2]

लेकिन, इन प्रति-प्रश्नों के रैडिकल आवेग में बह जाने से पहले विशाल हिंदी प्रदेश में साम्प्रदायिकता, राष्ट्रवाद और सेकुलरवाद पर चलने वाली बहस पर एक गहरी निगाह डालना ज़रूरी है। पिछले पंद्रह-बीस साल में हुए हिंदी क्षेत्र के साम्प्रदायिकता विरोधी चिंतन को खँगालने से यह जानकारी मिलती है कि संघ परिवार ही नहीं, बल्कि उसका विरोध करने वाले भी एक समरूप राष्ट्रीय संस्कृति विकसित करने का एजेंडा रखते हैं, और स्वाभाविक रूप से यह तब तक ज़मीन पर नहीं उतर सकता जब तक सभी हिंदू एकाश्म और अभेदित बहुसंख्यक समाज में नहीं बदल जाते। उनमें से कुछ साफ़ तौर से इसे 'सनातनी संस्कृति' कहने के लिए तैयार हैं, और कुछ चाहते हैं कि उसे एक सेकुलर संस्कृति का ही नाम दिया जाए। इस पर सहमति है कि इस संस्कृति में अल्पसंख्यकों के साथ बराबर का व्यवहार किया जाएगा और उनके हितों की रक्षा की जाएगी। लेकिन, इस संस्कृति के घटक के तौर पर उनकी भूमिका नगण्य या निष्क्रिय क़िस्म की होगी। वे लोकतंत्र में एक ऐसे जूनियर पार्टनर की हैसियत में रहेंगे जो अपने धार्मिक आग्रहों के कारण सेकुलर और पूरी तरह राष्ट्रीय न होने के लिए अभिशप्त होगा। इस राष्ट्रीय संस्कृति को बनाने का सारा संघर्ष हिंदू दायरों में ही किया जाएगा। उदार और सहिष्णु हिंदू प्रतिक्रियावादी कट्टर हिंदू के ख़िलाफ़ संघर्ष चलाएगा जिसमें अनिवार्यतः उदार हिंदू की जीत होगी।

---

[1] सेकुलरवाद की किताबी परिभाषा के लिए हरियाणा साहित्य अकादमी, चंडीगढ़ द्वारा 1991 में प्रकाशित सत्यपाल गौतम (1991) की पुस्तक *समाजदर्शन* का अध्याय 'सेकुलरवाद' देखें : 62.

[2] गुज़रात में गोधरा काण्ड के बाद हुए साम्प्रदायिक रक्तपात से मुसलमान अपने वाहनों की नम्बर प्लेट में 786 की शुभ संख्. शामिल करवाने के लिए बीस से तीस हज़ार रुपये तक ख़र्च करने के लिए तैयार रहते थे. आज असुरक्षा के डर से उनके लिए यह शुभ संख्या जोखिम भरी बन गयी है. देखें, 24 दिसंबर के *हिंदुस्तान टाइम्स* (2002), नयी दिल्ली में : 13 पर रथिन दास की ख़बर, 'पोस्ट राइट्स, गुज़रात मुस्लिम्स शन लकी 786'.

कट्टर, असहिष्णु, अनुदार, संकीर्ण, अंधविश्वास और अ-राष्ट्रीय प्रवृत्तियों के शिकार अल्पसंख्यकों से उम्मीद की जाएगी कि वे ख़ुद को बदलेंगे, हिंदुओं के मुताबिक़ ख़ुद को ढालेंगे, हिंदुओं द्वारा दिये गये लोकतांत्रिक अधिकारों का लाभ उठाएँगे और अपने जान-माल की हिफ़ाज़त के लिए उदार हिंदुओं की बहुसंख्या के मोहताज रहेंगे। जहाँ तक सेकुलरवाद का सवाल है, एक-दो अपवादों को छोड़ कर हिंदी के साम्प्रदायिकता विरोधी बुद्धिजीवी भी घुमा-फिरा कर मानते हैं कि भारतीय सेकुलरवाद का मॉडल त्रुटिपूर्ण है और उसके मुताबिक़ किया गया भारतीय राज्य का आचरण भी सेकुलरवाद की भावना के अनुकूल नहीं रहा है। इसी आधार पर सेकुलरवाद से उनकी नाराज़गी का मुख्य कारण यह निकल कर आता है कि इस मॉडल की क्षमताओं के कारण ही पचास साल के बाद भी देश में समरूप राष्ट्रीय संस्कृति की स्थापना नहीं हो पाई। अलग-अलग लेखकों के लिए ये अक्षमताएँ अलग-अलग हैं। यह दोष वे सेकुलरवाद पर ही मढ़ते हैं कि इसके कारण संघ परिवार को राष्ट्रवाद का मुद्दा हड़पने का मौक़ा मिल गया। इन बुद्धिजीवियों के इस चिंतन को 'सेकुलर' हिंदू-वर्चस्व के लिए किये गये चिंतन की संज्ञा दी जा सकती है। उनके लेखन की भाषा और तर्कपद्धति अनायास कई बार संघ परिवार के मुखपत्रों की भाषा जैसी ही लगती है। इसका एहसास साम्प्रदायिकता विरोधी बुद्धिजीवियों को भी है। जवाब में उनका दावा है कि वे ठोस सच्चाइयों से मुख़ातिब होना चाहते हैं, भले ही उन्हें साम्प्रदायिक लगने का ख़तरा उठाना पड़े।

ज़ाहिर है कि लोकतंत्र और आधुनिक राज्य के तहत हिंदू-वर्चस्व क़ायम करने का एजेंडा केवल राष्ट्रीय स्वयंसेवक संघ और उससे जुड़े संगठनों का ही नहीं है। राजनीतिशास्त्री इस निष्कर्ष पर तो पहुँच चुके हैं कि संविधान को धर्मतंत्रीय या मनु-स्मृति जैसी किसी संहिता के मुताबिक़ बनाने का आग्रह किये बिना हिंदुत्ववादी समूह लोकतंत्र में बहुमत के शासन को बहुसंख्यकवादी शासन में बदलने की परियोजना चला रहे हैं। वे आधुनिक राज्य की संस्था द्वारा प्रदत्त संसाधनों और शक्ति का इस्तेमाल करके एक ऐसी राष्ट्रीय संस्कृति की स्थापना करना चाहते हैं जिसमें अल्पसंख्यकों की हैसियत दूसरे दर्जे की होगी। इस राष्ट्रीय संस्कृति में नागरिकता की शक्ल-सूरत विविधतापूर्ण और बहुलतावादी न होकर समरूप होगी। आख़िरकार उसे हिंदू संदर्भों में ही परिभाषित किया जाएगा। इन हिंदुत्ववादियों को अपने बहुसंख्यकवादी आधुनिक राज्य के लिए सेकुलर के विशेषण से कोई आपत्ति नहीं है। यही कारण है कि हिंदू-वर्चस्व के पैरोकार हमेशा 'छद्म-सेकुलरवाद' की आलोचना करते नज़र आते हैं, न कि सेकुलरवाद

की।[3] लेकिन, समाज-वैज्ञानिकों को यह देख कर ताज्जुब हो सकता है कि संघ परिवार की साम्प्रदायिकता का विरोध करने वाले हिंदी के लोकप्रिय बुद्धिजीवी भी भारतीय सेकुलरवाद के आदर्श रूप को हिंदू-वर्चस्व के रूप में व्याख्यायित करने में लगे हुए हैं। कहना न होगा कि ये सभी बुद्धिजीवी संघ परिवार की राजनीति के ख़िलाफ़ खुल कर संघर्षरत हैं। पिछले दस-पंद्रह साल में उन्होंने हिंदुत्ववादी सांस्कृतिक राष्ट्रवाद के विरोध में हज़ारों पृष्ठ रंग डाले हैं। उन्होंने सार्वजनिक मंचों और टीवी चैनलों पर भारतीय जनता पार्टी का जम कर विरोध किया है। उन्होंने साम्प्रदायिकता विरोधी मोर्चों में सक्रिय भागीदारी की है। साम्प्रदायिकता की मुखालफ़त करने वाले हिरावल दस्ते के सदस्यों के रूप में उनकी निष्ठाओं पर कोई संदेह नहीं किया जा सकता। यह भी नहीं कहा जा सकता कि उन्हें सेकुलरवाद की शास्त्रीय परिभाषाओं की जानकारी नहीं है। इनमें से सभी लोग लोकतंत्र के बेहिचक समर्थक हैं। वे मानते हैं कि मुसलमानों और अन्य अल्पसंख्यकों को हिंदुओं की भाँति ही नागरिकता के समान अधिकार बिना शर्त मिलने चाहिए। उन्हें यह मानने में भी संकोच नहीं है कि साम्प्रदायिकता भारतीय राष्ट्र को नष्ट कर देगी। इनमें से सभी संविधान के रक्षक के तौर पर उभरते हैं। वे संविधान में भारतीय गणतंत्र के साथ सेकुलर विशेषण जोड़ने के आलोचक नहीं हैं। मेरे विचार से इनमें से शायद ही किसी ने प्रकट राजनीतिक स्वार्थ को सामने रख कर अपनी धारणाएँ बनायी होंगी। निर्विवाद रूप से ये भो लोग देश और राष्ट्र के हित में ही अपने निष्कर्षों पर पहुँचे हैं। कुछ लेखक तो यह भी बताते हैं कि साम्प्रदायिकता विरोधी लेखन के कारण उन्हें किस तरह नियोजित कुप्रचार का शिकार बनाया जा रहा है, और कुछ लेखकों को सत्ता का कोपभाजन भो बनना पड़ा है। कुछ लेखकों की तो छवि ही संघ परिवार विरोधी की बन गयी है और इस लेखन के ज़रिये वे अपने बौद्धिक जीवन के सर्वाधिक लोकप्रिय दौर से गुज़र रहे हैं।

हिंदी क्षेत्र का यह चिंतन किन्हीं एक दो प्रभावशाली बुद्धिजीवियों और उनकी रचनाओं की देन नहीं है। यह किसी दक्षिण, वाम या उदारतावादी विचारधारा के आधार पर की गयी निर्मिति नहीं है। इसमें हिंदी के बीसियों विख्यात और वरिष्ठ पत्रकार-साहित्यकार और लेखक-चिंतक शामिल हैं। इन महानुभावों का संबंध तरह-

[3] समाज-वैज्ञानिकों में आमतौर पर सहमति है कि राजनीतिक हिंदुत्व एक आधुनिकतावादी संरचना है और अल्पसंख्यकों से जुड़ी नीतियों को छोड़ कर उसका सेकुलर राज्य से कोई ख़ास मतभेद नहीं है. हिंदुत्व की राजनीतिक मुहिम की इस व्याख्या के थोड़े विस्तृत रूप के लिए देखें, पार्थ चटर्जी (1999), 'सेकुलरिज़्म ऐंड टॉलरेंस', राजीव भार्गव (सम्पा.), सेकुलरिज़्म ऐंड इट्स क्रिटिक्स, ऑक्सफ़र्ड, नयी दिल्ली.

तरह की विचारधाराओं से है। इनमें मार्क्सवादी, वामपंथी–जनवादी सांस्कृतिक आंदोलन के पुराने सिपहसालार, लोहिया और जयप्रकाश में अपनी राजनीतिक विरासत खोजने वाले, गाँधी के प्रति भक्ति और श्रद्धा से आप्लावित, नेहरू का गुणगान करने वाले, यानी लगभग सभी ग़ैर–साम्प्रदायिक श्रेणियों के प्रतिनिधि शामिल हैं। अलग–अलग विचार परम्पराओं से आने के कारण इनके ख़यालों, व्याख्याओं और प्रतिपादनों में काफ़ी फ़र्क़ है। लेकिन, एक–दो अपवादों को छोड़कर सभी एक ही नतीजे पर पहुँचते प्रतीत होते हैं कि हिंदू–वर्चस्व ही भारतीय सेकुलरवाद का व्यावहारिक रूप हो सकता है, भले ही सिद्धांत की किताब कुछ और कहती रहे। इन सभी के लेखन से एक ध्वनि यह भी उभरती है कि सेकुलरवाद के अधिकारिक प्रवक्ताओं के आग्रह जो भी हों, सेकुलरवाद का भारतीय मॉडल हमेशा हिंदू–वर्चस्व वाला ही रहा है। पहले यह बात कहने की ज़रूरत नहीं पड़ती थी और सर्वधर्मसमभाव के उदार उसूल की आड़ में सब कुछ ठीक–ठाक चलता रहता था, पर संघ परिवार की राजनीति के कारण आज यही बात ज़ोर दे कर कहनी पड़ रही है। संघ परिवार से इन बुद्धिजीवियों की नाराज़गी का यह भी एक बड़ा कारण हो सकता है कि हिंदुत्व की राजनीतिक सफलता की वजह से उन्हें बहस इस शैली में चलाने के लिए मजबूर होना पड़ा।

हिंदी जगत के इस 'लोकप्रिय' साम्प्रदायिक विरोधी चिंतन में प्रशिक्षित समाजशास्त्रियों के बजाय साहित्यकार और पत्रकार छाये हुए हैं। यहाँ 'लोकप्रिय' शब्द का इस्तेमाल इस चिंतन को अकादमीय लेखन से अलग करने के लिए किया गया है। हिंदी में अकादमीय सेकुलर चिंतन का तक़रीबन अभाव ही है। एक–दो नामों (जैसे श्याम चरण दुबे) को छोड़ कर हिंदी के ये बुद्धिजीवी आमतौर पर समाज–विज्ञान की किसी विधा में प्रशिक्षित नहीं कहे जा सकते। इन्होंने शौक़िया कुछ किताबें ज़रूर पढ़ी होंगी, या फिर वे स्वशिक्षित समाज–चिंतक हैं (जैसे सच्चिदानंद सिन्हा और किशन पटनायक)। इन बुद्धिजीवियों के एक प्रमुख प्रतिनिधि (प्रभाष जोशी) तो मानते भी हैं कि इस विषय पर मिलने वाली अकादमीय पुस्तकों के अध्ययन से वे कितनी जल्दी उकता गये थे। लेकिन, अकादमीय पृष्ठभूमि के अभाव का मतलब यह नहीं निकाल लेना चाहिए कि इस लेखन में समाज–विज्ञानियों के लिए कुछ नहीं है। दरअसल, यह सारा लेखन समाज–विज्ञान की दुनिया के लिए बेहद विचारोत्तेजक और यहाँ तक कि शिक्षाप्रद भी है। ये लेखक बीच–बीच में समाज–विज्ञानियों को सम्बोधित भी करते हैं। उन्हें समाज–विज्ञानियों से कुछ अपेक्षाएँ भी हैं। हिंदी की एक प्रमुख हस्ती के लेखन में तो आशिस नंदी और धीरूभाई शेठ समेत विकासशील समाज अध्ययन पीठ के कुछ प्रमुख समाज–विज्ञानियों के नामों का हवाला भी कुछ इस तरह सामने आता है मानो उनके विचारों

पर इन विद्वानों की प्रस्थापनाओं का ख़ासा असर पड़ा हो। हिंदी के इस साम्प्रदायिकता विरोधी लेखन में हिंदुत्व की राजनीति के खण्डन के लिए गाँधी और लोहिया का हवाला भी अकसर आता है। साम्प्रदायिकता की आलोचना करने के लिए इन नेताओं की कुछ विख्यात रचनाओं का भी इस्तेमाल किया गया है। बहरहाल, समाज-विज्ञान का लेखन तो मुट्ठी भर लोग ही पढ़ते हैं, लेकिन हिंदी का यह लेखन दैनिक पत्रों और लोकप्रिय पत्रिकाओं में प्रकाशित हो कर लाखों-करोड़ों पाठकों तक पहुँचता है। इसने सेकुलरवाद के प्रति एक ख़ास तरह का जन-मानस बनाने में निर्णायक भूमिका अवश्य निभायी होगी।

हिंदी के इस लेखन में आधुनिकता, इतिहास, परम्परा, धर्म, अनीश्वरवाद, मिथक, संस्कृति, राष्ट्र, राज्य, फ़ासीवाद, लोकतंत्र और राजनीति संबंधी शब्दावली का बोलबाला है। आमतौर पर यह लेखन भारतीय राज्य के सेकुलर आचरण को त्रुटिपूर्ण साबित करने में दिलचस्पी नहीं रखता। वह मान कर चलता है कि भारतीय राज्य ने त्रुटियाँ की हैं और शायद इसलिए उसमें सेकुलरवाद को लागू करने में की गयी चर्चित ग़लतियों की ख़ास चर्चा नहीं मिलती। समाज-वैज्ञानिक सिद्धांतों में पटु न होने के बावजूद ये बुद्धिजीवी अपनी सारी ऊर्जा सैद्धांतिक और वैचारिक प्रतिपादनों में ख़र्च करते हैं। अपनी-अपनी समझ के अनुसार वे बिना संकोच कई तरह के बौद्धिक नवाचार करते हैं। मसलन, कोई बुद्धिजीवी राज्य की संस्था की पूरी तरह उपेक्षा करके राष्ट्र और संविधान के लिए चिंतित नज़र आ सकता है। किसी के लेखन में यह दावा मिल सकता है कि संस्कृति आधारित राष्ट्रीय भावना और साम्प्रदायिक राष्ट्रवाद दो अलग-अलग बातें हैं। कोई कहता हुआ मिलेगा कि अल्पसंख्यक साम्प्रदायिकता का स्रोत सैयद अहमद ख़ाँ की राजनीति में था, तो कोई दावा करेगा कि सर सैयद ने मुसलमानों को कट्टरता के अँधेरे से निकाला। कहीं धर्म और पंथ में फ़र्क़ किया गया है। सभी धर्मों के प्रति समभाव और निरपेक्षता पर एक नहीं, पाँच-पाँच घोषणापत्र ज़ारी कर दिये हैं। एक लेखक ने प्रधानमंत्री से अपील की है कि अल्पसंख्यक नामक श्रेणी को बिना साम्प्रदायिक हुए सेकुलर ढंग से ख़त्म कर देना चाहिए।

कुल मिला कर इस वाङ्मय में सैद्धांतिक सजगता से परिपूर्ण लेख और टिप्पणियाँ यदाकदा ही मिलती हैं। अधिकांश सामग्री भावोद्रेक में लिखी गयी है और मुद्दों को मोटे तौर से घटनाओं की प्रतिक्रियास्वरूप उठाया गया है। सैद्धांतिक पहलुओं की परवाह किये बिना कई तरह की धारणाओं का घालमेल किया गया है, पर इन बुद्धिजीवियों की दुनिया है बड़ी दिलचस्प। इसमें भाषा का सौंदर्य, व्यंग्य, कटाक्ष, विवादात्मकता और तार्किकता की छटा तो है ही, साथ ही सेकुलरवाद जैसे

सामाजिक-राजनीतिक प्रश्न को सांस्कृतिक चिंतन के ज़रिये हल करने की कोशिश भी है। इस लेखन में कहीं सांस्कृतिक और सभ्यतामूलक आत्महीनता से उपजा आत्म-धिक्कार है, तो कहीं आत्मगौरव की भावावेश भरी विरुदावलियाँ हैं। राजनीतिक क़िस्म के सांस्कृतिक चिंतन के माध्यम से ये बुद्धिजीवी अपने-अपने सपनों के देश की रचना करते नज़र आते हैं। इस प्रक्रिया में उनका लेखन जाने-अनजाने कुछ व्यापक अर्थों वाले सूत्रीकरणों की तरफ़ इशारा कर देता है।

हिंदी जगत के इसी सेकुलर चिंतन की प्रवृत्तियों का एक जायज़ा लेने के उद्देश्य से इस लेख में तक़रीबन डेढ़ हज़ार पृष्ठों में फैली हुई सामग्री का एक अध्ययन पेश किया गया है। इनमें बड़े आकार के लगभग साढ़े छह सौ पृष्ठ इण्डियन *एक्सप्रेस समूह* के दैनिक *जनसत्ता* के पूर्व प्रधान सम्पादक और मौजूदा सलाहकार प्रभाष जोशी की क़लम से निकले हैं। यह उनके 1992 से 2002 तक के साम्प्रदायिकता विरोधी लेखन की देन है।[4] लगभग पाँच सौ पृष्ठ की सामग्री मासिक *हंस* के सम्पादक राजेंद्र यादव के सोच-विचार का परिणाम है। उनके लेखन में 1984 से लेकर सदी के अंत की अवधि समेटी गयी है।[5] इसके अलावा *टाइम्स ऑफ़ इण्डिया* समूह के दैनिक *नवभारत टाइम्स* के प्रधान सम्पादक राजेंद्र माथुर द्वारा रचे गये क़रीब सौ पृष्ठों का लेखन भी है। श्री माथुर आज हमारे बीच नहीं हैं और उनका सेकुलर चिंतन मुख्यतः 1981 से 1991 की घटनाओं की प्रतिक्रियास्वरूप विकसित हुआ है।[6] इसके अलावा विख्यात समाजवादी चिंतक किशन पटनायक द्वारा 85 पृष्ठों में लिखे गये बारह लेखों का जायज़ा भी लिया गया है।[7] इस लेख में हिंदी की क़रीब पाँच सौ पृष्ठों की अन्य सामग्री का विश्लेषण भी है जिसमें राजकिशोर, सच्चिदानंद सिन्हा, गिरधर राठी, सुधीश पचौरी, हंसराज रहबर, खगेंद्र ठाकुर और विद्यानिवास मिश्र सरीखे विख्यात लेखकों और टिप्पणीकारों के लेख फैले हुए हैं। यह लेखन मुख्यतः बाबरी मसजिद ध्वंस के बाद प्रकाशित होता रहा है।[8]

नामों से जाना जा सकता है कि ये सभी लेखक हिंदू समाज में पले-बढ़े हैं और इनमें से कोई भी मुसलमान नहीं है। इस कारण से सेकुलर और असाम्प्रदायिक प्रतिनिधि के रूप में पेश किये गये हिंदी क्षेत्र के इस चिंतन में दो

---

[4] प्रभाष जोशी (2003), *हिंदू होने का धर्म*, राजकमल प्रकाशन, नयी दिल्ली.

[5] राजेंद्र यादव, *काँटे की बात*, ग्यारह खण्ड, वाणी प्रकाशन, नयी दिल्ली.

[6] राजेंद्र माथुर (2003), *सपनों में बनता देश*, दो खण्ड, सामयिक प्रकाशन, नयी दिल्ली.

[7] किशन पटनायक (2000), *विकल्पहीन नहीं है दुनिया*, राजकमल प्रकाशन, नयी दिल्ली : 185 से 250 तक.

[8] ये तमाम लेख जनसत्ता, *नवभारत टाइम्स*, *हंस*, *देशज*, *चारवाक* और *समकालीन तीसरी दुनिया* जैसी पत्र-पत्रिकाओं में प्रकाशित हुए हैं.

ख़ास बातें पैदा हो जाती हैं : पहली, इसमें मुसलमान समाज से निकलने वाले उस नज़रिये का अभाव हो जाता है जिसके तहत हमें सेकुलर मुसलमान मानस में हिंदू समाज की तस्वीर और उसके अपने जातीय-धार्मिक संस्कार का सुराग़ मिल सकता था, और दूसरी, हम ज़्यादा अच्छी तरह देख सकते हैं कि हिंदू परम्परा और संस्कार में पले-बढ़े ऐसे लेखकों के मानस में मुसलमान समाज की क्या छवि है। साथ ही हमें यह भी पता लग सकता है कि हिंदी का हिंदू प्रधान ख़ित्ता साम्प्रदायिकता विरोधी संघर्ष में ख़ास तौर से मुसलमानों और आमतौर से अल्पसंख्यकों की भूमिका को किस प्रकार आँकता है। विश्लेषण का एक मक़सद यह भी देखना है कि इस लेखन पर अंग्रेज़ी में सेकुलरवाद पर चली बहस का क्या असर पड़ा है और क्या उसमें गाँधी और लोहिया के विचारों की झलक मिलती है। इस विशद सामग्री का विश्लेषण करने के लिए इन लेखकों के विचारों और कथनों के कोलाज बनाने की पद्धति अपनायी गयी है। इस पद्धति की कुछ सीमाएँ हैं, और कुछ विशेषताएँ भी। सीमा यह है कि कभी कोई कथन या वाक्यांश अपने संदर्भ से कट कर इस्तेमाल होने का डर रहता है। इस आशंका से भरसक बचने की कोशिश की गयी है। विशेषता यह है कि इस पद्धति के ज़रिये इन लेखकों की भारतीय समाज, धर्म, सेकुलरवाद, राष्ट्र, राज्य और अल्पसंख्यकों से संबंधित बिखरी हुई धारणाएँ एक जगह समेटी जा सकी हैं। विवेचना के दौरान कुछ लेखकों की दलीलों-प्रस्तावों के निहितार्थ अगर साम्प्रदायिक क़िस्म की दलीलों और प्रस्तावों जैसे प्रतीत हों, तो इसे आरोप की तरह लेने के बजाय भारतीय परिस्थिति की जटिलता के रूप में ग्रहण किया जाना चाहिए।

लेख के पहले हिस्से में 'सेकुलर' और 'सेकुलरवाद' जैसी अभिव्यक्तियों के अनुवाद की पेचीदा राजनीति पर चर्चा की गयी है, जिससे पता चलता है कि हिंदुत्व की राजनीति के उभार के पहले भारतीय सेकुलरवाद के प्रति हिंदी क्षेत्र की आपत्तियाँ किस तरह व्यक्त होती थीं।

लेख के दूसरे हिस्से में राजेंद्र यादव के सेकुलर लेखन की विवेचना का केंद्र बनाया गया है। वे मुख्य तौर पर वामपंथी, जनवादी, निरीश्वरवादी, धर्म और राजनीति को कड़ाई से अलग-अलग रखने की पक्षधर चिंतनधारा के नुमाइंदे के तौर पर उभरते हैं। श्री यादव की बातों को सबसे पहले रखने का एक कारण यह भी है कि उनकी क़लम सिख कट्टरपंथ और आतंकवाद के हाथों इंदिरा गाँधी की हत्या से लेकर हिंदुत्व की राजनीति के उभार और उसकी मौजूदा दशा की गवाह बन कर सामने आती है। श्री यादव के सेकुलर लेखन की प्रवृत्तियाँ जिन अन्य लेखकों (जैसे राजेंद्र माथुर, विष्णु नागर,

खगेंद्र ठाकुर आदि) में पाई गयीं हैं, इस खण्ड के विश्लेषण में उनके उद्धरणों का इस्तेमाल भी है।

तीसरे हिस्से के केंद्र में प्रभाष जोशी का लेखन है। उनकी कृतियाँ किशन पटनायक और सच्चिदानंद सिन्हा के लेखन के साथ मिल कर गाँधीवादी, लोहियावादी, धर्म और संस्कृति को राष्ट्र–निर्माण के स्रोतों के रूप में लेने वाली चिंतन धारा का प्रतिनिधित्व करती हैं। वे राष्ट्रीय स्वयंसेवक संघ की रीति–नीति के हिंदू समाज पर पड़ने वाले असर के कठोर आलोचक के रूप में विख्यात हैं। बाबरी मसजिद टूटने के बाद उन्होंने संघ परिवार की कार्रवाइयों के ख़िलाफ़ कटिबद्ध होकर लिखा है। इस खण्ड में भी उन लेखकों (जैसे किशन पटनायक और सच्चिदानंद सिन्हा आदि) की टिप्पणियों में से भी उद्धरण उठाए गये हैं जिनकी प्रवृत्तियाँ दूसरी चिंतन धारा से मेल खाती हैं।

चौथे खण्ड में कुछ निष्कर्ष हैं जिन्हें हिंदी जगत में प्रतिष्ठित इन पत्रकारों और साहित्यकारों की भारतीय सेकुलरवाद संबंधी प्रस्तावों के रूप में पेश किया गया है। लेकिन, इन निष्कर्षों तक पहुँचने से पहले संविधान सभा में हुई संबंधित बहस और नेहरू के नेतृत्व में सम्पन्न राष्ट्र–निर्माण के पहले दौर की कुछ प्रवृत्तियों का जायज़ा लिया गया है। मेरी मान्यता है कि भारतीय सेकुलरवाद की बहुसंख्यक निर्मिति को इन्हीं प्रवृत्तियों की रोशनी में देखा जाना चाहिए। जिस 'सेकुलर' हिंदू वर्चस्व की वकालत हिंदी के बुद्धिजीवियों ने अस्सी और नब्बे के दशक में की है, उसका बीजारोपण संविधान निर्माताओं के चिंतन में पहले ही हो चुका था। डॉ. आम्बेडकर और जवाहरलाल नेहरू जैसे अल्पसंख्यक हितों के लिए चिंतित बुद्धिवादी नेताओं के कथनों और कार्यों में इसकी झलक देखी जा सकती है।

I

सेकुलरवाद के भारतीय मॉडल की आलोचना

बज़रिये अनुवाद की राजनीति

देश के हिंदीभाषी इलाक़े में हिंदुत्ववादी राजनीति के लिए ज़मीन बनने का सिलसिला कोई बीस वर्ष पहले शुरू हुआ था। लेकिन, सेकुलरवाद की विचारधारा और भारतीय सेकुलरवाद के मॉडल की आलोचना पहले भी हुआ करती थी। चूँकि सार्वजनिक जीवन में सेकुलरवाद को चुनौती देने वाली ताक़तें मजबूत नहीं थीं, इसलिए इन बहसों का लहज़ा आज की तरह बेचैन और फ़ैसलाकुन अंदाज़ वाला नहीं था। इसके बावजूद मंद स्वर में चलने वाले इस विवाद को कम करके आँकना ग़लत होगा। सतही तौर पर देखने से ग़लतफ़हमी हो सकती है कि ये

बहसें उस समय तक भारतीय सेकुलरवाद पर कोई गम्भीर सवालिया निशान लगाने में नाकाम रहीं जब तक अस्सी के दशक में शाहबानो के मामले ने तूल नहीं पकड़ा या फिर राजीव गाँधी की सरकार ने अयोध्या में विवादित स्थल के ताले खुलवा कर हिंदू और मुसलमान साम्प्रदायिकताओं के बीच संतुलन करने की ख़तरनाक कोशिशें नहीं की। दरअसल, ये बहसें बहुत गहराई तक मार करती थीं।

इन बहसों के केंद्र में होती थी अनुवाद की राजनीति।[9] यानी सेकुलर या सेकुलरवाद शब्द का सही-सही समानार्थक शब्द या हिंदी या उर्दू में कौन सा हो सकता है? ध्यान रहे अनुवाद की इस राजनीति का मक़सद केवल शब्द या अभिव्यक्ति खोजना या गढ़ना नहीं था। शब्द या अभिव्यक्ति में संशोधन या परिवर्तन के हर नये प्रस्ताव के पीछे एक पूरा ख़याल छिपा रहता था। सेकुलरवाद के लिए इस्तेमाल की जा सकने वाली नयी शाब्दिक संरचनाएँ अपने साथ भारतीय समाज की भिन्न समझ, धर्म की भिन्न परिभाषा, धर्म और राजनीति के संबंधों की भिन्न परिभाषा, साम्प्रदायिकता की जड़ों पर नयी रोशनी और अंत में भारतीय सेकुलरवाद के मॉडल में संशोधन की अलग-अलग पेशकश ले कर आती थीं। वह समय सेकुलरवाद पर विवाद के लिहाज़ से एक ख़ामोश वक़्त था, इसलिए अनुवाद की इस राजनीति के पूरे आयाम खुल कर सामने नहीं आ पाते थे। हिंदुत्व के उभार ने अब इन पहलुओं को पूरी तरह सामने ला दिया है। बीस साल पहले होने वाली अनुवाद की इस राजनीति में कई तरह के लोग भागीदारी करते थे। भाषाई बहस चलाने वालों में मार्क्सवाद से नज़दीकी रिश्ते रखने वाले, गाँधीवादी समाजवाद से निकटता रखने वाले और इन दोनों विचारधारात्मक रवैयों से अलग रहने वाले हिंदू और मुसलमान बुद्धिजीवी शामिल थे। इन बहसों को दो श्रेणियों में बाँट कर देखा जा सकता है।

पहली श्रेणी के तहत धर्म की सामाजिक-राजनीतिक भूमिका को सर्वोपरि महत्त्व देने वाले लोग शब्द और अभिव्यक्ति के प्रश्न उठा कर सेकुलरवाद के प्रति अपना असंतोष व्यक्त करते थे। यह असंतोष सेकुलरवाद के भारतीय मॉडल के प्रति तो होता ही था, इसमें सेकुलरवाद के बुनियादी विचार पर भी आपत्ति की अंतर्धारा चलती रहती थी। हिंदू पक्ष अपने अनादि-अनंत दायरे का हवाला

---

[9] सेकुलरवाद संबंधी अनुवाद की राजनीति पर अंग्रेज़ी में हुए विमर्श में भी ध्यान दिया गया है. जवाहरलाल नेहरू ने भी एक बार माना था कि सेकुलर के लिए हिंदी में कोई समानार्थक शब्द नहीं है. पार्थ चटर्जी ने अपने उपरोक्त लेख में कहा है कि भारतीय भाषाओं के पास ऐसा कोई मानक शब्द नहीं है जिसका प्रयोग करते ही आधुनिक राज्य और समाज में धर्म की भूमिका की जानकारी मिल जाती हो, और जिसका अर्थ पता लगाने के लिए अंग्रेज़ी के शब्द का हवाला देने की ज़रूरत न पड़ती हो.

दे कर यह कहता था कि उसका धर्म इस्लाम या ईसाइयत जैसे पंथों के अर्थ में धर्म नहीं है। वह इन दोनों सामी, एकेश्वरवादी, संगठित और एहले-किताब पंथों की तरह कट्टर, असहिष्णु और धर्मांतरणवादी नहीं है। वह तो अपने आप में सम्प्रदायनिरपेक्ष या पंथनिरपेक्ष धर्म है। असंगठित, सहिष्णु और बहुदेववादी होने के साथ-साथ वह तो कहीं गहरे और व्यापक अर्थों में मनुष्य के कर्तव्य का आधार है और राजनीति किसी भी तरह से कर्तव्य-निरपेक्ष नहीं हो सकती। ऐसा कहने के बाद यह पक्ष संशोधनकारी प्रस्ताव लाता था कि सेकुलरवाद को सेकुलर कहने के बजाय संप्रदायनिरपेक्ष या पंथनिरपेक्ष क्यों न कहा जाए। ज़ाहिर है इस तजवीज़ के ज़रिये लोग हिंदू धर्म को देश के बाक़ी धर्मों (जो इस दृष्टि के तहत कुछ कमतर क़िस्म के यानी मात्र पंथ हैं) के मुक़ाबले कुछ ऊँचे स्तर पर रखने का आग्रह करते हुए लगते थे। साथ ही वे मोटे तौर पर यह कहते हुए भी लगते थे कि भारतीय राज्य को पंथों के प्रति निरपेक्ष रहना हो तो रहे, पर वह हिंदू धर्म के प्रति निरपेक्ष नहीं रह सकता। सेकुलरवाद को पंथनिरपेक्ष कहने के आग्रह में सर्वधर्मसमभाव के विचार की आलोचना साफ़ पढ़ी जा सकती थी। इस रवैये से कई तरह की वैचारिक दावेदारियाँ निकलती थीं जिनमें सबसे ज़बरदस्त यह थी कि हिंदू बहुसंख्यक अपने धर्म की ख़ासियतों के चलते स्वाभाविक और नैसर्गिक रूप से सेकुलर है और इस तरह वह इस राष्ट्र को धारण कर सकती है। इससे यह तर्क भी निकल सकता था कि हिंदू बहुसंख्यकों का वर्चस्व अपने स्वभाव में सहिष्णु और बहुलतावादी है, इसलिए उसे ही भारतीय सेकुलरवाद का अधिकृत या अनधिकृत रूप मान लेने में कोई ऐतराज नहीं होना चाहिए। एक बार सेकुलरवाद को पंथनिरपेक्षता के रूप में ढाल लेने के बाद धर्म को पंथ से बेहतर और सेकुलर मानने वालों के लिए सर्वधर्मसमभाव को एक धारणा के तौर पर स्वीकार करना आसान हो जाता था। भले ही सर्वधर्मसमभाव में धर्म शब्द आता हो, पर पंथनिरपेक्षता के संदर्भ में सर्व के साथ जुड़ा हुआ शब्द धर्म दरअसल पंथ के अर्थ में ही इस्तेमाल होता हुआ माना जा सकता था। सेकुलरवाद के अनुवाद बतौर पंथनिरपेक्षता को मान्यता देने वाली यह दलील विस्तृत होते-होते सेकुलरवाद को बहुसंख्यकों के 'सेकुलर वर्चस्व' के रूप में देखने तक पहुँच सकती थी। इसके पक्ष में युरोपीय इतिहास से कई तरह के तथ्य जुटाए जा सकते थे। यह कहा जा सकता था कि ज़रा देखिए, पश्चिमी देशों में अल्पसंख्यकों की दावेदारियों को किस सफ़ाई से निष्प्रभावी किया गया और किस तरह वहाँ बहुसंख्यकों के धार्मिक महापुरुषों और धर्मचिह्नों के इस्तेमाल को ही सेकुलर दर्जा मिल गया है।

बहस की दूसरी श्रेणी उन लोगों की थी जिनकी निगाह में धर्म और पंथ एक ही चीज़ थी। वे धर्म और राजनीति के बीच किसी भी तरह के मिलन को

इसलिए ख़ारिज करते थे कि इसके ज़रिये राज्य के लिए कहीं न कहीं धर्म के साथ समायोजन करने की गुंजाइशें खुल जाती थीं। आधुनिकता, राष्ट्र–राज्य और युरोपीय ज्ञानोदय के बुद्धिवादी दायरों में सोचने वाले ये बुद्धिजीवी मानने के लिए तैयार नहीं थे कि धर्म या पंथ या किसी भी क़िस्म की धार्मिकता समता और मैत्री पर आधारित आधुनिक भारतीय समाज की रचना में सकारात्मक भूमिका निभा सकती है। इन लोगों की मान्यता थी कि राज्य भले ही खुल कर नास्तिक न हो, लेकिन उसे धर्म या पंथ को सार्वजनिक दायरे से पूरी तरह बहिष्कृत अवश्य कर देना चाहिए। इन लोगों को धर्म से निरपेक्षता का स्पष्ट शाब्दिक अर्थ देने वाली अभिव्यक्ति सेकुलरवाद पसंद थी, क्योंकि उसकी सहायता से वे सेकुलरवाद में अंतर्निहित लौकिकवाद के साथ राज्य के वैचारिक गठजोड़ की गुंजाइशें पैदा करने की परियोजना चला सकते थे।[10] इन सेकुलरवादियों में अधिकतर मार्क्सवादी हावी थे, पर इनमें एक धारा लोहियावादी बुद्धिजीवियों की भी थी, जो राज्य द्वारा धर्म से निरपेक्ष रहने की समर्थक होते हुए भी सार्वजनिक जीवन में धर्म के नैतिक प्रभाव को श्रेयस्कर मानती थी।

इस बहस की तीसरी श्रेणी केवल मुसलमानों के दायरे में मिलती थी। उनकी तरफ़ से आने वाली सेकुलरवाद की भाषाई व्युत्पत्ति भी कम गम्भीर निहितार्थों वाली नहीं थी। उर्दू में सेकुलरवाद को 'ला–दीनियत' या 'ग़ैर–मजहबियत' जैसे शब्दों से व्यक्त किया जाता था। ला–दीनियत का मतलब होता है अ–धर्मी। इस हिसाब से यह होता था कि 'सेकुलर ट्रेंड्स इन कंटेम्परेरी मुसलिम थॉट' जैसा शीर्षक अनुवाद हो कर 'मुसलिम ज़ेहन पर मौजूदा ज़माने में ला–दीनी असरात' (आधुनिक मुसलमान विचार पर अ–धर्मी प्रभाव) के रूप में सामने आता था। यानी इस भाषाई खेल के ज़रिये बड़े पैमाने पर सेकुलरवाद के विरोधियों को मुसलमानों में यह प्रचार करने का मौक़ा मिलता था कि इस्लाम को नास्तिकता के साँचे में ढालने का प्रयास किया जा रहा है, साथ ही सेकुलरवाद की आड़ में भारत के इस्लामी अतीत को जानबूझकर तोड़–मरोड़ कर ग़लत ढंग से पेश करने की हरकत भी ज़ारी है।[11]

हिंदी और उर्दू के संदर्भों में शब्द और अभिव्यक्ति के सवालों के पीछे साफ़

---

[10] सेकुलरवाद के अनुवाद के रूप में सेकुलरवाद को सही मानने वालों की मान्यता है कि पंथनिरपेक्षता का प्रयोग करने के समर्थक दरअसल सेकुलरवाद के ही विरोध में प्रतीत होते हैं. इस मान्यता के लिए सच्चिदानंद सिन्हा (1993) का लेख 'सेकुलरवाद : परम्परा और प्रासंगिकता' को नमूने के तौर पर लिया जा सकता है, संकलित, *आज के प्रश्न : अयोध्या और उसके आगे*, सम्पादक : राजकिशोर, वाणी प्रकाशन, नयी दिल्ली.

[11] मुशीर–उल–हक (1977), *सेकुलर भारत में इस्लाम*, अनुवाद : मुनीश सक्सेना, राधाकृष्ण, नयी दिल्ली : 12–13.

तौर से एक डिज़ाइन देखी जा सकती है। सेकुलर एक अ-भारतीय शब्द है और उसका समानार्थक शब्द भारतीय भाषाओं में उपलब्ध नहीं है। उसे वैसा का वैसा ही अपना लेने से अर्थ के घपले और उनसे निकलने वाली समस्याओं से निजात पाई जा सकती थी, लेकिन ऐसा नहीं किया गया। दोनों भाषाओं में उसका अनुवाद करने की ज़िद की गयी, जिससे सेकुलर के अपर्याप्त अर्थ और यहाँ तक कि मनमाने मतलब भी निकाले गये। इस तरह अनुवाद की राजनीति के ज़रिये सेकुलरवाद के प्रति वैचारिक, व्यावहारिक और राजनीतिक असंतोष को हिंदुओं और मुसलमानों के बीच वाणी मिली।

अनुवाद की राजनीति के अलावा बहस के कुछ दूसरे रूप भी थे। इनमें से एक था भारतीय राज्य की रोज़ाना की गतिविधियों में हिंदू रीति-रिवाज़ों और कर्मकाण्डों के प्रचलन से पैदा हुआ विवाद। आज़ादी के बाद अधिकांश राजकीय उद्घाटन और शिलान्यास नारियल फ़ोड़ कर, नेताओं की आरती उतार कर, तिलक करके और अकसर बाक़ायदा पूजा-हवन के साथ ही किये जाते रहे हैं। इससे होने वाली बेचैनी ग़ैर-हिंदुओं के बीच देखी तो नहीं जा सकती थी, पर ऐसे हर मौक़े पर उनके ऊहापोह और दुविधाओं का एहसास ज़रूर किया जा सकता था। इस एहसास को आवाज़ मिलती थी उन वामपंथियों के बीच जो अपनी नास्तिकता सीने पर बिल्ले की तरह टाँके रहते थे। आमतौर से हिंदू घरों में पैदा हुए ये वामपंथी हिंदू-धर्मविधियों को नीची निगाह से देखते रहे हैं। उनके ऊपर हिंदू समाज में चले सुधार आंदोलनों और मार्क्सवादी चेतना का मिला-जुला असर रहता है। आधुनिकता का अर्थ उनके लिए ग़ैर-धार्मिक होना है। वे वैज्ञानिक चिंतन और मानस की बात मंत्र की तरह जपते हैं। हिंदू-परम्पराओं का उपहास करना, उन्हें पिछड़ा, ग़ैर-आधुनिक, मध्ययुगीन और अंधकार युग का प्रतीक बताना इन लोगों का वैचारिक एजेंडा रहता है। ये लोग नहीं मानते कि परम्परा में भी कोई आधुनिकता हो सकती है या परम्परा और आधुनिकता का कोई समीकरण बन सकता है। इस आग्रहों के मिले-जुले दबाव के कारण ये लोग सेकुलरवाद के उस रूप को पसंद करते थे जिसके तहत कभी युरोपीय इतिहास में चर्च और राज्य का सम्पूर्ण पार्थक्य हुआ था और एक ग़ैर-धार्मिक नागरिक समाज की अवधारणा उभरी थी। वे कहीं न कहीं चाहते थे कि भारतीय राज्य अगर लेनिन की भाँति आचरण न कर सके, तो कम से कम उसे मुस्तफ़ा कमाल अतातुर्क की भाँति सत्ता की ताक़त के दम पर राज्य और समाज के सेकुलरीकरण की तरफ़ अवश्य बढ़ जाना चाए। चूँकि भारतीय सेकुलरवाद इस तरह के पार्थक्य को बढ़ावा नहीं दे रहा था, इसलिए वे अपनी नाराज़गी व्यक्त

करते रहते थे। दिक़्क़त यह थी कि उनके प्रलापों का निशाना ज़्यादातर हिंदू धर्म-परम्पराएँ ही रहती थीं। इस कट्टर सेकुलरवाद के निशाने पर अल्पसंख्यक धर्मों के रीति-रिवाज़ और धर्म-विधियाँ यदाकदा ही आयीं। इन लोगों ने इस हक़ीक़त की परवाह नहीं की कि भारतीय राज्य ने अगर राजकीय हस्तक्षेप के ज़रिये किसी धर्म के आधुनिकीकरण और सेकुलरीकरण की कोशिश की है तो वह हिंदू धर्म ही है। उन्होंने इस तथ्य पर भी ध्यान नहीं दिया कि अल्पसंख्यक धर्मों को राज्य की इस सेकुलर इंजीनियरिंग का सामना कभी नहीं करना पड़ा। इस तरह सेकुलर होने का दावा करने वालों की हिंदू-विरोधी छवि बनने की गुंजाइश पैदा हुई। ऐसे ही सेकुलरवादियों को संघ परिवार के सिद्धांतकारों ने कालांतर में छद्म-सेकुलर क़रार दिया। दूसरी तरफ़, अल्पसंख्यक कट्टरपंथ ने उनके इस तर्क का इस्तेमाल किया कि भारतीय राज्य का सेकुलरवाद पाखण्ड है और दरअसल यह हिंदू-रुझान वाला राज्य है। ऐसे वामपंथी सेकुलरवादियों के पक्ष में सेकुलर को 'ला-दीनी' मानने वाले अल्पसंख्यक तो गोलबंद हो ही नहीं सकते थे, धर्मप्राण हिंदुओं ने भी उन्हें हमेशा संदेह की नज़रों से देखा।

आज़ादी के बाद अपनायी गयी सेकुलरवाद की गाँधी-नेहरू विरासत सर्वधर्मसमभाव के विचार पर आधारित थी। हम देख सकते हैं कि पहले तो अनुवाद की भाषाई राजनीति ने किस तरह पंथनिरपेक्षता और सेकुलरवाद जैसे शब्द प्रचलित करके इस विचार में संशोधन पेश किया और फिर किस तरह धार्मिक सुधारों से निकले रैडिकल आवेगों ने नास्तिकतावादी सरलीकरण का छौंक पा कर सर्वधर्मसमभाव की खिल्ली उड़ाई और भारतीय परिस्थितियों में उसकी अहमियत को नहीं स्वीकारा। इसलिए यह कहना ठीक नहीं होगा कि सर्वधर्मसमभाव पर आधारित भारतीय सेकुलरवाद को हिंदी क्षेत्र अस्सी के दशक तक बिना कोई बड़ा सवाल उठाए स्वीकार करता रहा है। हाँ, यह ज़रूर कहा जा सकता है कि भारतीय सेकुलरवाद की इन आलोचनाओं की शैली प्रकारांतर से की गयी आलोचनाओं की तरह थी। इनके पीछे सुव्यवस्थित और सतत पड़ताल करने की कोशिश नहीं थी कि हमारे सार्वजनिक जीवन के एक नियंत्रणकारी मानक के रूप में सेकुलरवाद के नतीजे क्या निकल रहे हैं और इसके कारण समाज किस दिशा में जा रहा है।

अस्सी के दशक में अकालियों द्वारा धार्मिक राजनीति के ज़रिये क्षेत्रीय और सांस्कृतिक स्वायत्तता की दावेदारी से हिंदी क्षेत्र का माथा ठनकना शुरू हुआ। उसे लगा कि सेकुलरवाद पर उसके दायरों में होने वाली बहस संबंधित मुद्दों की तरफ़ इशारा भर करती है और इस अघोषित बहस से सेकुलरवाद के सभी आयाम

खुल कर सामने नहीं आते। उसने यह भी देखा कि सेकुलरवाद की प्रमुख पैरोकार कांग्रेस की सर्वेसर्वा इंदिरा गाँधी सार्वजनिक मंचों से अल्पसंख्यकों की राष्ट्रभक्ति पर शक कर रही हैं। इसके बाद हुए आपरेशन ब्लू स्टार, सिख कट्टरपंथ के हाथों बदले में की गयी इंदिरा गाँधी की हत्या, नयी दिल्ली में बेक़सूर सिखों का नरसंहार और उसमें सरकारी पार्टी की भूमिका ने हिंदी के हलक़े में सेकुलरवाद पर विस्तृत बहस की ज़रूरत को रेखांकित किया। हिंदी क्षेत्र के देखते-देखते हिंदू राष्ट्र बनाने का आग्रह छोड़ कर गाँधीवादी समाजवाद अपनाने वाली भारतीय जनता पार्टी फिर से भगवा राजनीति करने की तरफ़ चली गयी। शाहबानो विवाद और अयोध्या में कथित रामजन्मभूमि के ताले खुलवाने से लेकर शिलान्यास तक की घटनाएँ, सलमान रश्दी के उपन्यास *सेटेनिक वर्सेज़* पर पाबंदी, लालकृष्ण आडवाणी की रथयात्रा और रामजन्मभूमि आंदोलन की लहर पर सवार होकर भारतीय जनता पार्टी के चुनावी उभार, अंत में बाबरी मसजिद के ध्वंस और उसके बावजूद उत्तर प्रदेश के चुनाव में भाजपा की पराजय जैसे घटनाक्रम ने हिंदी क्षेत्र को मजबूर कर दिया कि वह सेकुलरवाद पर पूरे ज़ोरशोर से विचार करे। इस तरह आज़ादी के बाद पहली बार हिंदी जगत में सेकुलरवाद पर घोषित बहस शुरू हुई। सेकुलरवाद को लेकर हिंदी में हुआ यह चिंतन मोटे तौर से दो धाराओं में बाँटा जा सकता है।

पहली धारा मानती है कि सेकुलरवाद साम्प्रदायिकता का विलोम है। सही सेकुलरवाद तभी स्थापित हो सकता है जब धर्म की राजनीति से नाता पूरी तरह तोड़ दिया जाए। इसके अनुसार राष्ट्रवाद, सेकुलरवाद और आधुनिकता के बीच शुरुआत से ही सकारात्मक और विचारधारात्मक गठजोड़ रहा है जिसे धार्मिक राष्ट्रवाद तोड़ देना चाहता है। धार्मिक राष्ट्रवाद आधुनिक राष्ट्रवाद की ही बाद में विकसित हुई क़िस्म है जो चाहती है कि नैतिक, सामाजिक और राजनीतिक बंदोबस्त की आधारभूत प्रेरणाएँ तर्कबुद्धि पर आधारित भले ही हों, पर उनकी बुनियाद में बहुसंख्यकों के वर्चस्व वाला सांस्कृतिक या धार्मिक राष्ट्रवाद होना चाहिए। पहली धारा इस प्रचलित नतीजे पर पहुँचती है कि अगर साम्प्रदायिकता की जड़ों की सही-सही शिनाख़्त कर ली जाए तो उसका ख़ात्मा करने और सेकुलरवाद की भित्ति बनाने में आसानी होगी। साम्प्रदायिकता के स्रोतों की खोज करने के मामले में उसके बीच कई उपधाराएँ हैं। इस धारा की सर्वाधिक सरलीकृत समझ वह है जो मानती है कि राष्ट्रवाद, सेकुलरवाद आधुनिकता के तीनों विचार मूलतः ग़ैर-धार्मिक हैं। यह सरलीकरण धार्मिक राष्ट्रवाद को मध्ययुगीन और बर्बर तो क़रार देता ही है, साथ ही वह उसे जर्मनी और इटली में विकसित हुए

फ़ासीवाद के समकक्ष भी रख देता है।

दूसरी धारा चिंतन के इस तौर-तरीक़े से सहमत नहीं है। वह कहती है कि सेकुलरवाद को साम्प्रदायिकता के बअरक्स देखना उचित नहीं होगा। सेकुलरवाद को अगर साम्प्रदायिकता-विरोध का पर्याय मान लिया जाए तो सेकुलर दायरे में चलायी जाने वाली बहसें साम्प्रदायिक विचार-श्रेणियों के आधार पर तय की जाने लगेंगी। साम्प्रदायिकता का विरोध भी तभी मजबूत हो सकता है जब सेकुलर दायरे ज़बर्दस्त आत्म-निरीक्षण और आत्म-विश्लेषण से गुज़रें। इस प्रक्रिया में सभी सेकुलरवादियों को अपनी सेकुलर समझ पर सवालिया निशान लगाना होगा और अपने सेकुलर होने की नयी समझ पर पहुँचना होगा। इस धारा की कोशिश है कि सेकुलर होने के भीतर परम्परा और आधुनिकता का समीकरण तय किया जाए, नास्तिकता और आस्तिकता का संतुलन खोजा जाए, एक विचारधारा के तौर पर धर्म और रोज़मर्रा की ज़िंदगी में अपनाए जाने वाले धर्म के बीच फ़र्क़ किया जाए। इस चिंतनधारा में भी कई उपधाराएँ हैं। इसकी सर्वाधिक सरलीकृत समझ उस लेखन में मिलती है जो साम्प्रदायिकता का सारा दोषारोपण कथित पश्चिमी विचार-दृष्टि अथवा वामपंथी लफ़्फ़ाजी पर थोप कर पूरी समस्या का विश्लेषण कर डालता है। इस चिंतनधारा का सबसे ज़ोरदार तर्क आधुनिक जीवन की परिस्थितियों में धर्म को परस्पर सहिष्णुता के प्रमुख स्रोत के रूप में देखने की वकालत करना है। कहना न होगा कि ये चिंतन धाराएँ दो अलग-अलग ख़ानों में बंद नहीं हैं। इनकी सीमाएँ एक-दूसरे को छूती-काटती हुई परस्पर-व्यापी शैली में खिंचती चली जाती हैं।

II

धर्मों के प्रति समभाव या धर्म से निरपेक्षता?

अंग्रेज़ी के प्रबुद्ध पाठकों को आशिस नंदी के सेकुलरवाद विरोधी घोषणापत्र[12] ने 1985 में चौंकाया और त्रिलोकी नाथ मदन ने सेकुलरवाद को उसकी औक़ात[13] 1987 में बताई, लेकिन सेकुलरवाद की इस आलोचना से पहले हिंदी के पाठकों के लिए राजेंद्र यादव ने 1984 में ही सुझाव दे दिया था कि अल्पसंख्यक नाम की राजनीतिक श्रेणी को ख़त्म कर दिया जाना चाहिए। मूर्धन्य कहानीकार, लोकप्रिय *हंस* पत्रिका के यशस्वी सम्पादक, राष्ट्रीय स्वयंसेवक संघ के सख़्त विरोधी और वामपंथी राजनीति के इस प्रतिबद्ध हामी

[12] आशिस नंदी (1985), 'एन एंटीसेकुलर मेनीफ़ेस्टो', *सेमिनार*, अंक 34, अक्टूबर : 14.

[13] टी.एन. मदन (1987), 'सेकुलरिज़म इन इट्स प्लेस', *द जनरल ऑफ़ एशियन स्टडीज*, खण्ड 46, अंक 4 : 748.

ने यह सुझाव किसी साम्प्रदायिक रवैये से प्रेरित होकर नहीं, अपनी सेकुलर ज़िम्मेदारी के रूप में बिना किसी झिझक के देश के नये प्रधानमंत्री राजीव गाँधी को दिया था। प्रचलित मान्यता यह है कि सेकुलरवाद के ज़रिये अल्पसंख्यकों के राजनीतिक-सामाजिक-सांस्कृतिक अधिकार सुरक्षित किये जाते हैं। लेकिन, इसके विपरीत आज़ाद भारत के इतिहास में शायद पहली बार कोई वामपंथी सेकुलर बुद्धिजीवी सेकुलर राज्य के सर्वोच्च मुखिया से कह रहा था कि बिना साम्प्रदायिक हुए यानी सेकुलर तरीक़े से एक श्रेणी के रूप में अल्पसंख्यकों को ख़त्म कर दिया जाना चाहिए :

> सबसे पहले समस्या तो यही है कि वर्तमान व्यवस्था में 'अल्पसंख्यक' नाम की स्थिति का समाधान क्या हो? चूँकि अभी हम इस आग के दरिया से गुज़र रहे हैं, इसलिए स्वाभाविक है कि सबसे पहले ध्यान इसी की तरफ़ आकर्षित हो। इस समस्या को देखने और सुलझाने का सारा रवैया हमें बदलना पड़ेगा। लगता है इन पर विचार करने का काम हमने सिर्फ़ साम्प्रदायिक सोच के लोगों के लिए छोड़ दिया है और हम जब भी बात करते हैं तो साम्प्रदायिक मान लिए जाते हैं। पिछले चालीस सालों में हमने सिर्फ़ इसके परिणाम भुगते हैं और इसी की आग में अपनी सदी के महानतम व्यक्तियों के साथ-साथ लाखों लोगों को झोंक दिया है। 'अपनी अलग पहचान, धार्मिक स्वतंत्रता और अपनी अलग विकास योजनाओं' के नाम पर सिर्फ़ जहालत, धर्मांधता, पिछड़ापन और विज्ञान-विरोध का ही बोलबाला रहा है। सिर्फ़ जातिवाद और प्रांतीयता का ही नंगा नाच होता रहा है। यहाँ हमें नहीं भूलना चाहिए कि जिन्ना की पहली माँग ही 'अपनी अलग पहचान' से शुरू हुई थी। ... अपने यहाँ तो हमारा अनुभव यही रहा है कि बात 'अपनी पहचान' और 'धार्मिक स्वतंत्रता' से शुरू होती है और देखते-देखते धार्मिक आधार पर संगठित होकर शासन को ब्लैकमेल करके सत्ता में हिस्सेदारी माँगती है ... ऐसे संगठनों का एकमात्र सरोकार 'बहुसंख्यकों' के शासन पर निरंतर अपना दबाव बनाए रखना होता है। 'अपनी पहचान और धार्मिक स्वतंत्रता' की ये माँगे कभी समाप्त होने के लिए शुरू नहीं होतीं। उधर संगठन कठमुल्लों, पोंगापंथियों, मूर्खों, गँवारों और आधुनिकता-विरोधियों के हाथों में सिमटते चले जाते हैं ... सारे 'अल्पसंख्यक' समुदाय आज धर्मयुद्ध चलाए हुए हैं— उद्दण्ड, उग्र और युद्धोन्मत्त। ... अगर लोकतंत्र का अर्थ ही 'अपनी अलग पहचान के नाम पर' अलगाववाद के बदलते पैंतरे हैं तो मुझे कुछ नहीं कहना। अगर इसका अर्थ सबसे पहले मजबूत राष्ट्र होता तो 'अल्पसंख्यकों' नाम पर चलने वाली ये सारी सौदेबाज़ियाँ तत्काल बंद कर दी जानी चाहिए। सारी दुनिया में राष्ट्र का जो अर्थ है उसे ठण्डे दिल से समझने की ज़रूरत सबसे पहले है। एक भाषा, एक मुद्रा, एक क़ानून व्यवस्था, एक न्यायपालिका ही राष्ट्र की पहचान है और इसके सिवा कोई पहचान नहीं होती। हमें किसी वर्ग की अलग पहचान की नहीं, राष्ट्र की अपनी पहचान को पहले तय करना होगा। समझ में नहीं आता कि धर्म, प्रांत, भाषा और नस्ल के आधार पर अलग-अलग पहचानों की बात क्यों शुरू हुई? 'हिंदी हैं हम, वतन हैं हिंदोस्ताँ

हमारा' काफ़ी नहीं था? ... बिना साम्प्रदायिक हुए भी अल्पसंख्यकों को समझाया जा सकता है कि आज की दुनिया में सबसे पहले राष्ट्र ही होता है, धर्म या राजनीतिक दर्शन बाद में और दूसरे नम्बर पर आते हैं।[14]

नंदी द्वारा की गयी सेकुलरवाद की आलोचना आधुनिकतावाद और राष्ट्रवाद के विवादास्पद पहलुओं के संदर्भ में की गयी थी। मदन यह देखना चाहते थे कि भारत जैसे धर्मप्राण देश में सेकुलरवाद जैसी अवधारणा के लिए क्या गुंजाइश हो सकती है। ये दोनों विद्वान साबित करना चाहते थे कि आधुनिकता, राष्ट्र-राज्य, तर्कबुद्धिवाद और सेकुलरवाद जैसे पश्चिमी नज़रियों के आग्रह ने ही भारत जैसे सांस्कृतिक रूप से विविध, सहिष्णु और धार्मिक देश में धार्मिक कट्टरपंथ को बढ़ावा दिया है। इसलिए दोनों ही विविधिता, सहिष्णुता और सहजीवन को बचाने के लिए सेकुलरवाद का मौजूदा मॉडल ख़ारिज करने या उसमें संशोधन करने की सिफ़ारिश करते हुए नज़र आते हैं। ज़ाहिर है कि राजेंद्र यादव, नंदी या मदन की तरह नहीं सोचते। वे आधुनिकता और राष्ट्र के नाम पर कठोर सेकुलर क़दम उठाने की वकालत करते हुए चाहते हैं कि धर्म को राजनीति की दुनिया से पूरी तरह बहिष्कृत करके सांस्कृतिक विविधताओं पर राष्ट्रवाद का पाटा चला दिया जाना चाहिए।

एक श्रेणी के रूप में अल्पसंख्यक राष्ट्रवाद में निहित समरूपीकरण के आग्रहों के सामने चुनौती पेश करते रहे हैं। उदारतावादी राज्य के सिद्धांत ने इस दिक़्क़त का सामना करने के लिए कई नफ़ीस विधियाँ विकसित की हैं। वह मानता है कि अल्पसंख्यक पहचानें धीरे-धीरे आधुनिकीकरण, शहरीकरण और बाज़ार की ताक़तों द्वारा किये जाने वाले सेकुलरीकरण के तहत अपनी धार खोती चली जाएँगी। अंततः वे ख़ुद को एक राष्ट्रीय सेकुलर संस्कृति के मातहत मान लेंगी। लेकिन, धार्मिक संघर्षों से बजबजाते हुए एक ख़ास तरह के इतिहास के कारण भारत जैसे धर्मबहुल देश में यह प्रक्रिया बहुत मंद गति से लड़खड़ाते हुए ही चलती है। कई बार ऐसा भी लग सकता है कि सेकुलरीकरण की प्रक्रिया नाकाम हुई जा रही है। सम्भवतः राजेंद्र यादव को ऐसा ही लगा होगा जिसके कारण उन्होंने अल्पसंख्यक पहचानों का ख़ात्मा करने की रैडिकल तजवीज़ राजीव गाँधी को सुझाई होगी। इसके पीछे उनकी सेकुलरवाद और आधुनिकता संबंधी समझ की एक निश्चित भूमिका है।

नंदी और मदन के साथ उनकी एक मान्यता मिलती है कि आज़ादी के बाद धर्मांधता को बढ़ावा मिला है। लेकिन, इसी के बाद मतभेद शुरू हो जाता है।

---

[14] राजेंद्र यादव, *कांटे की बात-2 : अनपढ़ बनाए रखने की साज़िश*, 'नये प्रधानमंत्री राजीव गाँधी के नाम खुला पत्र', वही.

नंदी और मदन इसका कारण धर्म को हाशिये पर डाल देने वाले सेकुलरवाद में खोजते हैं और तर्क देते हैं कि इसी सेकुलरवाद के कारण राजनीति धर्म के सकारात्मक प्रभावों से वंचित हो गयी है, लेकिन राजेंद्र यादव की शिकायत यह लगती है कि उसी सेकुलरवाद पर ठीक से अमल नहीं किया गया। दूसरे, नंदी और मदन सभी तरह की धर्मांधताओं के उभार से चिंतित हैं और उनकी चिंताओं के दायरे में हिंदुओं यानी बहुसंख्यकों की धर्मांधता का उभार बहुत ज़्यादा जगह घेरता है। राजेंद्र यादव अस्सी के दशक में सिर्फ़ अल्पसंख्यक धर्मांधता से परेशान हैं और उनकी माँग है कि 'लोकतंत्र में हमारी आस्था जीवित रखने' के लिए नये प्रधानमंत्री को सबसे पहले अल्पसंख्यक राजनीति का ख़ात्मा करने की तरफ़ ध्यान देना चाहिए। ख़ास बात यह है कि अल्पसंख्यक साम्प्रदायिकता की इस आलोचना के ज़रिये राजेंद्र यादव किसी बहुसंख्यक साम्प्रदायिकता की तरफ़दारी में नहीं खड़े होते। वे साफ़ कहते हैं कि हिंदुस्तान में कोई बहुसंख्यक है ही नहीं। मुसलमान, सिख, ईसाई, जैन, बौद्ध, सनातनी और आर्यसमाजी समेत सभी अल्पसंख्यक हैं और अल्पसंख्यकों के बीच उनके संकीर्ण हितों को लेकर संघर्ष है जिससे सेकुलर राष्ट्र के वजूद को ख़तरा पैदा हो गया है। इस जगह राजेंद्र यादव रजनी कोठारी की विख्यात थीसिस[15] का समर्थन करते हुए दिखाई देते हैं जिसमें कोठारी ने दिखाया है कि कैसे भारतीय समाज अल्पसंख्यक अस्मिताओं का एकत्रीकरण है जिसके कारण कोई बहुसंख्यक अस्मिता उभर कर अपना वर्चस्व स्थापित नहीं कर पाती। लेकिन, यहाँ भी एक बड़ा फ़र्क़ है। कोठारी अल्पसंख्यक अस्मिताओं को लोकतंत्र की शक्ति मान कर चलते हैं, जबकि राजेंद्र यादव उन्हें लोकतंत्र के लिए ख़तरा मानते हैं। कोठारी के मुताबिक़ अल्पसंख्यक अस्मिताओं के आधार पर बना समाज अपनी अंतर्निहित बहुलता के कारण किसी बहुसंख्यकवादी राजनीति को कारगर नहीं होने देता। इसके मुक़ाबले राजेंद्र यादव को लगता है कि अल्पसंख्यक राजनीति प्रतिक्रियास्वरूप बहुसंख्यकवाद के मुहावरे को जन्म दे रही है। सामाजिक संरचना की समझ एक होने पर भी यहाँ दो परस्पर विपरीत नतीजे निकलते हुए देखे जा सकते हैं।

इसी तरह राजेंद्र यादव का विचार भारतीय राष्ट्र की विविधतामूलक संकल्पना के ख़िलाफ़ भी खड़ा हुआ लगता है। उनका स्पष्ट रुझान राष्ट्र–राज्य की पश्चिमी संकल्पना की तरफ़ है जिसका मुख्य एजेंडा समरूपीकरण होता है।

---

[15] रजनी कोठारी (1993), 'बहुसंख्यकवाद से निकली साम्प्रदायिकता', अभय कुमार दुबे (सम्पा.), *साम्प्रदायिकता के स्रोत*, विनय प्रकाशन, नयी दिल्ली.

ख़ालिस्तान और गोरखालैण्ड के लिए चलाए जा रहे आंदोलनों के संदर्भ में वे समाज-विज्ञान की दुनिया में हस्तक्षेप करते हुए अपील करते हैं, 'समाजशास्त्रियों और राजनीति के विद्वानों को गहराई से इस सवाल पर विचार करना चाहिए कि 'अलग पहचान' का आग्रह 'अलगाववाद' का ही दूसरा नाम तो नहीं है।' इस तरह राजेंद्र यादव के मार्फ़त हिंदी के सेकुलर बुद्धिजीवियों ने अस्सी के दशक के मध्य में आज़ादी के बाद भारतीय राज्य द्वारा किये गये सेकुलर आचरण की आलोचना प्रस्तुत की। उस समय हिंदुत्ववादी राजनीति परवान नहीं चढ़ी थी, इसलिए उनकी निगाह में केवल ग़ैर-हिंदू साम्प्रदायिकताएँ ही आयीं। वह भिण्डरावाले छाप सिख आतंकवाद का दौर था जिसने कांग्रेस की केंद्रीय हुकूमत को विभाजन पूर्व की मुसलिम लीग की तर्ज़ पर हिंदू बहुसंख्यक का शासन कहने की जुर्रत की थी।

राजेंद्र यादव का लेखन बहते हुए पानी की तरह है : विचारों की दृष्टि से भी और शैली के लिहाज़ से भी। वह एक जगह नहीं ठहरता। 1984 और 1986 में जिस केंद्रीकृत और समरूप राष्ट्र की वकालत कर रहे थे, वह सम्भवतः क्षेत्रीयतावादी और अलगाववादी आंदोलनों और हिंसा की प्रतिक्रिया में था। यह अंदाज़ा उस समय मजबूत होता है जब यादव 1994 में पहुँचते हैं और साम्प्रदायिकता के हिंदुत्ववादी संदर्भ पर विचार करते हैं :

> इस प्रकार धर्माधारित साम्प्रदायिकता बाहर म्लेच्छवाद है और भीतर जातिवाद की जननी है। दोनों एक ही सिक्के के दो पहलू हैं। आज जो सांस्कृतिक राष्ट्र की बातें कर रहे हैं, उनके दिमाग़ में बहुत साफ़ है कि किस शब्द के वास्तविक और दूसरों को परोसे जाने वाले अर्थ क्या हैं। वहाँ धर्म का अर्थ है, अवांछित और अधार्मिक 'कीड़ों' का वध, वर्णाधारित रामराज्य की स्थापना-भीतर और बाहर के 'शुद्धीकरण' को 'अंतिम समाधान' (हिटलर द्वारा यहूदियों के सफ़ाये के लिए प्रयुक्त) तक पहुँचाना, संस्कृति का अर्थ है मध्ययुगीन सांस्कृतिक मूल्यों, मान्यताओं को गरिमामय मुहावरों में जनता के गले उतारना, इतिहास का अर्थ है (नॉयपाल के शब्दों में) पिटे हुए कुत्ते की तरह बैठ कर घावों को चाटना (हिस्ट्री इज़ नॉट फ़ॉर लिकिंग द वूंड्स) या मिथक का इतिहास या इतिहास का मिथक के रूप में घपलाकरण, और राष्ट्र की एकता-अखण्डता का अर्थ है, छोटी-छोटी क्षेत्रीयताओं या अस्मिताओं का कुचल कर एक केंद्रीयता का वर्चस्व ... सारे आधारभूत सूत्रों को अपने हाथों में रखने का कौशल, ... [16]

इस उद्धरण से ठीक पहले राजेंद्र यादव की राष्ट्र संबंधी समझ में ख़ासा विकास दिखाई देता है। कुछ वर्ष पहले सारी दुनिया में राष्ट्र के अर्थ (एक भाषा,

---

[16] राजेंद्र यादव, 'दुधारी तलवार है साम्प्रदायिकता' *काँटे की बात-5 : ख़ामोश चिंतन चालू आहे* : 141.

एक मुद्रा, एक क़ानून-व्यवस्था और एक न्यायपालिका) को ठण्डे दिमाग़ से समझने की सलाह देने वाले यादव को भी धर्म, संस्कृति और इतिहास के साथ ही एक ऐसा मिथक बताते हुए दिखते हैं जिसकी सर्वमान्य-सार्वभौमिक परिभाषा नहीं दी जा सकती। इस उद्धरण में तो साफ़ देखा जा सकता है कि साम्प्रदायिकता के आक्रमण का मुक़ाबला करने के चक्कर में उन्हें छोटी-छोटी क्षेत्रीयताएँ या अस्मिताएँ भी याद आ गयीं। देश की आबादी के एक फ़ीसदी सिखों और उनसे भी कम गोरखाओं की स्वायत्तता जैसे आंदोलनों के कारण अल्पसंख्यक नामक श्रेणी को ही ख़त्म करने देने का सुझाव देने वाले राजेंद्र यादव के सामने विकट समस्या यह थी कि अब उन्हें बहुसंख्यक समुदाय में पैदा हुई अल्पसंख्यक मानसिकता की खोज-ख़बर लेनी थी। उन्हें हिंदुत्व की राजनीति और उसके उद्देश्यों की शिनाख़्त करनी थी। यहाँ राजेंद्र यादव के साम्प्रदायिकता विरोधी लेखन के एक ख़ास पहलू की शिनाख़्त करना ज़रूरी है। वे आमतौर पर हिंदुत्व की राजनीतिक विचारधारा और आम लोगों के हिंदू धर्म में फ़र्क़ करते नज़र नहीं आते। उनका लेखन अकसर यह एहसास देता है कि वे इन दोनों को एक ही डण्डे से हाँक रहे हैं। कभी-कभी ऐसा ज़रूर लगता है कि उनके अवचेतन में संघ परिवार के हिंदुत्व को हिंदू धर्मावलम्बियों से अलग करके देखने की कोई अनुभूति कहीं न कहीं मौजूद है। इसी तरह राजेंद्र यादव के विमर्श में धर्म और पंथों की परिभाषा अलग-अलग करने का कोई आग्रह मौजूद नहीं है। वे राष्ट्र-राज्य, राष्ट्र और राज्य के बीच भी कोई फ़र्क़ नहीं करते। उनके लेखन में धर्म शब्द और राष्ट्र शब्द का प्रयोग मोटे तौर से होता है।

सवाल यह है कि कई तरह के सामाजिक-राजनीतिक सवालों पर तीक्ष्ण दृष्टि प्रदर्शित करने वाले राजेंद्र यादव रोज़ाना की ज़िंदगी में आम लोगों द्वारा किये जाने वाले धार्मिक आचरण और राजनीति में धर्म के दोहन के ज़रिये हिंदुओं के राजनीतिक समुदाय की रचना करने की परियोजना में साफ़ अंतर क्यों नहीं कर पाते? इसका एक कारण समझ में आता है और वह है राजेंद्र यादव के चिंतन का उस धारा से संबंध होना जो सेकुलरवाद का अर्थ राजनीति से धर्म के सम्पूर्ण बहिष्करण के रूप में मानती है। सम्भवतः वे भारतीय सेकुलरवाद को धर्म और धार्मिक भावनाओं के साथ लोकतांत्रिक समायोजन के उपादान के रूप में नहीं देखते। न ही वे यह मानने के लिए तैयार हैं कि धार्मिक राजनीति भी आधुनिक प्रत्यय की ही देन है। साथ ही राजेंद्र यादव यह भी नहीं मानते कि आधुनिक जीवन में धर्म को सहिष्णुता और सहजीवन के स्रोत के रूप में भी देखा जा सकता है। ज़ाहिर है कि ऐसा मान लेने के बाद उन्हें हिंदुत्ववादी

सांस्कृतिक राष्ट्रवाद एक मध्ययुगीन संरचना जैसा ही लगता है जो भारत में बर्बरता और अंधकारयुग का सूत्रपात कर देगा :

> चारों ओर आ-क्षितिज किसानों के खेत-खलिहानों, दलितों और विधर्मियों के झोंपड़े जल रहे हैं, चीख-पुकार, भूकम्प और आतंकवादी विस्फ़ोटों से कान फ़टे जा रहे हैं, ग़रीबी, बेकारी, महँगाई, अन्याय, शोषण, दमन के प्रेत उजाड़ और ऊसर धरती पर ताण्डव कर रहे हैं, घर-घर से कुलवधुओं के जलाए जाने की चिरायंध निकल रही है और इस मनोहारी दृश्यात्मक चित्र के बीच झाँझ-मजीरे और करतालें बजाती, भगवान के नाम का कीर्तन करती, भगवे झण्डे फहराती-निरपेक्ष निरासक्त जययात्रा चली जा रही है-दिग्दिगांतर को गुँजाती एकता-यात्रा, घृणा, प्रतिशोध और हिंसा की धूल उड़ाती ...[17]

सम्भावित हिंदू राष्ट्र और उसके अंतर्विरोधों का एक और पूरक चित्र राजेंद्र यादव ने अपने लेख 'हिंदू-पद-पादशाही' में खींचा है। व्यंग्य और उपहास की शैली में लिखे गये इस लेख में बताया गया है कि प्रस्तावित हिंदू राष्ट्र एक धर्मराज्य होगा जिसका संविधान मनुस्मृति के अलावा और कुछ नहीं हो सकता। इस धर्मराज्य में नारियों, शूद्रों, विधर्मियों और विजातियों को बहुसंख्यकों के दबदबे में रहना होगा। राम को राष्ट्र-देवता बना दिया जाएगा। दलितों को एक दलिस्तान बनाकर वहाँ फेंक देने की रणनीति पर ग़ौर किया जा सकता है। हिंदू राष्ट्र को मध्ययुगीन और बर्बर क़रार दे कर ख़ारिज करने के साथ-साथ यादव के दिमाग़ के किसी एक हिस्से में संघ परिवार के अंतर्विरोधों की धुँधली सी रील भी चलती रहती है। उन्हें लगता है कि आडवाणी, वाजपेयी और जोशी (इस तिकड़ी को वे बड़े मनोरंजक ढंग से 'आवाजो' कहते हैं) ने जो साम्प्रदायिकता भड़काई है, वह उन्हीं का पिण्ड नहीं छोड़ेगी यानी उन्हें राजनीति नहीं करने देगी और बार-बार विश्व हिंदू परिषद, बजरंग दल और शिव सेना का दबाव उन्हें धर्मराज्य बनाने के एजेंडे की तरफ़ धकेलेगा। लेकिन हिंदुत्व की राजनीति के इन अंतर्विरोधों और लोकतांत्रिक राजनीति के आग्रहों के बीच संबंध देखने में उनकी कोई रुचि नहीं है। दरअसल, उनके परिप्रेक्ष्य में लोकतांत्रिक राजनीति के पहलू का अभाव सा ही है। लोकतांत्रिक राजनीति के साथ साम्प्रदायिक राजनीति और सेकुलरवाद की अन्योन्यक्रिया और उसके परिणामों में उनकी रुचि नहीं लगती। यह रुचि उनमें उस समय भी नहीं जगती जब 1993 में उत्तर प्रदेश के विधानसभा चुनावों में पिछड़ी जातियों, दलितों और मुसलमानों

---

[17] राजेंद्र यादव, 'सर्वांत यात्राएँ यानी सर्वांत के उपन्यास डॉन क्विग्ज़ोट पर गेरुआ-फ़िल्म' *क़ांटे की बात-3 : गुलामी का आनंद और स्वतंत्रता के ख़तरे* : 30.

ने समाजवादी पार्टी और बहुजन समाज पार्टी के गठजोड़ का समर्थन करके भारतीय जनता पार्टी को पराजित कर दिया था। राजेंद्र यादव वैसे तो मण्डल आयोग की सिफ़ारिश पर अमल का स्वागत करते हैं, पर वे राजनीति में जातियों के इस्तेमाल को संदेह की निगाह से देखते हैं। हालाँकि स्वयं उनका नाम जातिसूचक है, पर वे उन साहित्यकारों का ख़ासतौर से प्रशंसात्मक उल्लेख करते हैं जिनके नामों से उनकी जाति का पता नहीं लगता।

संघ परिवार के सांस्कृतिक राष्ट्रवाद को मध्ययुगीन बर्बरता का पर्याय साबित करना वामपंथी साम्प्रदायिकता विरोधी लेखन का स्थापित शग़ल है। वह उसे आधुनिकता की उपज नहीं मानता। सेकुलरवाद की ही तरह आधुनिकता भी उसके लिए एक ग़ैर-धार्मिक शै है। प्रतिष्ठित वामपंथी साहित्यकार और पत्रकार विष्णु नागर के लेखन में भी इसका नमूना मिल सकता है। नागर पूछते हैं कि क्या हिंदू राष्ट्र के तहत मनुस्मृति के प्रावधान-स्वरूप हरिजनों और स्त्रियों के कानों में पिघला सीसा डालने की व्यवस्था नहीं होगी? उनके ख़याल से वह राष्ट्र वर्ण-व्यवस्था का समर्थक होगा। वे हिंदू राष्ट्र की कल्पना इस प्रकार करने की अपील करते हैं :

> थोड़ी देर के लिए हम कल्पना कर लेते हैं कि तमाम तरह के विध्वंसों को सफलतापूर्वक सम्पन्न कर हिंदू राष्ट्र बन ही गया (आख़िर हिटलर आया ही था जर्मनी में सत्ता में चुनकर) इस नये राष्ट्र का भगवा ध्वज किसी आचार्य, किसी परमहंस, किसी संत किसी 1008 ने बिड़ला मंदिर पर (गुलामी का प्रतीक लाल क़िला तब तक ढह चुका होगा) फहरा दिया। संविधान वग़ैरह की समस्याएँ मान लें कि मनुस्मृति से सुलझ गयीं। 'धर्म संसद' मान लें कि संसद बन गयी। 'संत-महंत' मान लें कि न्यायाधीश बन गये। 'हिंदू राष्ट्र' का काम किसी तरह चल निकला। व्यवस्था किसी तरह बन गयी। ... हिंदू राष्ट्रवादी अपने-आप को अखण्ड भारत का समर्थक कहते हैं। सो भारत के आस-पास पाकिस्तान, बांग्लादेश, अफ़गानिस्तान, बर्मा, तिब्बत आदि में ग़ैर-हिंदुओं का बहुमत है। कुछ लोग माँग करेंगे कि अश्वमेघ का घोड़ा पड़ोसी देशों में भी छोड़ दो।[18]

राजेंद्र यादव और विष्णु नागर को पूरा यक़ीन है कि हिंदू राष्ट्र में मुसलमानों को नागरिकों के अधिकार प्राप्त नहीं होंगे। राष्ट्र संबंधी समझ में आये परिवर्तन से लगने लगा था कि अब शायद राजेंद्र यादव ने अल्पसंख्यक पहचानों के बारे में भिन्न क़िस्म की स्थापना तैयार कर ली होगी। लेकिन, बाबरी मसजिद के ध्वंस के बाद भारतीय मुसलमानों के बारे में किये गये उनके चिंतन को भी देखना

---

[18] विष्णु नागर (1993), 'हिंदू राष्ट्र के मायने', संकलित : *आज के प्रश्न : अयोध्या और उसके आगे*, राजकिशोर (सम्पा.), वाणी प्रकाशन, नयी दिल्ली : 63.

होगा कि वास्तव में इस तरह के सेकुलर चिंतन में भारत के सबसे बड़े अल्पसंख्यक समुदाय का क्या स्थान है। वे मुसलमानों को बराबरी के अधिकार देने के पूरे हक़ में हैं। इस मामले में उनकी सेकुलर प्रतिबद्धताओं पर कोई शक नहीं किया जा सकता। ज़ाहिर है कि छह दिसम्बर को बाबरी मसजिद के ध्वंस के बाद यादव भारतीय मुसलमानों के बारे में कुछ चिंतन करते। उन्होंने चिंतन किया और पाया कि अयोध्या की घटना 'सबसे महत्त्वपूर्ण ... इस अर्थ में है कि यह दोनों धार्मिक सम्प्रदायों के आपसी संबंधों को बिलकुल नये धरातल पर परिभाषित करने की शुरुआत है।' यादव इसे 'टर्निंग पाइंट' मानते हैं :

> ... भारतीय मुसलमान ने पहली बार बहुसंख्यकों के संदर्भ में अपनी राष्ट्रीयता को समझने का दबाव महसूस किया। ... बहुसंख्यक हिंदुओं, उनकी संस्कृति और धर्म की तुलना में अपने को ऊँचा और अलग दिखाने के उत्साह में वे मानसिक रूप से हमेशा दज़ला-फ़रात के उपनिवेश बने रहे। वे सदियों से हिंदुस्तान में रहे थे। यहीं उनके साम्राज्य और मक़बरे थे, मगर रहन-सहन, बोली-बानी, भाषा और धर्म के लिए वे हमेशा ईरान-तूरान पर निर्भर करते थे। वहाँ का फ़तवा पाए न कोई चीज़ वैध थी, न जायज़। ... जब शासक और सम्राट मानसिक गुलामी को गौरवान्वित कर रहे हों ... नतीजे में भारतीय मुसलमान प्रतिबद्ध रहा मक्का-मदीना के प्रति ... मुसलमानों में ज़मीन से जुड़ने या राष्ट्रीयता की वह मानसिकता या धारणा पनप ही नहीं पाई ... भारतीय मुसलमानों के लिए शायद यह 'रियलाइज़ेशन' का क्षण है, जब वे अपनी 'लॉयल्टी' इस्लामी अंतर्राष्ट्रीयता पर न लटका कर भारतीय इस्लाम पर ही लौटें।[19]

राजेंद्र यादव की यह दृढ़ मान्यता है कि इस्लाम एक कबायली और सामंती क़िस्म का धर्म है। कभी तो वे कहते हैं कि यह धर्म 'शुरुआती तौर पर' ऐसा था, तो कभी लेखन के बहाव में कह जाते हैं कि इस्लाम दरअसल ऐसा ही है। वे मुसलमानों के बीच 'अशराफ़' यानी मुसलमान भद्र वर्ग और 'अजलाफ़' यानी साधारण मुसलमान के बीच भी कोई ख़ास फ़र्क़ नहीं करते। उनके लिए मुसलमान एकाश्म समुदाय है। उनके बीच न पसमांदा (पिछड़े) मुसलमान हैं और न लालबेगी और हलालख़ोर जैसे दलित मुसलमान। वे साफ़ कहते हैं कि साधारण मुसलमानों का अशराफ़ या शुरफ़ा मुसलमानों के वर्चस्व से अलग कोई वजूद नहीं है। वे मुसलमानों को बाहर से देखते हैं। उनके भीतरी विभेद और बेचैनियाँ राजेंद्र यादव को नहीं दिखतीं। उनके ख़याल से वैसे तो सभी धर्म सामंती ही होते हैं, पर इस्लाम 'ख़ासतौर से सामंती' है। ऊपर से वह सबसे 'कम परिवर्तनकामी

---

[19] राजेंद्र यादव, 'क्योंकि बहुसंख्यक हम हैं, आप नहीं!' *काँटे की बात-5 : ख़ामोश चिंतन चालू आहे* : 37.

और आधुनिकतावाद विरोधी' भी है। मुसलमानों के बारे में बात करते समय राजेंद्र यादव पारम्परिक सेकुलर लेखन की प्रवृत्तियों का भी इस्तेमाल नहीं करते—मसलन, मध्य-पूर्व और एशियाई इस्लाम की समृद्ध और आत्मविश्वस्त आधुनिक प्रवृत्तियों का आसानी से उपलब्ध इतिहास तो उनके लिए अलभ्य है ही, आधुनिक मुसलमानों की राष्ट्रीय आंदोलन में भागीदारी भी उन्हें याद नहीं आती। उन्हें ध्यान नहीं आता कि जिनके प्रति उन्होंने मक्का-मदीना या दज़ला-फ़रात के प्रति वफ़ादारी का इलजाम लगाया है, भारत के वे मुसलमान शासक छह सौ साल की अवधि में कभी हज़ को नहीं गये। मुगलों ने तुर्की के ख़लीफ़ा की मान्यता की कभी परवाह नहीं की। एक मुसलमान शासक को छोड़ कर किसी ने ख़लीफ़ा का भेजा चोगा नहीं पहना। इन शासकों का तो कहना यह था कि अगर भारत में बनी दरगाहों की ज़ियारत कर ली जाए तो हज़ के बराबर सबाब मिल सकता है। मुसलमानों को जिस भारतीय इस्लाम पर लौटा लाने की परिस्थितियाँ तैयार करने का सकारात्मक श्रेय उन्होंने बाबरी ध्वंस को दिया है वह भारतीय इस्लाम क्या बाबरी विध्वंस से पहले कहीं मौजूद था? कम से कम राजेंद्र यादव के लेखन से तो इसका पता नहीं लगता। वे मुसलमानों के लिए एक ख़ास तरह की राष्ट्रीय धार्मिकता का फ़ार्मूला अवश्य पेश करते हैं। यह राष्ट्रीय धार्मिकता मुसलमानों के लिए कितनी अपरिहार्य है, इसका अंदाज़ा राजेंद्र यादव के इन शब्दों से लगाया जा सकता है :

> इस सच्चाई को वे आज समझ लें या पच्चीस-पचास हज़ार जानें गँवा कर इस नतीजे पर पहुँचे कि मज़हब आज न अर्थशास्त्र से बड़ा है, न भौगोलिक सीमाओं से, और न अपनी-अपनी राष्ट्रीयता से ... यही देश और यही राष्ट्र उनकी नियति है ... इसलिए देर-सवेर उन्हें अपने धार्मिक और सामाजिक रवैयों को राष्ट्रीयता के संदर्भ में बदलना होगा ... [20]

इस फ़ार्मूले के तहत मुसलमानों को अपनी धार्मिकता को राष्ट्रीयता के तहत कर लेना होगा। क्या यह राष्ट्रीयता सैयद अहमद ख़ाँ द्वारा मुसलमानों में प्रचारित आधुनिकता की देन होगी? या यह देवबंद स्कूल की धर्मशास्त्रीयता से निकलेगी? यहाँ राजेंद्र यादव के लिए एक सुराग़ हो सकता था। राष्ट्रीय आंदोलन के इतिहास में जाने पर वे देख सकते थे कि सर सैयद की आधुनिकतावादी तहरीक़ का नतीजा कैसे द्विराष्ट्र सिद्धांत में निकला, और देवबंद स्कूल की शास्त्रीय धार्मिकता कैसे भारत विभाजन का कड़ा विरोध करने में विकसित हुई। लेकिन, इतिहास के इन प्रचलित तथ्यों को भी राजेंद्र यादव के विमर्श में नज़रअंदाज़ कर दिया

---

[20] राजेंद्र यादव, 'क्योंकि बहुसंख्यक हम हैं, आप नहीं!' *कांट की बात-5 : ख़ामोश चिंतन चालू आहे* : 42.

जाता है। पहले अल्पसंख्यक नाम की श्रेणी के ग़ैर-ज़रूरीपन के बारे में, फिर भारतीय इस्लाम और भारतीय मुसलमानों की ग़ैर-राष्ट्रीय प्रवृत्तियों के बारे में राजेंद्र यादव की संस्तुतियों को पढ़कर किसी को ऐसा लग सकता है कि ये सब संघ परिवार के प्रवक्ताओं के वही विचार हैं जो वे अल्पसंख्यक आयोग बनाने का विरोध करते समय या गुजरात के मुसलमान संहार के संदर्भ में व्यक्त करते रहे हैं। बाबरी मसजिद ध्वंस के समय दिये गये इस 'सेकुलर' तर्क को अगर आज की परिस्थिति पर लागू किया जाए तो कहा जा सकता है कि पहले अयोध्या प्रकरण द्वारा मुसलमानों को राष्ट्रीय बनाने की तरफ़ ठोकर मार कर धकेला गया और अब गुजरात में उनका क़त्लेआम करके (यानी पच्चीस-पचास हज़ार जानें लेकर) इसी सिलसिले को आगे बढ़ाया गया है। बहरहाल, हम जानते हैं कि राजेंद्र यादव संघ परिवार के कड़े विरोधी हैं। वे हिंदू धर्म की भी ज़बर्दस्त छिलाई करते हैं, लेकिन वहाँ उनकी नाराज़गी मूलतः हिंदुओं में सेकुलरवाद की कमी या ठोस शब्दों में कहें तो हिंदुओं में अपने धर्म के प्रति निरपेक्षता की कमी पर केंद्रित होती है। बीच-बीच में बहुदेववाद और सहिष्णुता की परम्पराएँ उन्हें हिंदू धर्म को थोड़े बहुत 'कृपांक' (यानी इस्लाम से कम ख़राब) देने पर मजबूर अवश्य करती रहती हैं, पर कुल मिला कर उनका विमर्श स्पष्ट संदेश देता है कि धर्म की संरचनाओं के ज़रिये आधुनिक राज्य के सेकुलर आचरण को कोई ज़मीन नहीं मिल सकती।

अपने एक 'डायस्पोरा' दोस्त को लताड़ते हुए लिखे गये एक लम्बे पत्र के अंत में राजेंद्र यादव गर्व से अपने कई प्रिय महापुरुषों के नाम गिनाते हुए बताते हैं कि उनका हिंदुत्व (यहाँ भी वे हिंदू धर्म और हिंदुत्व में कोई भेद नहीं करते, लेकिन हम मान लेते हैं कि उनका मतलब राजनीतिक हिंदुत्व से नहीं रहा होगा) वही है जो विवेकानंद का था। स्वामी विवेकानंद हिंदी में लिखने और सोचने वाले वामपंथी चिंतकों के बीच काफ़ी प्रिय हैं और उनका हवाला देकर अकसर साम्प्रदायिकता की आलोचना की जाती है। विवेकानंद के इस सेकुलर इस्तेमाल में इस्लाम और मुसलमानों संबंधी उनके विचारों को उद्धृत करने से बचाने की होशियारी साफ़ देखी जा सकती है। सांस्कृतिक मोर्चेबंदी में राजेंद्र यादव के एक हमसफ़र खगेंद्र ठाकुर बाबरी ध्वंस के बाद लिखे गये अपने लेख 'सबसे अधिक मनुज मोहे भाए' में विवेकानंद का एक उद्धरण देते हैं जो भारत के उत्थान के लिए हिंदू और इस्लाम के संश्लेषण की वकालत करता हुआ लगता है :

> व्यावहारिक इस्लाम की मदद के बिना वेदांतवाद के सिद्धांत चाहे जितने ही सुंदर और अद्‌भुत क्यों न हों, विशाल जनसमुदाय के लिए मूल्यहीन हैं। हमारी मातृभूमि के लिए दो महान् व्यवस्थाओं-हिंदुत्व और इस्लाम-हिंदू मानस और इसलामिक शरीर ही आशा के स्रोत हैं।[21]

विवेकानंद का यह कथन सेकुलरवादियों के बहुत अनुकूल बैठता है। जवाहर लाल नेहरू ने भी *भारत की खोज* में इसे उद्‌धृत किया था। वेदांत के चिंतन यानी हिंदू तत्त्व-ज्ञान और इस्लाम के शरीर यानी सांगठनिक रूप का संश्लेषण। ज़ाहिर है कि विवेकानंद को इस्लाम तत्त्व-ज्ञान काम का नहीं लगता। क्या कोई मुसलमान यह प्रस्ताव स्वीकार करेगा कि तुम्हारा सामाजिक-सामुदायिक संगठन तो बेहतर है, पर तुम्हें हिंदू तत्त्व-ज्ञान अपनाना पड़ेगा? विवेकानंद द्वारा इसलामिक चिंतन को नीची निगाह से देखने के पीछे उनकी धारणा यह थी कि 'मुसलमान बन गयी जातियों का क्या हुआ? वे ज्ञान और संस्कृति को ग्रहण करने की क्षमता खो बैठीं। अब उनके पास केवल युद्ध करने की प्रवृत्ति रह गयी है।' विवेकानंद मानते थे कि मुसलमानों से पहले के भारत में शांति और समृद्धि की धारा बहती थी, पर वे अपने साथ आग और तलवार ले कर आये। अगर यह कथन किसी भी क़िस्म के सेकुलरवाद का प्रतिनिधित्व करता है, तो हिंदुओं की वैचारिक श्रेष्ठता और मुसलमानों की वैचारिक हीनता की धारणा पर आधारित होने के कारण यह निश्चित रूप से सेकुलरवाद को बहुसंख्यकों के वर्चस्व की अनिवार्यता के परिप्रेक्ष्य में ही सूत्रबद्ध करता है।[22] दूसरे, मुसलमानों के लिए स्वाभाविक रूप से अरुचिकर होने के कारण यह कथन मुख्यतः हिंदुओं के लिए जारी की गयी एक अपील जैसा रह जाता है। और, इसकी अपील वही है जो संघ परिवार हिंदुओं के लिए जारी करता रहता है। हिंदुओं के समीकरण की अपील, उन्हें आक्रामक और संगठित बनाने की अपील। क्या यह हिंदी के सेकुलर चिंतन का विरोधाभास नहीं है कि संघ परिवार की जिस अपील के ख़िलाफ़ संघर्ष करने के लिए वह कृतसंकल्प है, उसी को मजबूत और प्रभावी बनाने में वह जाने-अनजाने अपना योगदान करता है। हिंदी के सेकुलर चिंतन में भी मुसलमान की रूढ़ छवि वही है जो साम्प्रदायिक चिंतन में है। यह कहना ग़लत होगा कि यह छवि उसने संघ परिवार से उधार ली है। यह वामपंथी सेकुलर चिंतन की अपनी 'सेकुलर' कृति

---

[21] खगेंद्र ठाकुर, 'सबसे अधिक मनुज मोहे भाये', *देशज*, प्रवेशांक.

[22] इस विश्लेषण के लिए मैं जाविद आलम 1990 के लेख 'कैन ट्रेडीशन इन इण्डिया बी एन आल्टर्नेटिव टु द सेकुलर आइडियल', *सोशल साइंस प्राबिंग्स*, नयी दिल्ली, मार्च-सितम्बर 1991 का शुक्रगुज़ार हूँ. विवेकानंद का यह उद्धरण भी इसी लेख से. देखें, द *कम्प्लीट वर्क्स ऑफ़ विवेकानंद*, खण्ड 7 : 394-95.

है। इसके पीछे वह आग्रह है जो धर्म को आधुनिक समाज के कई विधेयक तत्त्वों में से एक की हैसियत देने से इनकार करता है। वह धार्मिक समुदाय को एक सेकुलर राजनीतिक समुदाय में बदलते हुए देखना चाहता है। चूँकि मुसलमान उनकी मर्ज़ी के मुताबिक़ नहीं बदल रहे हैं, इसलिए वे उनके हितों के पैरोकार होने का दावा करते हुए उनसे सबसे ज़्यादा ख़फ़ा हैं। संघ परिवार वाले उसी रूढ़ छवि के आधार पर बहुसंख्यकवाद के तहत मुसलमान को हाशिये पर डाल कर दोयम दर्जे का नागरिक बना देना चाहते हैं, और सेकुलर टिप्पणीकार मुसलमान को उसी रूढ़ छवि के आधार पर वैचारिक रूप से धिक्कारते हुए राष्ट्रीय बनाना चाहते हैं। चाहे संघ परिवार हो या सेकुलर टिप्पणीकार, हिंदू धर्म और इस्लाम में तुलना करने पर हिंदू धर्म की तुलनात्मक श्रेष्ठता में दोनों का यक़ीन है। दोनों के लिए हिंदू समुदाय राष्ट्रीयता का स्वाभाविक धारक है, और मुसलमानों को अभी अपनी राष्ट्रीयता साबित करनी बाक़ी है।

राजेंद्र यादव के लेखन को वामपंथी सेकुलर चिंतन की केंद्रीय अभिव्यक्ति के रूप में लेकर उसके आस-पास चल रही बहस पर नज़र डालने से लगता है कि हिंदी का यह ख़ित्ता सेकुलरवाद के उस रूप का हामी है जो राज्य और धर्म के बीच सम्पूर्ण पार्थक्य की वकालत करता है। वह राष्ट्रवाद के तहत राज्य द्वारा चलायी जाने वाली समरूपीकरण की परियोजना के अभी तक पूरी तरह सफल न होने को लेकर काफ़ी क्षुब्ध है। वह संघ परिवार की राजनीति पर कठोर प्रहार तो करता ही है, पर साथ-साथ यह भी मानता है कि अल्पसंख्यकों का राजनीतिक रवैया और अलग धार्मिक-सांस्कृतिक अस्मिता का उनका दावा ही सेकुलरीकरण की विफलता का प्रमाण है। एक तरह से लगता है कि वे सेकुलरीकरण को समरूपीकरण के औज़ार के रूप में देख रहे हैं। वे सेकुलरवाद को सभी धर्मों के साथ समान व्यवहार यानी सर्वधर्मसमभाव पर आधारित आचरण के रूप में स्वीकार करने के लिए तैयार नहीं हैं। उनके लिए सेकुलरवाद राज्य का औज़ार है, समाज का नहीं। हो भी कैसे सकता है, समाज में धर्म जो मौजूद है। दरअसल, वे सामाजिक संबंध बनाने की ज़िम्मेदारी भी राज्य को देने के लिए तैयार हैं। राजेंद्र यादव बिना किसी हीले-हवाले के सेकुलरवाद के संबंध में अपने विचार इस प्रकार पेश करते हैं :

> क्यों न सबसे पहले 'सेकुलरिज़्म' शब्द से ही शुरू किया जाए? मैं आज के संदर्भ में इसका अर्थ ज़रूर जानना चाहूँगा, मगर मुझे लगता है कि 'सर्वधर्मसमभाव' हमें बहुत दूर तक नहीं ले जा पाएगा। सब लोग अपने-अपने धर्म या सम्प्रदाय में क़ैद रहेंगे तो आपस में भाईचारा या दिलों का मिलाप कैसे होगा? मुहल्ले के सारे लोग अपने-अपने घरों में क़ैद होकर बाहर के सभी दरवाज़े बंद कर लेंगे तो खिड़कियों

> और छतों से सिर्फ़ 'कामचलाऊ' बातें ही होंगी–सामाजिक संबंध कभी नहीं बनेंगे। इसके लिए तो हम सबको अपने–अपने घर से बाहर जाना होगा। 'सर्वधर्मसमभाव' नहीं, 'धर्मनिरपेक्ष' होना यानी अपने धर्म और सम्प्रदाय से बाहर आ कर सामाजिकता की तलाश–यानी गीता और कुरान को दफ़्ना कर अपनी एक मानव संहिता बनाने की दिशा में प्रयास।[23]

तीस के दशक में प्रगतिशील लेखक संघ की स्थापना सम्मेलन में मुंशी प्रेमचंद ने अपने अध्यक्षीय भाषण में मैत्री और सहअस्तित्व के स्रोतों के रूप में धर्म की उपादेयता को पूरी तरह नकार दिया था। तब प्रेमचंद एक स्वप्नदर्शी की तरह बोल रहे थे। स्वतंत्र भारतीय राज्य उस समय तक वजूद में नहीं आया था और सेकुलरवाद का वैचारिक वर्चस्व भी कमोबेश भविष्य के गर्भ में था। मुंशीजी के वक्तव्य में ढेर सारी उम्मीदों के साथ–साथ प्रगतिवाद का आवेश था जिसके महावृत्तांत के नीचे समता और समरूपता आपस में गड्डमड्ड हो गये थे। लेकिन, 1993 में प्रेमचंद द्वारा स्थापित पत्रिका के सम्पादक द्वारा जारी किया गया सेकुलरवाद का यह फ़ार्मूला अगर अल्पसंख्यकों को एक श्रेणी के रूप में ख़त्म कर देने के उनके प्रस्ताव के साथ पढ़ा जाए, तो साफ़ हो जाता है कि राष्ट्रीयता, सह–अस्तित्व और भाईचारे से समता और समभाव का लक्ष्य तिरोहित हो चुका है और समरूपता का आग्रह हावी हो चुका है। हिंदुओं की प्रबल बहुसंख्या वाले आधुनिक भारत राष्ट्र में यह समरूपता किस क़िस्म के सेकुलरवाद और किस क़िस्म की राष्ट्रीयता की तरफ़ ले जाएगी, इसके बारे में इस लेख के आख़िरी खण्ड में चर्चा की जाएगी।

विश्लेषण के इस खण्ड का उपसंहार करने से पहले ज़रूरी है कि हम हिंदी की इसी सेकुलर चिंतन धारा के एक और राजेंद्र के विचार भी जान लें। ये हैं राजेंद्र माथुर जो अपने देहांत के समय *नवभारत टाइम्स* के सम्पादक के रूप में यशस्वी हो चुके थे। उनके पास एक रूपक–प्रधान लेखन शैली थी और उन्हें हिंदी के पत्रकारों में नरम क़िस्म के वाम रुझान से सम्पन्न चिंतन का सर्वश्रेष्ठ उदाहरण माना जा सकता है। उनके एक लेख 'हमारे इतिहास की प्रथम और अंतिम समस्या' की पंक्तियों से बनाए गये इस कोलाज से समझा जा सकता है कि नेहरू के सेकुलरवाद की हिंदी के लोकप्रिय लेखन में कैसी अभिव्यक्ति हुई है और वह किस तरह से राजेंद्र यादव के चिंतन से अलग है :

> ... हमारा तिलिस्म खड़े रहने वाला नहीं, बल्कि बिछे रहने वाला था। हिमालय से सेतु रामेश्वरम तक एक भारतीय संस्कृति हमारी ज़मीन पर न जाने कैसे बिछ गयी।

---

[23] राजेंद्र यादव, 'लंका दहन' *कांटे की बात-5 : ख़ामोश चिंतन चालू आहे* : 26.

> ... इस बिछे हुए, बिखरे हुए हिंदुस्तान को कोई खड़ा हुआ हमलावर, कोई गगनचुंबी राज्य जीत नहीं सकता था। और यदि वह ख़ुद बिछ जाने का फ़ैसला करे, तो वह हमारे अविभाजित विभाजनों का अंग बन जाता था। ... भारत के नये मनुष्य की महत्त्वाकांक्षा यह रही है कि हजारों साल से बिछे हुए भारत का वारिस तो वह बने ही, लेकिन इस ज़मीन पर एक ऊँची इमारत भी बनाए जिसका दुनिया में सानी न हो। हम बिछा तिलिस्म भी चाहते हैं और खड़ा तिलिस्म भी।... अयोध्यावादी ... जन्मभूमि मंदिर की ऊँचाई को हिंदुस्तान की ऊँचाई मान कर और उसके गर्भगृह को भारत की नींव मान कर अपना अभियान चला रहे हैं। लेकिन, असल में हो यह रहा है कि वे भारत को अपने बिछे हुए, बिखरे हुए अतीत की ओर वापस ले जा रहे हैं। ... हिंदुओं का अजर-अमर संस्कृति-विश्व हमारे यहाँ हिंदुओं के अजर-अमर राजनीति-विश्व को जन्म नहीं दे सका। ... इस ज़मीन पर अगर कोई स्थायी सांस्कृतिक इमारत बनती है तो सांस्कृतिक हिंदुत्व के अलावा भी काफ़ी नया बिल्डिंग मैटीरियल चाहिए। हिंदू ज़मीन पर जो बजरी, रेती, रोड़ी, गिट्टी उपलब्ध नहीं है, उसे कहीं ओर से ला कर अपनी संस्कृति के हॉट मिक्स प्लांट में ला कर हमें डालना होगा। यदि मुसलमान यहाँ न हों तब भी यह आयात करना होगा। ... जिन हिंदू सांस्कृतिक संसाधनों के उपयोग से हमारी यह बनती हुई इमारत मजबूत हुई है और टिकी हुई है, उनमें सबसे प्रमुख का नाम है— सहिष्णुता और विविधताओं को सहेजते हुए उन्हें एक हार में गूँथ सकने की क्षमता।[24]

राजेंद्र माथुर ने अपने इस बेहतरीन लेख में 'खड़ी हुई' और 'बिछी हुई' का जिस तरह इस्तेमाल किया है, उससे समाज-विज्ञान में अकसर इस्तेमाल की जाने वाली 'स्तम्भीय' और 'क्षैतिज' अभिव्यक्तियों की याद आ जाती है। ज़ाहिर है कि राजेंद्र माथुर ने ये प्रयोग भिन्न अर्थों और संदर्भों में किये हैं। राजेंद्र यादव द्वारा हिंदुत्व और हिंदू धर्म के बीच किये गये घालमेल से वे उस समय बच निकलते हैं जब वे सांस्कृतिक हिंदुत्व और राजनीतिक हिंदुत्व की श्रेणियों को सामने लाते हैं। सांस्कृतिक हिंदुत्व सकारात्मक है और नये राष्ट्र की ऊँची इमारत बनाने में उसका महत्त्वपूर्ण योगदान होगा— राजेंद्र माथुर की निगाह में वह एक नाकाफ़ी सामग्री है। राजनीतिक हिंदुत्व तो उनके विचार में पूरी तरह नकारात्मक है ही, क्योंकि वह केवल हिंदू ईंट-गारे का प्रयोग करना चाहता है। लेकिन, अंतिम विश्लेषण के तौर पर दोनों राजेंद्रों में इस बात पर एकता है कि बिछे हुए हिंदुस्तान की ज़मीन पर बन रही ऊँची राजनीतिक इमारत में अल्पसंख्यकों के सांस्कृतिक ईंट-गारे की भूमिका का महत्त्व अभी तय नहीं है।

[24] राजेंद्र माथुर (2003), 'हमारे इतिहास की प्रथम और अंतिम समस्या', *सपनों में बनता देश*, दो खण्ड, सामयिक प्रकाशन, नयी दिल्ली : 221.

III

सर्वधर्मसमभाव या सर्वपंथसमभाव और राष्ट्रीय भावना में धार्मिकता का घट

प्रभाष जोशी ने 655 पृष्ठों के बड़े आकार के अपने ग्रंथ *हिंदू होने का धर्म* (दैनिक *जनसत्ता* में छपे साम्प्रदायिकता विरोधी लेखों का संकलन) के एकदम शुरू में आभार जताते हुए उन विद्वानों और जानकार लोगों के नाम गिनाए हैं जिनसे उनके हिसाब उनकी राय से मिलती है। इनमें आशिस नंदी और धीरूभाई शेठ का नाम भी शामिल है। 'समाज और हिंदुत्व की बातों पर' आशिस नंदी के सोचने-समझने और निष्कर्षों से वे सहमति रखते हैं, और 'जाति और वर्ण की सही समझ' उन्हें धीरूभाई से मिली है। हिंदुत्व के सिद्धांतकार विनायक दामोदर सावरकर को दोबारा पढ़ने की प्रेरणा उन्हें सुरेश शर्मा ने दी। इसके अलावा विजय प्रताप और योगेंद्र यादव के नामों का ज़िक्र है। ये सभी नाम सेकुलरवाद संबंधी चिंतन की एक ख़ास परम्परा से संबंधित हैं, एक ऐसी परम्परा से जो भारतीय सेकुलरवाद के सरकारी मॉडल की आलोचक है। यह चिंतन परम्परा धर्म को सार्वजनिक जीवन से क़तई अलग रखने और हिंदुओं को गरियाने वाले सख़्त सेकुलरवादी आग्रह (जिसकी पैरोकारी राजेंद्र यादव ऐंड कम्पनी ने अपने चिंतन में बड़ी ज़ोरदारी से की है) तथा साम्प्रदायिकताओं के बीच संतुलन करने की भारतीय राज्य की विनाशकारी कोशिश को, साम्प्रदायिकता के उभार का एक प्रमुख, ज़िम्मेदार मानती है। अगर आशिस नंदी के तर्कों को इस चिंतन का केंद्रीय प्रतिनिधि माना जाए (हालाँकि नंदी और विकासशील समाज अध्ययन पीठ के अन्य विद्वानों के बीच सेकुलरवाद, राष्ट्रवाद और आधुनिकता से जुड़े कई मुद्दों पर ख़ासे मतभेद भी हैं) तो कहा जा सकता है कि यह चिंतन धर्म को शांतिपूर्ण सामाजिक सहअस्तित्व सुनिश्चित करने के एक प्रमुख स्रोत के रूप में देखता है। वह ज़ोर दे कर कहता है कि सार्वजनिक जीवन को धर्म के सकारात्मक तत्त्वों से वंचित करने से धर्म उसमें पिछले दरवाज़े से घुसपैठ कर लेता है और तब उसके नकारात्मक पहलू ही राजनीति को विकृत करने के लिए शेष रह जाते हैं। यह चिंतन धारा बार-बार गाँधी का हवाला देकर अपनी वैधता साबित करती है। हालाँकि लोहिया का नाम इसमें उस प्रमुखता से नहीं आता, लेकिन गाँधी के रूढ़िमुक्त वैचारिक उत्तराधिकारी के रूप में उनके विचारों से भी यह प्रेरणा लेती हुई लगती है। प्रभाष जोशी के चिंतन को मोटे तौर से इस श्रेणी का अंग माना जा सकता है। लेकिन, उनकी रचनाओं में इस धारा से कई जगह महत्त्वपूर्ण विचलन भी है, और आख़िर में हम देखेंगे कि वह विचलन इतना बढ़ जाता है कि वे

आशिस नंदी से भले ही अपनी सहमति का दावा करें, लेकिन नंदी को उनसे अपनी सहमति का दावा करने से पहले अपने विचार पूरी तरह बदल देने होंगे।

अपने लेखों के संकलन की भूमिका में प्रभाष जोशी ने साफ़ कर दिया है कि हिंदुत्व और हिंदू धर्म में फ़र्क़ है। हिंदुत्व एक राजनीतिक अवधारणा है जिसे सावरकर ने विकसित किया था और वह हिंदू धर्म का प्रतिनिधित्व बिलकुल नहीं करती। अपने सभी लेखों में प्रभाष्र जोशी ने इस फ़र्क़ को लगातार बनाए रखा है। इस लिहाज़ से वे राजेंद्र यादव के मुक़ाबले अधिक सावधान टिप्पणीकार हैं। दरअसल, उनका मुख्य सरोकार हिंदुत्व की छाया से हिंदू धर्म और हिंदू समाज को बचाना है। उन्हें यह कहने से गुरेज़ नहीं है कि उनकी चिंता के केंद्र में सेकुलरवाद न होकर वह धर्म है जिसे साम्प्रदायिक राजनीति विकृत करने पर तुली हुई है। प्रभाष जोशी साम्प्रदायिकता की वामपंथी आलोचना के उस फ़ार्मूले से भी बचते हैं जिसके तहत हिंदुत्व को फ़ासीवाद की श्रेणी में रख कर देखा जाता है। उनके गणित में राज्य का ख़ास महत्त्व नहीं है, इसलिए वे समाज की ज़मीन पर क़लम के ज़रिये साम्प्रदायिकता विरोधी संग्राम चलाने में दिलचस्पी रखते हैं। लेकिन, राज्य का महत्त्व कम होने के बावजूद लेखक को राष्ट्र और उसके संविधान के साथ गहरा लगाव है। वे धर्म के साथ-साथ राष्ट्र और संविधान को भी हिंदुत्व की विकृति से बचाना चाहते हैं। यह काम उन्हें धर्म को बचाने से भी ज़्यादा ज़रूरी लगता है :

> ... ज़रूरी है कि हिंदुत्व से अपने धर्म और समाज में जो साम्प्रदायिक संकीर्णता पैदा करने की संगठित और लगातार कोशिशें की जा रही हैं उनसे लोगों को बचाया जाए। और शायद इससे भी ज़्यादा ज़रूरी है कि ब्रिटिश साम्राज्य और युरोप से हुई हमारी कोई दो सदी की मुठभेड़ में से जो भारतीय चेतना और भारतीय राष्ट्र निकला है उसके मूलाधार बदलने की कोशिशों से लोगों को सावधान किया जाए।[25]

प्रभाष जोशी जो समीकरण पेश करते हैं वह कुछ ख़ास क़िस्म का है। उसमें समाज और उसका धर्म है एवं उससे भी ज़्यादा महत्त्व राष्ट्र और उसके संविधान का है। यह एक जटिल प्रस्थापना है और समाजशास्त्र के प्रचलित सिद्धांतों में फ़िट नहीं बैठती। इसमें राष्ट्र के साथ राज्य नहीं है। यह राष्ट्रवाद की आलोचना से अलग चीज़ है। आशिस नंदी तो जिस राष्ट्रवाद को ख़ारिज करना चाहते हैं, वह राष्ट्र में राज्य को जोड़ कर राष्ट्र-राज्य की उस संस्था में मूर्तिमान होता है जो सांस्कृतिक समतारूप का पाटा चलाने वाले पश्चिमी राष्ट्रवाद की देन है। नंदी को इस बात में कोई संदेह नहीं है कि भारतीय चिंतन पर

---

[25] प्रभाष जोशी, *हिंदू होने का धर्म*, 'भूमिका' : 17.

उन्नीसवीं सदी से राष्ट्र-राज्य का यही ख़याल हावी है। इसके विपरीत प्रभाष जोशी की बातों से स्पष्ट हैं कि वे भारतीय राष्ट्र को राज्य से अलग मान कर चलते हैं और उसके संविधान प्रदत्त मूलाधारों को अक्षुण्ण बनाए रखना अपनी मुख्य ज़िम्मेदारी समझते हैं।

राष्ट्रीय स्वयंसेवक संघ के ऊपर लगभग सभी आलोचक इलज़ाम लगाते हैं कि वह देश में सांस्कृतिक राष्ट्रवाद के नाम पर धार्मिक राष्ट्रवाद लागू करना चाहता है, लेकिन प्रभाष जोशी अपने तरह के अकेले आलोचक हैं जिनका चिंतन धर्म और राष्ट्रवाद को स्पष्ट रूप से जोड़ने के बाद भी राजनीतिक हिंदुत्व की कड़ी मुखालफ़त करता है। यहाँ तक कि उन्हें यह कहने से भी कोई संकोच नहीं है कि भारतीय सेकुलरवाद का आधार भी धर्म ही है। यह धर्म आशिस नंदी का धर्म नहीं है जिसमें हिंदू धर्म, इस्लाम, ईसाइयत या कोई भी धर्म शामिल हो सकता है। नंदी के लिए तो धर्म वह है जिसे जन-साधारण अपनी रोज़मर्रा की ज़िंदगी में अपनाता और मानता है। लेकिन, प्रभाष जोशी का धर्म तो वह है जो इस्लाम और ईसाइयत नहीं है। वह सनातन धर्म है। ऐसे धर्म पर आधारित सेकुलरवाद और ऐसे धर्म पर आधारित राष्ट्र की उनकी अनूठी साम्प्रदायिकता विरोधी एवं राष्ट्र और संविधान की रक्षा का दावा करने वाली थीसिस इस तरह सामने आती है :

> कई भारतीयों को भी अंग्रेज़ों की तरह समझने में मुश्किल होती है कि ... इस पंथनिरपेक्षता की जड़ें उस धर्म में हैं जिसमें सभी पंथों के लिए सम्मान की जगह है। इस मायने में हमारा राज्य हमेशा से ही पंथनिरपेक्ष रहा है क्योंकि उसने हमारे पूरे समाज को एक ही पंथ का बनाने की कोशिश कभी नहीं की। ... जैसा विधान लोकतंत्र में विधि के राज का है वैसे ही सनातन धर्म में। ... जिस तरह लोकतंत्र में साधारण नागरिक के मूलाधिकार और कर्तव्य राष्ट्रपति और प्रधानमंत्री के कर्तव्यों से भिन्न नहीं हैं वैसी ही स्थिति सनातन धर्म के साधारण धर्मावलम्बी और शंकराचार्य और महामण्डलेश्वर की है। ... यह धर्म इस्लाम और ईसाइयत से मूल रूप से भिन्न है। इसमें साम्प्रदायिक संगठनीयता नहीं है। ... सच पूछिए तो सनातन धर्म सभी धर्मों की संसद है जिसमें आम सहमति से काम होता है, बहुमत का राजदंड नहीं चलता। उदार, लोकतांत्रिक हिंदू या भारतीय मानस इसी धर्म से बना है जो सनातन है और इसलिए सनातन माना गया ... इस धर्म से बने हुए मानस के आधार पर ही भारतीय लोकतंत्र और उसके गणराज्य और लोकतंत्र की पंथनिरपेक्षता टिकी हुई है। ... हमारा लोकतंत्र और पंथनिरपेक्षता ऊपर से भले ही पश्चिमी दिखती हो मूल में भारतीय है और उसकी आत्मा धार्मिक है ... भारतीय समाज और राष्ट्र हिंदू धर्म के विराट, सर्वग्राही और सकारात्मक धारण तत्त्व पर टिका है। ... राज्य तो पंथ निरपेक्ष हो सकता है, पर समाज कभी सेकुलर नहीं हो सकता। जिस अर्थ में

धर्म अपने यहाँ समझा जाता है उस अर्थ में तो राज्य भी धर्म के अनुसार ही चलना चाहिए। ...[26]

राजेंद्र यादव तो धर्म-मात्र के ही विरोधी हैं इसलिए हिंदू धर्म की अन्य पंथों के मुक़ाबले श्रेष्ठता में उन्हें कोई दिलचस्पी नहीं हो सकती। धर्म हो या पंथ, वे राज्य और राष्ट्र को दोनों से निरपेक्ष रखना चाहते हैं। लेकिन प्रभाष जोशी लगातार सेकुलरवाद के बजाय पंथनिरपेक्षता का आग्रह करते हैं और उनके लिए वही सर्वधर्मसमभाव की पर्याय है। उनके 'सर्वधर्मसमभाव' को हमें 'सर्वपंथसमभाव' पढ़ना चाहिए क्योंकि धर्म तो सनातन धर्म है जिसके कारण यह सर्वपंथसमभाव सम्भव हो सका है। कुछ भ्रम हो सकता है इसलिए साफ़ कर देना ज़रूरी है कि प्रभाष जोशी अपने लेखन में जहाँ-जहाँ राष्ट्रीयता का आधार धर्म न होने का ज़ोरदार दावा करते हैं, वहाँ भी हमें धर्म की जगह पंथ ही पढ़ना चाहिए, क्योंकि यही उनका असली मतलब है। वे साफ़ तौर से कहते हैं कि भारतीय राष्ट्र तो अपने आधार सनातन धर्म के साथ अंग्रेज़ों, ईसाइयत, मुसलमानों, इस्लाम, आधुनिक राष्ट-राज्य के वजूद में आने के पहले से मौजूद हैं। इस लेखन में हिंदुओं को एक सनातनी महा-अस्मिता में बाँधने का बौद्धिक उद्यम साफ़ दिखाई देता है। यह सनातनी महा-अस्मिता आधुनिक राष्ट्र-राज्य की दावेदार बन कर उभरती है और उसकी इस महत्त्वाकांक्षा पर इसलिए आश्चर्य नहीं होता कि उसका इतिहास आधुनिकता के मुक़ाबले पुराना नहीं है। यह आर्य समाज आंदोलन की प्रतिक्रिया में पनपी महा-अस्मिता ही है। सेकुलरवाद को पंथनिरपेक्षता का पर्याय मानने वाली सनातनी अस्मिता सर्वपंथसमभाव को किस तरह संचालित करती है, इसका एक नमूना हमें उन-उन जगहों पर देखने को मिलता है जहाँ प्रभाष जोशी मुसलमानों और इस्लाम के स्वभाव की चर्चा करते हुए उनके पंथ के साथ 'समभाव' रखने की तजवीज़ करते हैं :

> ... अब हिंदू-मुसलमान संबंधों में राज्य पंचायत नहीं कर सकता ... आम मुसलमानों को तो उदार लोकतांत्रिक और हिंदू या भारतीय समाज ही बचाएगा। और वे बचेंगे इसलिए कि धर्म उन्होंने भले ही इस्लाम स्वीकार कर लिया हो उनका मानस भी उसी धर्म से बना है जो भारत का सर्वव्यापी सनातन मानव धर्म है। ... यह तो अब बहुत से भारतीय मुसलमानों ने मान लिया है कि भारत अगर पंथनिरपेक्ष है तो इसका कारण यह है कि बहुसंख्यक हिंदू समाज पंथनिरपेक्ष है ... इस्लाम जैसे धर्म जिसमें आस्था न रखने वाले को क़ाफ़िर कहा गया और जिससे संसार को 'हम' और 'वे' में बाँटा ... हिंदुओं से मेलजोल से सूफ़ी मत निकला जो भक्ति आंदोलन की ही एक धारा है ... इस्लाम भले ही बाहर से आया हो लेकिन इस देश के

---

[26] प्रभाष जोशी, *हिंदू होने का धर्म*, ये वाक्यांश : 60, 145, 158 और 184 पर देखे जा सकते हैं.

मुसलमान तो इस देश में ही जन्मे हैं। अपनी जातीय और मानसिक बनावट से इस्लाम को मानने वाले हिंदू हैं। ...[27]

यहाँ हिंदू मानस वाले मुसलमान को हिंदू मानस वाला हिंदू उसके जान और माल की रक्षा का भरोसा दे रहा है। मुसलमान भले ही बाहर से न आये हों, लेकिन वे इस देश को धारण नहीं करते। धारण तत्त्व तो केवल सनातन धर्म में है और वह पृथ्वी की तरह धारण करता है। प्रभाष जोशी कहते हैं कि हिंदुओं को अपने इसी धारगा तत्त्व के कारण मुसलमानों पर लगने वाले संकीर्णता, हठधर्मिता, देशद्रोहिता आदि के आरोपों को पृथ्वी की तरह सहन करते रहना चाहिए। यहाँ सवाल पूछा जा सकता है कि इस देश को सेकुलर गणतंत्र बनाए रखने के लिए मुसलमानों जैसी विशाल अल्पसंख्यक आबादी के लिए प्रभाष जोशी के पास क्या प्रस्ताव है? जवाब यह है कि वास्तव में मुसलमानों के लिए उनके पास कोई सेकुलर कार्यक्रम नहीं है। वैसे भी प्रभाष जोशी की निगाह में मुसलमानों का 'पंथ' उन्हें सेकुलर होने या दूसरे पंथों के साथ भाईचारे और मेलमिलाप से रहने का संदेश देने के बजाय दुनिया को 'हम' और 'वे' में बाँट देता है। दरअसल, छद्म हिंदू और असली हिंदू के संघर्ष के इस नज़ारे से मुसलमान समाज तक़रीबन ग़ायब ही है। निष्क्रिय रूप से अपनी रक्षा की प्रत्याशा करते रहने के अलावा उसके पास कोई काम नहीं है।

ज़ाहिर है कि ये तमाम विचार और आग्रह आशिस नंदी या धीरूभाई शेठ के नहीं हो सकते। न ही इनसे सुरेश शर्मा या योग्रेंद्र यादव का कोई ताल्लुक़ हो सकता है। ये प्रभाष जोशी के अपने विचार हैं। उनके लेखन में बार-बार श्रद्धा के साथ गाँधी का नाम आता है। वे संघ परिवार को गाँधी का हत्यारा मानते हैं और कहते हैं कि धार्मिकता हो तो गाँधी जैसी हो। उनके पूरे साम्प्रदायिकता विरोधी लेखन में दो तरह के हिंदू हैं : सनातन धर्म को मानने वाले उनके जैसे स्वाभाविक रूप से सहिष्णु, उदार, लोकतांत्रिक और राष्ट्रीय हिंदू, और दूसरी तरफ़ हैं इस्लाम और सिख जैसे सामी धर्मों की कट्टरता की प्रतिक्रिया में जल कर काले पड़ गये मुट्ठी भर हिंदू जो सनातन धर्म को नहीं, बल्कि सावरकर द्वारा प्रवर्तित राजनीतिक हिंदुत्व को मानते हैं। यहाँ ऐसा भ्रम हो सकता है कि शायद उन्होंने डॉ. लोहिया की विख्यात थीसिस 'हिंदू बनाम हिंदू' से प्रेरणा ली होगी। जाँच करने पर स्पष्ट हो जाता है कि गाँधी और लोहिया भी प्रभाष जोशी के प्रेरणास्रोत नहीं हैं।

---

[27] प्रभाष जोशी, *हिंदू होने का धर्म*, ये वाक्यांश : 108, 142 और 184 पर देखे जा सकते हैं.

क्या गाँधी की धार्मिकता और इस्लाम जैसे पंथों से श्रेष्ठ सनातन धर्म की प्रभाष जोशी मार्का धार्मिकता एक ही बात है ? धार्मिक चेतना पर सर्वाधिक बल देने वाले गाँधी धर्म और मनुष्य के संबंध पर अपनी स्थिति इस प्रकार साफ़ करते हैं, 'मेरी राय में जन्मजात और कर्मप्राप्त श्रेष्ठता जैसी कोई चीज़ नहीं है। मैं अद्वैत के मूलभूत सिद्धांत को मानता हूँ और अद्वैत के मेरे अर्थ में किसी भी स्थिति में श्रेष्ठता के विचार की कोई गुंजाइश नहीं है। ... जो श्रेष्ठता का दावा करता है, वह उसी क्षण मनुष्यता का दावा खो देता है।'[28] हिंदू धर्म की इस्लाम पर श्रेष्ठता का दावा करने के लिए गाँधी ने दयानंद सरस्वती के *सत्यार्थ प्रकाश* की भी आलोचना की थी।[29] गाँधी ने अपने विशाल साहित्य में केवल एक बार अपवादस्वरूप ही मुसलमान आक्रामकता की रूढ़ छवि को स्वीकृति प्रदान की है। सम्भव है कि उनका यह कथन उन्नीसवीं सदी के राष्ट्रवादी विमर्श के अपरोक्ष प्रभाव की देन हो। अन्यथा गाँधी उस विमर्श से अलग खड़े होने वाले महापुरुष हैं। गाँधी का नाम लेकर हिंदुओं की सहिष्णुता का राग अलापने वालों को आशिस नंदी ने अपनी सेकुलरवाद संबंधी रचनाओं में जम कर आड़े हाथों लिया है। नंदी के मुताबिक़ गाँधी धार्मिक सहिष्णुता को वास्तविक सहिष्णुता का दर्जा तभी देते थे जब वह दूसरे धर्मों को भी सहिष्णुता के स्रोत के रूप में स्वीकारने के लिए तैयार हों। इसी तरह गाँधी के लिए बहुलता की हिंदू प्रवृत्ति का तात्पर्य दूसरे धर्मों की बहुलतावादी प्रवृत्तियों को मान्यता देना था।[30]

जहाँ तक डॉ. लोहिया का सवाल है, वे धार्मिक और सांस्कृतिक चेतना पर ज़ोर डालने के बावजूद हिंदू श्रेष्ठता के मिथक से सर्वथा मुक्त रहे। उनके वाङ्मय में मुसलमान आक्रामकता या कट्टरता का ज़िक्र तक नहीं है। उनका उदार हिंदू और कट्टर हिंदू तो एक ही हिंदू मानस की दो प्रवृत्तियों का प्रतिनिधित्व करता है। जब उनका उदार हिंदू ज़ोर मारता है तो हिंदू धर्म दूसरे धर्मों से भी प्रभाव ग्रहण करता है, और जब कट्टर हिंदू ज़ोर मारता है तो वह ऐसे विचारों के लिए अपने दरवाज़े बंद कर लेता है। लोहिया ने अपनी रचना 'हिंदू बनाम हिंदू' में पश्चिमी दृष्टि और भारतीय दृष्टि का फ़र्क़ बताते हुए पश्चिम की तर्कबुद्धि और परम सत्य की भारतीय खोज के बीच रागात्मक समन्वय की ज़रूरत रेखांकित

---

[28] 'धर्म तो जीवन के हर क्षेत्र में होना चाहिए : गाँधीजी और धर्म' 2 अक्टूबर 1993, *जनसत्ता* : 7.

[29] *यंग इण्डिया*, 9 मई 1924 (कृष्ण कुमार ने अपने लेख 'हिंदू, हिंदी, हिंदुस्तान' में इसे उद्धृत किया है), अभय कुमार दुबे (सम्पा.), *साम्प्रदायिकता के स्रोत*, विनय प्रकाशन, नयी दिल्ली, 1993.

[30] आशिस नंदी (1988), 'द पॉलिटिक्स ऑफ़ सेकुलरिज़्म ऐंड रिकवरी ऑफ़ रिलीजस टालरेंस', *आल्टर्नेटिव्ज़*, खण्ड 13, अंक 2, अप्रैल.

की थी।[31] उन्होंने माना था कि हिंदू अनंत ऊँचाइयों को छूता है, और इतना नीचे भी गिर जाता है जितना किसी धर्म का व्यक्ति नहीं गिर सका। लोहिया का उदार हिंदू श्रेष्ठता के दम्भ से ग्रस्त नहीं है। वह उदारता का दावा तो करता है, पर संयमित रूप से। वह लोकतंत्र और पंथनिरपेक्षता को अपनी पैदायशी ख़ूबी नहीं मानता। गाँधी हों या लोहिया, दोनों में से कोई हिंदू धर्म और इस्लाम के बीच किसी तुलनात्मक टिप्पणी के चक्कर में नहीं पड़ते, किसी धर्म को राष्ट्र का आधार बताने का तो सवाल ही नहीं उठता।

चूँकि प्रभाष जोशी के विमर्श की बुनियादी ज़मीन धर्म है, इसलिए यह समझा जा सकता है कि उन्होंने अपने सनातन धर्म और दूसरों के पंथों के बीच अन्योन्यक्रिया पर ज़रूर ध्यान दिया होगा। लेकिन, इस पहलू को उन्होंने न के बराबर ही छुआ है। एक-आध जगह वे इतना-भर कहते हैं, 'हमें यह भी समझना चाहिए कि इस्लाम और ईसाइयत से अच्छे और कल्याणकारी प्रभाव हमारे यहाँ आये तो उनसे बड़े पैमाने पर भारतीय संस्थाओं और मानस का विध्वंस भी हुआ है।' यह पता लगाना मुश्किल है कि अच्छे और कल्याणकारी प्रभाव क्या हैं, पर यह साफ़ ज़रूर हो जाता है कि नुक़सान क्या हुआ है। प्रभाष जोशी साम्प्रदायिक राजनीति की भारतीय जड़ों की तलाश करते हुए अखाड़ों की परम्परा का विस्तार से वर्णन करते हुए संघ की शाखा के अखाड़े जैसे चरित्र का ज़िक्र करते हैं। लेकिन, साथ में उनके पूरे विमर्श से छवि यह निकलती है कि इस्लाम और ईसाइयत की सामी संरचनाओं ने कट्टर हिंदुओं को प्रेरित किया है, इसलिए ये कट्टरपंथी हिंदू धर्म को भी वैसा ही यानी धर्म से हीन पंथ बना देना चाहते हैं। इसी सिलसिले में जिस पहलू पर उन्होंने ख़ास तौर से ध्यान दिया है, वह है हिंदू समाज में धार्मिकता का बदलता स्वरूप। 'अमरनाथ और काँवड़ के गंगाजल का प्रदूषण' शीर्षक से लिखे गये अपने लेख में वे धार्मिकता की अपनी धारणा प्रतिपादित करते हैं :

> काँवड़ियों के झुण्डों के चलते और उनकी चाल-ढाल को देखते और उनके उद्घोषों को सुनते हुए लगता है कि जैसे वे पटा-बनैठी घुमा रहे हों, या ख़म ठोक रहे हों। एक समाज के जीवन में ऐसे दौर आते हैं जब लोग इस तरह का व्यवहार करते हैं। लेकिन हिंदू और जीवन पद्धति के बुनियादी जीवन मूल्यों और समाज के व्यवहार के साथ ये चीज़ें नहीं आतीं। क्या हिंदू समाज ऐसे दौर से गुज़र रहा है जिससे उसे अपनी धार्मिक ताक़त दिखाने और ख़म ठोकने की ज़रूरत महसूस हो रही हो?

---

[31] राममनोहर लोहिया (1993), 'हिंदू बनाम हिंदू', *परिवेश*, मुरादाबाद.

> हरिद्वार के उस बुजुर्ग की बात सुन कर मुझे लगा था कि यह सब अलग सिख धार्मिक राष्ट्र ख़ालिस्तान बनाने की आतंकवादी कोशिशों की प्रतिक्रिया में हो रहा है और काँवड़ के पवित्र गंगाजल में प्रतिक्रिया का प्रदूषण हो गया है। अब लगता है कि प्रतिक्रिया का प्रदूषण तो है ही, हिंदू समाज में कहीं न कहीं यह इच्छा पनपने लगी है कि वह भी अपनी धार्मिक निष्ठाओं का वैसा ही सार्वजनिक प्रदर्शन करे जैसा इस्लाम और ईसाइयत को मानने वाले करते हैं। ... धर्म निजी आस्था और निष्ठा का स्रोत है, सामाजिकता का नहीं। इस्लाम और ईसाइयत से अगर सामाजिक संगठन निकाल दिया जाए तो उसका पालन करने वाले के पास जो बचेगा वह सनातन धर्म से बिल्कुल अलग नहीं होगा।[32]

स्पष्ट है कि धार्मिकता संबंधी यह प्रस्थापना विवेकानंद की उस प्रस्थापना से एकदम अलग है जिसमें उन्होंने हिंदू तत्त्व-ज्ञान और इस्लाम के सामाजिक संगठन के गठजोड़ में भारत की महानता के दर्शन किये हैं। प्रभाष जोशी नहीं चाहते कि यह समागम हो और इस तरह वे उन्नीसवीं सदी के राष्ट्रवादी विमर्श के उस ढलान से बच कर निकल जाते हैं जिस पर चलने की कोशिश में नेहरूवादी या वामपंथी सेकुलर विमर्श अकसर फिसलता रहा है (देखें लेख के पिछले खण्ड में राजेंद्र यादव और खगेंद्र ठाकुर के विचार)। उनके विमर्श का यह एक महत्त्वपूर्ण सकारात्मक पहलू है। लेकिन, क्या इससे यह नहीं लगता कि प्रभाष जोशी की नज़र में सामाजिक संगठन के पहलू ने इस्लाम और ईसाइयत के बचे हुए उन आयामों को प्रदूषित कर दिया है जो 'सनातन धर्म से बिलकुल अलग नहीं' हैं? या यूँ भी कहा जा सकता है कि इन्हीं प्रदूषक पहलुओं के कारण वे 'पंथ' हो गये, वरना सनातन धर्म जैसे 'धर्म' होते। यह धर्म की एक ख़ास तरह की सुविधाजनक परिभाषा है जिसमें तत्त्व-ज्ञान और सामाजिक संगठन के बीच कोई आपसी संबंध नहीं दिखता। इसका एक कारण यह हो सकता है कि अगर प्रभाष जोशी इस्लामी सामाजिक संगठन का रिश्ता उसके तत्त्व-ज्ञान से मान लेते तो शायद हिंदू तत्त्व-ज्ञान और उसके जातिप्रथा नामक सामाजिक संगठन का भी कोई रिश्ता उन्हें खोजना पड़ता। उनके साम्प्रदायिकता विरोधी चिंतन में जाति की उपस्थिति काफ़ी दिलचस्प है। शब्दावली अलग है पर वे जाति को लगभग उन्हीं तात्पर्यों के साथ याद करते हैं जो राजेंद्र यादव ऐंड कंपनी के तात्पर्य हैं।

ज़ाहिर है कि इस दावे को क़तई नहीं माना जा सकता कि सनातन धर्म में अपना कोई निजी सांगठनिक पहलू है ही नहीं। वह सिर्फ़ तत्त्व-ज्ञान ही नहीं हो सकता। इस समाजशास्त्रीय यथार्थ को नहीं झुठलाया जा सकता कि कोई भी

---

[32] प्रभाष जोशी, ये वाक्यांश : 196 पर देखे जा सकते हैं.

धर्म सदियों से केवल वैचारिक रूप से ही नहीं टिक सकता, उसका अस्तित्व भौतिक रूप से कर्मकाण्डों, उन्हें अपनाने वालों के संख्याबल और अपने युग की राजनीति में उनके प्रभुत्व से भी निर्धारित होता है। इसी कारण से धर्मावलम्बी या मतावलम्बी सामुदायिक श्रेणियों में बदल जाते हैं। हिंदू धर्म इस्लाम और ईसाइयत से भिन्न सामाजिक संरचना के कारण राजनीति में जातिगत श्रेणियों का सामुदायिक योगदान करता है। हिंदुओं के बीच सारी राजनीति जातियों के समीकरणों के आस-पास गोलबंद होती है। रजनी कोठारी और धीरूभाई शेठ ने अपनी रचनाओं में दिखाया है कि राजनीति और जातियों के बीच किस तरह की अन्योन्यक्रिया होती है और उसका सेकुलरवाद या साम्प्रदायिक राजनीति पर कैसा असर पड़ता है। इन विद्वानों ने यह भी दिखाया है कि लोकतांत्रिक राजनीति, आधुनिकीकरण और शहरीकरण आदि के असर से जातियों का कर्मकाण्डीय श्रेणीगत रूप कमज़ोर हो जाता है और वे सामाजिक स्तरीकरण की प्रक्रिया में जा कर वर्ग-रचना के लिए गुंजाइशें छोड़ने लगती हैं।

प्रभाष जोशी की क़लम से निकले छह सौ से ज़्यादा पृष्ठों में जाति और जाति प्रथा नामक शब्द कहीं-कहीं ही आया है, लेकिन जब भी आया है तो कभी अफ़सोस के रूप में, तो कभी अपने-पराये में भेद न करने वाले सनातन धर्म की विकृति के रूप में। उन्होंने वर्णाश्रम धर्म और जातिप्रथा को हिंदू तत्त्व-चिंतन से निकले सहज सामाजिक संगठन के तौर पर स्वीकार करने के बजाय अपने पूरे विमर्श की संरचना करते हुए ख़याल रखा है कि सनातन धर्म के भव्य चित्र खींचते समय इस जाति प्रथा नामक चीज़ का ज़िक्र न आये। वे या तो चुनावी राजनीति के संदर्भ में जातिवाद की बुराई का ज़िक्र करते हैं, या फिर धर्मपरिवर्तन के संदर्भ में, जिसके तहत 'अत्याचारों और अधोपतित रहने' की विवशता से निकलने के लिए बहुत से हिंदू इस्लाम और ईसाइयत अपनाने के लिए मजबूर हुए। हिंदुत्ववादी साम्प्रदायिकता के संबंध में वे यह ज़रूर मानते हैं कि महाराष्ट्र में हुए समाज सुधार आंदोलनों की प्रतिक्रिया में पुराणपंथी हुए हिंदू ही संघ परिवार के शुरुआती आधार थे। कुल मिलाकर वे कोठारी की इस थीसिस से सहमत नहीं हो सकते कि जातियों की राजनीतिक गोलबंदी का साम्प्रदायिकता विरोधी और सेकुलर इस्तेमाल भी हो सकता है, क्योंकि उन्हें पक्का यक़ीन है कि हिंदू समाज अपने विशिष्ट सामाजिक संगठन के कारण नहीं, बल्कि अपने सनातनी तत्त्व-ज्ञान के कारण ही पंथनिरपेक्षता को स्वाभाविक रूप से धारण करता है। यहाँ तक कि उत्तर प्रदेश में हुए 1993 के बहुचर्चित चुनावों में समाजवादी पार्टी की अविस्मरणीय पराजय की व्याख्या करने वाली

उनकी लेखमाला में एक बार भी जातियों की साम्प्रदायिक राजनीति विरोधी भूमिका की शिनाख़्त नहीं की गयी है। राजेंद्र यादव को अगर जाति-आधारित राजनीति साम्प्रदायिकता की देन लगती है, तो प्रभाष जोशी भी उसे उसी भाँति देखते हैं। लगता है कि ये दोनों टिप्पणीकार एक ऐसे भारत की तलाश में हैं जहाँ चुनावी राजनीति, साम्प्रदायिकता विरोधी संघर्ष और सेकुलर रणनीति का निर्माण जातियों के यथार्थ से कहीं अलग जातिमुक्त दायरे में रहना चाहिए। चूँकि वे जातियों के साथ आधुनिक राजनीति की जीवंत और परस्पर परिवर्तनकारी मुठभेड़ को नहीं देख पाते, इसलिए हिंदुत्व की राजनीति से पैदा हुई पेचीदगियों का समाधान उन्हें या तो धर्म के पूर्ण बहिष्कार में दिखाई देता है, या फिर राष्ट्र और समाज के धार्मिक आधार में।

हमारे देश में हितों की होड़ पर आधारित उदारतावादी लोकतंत्र है। इसमें विभिन्न समुदाय, वर्ग, जातियाँ और यहाँ तक कि विभिन्न धर्मावलम्बी अपने सामाजिक-सांस्कृतिक और आर्थिक हितों के साधन के लिए राजनीति करने के लिए स्वतंत्र हैं। कहना न होगा कि सार्वजनिक जीवन से धर्म को बहिष्कृत न करने के समर्थक साम्प्रदायिकता विरोधी लेखक प्रभाष जोशी के अलावा भी कई हैं। हालाँकि, उनमें से कोई भी इस अति तक नहीं गया है कि सनातन धर्म को ही राष्ट्र और राष्ट्रीयता का आधार बता बैठे, लेकिन जैसे ही हिंदू-मुसलिम प्रश्न सामने आता है, वे अल्पसंख्यकों द्वारा अपने हितों को सूत्रबद्ध करने की शैली पर प्रश्नचिह्न लगाते हैं। मुसलमानों के संदर्भ में ख़ासतौर से यह सवाल उठाया जाता है कि वे रोटी या मसजिद के बीच रोटी को अंतिम रूप से क्यों नहीं चुन लेते। मसलन, विख्यात विद्वान और बाबरी ध्वंस के समय *नवभारत टाइम्स* के प्रधान सम्पादक पद पर विराजमान विद्यानिवास मिश्र ने राय दी थी कि बाबरी मसजिद मुसलमानों की असली समस्या नहीं है, उनकी समस्याएँ तो ग़रीबी और अशिक्षा है।[33] यह कहते हुए विद्यानिवास मिश्र रामजन्मभूमि आंदोलन चलाने वाले हितों के स्वयंभू प्रवक्ताओं से यह कहना भूल जाते हैं कि राम मंदिर हिंदू समाज की असली समस्या नहीं हो सकती। उसकी असली समस्या तो राष्ट्रीय विकास, बेरोज़गारी और ग़रीबी का उन्मूलन होना चाहिए। यानी हिंदुओं के लिए अलग पैमाना और मुसलमानों के लिए अलग पैमाना।

साम्प्रदायिकता विरोधी लेखन के एक शीर्ष रचनाकार हैं राजकिशोर जिन्होंने अपने निजी लेखन के अलावा इस मसले पर पत्रकारीय लेखन के संकलन बतौर

[33] विद्यानिवास मिश्र का साक्षात्कार, *देशज*.

पाँच लोकप्रिय पुस्तकों का सम्पादन भी किया है। ये पुस्तकें हैं : *अयोध्या और उससे आगे, हिंदू होने का मतलब, हिंदुत्व की राजनीति, मुसलमान : मिथक और यथार्थ* और *मुसलमान क्या सोचते हैं*। राजकिशोर ने साम्प्रदायिकता से संघर्ष करने का एक दिलचस्प तरीक़ा यह बताया है कि मुसलमानों के बीच बहुविवाह के बारे में बात करते समय हिंदुओं में बहुविवाह के आँकड़ों को सामने नहीं लाना चाहिए क्योंकि यह कुतर्क होगा। इसमें और विद्यानिवास मिश्र वाली दलील में ख़ास अंतर नहीं है। यहाँ भी हिंदू और मुसलमानों के लिए अलग-अलग पैमाने अपनाने का आग्रह है।[34] राजकिशोर द्वारा सम्पादित पहली तीन पुस्तकें हिंदू समाज के नज़रिये से इस समस्या का संधान करने की कोशिश करती हैं और बाक़ी दो पुस्तकें मुसलमानों पर नज़र डालती हैं। यह सम्पादकीय योजना हिंदू और मुसलमानों को दो अलग-अलग ख़ानों में बाँट कर देखने पर आधारित है। इससे हिंदुओं और मुसलमानों को साथ-साथ रख कर साम्प्रदायिकता और सेकुलरवाद पर विचार करने की शर्त पूरी नहीं होती। और तो और, *मुसलमान : मिथक और यथार्थ* में तो एक घोर साम्प्रदायिक लेख भी शामिल किया गया है। रामेश्वर मिश्र 'पंकज' द्वारा लिखा गया यह लेख हिंदुओं पर मुसलमानों के अत्याचारों का उसी शिद्दत से वर्णन करता है जो बजरंग दल या विश्व हिंदू परिषद के मुखपत्रों या प्रकाशनों की ख़ास बात है। पंकज राष्ट्रीय स्वयंसेवक संघ को भारतीय बुद्धि की श्रेष्ठ अभिव्यक्ति क़रार देने वाला लेख भी लिख चुके हैं।

प्रभाष जोशी, विद्यानिवास मिश्र और राजकिशोर की तरह गाँधी-लोहिया विरासत के अन्य दावेदार हैं किशन पटनायकऔर सच्चिदानंद सिन्हा। इन दोनों चिंतकों को गाँधी-लोहिया हलक़े में ज़बरदस्त प्रतिष्ठा प्राप्त है। हिंदी क्षेत्र में ईमानदार कार्यकर्ताओं और बुद्धिजीवियों का एक प्रभावी हिस्सा इन दोनों की तरफ़ सैद्धांतिक प्रेरणाओं के लिए देखता है। अयोध्याकाण्ड के बाद इनके चिंतन पर नज़र डालने से स्पष्ट हो जाता है कि एक ही विरासत की दावेदारी के अलावा इन दोनों के विचारों में कोई साम्य नहीं है।

किशन पटनायक ने 'सेकुलरवाद और उसका छद्म' शीर्षक से बारह लेखों की एक लेखमाला प्रकाशित कराई है। इस लेखमाला में सेकुलरवाद के लिए पाँच घोषणापत्रों को भी शामिल किया गया है। 'सेकुलरवाद का घोषणापत्र-5' नामक लेख में उन्होंने बाक़ायदा एक 13 सूत्रीय घोषणापत्र पेश किया है जो हर

---

[34] राजकिशोर (1993), 'साम्प्रदायिकता से संघर्ष कैसे न करें!', राजकिशोर (सम्पा.), *आज के प्रश्न : अयोध्या और उसके आगे*, वाणी प्रकाशन, नयी दिल्ली.

तरह से सर्वधर्मसमभाव, राजनीति और धर्म के अलगाव और बहुसंख्यकों के साथ-साथ अल्पसंख्यक साम्प्रदायिकता के ख़िलाफ़ भी सतर्कता की भावनाओं से प्रेरित है। यह एक आकर्षक घोषणापत्र है, पर इसे अलग से पढ़ने पर किशन पटनायक के सेकुलर चिंतन की संरचनाएँ स्पष्ट नहीं होतीं। उनके सेकुलर चिंतन को जानने के लिए ज़रूरी है कि उनका लेख 'सेकुलरवाद का घोषणापत्र-3' ध्यान से पढ़ा जाए। ख़ास बात यह है कि यही लेख पहले 'धार्मिक राष्ट्रीयता बनाम आर्थिक राष्ट्रवाद' नाम से प्रकाशित हो चुका है। इस लेख में किशन पटनायक भारतीय सेकुलरवाद की समस्या को आर्थिक राष्ट्रवाद और धार्मिक राष्ट्रीयता के बीच द्वंद्व के रूप में प्रस्तुत करते हैं। उनकी निगाह में आर्थिक राष्ट्रवाद की पहली क़िस्म के पीछे कम्युनिस्ट, समाजवादी और उदारतावादी हैं, धार्मिक राष्ट्रीयता (जिसे किशन पटनायक के अनुसार आडवाणी ने सांस्कृतिक राष्ट्रीयता कहना शुरू कर दिया है) के पीछे भाजपा और संघ परिवारों के नेता हैं। इस लेख से निकाला गया पटनायक के विचारों का यह कोलाज भारतीय सेकुलरवाद की उनकी आलोचना के विभिन्न पहलू साफ़ कर देता है :

> जो जितना बड़ा सेकुलर नेता है और जितना बड़ा सेकुलर बुद्धिजीवी है, उसके लिए 'भारत माता' का उच्चारण उतना अधिक लज्जाजनक। ... 1962 में कम्युनिस्टों के देशप्रेम के बारे में ज़रूरत से अधिक प्रश्नचिह्न लग गया था। उन्हीं दिनों संघ परिवार का राष्ट्रवाद पहली बार विश्वसनीय होने लगा। ... भारतीय कम्युनिस्ट तो यहाँ तक चले गये थे कि उन्होंने रणकौशल के स्तर पर भी राष्ट्रीय भावना को त्याग दिया। ... भारतीय बुद्धिजीवी ... उनकी अंतर्राष्ट्रीयता एक छद्म है और राष्ट्रीय जिम्मेदारियों से पलायन का उपाय है। वे या तो अंतर्राष्ट्रीयतावादी बनेंगे या फिर क्षेत्रीयतावादी बनेंगे, लेकिन राष्ट्रीयवादी नहीं बनेंगे। युरोपीय मानवतावाद का जो अनुकरण तीसरी दुनिया के देशों के बौद्धिक जगत में हुआ, यही उसी का परिणाम है। ... तीसरी दुनिया के देशों में जहाँ राष्ट्रीय भावना की कमी हो गयी है, ऐसा ही हो रहा है। ... राष्ट्रीयता अगर भावुकता है तो उसमें क्या बुराई है? ... भावनाओं को संस्कृति से लैस करना पड़ता है। ... पिछले पच्चीस साल की (लोहिया के बाद की) राजनीति के बारे में यह कहा जा सकता है कि भाजपा-जनसंघ को छोड़ कर अन्य किसी दल या ख़ेमा के लिए राष्ट्रवाद एक निर्णायक मुद्दा नहीं रहा है। राष्ट्रीय राजनीति में राष्ट्रवाद की अनिवार्यता है या नहीं? क्या एक अंतर्राष्ट्रीय विचारधारा के तहत संघ परिवार की आक्रामकता का मुक़ाबला किया जा सकता है? सेकुलरवादवादी बौद्धिक जन इस प्रश्न का उत्तर देंगे? ... साम्प्रदायिकता एक विचारधारा है। यह विकृत राष्ट्रीयता की विचारधारा है। धनी बुर्जुआ वर्ग ... साम्प्रदायिक राष्ट्रवाद और आर्थिक राष्ट्रवाद में से चुनना होगा तो वह प्रथम को चुनेगा। ... नेताओं और बुद्धिजीवियों के न चाहने से राष्ट्रीय भावना ख़त्म नहीं होगी। किसी न किसी तरह वह अभिव्यक्त होगी। साम्राज्यवाद से बचने के संदर्भ में उसे अभिव्यक्त नहीं किया जाएगा, तो इतिहास का बदला लेने के लिए उसका

उपयोग होगा। ... इस समय राष्ट्रीयता को व्यक्त करने का सबसे महत्त्वपूर्ण और व्यावहारिक संदर्भ आर्थिक नीतियाँ हैं।[35]

पटनायक के विचार एकदम नये क़िस्म के हैं। उन्हें भी समाजशास्त्र द्वारा प्रचलित किसी खाने में फ़िट नहीं किया जा सकता। उनके विमर्श में सांस्कृतिक आधार वाली राष्ट्रीय भावना और साम्प्रदायिक राष्ट्रवाद दो अलग-अलग चीज़ें हैं। राष्ट्रीय भावना (जिसे सांस्कृतिक राष्ट्रीयता के रूप में आडवाणी हड़पे ले रहे हैं) एक सकारात्मक भावात्मक घटक है जो राष्ट्रवाद के लिए ज़रूरी है, और साम्प्रदायिक राष्ट्रवाद एक विकृति है। 'भारतमाता' की अवधारणा का इतिहास युरोपीय है, पर पूरे युरोपीय मानवतावाद को आड़े हाथों लेने वाले पटनायक इसकी परवाह न करके अपनी दलीलों के ज़रिये उसे राष्ट्रीय भावना की लोकप्रिय अभिव्यक्ति के रूप में पेश करते हैं। सांस्कृतिक आधार वाली राष्ट्रीय भावना के स्पर्श से अछूती राजनीति उनके लिए 'अराष्ट्रीय' है, चाहे वह किसी की भी हो। किशन पटनायक की निगाह में कम्युनिस्ट और समाजवादी (और उदारतावादी भी), दोनों इस भावशून्य और निर्जीव राजनीति के ज़िम्मेदार हैं। इसके कारण ही संघ परिवार को राष्ट्रीयता की ठेकेदारी मिल गयी है।

किशन पटनायक के इस पूरे लेख में अल्पसंख्यकों या मुसलमानों या उनके धर्म या उनकी संस्कृति या उनके धर्म और संस्कृति के राष्ट्रवाद या राष्ट्रीयता से संबंध का कोई ज़िक्र नहीं है। इससे स्पष्ट नहीं हो पाता कि इस संबंध में उनके क्या विचार हैं। क्या उन्होंने भारत के बहुधर्मी और बहुसांस्कृतिक देश के होने के पहलू पर ग़ौर किये बिना ही 'धार्मिक राष्ट्रीयता बनाम आर्थिक राष्ट्रवाद' जैसा लेख लिख दिया होगा। मानने का मन तो नहीं करता, पर यह लेख यही संदेश देता है। लेख में उनका पूरा चिंतन एक ऐसी भावात्मक राष्ट्रीयता की पैरोकारी से भरा हुआ है जिसकी आधारभूत भावनाओं के सांस्कृतिक स्रोत स्पष्ट नहीं हैं। आर्थिक राष्ट्रवाद पर ज़ोर देने के कारण वे यह अपील तो करते हैं कि किसानों, मज़दूरों और अन्य सभी तबक़ों को अपनी राजनीतिक कार्रवाइयों का निर्णय राष्ट्रीय भावना के मुताबिक़ करना चाहिए, पर उनके विचारों के हाशिये में राष्ट्रीय भावनाओं के निर्माण में धर्म की भूमिका का भी आग्रहपूर्वक उल्लेख मिलता है। उनके अनुसार धर्म और राष्ट्र मनुष्य के दो आधारभूत तत्त्व हैं।

आख़िर में किशन पटनायक द्वारा प्रस्तावित भारतीय सेकुलरवाद की आलोचना और उसके विकल्प के तौर पर उनकी तजवीज़ पर एक नज़र डाल लेना भी उचित होगा :

---

[35] किशन पटनायक (1993), 'धार्मिक राष्ट्रीयता बनाम आर्थिक राष्ट्रवाद', राजकिशोर (सम्पा.), *आज के प्रश्न : अयोध्या और उसके आगे,* वाणी प्रकाशन, नयी दिल्ली.

सेकुलर शब्द का अर्थ उलटा हो गया है। ... हिंदुओं की जाति-प्रथा और मुसलमानों की शरियत दोनों के विरुद्ध कुछ नहीं करना ही सेकुलर माना जाता है। असल में राजनीति, शिक्षा, खेल-जीवन के अधिक से अधिक क्षेत्रों को धर्म और ईश्वर से युक्त करना ही सेकुलर कार्यक्रम हो गया है। भारत की पलटन जहाँ जाती है, मंदिर और गुरुद्वारा, पण्डित और पुज़ारी साथ-साथ चलते हैं। पुलिस थानों में हनुमान की पूजा होती है। स्कूल, कॉलेज की पूजा में पण्डित को बुलाया जाता है। योजना के आरम्भ और चुनाव अभियान के श्रीगणेश के लिए ज्योतिषी और शंकराचार्य की ज़रूरत पड़ती है। ... भारतीय मनुष्य को एक धार्मिक समाज देना होगा, जो रूढ़िवाद, जाति-प्रथा और औरत पर अत्याचार जैसी संकीर्णताओं से मुक्त हो।[36]

हालाँकि वे मुसलमानों पर कट्टर होने का आरोप नहीं लगाते और इस्लाम के बारे में उसके मन में ज़रा भी द्वेष नहीं है (किशन पटनायक बाबर के ऊपर राममंदिर तोड़ने के आरोप का स्पष्ट प्रतिवाद बाबर की उस वसीयत के आधार पर करते हैं जिसमें उसने अपने उत्तराधिकारियों को गाय का गोश्त न खाने और मंदिरों को न तोड़ने की सलाह दी थी), लेकिन सेकुलरवाद का छद्म साफ़ करने के लिए लिखे गये 85 पृष्ठों में फैले 12 गम्भीर लेखों में किशन पटनायक केवल तीन-चार बार ही मुसलमान शब्द का प्रयोग करते हैं और मुसलमानों के बारे में लिखे गये वाक्यों की संख्या आठ-दस से ज़्यादा नहीं निकलती। जैसे कि मुसलमान न राजनीति के विषय हों, न समाजनीति के। यह विचारक मुसलमानों और अल्पसंख्यकों के विषय में लगभग नहीं के बराबर चिंतित है। किशन पटनायक का यह भारतीय मनुष्य कौन है? ज़ाहिर है कि उसकी धार्मिकता प्रभाष जोशी के भारतीय मनुष्य की तरह कर्मकाण्डीयता और सनातनी पहचान से सनी हुई नहीं है। पर, क्या एक धर्मबहुल समाज का सदस्य होने के नाते उसके सेकुलर विकास के लिए कोई एकरूप फ़ार्मूला सुझाने से दिक़्क़तें पैदा नहीं हो जाएँगी? या हम यह मान लें कि उनका भारतीय मनुष्य भी हिंदू समाज का सदस्य ही है। वे जिस साम्प्रदायिकता विरोधी सांस्कृतिकआंदोलन का आह्वान करते हैं, उसका पहला लक्ष्य जातिवाद ख़त्म करना है जो कुल मिला कर हिंदुओं के बीच समाज सुधार की ही अपील है। बाक़ी दो लक्ष्य हैं औरत की आज़ादी और रूढ़िवाद ख़त्म करना। ये दोनों सेकुलरीकरण की आम प्रक्रिया से मिलने वाले नतीजे हो सकते हैं। मुसलमानों के लिए विशेष रूप से इस एजेंडे में कुछ नहीं है।

अगर राष्ट्रवाद बिना राष्ट्रीय भावना के निर्जीव है, और यह भावना अपनी संरचना में आर्थिक नीतियों की भूमिका सर्वोपरि रखते हुए भी धर्म की भूमिका से

---

[36] किशन पटनायक (2000), *विकल्पहीन नहीं है दुनिया*, राजकमल प्रकाशन, नयी दिल्ली : 189 और 209.

पूरी तरह वंचित नहीं रह सकती तो मुसलमानों की राष्ट्रीय भावना का धार्मिक घटक क्या होगा ? क्या उनकी राष्ट्रीयता का यह रूप हिंदुओं से अलग होगा ? या किशन पटनायक के पास किसी एकरूप धार्मिक राष्ट्रीयता का प्रस्ताव है जिसे मानने पर बहुधर्मी समाज के विभिन्न धर्मावलम्बियों को कोई तकलीफ़ नहीं होगी ? क्या इस पहलू के अस्पष्ट रह जाने के कारण यह नहीं लगता कि किशन पटनायक जिस राष्ट्रीयता की वकालत कर रहे हैं, वह धार्मिक दृष्टि से कभी एकरूप नहीं हो सकती। वह हमेशा किसी न किसी साम्प्रदायिकता से आवेशित ही रहेगी।

किशन पटनायक के विपरीत सच्चिदानंद सिन्हा के विचार एक बहुधार्मिक समाज में धर्मों से निरपेक्षता की आवश्यकता को रेखांकित करते हैं। उनका लेख 'सेकुलरवाद : परम्परा और धार्मिकता' सेकुलर शब्द के अनुवाद के पीछे की राजनीति पर संक्षेप में ध्यान देने से शुरू होता है, लेकिन वे इस विवाद से बचते हुए पंथनिरपेक्षता के बजाय सेकुलरवाद को ही सेकुलरवाद शब्द के समुचित अनुवाद के रूप में स्वीकार कर लेते हैं। सच्चिदानंद सिन्हा के विचारों का नीचे दिया गया कोलाज सेकुलरवाद और भारतीय परम्परा के अंतर्संबंधों की वह तस्वीर पेश करता है जो किशन पटनायक से भिन्न प्रकार की है :

> यह बात कुछ चौंकाने वाली लगती है कि कौटिल्य का अर्थशास्त्र, जो शास्त्रीय ढंग से राजनीति के सिद्धांतों का प्रतिपादन करने वाला एकमात्र प्राचीन ग्रंथ है, कहीं भी राजनीति में धार्मिक सिद्धांतों का घालमेल नहीं होने देता। ... कौटिल्य का अर्थशास्त्र प्राचीन भारत की असलियत को अभिव्यक्त करता है जिसमें राज्य का धार्मिक विवादों से कोई मतलब नहीं होता था और विभिन्न मतावलम्बी साथ-साथ रहते थे। ... मुसलमानों की कट्टरता की बात सबसे अधिक की जाती है, लेकिन इस्लाम क़बूल करने के बाद भारत आने वाले अरब, तुर्क, अफ़गान और मुगल शासकों में कुछ अपवादों को छोड़, ऐसी कट्टरता देखने में नहीं आती। ... अनेक मूलों के मुसलमान शासकों का शासन इस देश में रहा, ग़ैर-मुसलमान प्रजा पर शरियत के अनुसार सिविल कोड नहीं लादा गया और हिंदुओं के विभिन्न सम्प्रदायों और सैकड़ों जनजातीय समूह, जो अपने अलग-अलग नियम क़ानूनों का पालन करते थे, बिना छेड़छाड़ के अपनी परम्पराओं का पालन करते रहे। इससे बढ़ कर सहिष्णुता का क्या नमूना हो सकता है। ... सच्चाई तो यह है कि मुसलमान शासकों का साम्राज्य जैसे-जैसे ग़ैर-इस्लामी लोगों के ऊपर फैला, वैसे-वैसे ग़ैर-मुसलमान आबादियों पर मुसलमान रीति-रिवाज़ों या क़ानूनों को लादने का आग्रह छोड़ दिया गया। ... जब भी समाज में एक से अधिक धर्म आदि वाले लोगों की एक राजनीतिक सत्ता के अंदर रहने की आवश्यकता आयी है, तब ... एक ऐसी नीति चलायी जाती है जिसमें राजनीति ... दूसरे समूहों के जीवन और विश्वासों पर प्रतिकूल दबाव न डाले। ... संविधान में सेकुलरवाद की जो नीति अपनायी गयी है वह बिलकुल साफ़ है और उसमें राष्ट्रीय आंदोलन की विरासत के अलावा पिछली सदियों के

फ्रांस, अमेरिका और अन्य देशों की लोकतांत्रिक प्रक्रियाओं के अनुभवों को भी समाहित किया गया है। इसमें कुछ भी पक्षपातपूर्ण नहीं है।[37]

सच्चिदानंद सिन्हा के विमर्श की तीन विशेष बातें हैं जो उसे राजेंद्र यादव, प्रभाष जोशी और किशन पटनायक के सूत्रीकरणों से अलग कर देती हैं। पहली, वे इस्लाम और मुसलमानों को कट्टर और संकीर्ण होने के लिए अभिशप्त न मानते हुए उनकी राजनीतिक परम्पराओं में सहिष्णुता और सेकुलर आचरण की मिसालों को रेखांकित करते हैं। दूसरी, वे मानते हैं कि सेकुलरवाद राजकाज चलाने की ज़रूरी शर्त है, यहाँ तक कि कट्टर धार्मिक शासन को भी सेकुलर होना पड़ता है, साथ ही भारत जैसे एक बहुधार्मिक समाज में सेकुलरवाद अनिवार्य है और भारत का संविधान प्रदत्त सेकुलरवाद का मॉडल केवल पश्चिमी अनुकृति नहीं है, बल्कि उसे भारतीय परिस्थितियों के मुताबिक़ गढ़ा गया है। तीसरे, बहुसंख्यकवाद की कोई गुंजाइश नहीं है क्योंकि राष्ट्र और राज्य की अवधारणा किसी धर्म विशेष और संस्कृति पर आधारित नहीं हो सकती। सच्चिदानंद सिन्हा के इसी लेख में गिरधर राठी का लेख '6 दिसम्बर का पाप' रखा जा सकता है जो कौशलपूर्वक रचे गये आवेशपूर्ण शब्दों में भारतीय सेकुलरवाद के सर्वधर्मसमभाव के मॉडल की वकालत करता है।

IV

'सेकुलर' हिंदू-वर्चस्व : उद्‌गम और निष्कर्ष

हिंदी क्षेत्र में सेकुलरवाद पर चल रही बहस के अध्ययन से निकले कुछ निष्कर्ष इस प्रकार हैं :

- हिंदी क्षेत्र भारतीय सेकुलरवाद के मॉडल को सर्वधर्मसमभाव के रूप में अपनाने से इंकार करता हुआ दिखता है। वामपंथी उसे धर्म से निरपेक्षता का रूप देना चाहते हैं और ग़ैर-वामपंथी उसे पंथ से निरपेक्षता का। ख़ास बात यह है कि धर्म से निरपेक्षता वाले मॉडल के भीतर भी एक बहस है। कुछ वामपंथियों की सेकुलरवाद धर्म की सार्वजनिक भूमिका के पूरी तरह विरोध पर टिकी है। ये लोग अतातुर्कवादियों की तरह दलील देते लगते हैं। शायद वे चाहते हैं कि सेकुलरीकरण की प्रक्रिया राज्य की भरपूर ताक़त के दम पर चलायी जाए। पर,

[37] सच्चिदानंद सिन्हा (1993), 'सेकुलरवाद : परम्परा और प्रासंगिकता', राजकिशोर (सम्पा.), *आज के प्रश्न : अयोध्या और उसके आगे*, वाणी प्रकाशन, नयी दिल्ली.

कुछ वामपंथी राज्य के कामकाज और राजनीतिक गोलबंदी के मामले में ही सेकुलरवाद तक सीमित हैं। एक नैतिक प्रेरणा के रूप में धर्म उनके लिए त्याज्य नहीं है। दूसरी तरफ़, पंथ से निरपेक्षता वाले मॉडल का मूल तर्क है कि धर्म पंथ से श्रेष्ठ है। धर्म के बिना न समाज मुमकिन है, न राष्ट्र। पंथनिरपेक्ष हुआ जा सकता है, सेकुलर नहीं। हिंदू धर्म से सम्पन्न हैं, अल्पसंख्यक पंथों के अनुयायी हैं। इसलिए राष्ट्र समाज और पंथनिरपेक्षता के स्वाभाविक आधार हिंदू ही हैं। सर्वधर्मसमभाव के इन दोनों आलोचकों में एक समानता है। दोनों में कोई भी अपने-अपने तरह के सेकुलरवाद के लिए संविधान के प्रावधानों में किसी संशोधन की पेशकश नहीं करता। ऐसा प्रतीत होता है कि संविधान में प्रदत्त सेकुलरवाद की संरचना में दोनों अपने-अपने पक्ष के तर्क तलाश कर लेते हैं। दोनों ही पक्ष संविधान की रक्षा करना चाहते हैं।

□ हिंदी क्षेत्र का साम्प्रदायिकता विरोधी चिंतन राष्ट्रीयता की तीन संरचनाएँ पेश करता है : पहली, धर्म, समुदाय, संस्कृति और जातीय पहचान से राष्ट्र बड़ा होता है। इसलिए राष्ट्रीयता एक ऐसी शै है जो इन तमाम पारम्परिक अस्मिताओं के प्रभाव से स्वायत्त होनी चाहिए। दूसरी, राष्ट्रीयता का आधार सनातन धर्म होना चाहिए, क्योंकि सनातन धर्म की संरचना एकदम आधुनिक लोकतंत्र की तरह है। वह समता, स्वतंत्रता, बंधुत्व और सेकुलरवाद की सभी शर्तें पूरी करता है। तीसरी, राष्ट्रीयता का मुख्य आयाम आर्थिक होना चाहिए। लेकिन, अगर इसमें धार्मिकता और संस्कृति की भावात्मकता का निवेश नहीं होगा तो यह आर्थिक राष्ट्रवाद काम नहीं करेगा।

□ हिंदी क्षेत्र के बुद्धिजीवियों के बीच एक विचार ख़ासा लोकप्रिय है कि साम्प्रदायिक राजनीति का मक़सद भारत को हिंदू धर्मतंत्रीय-राज्य में बदलना है। साम्प्रदायिक राजनीति की युरोपीय फ़ासीवाद के साथ समानताएँ ढूँढ़ना भी इन लोगों का प्रिय शग़ल है। इस रवैये के अपवाद भी हैं। मसलन, प्रभाष जोशी जैसे लेखक इन बातों पर ज़्यादा ज़ोर नहीं देते। कुल मिला कर साम्प्रदायिकता को आधुनिकीकरण से जुड़ी प्रक्रियाओं के नतीजे के तौर पर देखने में किसी को रुचि नहीं है। ज़्यादातर लेखकों की मान्यता है कि अगर अल्पसंख्यक समुदायों को राजनीतिक सौदेबाज़ी का मौक़ा न दिया जाता तो उसकी प्रतिक्रिया में साम्प्रदायिक राजनीति को हवा न मिलती। अगर अल्पसंख्यक अस्मिताएँ अलगाववादी राजनीति न करतीं तो राष्ट्रीय-अखण्डता के प्रश्न प्रमुख न बनते। उनकी टिप्पणी में राजनीतिक शक्तियों की भूमिका कुछ इस प्रकार उभरती है : कांग्रेस अल्पसंख्यक साम्प्रदायिकता को बढ़ावा देने की ज़िम्मेदार है। कम्युनिस्टों,

समाजवादियों और अंग्रेज़ीपरस्त सेकुलरवादियों के धर्मविरोधी रवैये की प्रतिक्रियास्वरूप धार्मिक अस्मिता के रुझानों के लिए गुंजाइश पैदा हुई। कांग्रेस समेत इन लोगों के कारण ही भारतीय जनता पार्टी को बहुसंख्यक साम्प्रदायिकता का झण्डा लेकर उभरने का मौक़ा मिला। इन टिप्पणीकारों में से किसी ने एक बार भी कांग्रेस पर अस्सी के दशक से ही हिंदू कार्ड खेलने का आरोप नहीं लगाया। लगता है कि उनमें से किसी को याद नहीं है कि जिस समय इंदिरा गाँधी सार्वजनिक मंचों से अल्पसंख्यकों की राष्ट्रभक्ति को शक की निगाह से देख रही थीं, उस समय भारतीय जनता पार्टी गाँधीवादी समाजवाद की वकालत कर रही थी। इंदिरा गाँधी के हिंदू कार्ड की सफलता देख कर ही जातीयतावादी संगठन शिवसेना के नायक बाल ठाकरे ने 'हिंदू हृदय सम्राट' के रूप में अवतार लेने का निर्णय किया था।

☐ राजनीतिक विचारधारा कोई भी हो, टिप्पणीकार का बुनियादी रुझान धार्मिक हो या अ-धार्मिक, एक या दो अपवादों को छोड़ कर हिंदी क्षेत्र के सभी अ-साम्प्रदायिक और सेकुलर चिंतकों की निगाह में मुसलमानों या इस्लाम की ठीक वही छवि है जो संघ परिवार की संस्थाओं द्वारा किये गये प्रचार से उभरती है। उनके लिए मुसलमान न केवल अपनी परम्परा और इतिहास के कारण कट्टर, धर्मांध, आधुनिकताविरोधी, श्रेष्ठ तत्त्वचिंतन से हीन, अलोकतांत्रिक, असहिष्णु, ग़ैर-सेकुलर, विजातीय सांस्कृतिक वफ़ादारियों के शिकार और अ-राष्ट्रीय हैं, बल्कि उनके इस चरित्र में बदलाव की कोई सम्भावना भी नहीं है। मुसलमानों के इस अरुचिकर चरित्र को साबित करने के लिए हिंदी के लेखक भारतीय इस्लाम और दुनिया के दूसरे इस्लामी देशों की ऐतिहासिक हक़ीक़तों की पूरी तरह उपेक्षा करते हैं। वामपंथी होने का दावा करने वाले लेखकों ने यह तथ्यात्मक घपला काफ़ी जोश के साथ किया है। मुसलमानों की राष्ट्रीय वफ़ादारी को लेकर भी वामपंथी लेखक ग़ैर-वामपंथी लेखकों के मुक़ाबले ज़्यादा आक्रामक हैं। वे कार्यभार तय करते हैं कि मुसलमानों को अभी अपनी राष्ट्रीय वफ़ादारी साबित करनी बाक़ी है। यह काम वे आसानी से कर लें तो ठीक है, वरना ठोकरें खा-खा कर, जानें गँवा कर और अपनी मसजिदें तुड़वा कर उन्हें बदलना पड़ेगा। राष्ट्र की दुहाई देकर अल्पसंख्यक श्रेणी को ही ख़त्म कर देने की वकालत वामपंथियों की तरफ़ से ही सुनाई देती है। मुसलमानों के प्रति अगर कुछ सकारात्मक लगाने वाली बात कही जाती है तो ग़ैर-वामपंथियों की तरफ़ से कि वे इस्लाम के अनुयायी होने के बावजूद इस देश के अन्य सनातनी हिंदुओं की तरह ही सनातनी स्वभाव के हैं। इसलिए उन्हें उदार हिंदू समाज कट्टर हिंदुओं के हमलों से बचा

लेगा। ज़ाहिर है कि जिन लोगों ने संघ के दिवंगत सरसंघचालक बाला साहेब देवरस के व्याख्यान सुने हैं, उन्हें ग़ैर–वामपंथियों के इस सूत्रीकरण में भी संघ परिवार की आवाज़ ही सुनाई पड़ेगी। देवरस को सावरकर का यह कथन बड़ा प्रिय था कि इस देश में सभी हिंदू हैं। केवल कुछ लोगों की पूजा पद्धतियाँ अलग–अलग हैं।

☐ अलग–अलग राजनीतिक विचारधाराओं के बावजूद हिंदी क्षेत्र के चिंतक हिंदू समाज के बारे में दो पहलुओं के प्रति एकमत हैं। पहला, सभी मानते हैं कि परम्परा और इतिहास से हिंदुओं को उदारता, बहुलता और सहिष्णुता की विरासत मिली है जिससे उनके सेकुलर और आधुनिक विकास की गुंजाइशें खुल गयी हैं। यह मानते हुए अ–धार्मिक और वामपंथी टिप्पणीकार हिंदुओं को कर्मकाण्डों और अंधविश्वासों में फँसे होने के कारण आड़े हाथों लेते हैं कि उनकी अधकचरी आधुनिकता उनका सेकुलर विकास नहीं होने दे रही है। लेकिन, ग़ैर–वामपंथी इस तरह नहीं सोचते। वे इसे हिंदुओं की खूबी मानते हैं। हालाँकि यह बात साफ़ तौर पर नहीं कही गयी है पर शायद इसमें आधुनिकता की एक हिंदू क़िस्म की तरफ़ इशारा पढ़ा जा सकता है। दूसरा, सभी मानते हैं कि जब राष्ट्रीयता की कसौटी पर कसने का नम्बर आता है, तो हिंदुओं को राष्ट्रीयता के मामले में सौ फ़ीसदी नम्बर दिये जाने चाहिए। इस मुद्दे पर किसी भी विचारधारा के अनुयायियों के बीच कोई बहस नहीं है।

☐ हिंदी के अधिकतर अ–साम्प्रदायिक लेखक अपना विमर्श हिंदुओं के दायरे में चलाते हैं। उनमें मुसलमान समाज से आये हुए लेखकों की संख्या न के बराबर ही है। इस लेख में विश्लेषित टिप्पणीकारों में तो एक भी मुसलमान नहीं है। मुसलमान समाज इन लोगों की चिंता का विषय नहीं है। सेकुलर राष्ट्र के निर्माण में मुसलमानों की भूमिका इन सभी के लिए शून्य है। हिंदी वालों के लिए सेकुलरवाद का संघर्ष केवल हिंदुओं के बीच ही सीमित है। मुसलमानों को उससे जोड़ने की तजवीज़ किसी के पास नहीं है।

इन तमाम मसलों के साथ ही जुड़ा है राष्ट्रीय राजनीतिक समुदाय का प्रश्न। सेकुलरवाद पर हिंदी के हलक़े में हुई बहस की एक बेहद महत्त्वपूर्ण बात यह है कि वामपंथी हों या ग़ैर–वामपंथी, दोनों ही हिंदुओं और मुसलमानों की चर्चा करते समय जाने–अनजाने उन्हें एकाश्म समुदायों की तरह देखते हैं। मुसलमानों के मामले में उनका यह रवैया सचेत होता है। यह नहीं माना जा सकता कि ये टिप्पणीकार मुसलमानों में अशराफ़ (अगड़े) और अजलाफ़ (पिछड़े) के विभेद को न जानते हों। लेकिन, सम्भवतः उनकी चेतना में मुसलमानों का वजूद एकाश्म

धार्मिक–राजनीतिक समुदाय के रूप में दर्ज हो चुका है। बावजूद इसके कि हिंदुओं के बीच सांस्कृतिक–विभेदीकरण के तथ्य उनकी रचनाओं में बार–बार सामने आते हैं, ये टिप्पणीकार हिंदुओं का ज़िक्र ज़्यादातर एक समरूप राजनीतिक समुदाय के रूप में करना पसंद करते हैं। इस तरह उनकी रचनाओं में अल्पसंख्यकों के समुच्चयों के मुक़ाबले हिंदुओं का एक बहुसंख्यक समुच्चय बन जाता है। सभी विचारधाराओं के लेखक मानते हैं कि हिंदू समाज अगर एक नहीं है, तो उसमें एकता करनी होगी। सभी लेखक जातिप्रथा को हिंदू समाज के लिए विधेयक न मान कर उसकी विकृति के रूप में देखते हैं। इसलिए उन्हें यह तर्क देने में दिक़्क़त नहीं होती कि राजनीति में जातिवाद उसी तरह की परिघटना है जिस तरह राजनीति में साम्प्रदायिकता। उनका विमर्श संदेश देने लगता है कि जातिभेद ख़त्म करके हिंदुओं को सेकुलर ढंग से एक विशाल अभेदित एकाश्म समुदाय में बदल जाना चाहिए। कुल मिलाकर कहा जा सकता है कि हिंदी के लेखक बड़े पैमाने पर हिंदी समाज को एक राजनीतिक समुदाय में बदलते हुए देखना चाहते हैं।

सवाल यह है कि हिंदी के साम्प्रदायिकता विरोधी चिंतन से निकलने वाले हिंदू–वर्चस्व का उद्गम क्या है? ऐसे हिंदू–वर्चस्व का बीजारोपण कब और कहाँ हुआ था जो 'आधुनिक', 'सेकुलर', 'लोकतांत्रिक' और 'अल्पसंख्यकों के सांस्कृतिक अधिकारों की पक्षधरता' का दावा करते हुए हिंदुत्ववादी साम्प्रदायिकता के ख़िलाफ़ संघर्ष करता है? इस प्रश्न का उत्तर देना आसान नहीं है, लेकिन संविधान सभा में सेकुलरवाद से जुड़े मुद्दों पर हुई बहस हमें कुछ उपयोगी सुराग़ दे सकती है।

यह बहस हमें बता सकती है कि बहुसंख्यकवाद को लोकतंत्र का पर्याय क़रार देने की कारिस्तानी केवल हिंदू राष्ट्रवादियों की ही नहीं थी। उदारतावाद का भारतीय संस्करण भी इसका ज़िम्मेदार रहा है। उसने शुरू से ही राजनीतिक बहुमत और राजनीतिक अल्पमत के आधार पर चलने वाले लोकतंत्र के साथ बहुसंख्या और अल्पसंख्याओं के घालमेल की इजाज़त दी है। लोकतंत्र में बहुमत शासन तो करता है, पर अल्पमत उसके अधीन नहीं होता। वह हमेशा बहुमत में विकसित होने और बहुमत को अल्पमत में सीमित करने की कोशिश करता रहता है और लोकतांत्रिक प्रक्रिया ऐसा करने के लिए गुंजाइशें पैदा करती है। यानी लोकतंत्र में बहुमत और अल्पमत अस्थायी और परिवर्तनशील होते हैं। इसी कारण वे अस्मिताओं का आधार बन नहीं पाते। इसके उलट अल्पसंख्यक होना और बहुसंख्यक होना कमोबेश स्थायी संरचनाएँ हैं, जो अस्मिताओं का आधार बनती हैं। अस्मिताओं के अपने तर्क होते हैं। एक सीमा के बाद उनकी निगाह में भेदभाव और वर्चस्व की अनुभूति विधेयक रूप ग्रहण कर लेती है। किसी समुदाय का अल्पसंख्यक होना दुर्बलता की स्थायी अभिव्यक्ति

भी है और इस दुर्बलता के स्थायी निवारण के लिए वह समुदाय ख़ुद को बहुसंख्यक में तब्दील करने की मुहिम चला सकता है। ऐसा करने के लिए उसे बहुसंख्यकों से अलग होने की मुहिम चलानी पड़ती है और ख़ुद को अलग राष्ट्र के रूप में कल्पित करना पड़ता है। भारत विभाजन अल्पसंख्यकों के एक हिस्से द्वारा बहुसंख्यक बन जाने के प्रयास की कामयाब मिसाल है। उदारतावादी चिंतक हिंदुओं की सांस्कृतिक बनावट की अंतर्निहित बहुलता को लेकर कुछ ज़्यादा ही निश्चिंत रहते आये हैं। उन्हें लगता रहा है कि जाति बहुल और श्रेणी बहुल हिंदू आपस में जुड़ कर सियामी धर्मों की तरह एकाश्म समाज नहीं बन सकते। अर्थात् लोकतांत्रिक बहुमत का चरित्र बहुसंख्यकवादी होने की सम्भावना नहीं है। उदारतावादियों ने इस विकल्प पर पर्याप्त विचार नहीं किया कि सांस्कृतिक बनावट में बहुलतावादी रहते हुए भी हिंदू राजनीतिक नज़रिये से एकाश्म बहुसंख्या बनने की तरफ़ क़दम बढ़ा सकते हैं।[38] सेकुलरीकरण की प्रक्रिया उन्हें जैसे-जैसे पहले के मुक़ाबले ज़्यादा एक करेगी, वैसे-वैसे वे ख़ुद को सेकुलर मक़सदों से ही नहीं साम्प्रदायिक मक़सदों से भी इस्तेमाल किये जा सकने लायक़ बनाते चले जाएँगे।

आज़ाद भारत के पहले दस वर्ष के दौरान सरकारी क़दमों और विधिनिर्माण के ज़रिये किये गये सेकुलरीकरण की छानबीन करने से भी शायद यह पता लग सकता है कि सेकुलरवाद की यह हिंदू क़िस्म कहाँ छिपी हुई थी। यह पड़ताल हमें बता सकती है कि सिर्फ़ बहुसंख्यकों के सांस्कृतिक जीवन को राज्य के हस्तक्षेप से बदलने और अल्पसंख्यकों के सांस्कृतिक जीवन को क़तई अछूता छोड़ देने के पीछे लोकतांत्रिक प्रतिनिधित्व की कौन सी भावना काम कर रही थी।

संविधान सभा की बहस में सेकुलरवाद की हिंदू बहुसंख्या के संदर्भ में परिभाषित करने का स्वर भी शामिल था। एक अध्येता ने इसे संविधान सभा में सेकुलरवाद पर अपनाए गये चार रवैयों में चौथा क़रार दिया है। पहला रवैया सेकुलरवाद से अपेक्षा रखता था कि वह धर्म की जगह ले लेगा। दूसरा रवैया राज्य से उम्मीद रखता था कि न तो वह धर्म को प्रतिबंधित करेगा और न ही उससे कोई सरोकार रखेगा। तीसरा रवैया सर्वधर्मसमभाव का था। और चौथा रवैया सेकुलरवाद को अनिवार्यतः बहुसंख्या के पक्ष में झुका हुआ मानता था।

---

[38] बहुमत-अल्पमत के राजनीतिक और परिवर्तनशील चरित्र के साथ-साथ बहुसंख्या-अल्पसंख्या की अपेक्षाकृत स्थायी संरचना की बेहतरीन व्याख्या के लिए सुदीप्त कविराज की रचना (1995) 'रिलीजन, पॉलिटिक्स ऐंड मॉडर्निटी' देखें. कविराज ने इस लेख में हिंदू बहुसंख्या के राजनीतिक चरित्र पर भी एक अंतर्दृष्टिपूर्ण टिप्पणी की है. यह लेख संकलित उपेंद्र बख़्शी और भीखू पारेख द्वारा सम्पादित पुस्तक *क्राइसिस ऐंड चेंज इन कंटेम्परेरी इण्डिया*, सेज नयी दिल्ली में संकलित है.

उसका दावा था कि बहुसंख्या को धार्मिक आधार पर ही परिभाषित किया जाना चाहिए, ख़ास कर हिंदू आधार पर। उसकी दलील कहती थी कि चूँकि हिंदू धर्म सहिष्णुता और मतभेदों के सह अस्तित्व का मूर्तिमान रूप है, इसलिए उसे सेकुलरवाद की अभिव्यक्ति के रूप में ग्रहण किया जाना अनुचित न होगा।[39]

इतिहास गवाही दे सकता है कि संविधान सभा ने अंत में यह चौथी दलील नहीं मानी। उसने फ़ैसला किया कि भारतीय राज्य का कोई धर्म नहीं होगा। लेकिन, बहस में सेकुलरवाद के व्यावहारिक पक्षों पर रोशनी डालने वाली बातें भी पर्याप्त मिलती हैं जिनसे पता चलता है कि इस तकनीकी तौर पर धर्मविहीन राज्य द्वारा अपनाए जाने वाले सेकुलरवाद की सामाजिक चालक शक्ति के बारे में संविधान निर्माताओं के बीच क्या समझ थी। अल्पसंख्यकों के अधिकारों की रक्षा के प्रश्न पर बहस करते हुए डॉ. आम्बेडकर के विचारों से इसका अंदाज़ा लग सकता है :

> चूँकि भारत में प्रशासन पूरी तरह हिंदुओं के हाथों में है और स्वराज में तो विधायिका और कार्यपालिका भी हिंदुओं के हाथों में होगी। ... (भारतीय राष्ट्रवाद ने एक सिद्धांत विकसित कर लिया है जो) बहुसंख्या द्वारा अल्पसंख्या पर बहुसंख्यकों की इच्छा के मुताबिक़ शासन करने के दैवी अधिकार का सिद्धांत है। अल्पसंख्यकों द्वारा सत्ता में हिस्सेदारी का कोई भी दावा साम्प्रदायिकता क़रार दे दिया जाता है और बहुसंख्यकों द्वारा सत्ता पर पूरी तरह इज़ारेदारी को राष्ट्रवाद कहा जाता है।[40]
>
> अल्पसंख्यकों ने वफ़ादारी के साथ बहुसंख्यकों का शासन स्वीकार कर लिया है और यह बहुसंख्या राजनीतिक बहुमत न होकर साम्प्रदायिक बहुसंख्या है। अब यह बहुसंख्यकों का फ़र्ज़ है कि वे अल्पसंख्यकों के साथ भेदभाव न करें। अल्पसंख्यक रहेंगे या विलुप्त हो जाएँगे, यह बहुसंख्यकों के रवैये पर ही निर्भर करेगा। बहुसंख्यक जैसे ही अल्पसंख्यकों के साथ भेदभाव की आदत छोड़ेंगे, अल्पसंख्यकों के बने रहने का आधार ख़त्म हो जाएगा।[41]

पूरी तरह सेकुलर मंतव्य से दिये गये इन दो वक्तव्यों से स्पष्ट ध्वनि निकलती है कि भारतीय संदर्भ में लोकतांत्रिक बहुमत पहले दिन से ही

---

[39] संविधान सभा में यह आवाज लोकनाथ मिश्र ने उठाई थी. वलेरियन रोड्रिग्ज़ ने संविधान सभा की बहस से निकलने वाली सेकुलरवाद की निर्मितियों पर तैयार किये गये अपने वक्तव्य में एक सेमिनार के दौरान यह हवाला दिया है. देखें, *कांस्टीट्यूएंट एसेंबली डिबेट,* खण्ड-3 : 822, 823 और 899.

[40] संविधान सभा की बहस में सेकुलरवाद के अध्ययन के लिए देखें शेफ़ाली झा, 'सेकुलरिज़म इन द कांस्टीट्यूएंट एसेंबली डिबेट-1946-1950', यह पर्चा इण्डियन इंस्टीट्यूट ऑफ़ स्टडी, शिमला द्वारा 1997 में आयोजित 'स्टडी वीक ऑन सेकुलर-कम्युनल क्वेश्चन' में पेश किया गया था. झा ने आम्बेडकर का यह उद्धरण बी. शिवा राव द्वारा संकलित पुस्तक द *फ्रेमिंग ऑफ़ इण्डियाज कांस्टीट्यूशन : सिलेक्ट डॉक्यूमेंट,* खण्ड-2, गवर्नमेंट ऑफ़ इंडिया प्रेस, नासिक, 1967 के पृ. 193 से उठाया है.

[41] *कांस्टीट्यूएंट एसेंबली डिबेट* खण्ड-7 : 39.

बहुसंख्यकवाद की तरह परिभाषित होने के अंदेशे से ग्रस्त था। कुछ विद्वानों ने निष्कर्ष निकाला है कि नेहरू सरकार अपने सेकुलर और आधुनिकतावादी इरादों के कार्यान्वयन में कई बार ख़ुद को राजनीतिक बहुमत के आधार पर चुनी गयी सरकार न समझ कर हिंदू बहुसंख्या की नुमाइंदगी करने वाली सरकार की तरह आचरण करती नज़र आती थी :

> नेहरू का राज्य हिंदुओं के संदर्भ में हिंदू की भाँति ही आचरण करता था और हिंदुओं पर अपने हक़ का दावा करने में भी वह हिंदू राज्य की तरह ही था। ... क्योंकि न केवल नेहरू और उनके साथी हिंदू थे बल्कि ख़ुद को हिंदू मानते भी थे। ... इसलिए उन्होंने हिंदुओं के सांस्कृतिक जीवन में हस्तक्षेप किये, पर मुसलमानों और यहाँ तक कि सिखों के संदर्भ में वैसे ही हस्तक्षेप करने की हिम्मत वे नहीं जुटा पाए।[42]

भीखू पारेख की मान्यता है कि इसके पीछे कहीं गहरा कारण था। नेहरू और संविधान के अन्य निर्माता भारतीय सामाजिक यथार्थ को ग़ैर-हिंदू अल्पसंख्यकों और हिंदू बहुसंख्यकों के दो भागों में बाँट कर पहचानते थे। यह समझ संविधानसम्मत भी थी, क्योंकि संविधान कभी तो सिर्फ़ हिंदुओं की चर्चा करता है, तो कभी बौद्धों, जैनों और सिखों को भी हिंदुओं के खाने में रख देता है। संविधान आदिवासियों को भी हिंदू के रूप में ही देखता है। पहले ब्रिटिश उपनिवेशवादियों ने और फिर संविधान ने ईसाइयों और मुसलमानों को मौक़ा दिया कि वे ख़ुद को धार्मिक अल्पसंख्यक अस्मिता के रूप में परिभाषित करें। भारत में पैदा हुए ग़ैर-हिंदू धर्मों को हिंदू की श्रेणी में रख कर और भारत के बाहर जन्मी ईसाई, इस्लामी, पारसी और यहूदी धार्मिक परम्पराओं को हिंदू श्रेणी से बाहर रख कर संविधान ने 'अपनी' और 'पराई' धार्मिकताओं के सूत्रीकरण का तर्क प्रदान किया, बावजूद इसके कि इस्लाम और ईसाइयत की सिखों से काफ़ी पहले इस देश की धरती पर मौजूदगी थी। इस तरह संविधान हिंदू बहुसंख्या को और भी बड़ी बहुसंख्या बना कर अभेदित एकाश्म के रूप में समझने की ज़मीन तैयार करता है। यह केवल हिंदू राष्ट्रवादियों की ही नहीं, बल्कि एक आधुनिकतावादी और सेकुलर उम्मीद भी है कि एक दिन सारे हिंदू जाति और अन्य श्रेणियों को मिटा कर केवल राष्ट्र-हित के साथ सरोकार रखेंगे। 1952 का आम चुनाव जीतते ही नेहरू ने हिंदुओं के सेकुलरीकरण के लिए एक के बाद एक क़दम उठाने शुरू कर दिये। 1956 तक हिंदू विवाह क़ानून, हिंदू उत्तराधिकार

[42] टी.एन. मदन भीखू पारेख (1991) के इस निष्कर्ष से सहमत हैं कि नेहरू की सरकार में ख़ुद को हिंदुओं की सरकार की तरह देखने की प्रवृत्ति थी. मदन ने पारेख का यह नतीजा अपने चर्चित लेख 'विदर इण्डियन सेकुलरिज़्म' में उद्धृत किया है. भीखू पारेख, 'नेहरू ऐंड द नैशनल फिलासफ़ी ऑफ़ इण्डिया', *इकॉनामिक ऐंड पॉलिटिकल वीकली*, 5-12, जनवरी : 42.

क़ानून और दत्तक व गुज़ारा भत्ता क़ानून पारित कर दिये गये। नेहरू और उनके साथियों के मन में ऐसा करने के पीछे एक ख़ास तरह की भावना थी जिसकी व्याख्या पारेख ने इस प्रकार की है :

> संविधान ने भी उन्हें ऐसा करने की इजाज़त दी क्योंकि राज्य के हस्तक्षेप के ख़िलाफ़ सुरक्षा केवल अल्पसंख्यकों को मिली हुई थी। नेहरू की ही तरह संविधान मान कर चलता था कि हिंदुओं के लिए राज्य के हस्तक्षेप से डरने की कोई वजह नहीं होनी चाहिए।... संविधान ने अनजाने में यह मान लिया था कि भारतीय राज्य हिंदुओं द्वारा संचालित किया जाएगा या उस पर हिंदुओं का वर्चस्व तो होगा ही। इसलिए हिंदुओं के लिए 'अपनी' सरकार से डरने का कोई कारण नहीं हो सकता। अगर संविधान के निर्माताओं ने किसी ग़ैर-हिंदू सरकार के सत्ता में आने की कल्पना भी की होती तो वे बहुसंख्यक समाज के रीति-रिवाज़ों को बदलने के लिए राज्य द्वारा किये जाने वाले हस्तक्षेप की कुछ सीमाएँ निर्धारित करते। हिंदू निजी क़ानून को सुधारने, हिंदू मंदिरों के प्रबंधन को विनियमित करने जैसे क़दम उठाते समय नेहरू सरकार एक हिंदू सरकार की ही तरह अपने अधिकारों का इस्तेमाल कर रही थी।[43]

पारेख के अनुसार सेकुलरीकरण के इन प्रयासों का विरोध होने पर नेहरू चिढ़ कर हिंदुओं के धार्मिक जीवन में राज्य के हस्तक्षेप की किसी भी मुखालफ़त को साम्प्रदायिकता क़रार देने की हद तक चले जाते थे। उनकी इस परियोजनाओं का लाभ हिंदुओं को निश्चित रूप से मिला। वे आधुनिक राष्ट्र के निर्माण की प्रक्रिया के हरावल में आये, जबकि अल्पसंख्यक उसके हाशिये में ही रह गये। लेकिन, इसका एक पहलू यह भी था कि हिंदुओं के एक हिस्से के भीतर सांस्कृतिक-उत्पीड़न का पहले से चला आ रहा एहसास मजबूत हुआ। 'गर्व से कहो, हम हिंदू हैं' जैसा नारा नेहरू के ज़माने में ही बुदबुदाया जाने लगा था। बनती हुई हिंदू बहुसंख्या के सेकुलर के अलावा कुछ और होने की गुंजाइशें भी मौजूद थीं। हिंदुत्ववादी ताक़तें 1925 से ही सांस्कृतिक उत्पीड़न की ऐतिहासिक अनुभूति का दोहन करने के लिए मौजूद थीं।

इस महादेश की एक अरब से ज़्यादा की आबादी सेकुलरीकरण और आधुनिक चुनावी राजनीति की माँगों के कारण बड़े-बड़े राजनीतिक समुदायों में पुनर्गठित होती जा रही है। हिंदू पचासी फ़ीसदी हैं और उनके बड़े-बड़े हिस्से राजनीतिक समुदायों में ख़ुद को गठित करने की प्रक्रिया से गुज़र रहे हैं। मसलन, पचासों जातियों में बँटे पूर्व-अछूत आज एकजुट हो कर अखिल भारतीय दलित राजनीतिक समुदाय में बदलने की तरफ़ आगे बढ़ रहे हैं।

[43] भीखू पारेख (1991), 'नेहरू ऐंड सेकुलरिज़म', *नेहरू रिविज़िटेड,* 5-12 जनवरी : 42.

अगड़ों, पिछड़ों और दलितों में बँटे मुसलमान पहले से ही राजनीतिक समुदाय बन चुके हैं। राजनीतिक व्यवहार के तौर पर ऊँची जातियों को भी एक समुदाय के रूप में पहचानने का सिलसिला शुरू हो चुका है। हिंदुत्ववादी राजनीतिक ताक़तें अल्पसंख्यकों को 'पराये' के रूप में परिभाषित करते हुए हिंदुओं के बीच बन रहे इन विशाल राजनीतिक समुदायों को लेन-देन के आधार पर किये गये गठजोड़ों के ज़रिये नज़दीक लाने की रणनीति पर पिछले दस साल से अमल कर रही हैं।

ऐसे में यह पूछना स्वाभाविक होगा कि क्या सेकुलरीकरण का सिलसिला अपने अंतिम विश्लेषण में बहुसंख्यक पहचान उभारने का ज़रिया बन गया है? हिंदी क्षेत्र के ही एक अंतर्दृष्टि सम्पन्न प्रेक्षक सुधीश पचौरी ने सेकुलरवाद पर बहस में योगदान करते हुए इस ओर ध्यान खींचा है कि पूँजीवाद के विकास के एक ख़ास चरण में (जिसे भूमण्डलीकरण भी कहा जा सकता है) जब पहचान के प्रश्न किसी समाज के मानस से टकराने लगते हैं तो क्या होता है :

> विकास के चार दशक बाद अचानक लगा कि इस तरह के विकास में मैं कहाँ हूँ, मेरा नाम, पता, मेरा प्रतीक, मेरा देवता कहाँ है? पेट के कुछ भर जाने के बाद यह सोचना स्वाभाविक था कि मैं कौन हूँ। ... पूँजी की लूट ने इस पहचान को नये संगठन और नये मुहावरे दे दिये। निर्मम और नृशंस आधुनिक मुहावरे, बाज़ार की लूट की तरह, खुले चाकू की तरह निर्लज्ज मुहावरे, राज्यसत्ता से अलग निज समूह-सत्ता के मुहावरे-यही सत्ता का विकेंद्रीकरण है। राजसत्ता से अलग बनते हुए केंद ... पहचान के 'रूप' के प्रश्न हैं, इस वस्तु जगत के प्रश्न हैं। अपने स्वरूप को पाने के प्रश्न हैं। आधुनिकीकरण और विकास ने वे तमाम परिस्थितियाँ तैयार कर दी हैं ... नये प्रतीकों का उभरना धर्म की पुनर्रचना जैसा है। धर्म का रूप बदल रहा है। धार्मिक अनुभव बदल रहा है। देखने की बात है कि धार्मिक अनुभव वैसे समाप्त नहीं हो रहा है जैसा कि औद्योगिक और आधुनिक तर्कवाद ने सोचा-विचारा था। ... आधुनिक जीवन का विकास मनुष्य को कुछ इस तरह तर्कवादी बनाता है कि वह अपने रहस्यात्मक अनुभवों को और भौतिक अनुभवों को (यद्यपि दोनों ही भौतिक होते हैं) आपस में नहीं टकराता। ... नये आधुनिकीकरण ने चेतना के प्रश्न, पहचान के प्रश्न, 'एजेंडे' पर रख दिये हैं। ...इस परिदृश्य में हम देश के भीतर सूचना तकनीक के हस्तक्षेप को और जोड़ लें तो पहचान के प्रश्नों का समकालीन परिदृश्य पूर्ण हो जाता है। ... पहचान के प्रश्नों के इस ऊहापोह में अंतिम विचारणीय बात यह है कि इस पहचान उपक्रम में हिंदू समाज और उसकी धार्मिक संरचना कैसी बन रही है? क्या उसमें कोई वैचारिक ऊर्जा बन रही है जो उसे कोई नया भविष्य दे सके? अथवा वह पूँजी के हस्तक्षेप से उत्पन्न स्पर्धा मात्र है जो अपने लिए देश का ज़्यादा हिस्सा माँगती है और जब नहीं मिलता तो छीनती

> है ? इस क्रम में हिंदू समाज बदल रहा है। वह अधिक स्पर्धात्मक, अधिक युयुत्सु और हिंसक होने लगा है। यह हिंसा वहाँ ज़्यादा है जहाँ देश के लिए स्पर्धा बहुत ज़्यादा है। वह बाज़ार में है। वह राजनीति में है।...[44]

सुधीश पचौरी सम्भवत: हिंदी जगत के एकमात्र विचारक हैं जो पूँजीवाद और विकास के बेरहम हाथों द्वारा (क्या इन हाथों को सेकुलरीकरण के हाथ नहीं माना जा सकता?) बदलती दुनिया के ठोस धरातल पर सेकुलरवाद के संकट की जाँच करने की कोशिश करते हैं। उनका संदेश है कि भारतीय सेकुलरवाद का पुनर्सूत्रीकरण इन नयी हक़ीक़तों की उपेक्षा करके नहीं किया जा सकता, क्योंकि केवल इन्हीं के संदर्भ में समझा जा सकता है कि विश्व हिंदू परिषद को अचानक हिंदू समाज के एक बड़े हिस्से का समर्थन क्यों मिलने लगा। हिंदी की साम्प्रदायिकता विरोधी दुनिया में पचौरी की आवाज़ अकेली है, पर वह परिवर्तन की प्रक्रिया को एक ख़ासा संदर्भ देती है। वह बताती है कि परिवर्तन इतना व्यापक है कि उसने सनातन धर्म को भी सनातन नहीं रहने दिया है। वह आधुनिकता, पूँजीवाद, राष्ट्र–राज्य और साम्प्रदायिकता के ही नहीं, सेकुलरवाद के धरातल पर भी वर्चस्व की माँग करने लगा है।

संदर्भ

आशिस नंदी (1985), 'एन एंटीसेकुलर मेनीफ़ेस्टो', *सेमिनार,* अंक 34, अक्टूबर.

--------(1988), 'द पॉलिटिक्स ऑफ़ सेकुलरिज़म ऐंड रिकवरी ऑफ़ रिलीजस टालरेंस', *आल्टर्नेटिव्ज़,* खण्ड 13, अंक 2, अप्रैल.

किशन पटनायक (1993), 'धार्मिक राष्ट्रीयता बनाम आर्थिक राष्ट्रवाद', राजकिशोर (सम्पा.), *आज के प्रश्न : अयोध्या और उसके आगे,* वाणी प्रकाशन, नयी दिल्ली.

----------(2000), *विकल्पहीन नहीं है दुनिया,* राजकमल प्रकाशन, नयी दिल्ली.

खगेंद्र ठाकुर (1993), 'सबसे अधिक मनुज मोहे भाये', *देशज,* प्रवेशांक.

जाविद आलम (1990), 'कैन ट्रेडीशन इन इण्डिया बी एन आल्टर्नेटिव टु द सेकुलर आइडियल', *सोशल साइंस प्राबिंग्स,* नयी दिल्ली, मार्च–सितम्बर 1991.

टी.एन. मदन (1987), 'सेकुलरिज़म इन इट्स प्लेस', *द जनरल ऑफ़ एशियन स्टडीज,* खण्ड 46, अंक 4.

पार्थ चटर्जी (1994), 'सेकुलरिज़म ऐंड टॉलरेंस', *इकॉनॉमिक ऐंड पॉलिटिकल वीकली,* 9 जुलाई.

प्रभाष जोशी (2003), *हिंदू होने का धर्म,* राजकमल प्रकाशन, नयी दिल्ली.

भीखू पारेख (1991), 'नेहरू ऐंड द नैशनल फिलासफ़ी ऑफ़ इण्डिया', *इकॉनॉमिक ऐंड पॉलिटिकल वीकली,* 5–12, जनवरी.

---

[44] सुधीश पचौरी (1993), 'पहचान का प्रश्न ', राजकिशोर (सम्पा.), *आज के प्रश्न : अयोध्या और उसके आगे,* वाणी प्रकाशन, नयी दिल्ली.

-------(1991), 'नेहरू ऐंड सेकुलरिज़म', *नेहरू रिविज़िटेड,* 5-12 जनवरी.

मुशीर-उल-हक (1977), *सेकुलर भारत में इस्लाम,* अनुवाद : मुनीश सक्सेना, राधाकृष्ण, नयी दिल्ली.

रजनी कोठारी(1993), 'बहुसंख्यकवाद से निकली साम्प्रदायिकता', अभय कुमार दुबे (सम्पा.), *साम्प्रदायिकता के स्रोत,* विनय प्रकाशन, नयी दिल्ली.

राजेंद्र यादव, *कांटे की बात,* ग्यारह खण्ड, वाणी प्रकाशन, नयी दिल्ली.

राजेंद्र माथुर (2003),*सपनों में बनता देश,* दो खण्ड, सामयिक प्रकाशन, नयी दिल्ली.

राममनोहर लोहिया, (1993) 'हिंदू बनाम हिंदू', *परिवेश,* मुरादाबाद.

विष्णु नागर (1993), 'हिंदू राष्ट्र के मायने', राजकिशोर (सम्पा.), *आज के प्रश्न : अयोध्या और उसके आगे,* वाणी प्रकाशन, नयी दिल्ली.

शेफाली झा (1997), 'सेकुलरिज़म इन द कांस्टीट्यूएंट एसेंबली डिबेट-1946-1950', स्टडी वीक ऑन सेकुलर-कम्युनल क्वेश्चन, शिमला संस्थान.

सच्चिदानंद सिन्हा (1993), 'सेकुलरवाद : परम्परा और प्रासंगिकता', राजकिशोर (सम्पा.), *आज के प्रश्न : अयोध्या और उसके आगे,* वाणी प्रकाशन, नयी दिल्ली.

सत्यपाल गौतम (1991), *समाजदर्शन,* 'सेकुलरवाद', हरियाणा साहित्य अकादमी, चंडीगढ़.

सुदीप्त कविराज (1995), 'रिलीजन, पॉलिटिक्स ऐंड मॉडर्निटी', उपेंद्र बख्शी और भीखू पारेख (सम्पा.), *क्राइसिस ऐंड चेंज इन कंटेम्परेरी इण्डिया,* सेज, नयी दिल्ली.

कांस्टीट्यूएंट एसेंबली डिबेट, खण्ड-3.

सुधीश पचौरी (1993), 'पहचान का प्रश्न ', राजकिशोर (सम्पा.), *आज के प्रश्न : अयोध्या और उसके आगे,* वाणी प्रकाशन, नयी दिल्ली.

संकटमोचक की अनकही कथा

सामासिक लोक-देवता, उसका चालीसा और आधुनिक मन

काशी गोस्वामी तुलसीदास की नगरी है। लोक-मान्यता के अनुसार गोस्वामी जी ने अपने जीवनकाल में इस नगरी में 'रामभक्त' हनुमान की कोई 11-12 मूर्तियाँ स्थापित की थीं जिनमें सबसे ज़्यादा प्रतिष्ठा संकटमोचन मंदिर की है। इसी लगभग पाँच सौ साल पुराने संकटमोचन मंदिर में 7 मार्च, 2006 को आंतकवादियों ने बम विस्फोट किये जिनमें साम्प्रदायिक राजनीति की बारूद भरी हुई थी। उत्तर प्रदेश की चुनावी राजनीति में अपने लगातार गिरते हुए प्रभाव से परेशान संघ परिवार के दो प्रमुख नेताओं लालकृष्ण आडवाणी और विनय कटियार ने फ़ौरन मौक़ा ताड़ा और संकटमोचन के महंत वीरभद्र मिश्र की घेराबंदी की। अगर महंत की बात पर यक़ीन किया जाए तो हनुमान के नाम पर ही बनाए गये संघ परिवार के आक्रामक संगठन बजरंग दल के संस्थापक अध्यक्ष विनय कटियार की योजना मंदिर के सामने धरना लगाने की थी, और आडवाणी मंदिर से अपनी एक और रथयात्रा शुरू करना चाहते थे। लेकिन, वीरभद्र मिश्र ने इन नेताओं को इसकी इजाज़त देने से इनकार कर दिया। उधर बनारस के मुफ़्ती मौलाना अब्दुल बतीन नोमानी ने बिना देर किये विस्फोटों की निंदा की और फ़ौरन घटनास्थल का दौरा करने पहुँचे। मौलाना नोमानी अस्पतालों में घायलों की मिज़ाजपुर्सी करने भी गये। उसके बाद नोमानी और मिश्रा का ज़ोरदार जुगलबंदी शुरू हुई। रामनवमी के मौक़े पर हर साल होने वाली रामकथा मंदाकिनी शोभा यात्रा के लिए दो मुख्य अतिथि तय किये गये। इनमें एक तो मौलाना नोमानी स्वयं थे, और दूसरी थीं फ़ौजदारी की वकील नूर फ़ातिमा जिन्होंने पिछले साल शहर में एक मंदिर बनवाया था। इसके अलावा इस पावन अवसर पर रामधुन बजाने की ज़िम्मेदारी उस्ताद बिस्मिल्लाह ख़ान के सुपुत्र मोहम्मद जामिन ख़ान ने निभायी। इधर यात्रा ख़त्म हुई, और उधर बुर्का पहने हुए मुसलमान महिलाएँ सड़कों पर निकल आयी, वे नारे लगा रही थीं : 'खिचड़ी है सारा हिंदुस्तान, अलग न होगा हिंदू-मुसलमान' और 'मुसलिम महिलाओं ने ठाना है, आतंकवाद मिटाना है'। यह चुनौती रैली थी, जिसका समापन संकटमोचन मंदिर पर हुआ तो ठीक जिस जगह बम फटे थे, वहीं पर हनुमान चालीसा का पाठ किया गया। शाम होते ही पूरा संकटमोचन

मंदिर हिंदुस्तानी शास्त्रीय संगीत से गूँज उठा।[1] इस मंदिर की ख़ास बात यह है कि भले ही काशी में इसे तुलसीदास से संबंधित माना जाता हो, पर भक्तों के बीच इसकी प्रतिष्ठा यानी संकटमोचन द्वारा मनोकामनाएँ पूरी करने की प्रचलित मान्यता का इतिहास पचास-साठ साल से अधिक पुराना नहीं है। इससे पहले यहाँ नियमित पूजा तक नहीं होती थी। इस लिहाज़ से संकटमोचन के हनुमान मध्यकाल और आधुनिकता के बीच एक पुल की तरह भी है।[2]

अगर धार्मिक श्रद्धा के लहज़े में नतीजा निकाला जाए तो कहा जा सकता है कि संकटमोचन की कृपा से तुलसी की नगरी साम्प्रदायिक राजनीति के दावानल में जाने से बाल-बाल बच गयी। विमर्शी लहज़े में यही बात इस तरह कही जा सकती है कि हनुमानजी ने आधुनिक संदर्भों में अपनी वही सामासिक भूमिका निभायी जो वे सहस्राब्दियों से निभाते रहे हैं। तुलसी-पूर्व युग में जब हुनमान की मान्यता केवल राम के अवतारी रूप से जुड़ी न होकर एक कहीं अधिक स्वायत्त देवता के रूप में थी, उनकी लोकमान्य उपासना ने शैव, वैष्णव और शाक्त मतावलम्बियों के बीच सांस्कृतिक-धार्मिक सेतु बनाया था। सोलहवीं सदी में गोस्वामी तुलसीदास ने वाल्मीकि के मर्यादा पुरुषोत्तम को विष्णु का अवतार बता कर हनुमान की शक्तियों का स्रोत उन्हीं में निहित कर दिया। जो काम हनुमान कर रहे थे, वहीं काम उन्होंने राम द्वारा शिव-पूजा के चित्रण से करना चाहा। फिर भी राम का चरित्र दो-दो महाकवियों द्वारा निर्धारित सीमाओं से परे जाकर लोकमानस में वह सामासिक रूप ग्रहण नहीं कर पाया जिसकी गुंजाइशें शायद हनुमान के चरित्र में स्वाभाविक तौर पर मौजूद थीं। आज हिंदू धर्म की समरूप सनातन धर्मी संरचनाओं का जमाना है। चाहे वाराणसी का संकटमोचन मंदिर हो, या अयोध्या की हनुमानगढ़ी हो, हिंदू और ग़ैर-हिंदू सम्प्रदायों के बीच पुल बनने के मामले में ही नहीं बल्कि साम्प्रदायिक राजनीति के लिए ख़ुद को हड़पे जाने के ख़िलाफ़ प्रतिरोध के मामले में भी हनुमान अपने 'स्वामी' राम को पीछे छोड़ चुके हैं। (हालाँकि राम के साम्प्रदायिक दोहन का मौक़ा हासिल करने के लिए भी साम्प्रदायिक शक्तियों को बीसवीं सदी के आख़िरी वर्षों तक इंतजार करना पड़ा। शुरू में तो राष्ट्रीय

---

[1] देखें, विद्या सुब्रह्मण्यम का दो भागों में लेख, *द हिंदू*, 28 और 29 जुलाई 2006 में प्रकाशित.

[2] राजमंदिर, वाराणसी के शीतला मंदिर के पुजारी चुन्नूलाल पाठक ने नवम्बर 1989 में फ़िलिप लुट्जेनडार्फ़ को इंटरव्यू देते हुए यह जानकारी दी थी. संकटमोचन मंदिर के महंत वीरभद्र मिश्र भी इससे सहमत थे. देखें, फ़िलिप लुट्जेनडॉर्फ़, 'माई हनुमान इज़ बिगर देन योर्स', *हिस्ट्री ऑफ़ रिलीजंस*, युनिवर्सिटी ऑफ़ शिकागो प्रेस, खण्ड 33, अंक 3, फ़रवरी 1994 : 211-235.

स्वयंसवेक संघ के नेता मानते थे कि राम की शख़्सियत में पौरुष, आक्रामकता और युद्धप्रियता की कमी है, इसलिए राष्ट्रीय और सांस्कृतिक प्रतीकों के रूप में उनके मुख्यालय पर राम की तस्वीर लगाने से परहेज़ किया जाता था)।[3]

बहरहाल, संकटमोचन प्रकरण के बावजूद धार्मिक सहिष्णुता और सह-अस्तित्व के लिए हनुमान का यह ग़ैर-राजनीतिक सदुपयोग कोई आसान और सहज घटना नहीं हो सकती थी। हनुमान के मिथकीय चरित्र के साथ आधुनिक मन की कई उलझनें जुड़ी हुई हैं। इनके मुख्यतः दो पहलू नज़र आते हैं। एक पहलू सामासिक लोक-देवता के रूप में उनकी काल-यात्रा के कई ऐसे पड़ावों की तरफ़ इशारा करता है जहाँ हिंदुत्ववादी साम्प्रदायिक राजनीति के लिए उन्हें हड़पे जाने के प्रयास हो रहे हैं। उनके नाम से एक राजनीतिक विचारधारा अपने लठैतों की एक वाहिनी तक गठित कर डालती है। बाबरी मसजिद तोड़ने और उत्तर प्रदेश से लेकर उड़ीसा तक मुसलमान-ईसाई विरोधी हिंसा में बजरंग दल की भूमिका पिछले बीस वर्षों की राजनीति का एक जानामाना तथ्य है। संघ परिवार पिछले कई दशक से हनुमान को जनजातीय समुदायों का देवता बनाने में जुटा है। चाहे गुजरात का डांग इलाक़ा हो, या झारखण्ड के आदिवासी हों, आदिवासियों को गोमांस खाने से रोकने और उनके बीच पहले से प्रतिष्ठित हर क़बीले के अलग-अलग देवताओं की जगह बजरंगबली की पूजा प्रचलित करना हिंदुत्ववादी राजनीतिक परियोजना का एक महत्त्वपूर्ण आयाम है।[4] गुजरात में 1969 के दौरान हुए भीषण दंगों के दौरान तोड़े गये इस्लामी पूजा स्थलों (जिनमें दरगाहें भी शामिल थीं) की जगह फटाफट 'हुल्लड़िया हनुमान' की स्थापना किये जाने की परिघटना भी समाज-विज्ञान के रजिस्टरों में दर्ज हो चुकी है, ख़ुद को वेदांती और 'विज्ञानसम्मत' अध्यात्म का पैरोकार कहने वाले स्वामी चिन्मयानंद के कारख़ाने में हनुमान-उपासना की परम्परा विश्व हिंदू परिषद के

---

[3] गाँधीजी एक बार नागपुर में संघ का दफ़्तर देखने गये थे. उन्होंने देखा कि वहाँ अन्य हिंदू योद्धाओं की तस्वीरें तो लगी हैं, पर उनके अपने इष्टदेव राम का चित्र नहीं है. जब उन्होंने इसका कारण पूछा तो संघ के नेताओं ने जो तर्क दिया उसका मतलब था कि राम तो स्त्रैण लगते हैं इसलिए उनका चित्र लगाने से उनके संगठन का मक़सद हल नहीं हो सकता. देखें, आशिस नंदी, शिखा त्रिवेदी, शैल मायाराम और अच्युत याग्निक (1995), *राष्ट्रवाद का अयोध्याकाण्ड / रामजन्मभूमि आंदोलन और आत्मभय की राजनीति*, अनुवाद: अभय कुमार दुबे, वाणी, नयी दिल्ली : 127.

[4] वीर भारत तलवार 'बजरंगबली, गोमांस और आदिवासी : झारखण्ड क्षेत्र में संघ के काम का तरीक़ा', संकलित : अभय कुमार दुबे (सम्पा.) *साम्प्रदायिकता के स्रोत*, विनय प्रकाशन, नयी दिल्ली : 174-42.

[5] देखें, आशिस नंदी वग़ैरह, उपरोक्त : 141-42.

[6] चिन्मयानंद केरल के संन्यासी हैं और दशनामी सम्प्रदाय से ताल्लुक़ रखते हैं. अमेरिका और कनाडा में वेदांत शिविर चलाने वाले चिन्मयानंद 1982 में उन्होंने हिमाचल में तीस फुट के वीरासन लगाए हुए हनुमान की प्रतिष्ठा की और कहा कि वे पूरे आर्यावर्त में हिंदू संस्कृति की रक्षा करेंगे. 1987 से चिन्मयानंद विश्व हिंदू परिषद की गतिविधियों में

राजनीति इरादों का औज़ार बन चुकी है।[6] इसी तरह कृष्णभक्ति के केंद्र वृंदावन में अपना मुख्यालय बनाने वाले प्रभुदत्त ब्रह्मचारी हनुमान की गगनचुम्बी मूर्ति को 'पाकिस्तान के सम्भावित हमले के ख़िलाफ़ नयी दिल्ली का द्वारपाल बना चुके हैं।'[7] इन प्रयासों के कारण एकबारगी ऐसा लगने लगता है कि लोक उपासना के लिहाज़ से भारत के सर्वाधिक लोकप्रिय देवता ने अपने हज़ारों वर्ष लम्बे चिरंजीवी अस्तित्व से थक कर या फिर अपनी शक्तियाँ भूल जाने के शाप के प्रभाव में दोबारा आकर[8] आख़िरकार हिंदुत्ववादियों का साथ देने का मन बना लिया है। कहना न होगा कि संकटमोचन मंदिर में हुए बम विस्फोटों के बाद हुए घटनाक्रम ने इन अंदेशों को कमज़ोर किया है। इस प्रकरण की रोशनी में हमारे सामने हनुमानजी के ज़रिये हमारे अपने समकालीन सामाजिक-राजनीतिक विकास-क्रम पर एक सांस्कृतिक और वैचारिक दृष्टि डालने की गुंजाइश खुल गयी है।

आधुनिक मन की उलझनों का दूसरा पहलू हनुमान के ज़रिये निजी और सामाजिक दायरे में सबलीकरण को अनुभूति और शक्ति की उपलब्धि से संबंधित है। इस उलझन की व्याख्या हिंदुत्ववादियों द्वारा चलायी जा रही हनुमान संबंधी परियोजना की तरह सहज और सरल नहीं हो सकती। इसमें कई पेच हैं, कई अनुत्तरित प्रश्न हैं। क्या व्यक्तिगत, सामाजिक और जातीय धरातलों पर हनुमान को केंद्र बना कर की गयी सशक्तीकरण की यह अनुभूति मध्ययुग में मुसलमान शासन के प्रति बहुसंख्यक शासितों की एक ख़ामोश प्रतिक्रिया के रूप में देखी जानी चाहिए? क्या यह 'विजातीय समझे जाने वाले' शासकों के मुक़ाबले सामाजिक-सांस्कृतिक उत्तरजीविता की कोई दीर्घकालीन रणनीति थी? क्या इन प्रश्नों पर विचार करते समय हनुमान दो भागों में विभक्त नहीं हो जाते? तुलसी के हनुमान में भक्ति और शक्ति का अद्‌भुत मेल है, क्योंकि उनकी शक्ति उनकी भक्ति के फलितार्थ की तरह है। क्या इस विमर्श में भक्ति का देवता शक्ति के

मुख्य भूमिका निभाने लगे. अनिवासी भारतीयों को विहिप के आंदोलन से जोड़ने में भी चिन्मयानंद की भूमिका उल्लेखनीय है. देखें, लुट्‌जेनडार्फ़, उपरोक्त.

[7] प्रभुदत्त ब्रह्मचारी के बारे में माना जाता था कि वे 120 साल के हैं. नयी दिल्ली के बाहर वसंत गाँव में उन्होंने हनुमान की 1300 टन वजनी मूर्ति स्थापित कराई, और उसी के चरणों में यह सोचते हुए प्राण त्यागे कि अब पाकिस्तानियों के हमले से देश की राजधानी बच जाएगी.

[8] हनुमान उन कुछ एक मिथकीय अस्तित्वों में से एक हैं जिन्हें चिरंजीवी माना जाता है। महाभारत के एक प्रकरण में वे भीम की राह रोकने वाले वृद्ध और थके हुए बंदर की तरह आते हैं. रामकथा में वे बचपन में मिले शापवश अपनी शक्तियों को भूल जाते हैं, जिन्हें याद दिलाने की ज़िम्मेदारी महाकवि ने जामवंत को दी है. आमतौर पर हनुमान भक्त अनुमान लगाते रहते हैं कि लंका विजय के बाद रामराज्य में हनुमान की भूमिका क्या रही होगी? वाल्मीकि रामराज्य के दौरान राम की दिनचर्या की तो चर्चा तो करते हैं, पर हनुमान के बारे में कुछ नहीं बताते. हनुमान भक्तों के बीच रामराज्य में हनुमान की भूमिका से संबंधित कई दिलचस्प लतीफ़े प्रचलित हैं.

देवता से अलग नहीं हो जाता? दरअसल, यह विमर्श हमें मजबूर करता है कि एक सांस्कृतिक-ऐतिहासिक तथ्य की तरह हनुमान को दो कालखण्डों में बाँट कर देखा जाए। एक कालखण्ड वह है जब वे 'भक्त हनुमान' नहीं थे। यहाँ तक कि वे 'वज्र कोपीनधारी' ब्रह्मचारी भी नहीं थे। इस कालखण्ड में उनका ब्रह्मचर्य संशयग्रस्त था, और वे ज़्यादा से ज़्यादा 'यौनसंयमी' का श्रेणी में रखे जा सकते थे। दूसरा कालखण्ड वह है जब वे 'शक्ति और भक्ति' के पूँजीभूत स्वरूप की तरह ग्रहण किये गये। इस अवधि में उनका ब्रह्मचर्य अखण्ड माना गया, जिसके कारण वे भारतीय मर्दानगी के देवता तो बने ही, स्त्रियों के लिए भी निरापद हुए और दैवी रक्षक के दर्जे के कारण व्यक्ति और समाज के सतत काल्पनिक सहचर बन गये। समझना यह ज़रूरी है कि शक्ति और भक्ति का तुलसीकृत संश्रय किस जगह और किस हद तक टूटता है। यह भी समझना ज़रूरी है कि किस जगह यह अनूठा संश्रय हनुमान के चरित्र को पुनः आवेष्टित कर लेता है।

कुल मिलाकर हमारा मुख्य प्रश्न यह है कि हनुमान को केंद्र बनाकर मध्ययुग के शुरुआती दौर से ही दिखने वाले सामाजिक सशक्तीकरण की मुख्य प्रवृत्ति क्या थी? क्या उस पर मुसलमान शासन के कारण पनपी सांस्कृतिक उत्पीड़न की अनुभूति के तहत उत्पन्न हुई ख़ामोश प्रतिक्रियात्मकता हावी थी, या उसकी मुख्य भावभूमि पर हिंदू समाज में निरंतर चलने वाली अंतरकलह को पृष्ठभूमि में धकेल देने वाली एक ऐसी सामासिकता छाई हुई थी जो निजी और सामुदायिक रूप से प्रतिरक्षात्मक तो हो सकती थी, पर प्रतिक्रियात्मक नहीं।

पिछले पचास-साठ साल में धार्मिक-इतिहास के नज़रिये से इस लोक-देवता पर ढेर सारा विद्वतापूर्ण अनुसंधान हुआ है। देश-विदेश की अकादमीय पत्रिकाएँ इस प्रचुर सामग्री से भरी हुई हैं। यहाँ तक कि हाल ही में इस विषय पर एक पीएचडी.थीसिस भी छप चुकी हैं। इस लेख में हनुमान के चरित्र और उसकी काल-यात्रा की रूपरेखा इसी सामग्री के आधार पर बनायी गयी है। लेख के पहले हिस्से में हनुमान चरित्र के बहुआयामी विकास की संक्षिप्त रूपरेखा उकेरने की कोशिश है। यह हिस्सा मुख्यतः वैदिक काल, वाल्मीकि के महाकाव्य और फिर संस्कृत साहित्य के उन्मेष से लेकर पुराणकाल तक जाता है। लेख का दूसरा हिस्सा मुख्यतः मध्यकाल में स्थित है और आधुनिक युग तक यात्रा करता है। यह मुसलमानों के आगमन का काल है जिसमें हनुमान के चरित्र के साथ कई तरह की वैचारिक इंजीनियरिंग होती हुई मिलती है। एक जमाने में देशज रामायणों और *जैन रामायण* के पृष्ठों पर हनुमान-चरित्र के साथ कई तरह का खेल किया गया था, पर गोस्वामी तुलसीदास इस युग के सर्वाधिक प्रकाण्ड

इंजीनियर साबित होते हैं। इस हिस्से में गोस्वामीजी के हनुमान और उत्तर-तुलसी अवधि में उनकी उपासना के लिए पढ़े जाने वाले *हनुमान चालीसा* के बारे में भी कुछ अवलोकन दर्ज हैं। हनुमान के चरित्र की अंतर्निहित विशेषताएँ चालीसा की लोकप्रियता के साथ मिल कर धर्म के एक ऐसे रूप की रचना करती हैं जो शास्त्रोक्त होते हुए भी रोज़मर्रा की ज़िंदगी का रूप है। चालीसा हनुमान को एक ऐसा इहलौकिक देवता बना देता है, जिसकी हर क़िस्म के व्यक्ति को प्रति क्षण ज़रूरत पड़ती है और जिसके दोनों सिरे खुले हुए है। लेख के तीसरे हिस्से में निष्कर्ष निकलता है कि धर्म के जो रूप रोज़मर्रा के जीवन में आत्मसात् हो जाते हैं, उनका बेजा राजनीतिक इस्तेमाल विफलता के लिए किस तरह अभिशप्त होता है। कोई नया तथ्य खोज लाने का दावा न करने के बावजूद यह कथा इसलिए अनकही हैं कि इसमें संकटमोचन हनुमान जुड़ते और टूटते हुए अंततः सामासिक छवि ग्रहण करते हैं। यह कथा इसलिए भी अनकही है कि वह हनुमान के चरित्र में मूर्तिमंत हुई सामासिकता को भारतीय समाज की परिवर्तनशीलता के केंद्र में रख कर देखती है। यह कथा एक बार फिर ज़ोर देती है कि सामासिकता किस तरह कल भी भारतीय समाज की प्राणवायु थी, और आज भी है।

I

नर, वानर और देवता

उन्नीसवीं सदी के मध्य में एक ब्रिटिश अख़बार के लिए 1857 के विद्रोह पर लिखते हुए कार्ल मार्क्स ने अपनी एक बहु-उद्धृत रचना में भारतीय समाज की जड़ता पर अफ़सोस करते हुए हनुमान पूजा को उसकी मिसाल के तौर पर पेश किया था।[9] हम जानते हैं कि भारतीय समाज कभी भी स्थिर और जड़ नहीं था। समाज तो पहले भी बदल रहा था, पर उन्नीसवीं सदी आते-आते तो परिवर्तन की शक्तियाँ काफ़ी सक्रिय हो चुकी थीं। यह अलग बात है कि ऐसा कोई भी समाज मार्क्स की वैचारिक योजना में फ़िट नहीं हो सकता था जो पश्चिमी तर्ज़ पर स्वयं को क्रांतिकारी परिवर्तन के लिए पेश न करता हो। परिवर्तन की मंद गति क्रांति के उस यूरो-केंद्रित स्वप्नदर्शी के लिए जड़ता ही हो सकती थी। बहरहाल, उन्नीसवीं सदी आते-आते एक बहुत बड़े सामाजिक परिवर्तन की भित्ति बनने लगी थी। तरह-तरह के धार्मिक-सामाजिक सुधारों, जिनमें आर्य

[9] कार्ल मार्क्स और फ्रेड्रिक एंगेल्स (1968), *द फ़र्स्ट इण्डियन वार ऑफ़ इंडिपेंडेंस 1847-1859*, प्रोग्रेस पब्लिशर्स, मास्को : 19-20.

समाज का नाम विशेष रूप से उल्लेखनीय है, की क्रिया-प्रतिक्रिया के परिणामस्वरूप सनातन धर्म नामक एक श्रेणी उभर आयी थी जिसके तहत देश के विशाल हिस्सों, ख़ासकर उत्तर भारत में शैव, वैष्णव और शाक्त जैसी अंतर-हिंदू साम्प्रदायिक श्रेणियों की अहमियत कम होती जा रही थी। ख़ास बात यह है कि जिस देवता को मार्क्स ने हमारी सामाजिक जड़ता का प्रतीक बताया था, वह परिवर्तन की प्राक्-आधुनिक प्रक्रिया के केंद्र में तो था ही, परिवर्तन के आधुनिक दबावों के केंद्र में भी दिखाई पड़ता है।

वैदिक काल में इस 'मंकी गॉड' की पहली झलक वृषकपि के रूप में मिली। अपने नाम के ही अनुकूल वृष यानी साँड़ के समान शक्तिशाली यह नर कपि ऋग्वेद के पृष्ठों इंद्र का सहयोगी ही नहीं, बल्कि अभिन्न सहचर है। *ऋग्वेद* में इंद्र और वृषकपि के बीच दोस्ती इतनी गहरी बताई गयी है कि उनके इस याराने पर उनकी पत्नी इंद्राणी तक आपत्ति करने लगती हैं। इंद्राणी के अनुसार इंद्र उनके पास आने का समय इसलिए नहीं निकाल पाते कि वे अपना ज़्यादातर समय अपने 'प्रिय' वृषकपि के साथ गुज़ारते हैं। ऋग्वेद का यह बहुउद्धृत संवाद इंद्राणी को शिकायत करते हुए दिखाता है, और इंद्राणी की शिकायत केवल निजी ही नहीं बल्कि सार्वजनिक महत्त्व की भी है। वे कहती हैं कि जिन आहुतियों के ऊपर क़ायदे से इंद्र का अधिकार होना चाहिए, उन्हें इस कपि ने दूषित कर दिया है और उसकी लोकप्रियता इंद्र से भी ज़्यादा होती जा रही है। इंद्राणी इस कपि की शक्ति और मैथुन-सामर्थ्य के कारण भी चिंतित है जो उन्हें इंद्र से भी बेहतर नज़र आती है। लेकिन, इन शिकायतों के बावजूद इंद्र वृषकपि के साथ अपनी दोस्ती तोड़ने या उसे सीमित करने के लिए तैयार नहीं होते और आग्रह करते हैं कि इंद्राणी को उनके सहचर के साथ तालमेल क़ायम करना पड़ेगा, क्योंकि वृषकपि के बिना वे नहीं रह सकते।[10] इस ऋग्वैदिक प्रकरण के बाद यह कपि-चरित्र सायण के भाष्य में इंद्र के बेटे के रूप में और बाद में इंद्र के रूप में प्रकट होता है।[11] ब्रह्म पुराण में भी वृषकपि की कथा मिलती है और उसका संबंध केसरी और उनकी पत्नी अंजनी या अंजना से जोड़ा गया है।[12] इससे लगता है कि पुराण काल की शुरुआत होते-होते वृषकपि के चरित्र को हनुमान के दैवी पूर्वगामी के रूप में देखा जाने लगा होगा। *ऋग्वेद* के इस स्रोत को आधुनिक

---

[10] ऋग्वेद के इस स्रोत (10 : 86) पर कई विद्वानों ने विचार किया है. हनुमान पर समाज-विज्ञान में मिलने वाली टीकाओं में भी कई बार इसका उल्लेख मिलता है.

[11] देखें, लुट्जेनडार्फ़, उपरोक्त.

[12] जोगिंदर नरूला (2005), *हनुमान : गॉड ऐंड एपिक हीरो*, मनोहर, नयी दिल्ली : 17.

भाष्यकारों ने कपि–उपासना में दिलचस्पी रखने वाली ग़ैर–आर्य प्रवृत्तियों का आर्यीकरण क़रार दिया है। इससे प्रतीत होता है कि अपने मूल रूप में हनुमान जैसी पूजनीय आकृतियाँ प्राक्–आर्य युग में भी रही होंगी। कामिल बुल्के ने भी हनुमान उपासना को द्रविड़कालीन यक्ष–पूजा के विकसित रूप की तरह दिखाया है। इस संक्षिप्त विवरण से कुछ–कुछ साफ़ हो जाता है कि हनुमान के चरित्र की मूल कल्पना का श्रेय सिर्फ़ वाल्मीकि को क्यों नहीं दिया जा सकता। एक दूसरी बात यह साफ़ होती है कि उत्तर–वैदिक काल में सामाजिक विकास के साथ जिन दो–तीन वैदिक देवताओं को बदले हुए रूप में अपनाया गया उनमें शायद काली के साथ वृषकपि का बदला हुआ रूप भी था। अन्यथा, हम जानते हैं कि इंद्र, मरुत, रुद्र या ऐसे ही प्रमुख वैदिक देवताओं की पूजा तिरोहित हो चुकी है।

वाल्मीकि और वाल्मीकि के उपरांत हुए संस्कृत के साहित्यिक उन्मेष के तहत यह चरित्र क्रमशः एक स्वायत्त देवता बनता चला गया। आदिकवि के यहाँ चूँकि *रामायण* के नायक राम तक देवता नहीं हैं, इसलिए हनुमान कैसे हो सकते थे। वहाँ राम मर्यादापुरुषोत्तम हैं, और हनुमान सुग्रीव के विश्वसनीय मंत्री हैं जो अधिकांशतः अपने राजा के आदेश पर ही राम की मदद कर रहे हैं। *रामायण* में उनका प्रकटीकरण पहली बार किष्किंधाकाण्ड में होता है, जहाँ वे तपस्वी के वेष में सुग्रीव के कहने पर राम की टोह लेने आये हैं। पूरे महाकाव्य में बहुत तलाशने पर हनुमान के शब्दों में शायद एक ही बार यह कथन मिलता है कि वे कोशल–नरेश के सेवक हैं।[13] वाल्मीकि के हनुमान राम के प्रति निष्ठावान हैं, उनके प्रशंसक हैं, उनसे प्रेम करते हैं, पर फिर भी भक्त नहीं हैं। *रामायण* के अध्येताओं ने उत्तरकाण्ड लिखने का श्रेय वाल्मीकि को नहीं दिया है, और इसी उत्तरकाण्ड में हनुमान की राम के प्रति निष्ठा भक्ति में विकसित होती है।

वाल्मीकि का लहज़ा तो कुछ ऐसा है कि वे राम के समकालीन की तरह लिख रहे हों। चूँकि वे राम के समकालीन की तरह दिखना चाहते हैं, इसलिए वे हनुमान के समकालीन हुए। सम्भवतः समकालीनता का यह विचित्र लगने वाला आग्रह वाल्मीकि की काव्ययोजना का एक अंतर्निहित हिस्सा रहा होगा, ताकि उनकी रचना में प्रामाणिकता पैदा हो जाए। कवि और उसकी कल्पनाशीलता से निकले चरित्रों की समकालीनता का दावा संस्कृत महाकाव्यों के युग की एक विशेषता थी। इसे महाभारत की रचना में भी देखा जा सकता है, जहाँ व्यास

[13] सुकुमारी भट्टाचार्जी (2002), 'ए रिइवेलुएशन ऑफ़ वाल्मीक्स 'रामा', *सोशल साइंटिस्ट*, खण्ड 30, अंक 1/2, जनवरी–फ़रवरी : 31–49.

दावा करते हैं कि उन्होंने तो वही लिखा है जो देखा है। ध्यान रहे कि व्यास और वाल्मीकि प्राचीन काल के संस्कृत कवि हैं और संस्कृत कवि का अर्थ दृष्टा भी है जो भूत और भविष्य दोनों देख सकता है और अपने देखे गये के साथ वर्तमान में निवास कर सकता है।[14] समकालीनता के इसी संदर्भ में भारत प्रेमी कवि ऑक्टोवियो पाज द्वारा उल्लिखित दृष्टांत सामने आता है कि रामकथा लिखने के बाद वाल्मीकि को पता चला कि हनुमानजी ने भी रामकथा लिखी है। उनकी तरह ताड़पत्रों पर नहीं, बल्कि अपने नाखूनों से प्रस्तर-शिलाओं पर।

वाल्मीकि ने जब हनुमान रचित रामकथा पढ़ी तो उन्हें लगा उनका काव्य तो उसके मुक़ाबले हलक़ा है। लेकिन, हनुमान ने उनकी उलझन देख कर शिलाओं पर उकेरी गयी अपनी रामकथा प्रकृति में प्रवाहित कर दी। वाल्मीकि और हनुमान से जुड़े इस रूपक में कई तरह की गहरी बातें ध्वनित होती हैं।[15]

बहरहाल, वाल्मीकि की कल्पनाओं के हनुमान बंदर होने के बावजूद काफ़ी संयमित स्वभाव के हैं।[16] वाल्मीकि उन्हें स्पष्ट रूप से ब्रह्मचारी घोषित नहीं करते, पर रावण के अंतःपुर के चित्रण के दौरान वे दिखाते हैं कि हनुमान अपना यौनसंयम क़ायम रखने के लिए किस प्रकार चिंतित थे, जबकि यौनसंयम बंदरों की स्वाभाविक विशेषताओं के विपरीत माना जाता है।[17] यहाँ ध्यान देने वाली बात यह है कि सम्भवतः वाल्मीकि की अपनी बौद्धिक डिज़ाइन में भी हनुमान की स्थिति सार्वभौम आयामों से सम्पन्न नहीं थी कालिदास ने *रघुवंश* में विख्यात टिप्पणी की है कि वाल्मीकि ने राम-विजय के स्तम्भों के रूप में दक्षिण में

---

[14] संस्कृत में कवि का एक अर्थ द्रष्टा भी है.

[15] देखें, ऑक्टोवियो पाज़ की पुस्तक *द मंकी ग्रामेरियन* पर जेमी एर्लेज़रॉस्की की लम्बी टिप्पणी, '*वैयाकरण* हनुमान अथवा कविता का समझौता', *साखी,* नयी दिल्ली, अंक 4-5, जुलाई 93-दिसंबर 93.

[16] पूरी वाल्मीकि रामायण में केवल एक प्रसंग है जहाँ हनुमान अपने बंदर-जनित स्वभाव का परिचय देते हुए दिखते हैं. रावण के अंतःपुर में मंदोदरी की अतीव सुंदरता देख कर उन्हें भ्रम हो जाता है कि शायद उन्होंने सीता को खोज लिया है. उस समय हनुमान प्रसन्नतावश उछल-कूद मचाते हैं और बार-बार अपनी पूँछ चूमते हैं. यह अलग बात है कि थोड़ी ही देर बाद विभिन्न कारणों से उनकी खुशी विषाद में बदल जाती है.

[17] बाली और सुग्रीव के विवाद में सुग्रीव की पत्नी तारा के साथ बाली का सम्भोग *रामायण* के नायक राम की नैतिक संरचना के लिए विवाद का विषय है. मृत्यु-पूर्व पीड़ा से कराह रहे बाली और राम के संवाद में राम बाली पर इस अनैतिकता का आरोप लगाते हैं. सीता की खोज में लगे हुए वानरों की शिकायत से पता चलता है कि उन्हें अपनी पत्नियों का विछोह बर्दाश्त करना कितना मुश्किल हो रहा था. हनुमान की मूर्तियों और देवत्व के विकास पर काम करने वाले गोविंद्रचंद्र राय की मान्यता है कि उनका ब्रह्मचारी रूप बाद में विकसित हुआ. वाल्मीकि भी उनके ब्रह्मचारी होने का कोई स्पष्ट ज़िक्र नहीं करते. रामकथा में दिलचस्प बात यह है कि वानर स्त्रियों का चित्रण बंदरियों के रूप में नहीं किया गया है. यहाँ तक कि बाद में रामकथा के आसपास विकसित हुई कलेंडर आर्ट और हाल की चित्र कथाओं में भी वानर स्त्रियाँ साधारण मानवी की तरह ही दिखाई जाती हैं.

[18] गोविंद्रचंद्र राय (1976), *हनुमान के देवत्व और मूर्ति का विकास,* हिंदी साहित्य सम्मेलन, प्रयाग : 112-13.

विभीषण की स्थापना की, और उत्तर में हनुमान की।[18] आज हनुमान उत्तर के ही नहीं, दक्षिण के भी सर्वाधिक लोकप्रिय देवताओं में से एक हैं, और विभीषण की जो भी कोई मान्यता रही होगी, वह तिरोहित हो चुकी है। उत्तर के बजरंगबली अपनी अनगिनत मूर्तियों के साथ दक्षिण के 'प्रसन्नस्वामी' बन चुके हैं।

विजयनगर साम्राज्य के व्यास राय द्वारा कर्नाटक में बनवाए गये सैकड़ों हनुमान मंदिर और पश्चिम भारत में समर्थ गुरु रामदास द्वारा हनुमान भक्ति पर दिये गये संस्थागत बल ने पवनसुत को एक अखिल भारतीय देवता बना दिया है। उत्तर में हनुमान का दिन अगर मंगलवार है, तो दक्षिण और उत्तर-पूर्व में शनिवार है। कहीं वे सिंदूर से पुते हुए हैं, और कहीं वे काले पत्थर के हैं। बहरहाल, महाकवि वाल्मीकि का इरादा जो भी रहा हो, पहली से तीसरी ईस्वी के बीच रची गयी *रामायण* की विस्तृत्त कल्पनाशीलता ने हनुमान-चरित्र के साथ एक ऐसा प्रभामण्डल जोड़ दिया जिसके कारण बाद में भारतीय समाज को उसका सर्वाधिक लोकप्रिय सामासिक देवता मिला। हनुमान के आश्चर्यचकित करने वाले कारनामे *रामायण* के जिस अध्याय में दर्ज हैं, उसे महाकवि ने सुंदरकाण्ड का नाम दिया है। ज़ाहिर है कि हनुमान से जुड़ी सभी बातें उनकी निगाह में कितनी सुंदर रही होंगी। (इस पर विवाद किया जा सकता है कि आदिकवि ने सुंदर शब्द का प्रयोग किन अर्थों में किया था। सुंदर का एक अर्थ डमरू के मध्य का भाग भी है, और सुंदरकाण्ड महाकाव्य के तक़रीबन मध्य में स्थित है)।

रामायण की रचना के बाद एक हज़ार साल के दौरान रचे गये संस्कृत साहित्य की कल्पनाशील और फिर पुराण काल में हुई धार्मिक-वैचारिक राजनीति के तहत इस देवता की मिथकीय छवि सुदृढ़ हुई। इसी अवधि में नर, वानर और देवत्व के सम्मिलन के रूप में उसके जन्म की कथा इस प्रकार कही गयी कि कालांतर में उसका भव्य और सर्वगुण सम्पन्न व्यक्तित्व विभिन्न मतों और सम्प्रदायों में बँटे हुए समाज में सामासिकता की धारा चलाने की ज़िम्मेदारी उठा पाया। उसके जन्म में विष्णु की भूमिका बताई गयी, क्योंकि उन्हीं के विश्वमोहिनी रूप के कारण शिव का वीर्य स्खलित हुआ था। चूँकि इस वीर्य के धरती पर गिरने से प्रलय तक हो सकती थी, इसलिए पवन ने इस वीर्य के वाहक की भूमिका निभायी और उसे केसरी की पत्नी अंजनी के गर्भ में स्थापित कर दिया।[19]

---

[19] यह कथा शिव पुराण में मिलती है.

इस प्रकार मुख्यत: रुद्रावतार के रूप में हनुमान का जन्म होना बताया गया, लेकिन शायद इसी जन्म-कथा के कारण वे विशुद्ध शैव देवता की सीमा में आबद्ध नहीं हुए। वैष्णव और यहाँ तक कि शाक्त प्रभाव के तहत की गयी रचनाओं में शैव उद्गम वाले इस चरित्र का इस्तेमाल वैष्णव-शैव द्वंद्व का तीख़ापन कम करने के लिए होता हुआ प्रतीत होता है।

हनुमान की दृष्टि से पुराणों को यदि तीन श्रेणियों में बाँट कर देखा जाए तो उनके सामासिक चरित्र से जुड़े कुछ दिलचस्प नतीजे निकाले जा सकते हैं। पुराणों की पहली श्रेणी (जैसे मत्स्य, वायु, वामन, वराह, लिंग, ब्रह्माण्ड और मार्कण्डेय पुराण) में हनुमान की उपस्थिति नहीं मिलती। पुराणों की दूसरी श्रेणी (जैसे अग्नि, विष्णु, ब्रम्हवैवर्त, नरसिंह, कल्कि और भागवत) में उनकी कथा तक़रीबन वैसे ही कही गयी है जिस तरह वाल्मीकि रामायण में मिलती है। पुराणों की तीसरी श्रेणी (जैसे स्कंद, विष्णुधर्मोत्तर, *पद्म,* ब्रहद्धर्म, नारदीय और शिव पुराण) वह है जो हनुमान की भूमिका का विस्तार करते हुए एक पूजनीय देवता के रूप में उनकी श्रीवृद्धि करती है। शैव पुराणों में मिली प्रमुखता की वजह से हनुमान तांत्रिक विचारकों और सिद्धांतकारों के प्रिय भी हुए। माना गया कि उन्हें सभी सिद्धियाँ भी प्राप्त हैं। पुराण युग में बाद की अवधि के दौरान लिखी गयी कई देशज और संस्कृत रामायणों में इन्हीं पुराणों में कही गयी हनुमान से संबंधित कहानियों को तत्कालीन कवि-कल्पना ले उड़ी। चूँकि उस समय तक हनुमान का ब्रह्मचारी रूप स्थापित नहीं हुआ था, इसलिए *जैन रामायण* में उन्हें 18,000 राजकुमारियों से विवाह करते हुए दिखाया गया। जैन रचनाकारों की निगाह में उनके तीर्थंकरों से अधिक आत्मसंयमी योगी कोई और हो ही नहीं सकता था। वरना, हनुमान के चरित्र को इतना अधिक विषयासक्त दिखाने की और क्या वजह हो सकती थी। इस वैचारिक राजनीति का आगे की सदियों पर कोई ख़ास असर नहीं पड़ा। हनुमान-चरित्र के विकास का पथ लगभग तय हो चुका था।[20]

जहाँ तक इस अवधि में हनुमान उपासना के सम्प्रदाय का सवाल है, विद्वानगण इस मान्यता पर पहुँचने लगते हैं कि शिव या उनके वैकल्पिक अहं रुद्र से जुड़े होने के कारण हनुमान की पूजा उस समय देशज समुदायों के बीच होती रही होगी, हालाँकि इस संबंध में मिलने वाले पुरातात्त्विक और नृतत्वशास्त्रीय प्रमाण बहुत पुष्ट नहीं हैं। हनुमान पर काम करने वाले एक महत्त्वपूर्ण विद्वान ने

---

[20] *जैन रामायण* के अतिरिक्त एक अन्य जैन रचना *उत्तर पुराण* में भी हनुमान को सौ विवाह करते हुए और निर्वाण के बाद अपने राज्य का कामकाज अपने पुत्रों के लिए छोड़ जाते दिखाया गया है.

दावा किया है कि पीपल वृक्षों के नीचे रखे अनगढ़ पत्थरों की पूजा के रूप में हनुमान-पूजा प्राचीन काल से होती रही है, और महावीर पूजा का यह मौजूदा रूप प्राचीन काल की ही देन है।[21] वैसे मूर्तियों के रूप में हनुमान के निरूपण गुप्त काल में मिलते हैं। यह अलग बात है कि रामकथा संबंधी इन दृश्यों की शैली इस प्रकार है कि हनुमान की मौजूदगी पर अलग से ध्यान नहीं जाता। मध्य प्रदेश इंदौर और मौजूदा झारखण्ड के सिंहभूमि में नवीं और दसवीं सदी की हनुमान मूर्तियाँ मिल चुकी हैं। गोवा में बारहवीं सदी की मूर्ति मिली है। मध्ययुग के शुरुआती दौर में वैष्णव और शैव मंदिरों में हनुमान की छवियाँ आसानी से देखी जा सकती हैं। पंद्रहवीं सदी से हनुमान मूर्तियाँ बड़ी संख्या में मिलनी शुरू हो जाती हैं।[22] मोटे तौर पर यही वह काल है जब बांग्ला में कृत्तिवास और अवधी में तुलसीदास अपनी-अपनी रामकथाओं की रचना कर रहे थे।

इतना निश्चित है कि रामकथा के प्रचलन और उस पर पड़ने वाले पौराणिक असर ने भारतीय कल्पनाशीलता में हनुमान की स्थापना कर दी थी। संस्कृत के अनगिनत नाटकों और पौराणिक आख्यानों ने उत्तरकाण्ड द्वारा स्थापित हनुमान की। संस्कृत के अनगिनत नाटकों और पौराणिक आख्यानों ने रामभक्ति का आगे विकास किया। सोलहवीं सदी में तुलसी को जो हनुमान मिले, वे मर्यादापुरुषोत्तम के विश्वसनीय और वफ़ादार सहयोगी न रह कर रामभक्ति से ओतप्रोत हो चुके थे। मध्ययुंग शैवों और वैष्णवों के बीच भीषण धर्मशास्त्रीय विवाद का युग था। उत्तर भारत में शैव प्रभाव के इलाक़े वैष्णव प्रभाव में समाते जा रहे थे। इस धार्मिक द्वंद्व के बीच सामासिकता के प्रयास भी जारी थे। यह सामासिकता वैष्णव वर्चस्व वाली सामासिकता थी, यानी इसका नायक विष्णु का अवतार था। इसकी कथायोजना में विष्णु के अवतार की महिमा शिव के मुख से पार्वती को सुनाई जानी थी। ख़ास बात यह थी कि रामकथा के रचनाकारों ने इस सामासिकता के वाहक के तौर पर हनुमान को चुना। नौवीं से चौदहवीं सदी के बीच की अवधि में हनुमान की धर्मशास्त्रीय रुद्रावतार छवि सुदृढ़ हो चुकी थी। मध्ययुग के शुरुआती दौरों के संदेहों से उबर कर हनुमान का यौगिक और ब्रह्मचारी रूप प्रचलित हो गया था। हनुमान का चरित्र शाक्त प्रभाव के इलाक़ों में भी स्वीकृत था। तुलसी के लगभग समकालीन कृत्तिवास की *बांग्ला रामायण* इसका प्रमाण

[21] यह दावा गोविदचंद्र राय का है, पर अन्य विद्वानों को इसकी प्रामाणिकता पर संदेह है.

[22] हनुमान की मूर्तियों के बारे में विस्तृत चर्चा के लिए देखें, गोविंदचंद्र राय, उपरोक्त, और संक्षिप्त आलोचनात्मक चर्चा के लिए देखें, लुट्जेनडॉर्फ़, उपरोक्त.

है। इसमें एक प्रकरण है जिसमें दिखाया गया है कि हनुमान शिव की तरफ़ से एक जादुई उद्यान के रक्षक हैं जिसमें प्रवेश की कोशिश करने वाले राम-लक्ष्मण से उनका युद्ध होता है जिसमें शिव भी भाग लेते हैं। चूँकि यह रामायण शाक्त प्रभाव वाले इलाक़े में लिखी जा रही थी, इसलिए इसके रचनाकार ने हनुमान और राम के बीच युद्ध के कारण परिस्थिति हाथ से निकलते देख शक्ति यानी पार्वती का हस्तक्षेप करवाया। पार्वती दोनों पक्षों के बीच संघर्ष के बजाय एकता के बिंदुओं पर प्रकाश डाल कर युद्ध का निवारण करती हैं।[23] शिव की तरफ़ से हनुमान रामकाज करने के लिए नियुक्त हो जाते हैं। वैष्णव-शैव द्वंद्व सामासिकता के रास्ते पर चल पड़ता है।

II

तुलसीदास और उत्तर-तुलसी *हनुमान चालीसा*

शिव पुराण की शतरुद्रसंहिता में मिलने वाली हनुमान और महिरावण (अहिरावण) के संघर्ष की कथा इसी दौर में बहुत लोकप्रिय हुई। वह बंगाली, उड़िया और असमी रामायणों में पहुँची। मराठी में रचित एकनाथ की *भावार्थ रामायण* ने भी यह दृष्टांत प्रमुखता से सुनाया। यह कथा उत्तर भारत में भी बेहद प्रचलित हो गयी। इस कथा से पहले हनुमान के चरित्र में एक ही कमी थी। पृथ्वी और आकाश में तो उनकी गति का कोई सानी पहले भी नहीं था, पर पाताल के राजा महिरावण का संहार करके राम और लक्ष्मण को उसकी क़ैद से छुड़ा लाने वाले उनके कारनामे ने उन्हें उस परिस्थिति में भी प्रबल साबित किया जहाँ कालांतर में विष्णु के अवतार बने राम भी विवश साबित हो गये थे। हालाँकि उत्तर भारतीय समाज में मौजूद हनुमान की प्रचलित छवि मोटे तौर पर तुलसीदास की ही देन है, लेकिन हनुमान की काल-यात्रा तुलसी के परे भी जाती है। इसके दो बड़े प्रमाण हैं। पहला प्रमाण महिरावण की कथा से मिलता है, दूसरा प्रमाण है *हनुमान चालीसा* की रचना जिसका श्रेय लोकमानस भले ही गोस्वामीजी को दे, पर दरअसल वह उनकी रचना नहीं है। यह अलग बात है कि चालीसा का लगभग अनजान रचनाकार स्वयं को शायद तुलसीदास ही कहता था। यह भी हो सकता

---

[23] वाल्मीकि और तुलसी के हनुमान में फ़र्क़ के लिए देखें, कैथरीन लुडविक (1994), *हनुमान इन दि रामायण ऑफ़ वाल्मीकि ऐंड द रामचरितमानस ऑफ़ तुलसी दास, मोतीलाल बनारसीदास;* कृत्तिवास की बांग्ला *रामायण* के लिए देखें, विलियम एल. स्मिथ (1994), *रामायण ट्रेडीशंस इन इस्टर्न इण्डिया,* युनिवर्सिटी ऑफ़ स्टाकहोम, उद्धृत : लुट्जेनडॉर्फ, उपरोक्त.

है कि तुलसीदास की प्रबल ख़्याति के प्रभाव में उनके बाद के कई रचनाकार ख़ुद को तुलसीदास ही कहने लगे हों। जहाँ तक महिरावण की कथा का सवाल है, गोस्वामीजी ने *रामचरितमानस* रचते समय सम्भवतः यह दृष्टांत इसलिए छोड़ दिया होगा कि कहीं उसके कारण राम की अवतारी शक्तियाँ अपनी सार्वभौमिकता से वंचित हो कर एक विशेष परिस्थिति में हल्की न दिखने लगे, *रामचरितमानस* के मूल संस्करण में यह कथा नहीं मिलती।[24] कालांतर में इस महाकाव्य के प्रक्षिप्त संस्करणों में यह प्रकट हुई। दरअसल, मानस के पृष्ठों पर हनुमान की उपस्थिति वाल्मीकि रामायण से अलग तरह की है, और तुलसीदास की भिन्न सामाजिक-सांस्कृतिक परियोजना की तरफ़ इशारा करती है।

मानस में हमें हनुमान के जन्म की कथा नहीं मिलती। न ही वे पुराणों में दर्शाए गये हनुमान की तरह रुद्रावतार हैं। गोस्वामीजी उनके चरित्र की स्वायत्तता घटाते ही नहीं, बल्कि तक़रीबन ख़त्म ही कर देते हैं। अगर गोस्वामीजी की सामाजिक राजनीति पर नज़र डाली जाए तो लगता है कि हनुमान के चरित्र के साथ उनके इस सुलूक का एक ख़ास मक़सद रहा होगा। उनके महाकाव्य में नायक एक ही हो सकता था, जिसे वे विष्णु के अवतार राम के रूप में तय कर चुके थे। वहाँ शिव का कोई अवतार नहीं आ सकता था। आख़िर रुद्र शिव के ही वैकल्पिक अहं की तरह ग्रहण किये जाते हैं। शिव और गंगा की नगरी काशी में रहने वाले तुलसीदास के लिए यह भी ज़रूरी रहा होगा कि विष्णु और शिव की सामासिकता के मौक़े गढ़े जाएँ। (कहा जाता है कि अपने अतिमुखर वैष्णव रुझानों के कारण काशी में गोस्वामीजी के जीवन में ही मानस को ब्राह्मणों का आक्रामक विरोध झेलना पड़ा था। यहाँ तक कि मानस को जलाया भी गया था। यह भी कहा जाता है कि तुलसीदास नाराज विप्रों से मानस की पाण्डुलिपि बचाने का श्रेय हनुमानजी को ही देते थे)। समझा जा सकता है कि शायद इसीलिए उन्होंने विष्णु के अवतार राम द्वारा शिव की पूजा दिखाई होगी (जहाँ यह पूजा पहले से प्रचलित थी)। पर, प्रेक्षकों ने यह भी एक दिलचस्प अवलोकन किया है कि राम की यह शिव पूजा भौगोलिक रूप से उत्तर भारत में कहीं भी घटित नहीं होती। शिव पूजा का स्थान गोस्वामीजी दक्षिण भारत (रामेश्वरम) नियत

---

[24] बलरामदास की उड़िया में लिखी गयी *दाण्डी रामायण* और एकनाथ की मराठी में लिखित *भावार्थ रामायण* का रचनाकाल मोटे तौर पर तुलसीकृत *रामचरितमानस* का ही रचनाकाल है. इन रामायणों में महिरावण वाला प्रसंग है, पर अपने ज़माने में प्रचलित होने के बावजूद गोस्वामीजी इसकी चर्चा नहीं करते. दरअसल, हनुमान की बेहद लोकप्रिय छवियों में से एक छवि में वे महिरावण को क़ैद से छुड़ा कर राम और लक्ष्मण को कंधों पर बैठाए हुए हैं. इस प्रकरण के बिना हनुमान के मिथकीय कारनामे पूरे नहीं हो सकते.

करते हैं। गोस्वामीजी की वैष्णव भक्ति में सामासिकता तलाशने वाले भाष्यकारों को रामेश्वरम प्रकरण प्रमुदित कर देता है। साथ ही वे इस ओर ध्यान दिलाते हैं कि आख़िर *रामचरितमानस* की कथा शिव मुख से पार्वती को सुनाया गया आख्यान ही तो है। कई बार ऐसा भी लगता है कि जैसे महावीर हनुमान के ज़ोरदार कारनामों पर महादेव अपने कारनामे की ही तरह प्रसन्न हो रहे हैं। पर पुराणों के हनुमान का अध्ययन करने वाले यह तथ्य हज़म नहीं कर पाते कि शिव के वीर्य से उत्पन्न बताए गये बजरंगबली तुलसी की इंजीनियरिंग में किस प्रकार विष्णु के अवतार के मातहत हो गये। हनुमान की असाधारण दैवी क्षमताएँ सोलहवीं सदी तक आते-आते लोकमानस में पूरी तरह स्थापित हो चुकी थीं, लेकिन तुलसी ने उन क्षमताओं का स्रोत रामकृपा से जोड़ दिया। हालाँकि, मानस के सुंदरकाण्ड में वर्णित हनुमान के विविध पराक्रमों के आधार पर ही उत्तर भारत की जनता ने उनके चरित्र की रूपरेखा जज़्ब की है, पर राम के साथ संबंध प्रधान हो जाने के कारण एक वैविध्य सम्पन्न स्वायत्त लोक-देवता मानस के पृष्ठों में उसके नायक के मुक़ाबले एक कमतर अवतार बन गया। वाराणसी के तुलसी मानस मंदिर में आज भी डिज़्नी शैली में अपना सीना चीर कर उसमें बसे सिया-राम दिखाने वाले यांत्रिक हनुमान तुलसी की इस इंजीनियरिंग के प्रतीक हैं।

यह अलग बात है कि मानस के हनुमान का यह कमतरपन समाज में रूढ़ नहीं हो पाया। मानस में हनुमान के साथ-साथ रामभक्ति के लक्ष्मण और भरत जैसे प्रतीक हैं जो राम के लिए अभूतपूर्व त्याग करते हैं। एक अध्येता के अनुसार तो मानस के पृष्ठों पर रामभक्ति के मामले में भरत, लक्ष्मण और सीता जैसे चरित्रों को हनुमान से अधिक महत्त्व दिया गया है। लक्ष्मण की स्वतंत्र मान्यता शेषनाग के अवतार के रूप में भी है। इस सबके बावजूद हम जानते हैं कि देवत्व, मान्यता और स्तुति के मामले में कोई भी हनुमान से आगे नहीं निकल पाया।[25] लक्ष्मण और भरत जैसे पात्र रामकथा से शुरू होकर उसी में ख़त्म हो जाते हैं। सीता भी एक स्वतंत्र देवी की स्थिति नहीं ग्रहण कर पातीं। लेकिन, महावीर की कथा रामकथा के पहले भी मौजूद थी, और उसके बाद भी जारी रहती है।

ज़ाहिर है कि संस्कृत और पुराण साहित्य के हनुमान के मुक़ाबले तुलसी के हनुमान कुछ हलके हैं, पर इसका मतलब यह नहीं कि हमें हनुमान के मामले

[25] लेनार्ड टी. वाल्काट (1978), 'हनुमान : द पॉवर-डिस्पेंसिंग मंकी इन नॉर्थ इण्डियन फ़ोक रिलीजन', द *जनरल ऑल एशियन स्टडीज़,* खण्ड 37, अंक 4, अगस्त : 653-661.

में गोस्वामीजी को कम करके आँकना चाहिए। महाकवि का पुराणों पर और अन्य संस्कृत साहित्य पर ख़ासा अधिकार था। ऊपर से तुलसीदास भक्त कवि थे और लोक-मानस पर उनकी पकड़ अच्छी थी। वे देख सकते थे कि वाल्मीकि और उनके बीच की अवधि में रची गयी अनगिनत देशज और संस्कृत रामकथाओं में ही नहीं, बल्कि उनके परे जा कर भी हनुमान हिंदू समाज को मथ रहे वैष्णव-शैव द्वंद्व के संदर्भ में दोनों सिरों को जोड़ने वाले एक पुल का काम कर रहे हैं। इन्हीं कारणों से मानस के पृष्ठों पर हनुमान की अहमियत कम करने की भरपाई उन्होंने अपनी दूसरी रचनाओं में की। ये रचनाएँ भी मानस जितनी तो नहीं, पर काफ़ी लोकप्रिय हैं। *विनयपत्रिका* में तुलसीदास हनुमान की रुद्रावतार के रूप में आराधना करते नज़र आते हैं। वे उन्हें साक्षात शिव, अपने भक्तों के रक्षक और भूत-पिशाच का विनाश करने वाले बताते हैं। बाक़ी कसर *हनुमानबहुक* में बजरंगबली की स्तुति से पूरी हो जाती है।[26] तुलसी के जीवन पर शोध करने वाले एक समाज वैज्ञानिक ने उनसे जुड़ी हुई एक कथा का ज़िक्र किया है जिसके अनुसार महाकवि ने स्वयं हनुमानजी का साक्षात्कार किया था।[27]

उत्तर भारत में अठारहवीं और उन्नीसवीं शताब्दी में हनुमान से संबंधित साहित्य का प्रचुर मात्रा में उत्पादन हुआ। इस दौर की ऐसी बहुत सी काव्य रचनाएँ मिलती हैं जिन पर मोटे तौर पर तुलसीदास की छाप दिखती है। लेकिन काव्यशास्त्रियों की मान्यता है कि इन रचनाओं की कविता का स्तर तुलसीदास की प्रामाणिक रचनाओं के मुक़ाबले काफ़ी गिरा हुआ है। *हनुमान उपासना*, *हनुमान स्तवन*, *हनुमानशतक* और *श्रीहनुमानजी जीवन-चरित* ऐसी ही कुछ रचनाओं के नाम हैं। इनमें *हनुमान चालीसा* एक ऐसी रचना है जिसके बारे में लोक-मान्यता यही है कि यह तुलसीदास की ही लिखी हुई है। चालीसा के स्रोत के बारे में ख़ासा भ्रम फैला हुआ है। हनुमान पर अपनी पीएचडी.थीसिस लिखने वाले जोगिंदर निरूला मानते हैं कि चालीसा *रामचरितमानस* से ही निकाला गया हिस्सा है।[28] हनुमान पर लिखे गये एक प्रबंध काव्य *आञ्जनेय* के रचयिता को

---

[26] हालाँकि *हनुमानबहुक* गोस्वामी जी की रचना ही मानी जाती है, पर कुछ विद्वानों को संदेह है कि शायद यह भी उत्तर-तुलसी कृति ही है.

[27] लोकमान्यता यह है कि जहाँ कहीं भी रामकथा होती है, हनुमानजी के लिए एक आसन ख़ाली छोड़ा जाता है. इस मान्यता से जुड़े हुए दृष्टांतों का वर्णन फ़िलिप लुट्जेनडॉर्फ़ ने अपनी रचना *लाइफ़ ऑफ़ अ टेक्स्ट : परफ़ार्मिंग द रामचरितमानस ऑफ़ तुलसीदास*, बर्कले ऐंड लास एंजेलिस, युनिवर्सिटी ऑफ़ केलिफ़ार्निया प्रेस, 1991 में किया है.

[28] जोगिंदर नरूला, उपरोक्त : 23.

तो कोई संदेह नहीं है कि चालीसा गोस्वामीजी की रचना है।[29] चिन्मय मिशन के स्वामी तेजोमयनंद का दावा है कि चालीसा गोस्वामीजी ने उस समय लिखा था जब वे बहुत बीमार चल रहे थे, और उसके रचने के बाद उसी के पाठ से उन्हें स्वास्थ्य लाभ हुआ।[30] उत्तर भारत के लोकदेवता के रूप में हनुमान का अध्ययन करने वाले फ़िलिप वाल्काट की मान्यता भी यही है।[31] पर, फ़िलिप लुट्जेनडॉर्फ़ साफ़ तौर पर कहते हैं कि तुलसीदास चालीसा के रचनाकार नहीं थे।[32]

लुट्जेनडॉर्फ़ की बात सही लगती है क्योंकि बीसवीं सदी के शुरुआती दौर में नागरी प्रचारिणी सभा द्वारा प्रकाशित और आचार्य रामचंद्र शुक्ल और बाबू श्यामसुंदर दास द्वारा सम्पादित *तुलसी रचनावली* में तुलसी की जिन बारह प्रामाणिक रचनाओं का उल्लेख है उनमें चालीसा शामिल नहीं है। असलियत यह है कि बीसवीं सदी के शुरुआती दौर में नागरी प्रचारिणी सभा द्वारा प्रकाशित और आचार्य रामचंद्र शुक्ल और बाबू श्यामसुंदर दास द्वारा सम्पादित *तुलसी रचनावली* में तुलसी की जिन बारह प्रामाणिक रचनाओं (*रामचरितमानस, विनयपत्रिका, रामलला नहछू, रामाज्ञा प्रश्न, बरवै रामायण, कवितावली, गीतावली, दोहावली, कृष्ण गीतावली, पार्वती मंगल, जानकी मंगल, वैराग्य संदीपनी*) का उल्लेख है उनमें चालीसा शामिल नहीं है। 1972 में तुलसी की दूसरी रचनावली छपी जिसका प्रकाशक काशी की अखिल भारतीय विक्रम परिषद थी। सीताराम चतुर्वेदी इसके सम्पादक थे। इसकी भूमिका में चालीसा के रचनाकार के बारे में कुछ जानकारियाँ दी गयी हैं। 1940 में छपे *कल्याण* पत्रिका के अंक के हवाले से बताया गया है कि गोण्डा ज़िले के तुलसीपुर ग्राम में रहने वाले किसी कवि ने यह रचना लिखी होगी। दूसरा अंदाज़ा यह है कि इसे भोजपुर ज़िले के किसी ऐसे कवि ने लिखा जो स्वयं को तुलसीदास ही कहता था।[33] इस बहस से कम से कम एक बात स्पष्ट हो ही जाती है कि *हनुमान चालीसा* जैसी तक़रीबन सर्वव्यापी रचना गोस्वामीजी की लिखी हुई नहीं है, भले ही उसमें

---

[29] श्यामनंदन किशोर, *आञ्जनेय,* भारती भवन, इलाहाबाद, 1978 :155.

[30] स्वामी तेजोमयनंद का यह दावा चिन्मय मिशन की वेबसाइट से.

[31] वाल्काट, उपरोक्त.

[32] लुट्जेनडॉर्फ़, उपरोक्त.

[33] उल्लेखनीय है कि तुलसीदास के नाम से प्रकाश में आने वाली रचनाओं का सिलसिला अभी ख़त्म नहीं हुआ है. हाल ही में अक्टूबर, 2006 में प्रकाशित आंचलिक पत्रकार नामक पत्रिका के 218 वें अंक ने सूचना दी है कि तुलसीदास की एक नहीं, बल्कि चार-चार पाण्डुलिपियाँ सप्रे संग्रहालय को सौंपी गयी हैं. ये हैं: *श्रीराम गीतावली, प्रागन, उमा-शंभु विवाह मंगल* और *राम विवाह मंगल.* पत्रिका के अगले अंक में इन पाण्डुलिपियों की 'प्रामाणिकता' पर एक लम्बा लेख भी छपा है.

तुलसीदास का नाम आता हो। बहरहाल, भले ही चालीसा तुलसीदास की प्रामाणिक रचना न हो, पर उसे महाकवि के कालजयी सांस्कृतिक प्रभाव का प्रमाण तो माना ही जा सकता है। तक़रीबन दो सौ साल की अवधि में यह चालीसा तुलसीदास के नाम पर धीरे-धीरे पूरे हिंदीभाषी क्षेत्र में सर्वाधिक लोकप्रिय धार्मिक पाठ के रूप में स्थापित होता चला गया।

आधुनिक राजनीति के दायरे में चालीसा के साम्प्रदायिक इस्तेमाल के प्रकरण भी मिलते हैं। बीसवीं सदी में हिंदुत्ववादियों ने *रामचरितमानस* का बहुत बड़े पैमाने पर 'हिंदी के वेद' और 'अतिश्रेष्ठ सनातनी शास्त्र' की तरह प्रचार किया।[34] उड़ीसा में ईसाइयों के ख़िलाफ़ हिंदुत्ववादियों के हिंसक हमलों के पीछे बजरंग दल का बहाना अकसर यही रहता है कि पादरियों ने चालीसा पर पेशाब करके उसे अपवित्र कर दिया है। चालीसा का राजनीतिक इस्तेमाल समझने के लिए ज़रूरी है कि रामकथा और राजनीतिक प्रतीकवाद के आपसी संबंधों पर संक्षेप में चर्चा की जाए। सम्भवत: साम्प्रदायिकों को मध्ययुगीन इतिहास के एक टुकड़े ने प्रेरणा दी होगी। इस इतिहास ने उन्हें मुसलमानों को राक्षसों का पर्याय बनाने, और हनुमान को राक्षसहंता बजरंगबली के रूप में पेश करने की सुविधा दी। बारहवीं सदी में पृथ्वीराज द्वितीय ने स्वयं को राम का अवतार घोषित करके अपनी विरुदावलि गाने वालों द्वारा तुर्कों और पठानों को राक्षस के रूप में चित्रित करवाया था।[35] दक्षिण भारत में भी मध्ययुगीन हिंदू राजाओं ने मुसलमान आक्रामकों के ख़िलाफ़ योद्धा जातियों को संगठित करने के लिए हनुमान का प्रतीक के रूप में आह्वान करने का प्रयास किया था।[36] महाराष्ट्र और पश्चिम भारत के अन्य क्षेत्रों में हनुमान-भक्ति का प्रसार करने का श्रेय शिवाजी के समकालीन और उनके चमत्कारी समझे जाने वाले राजगुरु रामदास को जाता है। उन्होंने इस विशाल क्षेत्र में सहस्त्रों हनुमान मंदिरों की स्थापना करने की भूमिका निभायी।[37] वह जमाना औरंगजेब का था। शिवाजी और औरंगजेब के टकराव के कारण यह निष्कर्ष निकाल लेना आसान है कि रामदास की हनुमान-भक्ति के पीछे मुसलमान विरोधी सशक्तीकरण की भावना रही होगी।

लेकिन, हनुमान के नाम पर मध्यकाल में हुए प्रतिक्रियात्मक सशक्तीकरण

---

[34] लुट्जेनडॉर्फ़, *लाइफ़ ऑफ़ अ टेक्स्ट*, उपरोक्त : 4, 10, 365-61.

[35] शेल्डन पोलक, 'रामायण ऐंड पॉलिटिकल इमेजिनेशन', *जर्नल ऑफ़ एशियन स्टडीज़*, 52, मई 1992,

[36] कामिल ज्वेलेबिल ने अपनी विख्यात पुस्तक *टू तमिल फ़ोकटेल्स* (नयी दिल्ली, मोतीलाल बनारसीदास, 1987) के पृष्ठ पर इस तथ्य का ज़िक्र किया है.

[37] जस्टिन ई. एबट, 'दि 300थ्र एनीवर्सरी ऑफ़ द बर्थ ऑफ़ दि मराठा किंग शिवाजी', *जर्नल ऑफ़ अमेरिकन ओरिएंटल सोसाइटी*, खण्ड 50, 1830 : 151-163.

के प्रचलित विमर्श से सहमत होने से पहले कुछ और तथ्यों पर नज़र डाल लेना ज़रूरी है। हक़ीक़त यह भी है कि तत्कालीन अभिजनों (सामंतों) के इस स्पष्ट राजनीतिक इरादे के बावजूद लोकमानस रामकथा को मुसलमान विरोधी आख्यान के रूप में ग्रहण करने की स्थिति में नहीं था। दरअसल, क्षेत्रीय भाषाओं में रामकथा के ज़ितने भी संस्करण तुलसीदास के युग से पहले मिलते हैं, वे सभी आमतौर से या तो मुसलमान प्रभाव-क्षेत्र के बाहर रचे गये थे या फिर ऐसे इलाक़ों में उनकी रचना हुई थी जहाँ के मुसलमान शासक सांस्कृतिक रूप से इस्लामिक मुख्यधारा के अंग नहीं थे।[38]

इतिहास बताता है कि काशी को मुसलमान मूर्तिभंजकों का प्रकोप तुलसी के बाद के काल में ही झेलना पड़ा था। तुलसीदास ने तो मानस की रचना एक ऐसे समय में की थी जो मुगल प्रभाव के तहत सामाजिक उदारता से स्पंदित था। अकबर ने वाल्मीकि रामायण का फ़ारसी में अनुवाद करने का आदेश दिया था। बाद में मुगल साम्राज्य के विघटन के बाद बनारस, रीवा और टीकमगढ़ के हिंदू राजाओं और अवध के शिया नवाबों के वरदहस्त के नीचे उत्तर और मध्यभारत में राम-उपासना प्रचलित हुई। कुल मिलाकर कहा जा सकता है कि तुलसी-पूर्व देशज रामायणों और तुलसीकृत मानस में धर्मनिष्ठा और भक्ति की ही प्रधानता थी। तुलसी के यहाँ 'यवन' यानी मुसलमान को भी राम की कृपा प्राप्त हो सकती थी, क्योंकि उनके राम में प्रेम और करुणा साकार रूप लेती है। तुलसी के शास्त्र में राक्षस होना या राक्षसवृत्ति एक मानवीय और कलियुगीन समस्या थी। इसका मुसलमानों से कोई सीधा ताल्लुक़ नहीं था। भक्तियुग में कबीर के राम और रैदास के राम तो अपनी निराकारता के कारण किसी तरह के राजनीतिक प्रतीकवाद के शिकार हो ही नहीं सकते थे।[39]

भक्ति कवियों ने देवताओं और ईश्वरों का भजन उन भाषाओं में किया था, जो जन-जन में बोली और समझी जाती थीं। उन सभी का स्पर्श 'सबाल्टर्न' यानी नीची समझी जाने वाली जातियों को मिलना स्वाभाविक ही था। मुसलमान शासन का एक चर्चित पहलू यह भी है कि वह संस्कृत परम्परा से तो बिदकता था, पर लोक परम्परा के साथ रिश्ता जोड़ने में उसे ज़्यादा उलझन नहीं थी। अपनी इस

---

[38] लुट्जेनडॉर्फ़ ने अल बरूनी का एक हवाला दिया है कि किस तरह मुसलमान विजय के बाद भारतीय प्रतिभा उन इलाक़ों में सिमट गयी जो इस्लामिक राज्य के प्रभाव के बाहर थे. बरूनी का यह कथन कृत्तिवास और तुलसीदास के मामले में सही नहीं बैठता. कृत्तिवास को रुकनुद्दीन बरबक शाह का संरक्षण प्राप्त था, और तुलसीदास को अकबर के उदार शासन काल में अपनी रचनाएँ लिखने का मौक़ा मिला.

[39] कबीर का स्पष्ट कथन था कि उनके राम अयोध्या के राजकुमार नहीं हैं. वे निर्गुण राम के उपासक थे.

प्रवृत्ति के फलस्वरूप उसने ब्राह्मण की पीठ पर हाथ रखना पसंद नहीं किया जिससे संस्कृत परम्परा संकटग्रस्त होने पर मजबूर हुई। यह परम्परा समाज के नियामक की भूमिका अवश्य निभाती रही थी, पर इससे सीधी जुड़ी हुई आबादी का प्रतिशत बहुत छोटा था। इसलिए अगर हनुमान उपासना से जुड़े मुसलमान विरोधी प्रतिक्रियात्मक सशक्तीकरण के पहलू पर नज़र डालनी है तो उसकी टोह तत्कालीन अभिजन मानस और राजनीति की जगह जन-साधारण की दुनिया में ली जानी चाहिए।

इस संदर्भ में हनुमान से संबंधित दो उदाहरणों पर ग़ौर किया जा सकता है। पहला गुरु रामदास का है जिन्होंने एकनाथ की मराठी 'भावार्थ रामायण' का सारे जीवन पाठ किया, पर जब अपनी रामायण लिखी तो वह संस्कृत में थी। उन्हें हनुमान का रुद्र संस्करण पसंद था। उन्होंने 11 रुद्रों का निरूपण करने वाले हनुमान के 11 मंदिर स्थापित किये, जिससे पश्चिम में हनुमान उपासना को बड़ा बल मिला। इसी का समांतर तथ्य यह है कि इसी हनुमान भक्ति गुरु के विख्यात शिष्य शिवाजी की इष्टदेव भवानी थीं, और सत्रहवीं सदी के जिन मराठा किसानों के छत्रपति शिवाजी थे पर स्थानीय रूप से कृष्णभक्ति परम्परा का ज़्यादा असर था। कुल मिलाकर स्थिति इतनी स्पष्ट नहीं थी कि हनुमान भक्ति का पहलू प्रतिक्रियात्मक मुसलमान विरोधी सशक्तीकरण के रूप में समस्याहीन रूप से ग्रहण किया जा सके। यद्यपि बीसवीं सदी में लिखी गयी रामदास की स्तुतिपरक जीवनियों में प्रतिक्रियात्मक सशक्तीकरण का यह पहलू स्पष्टरूप से दृष्टिगोचर होता है। बहरहाल, हनुमान उपासना में समर्थ गुरु रामदास का एक योगदान हर क़ीमत पर मानना होगा कि उन्होंने यह उपासना दीर्घ कर्मकाण्डीय प्रक्रिया से मुक्त करके सहज और सरल बनायी। रामदास के मारुति से जुड़ने के लिए ज़रूरी नहीं रह गया कि भक्त किसी पण्डित-पुजारी जैसे मध्यस्थ का सहारा ले।[40] दूसरा उदाहरण चौदहवीं सदी से उभरे रामानंदी सम्प्रदाय का अठारहवीं सदी तक आते-आते उत्तर भारतीय किसानों के लिए बेहद महत्त्वपूर्ण होते चले जाने से संबंधित है। रामानंदी तुलसीकृत *रामचरितमानस* को अपना धर्मशास्त्र और हनुमान को अपना संरक्षक देवता मानते हैं। रामानंदियों के हनुमान पर विचार करने से पता चलता है कि अखाड़ों की दुनिया और उसके भी परे बृहत्तर समाज में व्याप्त पौरुष का यह प्रतीक अपनी बुनियादी संरचना में स्त्री विरोधी नहीं है। स्त्रियाँ

---

[40] लूसिया सी. जी. ग्रिगेय, 'सम फ़ॉक स्टोरीज़ ऑफ़ रामदास : दि लास्ट ऑफ़ सेजिज़', *जरनल ऑफ़ अमेरिकन ओरिएंटल सोसाइटी*, खण्ड 25, 1904 : 184-188.

उनकी उपासना प्रजनन शक्ति बढ़ाने वाले देवता के रूप में भी करती हैं। हनुमान का एक रूप बालाजी का भी है जिसमें वे हमेशा अपनी माँ की गोद में बैठे हुए अपनी शक्तियों से पिशाच मुक्ति में लगे रहते हैं। उनकी शक्तियों का स्रोत मातृशक्ति है। दूसरे, रामानंदी साधुओं की त्यागी और नागा शाखा के लिए अगर वह प्रचण्ड योद्धा और दुष्टदलनकारी है, तो इन्हीं साधुओं की रसिक शाखा के लिए वह सीता की सहेली का लज्जालु और एक हद तक शृंगारिक रूप भी धारण कर लेता है। सीता की यह सखी सरयू के किनारे प्रेमियों के दैवी जोड़े के बीच में प्रेम संदेश की वाहक बनती है। रामानंदियों का अध्ययन करने वाले पीटर वान डर वीर बताते हैं कि हनुमान का यह विशिष्ट रूप उनकी रूढ़ छवि के उपासकों को कितना भी अस्वाभाविक लगे, पर सामान्य श्रद्धालुओं के लिए इसे स्वीकार करना कठिन नहीं है।[41] रामानंदी सम्प्रदाय ने अहीरों या ग्वालों (आज के यादव), लोधियों (आज के लोधी राजपूत) और कुर्मियों (आज के कूर्मिक्षत्री) के खेतिहर समुदायों की धार्मिक ज़रूरतें पूरी की। इन समुदायों का धार्मिक मानस वैष्णव परम्परा में रचा-बसा रहा, लेकिन उन्होंने अपनी सामाजिक ऊर्ध्वगामिता के लिए क्षत्रिय बनने के दीर्घकालीन आंदोलन चलाए।[42] अठारहवीं सदी में गोहत्या के प्रश्न पर इन किसान जातियों का मुसलमानों से संघर्ष अवश्य हुआ, लेकिन प्रकारांतर से इसका ठोस संबंध उनकी हनुमान भक्ति से जोड़ना कुछ मुश्किल लगता है। कहना न होगा कि जहाँ तक सतत सामाजिक द्वंद्व का सवाल है, इन जातियों का टकरावपूर्ण रिश्ता मुसलमानों से कम और द्विज जातियों से अधिक था।[43]

कहना न होगा कि चालीसा के लोकप्रिय देवता की हस्ती का आधुनिकता और उसकी विभिन्न प्रवृत्तियों द्वारा तरह-तरह से इस्तेमाल किया जाना लाज़िमी था। व्यक्ति और समुदाय के अचूक रक्षक के रूप में उसकी मौजूदगी पुलिस लाइनों में बने हुए हनुमान मंदिरों और शहरों में बनने वाली नयी कॉलोनियों के

---

[41] रामानंदियों की हनुमान भक्ति के विस्तृत अध्ययन के लिए देखें, पीटर वान डर वीर, 'टेमिंग दि एसेटिक : डिवोशनलिज़्म इन अ हिंदू मोनोस्टिक ऑर्डर', *मेन*, न्यू सीरीज़, खण्ड 22, अंक 4 दिसंबर, 1987 : 680-695.

[42] उत्तर भारत की किसान जातियों पर रामानंदी प्रभाव के प्रभाव के लिए देखें, विलियम राल्फ़ पिंच, 'बीइंग वैष्णव, बिकमिंग क्षत्रिय : कल्चर, बिलीफ़ ऐंड आइडेंटिटी इन नॉर्थ इण्डिया/ 1800-1940', शोध प्रबंध, युनिवर्सिटी ऑफ़ वर्जीनिया, 1990.

[43] आज़ाद भारत में राजनीतिक गठजोड़ के लिहाज़ से देखें तो किसान जातियों के राजनीतिक प्रतिनिधियों ने बीसवीं सदी के आख़िरी वर्षों और इक्कीसवीं सदी के शुरुआती वर्षों में ऊँची जातियों के राजनीतिक प्रभुत्व के मुक़ाबले मुसलमानों के साथ दीर्घकालीन तालमेल क़ायम किये.इन गठजोड़ों की ऐतिहासिक पृष्ठभूमि में इस्लामी शासन की वह प्रवृत्ति देखी जा सकती है जिसके मुताबिक़ मध्यकाल में मुसलमानों ने संस्कृत परम्परा के साथ संवाद क़ायम करने के बजाय देशज परम्पराओं के साथ संवाद क़ायम करना ज़्यादा मुनासिब समझा.

रक्षक देवता के रूप में देखी जा सकती है। ज़ाहिर है कि इस रक्षक की प्राणप्रतिष्ठा प्रभुदत्त ब्रह्मचारी की तर्ज़ पर किसी पाकिस्तानी आक्रमण के अंदेशे में राष्ट्रवादी मंशा के तहत नहीं की जाती। पहलवानी परम्परा में वह 'शक्ति, भक्ति और ब्रह्मचर्य' का प्रतीक बनकर भारतीय मर्दानगी का देवता बना। अखाड़ों में बजरंगबली की उपस्थिति के बरअक्स पहलवानी परम्परा के मुसलमान पक्ष में शक्ति के आराध्य के रूप में हजरत अली की उपस्थिति सत्तर के दशक में भारत केसरी दंगल के दौरान हिंदू-मुसलमान तनाव की सांस्कृतिक अभिव्यक्ति बन चुकी है। इसके बावजूद चूँकि अपनी भीतरी संरचनाओं में अखाड़ा परम्परा शरीरशास्त्र और स्वास्थ्य की आयुर्वेदिक अवधारणाओं पर टिकी है इसलिए उसका साम्प्रदायिक दोहन शुरुआती हद तक भी सम्भव नहीं हो पाया।[44] आधुनिकता के प्रभावों के तहत यह ज़रूर हुआ है कि कलेंडर आर्ट में अब कभी-कभी हनुमान पहलवान सरीखे हृष्ट-पुष्ट गदाधारी नहीं लगते, बल्कि उनकी आकृति अब अर्नाल्ड शेवर्र्दजेंगर जैसे हालीवुडीय बॉडी बिल्डर में बदल गयी है। टीवी चैनलों पर न जाने कब से चल रहे संजय ख़ान द्वारा निर्मित *वीर हनुमान* नामक सीरियल के बारे में कहा जाता है कि वह रिटायर हो चुके बुज़ुर्गों का प्रिय सीरियल है। दूसरी तरफ़, हनुमान पर हाल ही में बनी सुपरहिट एनीमेशन फ़िल्म को भारत में ऐसी फ़िल्मों के बाज़ार की शुरुआत करने का श्रेय जाता है। इस फ़िल्म में दिखाए गये 'क्यूट' बालक हनुमान ने इक्कीसवीं सदी के बच्चों का ध्यान बड़े पैमाने पर अपनी ओर खींचने में सफलता प्राप्त की है। अगर हनुमान के बारे में जानकारी के लिए इंटरनेट के सर्च इंजनों का सहारा लिया जाए तो सबसे दिलचस्प जानकारी उस विवाद के रूप में मिलती है जो क्रिप्टन ग्रह से आये अमेरिकी सुपरमैन और हनुमान के संबंधों को लेकर है। दूरदर्शन के सर्वाधिक लोकप्रिय सीरियलों में से एक *शक्तिमान* के नायक मुकेश खन्ना पर जब आरोप लगाया गया कि वे जो क़िरदार निभाते हैं वह तो सुपरमैन से चोरी किया गया है, तो उन्होंने बेहिचक जो कहा उसका मतलब यह था कि सुपरमैन तो ख़ुद ही हनुमान से चुराया गया है।[45]

---

[44] जोसेफ़ एस. आल्टर, *द रेसलर्स बॉडी : आइडेंटिटी ऐंड आइडियालॉजी इन नॉर्थ इण्डिया*, बर्कले, युनिवर्सिटी ऑफ़ केलिफ़ोर्निया प्रेस, 1992, विशेष तौर से देखें आठवाँ अध्याय: 'हनुमान : भक्ति ऐंड ब्रह्मचर्य'.

[45] स्रोत : डब्ल्यू आई *के आईपीईडीआईए* नामक वेबसाइट.

III

रोज़ाना की ज़िंदगी के हनुमान और आधुनिक मन

आधुनिक मन की जिन उलझनों का इस लेख की शुरुआत में ज़िक्र किया गया है, वे आमतौर पर खुल कर सामने नहीं आतीं। एक टिप्पणीकार ने इन्हें 'पैटर्न्स ऑफ़ कंसील्ड थॉट' का नाम दिया है :

> अगर हम विचार करके देखें कि कश्मीर का अपना शैव दर्शन था और द्वादश ज्योतिर्लिंग (12 प्राचीन शैव स्थल) केदारनाथ से रामेश्वर तक बिखरे हुए हैं तो मानना पड़ेगा कि भारत अनिवार्यतः शिव-भूमि (थी)? तो फिर राम और कृष्ण इतने प्रभावशाली पूजनीय देवता के रूप में कैसे विकसित हो गये?... लगता है कि यह हिंदू धर्म की इस्लाम के प्रति गहरी अंतश्चेतनात्मक अनुक्रिया रही होगी।...क्या यह विचित्र नहीं लगता कि सदियों तक चले मुसलमान शासन के दौरान बड़ी मात्रा में हिंदू धार्मिक साहित्य रचा गया, पर इस्लाम के बारे में मरघट जैसा सन्नाटा दिखाई देता है जैसे कि इस्लाम कभी घटित ही न हुआ हो?... ऐसा प्रतीत होता है कि हिंदू मन इस ओर अपनी पीठ करके एक तरह की गहरे सुरक्षात्मक मौन में लीन हो गया था। विद्वानों ने इसका विश्लेषण किया होगा, पर याद नहीं पड़ता कि इसकी जानकारी कभी आम लोगों तक पहुँचाई गयी। आज़ादी के बाद से ही सेकुलर मजबूरियाँ इस विषय पर एक खुली चर्चा होने से रोकती रहीं। इसके पीछे विभाजन के सदमे और उसके कारण हावी रही उलझनों की भूमिका रही हो, बीच के कई दशकों तक मीडिया और अकादमीय जगत पर वामपंथियों की जकड़ को भी इसके कारण के रूप में हमें नहीं भूलना चाहिए।...उत्तर भारत में लोक-जीवन के भक्तिगत आयामों में आमूल परिवर्तन कर देने वाले तुलसी के *रामचरितमानस* की रचना मुसलमान शासन के दौरान ही हुई थी। शैवों और वैष्णवों के बीच भीषण विभाजन पहले से चला आ रहा था...लेकिन, इन नये धर्मशास्त्रों ने इस विभाजन को पहले जैसा नहीं रहने दिया।...सनातन धर्म विनय और समर्पण के माध्यम से आत्माभिव्यक्ति का नया वाहक बन गया...।[46]

अप्रकट चिंतन की संरचनाएँ अनावृत्त करने का दावा करने वाला यह छोटा-सा उद्धरण कई गम्भीर दावे करता है जिनमें सर्वाधिक प्रमुख सनातन धर्म की भूमिका के बारे में है। इसके अनुसार सनातन धर्म ने हिंदू धर्म के भीतरी कलह का तात्पर्य तो बदला ही, साथ ही सुरक्षात्मक आत्मलीनता में भी ले गया। इस सुरक्षात्मक आत्मलीनता में मुसलमान शासन के कारण प्रतिक्रियात्मक आयाम हैं। चूँकि यह प्रतिक्रियात्मकता ख़ामोश क़िस्म की है और ऊपर से इसकी स्थानिकता भक्तों और श्रद्धालुओं की दुनिया में है, इसलिए इसके प्रमाण मिलने कठिन हैं। फिर भी कोशिशें की जा सकती हैं। जो भी प्रमाण उपलब्ध हैं, उनके

---

[46] रेणुका नारायण, 'पैटर्स ऑफ़ कंसील्ड थॉट', फ़ेथस्केप, *हिंदुस्तान टाइम्स*, नयी दिल्ली, 11 नवंबर 2006 : 16.

आधार पर कुछ मतलब निकाले जा सकते हैं और व्याख्याएँ की जा सकती हैं। समाज विज्ञान की दुनिया में हनुमान को केंद्र बना कर इस बहस की बानगी देखी जा सकती है।[47] ज़ाहिर है कि यह लेख निष्कर्ष के तौर पर इस बहस में एक पक्ष लेते हुए प्रतिक्रियात्मकता के पहलू से इनकार करता है। उत्तर-तुलसी युग के शास्त्र के रूप में हनुमान चालीसा के व्यापक प्रभाव पर नज़र डालने से यह पहलू और स्पष्ट होता है। गीता प्रेस, गोरखपुर द्वारा छापी गयी *श्रीहनुमान चालीसा सटीक* की किताबिया में *हनुमानाष्टक, श्रीहनुमतस्तवन* और *श्रीहनुमानजी* की आरती भी शामिल की गयी है। छपने के दो साल में यह तीन लाख की संख्या में बिक चुकी है।[48] चालीसा के ऐसे ही और इससे अलग न जाने कितने संस्करण दिन-रात छपते और बिकते रहते हैं। बीसवीं सदी में चालीसा कई तरह की भूमिकाएँ निभाता दिखता है। मसलन, बाद में मार्क्सवादी हुए मूर्धन्य साहित्यालोचक आचार्य नामवर सिंह के दरिद्रता-आक्रांत बचपन में चालीसा पुस्तक प्रेम का प्रथम स्पर्श बनते हुए[49] इक्कीसवीं सदी के पहले दशक में संकटमोचन मंदिर के प्रांगण में हिंदुओं और मुसलमानों के बीच सामासिकता का साम्प्रदायिकता विरोधी उवाच बन गया। बीच में उसका साम्प्रदायिक दुरुपयोग होते हुए भी दिखता है। पर, तमाम प्रयासों के बावजूद बजरंग दल चालीसा पर किसी तरह की स्थायी दावेदारी करने की स्थिति में नहीं आ पाया है।

तुलसीदास के हनुमान की विशेषता यह थी कि वे भक्त और भगवान के बीच के ख़ाली और बहुत कठिन समझे जाने वाले रास्ते में मौजूद रहते थे। कहना न होगा कि मानस जनता की भाषा अवधी में है, उसकी लोकप्रियता और उसके सुंदरकाण्ड की लोकप्रियता का कोई ठिकाना नहीं है। पर तुलसीकृत रामायण के पाठ के साथ भी एक कर्मकाण्ड जुड़ा हुआ है। मानस के मर्मज्ञों, कथावाचकों और प्रवचनकारों की एक लम्बी जीवंत परम्परा है जिन्हें सुनने के लिए लोग ख़ूब जुटते हैं। इन मानस मर्मज्ञों के उपदेशात्मक कथा उवाच ने पिछले पच्चीस-तीस साल में हिंदू धर्म में संघबद्धता की नयी प्रवृत्तियों का समावेश किया है।[50]

---

[47] इस बहस की एक बानगी लुट्ज़ेनडार्फ़ के लेख में देखी जा सकती है, जहाँ उन्होंने पोलक के तर्कों की चर्चा की है. साथ ही, इसकी दूसरी बानगी वाल्काट के लेख में देखी जा सकती है जहाँ उन्होंने हनुमान के लोक-देवता होने के संबंध में निचली समझी जाने वाली जातियों में उनकी उपासना की चर्चा की है.

[48] नामवर सिंह के साक्षात्कारों का संकलन, *बात बात में बात*, सम्पादक : समीक्षा ठाकुर, वाणी, नयी दिल्ली : 2006.

[49] *हिंदी भावार्थ सहित श्रीहनुमान चालीसा (सटीक)*, गीता प्रेस, गोरखपुर (उप्र), संवत 2057, तृतीय संस्करण.

[50] मानस मर्मज्ञों, कथावाचकों और प्रवचनकारों की परम्परा पुरानी है. आमतौर पर इसमें दो तरह के लोग पाए जाते हैं. पहली श्रेणी के मर्मज्ञों में कामिल बुल्के जैसे लोग आते हैं जिन्होंने रामकथा को लेकर विद्वतापूर्ण अनुसंधानपरक प्रयास किये हैं. दूसरी श्रेणी में मुरारी बापू जैसे कथा वाचक आते हैं जो आजकल धर्म के जिंसीकरण की प्रक्रिया के तहत स्वयं का प्रचार राष्ट्रसंत के रूप में करना पसंद करते हैं.

पर, चालीसा इन सभी सीमाओं से स्वतंत्र है। उत्तर-तुलसी काल के धार्मिक गुटके ने अपनी कविता कमतर गुणवत्ता के बावजूद संकटमोचन की इस भूमिका को अधिक जनोन्मुख बना दिया है। उसका अर्थ बताने या उसका भाष्य करने की कोई ज़रूरत नहीं महसूस की जाती, हालाँकि गीता प्रेस के श्रीहनुमान चालीसा सटीक में किन्हीं राधेश्याम खेमका ने उसका हिंदी भावार्थ पेश करने का व्यर्थ दुस्साहस किया है जिसमें बीच-बीच में संस्कृत के श्लोकों का अनावश्यक छौंक भी लगाया गया है।

चालीसा की मान्यता कुछ ऐसी सर्वव्यापी है कि उसकी घुसपैठ नास्तिकों या अज्ञेयवादियों की दुनिया तक में देखी जा सकती है। ईश्वर विरोधियों और ईश्वर के अस्तित्व के बारे में अज्ञानता व्यक्त करने वालों के लिए हनुमान एक ऐसे देवता हैं जो उनके विचारधारात्मक आग्रहों के लिए कोई गम्भीर चुनौती पेश नहीं करते। बुद्धिवाद के हलके-फुल्के संस्करणों के आधार पर अपने सार्वजनिक जीवन का नियोजन करने वाले गाँधीवादी-समाजवादी तो हनुमान को अपना इष्टदेव तक बनाते देखे गये हैं।[51] चालीसा एक ऐसे देवता तक फटाफट बिना किसी कर्मकाण्डीय झंझट या किसी संस्कृतज्ञ ब्राह्मण की मध्यस्थता के बिना पहुँचने का माध्यम बन चुका है जिसका अपना चरित्र दोनों सिरों पर खुला हुआ है। वह न शैव है, न शाक्त, न वैष्णव और न ही सनातनी। उसकी मान्यता जैनों में भी है। पिछड़ी जातियों के किसानों से लेकर नयी दिल्ली पर राज करने वाले नौकरशाहों तक हनुमान चालीसा की पंक्तियाँ सबकी जुबान पर रहती हैं। मान्यता है कि गुनगुनाते ही चालीसा सुरक्षा कवच प्रदान करने वाले ताबीज़ की तरह काम करने लगता है। जिसके बिना विष्णु के अवतार की रक्षा भी मुमकिन नहीं थी, और जो किसी यज्ञ या लम्बी-चौड़ी तंत्र साधना के हमेशा सभी के लिए बिना किसी भेदभाव के हर प्रहर उपलब्ध हैं, साधारण व्यक्ति रक्षा के लिए उसकी गुहार लगाए तो इसमें ताज्जुब कैसा। चालीसा से जुड़ा हुआ एक दिलचस्प नज़ारा उस समय सामने आया जब उसे ख़ुद हनुमानजी को बचाने के लिए पढ़ा गया। रावण की क्रिकेट टीम के ख़िलाफ़ हनुमान को क्रिकेट टीम के कप्तान के रूप में ऊलजलूल काम करते हुए दिखाने वाली एक सीडी की पंजाब में बढ़ती लोकप्रियता के ख़िलाफ़ पवनसुत की छवि को बाज़ार के प्रकोप से बचाने के

[51] उदाहरण के तौर पर कवि और लेखकर लक्ष्मीकांत वर्मा को लिया जा सकता है, जो राजनीतिक रूप से लोहिया की परम्परा से जुड़े थे, पर जिनके परिवार में विवाह होने पर इष्टदेव के तौर पर हनुमानजी के नाम से ही निमंत्रण जाता था.

लिए इलाहाबाद के साधु-संत वहाँ के प्राचीन हनुमान मंदिर में चालीसा का पाठ करते हुए पाए गये।[52]

चालीसा किसी भी तरह के डर के ख़िलाफ़ ढाल है। मान्यता के अनुसार वह निर्भय करता है, ऐसे भयों के मुक़ाबले जो बुद्धिजीवी कार्य-कारण की परिधि में नहीं आते। राजस्थान में भरतपुर के पास मेहँदीपुर के बालाजी का मंदिर हनुमान एवं उनके चालीसा से जुड़ी उस लोकगाथा का प्रतीक है जो उन्हें भूत-पिशाच या प्रेतबाधाओं से मुक्ति के देवता के रूप में स्थापित करता है।[53] यद्यपि चालीसा में एक पंक्ति ऐसी भी है जो हनुमान भक्ति को मोक्ष की दावेदारी से जोड़ती है, पर चालीसा के पाठक अधिकांशतः चालीसा को मोक्ष के लिए नहीं पढ़ते। वे उसे निजी सुरक्षा, निजी सशक्तीकरण और अपने स्वास्थ्य आदि की ज़रूरतों के लिए मनोवैज्ञानिक और फ़ौरी उपाय के रूप में इस्तेमाल करते हैं। अगर रोज़ाना की ज़िंदगी में धर्म के लिए कोई सरल-सहज और ग़ैर-विमर्शी स्पेस है, तो उसमें चालीसा मौजूद रहता है। हनुमान और उनका चालीसा सशक्तीकरण तो करता है, पर किसी प्रत्यक्ष शत्रु के ख़िलाफ़ नहीं, बल्कि उन अदृश्य शत्रुओं के ख़िलाफ़ जो मन के अँधेरे कोनों में छिपे रहते हैं। चालीसा की पंक्तियाँ हो, या खेमकाजी द्वारा किया गया उसका अनावश्यक भाष्य हो, उससे जुड़ी अनुभूतियों में प्रतिरक्षात्मकता की प्रतिवृत्तियाँ तो धड़क रही हैं, पर प्रतिक्रियात्मकता उनमें नहीं मिलती।

संदर्भ

फ़िलिप लुट्जेनडॉफ़ (1994), 'माई हनुमान इज बिगर देन योर्स', *हिस्टी ऑफ़ रिलीजंस*, युनिवर्सिटी ऑफ़ शिकागो प्रेस, खण्ड 33, अंक 3, फ़रवरी.

आशिस नंदी, शिखा त्रिवेदी, शैल मायाराम व अच्युत यागिनक (1995), *राष्ट्रवाद का अयोध्याकाण्ड / रामजन्मभूमि आंदोलन और आत्मभय की राजनीति*, अनुवाद : अभय कुमार दुबे, वाणी, नयी दिल्ली.

वीर भारत तलवार (1993), 'बजरंगबली, गोमांस और आदिवासी / झारखण्ड क्षेत्र में संघ के काम का तरीक़ा', अभय कुमार दुबे (सम्पा.), *साम्प्रदायिकता के स्रोत*, विनय प्रकाशन, नयी दिल्ली.

कार्ल मार्क्स और फ्रेड्रिक एंगेल्स (1968), *द फ़र्स्ट इण्डियन वार ऑफ़ इंडिपेंडेंस 1847-1859*, प्रोग्रेस पब्लिशर्स, मास्को.

जोगिंदर नरूला (2005), *हनुमान : गॉड ऐंड एपिक हीरो*, मनोहर, नयी दिल्ली.

---

[52] जी टं.वी के न्यूज चैनल पर 21 और 22 नवंबर, 2006 को यह ख़बर दिखाई गयी थी. इसमें विवादास्पद सीडी की झलकियाँ भी थी.

[53] सुधीर कक्कड़ (1982), *शामंस, मिस्टिक्स और डॉक्टर्स*, ऑक्सफ़र्ड, नयी दिल्ली : 53-88.

सुकुमारी भट्टाचार्जी (2002), 'ए रिइवेलुएशन ऑफ़ वाल्मीक्स', 'रामा', सोशल साइंटिस्ट, खण्ड 30, अंक 1/2, जनवरी-फ़रवरी.

जेमी एर्लेज़रॉस्की (1993), '*वैयाकरण* हनुमान अथवा कविता का समझौता', *साखी*, नयी दिल्ली, अंक 4-5, जुलाई-दिसंबर.

गोविंद्रचंद्र राय (1976), *हनुमान के देवत्व और मूर्ति का विकास*, हिंदी साहित्य सम्मेलन, प्रयाग.

कैथरीन लुडविक (1994), *हनुमान इन दि रामायण ऑफ़ वाल्मीकि ऐंड द रामचरितमानस ऑफ़ तुलसीदास, मोतीलाल बनारसीदास*

विलियम एल. स्मिथ (1994), *रामायण ट्रेडीशंस इन ईस्टर्न इण्डिया*, युनिवर्सिटी ऑफ़ स्टॉकहोम, स्टॉकहोम.

लेनार्ड टी. वाल्काट (1978), 'हनुमान : द पॉवर-डिस्पेंसिंग मंकी इन नॉर्थ इण्डियन फ़ोक रिलीजन', *द जर्नल ऑल एशियन स्टडीज़*, खण्ड 37, अंक 4, अगस्त.

फ़िलिप लुट्ज़ेनडॉर्फ़ (1991), *लाइफ़ ऑफ़ अ टेक्स्ट : परफ़ार्मिंग द रामचरितमानस ऑफ़ तुलसीदास*, युनिवर्सिटी ऑफ़ केलिफ़ार्निया प्रेस, बर्कले ऐंड लास एंजेलिस.

श्यामनंदन किशोर (1978), *आञ्जनेय*, भारती भवन, इलाहाबाद.

शेल्डन पोलक (1992), 'रामायण ऐंड पॉलिटिकल इमेजिनेशन', *जर्नल ऑफ़ एशियन स्टडीज़*, 52, मई.

कामिल ज्वेलेबिल (1987), टू *तमिल फ़ोकटेल्स*, मोतीलाल बनारसीदास, नयी दिल्ली.

जस्टिन ई. एबट (1830), 'दि 300थ्र एनीवर्सरी ऑफ़ द बर्थ ऑफ़ दि मराठा किंग शिवाजी', *जर्नल ऑफ़ अमेरिकन ओरिएंटल सोसाइटी*, खण्ड 50.

लूसिया सी. जी. ग्रिगेय (1940), 'सम फ़ॉक स्टोरीज़ ऑफ़ रामदास : दि लास्ट ऑफ़ सेजेज़', *जरनल ऑफ़ अमेरिकन ओरिएंटल सोसाइटी*, खण्ड 25..

पीटर वान डर वीर (1987), 'टेमिंग दि एसेटिक : डिवोशनलिज़्म इन अ हिंदू मोनेस्टिक ऑर्डर', *मेन*, न्यू सीरीज़, खण्ड 22, अंक 4 दिसंबर, 1987.

विलियम राल्फ़ पिंच (1990), 'बीइंग वैष्णव, बिकमिंग क्षत्रिय : कल्चर, बिलीफ़ ऐंड आइडेंटिटी इन नॉर्थ इण्डिया / 1800-1940', शोध प्रबंध, युनिवर्सिटी ऑफ़ वर्जीनिया.

जोसेफ़ एस. आल्टर (1992), *द रेसलर्स बॉडी : आइडेंटिटी ऐंड आइडियालॉजी इन नॉर्थ इण्डिया*, युनिवर्सिटी ऑफ़ केलिफ़ोर्निया प्रेस, बर्कले.

रेणुका नारायण (2006), 'पैटर्स ऑफ़ कंसील्ड थॉट', फ़ेथस्केप, *हिंदुस्तान टाइम्स*, नयी दिल्ली, 11 नवंबर.

नामवर सिंह (2007), *बात बात में बात*, सम्पादक : समीक्षा ठाकुर, वाणी, नयी दिल्ली.

हिंदी भावार्थ सहित श्रीहनुमान चालीसा (सटीक), गीता प्रेस, गोरखपुर (उप्र), संवत 2057, तृतीय संस्करण.

सुधीर कक्कड़ (1982), *शामंस, मिस्टिक्स और डॉक्टर्स*, ऑक्सफ़र्ड, नयी दिल्ली : 53-88.

क्षेत्रीय समर्थन से पनपी हिंदुत्ववादी राजनीति

केंद्रीकरण, क्षेत्रीयता और हिंदुत्व

यह विश्लेषण 1993 की जनवरी में लिखा गया था, जब पूरा देश छह दिसम्बर, 1992 के बाबरी मस्जिद ध्वंस से आक्रांत महसूस कर रहा था। दिल्ली में कांग्रेस की अल्पमतीय सरकार थी, लेकिन हिंदुत्ववादी भारतीय जनता पार्टी के क़दम दिल्ली की गद्दी की तरफ़ बढ़ रहे थे। यह लेख दिखाता है कि वह दौर क्षेत्रीय शक्तियों के भाजपा की ओर अंतिम रूप से झुकने का था। क्षेत्रीय शक्तियाँ, जो ख़ुद हिंदुत्ववादी नहीं थीं, भाजपा की तरफ़ क्यों झुकीं? उस भाजपा की ओर जो ख़ुद कांग्रेस की ही तरह कठोर केंद्रवादी राज्य की समर्थक थी? कांग्रेस, कम्युनिस्टों और मध्यवर्ती दलों के मुक़ाबले क्षेत्रीय शक्तियों ने भाजपा को क्यों चुना? क्या अस्सी के दशक से शुरू हुई इस प्रक्रिया के सूत्र उपनिवेशवाद विरोधी आंदोलन के किसी घटनाक्रम से जुड़े थे? भारतीय राजनीति में केंद्रात्मकता और संघात्मकता के समीकरण किस दिशा में विकसित हुए और किस तरह उसके फलितार्थों से हिंदुत्ववादी राजनीति को पानी मिला?

I

भारतीय संदर्भ में क्षेत्रीय उपराष्ट्रीयता आधुनिक राष्ट्रवाद की जननी मानी जा सकती है। राष्ट्रवाद और क्षेत्रीयता विपरीत श्रेणियाँ होते हुए भी यहाँ की विशिष्ट जातीय, भाषाई और धार्मिक विविधता के तहत 'विरोधों की एकता' के सिद्धांत को साबित करती रही हैं। सेकुलरवाद अगर राष्ट्रवाद का एक पहलू है तो साम्प्रदायिक राजनीति भी क्षेत्रीयता के साथ ही जन्म लेकर राष्ट्रवाद का दूसरा पहलू बनती है। बीसवीं सदी में राष्ट्रवाद, क्षेत्रीयता और साम्प्रदायिकता की जटिल प्रक्रिया के पर्याप्त दर्शन किये जा सकते हैं। दरअसल, साम्प्रदायिकता को राष्ट्रवाद से अलग या उसका विरोधी मानना प्रगतिशील और वामपंथी चिंतकों की एक आम प्रवृत्ति रही है। यह प्रवृत्ति राष्ट्रवाद पर अनिवार्यतः सेकुलर मूल्य आरोपित कर देती है। यह एक सैद्धांतिक और व्यावहारिक ग़लती है जो सम्भवतः अंग्रेज़ों के ख़िलाफ़ संघर्ष की सरलीकृत समझ से निकली है। वैसे भी प्रथम विश्वयुद्ध के बाद प्रगतिशीलता ही नहीं प्रतिक्रियावाद, फ़ासीवाद और धर्मांधता ने भी कई बार राष्ट्रवाद का सहारा लेकर अपने पैर जमाए हैं।

क्षेत्रीयता आधुनिक राष्ट्रवाद के दोनों पहलुओं, सेकुलर और साम्प्रदायिक के बीच झूलती रहती है? सदी के शुरुआत में उसने भाषाई और जातीय आधार

लेकर सेकुलर राष्ट्रवाद की रचना की और साम्राज्यवाद विरोध की अत्यंत सफल रणनीति को जन्म दिया। लेकिन आगे चल कर कुछ ख़ास परिस्थितियों में उसने इस्लामिक आधार पर साम्प्रदायिक राष्ट्रवाद को स्वीकृति दी और भाषाई व जातीय आधार छोड़ कर धार्मिक पहचान ओढ़ ली। इस्लामिक किस्म के साम्प्रदायिक राष्ट्रवाद ने हिंदुत्ववादी राष्ट्रवाद की कमज़ोर शक्तियों के पनपने के लिए ज़मीन तैयार की। भारतीय राष्ट्रवाद और उसके बदलते रंगों का अध्ययन करने के लिए आवश्यक है कि उन परिस्थितियों और उन शक्तियों के व्यवहार का अध्ययन किया जाए जिनके कारण क्षेत्रीयता को यह भूमिका निबाहनी पड़ी। छह दिसंबर को अयोध्या में हिंदुत्ववादियों द्वारा किये गये बाबरी मसजिद ध्वंस के बाद उभरे राजनीतिक परिदृश्य की गहरी समझ बनाने के लिए क्षेत्रीयता की इस भूमिका का अध्ययन करना और भी आवश्यक हो गया है क्योंकि क्षेत्रीयता इस समय फिर एक नये तरह के राष्ट्रवाद की रूपरेखा बनाने में व्यस्त दिखाई पड़ रही है जिसमें वह हिंदुत्ववादियों के साथ गठजोड़ बनाने की तरफ़ जा रही है। यह इसलिए भी आवश्यक है क्योंकि बाबरी मसजिद ध्वंस का दोष प्रधानमंत्री नरसिंह राव ने एक तरह से बचे-खुचे विकेंद्रीकरण पर ही मढ़ दिया है। बीबीसी पर इण्टरव्यू देते हुए राव ने कहा कि किस तरह संघवाद के कारण वे उत्तर प्रदेश सरकार के काम काज में हस्तक्षेप करने से संकोच करते रहे। राव की यह तर्क पद्धति, जो दरअसल बहानेबाज़ी ही है, बताती है कि साम्प्रदायिकता का उभार कांग्रेस शासन को और अधिक केंद्रीकरण की ओर ले जा सकता है। हमें याद रखना चाहिए कि मुसलमान साम्प्रदायिकता द्वारा क्षेत्रीयता का इस्तेमाल कर लेने के बहाने से भी भारतीय संविधान में केंद्रीकरणवादी प्रवृत्तियों को प्रश्रय दिया गया था।

सदी की शुरुआत में क्षेत्रीयता की अभिव्यक्ति प्रधानतः भाषाई या साम्प्रदायिक आधार पर होती थी। लेकिन 1950 के बाद जब सामाजिक-राजनीतिक-आर्थिक जटिलताओं में वृद्धि हुई तो क्षेत्रीयताओं की संरचना भी संश्लिष्ट रूप में सामने आयी और उसमें एक-साथ भाषाई, धार्मिक व जातीय रंग घुले-मिले नज़र आने लगे। तथापि, राजनीतिक व्यवहार की रोशनी में देखने पर आज भी उन्हें साम्प्रदायिक और भाषाई पहचान से निकलने वाली क्षेत्रीयता में बाँट कर देखा जा सकता है।

राष्ट्रवाद के केंद्रोन्मुख स्वभाव के मुक़ाबले क्षेत्रीयता विकेंद्रीकरण का आग्रह पेश करती है। केंद्रीकरणवाद एकात्मक शासन की तरफ़ ले जाता है और विकेंद्रीकरण संघवादी राज्य की ओर। क्षेत्रीयता राष्ट्र-राज्य की कुछ ऐसी शर्तों

को मानने में संकोच नहीं करतीं जो उसके मूल स्वभाव के प्रतिकूल भी बैठती हों, लेकिन वह राष्ट्र–राज्य से यह अपेक्षा भी करती है कि वह क्षेत्रीयताओं के संदर्भ में विकेंद्रीकरण की धारा को केंद्रीकरण के मातहत नहीं होने देगा। इस तरह क्षेत्रीयता और राष्ट्रवाद के बीच एकात्मक और संघात्मक राज्य की धारणाएँ और व्यवहार क्रमशः संघर्ष और एकता का एजेण्डा बनाते हैं। इस एजेण्डे में एकात्मकता प्रधान राज्य संघवाद को अपने पक्ष में इस्तेमाल करता नज़र आता है और संघात्मकता प्रधान राज्य केंद्रीकरणवाद को अपनी सामूहिक़ता का ढाँचा टिकाए रखने की पद्धति के रूप में देखता है। यह भारतीय इतिहास की एक विशिष्टता ही है कि यहाँ साम्प्रदायिकता केंद्रीकृत शासन के एक बेहद सक्षम औज़ार के रूप में सामने आती है और भाषाई और जातीय रूप विकेंद्रीकरण का दावा लेकर उभरते हैं। इन दोनों रूपों की अन्योन्यक्रिया साम्प्रदायिकता के स्रोतों की खोज के लिए एक बेहद दिलचस्प समाज–वैज्ञानिक शोध का क्षेत्र उपस्थित करती है। इस विश्लेषण का उद्‌देश्य इस अपेक्षाकृत नवीन और काफ़ी हद तक अनजान क्षेत्र में पहली छलाँग लगाना है। यदि क्षेत्रीयता और राष्ट्रवाद के संसर्ग की इस छानबीन से साम्प्रदायिकता के उद्‌गम की जानकारी हासिल हो सकी तो यह प्रयास कमोबेश सफल समझा जाना चाहिए।

II

भारतीय राजनीति में केंद्रीकरण की प्रक्रिया का काफ़ी अध्ययन किया जा चुका है और विकेंद्रीकरण के महत्त्व को समझाने में भी विद्वानों ने कोई कसर बाक़ी नहीं छोड़ी है। राजनेताओं को भी अकसर विकेंद्रीकरण की ज़रूरत महसूस होती रही है और वे अपने भाषणों और कार्यक्रमों में इसका ज़िक्र ही नहीं करते वरन् उसके लिए कुछ प्रयास भी करते हैं।[1] यह भी लगभग सर्वमान्य है कि अतिकेंद्रीकरण एकतरफ़ा विकास, क्षेत्रीयताओं की उपेक्षा और अंततः स्वायत्तता या अलगाव के आंदोलनों को जन्म देता है जिससे राष्ट्रीय एकता–अखण्डता की केंद्रीकृत समझ प्रश्नांकित होती है। अलग–अलग नज़रियों से समाज–वैज्ञानिक

[1] राजीव गाँधी द्वारा पंचायती राज की वकालत करना और स्वशासी संस्थाओं को पुनः सक्रिय करने की बेचैनी इसका सबसे विरोधाभासी उदाहरण है. वे चाहते थे कि उनके अतिकेंद्रीकरण को सफल बनाने के लिए पंचायतों और स्वशासन को प्रशासनिक उपांग के रूप में इस्तेमाल किया जा सके. राजीव का वह प्रय.स भारतीय केंद्रीकरण के शीर्ष द्वारा सामाजिक आधार खोते चले जाने की व्याकुलता के संदर्भ में देखा जाना चाहिए. इसी सामाजिक आधार को पुनः पाने के लिए उन्हें *रामराज्य* का नारा भी लगाना पड़ा और दोनों तरह की साम्प्रदायिकताओं को तुष्ट करना पड़ा जिससे शाहबानो प्रकरण और अयोध्या प्रकरण का जन्म हुआ.

साहित्य में केंद्रीकरणवाद की आलोचना की गयी है और इस प्रक्रिया में साम्प्रदायिकता के उभार के ख़तरों की तरफ़ ध्यान भी दिलाया गया है। इस साहित्य की मूल प्रवृत्तियों को इस प्रकार रेखांकित किया जा सकता है।

पहली प्रवृत्ति मानती है कि भारतीय संविधान में भाषाई और धार्मिक दावों को ख़ारिज करके ठीक ही किया गया था। इससे एक अखिल भारतीय राष्ट्रीयता के निर्माण में मदद मिली और समता का दर्शन उभरा। अगर विकास का क्षेत्रीय असंतुलन दूर कर दिया जाए तो एक शांत, समस्वर और एकरूप संघवादी राष्ट्र-राज्य का निर्माण किया जा सकता है। यह विचार मूलत: नेहरूवादी और वामपंथी चिंतकों का है।[2] वामपंथी चिंतक तो नेहरू के इस ख़याल से एकदम सहमत नज़र आते हैं कि एकरूप राष्ट्रव्यापी बाज़ार के निर्माण अर्थात् विकास और शिक्षा के प्रसार के ज़रिये साम्प्रदायिकता से निपटा जा सकता है। इन चिंतकों के सेकुलरवाद की यही भित्ति है।

वैसे तो मार्क्सवादी विचारकों ने केंद्रीकरण पर अलग से सोचने का ज़्यादा कष्ट ही नहीं उठाया है, लेकिन उन्होंने जहाँ कोशिश भी की है वहाँ वे इस मान्यता से आगे नहीं जा पाए हैं कि उत्पादन संबंध जब बदल जाएँगे तो साम्प्रदायिकता के पनपने की गुंजाइश ही नहीं रह जाएगी। ग़ैर-कम्युनिस्ट लेकिन नेहरूवादी चिंतक मानते हैं कि नेहरू युग तक देश में फ़ेडरलिज़म कमोबेश ठीक-ठाक चल रहा था और एक 'सिविल सोसाइटी' बनने की सम्भावनाएँ थी।[2] लेकिन इंदिरा गाँधी के आगमन ने इस सम्भावना को कमज़ोर कर दिया क्योंकि वे केंद्रीकरणवादी रुझानों से ग्रस्त थीं। उन्होंने कुछ संवैधानिक प्रावधानों का फ़ायदा उठाया और निरंकुश शासन स्थापित कर दिया। साथ ही उन्होंने कांग्रेस का आंतरिक लोकतंत्र ख़त्म कर दिया। ये विद्वान बतातें हैं कि किस तरह इंदिरा गाँधी ने हिंदू कार्ड खेला और राजनीति का साम्प्रदायिकीकरण कर दिया। ये विद्वान अत्यधिक केंद्रीकरण को 1980 के बाद अपनायी गयी नयी आर्थिक नीतियों और इसी दशक में उभरी हिंदू साम्प्रदायिकता को इंदिरा युग की ही देन बताते हैं। मार्क्सवादी विचारकों और नेहरूवादी विचारकों में इस जगह कोई फ़र्क़ नहीं है। दोनों ही पब्लिक सेक्टर, राष्ट्रीयकरण, आरक्षण और लोकोपकारी राज्य को राष्ट्र-निर्माण के मुख्य तत्त्व क़रार देते हैं।

दूसरी मुख्य प्रवृत्ति मानती है कि भारतीय समाज अर्थात् हिंदू समाज स्वाभाविक रूप से सेकुलर और संघवादी है। केंद्रीकरणवाद और साम्प्रदायिकता

---

[2] रजनी कोठारी द्वारा प्रतिपादित *कांग्रेस सिस्टम* की मशहूर थीसिस कमोबेश यही है.

आधुनिकता की विकृतियाँ हैं। राष्ट्र-राज्य एक आयातित विचार है और यह अंग्रेज़ों के संसर्ग में विकसित हुए भारतीय मध्यवर्ग और उसकी ऊपरी सतह में अपने अनुयायी प्राप्त करता है। यह प्रवृत्ति नेहरू को इस भारतीय अभिजात्य वर्ग का नेता बता कर केंद्रीकरण और उसकी विकृतियों की ज़िम्मेदारी उन पर थोप देता है। साथ में वह गाँधी को नेहरू के मुक़ाबले रख कर उन्हें सच्चा सेकुलर (क्योंकि वे सच्चे हिंदू थे!), स्वाभाविक रूप में संघवादी, भारतीय शासक वर्ग से अलग, जनता के सच्चे प्रतिनिधि, पश्चिमी अवधारणाओं के सबसे सृजनात्मक आलोचक और हिंदू उदारता के प्रतीक बता कर पर्याप्त बौद्धिक कुशलता से गाँधीवाद की रचना करती है। यह धारा मूलतः आधुनिकता की आलोचक है और या तो परम्परा की खुली स्तुति करती है या उसके चुनिंदा पहलुओं को उभार कर अपना तर्क मज़बूत करते हुए अन्य समस्याग्रस्त पहलुओं को छिपा देती है। कहीं वह 'सिविल सोसाइटी' के नाम पर और कहीं 'ट्रेडिशनल इण्डियन स्टेट क्राफ़्ट' के नाम पर परम्परा को स्थापित करती नज़र आती है।[3] इसी श्रेणी में एक अधिक तर्कसंगत धारा धर्म के बजाय समुदाय पर ज़ोर देती है। यह धारा मानती है कि औपनिवेशिक युग से सबसे पहले भारत में राजनीतिक सामाजिक संगठन मूलतः परस्पर सहयोग के आधार पर कार्यरत थे और उनके अंतर्विरोध सामाजिक प्रतियोगिता की स्थिति में पहुँच कर शत्रुतापूर्ण नहीं हुए थे। इस विचार में प्राक्-औपनिवेशिक भारत के आदर्श का झिलमिल दृश्य उभर आता है जिसकी चरम बौद्धिक परिणति सामुदायिक जीवन में राज्य के अतिक्रमण को केंद्रीकरणवाद और अंततः साम्प्रदायिक बुराइयों के रूप में देखने से होती है। दूसरी श्रेणी की ये दोनों धाराएँ, गाँधीवादी और सबाल्टर्न, साम्प्रदायिकता के स्रोतों की तलाश करते हुए इस थीसिस पर पहुँचने के ख़तरे से ग्रस्त हो जाती हैं कि सेकुलरवाद राज्य द्वारा प्रायोजित चीज़ है और वह भी साम्प्रदायिकता का एक कारण है।[4]

हम देखते हैं कि साम्प्रदायिकता और राष्ट्र-निर्माण की प्रक्रिया समझने के ये प्रयास केंद्रीकरण की विकृतियों को अच्छी तरह सामने लाते हैं और साम्प्रदायिकता को भी उसी का एक परिणाम क़रार देते हैं, लेकिन विकल्प के रूप में विकेंद्रीकरण और संघवाद की उनकी परिभाषा गाँधी बनाम नेहरू, परम्परा

---

[3] डी. एल. शेठ का लेख (1989), 'स्टेट, नेशन और एथ्निसिटी', यह लेख इस थीसिस की एक बेहतरीन अभिव्यक्ति है. *इकॉनॉमिक ऐंड पॉलिटिकल वीकली*, मार्च 24, 1989.

[4] सबालटर्न इतिहासकारों की कई रचनाएँ इसी सिद्धांत के आधार पर खड़ी हैं.

बनाम आधुनिकता और समुदाय बनाम राष्ट्र की बहस में उलझकर रह जाती है। कम्युनिस्ट विचारक विकास के ढाँचे को साम्प्रदायिकता के लिए ज़िम्मेदार मानने के बजाय विकास के अधूरेपन को उसका ज़िम्मेदार मानते हैं। दूसरी श्रेणी के विचारक धर्म, परम्परा और प्राक्-औपनिवेशिक समुदाय में केंद्रीकरण के स्रोतों की तलाश नहीं करते। इस तरह मार्क्सवादियों का विकासवादी जड़सूत्र और दूसरी तरफ़ गाँधीवाद का मिथकशास्त्र साम्प्रदायिकता के स्रोतों की खोज करने में मुख्य बाधा बन कर सामने आता है।

III

ये धारणाएँ कुछ बुनियादी वैचारिक भ्रांतियों की भी शिकार हैं। पहली धारणा संविधान द्वारा भाषाई और क्षेत्रीय दावों को ठुकराने और एकरूप भारतीय पहचान बनाने अर्थात् विविधता को नकारने या उसके प्रति तटस्थ रहने के असम्भव काम में लगी है। सर्वधर्मसमभाव, सभी के लिए समान नागरिक संहिता और 'किसी को विशेष अवसर नहीं' के आग्रह इसी कथित पक्षपातहीन रवैये की देन हैं। दरअसल यह श्रेणी-तटस्थता अपने सारतत्त्व में किसी न किसी श्रेणी के प्रभुत्व को मान्यता देने वाली ही होती है।[5] विविधता के प्रति तटस्थता भी उसके किसी एक रूप की प्रधानता को स्थापित कर देती है। लिंग भेद के क्षेत्र में घोषित तटस्थता पुलिंग की स्त्रीलिंग के ऊपर प्रधानता लादने में परिवर्तित होती रही है। इसी तरह पूँजीपति वर्ग द्वारा बाज़ार की संस्था को वैचारिक रूप से तटस्थ बताने का दावा असल में सम्पत्तिशाली वर्ग द्वारा आर्थिक रूप से कमज़ोर वर्गों के शोषण को छिपाने का एक ज़रिया बनता रहा है। क़रीब एक शताब्दी पुराना भारतीय राष्ट्र-निर्माण का अनुभव यह बताने में समर्थ है कि जब-जब विविधता को खुली मान्यता दी गयी तब-तब राष्ट्र निर्माण की प्रक्रिया में अधिक मानवीय, समतामूलक और आपसी सहयोग के तत्त्व बढ़े हैं और एक राष्ट्रीय पहचान ने जन्म लिया है। जब-जब विविधता के प्रति तटस्थता दिखाने की कोशिश की गयी है तब-तब क्षेत्रीयता के ऊपर केंद्रीकरणवाद हावी हुआ है और राष्ट्रवाद के नाम पर एक आंतरिक उपनिवेश जैसा माहौल बना है। सामुदायिक श्रेणियों के प्रति तटस्थता कुछ विशिष्ट भौगोलिक और ऐतिहासिक परिस्थितियों के कारण अधिक शक्तिशाली समुदाय को चौधराहट में बदल जाती है। इससे उस चौधराहट के

[5] यह विश्लेषण *फ्रंटियर*, 9 मार्च, 1991 में प्रकाशित डी.एन. के लेख 'इण्डियननेस ऐंड नैशनलिज़्म' से प्रभावित है.

तले दबी सामुदायिक श्रेणियों में 'दमित मनोग्रंथि' जन्म लेती है और प्रभुत्वशाली समुदाय यह मानता रहता है कि वह शक्तिशाली होते हुए भी संविधान संबंधी तटस्थता के कारण उस प्रभुत्व से वंचित है जो स्वाभाविक रूप से उसका अधिकार होना चाहिए था। जब दमित मनोग्रंथि वाले समुदाय आंदोलनरत होते हैं तो प्रभुत्वशाली समुदाय पहले आश्चर्यचकित होता है और फिर प्रतिक्रिया में स्वयं दमित मनोवृत्ति पनपा बैठता है। 'श्रेणी तटस्थता' के चलते दमित मनोग्रंथियों का यह खेल राजनीतिक-प्रशासनिक-आर्थिक कारकों से साम्प्रदायिक और जातीय संघर्षों का बड़ा भारी कारण बनता है।

मार्क्सवादी बुद्धिजीवियों द्वारा विकास के अधूरेपन को साम्प्रदायिकता का स्रोत मानना एक दूसरी वैचारिक भ्रांति है। आश्चर्य की बात है कि वे बीसवीं सदी के आख़िर में भी इस भ्रांति से चिपके हुए हैं। उनके नये व्याख्याकार भी मार्क्स के उस कथन को उद्धृत करते हैं जिसमें मार्क्स ने पूँजीवादी विकास ही नहीं बल्कि उसके अधूरेपन के संकट के भी शिकार समाजों पर टिप्पणी करते हुए कहा था, 'जीवित वर्तमान ही नहीं मृत अतीत भी हमें सताता है, क्योंकि मृत अतीत के साथ अनिवार्यतः पिछड़े उत्पादन संबंधों के नकारा अवशेष जुड़े रहते हैं।[6] बीसवीं सदी के आख़िर में यह धारणा साम्प्रदायिकता और पुनरुत्थानवाद के विश्वव्यापी उभार की व्याख्या करने में असमर्थ है। जिन देशों में उत्पादन संबंध बदल चुके हैं या पूँजीवाद आ चुका है, या जहाँ समाजवादी उत्पादन संबंध काफ़ी हद तक निर्मित हो चुके थे, वहाँ पुनरुत्थानवाद के उभार पर यह धारणा चुप रहती है। वस्तुतः विकासमूलक धारणा ने एक अति पर जाकर मानवीय पहचान को ही जोखिम में ला दिया है और पूँजीवाद, विकास और बाज़ार की शक्तियों ने मानव की स्वतंत्रता को 'विज्ञानवाद' और 'तकनालॉजीवाद' के नये अंधविश्वास में फँसा दिया है। इस डरावने धर्म के मुक़ाबले उसे पिछले धर्म ज़्यादा मानवीय लगते हैं और वह उन्हीं में लौट जाना चाहता है।[7] मध्ययुगीन धर्मों में मनुष्य की यह नयी रुचि राजनीतिक और आर्थिक क्षेत्रों में अभिव्यक्त होकर घनघोर साम्प्रदायिकता का रूप ले लेती है।

आधुनिकता के आलोचक मार्क्सवादियों के मुक़ाबले 'विज्ञानवाद' और 'तकनालॉजीवाद' के इस ख़तरे के प्रति ज़्यादा आगाह हैं लेकिन वे इसे परम्परा

---

[6] मार्क्स के इस कथन का रणधीर सिंह (1980) ने अपने लेख 'थियोराइज़िंग कम्युनलिज़म : अ फ्रेग्मेंटरी नोट इन द मार्क्सिस्ट मोड', *इकॉनॉमिक ऐंड पॉलिटिकल वीकली*, जुलाई 23, 1980 में प्रयोग किया है.

[7] यह विश्लेषण वी.पी.आर. विट्ठल के लेख 'रूट्स ऑफ़ हिंदू फ़ण्डामेंटलिज़म', *इकॉनॉमिक ऐंड पॉलिटिकल वीकली*, फ़रवरी 20-27, 1993 से प्रभावित है.

में मनुष्य के मूल विश्वास की जीत क़रार देकर अंततः पुनरुत्थानवाद को ही भड़काते नज़र आते हैं। हिंदू धर्म के विकेंद्रित लगने वाले ढाँचे में उन्हें केंद्रीकरण के तत्त्व नज़र नहीं आते। यहाँ तक कि हिंदू धर्म के सर्वाधिक लोकप्रिय रूप और केंद्रीकरण के शक्तिशाली स्रोत वर्णाश्रम धर्म की भी वे सत्ता के विकेंद्रीकरण के रूप में व्याख्या कर देना चाहते हैं।[8] इन विचारकों की मूल भ्रांति धर्म और परम्परा से संबंधित है। ये आधुनिकता की आलोचना करने और परम्परा से सीखने के लिए प्रतिबद्ध हैं। इस तरह वे भारतीय विकृतियों, जिनमें साम्प्रदायिकता प्रमुख है, को बाहरी अंतर्विरोधों अर्थात् इसलाम, ईसाइयत और ब्रिटिश औपनिवेशिक शासन के दुष्प्रभावों के संदर्भ में ही देखते हैं। वे भारतीय समाज और परम्परा में साम्प्रदायिकता की गुंजाइशों की ओर नहीं देखते। वे हिंदू समाज के स्यामीकरण से चिंतित हैं पर इसे मूल हिंदू स्वभाव के विपरीत मानते हैं।[9] इस धारा के विचारकों ने जाने-अनजाने आजकल उभर रही हिंदू राष्ट्रवादी राजनीति को वह वैचारिक वैधता दी है जो आज़ादी के शुरुआती दशकों में उसके पास नहीं थी।

धर्म के बजाय प्राक्-औपनिवेशिक समुदाय को संघवाद का स्वाभाविक स्रोत मानने वाली विश्लेषण पद्धति भी समुदाय के अंदर की श्रेणियों के प्रति तटस्थ दिखती है। इसीलिए उसे प्रभुत्व के लिए तत्कालीन समुदाय के अंदर संघर्ष नहीं दिखता। इससे यह पद्धति आधुनिक राज्य की संस्था को जो उस जमाने में अंग्रेज़ों के हाथ में थी, समुदाय का अतिक्रमण करने वाला मान कर साम्प्रदायिक और जातीय टकरावों का स्रोत मान लेती है। यह पद्धति इस प्रकार गाँधीवादी विचारकों की तरह ही बाह्य अंतर्विरोधों को प्रधान मान कर और अंदरूनी अंतर्विरोधों को अनदेखा कर देती है। तर्क और शोध की बुनियाद पर खड़ी यह सबाल्टर्न पद्धति अंततः सेकुलरवाद को साम्प्रदायिकता का स्रोत मानने के तर्कहीन निष्कर्ष पर पहुँच जाती है और दरअसल कोई विकल्प नहीं दे पाती।

वैचारिक भ्रांतियों के कारण साम्प्रदायिकता के स्रोतों की यह तलाश कई तथ्यों की तरफ़ से आँख बंद कर लेती है। कोई तो नेहरू, राष्ट्रीय नेतृत्व और संविधान निर्माण की प्रक्रिया को बचा लेता है, तो कोई गाँधी को बचाने में लगा नज़र आता है। परिणामस्वरूप उनके विचार-विमर्श से राष्ट्र-निर्माण के जो विकल्प उभरते हैं और साम्प्रदायिकता विरोधी संघर्ष की जो रणनीतियाँ निकलती

---

[8] इस थीसिस को काफ़ी कच्चे और फूहड़ ढंग से छह वर्ष पहले *जनसत्ता* के सम्पादकीय पृष्ठ पर बनवारी के लेख 'वर्ण व्यवस्था के मायने' में पेश किया गया था.

[9] रजनी कोठारी, 'कल्चरल कांटेक्स्ट ऑफ़ कम्युनिलिज़म', *इकॉनॉमिक ऐंड पॉलिटिकल वीकली*, खण्ड 24, अंक 2 : 81-85.

हैं, वे साम्प्रदायिकता की रोकथाम में नाकामयाब रहती हैं। विकास और शिक्षा के ज़रिये साम्प्रदायिकता से टकराने की रणनीति नाक़ाम हो ही चुकी है। आजकल 'हिंदू धर्म के उदारस्वरूप' को उसके 'कट्टर स्वरूप' के मुक़ाबले रखने की रणनीति काफ़ी प्रचलित है। लेकिन हिंदूवादियों का दावा है कि हिंदूवाद वही है जो वे कह रहे हैं और फ़िलहाल जनता भी उनके इस दावे को स्वीकार कर रही है।[10]

IV

बीसवीं शताब्दी में 1905 से 1937 तक की अवधि को सेकुलर राष्ट्रवाद का युग समझा जाना चाहिए। इस युग में क्षेत्रीयता ने राष्ट्रीयता को और राष्ट्रीयता ने क्षेत्रीयता को पुष्ट किया। यह युग साम्राज्यवाद द्वारा केंद्रीकरणवादी और साम्प्रदायिक राजनीति के खुले प्रयोग का युग था और इसके मुक़ाबले राष्ट्रीय आंदोलन के नेतृत्व ने संघवाद और राष्ट्रवाद का सफल प्रयोग किया था। इसका असर स्वदेशी आंदोलन और बंग-भंग प्रतिरोध से लेकर 1937 में प्रांतीय विधायिकाओं में कांग्रेस द्वारा सरकार बना लेने तक रहा। इस दौरान साम्प्रदायिक प्रश्न रह-रह कर सामने आता रहा था और 1920 के बाद साम्प्रदायिक संघर्ष की घटनाएँ बहुत बढ़ गयी थीं फिर भी तथ्य बताते हैं कि यह युग मूलतः साम्राज्यवाद विरोधी संघर्ष में सेकुलर राष्ट्रवादी एकता का युग था। उस जमाने के माहौल का अनुमान इस बात से लगाया जा सकता है कि साम्प्रदायिक हितों के प्रवक्ता सावरकर और सैयद अहमद ख़ाँ जैसे लोग भी हिंदुओं और मुसलमानों को यह समझाने में लगे हुए थे कि ब्रिटिश गुलामी के जुए को उतार फेंकना उनका धार्मिक कर्तव्य है।[11] इसी युग में भाषाई आधार पर आज़ाद भारत के संघवादी गठन का सपना देखा गया था। साम्प्रदायिकता राजनीतिक गोलबंदी के क्षेत्र में बेहद पिछड़ी हुई थी और केंद्रीकरण को भी संघवाद की आड़ लेनी पड़ती थी। इस युग की कहानी इस तरह समझी जा सकती है :

> 1905 में लार्ड क़र्ज़न द्वारा आयोजित बंगाल विभाजन केंद्रीकरणवादी और साम्प्रदायिक राजनीति का संयुक्त प्रयोग था। क़र्ज़न के दोनों उद्देश्य साफ़ थे—बंगाली राष्ट्रीयता को साम्प्रदायिक आधार पर तोड़ देना और इस तरह से साम्राज्यवादी

---

[10] यह दावा गिरिलाल जैन ने किया था। उनका कथन ए.बी. वर्धन ने साम्प्रदायिकता के ख़िलाफ़ अपनी पुस्तिका में उद्धृत किया है.

[11] देखें ज्ञानेंद्र पाण्डेय की पुस्तक द *कंस्ट्रक्शन ऑफ़ कम्युनलिज़्म इन कोलोनियल इण्डिया* की समीक्षा, दीपंकर गुप्त (1993), *इकॉनॉमिक ऐंड पॉलिटिकल वीकली*, फ़रवरी : 20–27.

केंद्र को मजबूत करना। क़र्ज़न ने यह विवादस्पद क़दम इस चिंतन के तहत उठाया था कि एक बहुधर्मी, बहुजातीय और विविध भाषाई देश में क्षेत्रीय इकाइयों का निर्माण साम्राज्य के हितों के ख़िलाफ़ बैठेगा।[12] इसीलिए हिंदू बंगाल से मुसलमान बंगाल अलग कर दिया गया। अंग्रेज़ों को साम्प्रदायिक आधार पर तुष्टीकरण का इच्छुक देखकर 1906 में मुसलिम लीग बन गयी। उधर पूर्वी बंगाल के मुसलमानों ने बंग भंग के प्रतिरोध में हिंदुओं का साथ नहीं दिया। इसी हिंदू-मुसलमान अलगाव का सहारा लेकर अंग्रेज़ों ने स्वदेशी आंदोलन को दंगों की आग में नष्ट कर दिया। लेकिन उनकी रणनीति केवल यहीं तक कामयाब हुई क्योंकि उसी आंदोलन के गर्भ से बंगाली राष्ट्रीयता की तर्ज़ पर तमिल, आंध्र, असमी, ओडिया और मलयालम की क्षेत्रीय राष्ट्रीयताओं की माँगों ने जन्म ले लिया[13] और देखते-देखते ये सभी क्षेत्रीय उपराष्ट्रीयताएँ समग्र भारतीय राष्ट्रवाद का अंग बन गयी।

यह समग्र भारतीय राष्ट्रवाद साम्प्रदायिक नहीं बल्कि सेकुलर था। इसका कारण था इसका आधार धार्मिकता न होकर भाषाई क्षेत्रीयता होना। मसलन, बंगाली मुसलमानों के नेता अलग से अपना प्रांत ज़रूर चाहते थे ताकि वे अंग्रेज़ों के साथ बेहतर सौदेबाज़ी कर सकें लेकिन उनकी जातीय पहचान बांग्लाभाषी के रूप में ही थी। इसलिए मुसलिम लीग बन जाने के बावजूद वे लीग में नहीं गये और उनके नेता फ़ज़लुल हक़ ने आगे चलकर कृषक प्रजा पार्टी बनाना पसंद किया। इसी तरह बंगाल के पश्चिमी हिस्से में पनपे स्वदेशी आंदोलन का निशाना साम्राज्यवाद ही था, मुसलमान नहीं।

उपनिवेशवाद विरोधी आंदोलन की रणनीति बनाने में व्यस्त राष्ट्रीय नेताओं ने इस आंदोलन से बेहतरीन सबक सीखा। वे यह भी देख चुके थे कि भाषाई इकाइयों का अस्तित्व स्वीकार करने के कारण होमरूल लीग आंदोलन कितना कामयाब हुआ था। इसलिए 1920 के नागपुर अधिवेशन में कांग्रेस ने बाक़ायदा भाषाई आधार को मान्यता दी और अंग्रेज़ों द्वारा नौ भागों में किये गये प्रशासनिक बँटवारे को अस्वीकार करके देश को 21 भाषाई प्रदेशों में बाँटकर देखना शुरू किया।[14] कांग्रेस का सांगठनिक ढाँचा भी इसी आधार पर बना। भाषाई सिद्धांत को मान लेने के कारण असहयोग आंदोलन और सविनय अवज्ञा आंदोलन की

---

[12] सुमित सरकार (1973) ने *स्वदेशी मूवमेंट इन बंगाल-1903-1908*, पीपुल्स पब्लिशिंग हाउस, नयी दिल्ली में लार्ड क़र्ज़न का यह कथन उद्‌धृत किया है कि बंगाली राष्ट्रीयता ब्रिटिश साम्राज्य को कैसे ख़तरा पहुँचा सकती है और उसे क्यों तोड़ देना चाहिए. इसके पीछे का सिद्धांत उत्तर-पूर्व भारत के ब्रिटिश राजनीतिकार एच.एच. राइज़ली ने दिया था.

[13] आशीष बनर्जी (1992), 'फ़ेडरलिज़म ऐंड नैशनलिज़म-एन एटेम्प्ट ऑफ़ हिस्टोरिकल इंटरप्रिटेशन', आशीष बनर्जी (सम्पा.) (1992), *फ़ेडरलिज़म इन इण्डिया,* विकास, नयी दिल्ली.

[14] पट्टाभि सीतारमैया (1969), *हिस्ट्री ऑफ़ इण्डियन नैशनल कांग्रेस*, एस चाँद, कलकत्ता.

मुहिमें आंध्र, असम और अन्य कांग्रेस प्रदेशों में काफ़ी उत्साह के साथ चलायी गयी। क्षेत्रीय आंदोलनों ने राष्ट्रीय आंदोलन में कांग्रेस का जम कर साथ दिया।

1928 में सर्वदलीय सम्मेलन ने नेहरू कमेटी को भविष्य के संविधान की रूपरेखा बनाने का कार्यभार सौंपा। मुसलिम लीग ने इसका बायकाट किया। उसका आरोप था कि नेहरू कमेटी हिंदू हितों को ज़्यादा तरजीह देते हुए केंद्रीय विधायिका में मुसलमानों को कम प्रतिनिधित्व दे रही है। इस साम्प्रदायिक सौदेबाज़ी के बावजूद देश के अन्य भागों के मुसलमानों ने एक बार फिर लीग के झण्डे तले आने से इंकार कर दिया। 1937 में हुए प्रांतीय विधायिकाओं के चुनावों में तो जिन्ना और लीग के उन इरादों पर तक़रीबन पानी ही फिर गया जिनके तहत वे राष्ट्रीय स्तर पर मुसलमानों के प्रवक्ता बन जाना चाहते थे। जिन्ना का ख़याल था कि अगर मुसलमान बहुल प्रांत सिंध, उत्तर-पश्चिम सीमांत प्रांत और बंगाल का पूर्वी हिस्सा लीग के झण्डे तले आ जाए, और यदि मुसलमान अल्पसंख्या वाले प्रांतों में लीग अच्छे नतीजे निकाल सके तो वे अपने मक़सद में कामयाब हो जाएँगे। लेकिन ऐसा नहीं हो सका। बंगाल में कृषक प्रजा पार्टी के फ़ज़लुल हक़ ने हिंदू महासभा के श्यामा प्रसाद मुखर्जी और कांग्रेस के शरत चंद्र बोस से मिल कर सरकार बनायी। उत्तर-पश्चिम सीमा प्रांत में तक़रीबन पूरी आबादी ही मुसलमान थी और उसने कांग्रेस को समर्थन दिया। सिंध में भी मुसलमान बहुमत था पर वहाँ निर्दलीय सरकार बनी। अब जिन्ना के पास अपनी नेतागीरी चमकाने के लिए केवल संयुक्त प्रांत की कुछ मुसलमान सीटें ही बची थीं जो उन्होंने कांग्रेस के साथ गठजोड़ करके जीती थीं। इस तरह जिन्ना कांग्रेस की तरफ़ से सरकार बनाने में भागीदारी के निमंत्रण की प्रतीक्षा करने लगे। जिन्ना की स्थिति किस क़दर रक्षात्मक थी इसका अंदाज़ा इस तथ्य से लगाया जा सकता है कि प्रतीक्षा के इस दौर में उन्होंने अपनी एक ख़ाली सीट कांग्रेस के रफ़ी अहमद किदवई को भेंट स्वरूप दे दी हालाँकि वे इस सीट पर आसानी से अपना प्रतिनिधि बैठा सकते थे। लेकिन जिन्ना को नेहरू का निमंत्रण कभी नहीं मिला। कांग्रेस ने तिकड़म करके उत्तर प्रदेश में अपनी सरकार बना ली और लीग को अलग-थलग कर दिया। 1937 में लीग के साथ हुए इस कांग्रेसी सुलूक को समझने के लिए क्षेत्रीयताओं और ग़ैर-कांग्रेसी शक्तियों के प्रति कांग्रेस के उस समय तक विकसित हो चुके नये रवैये का अध्ययन करना ज़रूरी होगा क्योंकि कांग्रेस ने जिन्ना के साथ ही नहीं बल्कि देशभर के ग़ैर-लीगी मुसलमान नेताओं के साथ भी यही सुलूक किया था। इसके पीछे फ़ौरी राजनीति के आग्रह नहीं बल्कि भविष्य में राष्ट्र-निर्माण का केंद्रीकरणवादी सिद्धांत भी काम कर रहा था।

V

सेकुलर और संघात्मक राष्ट्र का स्वप्न 1928 की मोती लाल नेहरू कमेटी की रपट से टूटना शुरू हुआ। रपट में संघवाद की आड़ भर ली गयी थी लेकिन उसकी मूल भावना एकात्मक राज्य के पक्ष में ही थी।[15] यह मानना कि नेहरू कमेटी ने केंद्रवादी रुझान केवल मुसलिम लीग की साम्प्रदायिकता के अंदेशों से ही अपनाया था, असलियत को दरकिनार करना होगा। वह रपट और उसकी पूरक रपट कांग्रेस के अंदर 1920 के नागपुर अधिवेशन में व्यस्त भाषाई संघवाद के प्रति सैद्धांतिक निष्ठा के ख़िलाफ़ इस सिद्धांत को प्रतिपादित करती थी कि अंततः राष्ट्रीय हित की रक्षक केंद्र सरकार ही होगी। वह रपट क्षेत्रीय शक्तियों पर शक करती थी कि उनके आपसी विवादों से राष्ट्र-हित ख़तरे में पड़ सकता है। इस तरह पहली बार क्षेत्रीयता को राष्ट्रवाद का आधार मानने से इंकार किया गया। इस प्रवृत्ति का कांग्रेस में कोई ख़ास विरोध नहीं हुआ और धीरे-धीरे भाषाई संघवाद का व्यावहारिक पक्ष ही प्रबल रह गया। आज़ादी के बाद इस व्यावहारिकता को भी त्याग दिया गया और क्षेत्रीयता का केवल अवसरवादी इस्तेमाल ही होने लगा। हम आगे देखेंगे कि भाषाई संघवाद को ठुकराने से क्षेत्रीयता अभी तक अलगाव में पड़ी साम्प्रदायिकता के निकट आयी और उसके अवसरवादी इस्तेमाल से साम्प्रदायिक अलगाववाद पैदा हुआ जिसकी प्रतिक्रिया में हिंदू राष्ट्रवाद को लोकप्रियता की ज़मीन मिली।

1937 में प्रांतीय विधायिकाओं का चुनाव जीत कर कांग्रेस को अपनी लोकप्रियता का नया एहसास हुआ। 1934 में भी चुनाव जीतकर वह चुनावी राजनीति का पहला स्वाद चख चुकी थी। इस बार उसकी जीत कहीं ज़्यादा व्यापक थी। उसे लगा कि अब उसने राष्ट्रव्यापी लोकप्रियता हासिल कर ली है और उसे किसी की मुहर नहीं चाहिए। इस मनोवृत्ति ने संघात्मकता के नाम पर यथार्थ में केंद्रीकरणवाद और बहुपार्टीवाद के नाम पर एकपार्टीवाद को जन्म दिया।

उस समय तक मुसलिम लीग के सामने इस्लामिक आधार पर अलग राष्ट्र अर्थात् पाकिस्तान का कोई विचार तक नहीं था। संयुक्त प्रांत में नेहरू ने लीग के और जिन्ना ने कांग्रेस के उम्मीदवारों का चुनाव प्रचार किया था। नतीजा आया कि कांग्रेस ने अकेले बहुमत हासिल कर लिया पर न तो नेहरू ने अकेले सरकार बनायी और न ही लीग को सरकार में शामिल होने के लिए निमंत्रित किया। उनके सामने

---

[15] आशीष बनर्जी : *उपरोक्त.*

समस्या यह थी कि उनका कोई मुसलमान उम्मीदवार नहीं जीता था और वे मुसलिम लीग के साथ सरकार बनाने को तैयार नहीं थे। जब कांग्रेस ने सरकार नहीं बनायी तो नेहरू की इस दुविधा को भाँप कर अंग्रेज़ों ने दाँव मारा और लीग के साथ कांग्रेस की खाई चौड़ी करने के लिए अपनी कठपुतली सरकार स्थापित कर दी। अंग्रेज़ों ने नवाब छतारी और राजा सलेमपुर जैसे लीगियों को सरकार में निमंत्रित किया। नवाब छतारी ने यह पेशकश ठुकरा दी पर राजा सलेमपुर लालच में आ गये। लीग के नेता चौधरी ख़लीकुज्जमा ने इसके बदले राजा सलेमपुर को पार्टी से निकाल दिया। लीग केवल कांग्रेस के साथ ही सरकार बनाना चाहती थी। लीग द्वारा इस बीच रफ़ी अहमद किदवई को अपनी सीट दे दिये जाने के कारण संयुक्त प्रांत विधायिका में कांग्रेस के पास एक मुसलमान प्रतिनिधि हो गया। नेहरू ताक में रहे और लीग से इस्तीफ़ा देने वाले एक अन्य प्रतिनिधि हाफ़िज़ मुहम्मद इब्राहीम को कांग्रेस में शामिल कर लिया। इस तरह उनके पास दो मुसलमान प्रतिनिधि हो गये। चुनाव में सभी मुसलमान सीटें हारने वाली कांग्रेस को एक प्रतिनिधि लीग से और दूसरा तिकड़म से हासिल हुआ। फिर कांग्रेस ने इस तरह एक कथित सेकुलर सरकार बनायी और लीग के साथ सत्ता में भागीदारी नहीं की।[16]

अगर कांग्रेस को लीग के साम्प्रदायिक चरित्र से चिढ़ थी तो उसे देश की अन्य ग़ैर-लीगी मुसलमान शक्तियों के साथ सरकार में साझेदारी करनी चाहिए थी। पर उसने ऐसा भी नहीं किया। कृषक प्रजा पार्टी के फ़ज़लुल हक़ का बंगाल में सरकार बनाने का प्रस्ताव भी कांग्रेस ने ठुकरा दिया। असम और उत्तर-पश्चिम सीमा प्रांत के मुसलमान नेताओं को भी कांग्रेस ने स्वीकार नहीं किया। जिन्ना को लगभग ऐसे ही मौक़े का इंतज़ार था— ख़ुद समझने और दूसरों को समझाने के लिए। अब जिन्ना की दलील थी कि अत्यंत सीमित अधिकारों वाली विधायिकाओं में कांग्रेस मुसलमानों के साथ सत्ता में हिस्सेदारी नहीं कर सकती तो आज़ाद भारत की सर्वाधिकार सम्पन्न संसद में कैसे करेगी। कांग्रेस के सुलूक से क्षुब्ध वे क्षेत्रीय मुसलमान नेता भी इस तर्क को स्वीकार कर बैठे जो कभी जिन्ना को मुँह लगाने के लिए तैयार नहीं थे। कांग्रेस का 'एक पार्टीवाद' इस तरह लीग की मुसलमान साम्प्रदायिकता को क्षेत्रीय समर्थन की ज़मीन मुहैया क़रा गया। भाषाई आधार की बजाय धार्मिक आधार वाली एक ख़ास तरह की क्षेत्रीयता द्वारा साम्प्रदायिकता को राष्ट्रवाद की शक्ल देने का यह पहला उदाहरण था।

---

[16] शरत चंद्र सरकार (1989), 'जिन्ना, मुसलिम ऐंड पाकिस्तान', *फ्रंटियर*, जनवरी 28.

अगर 1905 से 1937 तक की अवधि सेकुलर राष्ट्रवाद रचने की थी, तो 1937 से 1947 की पूरी अवधि साम्प्रदायिक राष्ट्रवाद के विकास की अवधि समझी जानी चाहिए क्योंकि इसी बीच में क्षेत्रीयता की मुसलमान शक्तियों ने इसलाम के आधार पर अलग राष्ट्र की धारणा को अपना समर्थन दिया। मुसलमान व्यापारियों और उद्योगपतियों के बीच मुसलिम चैम्बर्स ऑफ़ कॉमर्स की भी स्थापना के प्रयास पहले से ही चल रहे थे।[17] पूँजीपति वर्ग के साम्प्रदायिक आधार पर विभाजन के बिना इसलामिक राष्ट्रवाद की पूरी इमारत खड़ी नहीं रह सकती थी। 1940 के मार्च में हुए लीग अधिवेशन में बंगाली नेता फ़ज़लुल हक़ ने पाकिस्तान का प्रस्ताव ज़रूर रखा लेकिन वे जल्दी ही लीग व जिन्ना से अलग हो गये। इसके बाद वे हमेशा इस विचार का विरोध करते रहे। बाद में उन्होंने दो निर्वाचन क्षेत्रों से लीग के उम्मीदवारों को हराया भी। अपने अंतिम समय में वे भारत-पाकिस्तान के संघ के पक्ष में थे। वे पूर्वी पाकिस्तान के प्रधानमंत्री भी रहे, पर अंत में उन्हें भारत से लौटते हुए गिरफ़्तार कर लिया गया। दरअसल, 1937 में कांग्रेस द्वारा साझा सरकार बनाए जाने से इंकार करने पर वे जिन्ना के साथ जाने पर मजबूर हो गये थे। इसी तरह सिंध और उत्तर-पश्चिम सीमा प्रांत में कांग्रेस के एक पार्टीवाद ने मुसलमान नेताओं को धकेल कर जिन्ना के झण्डे तले एकत्रित कर दिया। क्षेत्रीयता द्वारा मुसलमान राष्ट्रवाद की इस रचना ने प्रतिक्रिया में हिंदू राष्ट्रवाद के लिए एक ऐसी गुंजाइश पैदा कर दी जिसमें वह लगातार धीरे-धीरे अपना काम करता रह सकता था। यही वह युग था जब घनश्याम दास बिड़ला को केवल पूँजीपतियों के नेता और कांग्रेस नेतृत्व के नज़दीक ही नहीं वरन् हिंदुओं के नेता के रूप में देखा जाने लगा था। बिड़ला मुसलमानों से सख़्ती से पेश आने के हक़ में थे।[18] चूँकि अभी तक भाषाई और जातीय आधार को लाँघ कर हिंदू क्षेत्रीयता को परिस्थितियाँ और ज़रूरतें नहीं बनी थीं इसलिए केवल इसलामिक राष्ट्रवाद ही क्षेत्रीयता का इस्तेमाल करता नज़र आ रहा था। इससे क्षेत्रीयता और अन्य विविधताओं के कारण उपजी संघवादी धारणा के अभी तक विकसित सेकुलर स्वरूप को आघात लगा लेकिन असल में इसके पीछे कांग्रेसी एक पार्टीवाद की व्यावहारिक राजनीति और केंद्रीकरण का राजनीतिक सिद्धांत था जिसे कांग्रेस और उसके नेताओं ने 1935 के गवर्नमेंट ऑफ़ इण्डिया एक्ट के तहत सरकारें बना कर अंतिम रूप से मान लिया था।

---

[17] सुनीत कुमार घोष (1989), *इण्डिया ऐंड द राज : 1919-1947*, प्राची, कलकत्ता.

[18] उपरोक्त : 268.

1935 के एक्ट ने एक नयी प्रवृत्ति विकसित की जिसे फ़र्ज़ी संघवाद कहा जा सकता है। ध्यान रहे कि यह एक्ट साइमन कमीशन की सिफ़ारिशों का फल था और साइमन कमीशन भारत को एक ख़ास तरह का 'फ़ेडरलिज़म' देना चाहता था। बंग-भंग में निहित केंद्रीकरणवाद के पंद्रह साल से पराजित होते चले जाने के बाद अंग्रेज़ों ने भाषाई संघवाद का मुक़ाबला फ़र्जी संघवाद से करना चाहा। बंग-भंग की असफलता के बाद कमीशन का उद्देश्य एक बार फिर ऐसी संवैधानिक डिज़ाइन तैयार करना था जिसके तहत भारत में बढ़ती हुई राष्ट्रवादी गोलबंदी की रोकथाम की जा सके। चूँकि इस कमीशन में भारतीय प्रतिनिधित्व नहीं था इसलिए सभी पार्टियों ने इसका बायकाट किया। लाला लाजपतराय ने इस बायकाट में अपना बलिदान दर्ज कराया। कमीशन की सिफ़ारिशों से जो एक्ट निकला उसके संघवाद का पर्दाफ़ाश करते हुए नेहरू ने लिखा :

> एक्ट में एक क़िस्म की प्रांतीय स्वायत्तता और एक संघीय ढाँचे की व्यवस्था की गयी है लेकिन इसमें नियंत्रण और विशेषाधिकार भी हैं जिनसे राजनीतिक और आर्थिक ताक़त ब्रिटिश सरकार के हाथ में ही केंद्रित बनी रहती है। इस तरह के संघीय ढाँचे में कोई प्रगति सम्भव नहीं है। यह ढाँचा न केवल प्रतिक्रियावादी है बल्कि इसमें स्वशासन का बीज तक नहीं है। एक्ट से सरकार और राजाओं, ज़मींदारों और भारत के दूसरे प्रतिक्रियावादी तत्त्वों के बीच गठजोड़ मज़बूत हुआ है। इसने वायसराय को और ज़्यादा अधिकार सम्पन्न बना दिया है।[19]

प्रश्न यह है कि इस क़दर केंद्रवादी और संघवाद विरोधी एक्ट को कांग्रेस ने कैसे स्वीकार कर लिया। कई शोधकर्ता यह कहानी बयान कर चुके हैं लेकिन ज़्यादातर ने कांग्रेस के नेताओं के संदर्भ में ही इसका वर्णन किया है। वस्तुतः इसका चित्रण तो उस युग में उभर रही उन सामाजिक और आर्थिक शक्तियों और उनके कांग्रेस पर प्रभाव के संदर्भ में किया जाना चाहिए जिन्होंने आगे चल कर आज़ाद भारत के तहत राष्ट्र निर्माण में मुख्य भूमिका निभायी। यह इसलिए भी ज़रूरी है क्योंकि 1935 का एक्ट ही 1950 के भारतीय संविधान का आधार बना और उसमें 'फ़ेडरल' या 'फ़ेडरेशन' शब्द तक जोड़ने से इंकार कर दिया गया।[20] इसी संविधान के तहत राष्ट्रीयताओं को उनके सेकुलर भाषाई आधार से वंचित करके उनमें साम्प्रदायिक घुसपैठ की गुंजाइश बनी। यह संविधान कांग्रेस के एक पार्टीवाद का आज़ादी के 46 वर्ष बाद तक विस्तार करने में सहायक

---

[19] के.ए रामसुब्रह्मण्यम (1992), 'हिस्टोरिकल डेवलपमेंट ऐंड इसेंशियल फ़ीचर्स ऑफ़ फ़ेडरल सिस्टम', आशीष बनर्जी (सम्पा.) (1992), *फ़ेडरलिज़्म इन इण्डिया,* विकास, नयी दिल्ली.

[20] आम्बेडकर, टी.टी .कृष्णामचारी और अलादि कृष्णास्वामी अय्यर ने यह प्रस्ताव अनावश्यक कह कर ठुकरा दिया था. ये तीनों ही कठोरतापूर्वक एकात्मक राज्य के पक्ष में थे.

हुआ और जिसके कारण क्षेत्रीयताओं को मिलने वाला संघवादी आश्वासन कभी पूरा नहीं हो पाया। वे ज़्यादा से ज़्यादा दबाव पैदा करके कुछ रियायतें हासिल करने में सफल हो सकीं। इससे दबाव गुट की राजनीति पनपी जिसकी प्रतिक्रिया में हिंदू साम्प्रदायिकता राष्ट्र की मुख्यधारा में अपना स्थान बना सकी।

VI

1935 के एक्ट की एक स्वर से निंदा करने वाली कांग्रेस के अंदर जो तिकड़म चल रही थी वह इस केंद्रीकरणवादी एक्ट को कांग्रेसी स्वीकृति दिलाने में गाँधी और भारतीय पूँजीपति वर्ग की भूमिका को साफ़ कर देती है। 1932 से 1937 के बीच अर्थात् सविनय अवज्ञा आंदोलन शुरू होने और एक्ट के तहत सरकार बनाने के बीच कांग्रेस की अंदरूनी स्थिति के बारे सुनीति कुमार घोष ने अपने ताज़े शोध में बताया है कि गाँधी बिना किसी हिचक और अपवाद के 1935 का एक्ट बन कर आने से पहले ही उसके पक्ष में थे।[21] ब्रिटिश साम्राज्यवाद चाहता था कि कांग्रेसी ख़ुद को उनके तरीक़े से अर्थात् केंद्रीकरण की प्रधानता वाला शासन चलाने के योग्य बनाएँ। लार्ड लिनलिथगो के कथन से उनका यह इरादा साफ़ हो जाता है।[22] इसी मक़सद से प्रांतीय विधायिकाओं के 1934 में चुनाव कराए गये थे और कांग्रेस के अंदर चुनावों में भाग लेने पर छिड़े ज़बर्दस्त विवाद पर तब गाँधी का कहना था, 'कांग्रेस के अंदर हमेशा ही एक हिस्सा कौंसिल प्रवेश के पक्ष में रहेगा। कांग्रेस का संचालन इस गुट के हाथ में ही रहना चाहिए।'[23] अंततः कांग्रेस ने यह चुनाव लड़ा और कौंसिलों में भाग लिया। 1935 के अगस्त में एक्ट बनने से पहले ही गाँधी और बंगाल के गवर्नर के सिफ़ारिशी पत्र लेकर बिड़ला इंग्लैंड गये और अंग्रेज़ों को समझाया कि कांग्रेस और गाँधी तो दरअसल इस एक्ट को मानने के पक्षधर हैं। बिड़ला ने गाँधी को ब्रिटेन से पत्र लिख कर पूछा कि क्या वे अपना काम ठीक-ठाक कर रहे हैं और 'क्या मैं आपका सही तरीक़े और वफ़ादारी से प्रतिनिधित्व कर रहा हूँ।' गाँधी ने इसका हाँ में जवाब दिया और लिखा कि बिड़ला को इस काम में लगे रहना चाहिए।[24]

---

[21] *रिसर्च यूनिट* का प्रकाशन पॉलिटिकल इकॉनॉमी, *इण्डियन नैशनल कांग्रेस-हाऊ इण्डियन, हाऊ नैशनल?* बम्बई, 1988 : 140.

[22] सुनीति कुमार घोष (1992), 'पेजेज़ फ्रॉम कांग्रेस हिस्ट्री', *इकॉनॉमिक ऐंड पॉलिटिकल वीकली,* मई : 16-27.

[23] *रिसर्च यूनिट* : 138.

[24] घोष, उपरोक्त.

इस विषय में जवाहरलाल नेहरू की भूमिका भी यहाँ साफ़ कर देना ज़रूरी है। नेहरू 1935 के एक्ट के प्रचंड विरोधी दिखाई पड़ते थे लेकिन बिड़ला, गाँधी और लार्ड लिनलिथगो को यक़ीन था कि वे अंततः चुनाव लड़ना और सरकारें बनाना मान लेंगे।[25] यही हुआ। लखनऊ अधिवेशन में एक्ट की अलंकारिक निंदा करने के बावजूद कांग्रेस ने चुनाव लड़ा और जनता से एक्ट को ख़ारिज करने के लिए वोट माँगे, जो उसे जम कर मिले भी। अधिवेशन में प्रस्ताव पास किया गया था कि कांग्रेस तभी सरकार में जाएगी जब गवर्नर उसकी सरकार की स्वायत्तता में हस्तक्षेप न करने का आश्वासन दे देगा। पर आश्वासन थोड़ा इंतज़ार करने के बावजूद नहीं आया। तब कांग्रेस ने बिना शर्त सरकार बनाना स्वीकार किया। इस तरह उसने व्यावहारिक रूप से मान लिया कि वह भारत का एकात्मक शैली में शासन चलाने की समर्थक है। ब्रिटिश शैली की एकात्मकता वही थी जो बंग-भंग के समय और साइमन कमीशन की सिफ़ारिशों में सिद्धांतबद्ध हुई थी। यह एकात्मकता क्षेत्रीयताओं को उनके उस भाषाई आधार से वंचित करती थी जो स्वाभाविक रूप से सेकुलर था और इस तरह उन्हें साम्प्रदायिक आधार लेने के लिए मजबूर करने वाली थी।

यह फ़र्ज़ी संघवाद और असली केंद्रीकरणवाद 1950 के संविधान में मूर्तिमान कर दिया गया। पाकिस्तान बन चुका था इसलिए कांग्रेस के बहुत से हिंदू साम्प्रदायिक रुझान वाले तत्त्वों ने संविधान सभा के मुसलमान प्रतिनिधियों की माँगों को ठुकरा दिया। इन तत्त्वों को नेहरू जैसे लोगों का भी समर्थन मिला जो मुसलमान विरोधी नहीं थे क्योंकि ये लोग केंद्रीकरणवाद के पक्षधर थे।[26] नेहरू, जो 1937 में विधायिकाओं में कांग्रेसी जीत के मुख्य रणनीतिकार थे, अपने गुरु गाँधी की तरह 'संघवाद के पक्ष में कथनी और केंद्रीकरणवाद के पक्ष में करनी' के बजाय खुले आम भारतीय विविधता और राष्ट्रीयता के भाषाई आधार को चुनौती देते नज़र आये। 1949 में उन्होंने लिखा :

> हमारे सामने भारतीय राष्ट्रीय कांग्रेस की साठ वर्ष की उपलब्धियाँ खड़ी हैं और उनके मुक़ाबले हैं, शताब्दियों पुराने भारत की एक दूसरे से संघर्षरत संकीर्ण वफ़ादारियाँ, क्षुद्र ईर्ष्याएँ और अज्ञानता भरे दुराग्रह। इस एहसास से हम काँप-काँप जाते हैं कि हमारे पैरों तले ज़मीन कितनी पोली है। देश के योग्यतम व्यक्तियों में से कुछ लोगों ने विश्वासपूर्वक और स्पष्ट रूप से हमारे सामने दावा किया है कि

---

[25] घोष, उपरोक्त.

[26] उमर खालिदी (1993), 'मुस्लिम इन इण्डियन पालिटिकल प्रॉसेस', *इकॉनॉमिक ऐंड पॉलिटिकल वीकली*, 2-9 जनवरी.

इस देश में भाषा ही संस्कृति, नस्ल, इतिहास, व्यक्ति और अंततः उपराष्ट्रीयता की प्रतिनिधि है।[27]

जिस भाषाई आधार को नेहरू संकीर्ण, क्षुद्र और अज्ञानता भरा बता रहे थे, उसी ने तो साम्राज्यवाद विरोध की लोकप्रिय भित्ति तैयार की थी। पर नेहरू ने उस आधार को 'पोली ज़मीन' (थिन आइस) क़रार दिया यानी उनके राष्ट्रवाद का वजूद क्षेत्रीयता से परे था और एक ऐसे भारत को परिभाषित करता था जो एकात्मक शासन की 'ठोस ज़मीन' पर खड़ा हो।

विभाजन से पहले भाषाई विविधता पर लिखते हुए नेहरू ने जनगणना आयुक्त और फिलोलॉजिस्टों के उस दावे को कपोल कल्पना क़रार दिया जिसमें भारत को पाँच सौ भाषाओं का देश बताया गया था। नेहरू ने ज़्यादा से ज़्यादा 15 भाषाएँ स्वीकार कीं। लेकिन उन्हीं के प्रधानमंत्रित्व में जनगणना हुई तो 1961 में 1652 मातृभाषाएँ रिकॉर्ड की गयीं। 1988 तक भाषाई विविधता को उत्तरोतर 'तर्कसंगत' बनाने की कोशिश के बावजूद जनगणना वाले 106 से कम भाषाएँ नहीं दिखा पाए।

VII

इस सिलसिले में उन राजनीतिक शक्तियों के रवैये पर भी विचार कर लेना होगा जो आज़ादी से पहले तो कांग्रेस के सर्वव्यापी प्रभाव के मुक़ाबले महत्त्वपूर्ण नहीं थीं लेकिन आज़ादी के बाद उनकी हैसियत बढ़ने वाली थी। दक्षिणपंथी शक्तियों में आगे चल कर जनसंघ बनाने वाली ताक़तें देश को यूनिटरी अर्थात् एकात्मक राज्य घोषित कर देने के पक्ष में थीं। हिंदू राष्ट्रवादियों के इस विचार में आज भी कोई अंतर नहीं आया कि काफ़ी मजबूत केंद्र राष्ट्र-निर्माण की सभी समस्याओं का इलाज है। 1967 में अपने घोषणा पत्र में जनसंघ ने एकात्मक राज्य की स्पष्ट माँग की थी और आज़ादी के बाद कांग्रेस की ही तरह भाषाई राज्य बनाने की माँग का कड़ा विरोध किया था। भारतीय जनता पार्टी के रूप में अपना नया अवतार लेने के बाद भी इस संगठन ने केंद्र-राज्य संबंधों की पुनर्व्याख्या के लिए दबाव डालने हेतु हुई विपक्षी गोष्ठियों में हिस्सा नहीं लिया और आज वह छोटे राज्यों की माँग की बड़ी भारी समर्थक है। यह पार्टी बड़े राज्यों को तोड़ कर केंद्र-राज्य संतुलन में राज्यों को काफ़ी कमज़ोर कर देना चाहती है ताकि वे केंद्र के सामने अपना दावा पेश करने लायक़ हैसियत में न रह जाएँ। यह दक्षिणपंथी केंद्रीकरणवाद की हमेशा से चरम प्रवक्ता रही है।

---

[27] आशीष बनर्जी, उपरोक्त.

वामपंथी शक्तियों में कम्युनिस्ट आज़ादी से पहले भी कुछ तबक़ों में ख़ासा असर रखते थे जिसका नतीजा पहले आम चुनावों में ही सामने आया और वे किसी भी साम्प्रदायिक शक्ति के मुक़ाबले ताक़तवर होकर उभरे। लेकिन इससे पहले ही वे 'अधिकारी थीसिस' के ज़रिये धर्म आधारित भारत विभाजन का समर्थन कर चुके थे। भौतिकवादी विचारधारा का अनुयायी होने के नाते कम्युनिस्टों को राष्ट्रीयता के धार्मिक आधार का समर्थन नहीं करना चाहिए था और भाषाई संघवाद के आधार पर देश की एकता-अखण्डता क़ायम रखने का आग्रह करना चाहिए था। पर उन्होंने ऐतिहासिक ग़लती की। वे भारत को एक बहुराष्ट्रीय देश मानते हैं और केंद्र-राज्य संबंधों के पुनर्गठन के पक्ष में भी हैं, लेकिन 'एकता अखण्डता के रक्षक केंद्र' के प्रति उनका रवैया कांग्रेस और भाजपा से कोई ख़ास अलग नहीं है। उन्होंने उपराष्ट्रीयताओं के आंदोलनों के अंदर विखण्डनकारी रुझान तलाश करने और उनके फ़ौजी दमन तक का समर्थन करने का रिकार्ड बनाया है। उपराष्ट्रीयताओं के असंतोष की पहली सेकुलर अभिव्यक्ति, जिसमें वर्णाश्रम धर्म के ख़िलाफ़ विद्रोह के तत्त्व भी थे, द्रविड़ आंदोलन की कम्युनिस्टों ने पूरी उपेक्षा की। फलस्वरूप वे तमिलनाडु में एक अच्छी ख़ासी ताक़त के दर्जे से फ़िसलकर तक़रीबन अस्तित्वहीन हो गये। कांग्रेस ने कम्युनिस्टों के इस रवैये को ध्यान से देखा और अकसर क्षेत्रीयता का इस्तेमाल करके उन्हें जम कर परेशान किया। महाराष्ट्र में शिवसेना का कांग्रेसी प्रयोग,[29] बंगाल में गोरखालैण्ड का और त्रिपुरा में त्रिपुरा युवा उपजाति समिति इसके उदाहरण हैं। उपराष्ट्रीयताओं के सवालों को लेकर कम्युनिस्ट क़तारों में काफ़ी भ्रम की स्थिति बनी रहती है। अपनी राज्य सरकारों की बर्ख़ास्तगी से उन्होंने संघवाद का मतलब केवल केंद्र-राज्य संबंधों के संदर्भ में ही समझा। वे ज़्यादा से ज़्यादा राज्यों को कुछ आर्थिक और प्रशासनिक अधिकार देने के पक्ष में हैं। व्यावहारिक रूप में कम्युनिस्ट एक ऐसे संघराज्य के पक्षधर हैं जो अंततः केंद्रीकरण को मज़बूत करता है। साम्प्रदायिकता और केंदीकरणवाद के रिश्ते को वे नहीं मानते। चाहे मार्क्सवादी कम्युनिस्ट पार्टी द्वारा भाजपा के उत्थान की व्याख्या[30] हो या भारतीय कम्युनिस्ट पार्टी (मार्क्सवादी-लेनिनवादी) द्वारा 'हिंदू फ़ासिज़म' के ख़तरे की तरफ़ इशारा हो,[31] कम्युनिस्ट शक्तियाँ केंद्रीकृत राज्य के स्वप्न से इस क़दर बँधी हुई हैं कि

---

[28] सुमि कृष्णा (1994), 'लेंग्वेज सिचुएशन : मोज़ाइक और मेल्टिग पॉट', आशीष बनर्जी (सम्पा.) (1992), *फ़ेडरलिज़म इन इण्डिया*, विकास, नयी दिल्ली.

[29] अशोक कुमार (1993), 'कट्टर हिंदूवाद के साथ कांग्रेस के रिश्ते', *लोकयुद्ध*, फ़रवरी, 1993, पटना.

साम्प्रदायिकता के प्रश्न को केंद्रीकरण के संदर्भ में जाँचने को भी तैयार नहीं हैं।

कांग्रेस, कम्युनिस्टों और जनसंघियों के केंद्रीकरणवाद के मुक़ाबले समाजवादी ताक़तें विकेंद्रीकरण और संघवाद के पक्ष में आवाज़ बुलंद करती रही हैं और उनकी राज्य सरकारें केंद्रीकृत राज्य की निरंकुशताओं की भी शिकार होती रही हैं लेकिन वास्तव में जब समाजवादी केंद्र में सत्तारूढ़ हुए तो इस विषय में उनका रवैया अपेक्षाओं पर ख़रा नहीं उतरा। केंद्र राज्य-संबंधों की पुनर्संरचना करने वाला उनका वायदा उस समय रखा रह गया जब प्रधानमंत्री मोरारजी देसाई ने संसद में इस बारे में बहस तक कराने से इंकार कर दिया।

और, जहाँ तक कांग्रेस का सवाल है उसने पूरी वफ़ादारी के साथ अंग्रेज़ों द्वारा सिखाए गये केंद्रीकरणवादी शासन की पद्धति पर अमल करना जारी रखा। राज्यों का भाषाई पुनर्गठन भी काफ़ी आंदोलनों और अशांति के बाद हो पाया। वह भी किसी सिद्धांत के आधार पर नहीं बल्कि आंदोलनों के दबाव के सामने अलग-अलग मामलों में अलग-अलग रवैया अपना कर। राज्यपाल की संस्था का भयानक दुरुपयोग करके कांग्रेस के केंद्रीकरणवादी शासन ने क्षेत्रीय उपराष्ट्रीयताओं की स्वायत्तता का अनगिनत बार उल्लंघन किया। कांग्रेस ने इस ज़रिये उस एक पार्टीवाद को व्यावहारिक रूप दिया जिसकी 1937 में जवाहरलाल नेहरू के नेतृत्व में बुनियाद पड़ी थी। 1953 में पेप्सू (आज के पंजाब) में अकाली नेतृत्व वाले संयुक्त मोर्चे का बहुमत होने के बावजूद कांग्रेस ने वहाँ ग़ैर-कांग्रेसी सरकार नहीं बनने दी। 1959 में केरल में कम्युनिस्ट सरकार बहुमत होने के बावजूद गिराई गयी। 1965 में कांग्रेस ने कम्युनिस्टों को केरल में और 1971 में पश्चिम बंगाल में शासन करने से रोका। कांग्रेस ने कभी किसी के साथ सत्ता में भागीदारी स्वीकार नहीं की (केरल के अपवाद को छोड़ कर)। पंजाब में अकालियों के साथ 1953 का कांग्रेसी सुलूक अस्सी के दशक तक जारी रहा। अकाली जो केवल सिख दायरा छोड़कर ग़ैर-सिखों में भी अपनी लोकप्रियता बढ़ाने लगे थे, कांग्रेस के इसी एक पार्टीवाद के कारण फिर सिखों में सिमट गये। इसी तरह कश्मीर में नैशनल कांफ्रेंस की सरकारों के सेकुलर चरित्र की फ़िक्र न करके कांग्रेस ने उसे वहाँ कभी चैन से हुकूमत नहीं करने दिया और अंततः कांग्रेस की हरकतों की रोशनी में मुसलमान सम्प्रदायवादियों ने जनता के सामने इस सेकुलर विकल्प की व्यर्थता साबित कर दी। जिस तरह आज पंजाब

[30] प्रकाश करात (1992), 'भाजपा-ए रिएक्शनरी रिस्पांस', द *मार्क्सिस्ट* 3 जुलाई-सितंबर.

में अकाली खाड़कुओं के सामने अप्रासंगिक होने की स्थिति में खड़े हुए हैं, उसी तरह कश्मीर में शेख अब्दुल्ला के मजार पर आज कोई मत्था टेकने को तैयार नहीं है। पंजाब और कश्मीर के उदाहरण इस बात के सबूत हैं कि केंद्रीकरण की सतत राजनीति कैसे क्षेत्रीयताओं के सामने पहले उनके जनवादी नेतृत्व की व्यर्थता साबित करती है और अंत में जनता के बीच अतिवादी तत्त्वों के लिए गुंजाइश बना देती है। क्षेत्रीयताओं में पनपी 'दमित मनोग्रंथि' अपनी प्रतिक्रिया में ख़ुद को मुख्यधारा समझने वाले समुदायों में राष्ट्रीय एकता-अखण्डता के प्रति गहरी चिंता पैदा कर देती है और साम्प्रदायिक राजनीतिक ठीक उसी पैटर्न पर विकसित होने लगती है जिस पैटर्न पर वह आज़ादी से पहले विकसित हुई थी।

VIII

आज हमारे देश में केंद्रीकरण के पक्ष में एक राष्ट्रव्यापी मानसिकता तैयार हो चुकी है। आशिस नंदी इस मनोविज्ञान के बड़े अच्छे व्याख्याकार हैं। वे साबित करते हैं कि कैसे केंद्र से अपने अधिकारों के लिए संघर्ष करने वाले राज्य भी हर संकट में केंद्र पर ही निर्भर रहते हैं।[32] पूरा समाज राष्ट्रीय एकता के लिए ख़तरे की भावना से इतना परेशान रहता है कि समकालीन राजनीतिक चिंतन के लिए यह ख़तरा ही एक संदर्भ बिंदु बन गया है। ज़ाहिर है कि केंद्रीकरण की इतनी प्रबल स्वीकृति उन सामाजिक गुंजाइशों के बिना मुमकिन नहीं हो सकती थी जो सम्भवतः परम्परागत रूप से हमारे यहाँ मौजूद थीं। केंद्रीकरण की केवल बाहरी प्रभावों (पश्चिमी राष्ट्र-राज्य और अन्य विचारधाराओं और औपनिवेशिक संसर्ग से उत्पन्न अंग्रेज़ी पढ़ा-लिखा मध्यवर्ग तथा भारत पर होने वाले विदेशी हमलों के कारण यहाँ के लोगों में पैदा हुई केंद्रीकृत राज्य मशीनरी की इच्छा) के संदर्भ में व्याख्या उस समय तक अधूरी ही रहेगी जब तक उसके आंतरिक सूत्रों की शिनाख़्त नहीं हो जाती।

इस लेख के तीसरे हिस्से में वर्णित कुछ वैचारिक भ्रांतियों के अनुसार हम जानते हैं कि हिंदू धर्म, गाँधी और नेहरू युग तक की कांग्रेस की विकेंद्रीकरण के स्रोत या उसकी सम्भावनाओं को क़ायम रखने वाले तत्त्वों के रूप में देखना बुद्धिजीवियों का एक प्रचलित विश्वास रहा है। चूँकि गाँधी की बातचीत धार्मिक मुहावरे में होती थी और उन्होंने अहिंसा, सहयोग और समन्वय की शब्दावली

---

[31] भाकपा (माले) (लिबरेशन) का फ़ोल्डर, *कम्युनल फ़ासिज़्म वर्सेज़ सेकुलर डेमोक्रेसी.*

[32] आशिस नंदी (1994), 'फ़ेडरलिज़्म, द आईडियालॅजी ऑफ़ स्टेट ऐंड कल्चरल प्लूरलिज़्म', आशीष बनर्जी (सम्पा.) (1992), *फ़ेडरलिज़्म इन इण्डिया,* विकास, नयी दिल्ली.

को चतुराई से इस्तेमाल किया था इसलिए गाँधी को स्वाभाविक रूप से सेकुलर, स्वाभाविक रूप से संघवादी, भारतीय शासक वर्ग से परे और उससे असंतुष्ट रहने वाला, उद्योगीकरण के ख़िलाफ़ और ग्राम-स्वराज्य का पक्षधर क़रार देकर एक अलग तरह के गाँधीवाद की रचना की गयी और आज़ादी के आंदोलन से लेकर आज तक इस दर्शन की निरंतरता देखी गयी। हम देख चुके हैं कि बातें चाहे कितनी भी समन्वयवादी और संघवादी हों, गाँधी ने व्यवहार में ब्रिटिश केंद्रीकरणवादी शासन पद्धति को लाने में सक्रिय भूमिका अदा की। क्षेत्रीयता, जो भारतीय राष्ट्रवाद की जननी थी, को उसके सेकुलर भाषाई आधार से च्युत करके एक नया और संकीर्ण साम्प्रदायिक आधार तलाश करने और अंततः एकाधिक बार साम्प्रदायिक राष्ट्रवाद को मान्यता देने के लिए मजबूर करने की केंद्रीकरणवादी प्रक्रिया का उन्होंने व्यावहारिक प्रतिरोध नहीं किया। इसलिए गाँधी भी अंततः शासक वर्ग के उन नेताओं की क़तार में ही खड़े नज़र आते हैं जो संघवाद के विरोधी और केंद्रीकरण के पक्ष में थे। एक सवाल यह भी है कि अगर गाँधी का उत्तराधिकार उनके दरिद्रनारायण के लिए था तो वह घनश्याम दास बिड़ला और जवाहर लाल नेहरू को कैसे मिल गया? बिड़ला के नेतृत्व में भारतीय पूँजीपति वर्ग एकरूप अखिल भारतीय बाज़ार बनाने की दैत्याकार प्रक्रिया कैसे शुरू कर सका? गाँधी-विचार, जिसमें ट्रस्टीशिप का बड़ा महत्त्व है, पर इस दृष्टिकोण से कुछ शोध तो की जा चुकी है पर अभी काफ़ी काम होना बाक़ी है।

दरअसल गाँधी का व्यक्तित्व संघवाद के आंतरिक सूत्र तलाश करने के बजाय केंद्रीकरणवाद के आंतरिक सूत्र तलाश करने का बेहतर ज़रिया बन सकता है। हमें अकसर बताया जाता है कि वे अपनी धार्मिक चेतना से, जो उन्हीं के शब्दों में वर्णाश्रम धर्म से बँधी हुई थी, राजनीति का संचालन करते थे। हम यह भी जानते हैं कि वर्णाश्रम धर्म के नियम *मनुस्मृति* ने बनाए थे जिसे मुसलमान सम्प्रदायवादी व्यंग्य से 'हिंदुओं की शरियत' कहते हैं। केंद्रीकरण अगर समन्वय को नहीं अलगाव को जन्म देता है, जैसा कि तमाम उदाहरणों से साबित भी किया जा सकता है, तो वर्णाश्रम धर्म हिंदू समाज में अलगाव को जन्म देने और उसे टिकाए रखने को सबसे बड़ा स्रोत माना जा सकता है। केंद्रीकरण सत्ता के एक पिरामिड की तरह होता है जिसके शीर्ष पर बहुत थोड़े लोग होते हैं। अगर यह धारणा सही है तो वर्णाश्रम धर्म सामाजिक-राजनीतिक सत्ता बहुसंख्यकों से छीन कर मुट्ठी भर लोगों को सौंप देने का विधान ही साबित होता है। परम्परा की आलोचना न करने के लिए कमर कसे हुए बुद्धिजीवी वर्णाश्रम धर्म को

आधुनिक केंद्रीकरण का पर्याय मान लेने से बचने के लिए एक दूसरी अति पर चले गये हैं और उनमें से कुछ ने अत्यंत चालाकी से वर्णाश्रम धर्म को सत्ता के विकेंद्रीकरण का एक तरीक़ा क़रार दे दिया है। इस थीसिस में छिपी हुई मक्कारी वर्णाश्रम धर्म के व्यवहार और परिणामों से अपने-आप साबित हो जाती है। दरअसल, हिंदू धर्म का सर्वाधिक प्रचलित रूप वर्णाश्रम धर्म भारतीय समाज में केंद्रीकरण का एक विकट स्रोत है जिसकी राजनीति में हर तरह के विकेंद्रीकरण की कोशिश के विरोध में अभिव्यक्ति होती है। और इस विरोध का केंद्र बनता है हिंदी प्रदेश, जहाँ वर्णाश्रम धर्म का प्रभाव सर्वाधिक प्रबल है।

हिंदू समाज में केंद्रीकरणवाद को पुष्ट करने का दूसरा बहुत बड़ा स्रोत हिंदुओं के स्यामीकरण की कोशिश को जाता है। सुवीरा जायसवाल ने इस कोशिश पर अच्छा प्रकाश डाला है।[33] स्यामीकरण की यह प्रक्रिया पश्चिम से नहीं आयी थी। ज़्यादा से ज़्यादा यह माना जा सकता है कि इस पर इस्लाम की सोहबत का कुछ असर पड़ा है। सनातनियों से टकराते हुए स्यामीकरण का एक प्रयास आर्यसमाज आंदोलन किस तरह साम्प्रदायिकता में पतित हुआ— पंजाब की समस्या इसका ज्वलंत उदाहरण है।[34] हिंदुओं के एक विशाल तबक़े ने हमेशा स्यामीकरण में रुचि दिखाई है। यह हिंदुओं में केंद्रीकरण की दूसरी प्रबल अभिव्यक्ति है। इन बातों से एक मोटा निष्कर्ष यह निकलता है कि केंद्रवाद का बाह्य स्रोत अगर उपनिवेशवाद था तो आंतरिक स्रोतों में एक महत्त्वपूर्ण स्रोत वर्णाश्रम धर्म और दूसरा स्यामीकरण की कोशिश थी। तीसरा महत्त्वपूर्ण स्रोत दो स्यामी धर्मों ईसाइयत और इस्लाम की पहले से उपस्थिति तो थी ही।

यह कैसे माना जा सकता है कि कोई पार्टी आंतरिक रूप से विकेंद्रीकृत और संघवादी ढाँचे को प्रश्रय देते हुए बाहरी तौर पर केंद्रीकरण के मूल्यों को अपनाए। उसके केंद्रीकरण का उद्देश्य तो विक्रेंद्रीकरण में निहित सामूहिकता के ढाँचे को सुरक्षित रखने के लिए ही हो सकता था। नेहरू की कामराज योजना कांग्रेस के अंदर संघवादी ढाँचे का खण्डन करती ही है, अन्य पार्टियों के साथ शांतिपूर्ण सहअस्तित्व में रहने से कांग्रेस का इंकार उसे राजनीतिक केंद्रीकरण के विकट स्रोत के रूप में चिह्नित करता है। एक ऐसा केंद्रीकरण जिसे तोड़ने के लिए ग़ैर-कांग्रेसवाद की थीसिस तैयार करनी पड़ी यानी जो सभी सर्वसत्तावादी

---

[33] सुवीरा जायसवाल, *इकॉनॉमिक ऐंड पॉलिटिकल वीकली* और *सोशल साइंटिस्ट* में प्रकाशित सामग्री.

[34] टुटेजा और ग्रेवाल, 'इमर्जेंस ऑफ़ हिंदू कम्युनल आइडियाली इन अर्ली ट्वेटियथ सेंचुरी पंजाब', *सोशल साइंटिस्ट* : 230-31.

केंद्रों की तरह अपने परस्पर बँटे हुए दुश्मनों को भी एक कर देता है। कांग्रेसी केंद्रीकरण की प्रतिक्रिया में खड़े हुए ग़ैर-कांग्रेसवाद ने ही पहली बार साम्प्रदायिक राजनीतिक संगठनों को राष्ट्रीय मंच पर बैठने के लिए थोड़ी सी जगह दी थी क्योंकि सेकुलर ताक़तों के लिए अपनी सेकुलर पवित्रता की रक्षा करना गौण हो गया था— कांग्रेस के सर्वसत्तावाद से संघर्ष ही प्रधान था।[35] केंद्रीकरणवाद के आंतरिक सूत्रों की तलाश और बारीक़ी से होनी चाहिए लेकिन यहाँ सीमित कलेवर में यह ज़रूर कहा जा सकता है कि जिन पहलुओं को विकेंद्रीकरण का प्रतीक बताया जाता रहा है वे तो दरअसल केंद्रीकरण के स्रोत ही हैं।

IX

आज सिंहावलोकन करने पर लगता है कि पश्चिम की सोहबत ने हमारे समाज की केंद्रीयतावादी रग को ज़रा-सा छेड़ दिया और देखते-देखते केंद्रीयतावादी आग्रह छा गये। वे क्षेत्रीयता के विक्रेंदीकरण संबंधी आग्रहों को राष्ट्र निर्माण का विरोधी तत्त्व बता कर ठुकराते हुए तेज़ी से राजनीति, प्रशासन और अर्थनीति का पिरामिड बनाने में जुट गये।

राज्यों में गवर्नर के चुनाव की जगह राष्ट्रपति द्वारा नियुक्ति का नियम, राज्यों के विकास संबंधी विषयों में भी लगातार निर्णायक हस्तक्षेप करता केंद्रीकृत योजना आयोग, एक भारतीय प्रशासनिक सेवा और एक भारतीय पुलिस सेवा की स्थापना तथा हर राज्य में नियुक्त किये जाने वाले न्यायाधीशों को उस राज्य के बाहर से चुनने की प्रक्रिया के पीछे बार-बार यही आग्रह रहा कि अगर क्षेत्रीयता को राजकीय और प्रशासनिक ढाँचे में अपनी बात चलाने का मौक़ा मिल गया तो राष्ट्रीय हित ख़तरे में पड़ जाएँगे। इससे संकीर्ण चिंतन को बढ़ावा मिलेगा और काम करने का प्रांतीय तौर-तरीक़ा छा जाएगा।[36] इस प्रकार राष्ट्रवाद के साथ संघवाद और विकेंद्रीकरण को संयुक्त करने के बजाय केंद्रीकरण को उसका पर्याय बना दिया गया। इसी प्रक्रिया के समांतर जीवन के ग़ैर-राजनीतिक क्षेत्र भी 'क्षेत्रीय' और 'राष्ट्रीय' की श्रेणियों में बँटते चले गये। मीडिया में राष्ट्रीय

[35] यह तक़रीबन सर्वमान्य है कि कांग्रेस की जड़ों को हिलाने में ग़ैर-कांग्रेसवाद की लोहियावादी रणनीति ने महत्त्वपूर्ण भूमिका निभायी. इस प्रयोग में तब तक अछूत समझे जाने वाले जनसंघ को समाजवादियों और कम्युनिस्टों के साथ सरकार में बैठने का मौक़ा मिला. 1977 में ग़ैर कम्युनिस्ट विपक्षी दलों की इंदिरा गाँधी विरोधी एकता ने जनसंघ को केंद्र में पहुँचा दिया और यहीं से उसने लोक जीवन के विभिन्न क्षेत्रों में अपने पैर फैलाए.

[36] एच. के. परांजपे ने अपने लेख 'डिस्पर्सिंग पॉवर', फ़ेडरल फ़ोकस पर *सेमिनार* के अंक 289, 1983 में इस प्रक्रिया का विशद वर्णन किया है.

अख़बारों का एक अलग सिलसिला बना और आगे चलकर रेडियो, टीवी और नयी दिल्ली से निकलने वाले बड़े अख़बारों ने मिल कर स्वाभाविक रूप से एक राष्ट्रीय मीडिया बना लिया। सूचना तंत्र के इस प्रबल केंद्रीकरण में सरकारी और निजी क्षेत्र दोनों ने जम कर भाग लिया। यह चेतना के स्तर पर केंद्रीकरण को स्वीकार कराने की कोशिश थी जो काफ़ी हद तक कामयाब भी हुई। मीडिया द्वारा पुनरुत्थानवादी शक्तियों को नंगा समर्थन अब एक पुरानी कहानी बन चुका है। यह समर्थन परिस्थिति के अनुसार अभी भी विभिन्न रूपों में जारी है।

केंद्रीकरण की इन सामाजिक-राजनीतिक-आर्थिक संस्थाओं से निकले अवकाश प्राप्त कारकुन राष्ट्रीय रंगमंच पर भाजपा के उत्थान से पहले कांग्रेस में आसरा तलाशते थे पर अब वे भारतीय जनता पार्टी में आसरा ढूँढ़ रहे हैं क्योंकि उन्हें लग रहा है कि कांग्रेस देश में राष्ट्रवाद अर्थात् केंद्रीकरण की इस प्रक्रिया की रक्षा करने में असमर्थ है। वह अलगाववादी आंदोलनों को ठीक से नहीं दबा पा रही है। और इस तरह उसकी लापरवाही से राष्ट्रीय आशाओं और विश्वास का केंद्र असुरक्षित हो गया है। केंद्रीयकृत राजनीति के इस अभिजात्य वर्ग में हिंदी फ़िल्मों के कलाकारों का भी एक स्वाभाविक स्थान है क्योंकि हिंदी फ़िल्में पिछले बीस-पच्चीस वर्षों से राष्ट्रीय एकता के एक आक्रामक प्रतीक के रूप में उभरी हैं और उनकी मुख्य धारा के आस-पास क्षेत्रीय फ़िल्में परिधि का रूप धारण करके रह गयी हैं। तेलुगू फ़िल्मों की संख्या सबसे ज़्यादा होती है। फिर भी वे हिंदी फ़िल्मों के हमले को रोक पाने में असमर्थ हैं। पहले हिंदी फ़िल्मों के कलाकार कांग्रेस को समर्थन देते थे पर अब भाजपा ने उसमें हिस्सा बँटा लिया है।

केंद्रीकरण की इस प्रक्रिया में योजना आयोग, सरकार और पब्लिक सेक्टर और सरकार के अलावा जिस तत्त्व ने सर्वाधिक महत्त्वपूर्ण भूमिका अदा की वह भारत का पूँजीपति वर्ग था। राष्ट्रीय स्तर पर एकरूप बाज़ार बनाना ही दरअसल उसके फैलाव और आर्थिक साम्राज्य की एक तर्कसंगत शर्त थी। स्थानीय सांस्कृतिक विशिष्टताओं को लाँघते हुए विज्ञापनों के ज़रिये खानपान, पहनने-ओढ़ने, और बातचीत के माध्यम रूप में अंग्रेज़ी के प्रयोग ने उन्हें एक ऐसा उपभोक्ता वर्ग दिया जो हर जगह एक-सा था, भले ही उनका जातीय और सांस्कृतिक स्रोत भिन्न क्यों न हो। भाजपा ने मार्केट बनाने की इस विज्ञापन पद्धति का अपने राजनीतिक उद्देश्यों के लिए ख़ूबी से इस्तेमाल किया और इस अभिजात उपभोक्ता के लिए भाजपा के बड़े नेताओं ने अंग्रेज़ी के महत्त्व की हमेशा रक्षा की। मार्केट बनाने की इस प्रक्रिया में सरकार और पूँजीपति वर्ग ने काफ़ी

लचीलापन अपनाया और लोकतंत्र के रियायतें देने वाले पहलू का कुशलतापूर्वक इस्तेमाल किया। क्षेत्रीयता और जाति की सीमाओं को अपने काबू में करने के लिए आरक्षण और विशेष अवसरों के सिद्धांत तैयार किये गये और उन्हें जब-तब अवसर और सुविधा के साथ लागू किया गया। चूँकि आरक्षण एक दोधारी तलवार था इसलिए जहाँ वह विविधता और सत्ता के बँटवारे को बढ़ावा देता हुआ लगा, उसे लागू नहीं किया गया। विविधता से बचना और उसे धीरे-धीरे तिरोहित करते चले जाना इस सबका एकमात्र उद्देश्य था क्योंकि उसके पीछे राष्ट्र निर्माण की यही मूल अवधारणा थी। नतीजे के तौर पर एक मानसिकता तैयार हुई। एक ऐसी मानसिकता जो विविधता को एकता-अखण्डता की निरंकुश मातहती में ही देखती है और जो असंतुलित विकास व अतिकेंद्रीकरण से उत्पन्न दमित मनोग्रंथियों के प्रतिक्रियाजन्य खेल से हिंसक प्रेरणा और जिजीविषा प्राप्त करती है।

X

क्षेत्रीय उपराष्ट्रीयताएँ अन्य सभी सरकारों की तरफ़ से निराश होने के बाद प्रयोग के तौर पर भाजपा के केंद्रवाद के साथ दाँव आजमाने की दिशा में आगे बढ़ रही हैं। भाजपा क्षेत्रों में कांग्रेस की तरह एक राजनीतिक शक्ति नहीं है। वह क्षेत्रीय पार्टियों के साथ वहाँ होड़ नहीं कर सकती इसलिए सम्भवतः क्षेत्रीय उपराष्ट्रीयताओं को उम्मीद है कि वे भाजपा की प्रधानता वाली केंद्र सरकार के साथ लेन-देन के आधार पर अधिक संघवादी भारत उपलब्ध कर पाएँगी। अन्नाद्रमुक द्वारा कांग्रेस का साथ छोड़कर अंदर ही अंदर भाजपा से सूत्र जोड़ने की कोशिश और तेलुगू देशम द्वारा राष्ट्रीय मोर्चे से उकता कर भाजपा को एक सम्भावित मित्र के रूप में देखना दक्षिण भारत द्वारा भाजपाई हिंदू राष्ट्रवाद को स्वीकृति देने की शुरुआत है। तमिल और आंध्र क्षेत्रीयताओं की ये ताक़तें फ़िलहाल बाबरी मसजिद ध्वंस की हाहाकारी घटना से कुछ सहमी हुई हैं और भाजपा से संबंध बनाने की अपनी इच्छा का यदाकदा खण्डन भी करती रहती है। लेकिन मध्यमार्गी दलों (जनता दल, इत्यादि) के राजनीतिक महत्त्व के छीजने के बाद और कांग्रेस द्वारा अपना जनाधार खोने के बाद उनके सामने भाजपा की केंद्र में सरकार बनाने की कोशिशों को थोड़ा या ज़्यादा समर्थन देने के अलावा कोई चारा नहीं रह गया है। उत्तर-पूर्व में असम गण परिषद तो अपनी शुरुआत से ही भाजपा से प्रभावित रही है। बांग्लादेशी बहिरागतों के ख़िलाफ़ उसकी राजनीतिक गोलबंदी को भाजपा ने नयी दिल्ली तक विस्तार दे दिया है।

पंजाब में अकाली दल (बादल) द्वारा छह दिसंबर की कारसेवा में अपने

प्रतिनिधि भेजने की घोषणा ने अकाली आंदोलन में अंदर से उथल-पुथल मचा दी है। हिंदू-सिख एकता का यह साम्प्रदायिक प्रयोग एकदम नयी चीज़ है क्योंकि अभी तक हिंदू-सिख एकता सेकुलर नज़रिये से ही देखी जाती थी। महाराष्ट्र में भाजपा के पास शिवसेना की मज़बूत और अतिसाम्प्रदायिक क्षेत्रीय शक्ति पहले से ही है।[37] झारखण्ड आंदोलन में भाजपा वनांचल की माँग के ज़रिये हस्तक्षेप करती है। केवल छोटानागपुर और संथाल परगना के आदिवासी हिस्सों को लेकर अलग प्रदेश बनाने की माँग भाजपा ही पहली बार नहीं उठा रही है। झारखण्ड आंदोलन की कांग्रेसी धारा भी यह माँग उठाती रही है।[38] कोई आवश्यक नहीं कि ये ताक़तें भाजपा से मिलकर ही चुनाव लड़ें। वे परीक्षण के तौर पर पहले भाजपा को हिंदी प्रदेशों में जीतते हुए देखना चाहेंगी। वे उसकी नाव में सवार होने के निर्णय के लिए प्रतीक्षा भी कर सकती हैं। कुछ अति उत्साही ताक़तें जो अपने आधार में साम्प्रदायिक हैं— जैसे अकाली और शिवसेना, भाजपा के साथ सीधे गठजोड़ में भी जा सकती हैं। इस तरह अगर भाजपा ने इन सभी के सहयोग से बहुमत की या मुद्दा आधारित सहयोग से अल्पमत की सरकार भी बना पाई तो हिंदू राष्ट्रवाद पहली बार सिद्धांत और स्वप्न से उतर कर धरातल पर आएगा।

सवाल यह है कि इस गठजोड़ में कितना टिकाऊपन होगा? इस विषय में पाकिस्तान की मिसाल पर ग़ौर करना दिलचस्प रहेगा। साम्प्रदायिक क्षेत्रीयता की ताक़तों ने जिस इसलामिक राष्ट्रवाद को जन्म दिया था वह अपनी प्रारम्भिक अवस्था में इतना प्रबल था कि राष्ट्र राज्य की भौगोलिक शर्तों का उल्लंघन करके भी उसने एक राष्ट्र बना दिया। अर्थात् एक ऐसे राष्ट्र बना जिसके दो हिस्से सैकड़ों मील के फ़ासले पर थे। यह धार्मिक आधार जातीय और भाषाई श्रेणियों के प्रति तटस्थता का दावा करता था। व्यवहार में यह श्रेणी तटस्थता पंजाबी पाकिस्तान को बंगाली पाकिस्तान की चौधराहट का शिकार बना बैठी और इसलामिक राष्ट्रवाद का आधार टूट गया। बांग्लादेश बना। भाजपा यदि केंद्रीकरण की प्रतीक हिंदू राष्ट्रीयता का तमिल, आंध्र या असमी राष्ट्रीयता के ऊपर

---

[37] भाजपा के अन्नाद्रमुक और तेलुगू देशम से गठजोड़ की सम्भावनाओं पर पिछले नवंबर से आज तक लगातार ख़बरें छप रही हैं. भाजपा का बांग्लादेशी विरोधी अभियान नेताओं द्वारा अयोध्या आंदोलन के बाद दूसरे नंबर पर रखा जा चुका है. और बादल अपनी इस घोषणा के कारण अन्य अकाली गुटों द्वारा तक़रीबन बहिष्कृत किये जा चुके है. उन पर यह भी इलज़ाम लगाया गया है कि उनकी इसी हरकत के कारण छह दिसंबर के बाद सिखों को देश के बाहर हिंदुओं के साथ-साथ ही निशाना बनना पड़ा.

[38] इंदु भारती (1989), 'बिहाइंड द बीजेपीज़ वनांचल डिमांड', *इकॉनॉमिक ऐंड पॉलिटिकल वीकली*, खण्ड 24, अंक 13.

प्रभुत्वमूलक विस्तार करेगी तो उसकी सरकार को और उसके राष्ट्रवाद को मिली क्षेत्रीय उपराष्ट्रीयताओं की मान्यता छिन जाने में देर नहीं होगी। हिंदू राष्ट्रवाद और क्षेत्रीयताओं की इस सम्भावित अन्योन्यक्रिया का यही सर्वाधिक महत्त्वपूर्ण अंतर्विरोध है कि हिंदू राष्ट्रवाद बिना अखिल भारतीय प्रसार पाए कुछ दिन तो एक रणनीतिक चुप्पी लगा सकता है लेकिन ज़्यादा दिनों तक नहीं क्योंकि वह प्रचण्ड और अबाध केंद्रीकरण के तत्त्वों से मिलकर बना है। इसके पीछे राष्ट्रीय स्वयंसेवक संघ जैसे एकानुवर्ती संरचना वाले संगठन हैं। कांग्रेस को तो अपने संघवादी वायदे और एकात्मक यथार्थ में एक तरह का दिखावटी संतुलन बनाना पड़ता था— पर भाजपा के साथ तो क्षेत्रीयताओं का यह संबंध एकदम अवसरवादी, सत्ता के जोड़-तोड़ वाला और अल्पकालीन ही होगा।

दूसरा सवाल यह है कि यह गठजोड़ टूटने के बाद किस विकल्प के लिए जगह ख़ाली करेगा? मौजूदा राजनीतिक ताक़तों में से कोई भी स्वतंत्र रूप से दीर्घकालीन विकल्प देने में समर्थ नहीं हो सकता क्योंकि कमोबेश सभी संगठन अपना आंतरिक संघवाद छोड़कर केंद्रीकृत हो चुके हैं। इनमें सबसे ताज़ा उदाहरण इण्डियन पीपुल्स फ्रंट का है जो केवल दस साल के जीवन में एक फ़ेडरल संगठन से एक अध्यक्षीय प्रणाली वाले अतिकेंद्रीकृत संगठन में बदल गया है। इस संगठन ने 1982 में नयी संविधान सभा बनाने के नारे के साथ एक संघवादी वायदा किया था कि वह 'मध्यवर्ती' (विभिन्न तबक़ाई और क्षेत्रीय) शक्तियों के साथ कम्युनिस्ट क्रांतिकारियों (नक्सलियों) का गठजोड़ करके जनवादी ढंग से कांग्रेस को जीवन के हर क्षेत्र में प्रतिस्थापित करेगा।[39] यह वायदा अब कोई नहीं दोहराता। फ्रंट की संस्थापक भाकपा (माले) कम्युनिस्ट पार्टियों के एक महासंघ बनाने का नारे लगा रही है।[40] भविष्य के गर्भ में छिपे हुए इस महासंघ के साथ भी एक पार्टीवाद और फ़र्जी संघवाद के ख़तरे लगे हुए हैं लेकिन इस महासंघ की राजनीतिक ताक़त का ठीक-ठीक अनुमान अभी नहीं लगाया जा सकता। क्षेत्रीय शक्तियों को कम्युनिस्टों के साथ अन्योन्यक्रिया का कोई अनुभव नहीं है। अगर कम्युनिस्ट एक महासंघ के रूप में एक राष्ट्रीय ताक़त बन कर ख़ुद को पेश कर सकें तो भाजपा के साथ अपने प्रयोग की असफलता की शक्ल में क्षेत्रीय उपराष्ट्रीयताएँ कम्युनिस्टों के साथ गठजोड़ बनाने का प्रयोग कर सकती हैं।

---

[39] अभय कुमार दुबे (1990), *क्रांति का आत्मसंघर्ष*, विनय प्रकाशन, नयी दिल्ली.

[40] दुबे, उपरोक्त.

लेकिन कोई भी प्रयोग, चाहे वह हिंदू राष्ट्रवादियों के साथ हो या कम्युनिस्टों के साथ, तब तक दीर्घकालीन स्वरूप ग्रहण नहीं कर सकता :

> जब तक केंद्रीकरणवाद और संघवाद का संबंध केंद्रोन्मुख की बजाय संघोन्मुख न हो जाए अर्थात् केंद्र संघ को टिकाने में सहायक होता हो न कि संघ केंद्र को टिकाने में। और जब तक वह इसके लिए विकासमूलक ढाँचे में बिना अराजकता फैलाए कुछ ऐसे सृजनात्मक परिवर्तन न करे जो एकतरफ़ा और असंतुलित विकास की विकृति को दूर करने की दिशा में सहायक साबित हों। जब तक इस परिवर्तन को संस्थागत रूप देने के लिए वह गठजोड़ एक नयी संविधान सभा को सार्विक मताधिकार के आधार पर गठित करने की व्यवस्था न करे जिसमें एक बार फिर क्षेत्रीय हितों, स्वायत्तता और सत्ता के बँटवारे का सिद्धांत और व्यवहार नये सिरे से निर्धारित किया जाए।

ज़ाहिर है कि ये दोनों शर्तें भारतीय राजनीति के प्रवाह और स्वभाव में आमूल-चूल परिवर्तन की माँग करती हैं और पूरे देश का भौगोलिक व राजनीतिक स्वरूप बदल देने की सम्भावनाएँ दिखाती हैं। लेकिन गृहयुद्ध और बिखराव के ख़तरे के मुक़ाबले अगले दस वर्षों के लिए इन प्रयासों के एजेंडे पर चलना निश्चित रूप से अधिक श्रेयस्कर होगा।

संदर्भ

आशीष बनर्जी (सम्पा.) (1992), *फ़ेडरलिज़म इन इण्डिया,* विकास, नयी दिल्ली.

----------'फ़ेडरलिज़म ऐंड नैशनलिज़म-एन एटेम्प्ट ऑफ़ हिस्टोरिकल इंटरप्रिटेशन', आशीष बनर्जी (सम्पा.) (1992), *फ़ेडरलिज़म इन इण्डिया,* विकास, नयी दिल्ली.

अभय कुमार दुबे (1990), *क्रांति का आत्मसंघर्ष,* विनय प्रकाशन, नयी दिल्ली.

एच. के. परांजपे (1983), 'डिस्पर्सिंग पॉवर', फ़ेडरल फ़ोकस पर सेमिनार के अंक 289.

इंदु भारती (1989), 'बिहाइंड द बीजेपीज़ वनांचल डिमांड', *इकॉनॉमिक ऐंड पॉलिटिकल वीकली,* खण्ड 24, अंक 13.

डी.एल. शेठ (1989), 'स्टेट नेशन और एथ्निसिटी', *इकॉनॉमिक ऐंड पॉलिटिकल वीकली,* मार्च 24, 1989.

डी.एन. (1991), 'इण्डियननेस ऐंड नैशनलिज़म', *फ्रंटियर,* 9 मार्च.

रणधीर सिंह (1980), 'थियराइज़िंग कम्युनलिज़म : अ फ्रेग्मेंटरी नोट इन द मार्क्सिस्ट मोड', *इकॉनॉमिक ऐंड पॉलिटिकल वीकली,* जुलाई 23.

वी.पी.आर. विट्ठल (1993), 'रूट्स ऑफ़ हिंदू फ़ण्डामेंटलिज़म', *इकॉनॉमिक ऐंड पॉलिटिकल वीकली,* फ़रवरी 20-27.

रजनी कोठारी, 'कल्चरल कंटेस्ट ऑफ़ कम्युनिलिज़म', *इकॉनॉमिक ऐंड पॉलिटिकल वीकली,* खण्ड 24, अंक 2.

सुमित सरकार (1973), *स्वदेशी मूवमेंट इन बंगाल-1903-1908,* पीपुल्स पब्लिशिंग हाउस, नयी

दिल्ली.
पट्टाभि सीतारमैया (1969), *हिस्ट्री ऑफ़ इण्डियन नैशनल कांग्रेस*, एस चांद, कलकत्ता.
शरत चंद्र सरकार (1989), 'जिन्ना, मुसलिम ऐंड पाकिस्तान', *फ्रंटियर*, जनवरी 28.
सुनीत कुमार घोष (1989), *इण्डिया ऐंड द राज : 1919–1947*, प्राची, कलकत्ता.
के.ए रामसुब्रह्मण्यम (1992), 'हिस्टोरिकल डिवेलपमेंट ऐंड इसेंशियल फ़ीचर्स ऑफ़ फ़ेडरल सिस्टम', आशीष बनर्जी (सम्पा.) (1992), *फ़ेडरलिज़्म इन इण्डिया*, विकास, नयी दिल्ली.
रिसर्च यूनिट का प्रकाशन पॉलिटिकल इकॉनॉमी, *इण्डियन नैशनल कांग्रेस–हाउ इण्डियन, हाउ नैशनल?*, बम्बई, 1988.
सुनीति कुमार घोष (1992), 'पेजिज़ फ्रॉम कांग्रेस हिस्ट्री', *इकॉनॉमिक ऐंड पॉलिटिकल वीकली*, मई.
रिसर्च यूनिट : 138.
उमर खालिदी (1993), 'मुस्लिम इन इण्डियन पालिटिकल प्रॉसेस', *इकॉनॉमिक ऐंड पॉलिटिकल वीकली*, 2–9 जनवरी.
सुमि कृष्णा (1992), 'लेंग्वेज सिचुएशन : मोजाइक और मेल्टिक पॉट', आशीष बनर्जी (सम्पा.) (1992), *फ़ेडरलिज़्म इन इण्डिया*, विकास, नयी दिल्ली..
अशोक कुमार (1993), 'कट्टर हिंदूवाद के साथ कांग्रेस के रिश्ते', *लोकयुद्ध*, फ़रवरी, 1993, पटना.
प्रकाश करात (1992), 'भाजपा–ए रिएक्शनरी रिस्पांस', द *मार्क्सिस्ट*, 3 जुलाई–सितंबर.
आशिस नंदी (1992), 'फ़ेडरिलज़्म, द आईडियालॅजी ऑफ़ स्टेट, ऐंड कल्चरल प्लूरिलिज़्म', आशीष बनर्जी (सम्पा.) (1992), *फ़ेडरलिज़्म इन इण्डिया*, विकास, नयी दिल्ली.

शिव सेना : हिंदुत्व का उग्र क्षेत्रीय संस्करण

विकास-क्रम और आंतरिक संरचना

I

दुश्मन की खोज

बाल ठाकरे ने अपने चैतन्य जीवन को शुरुआत एक ऐसे माहौल में की जब नेहरू का नेतृत्व राष्ट्र निर्माण के कई मुद्दों पर ब्रिटिश विरोधी संग्राम में किये गये कांग्रेसी संकल्पों का उल्लंघन कर रहा था। भाषाई संघवाद का संकल्प इनमें प्रमुख था। पचास के दशक में भाषा आधारित प्रांत बनाने के वायदे को नेहरू ऐंड कम्पनी ने पलट दिया जबकि 1920 के नागपुर अधिवेशन में कांग्रेस ने भविष्य के भारत के निर्माण के लिए भाषाई आधार को मान्यता दी थी। अंग्रेज़ों ने देश का बँटवारा नौ भागों में किया था पर 1920 के बाद कांग्रेस ने देश को 21 भाषाई प्रदेशों में बाँटा और अपना सांगठनिक ढाँचा भी इसी आधार पर बनाया। यही भाषाई सिद्धांत असहयोग और सविनय अवज्ञा की कामयाबी के पीछे एक बड़ा कारण साबित हुआ।[1] लेकिन क्षेत्रीय आंदोलनों की राष्ट्रीय आंदोलन के लिए मदद लेने के बाद जैसे-जैसे कांग्रेस का नेतृत्व आज़ादी के क़रीब पहुँचा, वैसे-वैसे वह भाषाई संघवाद से हटता चला गया और 1949 तक आते-आते नेहरू के लेखन में क्षेत्रीयता और भाषाई संघवाद के प्रति शत्रुतापूर्ण रवैया प्रमुख हो गया।[2] नेहरू देश को एक केंद्रीकृत शासन पद्धति के तहत कॉस्मोपॉलिटन शैली में विकसित करना चाहते थे। क्षेत्रीयता उनकी निगाह में सकीर्ण चीज़ थी। संविधान के निर्माण में यह केंद्राभिमुखता सर्वाधिक व्यक्त हुई।[3]

जब तेलुगुभाषी आंध्र, पंजाबीभाषी पंजाब, गुजरातीभाषी गुजरात और मराठीभाषी महाराष्ट्र की माँगे उठीं तो नेहरू सरकार ने हर बार अड़ंगे लगाए।

---

[1] पट्टाभि सीतारमैया (1969), *हिस्ट्री ऑफ़ इण्डियन नैशनल कांग्रेस,* एस. चाँद, कलकत्ता.

[2] नेहरू तथा अन्य नेताओं के बदलते रुख और उन दिनों की राजनीतिक तिकड़मों के पूरे ब्योरे के लिए देखें— अभय कुमार दुबे (1993), 'क्षेत्रीय समर्थन की तलाश में हिंदुत्व', अभय कुमार दुबे (सम्पा.), *साम्प्रदायिकता के स्रोत,* विनय प्रकाशन, नयी दिल्ली.

[3] आम्बेडकर, टीटी कृष्णमाचारी और अलादि कृष्णास्वामी अय्यर कठोरतापूर्वक एकात्मक राज्य के पक्षधर थे. इन लोगों ने संविधान सभा में बहस के दौरान संविधान में 'फ़ेडरल' या 'फ़ेडरेशन' शब्द तक जोड़ने से इंकार कर दिया था.

कोई भी भाषाई प्रांत शांतिपूर्वक अस्तित्व में नहीं आया। हर जगह प्रचण्ड जनविस्फोट हुए और क्षेत्रीय भावनाएँ भड़क उठीं। जो क्षेत्रीयता 1920-30 के दशक में ब्रिटिश विरोधी राष्ट्रीयता में सकारात्मक रूप ले चुकी थी और जिसने साम्राज्यवाद विरोधी भित्ति की रचना में अहम भूमिका निभायी थी वही केंद्रीकरण के सरकारी दुराग्रहों के कारण एक भारतव्यापी राष्ट्रीयता का परिप्रेक्ष्य खो बैठी। संयुक्त महाराष्ट्र का आंदोलन इसी राजनीतिक परिस्थिति की देन था।[4]

केंद्रीय नेतृत्व और लोकतंत्र के प्रति अविश्वास, संसदीय राजनीति के प्रति उपहास, राजनीतिक प्रणाली के ख़िलाफ़ घृणा, प्रांतीय संकीर्णता, प्रांतीय साम्प्रदायिकता, शिवाजी के मराठापन, हिंदू पदपादशाही और हिटलरशाही के प्रति लगाव के पहलू आज़ादी के बाद पहली बार महाराष्ट्र की विशिष्ट परिस्थितियों के कारण इसी अवधि में विकसित हुए। ये सभी प्रवृत्तियाँ राजनीति में पहले से मौजूद थीं —पर पचास के दशक के उत्तरार्ध में चले संयुक्त महाराष्ट्र आंदोलन और फिर 1960 के दशक में नेहरू की अर्थनीति की नाकामी ने इन प्रवृत्तियों को महाराष्ट्र की राजनीति में संस्थागत ज़मीन प्रदान कर दी। इसकी मिली-जुली और सर्वाधिक हाहाकारी अभिव्यक्ति मुम्बई में हुई। उस समय महाराष्ट्रीय संस्कृति और कला का केंद्र मुम्बई न होकर पुणे था, लेकिन मुम्बई आर्थिक गतिविधियों का केंद्र था इसलिए महाराष्ट्रीय राजनीति का भी केंद्र बना।

आज़ादी के बाद मराठीभाषियों की स्मृति में दो बातें थीं— पहली, शिवाजी और उनके उत्तराधिकारियों द्वारा स्थापित किये गये शानदार मराठा साम्राज्य की यादें जो मुग़लों और अंग्रेज़ों के ख़िलाफ़ बहादुरी से लड़ने वाले मराठों को एक पराक्रमी जाति के रूप में गौरवान्वित करती थीं तथा दूसरी, स्वतंत्रता आंदोलन में लोकमान्य तिलक, गोपालकृष्ण गोखले और जस्टिस रानाडे जैसे महान् नेताओं की भूमिका जो उन्हें आज़ादी के लाभों में अपने हिस्से का दावा करने का हक़ देती थी।

बीस के दशक से लेकर चालीस के दशक तक महाराष्ट्रीय नेता भाषा, संस्कृति, इतिहास और परम्परा के नाम पर अलग महाराष्ट्र गठित करवाने का प्रयास चलाते रहे। इससे आज़ादी के बाद उभरने वाले आक्रामक क्षेत्रीयतावाद की पूर्वपीठिका बन गयी। सम्भवत: दक्षिण भारत के बाहर इस दिशा में क़दम उठाने वाली पहली उपराष्ट्रीयता महाराष्ट्रियों की ही थी। आज़ादी के बाद संयुक्त

---

[4] कोई भी भाषा आधारित प्रांत लोकतांत्रिक रूप से ज्ञापन देने और शांतिपूर्ण ढंग से माँग करने के ज़रिये नहीं बना. पंजाब बनाने के लिए दर्शन सिंह फ़ेरूमान अनशन करते-करते शहीद हो गये. इसी तरह आंध्र बनवाने के लिए रामुलु की शहादत हुई. महागुजरात आंदोलन इसी प्रक्रिया की कड़ी थी. संयुक्त महाराष्ट्र आंदोलन को भी सरकारी दमन का सामना करना पड़ा.

महाराष्ट्र समिति ने क़रीब पाँच वर्ष (1955–1960) के लिए एकीकृत महाराष्ट्र का आंदोलन चलाया। इस दौरान महाराष्ट्रीय अस्मिता बड़े पैमाने पर एकताबद्ध हुई। मैसूर राज्य ने समिति के दावों के विरोध में कहा था :

> जितने भी राज्य बने हैं (राज्य पुनर्गठन आयोग की सिफ़ारिशों के कारण) उनमें केवल महाराष्ट्र ही ऐसा राज्य है जिसने असंतोष व्यक्त किया है और आयोग के प्रस्तावों के ख़िलाफ़ संघर्ष किया है। पहले उसने विदर्भ के उन ज़िलों को अपने में शामिल करने की कोशिश की जिनका अलग राज्य बनाए जाने का प्रस्ताव था। फिर उसने यह सुनिश्चित किया कि मुम्बई को अलग शहर-राज्य न बनाया जाए। पुनर्गठन के बाद भी उसने गुजरात को द्विभाषी राज्य से बाहर निकलवाने में सफलता प्राप्त की। अभी भी उसकी दो महत्वाकांक्षाएँ पूरी होनी बाक़ी हैं: मैसूर के ख़िलाफ़ उसका दावा और गोवा का महाराष्ट्र में विलय। इन सभी उद्देश्यों की प्राप्ति के लिए उसके पास अलग-अलग तरह के दावे हैं।...
>
> जैसे ही पुनर्गठित राज्य अस्तित्व में आये महाराष्ट्र सरकार ने मैसूर राज्य के कुछ क्षेत्रों पर दावा ठोक दिया। उसने बेलगाँव और करवार ज़िलों समेत 814 गाँव और निपाणी जैसे महत्त्वपूर्ण वाणिज्य केंद्र की माँग की। इसमें 2,806 वर्ग मील का क्षेत्र और 6, 70, 000 की आबादी शामिल थीं।'[5]

मैसूर द्वारा महाराष्ट्रीय महत्वाकांक्षाओं का यह विवरण बताता है कि मराठा साम्राज्य की स्मृतियों का महाराष्ट्रीय नेताओं के लिए कितना महत्त्व था और वे आज़ाद भारत में उसे नयी परिस्थितियों के अनुसार मूर्त रूप देने के लिए कितने संकल्पबद्ध थे। सोशलिस्ट, कम्युनिस्ट, कांग्रेसी, दक्षिणपंथी बुद्धिजीवी, ब्राह्मणवाद विरोधी आंदोलन से निकले ग़ैर-ब्राह्मण जातियों के नेताओं और नाना प्रकार के तत्त्वों ने अपने-अपने तर्कों से इस आंदोलन में भाग लिया। शुरू में कम्युनिस्ट समिति में भागीदारी से हिचके क्योंकि नवम्बर, 1955 में बुल्गानिन-ख्रुश्चेव के भारत दौरे के कारण नेहरू और सोवियत संघ के संबंध बहुत सुधर गये थे। लेकिन जब संयुक्त महाराष्ट्र के पक्ष में व्यापक जन उभार हुआ तो उन्हें अलगाव में पड़ जाने के डर से उसका समर्थन करना पड़ा। अपनी इस मजबूरी को उन्होंने बाद में सिद्धांतबद्ध किया जिसमें उन्हें गुजराती पूँजीपतियों द्वारा मुम्बई को महाराष्ट्र की राजधानी बनाए जाने का विरोध किये जाने से बड़ी मदद मिली। भारतीय कम्युनिष्ट पार्टी ने कहा कि वह मुम्बई को इजारेदार पूँजीपतियों के हाथों जाने

---

[5] तिलक द्वारा शुरू किये गये शिवाजी महोत्सव और गणपति उत्सव महाराष्ट्र के जनजीवन के अंग बन चुके थे. लोकतंत्र में काम की धीमी रफ़्तार से लोगों को ऐसा लगता था कि मानो कोई काम हो ही नहीं रहा हो. हिटलर का आर्य श्रेष्ठता का दम्भ राष्ट्रीय स्वयंसेवक संघ के नेताओं के चिंतन में 1925 से ही स्पष्ट था.

[6] देखिए सीटू के प्रतिष्ठित नेता बीएस धुमे के विचार, दीपंकर गुप्ता (1982), *नेटिविज़्म इन मेट्रोपॉलिट्स*, *मनोहर*, नयी दिल्ली.

से रोकने के लिए इस आंदोलन का समर्थन कर रही है।[6] हालाँकि जब मई, 1960 एकीकृत महाराष्ट्र बन गया, तो भी कम्युनिस्टों ने इस लीक को नहीं छोड़ा और बाद में सम्पूर्ण महाराष्ट्र समिति बना कर फिर से मराठीवाद पर उतर आये। संयुक्त महाराष्ट्र समिति में कम्युनिस्टों की भागीदारी से संबंधित तथ्यों का उल्लेख यहाँ इसलिए ज़रूरी था ताकि उस ज़माने की राजनीति में मराठी भावना की ताक़त का एहसास हो सके जिसका फ़ायदा उठाकर ठाकरे ने अपनी राजनीति की। दरअसल, कम्युनिस्टों का विचार था और आज भी कइयों का ख़याल है कि समिति में भागीदारी से भाकपा की पहुँच गाँवों तक हो गयी थी। कांग्रेसियों ने समिति में सीधी भागीदारी नहीं की लेकिन वे हर तरह से उसके समर्थन में रहे। मुम्बई प्रदेश कांग्रेस कमेटी में सक्रिय नेताओं को छोड़ कर बाक़ी महाराष्ट्रीयन नेताओं की हमदर्दी आंदोलन के साथ थी। सीडी देशमुख ने इसी प्रश्न पर 1956 में केंद्रीय मंत्रिपरिषद से इस्तीफ़ा तक दे दिया था।

संयुक्त महाराष्ट्र समिति ने शिवाजी के प्रतीक को मराठी मानस में पूरी तरह स्थापित कर दिया। इसमें हिंदूवादी तत्त्वों का भी हाथ था। 6 नवम्बर, 1959 को पुणे में भाषण देते हुए हिंदुत्व के सर्वप्रमुख सिद्धांतकार विनायक दामोदर सावरकर ने कहा, 'पूना का नयी दिल्ली से ऐतिहासिक टकराव रहा है। इसलिए मेरे ज़माने में भी नयी दिल्ली के नेता महाराष्ट्र का नाम लेने से डरते थे।' यही दृष्टिकोण आंदोलन के दौरान नेहरू की मुग़ल-ए-आजम और मोरारजी देसाई की उनके सूबेदार के रूप में छवि बनाने के पीछे था। पहले विदर्भ और गोवा को महाराष्ट्र में मिलाने और फिर बेलगाँव और करवार महाराष्ट्र में विलय करने की माँग पर लगातार आंदोलन के साथ-साथ साहित्य, नाटक और पत्रकारिता ने भी हाथ बटाया। वसंत काणेकर द्वारा रचित शिवाजी और उनके पुत्र सम्भाजी पर नाटक, पेशवाओं के ज़माने पर रंजीत देसाई का उपन्यास, शिवाजी के जीवन पर वाईडी पेंढ़ारकर की रचनाएँ, शिवाजी के जीवनीकार वीएम पुरंदरे द्वारा घूम-घूम कर दिये जाने वाले व्याख्यान और पीके अत्रे के दैनिक मराठा में शिवाजी के ऊपर नियमित छपने वाली सामग्री ने मुम्बई को शिवाजीमय बना दिया।[7] शिवाजी पार्क के इलाक़े में रहने वाले ठाकरे पर इस वातावरण का प्रभाव पड़ना स्वाभाविक ही था। मध्यवर्गीय मराठी घरों में ही नहीं, कम्युनिष्ट पार्टी की गिरणी कामगार यूनियन और महाराष्ट्र प्रदेश कांग्रेस कमेटी के दफ़्तर में भी शिवाजी की तस्वीर

---

[7] के.के. गंगाधरन (1970), *सोसियोलॅजी ऑफ़ रिवाइवलिज़्म, कलमकार,* नयी दिल्ली : 124.

[8] गेराई ह्यूज (1995), 'कल्चरल पॉपुलिज़्म', सुजाता पटेल और एलिस थॉर्नर (सम्पा.), *बॉम्बे : मेटाफ़र फ़ॉर मॉडर्न इण्डिया,* ऑक्सफ़र्ड युनिवर्सिटी प्रेस, नयी दिल्ली.

शोभा देने लगी।[8] संयुक्त महाराष्ट्र आंदोलन में संघर्ष करके खेत रहे लोगों की स्मृति में मुम्बई के फ्लोरा फ़ाउंटेन का नाम बदल कर हुतात्मा चौक रख दिया गया। गेटवे ऑफ़ इण्डिया पर शिवाजी की घोड़े पर सवार प्रतिमा के मुक़ाबले पूरी मुम्बई में गाँधी जैसे राष्ट्रनायक की कोई प्रतिमा देखने को नहीं मिल सकती थी।[9] गाँधी के बारे में मराठी लोगों के ख़याल का अंदाज़ा महाराष्ट्रीयन नेताओं द्वारा निजी बातचीत में व्यक्त किये जाने वाले इस विचार से लगाया जा सकता है कि गाँधी महाराष्ट्रियनों को एकजुट देखने से इसलिए डरते थे कि कहीं मराठे फिर से सूरत को न लूट लें।[10] इस तरह गाँधी को केवल एक गुजराती बनिये के रूप में सीमित करके मराठों के विगत साम्राज्य की यादों को ताज़ा कर लिया जाता था।

इस राजनीतिक और सांस्कृतिक पृष्ठभूमि में अगर साठ के दशक में मुम्बई की आर्थिक और सामाजिक हालत देखी जाए— तो अंदाज़ा लग सकता है कि बाल ठाकरे और उनकी शिव सेना की लोकप्रियता का आधार कैसे और क्यों बना होगा। मुम्बई इन हालात से सर्वाधिक प्रभावित दो कारणों से हुआ— पहला, इस महानगर को महाराष्ट्र में शामिल करने के लिए अलग से आंदोलन चलाना पड़ा। महाराष्ट्र कांग्रेस इसके प्रदेश में विलय के पक्ष में थी पर गुजराती पूँजी के प्रभाव में मुम्बई प्रदेश कांग्रेस उसे अलग रखने की तरफ़दार थी। तत्कालीन बम्बई के मुख्यमंत्री मोरारजी देसाई भी गुजराती मूल के थे। उन्होंने आंदोलन के ख़िलाफ़ बेहद सख़्त रवैया अपनाया। फ़ायरिंग, लाठी चार्ज और गिरफ़्तारियों के माहौल में ग़ैरमहाराष्ट्रियनों, ख़ासकर गुजरातियों के ख़िलाफ़ मुम्बई के मूल निवासियों में एक सांस्कृतिक उत्पीड़न की भावना घर करने लगी।[11] इसका एक आर्थिक आधार भी था। व्यापार और उद्योग के क्षेत्र में गुजराती छाए हुए थे। दूध के व्यापार पर उत्तर का प्रभुत्व था। लिखाई-पढ़ाई के पेशों में दक्षिण भारतीयों की भारी माँग थी। भोजनालयों में उडुपि (कन्नड़भाषियों) और ईरानियों का रुतबा था। भवन निर्माण में सिंधियों का बोलबाला था और इमारती काम में लगे हुए ज़्यादातर लोग आंध्र के कम्मा थे। मुम्बई का मूल निवासी दावा तो यह करता था कि 'आमची मुम्बई आहे' (मुम्बई हमारी है) पर यह सिर्फ़ कहने की ही

---

[9] गंगाधरन, वही : 123.

[10] सावरकर के अनुयायी एन.वी. खरे का कहना था कि गाँधी ने अपना यह डर उनके साथ निजी बातचीत में व्यक्त किया था.

[11] अरविंदर सिंह (1994), *मोरारजी देसाई— ए प्रोफ़ाइल इन करेज,* नटराज, देहरादून : 27.

[12] गंगाधरन, वही : 125.

बात थी। मुम्बई के महलनुमा भवन, गगनचुम्बी इमारतें, कारों की कभी ख़त्म न होने वाली क़तारें और विशाल कारख़ाने— दरअसल मराठियों के नहीं थे।[12] उन सभी पर किसी न किसी ग़ैरमहाराष्ट्रीय का क़ब्ज़ा था।

सुधा गोगटे ने अपने प्रबंध *राइज़ ऑफ़ रीज़नलिज़म* में महाराष्ट्र बनने के बाद मुम्बई में महाराष्ट्रियों की उलझन का चित्र अच्छी तरह खींचा है। गोगटे का अध्ययन दिखाता है कि मुम्बई को महाराष्ट्र में शामिल किये जाने की खुशी और समारोह अभी मंद भी नहीं पड़े थे कि मराठीभाषियों को उस शानदार महानगर में अपनी औक़ात का एहसास हो गया। उस व्यापरिक, औद्योगिक और पश्चिमीकृत शहर में मराठी संस्कृति और भाषा के लिए कोई स्थान न था। मराठी लोग क्लर्कों, मज़दूरों, अध्यापकों और घरेलू नौकरों से ज़्यादा की हैसियत की कल्पना भी नहीं कर सकते थे। दरअसल, उनके लिए यह मामूली हैसियत भी मुश्किल से ही उपलब्ध थी। मुम्बई में बाहर से आने वाले गुजरातियों, पारसियों और दक्षिण भारतीयों के लिए मराठी सीखना ज़रूरी नहीं था। वे अंग्रेज़ी और हिंदी बोल कर काम चला लेते थे। उनके लिए मुम्बई के धरतीपुत्रों के सामाजिक-सांस्कृतिक जगत से कोई रिश्ता जोड़ना भी ज़रूरी नहीं था। दरअसल, मुम्बई का कॉस्मोपालिटनिज़म मराठीभाषियों से एकदम कटा हुआ था।[13]

संयुक्त महाराष्ट्र आंदोलन और बाद में शिव सेना ने जिस मराठी मिथक का निर्माण किया— वह मुम्बई के इस चरित्र को कुछ इस तरह से पेश करता था कि मानो यह सब किसी साज़िश के तहत किया गया हो। लेकिन असलियत ऐसी नहीं थी। जिस मुम्बई पर महाराष्ट्रीयन गर्व करते थे और अधिकार जमाना चाहते थे उसके निर्माण में उन्नीसवीं शताब्दी के पूर्वार्ध के इन स्वप्नद्रष्टा पारसियों की निर्णायक भूमिका थी जो अंग्रेज़ों के प्रोत्साहन पर सूरत से यहाँ आये थे। लावजी नसेरवानजी वाडिया जैसे जहाज़ निर्माताओं ने मुम्बई की गोदियों के निर्माण की शुरुआत करायी। डाबर ने 1851 में मुम्बई में पहली सूत मिल खोली। जेएन टाटा ने पश्चिमीघाट के मानसून को नियंत्रित करके मुम्बई के लिए पानी बिजली पैदा करने की दागबेल डाली जिसे बाद में दोराबजी टाटा ने पूरा किया।[14] उद्योग और व्यापार की इस बढ़ती हुई दुनिया में मुम्बई वालों का योगदान न के बराबर था। मुम्बई की औद्योगिक गतिविधियों की ज़रूरत जिन लोगों ने पूरी की वे वहाँ 18वीं शताब्दी से ही बसे हुए व्यापारी, स्वर्णकार, लुहार और इमारती मज़दूर थे।

---

[13] सुधा गोगटे (1920), 'राइज़ ऑफ़ रीजनलिज़म', *मेनस्ट्रीम*, 28 मार्च.

[14] गुप्ता, वही : 46–47.

मुम्बई के औद्योगीकरण में किसी महाराष्ट्रीयन घराने का योगदान न होने के भी ऐतिहासिक कारण थे। जदुनाथ सरकार का इतिहास हमें बताता है कि मराठा साम्राज्य की चमक-दमक जितनी भव्य थी, उसका आर्थिक आधार उतना ही कमज़ोर था। मराठा शासक जितने तलवार के धनी थे, उतने ही व्यापार, वाणिज्य और उद्योग की परम्पराएँ डालने की तरफ़ से असावधान थे। बाद शताब्दियों में भी यही रवैया बरक़रार रहा।

बीसवीं सदी की शुरुआत में जब महाराष्ट्रीय श्रमिकों का मुम्बई में आगमन हुआ और जनसंख्या की दृष्टि से मुम्बई महाराष्ट्रीय बना, तब तक ग़ैरमहाराष्ट्रीय वहाँ पूरी तरह जम चुके थे। नगर की राजनीतिक और प्रशासनिक सत्ता भी उनके हाथ में आ चुकी थी। 1930 के दशक के बाद तो मुम्बई में बाहर के लोगों का आगमन इतना तेज़ था कि महाराष्ट्रियनों की आबादी उनके मुक़ाबले घटती जा रही थी। तीस के दशक तक मराठी लोग वहाँ 50 फ़ीसदी थे। 50 के दशक में वे 49 फ़ीसदी रह गये। 60 के दशक तक उनका आँकड़ा 46 फ़ीसदी तक घट गया।[15] बढ़ती हुई ग़ैरमहाराष्ट्रीयन आबादी ने मराठियों को मुम्बई में एक सबसे बड़ा 'अल्पसंख्यक समूह' बना दिया था। 1961 की जनगणना हमें बताती है कि शिव सेना का आंदोलन फूटने के समय इस महानगर के 'अल्पसंख्यक' महाराष्ट्रीयन बाक़ी सभी समुदायों (कन्नड़ियों, मलयाली, तमिल, तेलुगू, गुजराती और उत्तर भारतीय) से संख्या में ज़्यादा होते हुए भी मनोवैज्ञानिक रूप से 'उत्पीड़ित अल्पसंख्यक मनोग्रंथि' से ग्रस्त हो चुके थे। जनसंख्या के घनत्व की हालत यह थी कि एक वर्ग किलोमीटर में 9,901 लोग रहते थे। प्रतिदिन क़रीब तीन सौ नये परिवार रोज़गार की तलाश में मुम्बई में आ जाते थे।

बीसवीं सदी की शुरुआत में मुम्बई की ज़्यादातर आबादी निरक्षर थी। 1961 तक यह निरक्षरता 81 फ़ीसदी से घटकर 41 फ़ीसदी रह गयी। लेकिन साक्षरता बढ़ने की यह दर महाराष्ट्रियनों के बीच सबसे धीमी थी। गुजरातियों और दक्षिण भारतीयों ने पढ़ाई-लिखाई में ज़्यादा रुचि दिखायी।[16] इन्हीं कारणों से महाराष्ट्रियों को बेहतर नौकरियाँ मिलना मुश्किल हो गया। 60 के दशक में मुम्बई में अधिकांश निवेश पूँजी प्रधान क्षेत्रों में हुआ जिससे रोज़गार के मौक़े और कम हो गये। जिस समय सारे देश में ही बेरोज़गारी एक विकराल समस्या बन चुकी थी, उस

---

[15] सुधा गोगटे, वही.

[16] गुप्ता, वही : 51.

समय उपलब्ध नौकरियों में पिछड़ जाना महाराष्ट्रियनों के लिए एक बड़ा सामाजिक और आर्थिक आघात था।

अपनी असफलता के दैत्य से आक्रांत मराठी मानस के सामने उस समय सबसे बड़ा मनोवैज्ञानिक प्रश्न यह था कि वह नाकामी की ज़िम्मेदारी किस पर डाले? एक तरफ़ 17वीं और 18वीं सदी के शानदार मराठा साम्राज्य की चमकदार कहानियाँ थीं जो महाराष्ट्रियनों को एक पराक्रमी जाति का गौरव प्रदान करती थीं और दूसरी तरफ़ 1960 के दशक का बेरोज़गारी से त्रस्त दमनकारी यथार्थ था। संयुक्त महाराष्ट्र समिति के प्रयासों से एकीकृत महाराष्ट्र बन चुका था और उसके बाद समिति की प्रासंगिकता समाप्त हो गयी थी। लेकिन ग़रीब और मध्यवर्गीय मुम्बईवासी महाराष्ट्रीयन अपना पराभव देखकर स्तब्ध था। औद्योगिक नगर के ट्रेड यूनियन आंदोलन पर छाए हुए कम्युनिस्ट और समाजवादी उसके जिस दुश्मन की तस्वीर खींचते थे— वह पूँजीवाद था, अत्यंत विकराल और दूरस्थ, आम मुम्बईवासियों की पहुँच से बाहर। संयुक्त महाराष्ट्र आंदोलन द्वारा विकसित केंद्र सरकार विरोधी रवैया भी मराठी मानस के लिए औषधि का काम नहीं कर सकता था। दरअसल, उसके भाग्य को नियंत्रित करने वाली आर्थिक और राजनीतिक शक्तियाँ इतनी विराट थीं कि उनसे लड़ना उसके लिए कल्पनातीत ही था। उसकी मनोचिकित्सा केवल एक ही तरीक़े से हो सकती थी कि उसके हृदय के संतोष के लिए उसे एक दुश्मन प्रदान किया जाता, एक आसान सा, अपने नज़दीक दिखाई पड़ने वाला दुश्मन जिससे लड़ा जा सके। बाल ठाकरे और उनकी शिव सेना ने मुम्बई के महाराष्ट्रियनों की यही कमी पूरी की और इस ज़रिये उनके साथ एक अंतरंग संबंध जोड़ लिया।

बाल ठाकरे के पिता प्रबोधंकर ठाकरे अपने ज़माने के मशहूर पत्रकार और समाज सुधारक थे। प्रबोधंकर उनका असली नाम नहीं था। अपनी पत्रिका *प्रबोधन* के कारण ही वे प्रबोधंकर के नाम से विख्यात हो गये थे। उनकी लेखनी जब चलती थी तो उसमें इस क़दर तीखासन और दंश होता कि उसके निशाने पर आने वाला व्यक्ति तिलमिला जाता। प्रबोधंकर शिवाजी के घोर प्रशंसक थे। उन्होंने एक बार तो शिवाजी पर सात लम्बे लेखों की एक शृंखला ही लिख मारी थी। उन्होंने पहले महाराष्ट्र के ब्राह्मणवाद विरोधी आंदोलन में हिस्सा लिया और फिर जैसे ही संयुक्त महाराष्ट्र समिति का आंदोलन चला, वे उसमें कूद पड़े।[17] उनके पुत्र बाल केशव

---

[17] जयंत लेले (1995), 'सेफ्रोनाइज़ेशन ऑफ़ शिव सेना', *बॉम्बे : मेटाफ़र फ़ॉर मॉडर्न इण्डिया,* ऑक्सफ़र्ड युनिवर्सिटी प्रेस, नयी दिल्ली.

ठाकरे (जन्म 23 जनवरी, 1927) ने भी पत्रकारिता का पेशा अपनाया लेकिन उसने लिखने के बजाय कार्टून बनाने की कला पर महारत हासिल करने की कोशिश की।

ठाकरे परिवार चंद्रसेनीय कायस्थ प्रभु समुदाय से संबंधित है। यह समुदाय स्वयं को ब्राह्मण मानता है और एकवीर देवी की आराधना करता है।[18] पर घर में राजनीतिक और बौद्धिक माहौल के कारण ठाकरे में पूजा-उपवास, आदि के प्रति कोई विशेष लगाव पैदा नहीं हुआ, लेकिन ब्राह्मण शुचिता और जीवन मूल्यों के प्रति लगाव उन्हें वंश क्रम से मिला। पिता की पत्रकारिता आक्रामक आलोचना शैली के आसपास केंद्रित थी और एक कार्टूनिस्ट के रूप में राजनीति को तिरछी निगाह से देखने का अभ्यास करना ठाकरे के लिए भी आवश्यक था। उन्हीं दिनों अंग्रेज़ी के दैनिक *फ्री प्रेस जर्नल* में काम करते हुए ठाकरे सदानंद नामक दक्षिण भारतीय पत्रकार के सम्पर्क में आये। सदानंद की सोहबत ने ठाकरे को राजनीतिक रूप से सोचना और विश्लेषण करना सिखाया।[19]

ठाकरे को बचपन से ही व्यक्ति चित्र बनाने का शौक़ था। किशोरवय में ही उन्होंने महाराष्ट्र के प्रसिद्ध इतिहासकार न.र.फ़ाटक और *दैनिक केसरी* के सम्पादक के.ज.स. करंदीकर के बेहतरीन व्यंग्यचित्र बना डाले थे। 16-17 की वय तक उनका हाथ सध गया था। मुम्बई के ओरिएंटल हाई स्कूल में पढ़ते समय 1944 में उन्होंने अपने मित्र बाल सामंत के आग्रह पर राम गणेश गडकरी का व्यंग्य चित्र बनाकर और फ्रेम करके विद्यार्थी साहित्य सभा को भेंट किया था। सभा गडकरी की पुण्य तिथि मनाना चाहती थी। छात्र आंदोलन के एक अंग के रूप में बाल सामंत और ठाकरे ने मिलकर इस सभा की स्थापना की थी। ठाकरे के छात्र जीवन के मित्र सामंत के अनुसार ठाकरे स्वभाव से 'जिद्दी, झगड़ालू और मुँहफट' थे लेकिन उनका हृदय 'निर्मल और निष्कपट' था। वे दोस्तों के दोस्त थे। उनकी मित्र मण्डली में कई लेखक, व्यंग्यकार और कार्टूनिस्ट शामिल थे। बाल सामंत भी बाद में व्यंग्यकार बने। जयवंत दलवी जैसे मशहूर लेखक और चित्रकार बाबू राव सडवेलकर उनकी मित्र मण्डली के सदस्य थे। ठाकरे अपने पिता से काफ़ी प्रभावित रहे। पिता ने भी उन्हीं को अपना सबसे प्रिय पुत्र माना। ठाकरे आज भी स्वीकरते हैं कि 'मैं अपने पिता का पुत्र हूँ। ... मैं ठाकरे वंश से ताल्लुक़ रखता हूँ। मेरे पिता ने मुझे अन्याय के ख़िलाफ़ लड़ना सिखाया है। मैं वही करूँगा, वही कर रहा हूँ।' लेकिन ठाकरे अपने पिता की तरह कभी

---

[18] 'अनईज़ी लाइज़ द हेड', *द टेलीग्राफ़*, कलकत्ता, 20 जुलाई, 1996.

[19] अ करस्पोंडेंट (1988), 'हाउ डिड इट ग्रो', *मेनस्ट्रीम*, 6 अप्रैल.

अध्ययनशील नहीं रहे। बाल सामंत बताते हैं कि ठाकरे ने 'प्रबोधंकर ठाकरे के अनेक गुण ग्रहण किये हैं लेकिन उनका पुस्तक प्रेम और पठन का उत्तराधिकार उन्होंने नहीं ही लिया है। मैंने अपनी हर पुस्तक उसे सप्रेम भेंट दी लेकिन उनमें से हिटलर का चरित्र छोड़ कर बाक़ी सबके उसने सिर्फ़ पन्ने ही पलटे हैं।'[20] ठाकरे आज भी अपने पिता से इतने प्रभावित हैं कि 70 वर्ष की आयु में इंटरव्यू देते समय कई बार उनका हवाला देते हैं। वे प्रबोधंकर ठाकरे के जीवन पर एक वृत्त चित्र भी बनवा रहे हैं। इस वृत्त चित्र के मुहूर्त पर उन्होंने अमिताभ बच्चन को ख़ासतौर पर बुलवाया था।

वयस्क जीवन के इस शुरुआती दौर में ठाकरे के ऊपर अपने पिता की जातिवाद विरोधी विचारधारा और विरोधियों की ज़हरबुझी आलोचना शैली का काफ़ी प्रभाव पड़ा। संयुक्त समिति उस ज़माने में जिस मराठी मिथक का निर्माण कर रही थी, उसे भी अपने पिता के लेखन के ज़रिये ठाकरे ने ग्रहण किया। ख़ास बात यह थी कि प्रबोधंकर ठाकरे ब्राह्मणवाद विरोधी होते हुए भी वामपंथी नहीं थे। वे विचारों से दक्षिणपंथी ही नहीं, कम्युनिस्टों के ऊपर घोर अविश्वास भी करते थे। देश के अन्य भागों की भाँति महाराष्ट्र का ब्राह्मणवाद विरोधी आंदोलन भी वामपंथ में विकसित नहीं हुआ। यहाँ तक कि फुले के उत्तराधिकारी आम्बेडकर भी घोषित रूप से कम्युनिस्ट विरोधी निकले। संयुक्त महाराष्ट्र समिति में वामपंथी प्रभुत्व के साथ-साथ प्रबोधंकर जैसे बुद्धिजीवी भी काफ़ी संख्या में थे जो मराठी भावना के कारण उससे जुड़े गये थे। बाल ठाकरे ने अपने पिता द्वारा प्रदत्त कम्युनिज़्म विरोध की विरासत को भी खूब सहेज कर रखा। यद्यपि, किसी ज़माने में वे नवकाल के सम्पादक नीलकंठ खाडिलकर द्वारा लिखे गये सोवियत संघ के यात्रा वृतांत से प्रभावित हो कर प्रथम समाजवादी राज्य के प्रशंसक भी हो गये थे।[21] इस तरह मराठीवाद, अत्यंत कटु भाषा-शैली कम्युनिज़्म व जातिवाद विरोध लेकिन ब्राह्मण जीवन मूल्य— ये प्रवृत्तियों ठाकरे के व्यक्तित्व में घुल मिल गयीं। अपनी इस बौद्धिक संरचना में दो-तीन चीज़ें ठाकरे ने स्वयं जोड़ीं। चूँकि वे कार्टूनिस्ट थे— इसलिए उन्हें उपहास करने, पैरोडी बनाने, एक-दो वाक्यों की टिप्पणियाँ करने और चौंका देने वाले लकब देने में कुशलता हासिल हो गयी। इस योग्यता ने आगे चल कर नारे गढ़ने में उनकी मदद की।

---

[20] बाल सामंत (1997), 'यहाँ दोस्ती की कोई सीमा नहीं', *नवभारत टाइम्स*, नयी दिल्ली, 23 जनवरी.

[21] जयंत लेले, वही.

एक कार्टूनिस्ट के रूप में ठाकरे को कुछ दिन आरके लक्ष्मण जैसे महान् कार्टूनिस्ट के साथ काम करने का मौक़ा भी मिला। लक्ष्मण ने भी *फ्री प्रेस जरनल* में काम किया था। ठाकरे की रेखाएँ काफ़ी स्पष्टता लिए हुए होती थीं और लक्ष्मण की ही तरह वे अपने पात्रों के चेहरों पर विशिष्ट भाव दर्ज करने में सफल होते थे। ठाकरे के कार्टूनों के अध्येता विकास सबनीस बताते हैं कि ठाकरे अपने कार्टूनों पर पहले पेंसिल से काम करके संतुष्ट हो जाते थे और फिर वे ब्रश का इस्तेमाल करते थे। अन्य कार्टूनिस्टों की तरह पेन के निब का प्रयोग उन्होंने कभी नहीं किया। ब्रश पर उनका असाधारण अधिकार था और पतली से पतली रेखाएँ ब्रश से बना लेना उनके बाएँ हाथ का खेल था। *फ्री प्रेस* और *नवशक्ति* में काकाजी के नाम से लगातार पॉकेट कार्टून बना कर ठाकरे ने नये उभरते हुए कई व्यंग्यकारों को प्रेरित किया। ठाकरे के कार्टूनों की दूसरी विशेषता यह थी कि उसमें अपने पात्र के खड़े होने, बैठने, चलने-फिरने, आदि मुद्राओं के बारीक़ अध्ययन की झलक होती थी।[22] ठाकरे 1985 तक कार्टून बनाते रहे। लेकिन धीरे-धीरे राजनीतिक व्यस्तताएँ बढ़ते चले जाने के कारण उन्होंने ब्रश का इस्तेमाल बंद कर दिया। ठाकरे को राजनीति से इस बात की शिकायत भी रहती है कि उसने उनसे कलाकार का जीवन छीन लिया है।[23] वैसे अपने 'कलाकार व्यक्तित्व' के प्रति ठाकरे बहुत संवेदनशील हैं। कार्टून के रूप में मनुष्य के स्वाभाविक रूप को बदलने की कला को उन्होंने राजनीति में काफ़ी आजमाया है। विकास सबनीस प्रशंसा के स्वर में कहते हैं, 'बाला साहेब की एक विशेषता जो मैंने पाई वह यह है कि वे बहुत कुशलता से इंसान को जानवर के रूप में बदल सकते हैं।'[24] सबनीस का यह कथन बदले हुए अर्थों में ठाकरे के आलोचकों के काम आ सकता है जिनका हमेशा से मानना है कि शिव सैनिक बना कर इस कार्टूनिस्ट ने भोले-भाले मराठी माणूस के अंदर एक जानवर को जगा दिया है।

संयुक्त महाराष्ट्र समिति के लोकप्रिय आंदोलन को नज़दीक से देखने के कारण उन्होंने महसूस किया कि राजनीति में जनता को उत्तेजित करने के लिए कुशल वक्ता होना बड़ा ज़रूरी है। ठाकरे ने देश और दुनिया के कई मशहूर वक्ताओं की शैली को बारीकी से देखा। विचारधारात्मक रूप से उनके विरोधियों

---

[22] विकास सबनीस (1997), 'ब्रश पर ज़बरदस्त अधिकार', *नवभारत टाइम्स*, नयी दिल्ली, 23 जनवरी, 1997.

[23] 'संघर्ष आख़िरी साँस तक', बाल ठाकरे से इंटरव्यू, *नवभारत टाइम्स*, नयी दिल्ली, 23 जनवरी, 1997.

[24] सबनीस, वही.

में सबसे ऊपर कम्युनिस्ट नेता डांगे का नाम था लेकिन ठाकरे को डांगे की भाषण कला और मुम्बई के मज़दूरों के बीच उनकी लोकप्रियता देख कर रश्क होता था। ठाकरे हिटलर द्वारा हाथों का ज़बर्दस्त इस्तेमाल करके भाषण देने की शैली से भी प्रभावित थे। आगे चलकर उन्होंने स्वीकार किया कि अपनी वक्तृता को और धारदार बनाने के लिए उन्होंने आचार्य रजनीश, शिवाजी राव भोंसले तथा आचार्य अत्रे से भी कुछ बातें सीखीं।[25] पिता के व्यक्तित्व से ठाकरे को एक और बात अलग करती थी— राजनीति की गहरी समझदारी और उसकी तिकड़मों को अपने पक्ष में करके फ़ौरी लाभ उठाने की रणनीतिक कुशलता। शिव सेना के शुरुआती दौर में ठाकरे ने यह भी देखा कि किस तरह महाराष्ट्र कांग्रेस के दो गुट, प्रदेश कांग्रेस और मुम्बई कांग्रेस, उनके प्रभाव का इस्तेमाल करते हैं और फिर कैसे मतलब निकलते ही उन्हें भुला देते हैं। इससे ठाकरे ने राजनीतिक दलों और क्रमशः पूरी राजनीतिक प्रणाली से ही घृणा करना सीखा। उनके कार्टून और उनके तेज़ाबी भाषणों ने किसी को नहीं बख़्शा— कांग्रेस, जनसंघ, राष्ट्रीय स्वयं सेवक संघ, राष्ट्र सेवा दल, संसोपा और कम्युनिस्ट यानी सभी उनके निशाने पर आये।

राजनीतिक दलों और उनके कार्यकलापों के प्रति ठाकरे की अरुचि भी संयुक्त महाराष्ट्र आंदोलन के अनुभवों की देन भी प्रतीत होती है। आंदोलन चलाने वाली समिति के बारे में उनके विचारों की झलक इस कथन से मिल सकती है :

> संयुक्त महाराष्ट्र आंदोलन क्षेत्रीय आशा-आकांक्षाओं को उभारने वाला एक प्रयोग था। समिति के नेता आशावादी थे कि उन्हें महाराष्ट्र में सत्ता मिलेगी। ... पर यह समिति ख़ानों में बँटी पार्टियों का गठजोड़ थी। यह ग़लत था। यह कई आचारियों द्वारा मिलकर स्वाद बिगाड़ने जैसा था।[26]

ठाकरे में अपने व्यक्तिगत जीवन के अनुभवों का सामान्यीकरण करके राजनीतिक कार्यक्रम की शक्ल में पेश करने की खूबी रही है। फ्री प्रेस के स्टाफ़ की अंदरूनी राजनीति ने उन्हें दक्षिण भारतीयों के प्रति गहरे दुराग्रह से ग्रस्त कर दिया था।[27] इसी में से उन्होंने शिव सेना के पहले कार्यक्रम का ताना-बाना बुना जिसने मराठीभाषियों के लिए उस आसानी से दिखाई पड़ने और समझ में आने वाले दुश्मन की खोज की जिसकी हर महाराष्ट्रीयन को तलाश थी और वह

---

[25] 28 मई, 1995 को ठाकरे ने बाल सामंत द्वारा लिखित प्रशंसात्मक पुस्तक *हिटलर : एक शोकांतिका* का विमोचन किया. इसी मौक़े पर उन्होंने आपनी वक्तृत्व शैली पर हिटलर, डांगे और रजनीश की शैली की छाप स्वीकार की, *टाइम्स ऑफ़ इण्डिया*, 29 मई, 1995.

[26] 'संघर्ष आख़िरी साँस तक', वही.

[27] 'हाउ डिड इट ग्रो', वही.

दुश्मन था निहायत ही कमज़ोर व अरक्षित दक्षिण भारतीय क्लर्क जो टाइपिंग, शॉर्टहैंड व अंग्रेज़ी में आम मराठीभाषी मध्यवर्गीय से कुशल था और जिसे ठाकरे व्यंग्य और उपहास से 'लुंगी वाला' कहते थे।

पत्रकारिता द्वारा आंदोलन की पृष्ठभूमि

जब शिव सेना बन गयी और ठाकरे ने स्वयं को उसका सेनापति घोषित कर दिया तो सबसे ज़्यादा आश्चर्य उन पत्रकारों को हुआ जो *फ़्री प्रेस* में ठाकरे के साथ काम करते थे। उनकी निगाह में ठाकरे की समझ राजनीतिक तौर पर औसत से भी कम थी। ठाकरे के एक साथी का कहना था :

> मैं ठाकरे को करीब 18 साल से जानता हूँ। एक चतुर व्यक्ति के रूप में न मुझे और न ही अपने किसी जानकार को कभी वे प्रभावित कर पाए। राजनीतिक तौर पर वे औसत से भी कम हैं। दरअसल, मामूली दर्जे के व्यक्ति के रूप में उनका वर्णन किया जा सकता है। वे एक साधारण वक्ता हैं ? पर उनका अहम् बहुत बड़ा है। उनकी हेकड़ी लगभग हास्यास्पद है। वे ईमानदारी से मानते हैं कि अगर वे हिटलर के युग में हुए होते जो जर्मनी को उनसे काफ़ी फ़ायदा पहुँच सकता था।[28]

एक अन्य पत्रकार टी.जे.एस. जॉर्ज ने उन्ही दिनों ठाकरे के बारे में लिखा था :

> इस बुलडोजर जैसे आंदोलन का नेतृत्व एक ऐसे व्यक्ति के हाथ में है जिससे इसकी कभी उम्मीद ही नहीं की जा सकती थी। बाल ठाकरे तो एक भद्र, सोहबत करने के क़ाबिल, सभ्य और एक अच्छे साथी (अख़बारी दिनों में) थे जो कभी अच्छे मूड में आने पर अपने संस्मरणों और वक्रोक्तियों से हमें ख़ुश कर देते थे। मैं एक युयुत्सु फ्यूहरर के रूप में तो उनकी कल्पना ही नहीं कर सकता।[29]

ज़ाहिर है कि अंग्रेज़ी के ये पत्रकार मराठी समाज में चल रही उथल-पुथल से क़तई वाकिफ़ नहीं थे। शायद उन्होंने मराठी अख़बारों को उठा कर देखा भी नहीं होगा। वे ठाकरे की उस छवि को ही अपने विश्लेषण का आधार बता रहे थे जो *फ़्री प्रेस* में काम के दौरान उनके सामने से गुज़री थी। वह समय तो ठाकरे के लिए अपने राजनीतिक चिंतन की संरचना का जमाना था। उस ज़माने में ठाकरे अपने पूर्वाग्रहों को पुख़्ता कर रहे थे। उसमें और 1967-68 में ज़मीन आसमान का फ़र्क़ आ चुका था।

ठाकरे का कार्टून साप्ताहिक *मार्मिक* शिव सेना की स्थापना से पहले ही 60 हज़ार से ज़्यादा बिकने लगा था। साक्षर मराठी पाठकों में वह बेहद लोकप्रिय

---

[28] 'हाउ डिड इट ग्रो', वही.

[29] *टी.जे.एस. जॉर्ज* (1968), 'द इम्पॉर्टेंस ऑफ़ बीइंग महाराष्ट्रियन', *मेनस्ट्रीम*, 6 अप्रैल, 1968.

हो चुका था। *मार्मिक* के समर्थकों में पुलिस के काफ़ी लोग थे। कई जगह पुलिस के सिपाही इसका वितरण करते हुए देखे जाते थे।[30] फ्री प्रेस की नौकरी छोड़ने और शिव सेना की स्थापना के बीच ठाकरे ने सिर्फ़ पत्रकारिता की और शब्दों और कार्टूनों के ज़रिये उस दुश्मन का निर्माण किया जिसके ख़िलाफ़ मराठी मानस की कुंठा उबल पड़ने को तैयार बैठी थी। *फ्री प्रेस* में नौकरी करते समय ठाकरे को अफ़सोस रहता था कि उन्हें वह महत्त्व नहीं मिल पा रहा है जिसके वे योग्य हैं। उन्हें लगता था कि स्टाफ़ में भरे हुए दक्षिण भारतीय पत्रकार उनके मौक़े हड़प लेते हैं। हालाँकि ठाकरे को आगे बढ़ाने में सदानंद जैसे दक्षिण भारतीय की ही भूमिका थी और उनके कार्टूनों के लिए कई बेहतरीन सुझाव दक्षिण भारतीय समाचार सम्पादकों की ही देन होते थे, फिर भी परिस्थितिवश ठाकरे के मन में दक्षिण भारतीयों के ख़िलाफ़ ग्रंथि बनतो ही चली गयी। यह तथ्य भी ठाकरे की उत्तरोतर बढ़ती इस प्रवृत्ति के ख़िलाफ़ काम नहीं आया कि *फ्री प्रेस* ने कभी किसी दक्षिण भारतीय कार्टूनिस्ट को नियुक्त कर उन्हें नीचा दिखाने की कोशिश नहीं की। काम के दौरान कई बार अपने कार्टूनों को लेकर ठाकरे की दक्षिण भारतीय उपसम्पादकों से कड़वी बहसें भी हो जाया करती थीं जिससे ठाकरे की मनोग्रंथि को और हवा मिलती थी।[31] ठाकरे अंग्रेज़ी पत्रकारिता के साथ जुड़े रहने के साथ-साथ हमेशा अपना एक पैर मराठी पत्रकारिता में भी जमाए रहे। *फ्री प्रेस* में काम करते हुए वे आचार्य अत्रे के दैनिक *मराठा* के लिए भी काम करते रहते थे। ठाकरे को प्रोत्साहित करने वाले सदानंद की मृत्यु होने के बाद *फ्री प्रेस* के कई पत्रकारों ने इस्तीफ़ा देकर सहकारी स्तर पर दैनिक निकालने की योजना बनायी। इस्तीफ़ा देने वालों में ठाकरे भी थे। इन लोगों ने मिलकर *न्यूज़ डे* नामक अंग्रेज़ी दैनिक निकाला। लेकिन ज़ल्दी ही इस योजना से उनका मन भर गया और उन्होंने अलग होकर मराठी का कार्टून साप्ताहिक शुरू किया जिसके पहले सम्पादक थे द. पा. खांबेटे। लेकिन कुछ ही दिनों बाद बाल ठाकरे ने यह पद सँभाल लिया।[32] ठाकरे के पिता प्रबोधंकर ठाकरे भी इसमें नियमित से लिखते। *मार्मिक* की पूरी व्यवस्था ठाकरे परिवार के ही हाथों

---

[30] दीपंकर गुप्ता और जयंत लेले दोनों ने ही इस तथ्य का उल्लेख किया है.

[31] आचार्य अत्रे के मराठा दैनिक ने मराठी भाषियों की अस्मिता को उत्तेजित करने में ख़ासी भड़काऊ भूमिका निभायी. 1963 में जोगेश्वरी में जब उत्तर भारतीयों और महाराष्ट्रियनों के बीच संघर्ष हुआ तो अत्रे ने मराठीभाषियों का पक्ष लिया. इसके बाद तो क्रम ही बन गया कि सताए भले ही उत्तर भारतीय गये हों, मराठा में ख़बर उनके ही ख़िलाफ़ छपती थी.

[32] बाल सामंत, वही.

में थी। शुरू में *मार्मिक* को विज्ञापन मिलने में बड़ी कठिनाई हुई। चूँकि विज्ञापन एजेंसियों में दक्षिण भारतीय ही ज़्यादा भरे हुए थे इसलिए ठाकरे ने आसानी से निष्कर्ष निकाल लिया कि इसी वजह से उन्हें विज्ञापन नहीं मिल पा रहे हैं।

ठाकरे ने *मार्मिक* के ज़रिये कई मुद्दे उठाए। शुरुआत ऐसी घटनाओं से की जिनसे मुसलमान विरोध को भड़काया जा सकता था पर *मार्मिक* को अपेक्षित सफलता नहीं मिली। प्रयोग के इसी दौर में उन्होंने मराठी क्रॉसवर्ड पहेलियों के ख़िलाफ़ मुहिम चलायी। ये पहेलियाँ उन दिनों मराठी अख़बारों के लिए पैसा कमाने का भारी ज़रिया बनी हुई थीं। इस मुहिम के माध्यम से उन्होंने स्वयं की एक ईमानदार पत्रकार के रूप में छवि बना ली, एक ऐसे पत्रकार के रूप में जिसे ख़रीदा नहीं जा सकता था।[33] ईमानदारी का यह प्रभामण्डल आगे चलकर ठाकरे के बहुत काम आया।

ठाकरे की अगली मुहिम मुम्बई पर छाए हुए गुण्डा गिरोहों के ख़िलाफ़ थी। इसी मोड़ पर *मार्मिक* को पाठकों के बीच लोकप्रियता हासिल हुई। उन्होंने पहला हमला अवैध शराब बनाने वालों पर किया और घोषणा की कि महानगर में बढ़ते अपराधों के पीछे दक्षिण भारतीयों का हाथ है। ठाकरे के अंदर बैठे कार्टूनिस्ट ने व्यंग्य से टिप्पणी की कि महाराष्ट्र की राजधानी में गुण्डों के गिरोह भी ग़ैर–महाराष्ट्रियनों के हाथ में हैं। हालाँकि यह पूरी थीसिस कि गुण्डे गिरोह ज़्यादातर दक्षिण भारतीयों के ही हैं, तथ्यों पर आधारित नहीं थी, फिर भी किसी ने खुलकर और जमकर ठाकरे का खण्डन नहीं किया।[34] इससे उत्साहित होकर ठाकरे ने दक्षिण भारतीय बनाम महाराष्ट्रीयन की थीसिस अपने विलक्षण अंदाज़ में पेश की—

> सभी लुंगी वाले अपराधी, जुआरी, अवैध शराब खींचने वाले, दलाल, गुण्डे, भिखारी और कम्युनिस्ट हैं। ... मैं चाहता हूँ कि शराब खींचने वाला भी महाराष्ट्रीयन हो, गुण्डा भी महाराष्ट्रीयन हो और मवाली भी महाराष्ट्रीयन हो।[35]

इस तरह का बयान देकर ठाकरे ने मध्यवर्गीय मराठी मन को तो बेचैन किया ही, अपराध जगत में दक्षिण भारतीयों और मुसलमानों से होड़ करने में महाराष्ट्रीयन माफ़िया गिरोहों के दिल में भी अपने लिए हमदर्दी पैदा कर ली। ऐसे बयानों के कारण नैतिक लांछनों से बचने का सबसे बढ़िया हथकण्डा ठाकरे के पास यह रहता है कि, 'मुझे शब्दशः न लें। यह तो मेरे अंदर का कार्टूनिस्ट बोल रहा है।'[36]

---

[33] 'हाउ डिड इट ग्रो', वही.

[34] 'हाउ डिड इट ग्रो', वही.

[35] गंगाधरन ने वैद्य के इस कथन का उल्लेख किया है.

[36] *सण्डे* में वीर संघवी को ठाकरे का इंटरव्यू, 26 मार्च–1 अप्रैल, 1995.

ठाकरे द्वारा दक्षिण भारतीय शत्रु की संरचना यहीं नहीं रुकी। उन्होंने इसके लिए *मार्मिक* के पृष्ठों का अभूतपूर्व इस्तेमाल किया। 1964-65 में उन्हें महाराष्ट्र में गोवा के विलय और महाराष्ट्र-मैसूर सीमा विवाद का मुद्दा मिल गया। ठाकरे ने गोवा पर ख़ासतौर से अपना ध्यान केंद्रित किया और मराठी भावनाएँ भड़कायीं। फिर उन्होंने बेलगाँव के महाराष्ट्र में मिलाने की माँग में अपना सुर मिलाया। यशवंत राव चव्हाण का समर्थन करते हुए उन्होंने इस माँग के ख़िलाफ़ खड़े निजलिंगप्पा और हनुमंतैया का उपहास किया। ठाकरे ने चव्हाण को हाथी और इन दोनों दक्षिणी नेताओं को भौंकने वाला कुत्ता क़रार देकर एक बार फिर मराठी बनाम दक्षिणी के मिथक को पेश कर दिया।[37]

16 अगस्त, 1964 को *मार्मिक* ने आज़ादी का संकल्प अपने ख़ास अंदाज़ में व्यक्त किया। एक कार्टून में एक शक्तिशाली बालक (*मार्मिक*) पुर्तगालियों, ग़ैरज़िम्मेदार राजनेताओं, पुर्तगाली समर्थक गोवावासियों, मुसलमानों, कम्युनिस्टों और जमाख़ोरों पर कोड़े बरसाता हुआ दिखाया गया। फिर 23 अगस्त, 1964 को *मार्मिक* में एक लेख छपा जिसमें मुम्बई के मराठियों की गिरती सामाजिक हैसियत और घटते रोज़गार अवसरों का ज़िक्र था। लेखक का तर्क शा कि मराठियों को आर्थिक और सांस्कृतिक क्षेत्रों में बाहरी लोगों, ख़ासकर दक्षिण भारतीयों द्वारा उत्पीड़ित किया जा रहा है। इन दोनों उदाहरणों से साफ़ हो जाता है कि 16 अगस्त, 1964 तक *मार्मिक* के कोड़ों के शिकारों में कोई दक्षिण भारतीय नहीं था लेकिन एक हफ़्ते बाद छपे इस लेख ने ठाकरे की पुरानी दक्षिण भारतीय विरोध की अग्नि को फिर भड़का दिया और सम्भवत: अगले साल अगस्त तक वे योजना बनाते रहे कि कैसे इस मुद्दे को उछाला जाए।

एक अगस्त, 1965 को *मार्मिक* ने एक नया स्तंभ शुरू किया जिसका शीर्षक था 'वाचा आनी ठण्ड बसा' (पढ़ो और चुप रहो)। इस स्तंभ में शिपिंग कॉर्पोरेशन और रेलवे के दफ़्तरों में नौकरी कर रहे ग़ैर-महाराष्ट्रियनों की सूची छापी गयी। इसके बाद विभिन्न सरकारी, ग़ैरसरकारी और अर्धसरकारी दफ़्तरों में कार्यरत ग़ैरमहाराष्ट्रियनों की सूचियाँ हर हफ़्ते आने लगीं। यह क्रम एक वर्ष तक चलता रहा। इन सूचियों से ठाकरे ने बार-बार यह साबित करने की कोशिश की कि इन जगहों पर कार्यरत महाराष्ट्रियनों की संख्या ज़्यादा से ज़्यादा एक या दो फ़ीसदी है। 'पढ़ो और चुप रहो!' का शीर्षक बड़ा बेचैन कर देने वाला था।

---

[37] गुप्ता, वही : 123.

इससे मराठियों में भावना पैदा होती थी कि अपने हितों का हनन होते देखने के अलावा वे कुछ नहीं कर सकते। अचानक एक दिन ठाकरे ने हर बार की तरह एक और कम्पनी रैलिस वुल्फ़ में कार्यरत ग़ैरमहाराष्ट्रियनों को सूची छापी लेकिन उसका शीर्षक थोड़ा सा बदल दिया। अब यह शीर्षक था वाचा आनी उठा यानी 'पढ़ो और उठ खड़े हो।' उस ज़माने के कई शिव सैनिकों ने अस्सी के दशक में बातचीत करने पर स्वीकार किया कि ठाकरे द्वारा दिये गये इस शीर्षक परिवर्तन का उन पर बिजली जैसा असर हुआ वे 'एक्शन' के लिए उत्प्रेरित हो उठे।

इसके साथ ही ठाकरे ने *मार्मिक* में *आमची विथा तुमचो कथा* (हमारी व्यथा तुम्हारी कथा) शीर्षक से नया स्तम्भ शुरू किया जिसमें विशेष तौर से मुम्बई के महाराष्ट्रियनों की तकलीफ़ों और संतापों का वर्णन किया जाता था। ठाकरे के प्रयासों ने पाठकों पर बेहद असर डाला और देखते-देखते इन विचारों की प्रशंसा में सम्पादक के नाम पत्रों की बाढ़ आ गयी। कई पत्रों में लुंगी वालों की भर्त्सना भरी रहती थी। ठाकरे ने आरोप लगाया कि संविधान के अनुच्छेद 19ए का लाभ उठाकर 'उप्रेया' (बाहरी लोग) मुम्बई में आकर मराठियों का हक़ मार रहे हैं।[38] इस दौर के *मार्मिक* के अंकों का अध्ययन करने से ठाकरे और उनके पाठकों के बीच एक तरह की पारस्परिकता के दर्शन होते हैं। सम्पादक और उसके पाठक एक-दूसरे को उकसाने और शाबासी देते नज़र आते हैं। पत्रकारिता की विधा से एक हिंसक-राजनीतिक-सामाजिक आंदोलन की पृष्ठभूमि बनती हुई लगती है।

शिव सेना का शुरुआती दौर और कांग्रेस

5 जून, 1966 के *मार्मिक* में ऊँट और अरब की मशहूर कथा का ज़िक्र किया गया। इस कथा में ऊँट धीरे-धीरे अरब के पूरे तंबू पर क़ब्ज़ा कर लेता है जबकि शुरुआत में उसने मौसम से बचने के लिए केवल सिर छुपाने की जगह ही माँगी थी। *मार्मिक* का कहना था कि मूर्ख अरब फिर भी मानता रहा कि ऊँट उसका सच्चा दोस्त है। ठाकरे की कोशिश यह थी कि लोग मूर्ख अरब को महाराष्ट्रीयन समझें और दक्षिण भारतीयों को ऊँट। मतलब साफ़ था कि अरब पहले जितना मूर्ख नहीं रह गया है और ऊँट की तंबू क़ब्ज़ाने की हरकत अब और बर्दाश्त नहीं की जाएगी।

---

[38] *मार्मिक* के अंकों का इस अध्याय में दिया गया अधिकांश विवरण दीपंकर गुप्ता द्वारा किये गये अध्ययन के आधार पर, उपरोक्त.

ज़ाहिर है कि ठाकरे और *मार्मिक* के जीवन में वह क्षण आ गया था जब अरब को ऊँट से हिसाब चुकता करना शुरू कर देना चाहिए था। अपने कुछ दोस्तों से सलाह-मशविरा करके ठाकरे ने मई, 1966 में ऐलान किया कि 19 जून, 1966 को नाईगाँव मैदान में एक जनसभा के माध्यम से शिव सेना अर्थात् छत्रपति शिवाजी की सेना की स्थापना की जाएगी। घोषणा में यह भी था कि यह संगठन मराठी भाषी लोगों के हितों की मुम्बई में देखभाल करेगा। जो लोग चाहें वे इस संगठन में शामिल हो सकते हैं। ठाकरे के पिता प्रबोधंकर ने ही नये संगठन का नाम शिव सेना रखा।[39] इसी के कुछ दिन बाद *मार्मिक* में ठाकरे का एक इंटरव्यू छपा जिसमें उन्होंने कांग्रेस के ख़िलाफ़ मुख्य हमला केंद्रित करने के बजाय महाराष्ट्रियनों के लिए 80 फ़ीसदी नौकरियों की माँग की। एक सवाल के जवाब में वे सरकार से क्या चाहते हैं, ठाकरे ने कहा :

> मैं नहीं समझता कि कांग्रेस को नष्ट कर दिया जाना चाहिए, पर हम महाराष्ट्रियनों के लिए 80 फ़ीसदी नौकरियाँ चाहते हैं। रोज़गार दफ़्तर को पुनर्गठित किया जाना चाहिए। बीसी राय की नीति पर चलना चाहिए। इसके अलावा मुम्बई से सभी ग़ैरमराठी गुण्डों और भिखारियों को निकाल कर उनके राज्यों में वापस भेज देना चाहिए। स्थानीय पुलिस को कोई झोपड़पट्टी न बनने देने की गारंटी लेनी चाहिए और यदि कहीं अवैध शराब का धंधा और भ्रष्टाचार पाया जाए तो उसे पनपने नहीं देना चाहिए। सभी झोपड़पट्टियों को नष्ट कर दिया जाना चाहिए और महाराष्ट्रियनों की एक एसोसिएशन होनी चाहिए जो दक्षिण भारतीयों की तरह उन्हें कर्ज़ दे सके।[40]

ठाकरे के जवाब से साफ़ था कि उनका संगठन रोज़गार और आवास जैसे मसलों पर अपना ध्यान केंद्रित करने के मूड में था। ग़ैर-महाराष्ट्रियनों में से दक्षिण भारतीयों को चुनने की एक व्याख्या यह भी हो सकती थी कि ठाकरे का लक्ष्य वह पढ़ा-लिखा मराठी मध्यवर्ग था जो सीधे-सीधे नौकरियों में दक्षिण भारतीयों के साथ होड़ करने पर मजबूर था। दूसरे, एक दफ़्तर में काम करने वाला क्लर्क दक्षिण भारतीय आसानी से आतंकित किया जा सकता था। मराठी बहुसंख्या उसे घेर सकती थी। अपने लम्बे उत्तर में ठाकरे ने अपने इरादों को इस तरह साफ़ किया :

> किसी भी महाराष्ट्रीयन कर्मचारी के ख़िलाफ़ अन्याय बर्दाश्त नहीं किया जाना चाहिए और इसकी ज़िम्मेदारी सरकार को लेनी चाहिए। बंगाल और मद्रास की तरह महाराष्ट्र के रेलवे स्टेशनों पर सभी साइनबोर्ड राज्य की भाषा (मराठी) में

---

[39] ठाकरे का *नवभारत टाइम्स* को इंटरव्यू, 23 जनवरी, 1997.

[40] गुप्ता, वही : 125.

लिखे होने चाहिए। म्युनिसिपैल्टी को खोमचे वालों को प्रतिबंधित कर देना चाहिए और बस कंडक्टर की नौकरी सिर्फ़ मराठियों को मिलनी चाहिए। महाराष्ट्र सरकार को राजाज्ञा निकालनी चाहिए कि जो लोग मराठी जानते हैं, केवल उन्हें ही नौकरी दी जाएगी। मुम्बई प्रदेश कांग्रेस कमेटी को प्रतिबंधित करके केवल एक ही प्रदेश कांग्रेस कमेटी रहनी चाहिए क्योंकि इस कमेटी में ग़ैर-महाराष्ट्रियन भरे हुए हैं इसलिए इसे बने रहने का कोई अधिकार नहीं है। आकाशवाणी पर घोषणाएँ करते समय उद्घोषक को 'यह मुम्बई' कहने के बजाय 'आमी मुम्बई आकाशवाणी वसन बोलत अहेत' करना चाहिए। उन्हें मद्रास में जारी होने वाले सभी पर्चों को मुम्बई में ही छपाया जाना चाहिए। उन्हें मद्रास में नहीं छपाया जाना चाहिए। अख़िरकार महाराष्ट्र अगर मज़बूत नहीं होगा तो भारत भी कमज़ोर पड़ जाएगा।

ठाकरे के इन विचारों को उनके पाठकों ने ख़ूब सराहा लेकिन शिव सेना का कोई सांगठनिक ढाँचा न होने के कारण शिव सैनिकों की भर्ती कोई ख़ास रफ़्तार से नहीं हुई। तीन जुलाई को *मार्मिक* के स्तम्भ 'आमची विथा तुमची कथा' में एक रेखाचित्र छापा गया जिसमें एक भारी-भरकम दक्षिण भारतीय एक छोटे से भद्र महाराष्ट्रीयन को तंग कर रहा है। 19 जुलाई को ठाकरे ने शिव सेना में शामिल होने के इच्छुक लोगों के लिए आवश्यक एक शपथ *मार्मिक* में छापी। यह शपथ निम्नालिखित निर्देशों के आधार पर तैयार की गयी थी :

1. महाराष्ट्रियनों को दूसरे महाराष्ट्रियनों की मदद करनी चाहिए। उन्हें एक दूसरे की खुशहाली बढ़ाने में भी परस्पर सहायता करना चाहिए।
2. महाराष्ट्रीयन को अपनी संपत्ति किसी ग़ैरमहाराष्ट्रीयन को नहीं बेचनी चाहिए और अगर ऐसा कहीं हो रहा हो तो उसकी रपट शिव सेना 'कचेरी' (दफ़्तर) में करनी चाहिए।
3. महाराष्ट्रीयन दुकानदारों को बेचने के लिए अपना समान महाराष्ट्रीयन थोक डीलरों से ख़रीदना चाहिए और उन्हे अपने उपभोक्ताओं के प्रति और रुझान प्रदर्शित करना चाहिए।
4. महाराष्ट्रीयन सेवायोजकों को केवल महाराष्ट्रियनों को ही नौकरी पर रखना चाहिए।
5. युवक महाराष्ट्रियनों को बहुत अच्छी अंग्रेज़ी बोलना सीखना चाहिए। उन्हें स्टेनो-टाइपिंग तथा अन्य तकनीकी कार्यों में कुशल होना चाहिए।
6. उन्हें आलस्य त्यागना चाहिए, आवास सहकारी समितियाँ बनानी चाहिए और नौकरी पाने के लिए कहीं भी जाने के लिए तैयार रहना चाहिए।
7. महाराष्ट्रियनों को ऐसी गतिविधियों में हिस्सा लेना चाहिए जिनसे पूरे महाराष्ट्रीयन समुदाय को लाभ हो।
8.उन्हें महाराष्ट्रीयन संस्थानों, स्कूलों, आश्रमों की मदद करनी चाहिए और उनके सांस्कृतिक कार्यक्रमों में हिस्सेदारी करनी चाहिए।
9. उन्हें उडुपि होटलों का बहिष्कार करना चाहिए और ग़ैरमहाराष्ट्रियनों से कुछ भी नहीं ख़रीदना चाहिए।

10. महाराष्ट्रियनों को व्यापारियों को नीची निगाह से नहीं देखना चाहिए और उनकी मदद करनी चाहिए।

11. उन्हें दूसरे महाराष्ट्रियनों के प्रति रुक्ष और उद्दण्ड नहीं होना चाहिए और अगर कोई संकट में हो तो एकजुट होकर उसकी मदद करनी चाहिए।

इन निर्देशों में एक ओर मराठीवाद था तो दूसरी ओर ग़ैरमहाराष्ट्रियनों के रूप में केवल दक्षिण भारतीयों को ही चिह्नित किया गया था। उनके उडुपि होटलों को निशाना बनाने का कार्यक्रम तो साफ़तौर पर दिखाई पड़ता है। साथ ही इस निर्देशिका में अपने शत्रु की ख़ूबियों से सीखने की प्रवृत्ति भी दिखाई पड़ती है। युवा मराठियों को अंग्रेज़ी बोलने और स्टेनो-टाइपिंग में कुशलता हासिल करने की सीख से ज़ाहिर था कि ठाकरे कहीं न कहीं दक्षिण भारतीयों की इस योग्यता के कायल भी थे और मराठी भाषियों में यह कमी उन्हें खलती थी। ठाकरे का यह निर्देश काफ़ी कुछ द्रमुक आंदोलन के संस्थापक सीएन अन्नादुरै के उस भाषण की याद दिलाता था जिसमें उन्होंने तमिल युवकों को अंग्रेज़ी सीखने के लिए प्रोत्साहित किया था।[41] इस निर्देशिका का दसवाँ निर्देश भी गहरे अर्थों वाला था। व्यापारियों को नीची निगाह से न देखने के आग्रह के पीछे संयुक्त महाराष्ट्र आंदोलन द्वारा गुजराती पूँजीपतियों के ख़िलाफ़ भड़काई भावनाओं के शमन की कोशिश का फ़ौरी मक़सद तो था ही, इसमें कम्युनिस्टों के ट्रेड यूनियन आंदोलन के ख़िलाफ़ एक दूरगामी रणनीति की आहट भी थी। ठाकरे हमेशा से मानते रहे हैं कि तालाबंदी, हड़ताल और प्रबंधन के ख़िलाफ़ टकराव वाला रवैया न केवल महाराष्ट्र की प्रगति के लिए घातक है बल्कि पूरे राष्ट्र के लिए भी घातक है। आगे चलकर शिव सेना के मज़दूर संगठन कामगार सेना के लिए तो यह सिद्धांत वाक्य ही बन गया।[42] तीसरे, ठाकरे समझते थे कि महाराष्ट्रियनों के मनों में मराठों के पराक्रमी क़ौम होने की छवि तो थी लेकिन आधुनिकीकरण की प्रक्रिया में उद्योग-व्यापार और उत्पादन के महत्त्व को समझे बिना मराठीभाषी आगे नहीं बढ़ सकते। शिव सेना के लिए नेता चुनने में भी ठाकरे ने इन्हीं गुणों को महत्त्व दिया मनोहर जोशी को भाजपा-शिव सेना सरकार का मुख्यमंत्री पद मिलने के पीछे उनका व्यापारी होना तथा अंग्रेज़ी भाषा पर अच्छा अधिकार होना भी कारण माना जाता है। सिक्के का दूसरे पहलू यह था कि इस निर्देश से ठाकरे के वामपंथ विरोधियों के सामने उनका वर्ग चरित्र भी साफ़ हो गया। ट्रेड यूनियन आंदोलन के उस स्वर्ण युग में टाटा और बिड़ला को अपना अन्नदाता कहने वाले ठाकरे

---

[41] अन्ना दुरै का यह भाषण मद्रास मे सार्वजनिक स्थलों पर टेप के ज़रिये अक्सर सुनाया जाता रहता है.

[42] कामगार सेना के सम्मेलन में ठाकरे का भाषण, *जनसत्ता*, नयी दिल्ली.

ने गुजराती पूँजी को अपने निशाने से बिल्कुल अलग रखा जबकि इसी पूँजी के आग्रहों के ख़िलाफ़ संघर्ष करके संयुक्त महाराष्ट्र समिति ने मुम्बई का महाराष्ट्र में विलय कराया था।

दक्षिण भारतीयों के ख़िलाफ़ ठाकरे की मुहिम जारी रही और 31 अक्टूबर, 1966 को शिवाजी पार्क में ठाकरे ने एक सभा का आह्वान किया। शिव सेना स्थापना के बाद ठाकरे का यह पहला सार्वजनिक कार्यक्रम था। ठाकरे को इस सभा में अपेक्षित संख्या में लोगों के न आने का शक था। समस्या यह थी कि यदि श्रोता आ भी गये तो उनकी दिलचस्पी को कैसे क़ायम रखा जाएगा। इसीलिए सावधानी बरतते हुए ठाकरे ने कुछ फ़िल्मी स्टंट मास्टरों को भी बुलवा लिया था ताकि उनके करतबों के कारण लोग सभा में बने रहें। लेकिन शिवाजी पार्क में जो कुछ हुआ, वह ठाकरे समेत किसी भी उम्मीदों से परे था। कुछ महीनों पुराने संगठन के पहले औपचारिक कार्यक्रम में लोग उमड़ पड़े। पार्क में बनी शिवाजी की प्रतिमा, वहाँ के पेड़ों और मैदान के आसपास के घरों के छज्जों पर भी लोग भरे हुए थे।[43] उस दिन पहली बार ठाकरे को भी अपनी और अपने आंदोलन की वास्तविक ताक़त का एहसास हुआ।

इस सभा में आये लोग ठाकरे और शिव सेना के बारे में क्या सोचते थे? इनमें से ज़्यादातर *मार्मिक* के पाठक थे जो उस समय तक अभूतपूर्व रूप से लोकप्रिय हो चुका था। 15 वर्ष से ऊपर की आयु के पढ़े लिखे मध्यवर्गीय पाठकों का वह प्रिय पत्र था।[44] वे जो कुछ सुनना चाहते थे, ठाकरे ने अपने भाषण में उन्हें वही सब सुनाया। ठाकरे ने दक्षिण भारतीयों के ख़िलाफ़ ख़ूब ज़हर उगला। मुम्बई हाई कोर्ट के मुख्य न्यायाधीश (जो दक्षिण भारतीय थे) तथा ट्रेड यूनियन नेता जॉर्ज फ़र्नांडीज (दक्षिण भारतीय) का ठाकरे ने विशेष रूप से ग़ैर-महाराष्ट्रियनों के रूप में उल्लेख किया।[45] मध्यवर्गीय महाराष्ट्रियनों को जिस दुश्मन की ज़रूरत थी और जिस दुश्मन की संरचना *मार्मिक* के नियमित स्तम्भों में क्रमशः सन् 64 से की जा रही थी, उसे पहली बार सार्वजनिक रूप से ठाकरे ने इस सभा के ज़रिये उन्हें प्रदान कर दिया। शिव सेना की स्थापना की यह औपचारिक घोषणा जन उत्सव में बदल गयी। एक व्यक्ति द्वारा छेड़े गये

---

[43] दीपंकर गुप्ता (1995), 'टाइगर रोअर्स टु सक्सेज़', *टाइम्स ऑफ़ इण्डिया*, नयी दिल्ली, 12 अगस्त.

[44] मेरी काट्ज़ेंस्टीन (1973), 'ऑरिजंस ऑफ़ नेटिविज़्म : द इमर्जेंस ऑफ़ शिव सेना इन बॉम्बे', *एशियन सर्वे*, फ़रवरी, 1973.

[45] टी.जे.एस. जॉर्ज, वही.

मराठीवादी जिहाद ने इसी दिन के बाद से एक युद्धप्रिय सामाजिक आंदोलन की शक्ल लेनी शुरू कर दी। इस सभा में ठाकरे के भाषण से उत्तेजित होकर कई युवकों ने उडुपि होटलों पर पथराव किया और नारे लगाए— 'मद्राशाना हाकलुन लावा' (मद्रासियों को भगाओ) और 'इडली-सांभर बंद करा'।

शिव सेना की इस अचानक लोकप्रियता ने राजनीतिक दलों के कान खड़े कर दिये। 1967 का आम चुनाव सामने खड़ा था। स्थापित राजनीतिक दलों ने विशेषकर कांग्रेस ने ठाकरे पर एक गहरी निगाह डाली। कांग्रेसी नेताओं की दृष्टि में यह नयी उभरती हुई ताक़त कम्युनिस्टों और समाजवादियों का मुक़ाबला करने में उनकी मददगार हो सकती थी। ठाकरे ने भी सोचा कि उन्हें अब शिव सेना का बाक़ायदा एक सांगठनिक ढाँचा खड़ा करना चाहिए। 31 अक्टूबर की सभा के बाद ठाकरे के शुभचिंतकों ने भी उनसे इसी आशय का अनुरोध किया।

ठाकरे ने अपने निकटस्थ सहयोगियों से कहा कि वे आसपास के इलाक़ों में शिव सेना की शाखाएँ खोलें। अपनी निर्देशिका में वे इन शाखाओं को *कचेरी (दफ़्तर)* की संज्ञा दे ही चुके थे। उस निर्देशिका से यह भी ज़ाहिर था कि शिव सेना की शाखाएँ मराठी भाषियों की शिकायतें सुनेंगी और उन्हें 'इंसाफ़' दिलाने की कोशिश करेंगी। विभिन्न इलाक़ों में अपनी सामाजिक सक्रियता के कारण प्रतिष्ठित और लोकप्रिय लोगों को शिव सेना में लाना ठाकरे ने अपना लक्ष्य बनाया। जैसे ही उन्हें ऐसे किसी व्यक्ति का पता लगता वे अपने दोस्तों के साथ उससे मिलते और शिव सेना में शामिल होने का अनुरोध करते। उनमें से कई ने शिव सेना में आना मान भी लिया। ये लोग अपनी राजनीतिक क्षमताओं या सांगठनिक योग्यता के लिए नहीं जाने जाते थे। लेकिन ठाकरे को इसकी चिंता नहीं थी। उन्हें तो ज़्यादा से ज़्यादा शिव सैनिक चाहिए थे। ठाकरे को अपने प्रयासों में आश्चर्यजनक सफलता मिली। पहले छह महीनों में ही उन्होंने 95 शाखाएँ खोल डालीं।[46] अन्य राजनीतिक शक्तियाँ तो ठाकरे को कामयाबी से चकित थी हीं, स्वयं ठाकरे भी कम चकित न थे। लेकिन उन्होंने स्वयं को इससे परेशान न होने दिया। शिव सेना में आने वाले हर व्यक्ति के सामने साफ़ था कि वह सैनिक है और वह सेना में कुछ करने के लिए आया है।[47] और यह कि ठाकरे उसके एकमात्र नेता और कमाण्डर हैं। ठाकरे की तत्कालीन मनःस्थिति और संगठन शैली का अंदाज़ा उनके इस कथन से लगाया जा सकता है :

[46] गुप्ता, वही : 40.
[47] गेराई ह्यूज, वही.

मै आंदोलन को थामना नहीं चाहता था। चूँकि घटनाओं की रफ़्तार मेरी क्षमताओं से भी कहीं तेज़ थी इसलिए मैंने भी स्वयं को लहरों के साथ ही बह जाने दिया लेकिन मैंने निरंतर यह स्पष्ट करना जारी रखा कि मेरे साथ अपने वाले लोग एक नेता के रूप में मेरी आज्ञापालन के लिए तैयार होने चाहिए। मैं तुम्हारे कथित लोकतंत्र में यक़ीन नहीं करता।[48]

कांग्रेस के अंदर एकीकृत महाराष्ट्र के समर्थकों की तरफ़ से शिव सेना को शुरू में हमदर्दी मिली। शाखाओं के उद्घाटन जनसभाओं में वसंतदादा पाटिल, एसके पाटिल तथा राज्य मंत्रिमण्डल के सदस्यों ने हिस्सा लिया। संसदीय राजनीति में मराठा गौरव के प्रतीक समझे जाने वाले यशवंत राव चव्हाण ने तो शिव सेना को सनद भी दे दी, 'ये लोग लोकमान्य तिलक और शिवाजी महाराज की शानदार परम्पराओं को आगे ले जा रहे हैं।'[49]

कांग्रेसियों द्वारा ठाकरे की पीठ थपथपाने के पीछे एक स्पष्ट राजनीतिक लक्ष्य था। सेना की स्थापना से ठीक एक महीने पहले यानी 22 मई, 1966 को वामपंथियों ने सम्पूर्ण महाराष्ट्र समिति का गठन किया था ताकि वे 1967 का चुनाव मिलकर लड़ सकें।[50] कम्युनिस्टों और संसोगाइयों के इस गठजोड़ का इरादा यह था कि एक बार फिर बेलगाँव और करवार को महाराष्ट्र में शामिल करने की माँग उठाकर मराठी भावनाएँ उकसाई जाएँ और उनका चुनाव में दोहन किया जाए। देखा जाए तो यह संयुक्त महाराष्ट्र आंदोलन का पुराना लक्ष्य था। संयुक्त महाराष्ट्र समिति का संसदीय बोर्ड सन् 1959 में ही दावा कर चुका था कि वह महाराष्ट्र को तब तक सम्पूर्ण नहीं मानेगा जब तक बेलगाँव, करवार और बीदर के विवादग्रस्त क्षेत्र प्रदेश में शामिल नहीं कर लिए जाते।[51] लेकिन सम्पूर्ण भहाराष्ट्र समिति की समस्या यह थी कि एक ओर वह मराठी भावनाओं का लाभ उठाना चाहती थी, दूसरी ओर पूर्वी मुम्बई से उसके उम्मीदवार वीके कृष्णमेनन थे। मेनन न केवल दक्षिण भारतीय थे बल्कि भारत के पूर्व रक्षामंत्री भी थे। सन् 62 के भारत-चीन सीमा-विवाद और परिणामस्वरूप हुए युद्ध में भारतीय सेनाओं की पराजय की ज़िम्मेदारी उनके ऊपर थी। कांग्रेस ने उन्हें टिकट नहीं दिया था। ठाकरे और कांग्रेस ने मेनन के वामपंथ, रक्षामंत्री के रूप में उनकी असफलता और चीन के कम्युनिस्ट देश होने को आपस में जोड़कर जनता

---

[48] गुप्ता, वही : 73.

[49] गुप्ता, वही : 159.

[50] गुप्ता, वही : 159.

[51] गुप्ता, वही : 65. (*टाइम्स ऑफ़ इण्डिया,* 7 अक्टूबर, 1959).

के सामने पेश किया। मेनन पराजित हो गये। उन्हें हराने वाले एसजी बर्वे ने जीत के लिए शिव सेना को औपचारिक रूप से धन्यवाद दिया। बर्वे की निर्वाचन के थोड़े दिनों बाद ही मृत्यु हो गयी। कृष्ण मेनन एक बार फिर उपचुनाव में खड़े हुए। शिव सेना ने मेनन के मुक़ाबले बर्वे की बहन तारा सप्रे का समर्थन किया और मेनन को दूसरी बार हार का मुँह देखना पड़ा।[52]

यहाँ ठाकरे का वामपंथ विरोध स्पष्ट रूप से उभरा। उन्होंने कहा, 'कम्युनिज़म का नाश करना शिव सेना का एक प्रमुख उद्देश्य है।'[53] शिव सेना के वामपंथ की हर क़िस्म का विरोध करने का निश्चय किया, भले ही वामपंथी स्वयं मराठी वाद का नारा लेकर मैदान में क्यों न उतरे हों। चूँकि शिव सेना स्वयं मराठीवाद की प्रवर्तक थी इसलिए मराठीभाषी जनता की उभरती हुई भावनाओं से उसकी अपनी ज़मीन मज़बूत होती थी और वह मेनन और जॉर्ज फ़र्नांडीज जैसे दक्षिण भारतीयों को डांगे और एसएम जोशी की सोहबत में दिखाकर स्वयं को महराष्ट्रीयन हितों का कहीं बेहतर प्रतिनिधि साबित कर देती थी। 1967 के चुनाव में सेना ने दक्षिण मुम्बई से जॉर्ज फ़र्नांडीज के मुक़ाबले एसके पाटिल के लिए काम किया। इस चुनाव में मुँह की खा कर सम्पूर्ण महाराष्ट्र समिति का भट्ठा बैठ गया। वह किसी तरह 1969 तक घिसटती रही और अंत में पूरी तरह ख़त्म हो गयी। इस तरह शिव सेना महाराष्ट्रियनों की एकमात्र 'वैध' प्रतिनिधि रह गयी और बाल ठाकरे उनके एकमात्र नेता।

1967 के चुनाव में ठाकरे ने अपनी राजनीतिक उपयोगिता तो साबित की ही, उनकी लोकप्रियता का ग्राफ़ और ऊपर चढ़ा। उन्होंने अपनी प्रांतीय संकीर्णता को द्रविड़ मुनेत्र कषगम के मुक़ाबले रखकर व्याख्यायित किया। अखिल भारतीय राजनीति के प्रभुत्व के उस युग में ठाकरे का यह सूत्रीकरण अनूठा और वक़्त से पहले था। उस वक़्त तत्कालीन जनसंघ के दिमाग़ में भी यह बात नहीं घुसी थी। जनसंघ तो उस समय भाषाई संघवाद के ख़िलाफ़ खड़ा हुआ था।[54] और प्रकारांतर से ठाकरे के स्थानीयतावाद का कठोर आलोचक था जनसंघ स्वयं को राष्ट्रीय दल और हिंदू राष्ट्रवाद का प्रवर्तक मानता था और उसी के सामने ठाकरे हिंदू महाराष्ट्रीयन दक्षिण भारतीय हिंदुओं को आतंकित करते थे। ठाकरे ने न केवल जनसंघ के राष्ट्रवाद से स्वयं को अलग किया बल्कि राष्ट्रीय स्वयं सेवक संघ के

---

[52] गुप्ता, वही : 181.

[53] गुप्ता ने *मार्मिक* (1967), में छपे इस कथन का ज़िक्र किया है.

[54] अभय कुमार दुबे, वही.

हिंदुत्व की अंतरनिहित ख़ामी को उसी ज़माने में उजागर कर दिया। संघ के संरसंघचालक गोलवलकर की ठाकरे ने इसलिए आलोचना की क्योंकि वे वर्णाश्रम पर ज़ोर देते थे जिससे हरिजन हिंदुत्व से दूर चले जाते थे।[55]

इससे पहले जब ठाकरे पर प्रांतीयता का इलज़ाम लगाया गया तो उन्होंने द्रमुक का हवाला दिया और कहा कि उनकी प्रांतीयता तो इसका प्रत्युत्तर है। उन दिनों द्रमुक के नेता अपनी राष्ट्रीयता भारतीय के बजाय द्रविड़ लिखते थे। उनकी इस तरह की हरकतें ठाकरे के खूब काम आयी और उन्होंने स्वयं को 'पहले राष्ट्र फिर महाराष्ट्र' का तरफ़दार घोषित कर दिया। उन्होंने कहा कि महाराष्ट्रीयन तो दक्षिण भारतीयों के मुक़ाबले बेहद सहनशील और विशाल हृदय के होते हैं। उनमें प्रांतीय संकीर्णता होती ही नहीं। मुम्बई के 'मद्रासी' मेयर माधवन का ज़िक्र करते हुए ठाकरे ने पूछा कि 'क्या मद्रास का मेयर महाराष्ट्रीयन हो सकता है? क्या नाइक या चव्हाण मद्रास से चुनाव जीत सकते हैं?' सन् 62 में कृष्ण मेनन मुम्बई से एक लाख से ज़्यादा वोटों से जीत चुके थे।[56]

स्वतंत्र अस्तित्व की ओर

ज़ाहिर था कि ठाकरे के ये तर्क राष्ट्रीय दलों के गले नहीं उतर सकते थे। कांग्रेस केवल उनसे फ़ौरी गठजोड़ ही कर सकती थी। शिव सैनिकों द्वारा उडुपि रेस्तराओं पर पथराव और जगह-जगह दक्षिण भारतीयों की पिटाई से क्षुब्ध होकर कांग्रेसियों ने चुनाव के फ़ौरन बाद उसकी आलोचना शुरू कर दी। शिव सेना की सराहना करने वाले चव्हाण ने उसे 'फ़ासिस्ट' की संज्ञा दे दी। ठाकरे को बहुत बुरा लगा। उन्होंने अपने पाठकों को याद दिलाया कि कुछ दिन पहले तक कैसे और क्यों चव्हाण को शिवसेना की मदद की ज़रूरत थी। उन्होंने आरोप लगाया कि पुणे नगर निगम का चुनाव जीतने के लिए चव्हाण ने एक पेशेवर नर्तकी की मदद ली है। इस तरह शिव सेना और कांग्रेस के रिश्तों में खटास आ गयी। जनसंघ के वी पण्डित ने भी शिव सेना की खिंचाई की और ठाकरे को सलाह दी कि यदि वे वास्तव में महाराष्ट्रियनों के हितचिंतक हैं तो उन्हें अपना कार्यक्रम समाप्त कर देना चाहिए। उधर नयी दिल्ली की संसद में भी शिव सेना की गतिविधियों की जाँच की माँग उठी। जनसंघ के पण्डित शिव शर्मा ने तो चव्हाण से ठाकरे की गिरफ़्तारी की माँग ही कर डाली। द्रमुक के सांसदों ने प्रधानमंत्री को ज्ञापन दे

---

[55] *इण्डियन एक्सप्रेस*, एक अगस्त, 1973.

[56] गुप्ता, वही : 127.

कर दावा किया कि शिव सेना एक अर्धफ़ौजी संगठन है जिसके पास दो लाख से ज़्यादा स्वयंसेवक हैं और उसके पदाधिकारियों को कमाण्डर कहा जाता है। कई नेताओं ने शिव सेना की तुलना हैदराबाद के रजाकार आंदोलन से की।[57] ये सभी तुलनाएँ ज़ाहिरा तौर पर बढ़ी-चढ़ी थीं।

उस समय तक ठाकरे के पिता प्रबोधंकर ठाकरे उनके मुख्य सलाहकार थे। प्रबोधंकर को लगा कि सेना को अपनी स्वतंत्र ताक़त बनानी चाहिए। 1968 में मुम्बई नगर निगम के चुनाव होने थे। यही वह कसौटी थी जिस पर ठाकरे के स्थानीयतावाद की ताक़त कसी जा सकती थी। चुनाव हुए और शिव सेना ने कमोबेश अपनी ही दम पर उनमें भाग लिया। 'जय भवानी-जय महाराष्ट्र' के नारे को केंद्र बना कर ठाकरे ने इतनी शानदार चुनावी मुहिम चलायी कि उनके पुराने मित्र और उनके कम्युनिस्ट आलोचक भी हैरत में रह गये। शिव सैनिकों में ऐसा उत्साह था, मानों वे किसी उत्सव में भाग ले रहे हों। चुनाव से कुछ दिन पहले ठाकरे की अपील पर वे शिवाजी पार्क में जमा हुए और 'हर-हर महादेव' के नारों के साथ गुलाल और अबीर से होली खेली। यह सब ठीक वैसा ही था, जैसा छत्रपति शिवाजी किसी मुहिम पर जाने से पहले किया करते थे। वरिष्ठ पत्रकार जीएन आचार्य ने लिखा, 'मुम्बई म्युनिसिपल कॉरपोरेशन के चुनाव में 40 सीटें जीतने लायक़ विशाल और विस्तृत मुहिम चलाना निर्देशों और संचार के ढाँचे, एक साधनसम्पन्न संगठन और धन के बिना सम्भव नहीं हो सकता।' आचार्य ने आश्चर्य जताया कि सेना और उसके 'बिग चीफ़' ठाकरे के पास इतनी रक़म कहाँ से आयी? उनके ख़याल से बिना 50-55 लाख ख़र्च किये इस तरह चुनाव लड़ना मुमकिन नहीं था। उन्होंने माना कि सेना की मुहिम का 'आकार और क्वालिटी, मेरी निगाह से गुज़रा सर्वाधिक प्रभावी चुनावी फ़ील्ड वर्क' बेमिसाल था। सेना के चुनावी पोस्टरों में बड़े-बड़े अक्षरों में लिखा था, 'बिवेयर कांग्रेस बुल्स : शिव सेना टाइगर इज हेयर।'[58]

नगर निगम चुनावों में शिव सेना की जीत इतनी ज़बर्दस्त और अविश्वसनीय थी कि उसके विरोधी हड़बड़ा गये। नयी दिल्ली से निकलने वाली वामपंथी पत्रिका *मेनस्ट्रीम* ने इस पर एक पूरा विशेषांक ही छाप दिया जिसमें पहला लेख जॉर्ज फ़र्नांडीज का था जिन्हें मुम्बई में ठाकरे से जूझना पड़ रहा था। जॉर्ज ने केंद्रीय गृहमंत्री यशवंत राव चव्हाण (शिव सेना के पूर्व प्रशंसक) के कथन का

[57] यह पूरा विवरण, गुप्ता के अध्ययन से वही : 160.

[58] जी.एन. आचार्य (1968), 'ग्राउलिंग टाइगर', *मेनस्ट्रीम*, 6 अप्रैल.

हवाला देते हुए अपना लेख शुरू किया कि शिव सेना को देश का बड़ा उद्योगपति तबक़ा समर्थन दे रहा है और इसकी जाँच सेंट्रल इंटेलीजेंस ब्यूरो से करवाई जानी चाहिए।[59] इस विशेषांक के एक लेखक ने स्वीकार किया कि अभी कुछ पहले तक वे शिव सेना को 'फैक्ट' नहीं बल्कि 'फ़िक्शन' मानते थे।[60]

चुनाव में कांग्रेस को सबसे ज़्यादा 67 सीटें ज़रूर मिलीं, लेकिन उसे केवल 29 फ़ीसदी वोट मिल सके। शिव सेना को 31 फ़ीसदी वोट मिले और उसने 40 सीटें जीतीं। संसोपा, माकपा और भाकपा का गठजोड़ सम्पूर्ण महाराष्ट्र समिति के रूप में ध्वस्त हो गया। निगम में उसकी सदस्य संख्या 34 से घटकर 5 रह गयी और उसके ज़्यादातर उम्मीदवारों की जमानतें ज़ब्त हो गयीं। जनसंघ को केवल 8 फ़ीसदी वोट मिलें।[61]

वामपंथी क्यों नाकाम रहे?

मेनस्ट्रीम के ठाकरे विरोधियों को सबसे ज़्यादा अफ़सोस इस बात पर था कि ठाकरे ने दक्षिण भारतीयों के ख़िलाफ़ जो अर्धसत्य और झूठ फैलाए हैं— उनका ठीक से खण्डन नहीं किया गया। इन लेखों का निष्कर्ष था कि अगर शुरू में ही ठाकरे को क़रारी टक्कर दी जाती तो शिव सेना को रोका जा सकता था। केके गंगाधरन और सुधा गोगटे के तर्क यह साबित करने के लिए पर्याप्त थे कि महाराष्ट्र के साथ केंद्र सरकार उस समय कोई अन्याय नहीं कर रही थी और प्रांतीय संकीर्णता का कोई केंद्र विरोधी तर्कसंगत करण मौजूद नहीं था।

गंगाधरन और गोगटे के अनुसार उस समय महाराष्ट्र की आबादी कुल भारत की आबादी का 9 फ़ीसदी थी लेकिन उसे पूरे पूँजी निवेश का 22 फ़ीसदी हिस्सा मिल रहा था। इसके उलट चार दक्षिण भारतीय राज्य देश की कुल आबादी का 24 फ़सीदी होने के बावजूद केवल 15 फ़ीसदी पूँजी निवेश आकर्षित कर रहे थे। महाराष्ट्र में प्रति व्यक्ति पूँजी निवेश 135 रुपये था जबकि दक्षिण भारतीय राज्यों में केवल 33 रुपये था। उत्तर प्रदेश तो इस मामले में बहुत पीछे था। कुल आबादी का 16.65 फ़ीसदी होने के बावजूद उसे केवल 7.25 फ़ीसदी निवेश से काम चलाना पड़ रहा था।

चूँकि देश के अन्य भागों की पूँजी महाराष्ट्र में आ रही थी इसलिए अन्य भागों से रोज़गार की तलाश में लोगों का महाराष्ट्र आना भी स्वाभाविक ही था।

---

[59] जॉर्ज फ़र्नांडीज, 'मीटिंग चैलेंज', *मेनस्ट्रीम.*

[60] वही.

[61] वही.

अगर सरकार महाराष्ट्र में बाहर से लोगों का आना रोक देती तो महाराष्ट्र से बनी चीज़ों का महाराष्ट्र से बाहर बहिष्कार भी शुरू हो सकता था तब महाराष्ट्र से ग़ैरमहाराष्ट्रियनों को निकालने की शिव सेना की लाइन का अन्य राज्यों में निवास कर रहे 40 लाख महाराष्ट्रियनों पर उलटा असर पड़ सकता था। महाराष्ट्र के प्रति दस हज़ार लोगों में केवल 275 हिंदी बोलने वाले थे जबकि मध्य प्रदेश में प्रति दस हज़ार की आबादी पर मराठी बोलने वाले 266 थे। महाराष्ट्र में कन्नड़ भाषियों के लिए यही आँकड़ा 159 था जबकि मैसूर में मराठी भाषियों की संख्या 488 थी।[62]

अगर देखा जाए तो ठाकरे के 'सन ऑफ़ सॉयल' यानी धरतीपुत्र आंदोलन की इन आँकड़ों से धज्जियाँ उड़ जानी चाहिए थीं। स्वयं दीपंकर गुप्ता ने मुम्बई का इतिहास बता कर साबित कर दिया है कि मुम्बई के निर्माण में ग़ैर-महाराष्ट्रियनों का कितना बड़ा योगदान था। उन्होंने तो साक्षरता के आँकड़े देकर यह भी कह दिया है कि महाराष्ट्रीय पढ़ाई-लिखाई में पीछे होने के कारण तेज़ी से उद्योगीकृत हो रही मुम्बई में रोज़गार के मामले में पिछड़ गये थे। लेकिन गंगाधरन की आलोचना पूरे महाराष्ट्र पर केंद्रित थी और उसका आधार एक भारतव्यापी राष्ट्रीयता की विचारधारा थी, जबकि ठाकरे का लक्ष्य केवल मुम्बई के बेरोज़गार मराठीभाषी ही थे और गंगाधरन और गोगटे का स्वयं भी मानना था कि मनोवैज्ञानिक रूप से महाराष्ट्रीयन मुम्बई में स्वयं को वंचित भी महसूस कर रहे थे। दूसरे, यह एक तथ्य था कि महाराष्ट्र को मौजूदा राजनीतिक शक्ल देने के आंदोलन में मुख्य योगदान मराठीभाषियों का ही था। मुम्बई को महाराष्ट्र की राजधानी बनाने की माँग का ग़ैर-महाराष्ट्रियनों, विशेषकर गुजराती पूँजीपतियों ने विरोध किया था। ये मराठीभाषी ही थे जिन्होंने मोरारजी देसाई की लाठी-गोली खाकर संयुक्त महाराष्ट्र का झण्डा बुलंद किया था। इसलिए पढ़ाई-लिखाई में पीछे होते हुए भी मराठीभाषियों द्वारा अपने ही राज्य में विशेष अवसरों की माँग करना आम लोगों को अधिक तर्कसंगत लग सकता था।

वामपंथियों और उदारतावादी पत्रकारों ने *मेनस्ट्रीम* और उसके बाहर शिव सेना व ठाकरे की जो आलोचना की उसमें कुछ भाव यह भी था कि काश, कम्युनिस्टों ने मज़दूरों वर्ग को संगठित करने का परम्परागत कार्यभार छोड़कर संयुक्त महाराष्ट्र का आंदोलन अपने कंधों पर न उठाया होता। दीपंकर गुप्ता रजनी पाम दत्त और पाल स्वीज़ी जैसे मार्क्सवादी सिद्धांतकारों के इस निष्कर्ष

---

[62] गंगाधरन, उपरोक्त : 134.

का उल्लेख करते हैं कि सुस्त और निष्क्रिय क़िस्म का मज़दूर आंदोलन दक्षिणपंथी उभार के लिए गुंजाइश छोड़ देता है। दीपंकर गुप्ता का स्पष्ट आरोप है कि अगर मुम्बई का ट्रेड यूनियन नेतृत्व अपने कर्त्तव्य को भूलकर उस 50 के दशक में मराठी राष्ट्रीयता के आंदोलन में न फँसा होता तो ठाकरे इतनी आसानी से जीत हासिल नहीं कर सकते थे।

गुप्ता बताते हैं कि 1956-65 की अवधि में अर्थात् द्वितीय पंचवर्षीय योजना की शुरुआत से ही मुम्बई में निवेश की अचानक बाढ़ सी आ गयी थी और अनगिनत कारख़ाने लगने शुरू हो गये थे। 1959 से 1969 के बीच ऐसे कारख़ानों की संख्या 65 से बढ़ कर 85 हो गयी थी जिनमें एक हज़ार से पाँच हज़ार लोग मज़दूरी करते थे। 500 से 999 के बीच मज़दूरों वाली फ़ैक्ट्रियाँ 45 से बढ़कर 70 हो गयी थीं। 1956 से 1965 के बीच क़रीब 25 हज़ार फ़ैक्ट्रियों का अतिरिक्त रजिस्ट्रेशन हुआ। यह एक ऐसी अवधि थी जब पंचाटों (ट्रिब्युनलों) और अदालतों ने मज़दूरों द्वारा की जाने वाली वेतन माँगों के पक्ष में फटाफट फ़ैसले दिये और मज़दूरवर्ग में यह भावना मज़बूत होने लगी कि सरकार और मिल मालिक उनके अंतर्विरोध में नहीं हैं बल्कि सहयोगी रुख अपना रहे हैं। कम्युनिस्टों के परम्परागत प्रभुत्व वाली गिरणी कामगार यूनियन पर भी इस भावना का असर कम नहीं था। ऐसे माहौल में वामपंथी ताक़तें शासक वर्ग की विचारधारात्मक चौधराहट को भेद नहीं पाई और सच्चाई तो यह है कि उन्होंने न ही इस तरह की गम्भीर कोशिश की। इसका अंदाज़ा इस तथ्य से लगाया जा सकता है कि जब 1965 में औद्योगिक आशावाद ठण्डा पड़ने लगा, तो भी वामपंथी संगठनों ने मज़दूरों की आर्थिक माँगों पर किसी आम हड़ताल का आह्वान नहीं किया, उन्हें वैचारिक रूप से सशक्त बनाना तो दूर की बात थी। मुम्बई में एटक ने 1950 और 1966 के बीच कोई हड़ताल नहीं की। 20 फ़रवरी, 1966 को आम हड़ताल का आह्वान ज़रूर किया गया लेकिन 10 मार्च, 1966 को बिना एक भी माँग मनवाए इसे वापस ले लिया गया। स्थिति यह थी कि 1954 के बाद आर्थिक प्रश्नों पर यदा-कदा ही हड़तालें की गयी। अधिकांशतः कम्युनिस्ट गतिविधियाँ संयुक्त महाराष्ट्र समिति के हितों को साधने में लगी रहती थीं। कम्युनिस्टों की एक पूरी पीढ़ी ही समिति के झण्डे तले विकसित हुई। 1964 में हुए पार्टी विभाजन ने मुम्बई के आंदोलन पर और ख़राब असर डाला और इस तरह कम्युनिस्ट 1966

[63] गुप्ता, वही : 59-60.

के पूँजीवादी संकट का फ़ायदा उठाने से चूक गये।[63] बंगाल की तरह महाराष्ट्र में कम्युनिस्टों के सांस्कृतिक संगठन भी कार्यरत नहीं थे जो महाराष्ट्रीयन बुद्धिजीवियों और संस्कृतिकर्मियों को अपनी तरफ़ खींच पाते। यहाँ तो स्थिति उलटी थी। कम्युनिस्ट ताक़तें साठ के दशक के आख़िरी वर्षों में सम्पूर्ण महाराष्ट्र समिति बना कर मराठी भावनाओं के इस्तेमाल की फिराक़ में थीं जबकि उस समय तक ठाकरे जैसे नेता इस कला में उनके मुक़ाबले कहीं महारत हासिल कर चुके थे।

कम्युनिस्ट ट्रेड यूनियनिज़म की तत्कालीन तस्वीर शिव सेना के संदर्भ में दो तरह से हमारे सामने आती है। शिव सेना के उत्थान को एक विराट कम्युनिस्ट विरोधी शासकवर्गीय साज़िश का परिणाम मानने वाले भाकपा (माले) के बुद्धिजीवी अशोक कुमार तब के मुम्बई मज़दूर आंदोलन की बड़ी ज़ोरदार तस्वीर पेश करते हैं। उनके विचार से संयुक्त महाराष्ट्र आंदोलन भाकपा का प्रसार करने में मददगार था :

> कांग्रेस ने महाराष्ट्र और ख़ासकर मुम्बई को कम्युनिस्टों के प्रभाव से निकालने के लिए शिव सेना को जन्म दिया था। 1950 के दशक में संयुक्त महाराष्ट्र आंदोलन के चलते सीपीआई महाराष्ट्र के ग्रामीण क्षेत्रों में भी प्रवेश कर गयी थी। मुम्बई, ख़ासकर सेंट्रल मुम्बई तो सीपीआई का परम्परागत गढ़ था। झोपड़पट्टियों में छापा मारने के पहले कभी-कभी तो पुलिस को पार्टी दफ़्तर की इजाज़त भी लेनी पड़ती है। न केवल कल-कारख़ानों पर, बल्कि क़रीब-क़रीब प्रत्येक झोपड़पट्टी में लाल झण्डा फहराता नज़र आता था। मध्य मुम्बई में दसियों लाख रुपये ख़र्च करके भी डांगे को चुनाव में हराना सम्भव नहीं था।[64]

किसी भी समझदार पाठक को ताज्जुब हो सकता है कि क्या इतने ज़बर्दस्त आंदोलन को किसी साज़िश के ज़रिये पराजित किया जा सकता था और क्या शिव सेना जैसे लोकप्रिय होते हुए सामाजिक आंदोलन को किसी साज़िश के तहत जन्म दिया जा सकता था? दरअसल, असली स्थिति कुछ और ही थी। कम्युनिस्ट ट्रेड यूनियन आंदोलन उस समय तक अपनी सफलता के लिए सरकारी मदद पर काफ़ी कुछ निर्भर हो चुका था और उसकी हालत वही हो गयी थी जिसे पाल स्वीजी के अनुसार सुस्त और निष्क्रिय की संज्ञा दी जा सकती थी।

स्टीफ़न शर्लाक मुम्बई के कम्युनिस्ट प्रभुत्व वाले मज़दूर आंदोलन की एक दूसरी ही तस्वीर पेश करते हैं। उनका मानना है कि पहले और दूसरे विश्वयुद्ध के बीच ही औपनिवेशिक शासन ने ट्रेड डिस्प्यूट कांसिलेशन एक्ट, 1934 पास

---

[64] अशोक कुमार, 'कट्टर हिंदूवाद से कांग्रेस के रिश्ते', *साम्प्रदायिकता के स्रोत*, वही.

करके और मज़दूरों की शिकायतों की ज़ाँच करने व विवादों में मध्यस्थता करने के लिए श्रम अधिकारियों की नियुक्ति करके ट्रेड यूनियनों को राज्य की तरफ़ देखने पर मजबूर कर दिया था। अंग्रेज़ी शासन के आख़िरी वर्षों में श्रम संबंधों के प्रति सरकार का यह सहयोगात्मक रवैया आज़ादी के बाद भी चालू रहा। शर्लाक बताते हैं कि द्वितीय विश्वयुद्ध के दौरान अंग्रेज़ों के युद्ध प्रयासों का समर्थन करके भाकपा ने शासन की हमदर्दी जीत ली। भाकपा ने हड़तालों को हतोत्साहित किया— इससे मिल मालिक भी खुश हुए। कांग्रेसी उससे होड़ करने के लिए मैदान में नहीं थे। वे या तो गिरफ़्तार थे या भारत छोड़ो आंदोलन के कारण भूमिगत थे इसलिए भाकपा और एमएन राय के समर्थकों को मुम्बई पर संगठनात्मक क़ब्ज़ा करने में मदद मिली। कांग्रेसियों ने उन्हें पहली चुनौती 1947 में राष्ट्रीय मज़दूर मिल संघ (आरएमएमएस) स्थापित करके दी। इसका मक़सद मज़दूरों और मालिकों के बीच सहयोग की गाँधीवादी विचारधारा को लागू करना था। इस संगठन को 1934 के एक्ट की तर्ज़ पर बने मुम्बई औद्योगिक संबंध अधिनियम (बीआईआर) के तहत एकमात्र प्रतिनिधि यूनियन का दर्जा मिल गया और इसने मालिकों के साथ दनादन समझौते करने शुरू कर दिये।[65]

कम्युनिस्टों ने इसका प्रतिरोध करने की कोशिश की। राज्य के मज़दूर आंदोलन में इसी क़िस्म के जिस हस्तक्षेप से उन्हें किसी ज़माने में फ़ायदा हुआ था, उसके मुक़ाबले वे कोई विशेष जीत हासिल न कर सके। ऐसी बात नहीं कि उन्होंने त्याग-बलिदान नहीं किये और विपरीत परिस्थितियों में टिकने की क्षमता प्रदर्शित नहीं की। चिंचपोकली और लालबाग की चालों में साठ और सत्तर के दशकों में कम्युनिस्टों से भिड़ने वाले शिव सैनिक आज तक बातचीत के दौरान इन जिलों के 'लाल अतीत' की याद करते हैं। उन्हें अभी भी कम्युनिस्ट कार्यकर्त्ताओं की चारित्रिक दृढ़ता और समर्पित कार्यकुशलता पसंद आती है।[66] पर इस दृढ़ता के परिणामस्वरूप जो लाभ हुए वे उन संगठनों के हाथों में चले गये जो अपनी सफलताओं के लिए अंतिम विश्लेषण में राज्य द्वारा बनाए माहौल पर निर्भर थे।

मार्क्सवादी दायरे में शिव सेना का अध्ययन करने वाले अध्येता भी अब मान गये हैं कि ठाकरे और शिव सेना को मज़दूर वर्ग के ख़िलाफ़ साजिश बताने वाला कम्युनिस्ट प्रचार आधारहीन था। दीपंकर गुप्ता अपनी थीसिस के उपसंहार

---

[65] स्टीफ़न शर्लाक (1996), 'क्लास रिफ़ॉर्मेशन इन मुम्बई', *इकॉनानिक ऐंड पॉलिटिकल वीकली,* 28 दिसम्बर.
[66] गेरार्ड ह्यूज, वही.

में साफ़ कहते हैं कि शिव सेना के जन्म और रचना में 'पूँजीवादी और साम्राज्यवादी हितों के सक्रिय होने के प्रमाण नहीं मिलते। यद्यपि इसका अर्थ यह नहीं है कि शिव सेना को बाद में इन तत्त्वों की मदद नहीं मिली[67] लेकिन किसी संगठन के टिकने और विकसित होने में ये कारक केवल बाहरी और ग़ैर-बुनियादी महत्त्व के ही होते हैं। दरअसल कम्युनिस्ट बुद्धिजीवी शुरुआती दौर में मान बैठे थे कि जिस तरह संयुक्त महाराष्ट्र का उनके द्वारा चलाया गया आंदोलन समय के साथ ठण्डा हो गया, वैसे ही शिव सेना का मराठीवाद भी ठण्डा हो जाएगा। ऐसा नहीं होना था और इसकी चेतावनी भाकपा केंद्रीय सचिवालय के सदस्य एसजी सरदेसाई ने 1968 में ही दे दी थी।[68]

मुम्बई की दुनिया को ठीक से न समझने के कारण कम्युनिस्ट सिद्धांतकार लहराते हुए झण्डों को देखकर ही संतुष्ट होते रहे। फ़ैक्टरी के दरवाज़े के अंदर 'लाल झण्डा ज़िंदाबाद' करते मज़दूर कैसे फ़ैक्टरी से बाहर शिव सैनिक हो जाते हैं— यह प्रक्रिया उन्होंने काफ़ी हद तक अनदेखी की। लेकिन शिव सेना का संगठन करने में लगे हुए लोग इस परिस्थिति को देख भी रहे थे और इससे असंतुष्ट भी थे। बाल ठाकरे ने तय किया कि क्यों न मज़दूरों को फ़ैक्टरी के अंदर भी शिव सैनिक बना लिया जाए। इसी उद्देश्य के लिए 1968 में ही उन्होंने भारतीय कामगार सेना स्थापित की जिसका स्पष्ट और घोषित उद्देश्य कम्युनिस्टों को ट्रेड यूनियन मैदान से खदेड़ना था।[69]

शिव सेना का राजनीतिक उद्देश्य कम्युनिस्टों के ख़िलाफ़ केंद्रित था, लेकिन कम्युनिस्टों ने शिव सेना के ख़िलाफ़ जमकर कभी काम नहीं किया। उनके ढीले-ढाले रवैये ने भी शिव सेना को जमने में मदद की। ठाकरे और भी ज़्यादा आक्रामक होते चले गये। शिव सैनिकों ने भाकपा के सांसद और प्रमुख ट्रेड यूनियन नेता कृष्णा देसाई की हत्या कर दी। ठाकरे ने इसे छिपाया नहीं और कुछ ही दिन बाद रॉबर्ट मनी हाई स्कूल में हुई एक जनसभा में उन शिव सैनिकों की सार्वजनिक रूप से तारीफ़ की जो इस हत्याकाण्ड में शामिल थे।[70] कई बार कम्युनिस्टों ने शिव सेना की सिर्फ़ इसलिए आलोचना नहीं की क्योंकि वह जॉर्ज फ़र्नांडीज पर हमला कर रही थी जो कम्युनिस्टों के ट्रेड यूनियन प्रतिद्वंद्वी थे।

[67] दीपंकर गुप्ता, वही : 186.

[68] एस.जी. सरदेसाई (1960), 'डेंजर ऑफ़ फ़ासिस्ट मीनेस', *मेनस्ट्रीम*, 6 अप्रैल, 1960.

[69] गुप्ता, वही : 82.

[70] सरदेसाई, वही.

मुम्बई में वामपंथ की नर्म क़िस्म के नुमाइंदे जॉर्ज फ़र्नांडीज थे। डॉ. राम मनोहर लोहिया के अनुयायी के रूप में जॉर्ज ने मज़दूर आंदोलन में अभूतपर्व सफलता प्राप्त की थी। उनका व्यक्तित्व और वक्तृता करिश्माई थी। लोहिया ने एक बार कहा था कि जॉर्ज जैसे कुछ लोग उन्हें मिल जाएँ तो वे समाजवाद लाने में कामयाब हो जाएँगे। दक्षिण भारतीय मूल के होने के कारण जॉर्ज को ठाकरे का गुस्सा कुछ ज़्यादा ही झेलना पड़ा। दिलचस्प बात यह है कि जॉर्ज स्वयं को ठाकरे का मित्र बताते हैं। ठाकरे के सत्तरवें जन्म दिन पर महाराष्ट्र सरकार द्वारा प्रायोजित परिशिष्ट (*टाइम्स ऑफ़ इण्डिया,* 23 जनवरी, 97) में जॉर्ज ने लेख लिखा है— 'फ्रेंड्स, डिस्पाइट डिफ़रेंसिज़'। अपने इसी मित्र के विरुद्ध 1968 में उन्होंने माँग की थी कि उसके ख़िलाफ़ सीबीआई जाँच कराई जानी चाहिए। उन्हें शक था कि ठाकरे को पूँजीपतियों की काली तिजोरी से पैसा मिलता है। बहरहाल, जॉर्ज फ़र्नांडीज ने मित्रता के चलते कई बार ठाकरे को समझाना चाहा कि उनकी 'सन ऑफ़ सॉयल' थीसिस ग़लत है। एक सेमिनार में उन्होंने कई आँकड़े देकर अपनी बात साबित करने की कोशिश की पर जब ठाकरे के बोलने का नम्बर आया तो जवाब सुन कर जॉर्ज हतप्रभ रह गये। ठाकरे ने कहा, 'मैं आँकड़े नहीं जानता। मैं इन बातों का नाजानकार हूँ। मैं तो केवल अपने मराठी बहनों और भाइयों को जानता हूँ।' जॉर्ज को ज़्यादा ताज्जुब इस बात से हुआ कि श्रोताओं ने ठाकरे की इस तर्कहीन शैली पर तालियाँ बजा कर प्रसन्नता ज़ाहिर की। जॉर्ज को बड़ा अफ़सोस हुआ कि देश में परम्परागत पार्टियों के होते हुए भी इस तरह का जज़्बाती माहौल बन गया है। उन्होंने युवकों को विशेष रूप से शिक्षित करने की ज़रूरत महसूस की। उनकी इच्छा लोहिया द्वारा परिकल्पित भूमि सेना की तर्ज़ पर युवकों को गोलबंद करने की थी।[71] लेकिन क्या वास्तव में जॉर्ज ने इस दिशा में कोई क़दम उठाया?

जॉर्ज को उस समय शायद इस बात का पूरा एहसास नहीं रहा होगा कि मुम्बई के मज़दूरों में उनकी प्रतिष्ठा उनके समाजवादी आंदोलन से जुड़ाव के तथ्य से कहीं परे जाकर थी। 50 और 60 के दशक में वे मज़दूरों को यूनियनों में संगठित करने में इसलिए कामयाब हुए क्योंकि उनके नेतृत्व में निजी चमक तो थी ही, साथ ही वे प्रबंधन से समझौता वार्ता करने और होशियारी से आंदोलन चलाने में माहिर थे। दूसरे, जॉर्ज के काम का केंद्र अधिकांशतः पब्लिक सेक्टर

---

[71] जॉर्ज फ़र्नांडीज, वही.

यूनियनें थीं जहाँ मज़दूरों की नौकरी सुरक्षित रहती थी और वेतन वृद्धि सरकारी बजट में समायोजित की जा सकती थी। फ़र्नांडीज उस ज़माने में मुम्बई में तेज़ी से बढ़ते हुए निजी क्षेत्र में अपने क़दम जमाने में नाक़ाम रहे। निजी उद्योगों में प्रबंधन से समझौता वार्त्ता करने की परिस्थितियाँ एकदम अलग क़िस्म की रहती थीं और मज़दूर वहाँ ज़्यादा असुरक्षा महसूस करते थे।[72] शिव सेना ने अधिकांशतः अपना निशाना निजी क्षेत्र को बनाया जहाँ जॉर्ज से उसकी सीधी मुठभेड़ नहीं हुई। इन्हीं परिस्थितियों के मिले जुले प्रभाव से और कुछ-कुछ राष्ट्रीय राजनीति में पैठ जमाने की महत्त्वाकांक्षाओं ने जॉर्ज फ़र्नांडीज को मजबूर कर दिया कि वे मुम्बई का मैदान बाल ठाकरे के लिए ख़ाली छोड़ दें। 1973 में वे पब्लिक सेक्टर की ही रेलवे यूनियन के नेतृत्व में सक्रिय हो गये और रेलवे हड़ताल में राष्ट्रीय ख्याति प्राप्त करने के बाद दो बार केंद्र सरकार में मंत्री बने। ख़ुद उनके शब्दों में, 'बाद में बाल से मेरे मतभेद बढ़ते चले गये। शिव सेना मजबूत हो गयी। मैं लोकसभा में चला गया और मेरी मुम्बई में दिलचस्पी कम हो गयी।'[73] शिव सेना के हाथों अपनी दुर्गति का क़िस्सा एक बार फिर फ़र्नांडीज के ही शब्दों में इस प्रकार है :

> 1971 में मुम्बई के पूँजीपतियों ने मुझे मनाने का प्रयास किया कि मैं एसके पाटिल के ख़िलाफ़ चुनाव न लड़ूँ। इसके लिए एक मीटिंग का आयोजन किया गया। जब मैं मीटिंग में पहुँचा तो बाल ठाकरे वहाँ हाज़िर था। पूँजीपतियों का आग्रह था कि मैं किसी और क्षेत्र से लड़ूँ। वे मेरी हर तरह की मदद करने को तैयार थे। मैंने उनसे कहा कि भाड़ में जाओ और मैं मुम्बई से ही लड़ा। मेरे ख़िलाफ़ नवल टाटा लड़े और बाल ठाकरे ने उनका समर्थन किया। उनकी मुख्य मुहिम मेरे ख़िलाफ़ थी, 'जॉर्ज हड़ताल कराके आपको बेरोज़गार बनाता है जबकि टाटा उद्योग लगाकर आपको नौकरी देते हैं।' एसके पाटिल ख़ुद तो नहीं लड़े पर उन्होंने डॉ. कैलाश को मेरे ख़िलाफ़ खड़ा कर दिया। रजनी पटेल ने मेरे ख़िलाफ़ हाजी मस्तान और यूसुफ़ पटेल जैसे लोगों को भड़काया। मुझे केवल 36 हज़ार वोट मिले और मेरी जमानत ज़ब्त हो गयी।'[74]

जॉर्ज के इस कथन से स्पष्ट है कि रेलवे यूनियनों में सक्रिय होने से पहले ही मुम्बई से उनका दाना-पानी उठने लगा था। देश में जिस तरह का आर्थिक संकट और बेरोज़गारी थी, उसमें मज़दूरों को ज़्यादा फ़िक्र अपनी नौकरियों की थी इसलिए उन्हें बाल ठाकरे की पूँजीपति समर्थक बात ज़्यादा समझ में आती

[72] शर्लाक, वही.

[73] *टाइम्स ऑफ़ इण्डिया*, 23 जनवरी, 1997.

[74] जॉर्ज फ़र्नांडीज (1997), 'फ्रेंड्स डिस्पाइट डिफ़रेंसिज़', *टाइम्स ऑफ़ इण्डिया*, 23 जनवरी.

थी। वामपंथियों के पास इस परिस्थिति से निबटने की पूर्व तैयारी नहीं थी। अपने इसी वैचारिक और रणनीतिक संकट को हल न कर पाने के कारण आज स्थिति यह है कि जॉर्ज को ठाकरे से अपनी दोस्ती के क़िस्से सुनाने पड़ रहे हैं और ठाकरे की सहयोगी पार्टी भाजपा से गठजोड़ करना पड़ रहा है।

वामपंथ की एक तीसरी क़िस्म प्रजा सोशलिस्ट पार्टी (प्रसोपा) भी उन दिनों मुम्बई में ख़ासी सक्रिय थी। समाजवादियों के इस धड़े ने तो बाल ठाकरे से कभी संघर्ष किया ही नहीं। 1968 के निगम चुनाव में उसने शिव सेना से गठजोड़ कर लिया था। प्रसोपा इस क़दर कम्युनिस्ट विरोधी थी कि केवल बाल ठाकरे ही इस मामले में उससे आगे निकल सकते थे। 1959 में प्रसोपा की मदद से केरल की कम्युनिस्ट सरकार गिराने के बाद कांग्रेस ने इस क़िस्म के समाजवादियों से अपने संबंध बहुत सुधार लिए थे। जैसे ही कांग्रेस ने एकीकृत महाराष्ट्र बनाने के बारे में अपना इरादा ज़ाहिर किया वैसे ही संयुक्त महाराष्ट्र समिति में कार्यरत प्रसोपा ने यशवंत राव चव्हाण की तरफ़ दोस्ती का हाथ बढ़ा दिया। सन् 62 का भारत-चीन सीमा विवाद प्रसोपा को पूरी तरह कम्युनिस्ट विरोधी रंग में ले आया। 1968 में शिव सेना-प्रसोपा गठजोड़ ने अच्छी सफलता हासिल की लेकिन दोनों संगठनों की दोस्ती का नतीजा यह हुआ कि धीरे-धीरे प्रसोपा के बहुत से कार्यकर्ता शिव सेना में चले गये।

मज़दूरों और उद्योगपतियों में ठाकरे ने अपनी पैठ कैसे बनायी!

चूँकि शिव सेना का गठन ही मराठीभाषियों को रोज़गार के मुद्दे पर हुआ था इसलिए ट्रेड यूनियन आंदोलन में हस्तक्षेप करते समय ठाकरे ने साफ़ तौर पर घोषित किया कि उनका इरादा हड़तालों को हतोसाहित करना और प्रबंधन के साथ दोस्ती करके चलना है। कांग्रेस के राष्ट्रीय मिल मज़दूर संघ के बाद सम्भवत: ठाकरे की भारतीय कामगार सेना अकेला ऐसा संगठन थी जो पूँजी और श्रम के बीच संघर्ष की नहीं सहयोग की वकालत करती थी। दरअसल शिव सेना को रास्ता दिखाने और उसके लिए हालात तैयार करने का जिम्मा पूरी तरह इस कांग्रेसी यूनियन पर डाला जा सकता है। इस संघ ने एक ऐसे माहौल की नींव डाली जिसमें यूनियन नेता मज़दूरों के चौधरी की भूमिका निभाते हुए किसी भी हड़ताल के दौरान मालिकों के साथ मज़दूरों की नुमाइंदगी के नाम पर सौदा कर लेता था। इस नेता के बड़े राजनीतिक सम्पर्क होते थे जिनका फ़ायदा उठकर वह मालिकों पर कुछ दबाव डालता था और संघर्ष से उकता चुके मज़दूर उसकी सेवाएँ लेकर ख़ुशी-ख़ुशी सौदा मंजूर कर लेते थे।

पूँजीपतियों से की जाने वाली सौदेबाज़ी में धीरे-धीरे संगठित अपराध गिरोहों की दिलचस्पी भी बढ़ने लगी और पूँजीपति-अपराधी-यूनियन नेता की तिकोनी धुरी उभर आयी।[75]

जब नौकरी मुश्किल से मिल रही हो और उसकी रक्षा करना और भी मुश्किल हो, तब मज़दूर वर्ग का चिंतन बदलना स्वाभाविक ही था। संदीप पेंडसे मुम्बई के मज़दूर वर्ग के बदलते मिज़ाज के बारे में बताते हैं :

> संगठित मज़दूर और अन्यों के बीच एक तरह की खाई बनती गयी.....मज़दूर वर्ग के सदस्य के रूप में, भले ही वह सदस्यता कितनी भी उछटती हुई क्यों न हो, मज़दूर की आत्मपहचान धीरे-धीरे मंद होने लगी। (मज़दूर वर्ग की) सामाजिक और विचारधारात्मक हैसियत में अपेक्षाकृत गिरावट दिखाई देने लगी। अनौपचारीकरण की प्रक्रिया और स्वरोज़गार की परिघटना के विस्तार ने भी पेशागत अथवा वर्गीय पहचान के आधार को कमज़ोर कर दिया। इसने और अधिक विच्छिन्नीकरण तथा प्रतिस्पर्धा को बढ़ावा दिया। व्यवस्था का उत्पीड़न और शोषक रूप उत्तरोत्तर अदृश्य, अस्पष्ट और लक्ष्यविहिन हो गया। सपने भी संग्रहकारी और उपभोक्तावादी होने लगे।[76]

यह वातावरण ठाकरे की कामगार सेना के लिए आदर्श था। मज़दूर वर्ग की दरकती हुई एकता, 1969 में कांग्रेस के विभाजन के बाद फैला भ्रम का माहौल, दो भागों में बँटा हुआ कम्युनिस्ट आंदोलन, संघर्ष में दिलचस्पी खोकर सरकारें बनाने में लगा हुआ समाजवादी आंदोलन- यह माहौल एक नये तरह के नेतृत्व का आह्वान कर रहा था जिसकी नैतिकता और कार्यशैली एकदम भिन्न तरह की होनी थी। कामगार सेना की स्थापना के समय *मार्मिक* में उसके उद्देश्यों को मुद्दावार प्रकाशित किया गया—

> 1. भारतीय कामगार सेना मज़दूरों का शोषण नहीं करेगी क्योंकि उनका तो कम्युनिस्ट कई वर्षों से शोषण कर रहे हैं।
>
> 2. मज़दूरों को ज़्यादा से ज़्यादा उत्पादन करने और केवल तभी अधिक मेहनताना माँगने की शिक्षा दी जाएगी। वर्ग संघर्ष के बारे में गुल-गपाड़ा मचा कर निरक्षर मज़दूरों को केवल गुमराह किया गया है। मज़दूर केवल इसलिए ग़रीब हैं क्योंकि वे हड़ताल करके उत्पादन ठप्प कर देते हैं।
>
> 3. कामगार सेना भाकपा और माकपा के लाल दुर्गों पर लगातार हमले करेगी।
>
> 4. भाकपा और माकपा की तरह शिव सेना ट्रेड यूनियनों में राजनीतिक लाभ के लिए भागीदारी नहीं करेगी।
>
> 5. कम्युनिस्ट ट्रेड यूनियनों के विपरीत वे मज़दूरों की मदद के लिए अनुदानों का

---

[75] शर्लाक, वही.

[76] दिलीप पेंडसे (1995), 'टॉइल, स्वैट ऐंड द सिटी', *बॉम्बे : ए मेटाफ़र फ़ॉर मॉडर्न इण्डिया*, वही.

[77] गुप्ता वही : 136-137.

इस्तेमाल करेंगे और इस प्रकार महाराष्ट्रीय मज़दूरों के हितों की सुरक्षा करेंगे। ठाकरे ने बेझिझक कहा, 'महाराष्ट्रियनों को रोटी और रोज़गार देने वाला कोई भी व्यक्ति हमारा अपना है, चाहे वह टाटा हो, बिड़ला हो या कोई और।'[77]

ठाकरे ने अपनी ट्रेड यूनियन गतिविधियों और मराठीभाषियों को रोज़गार देने के मुद्दे को लगभग जोड़ दिया। उन्होंने शिव सेना का एक 'इम्पलायमेंट ब्यूरो' खोला और बैंक ऑफ़ अमेरिका में कार्यरत अरुण जोशी और ए डांडेकर को इसका इंचार्ज बनाया। ठाकरे का कहना था कि तकनीकी कुशलता की ज़रूरत वाली नौकरियों को छोड़ कर बाक़ी सभी नौकरियाँ महाराष्ट्रियनों को बिना किसी हीले-हवाले मिल जानी चाहिए। शिव सेना की शाखाओं में नौकरी की तलाश करने वालों के लिए छपे हुए फ़ॉर्म रख दिये गये। कम शिक्षित से लेकर विज्ञान और कला में एमए और इंजीनियरिंग ट्रेनिंग पाए हुए लोगों ने भी ये फ़ॉर्म भरे। जैसे ही शाखा प्रमुखों अथवा जोशी व डांडेकर को कहीं किसी रिक्ति की जानकारी होती वैसे ही वे इन फ़ॉर्मनुमा अर्जियों को वहाँ पेश कर देते।

ठाकरे ने एक *स्थानिक लोकाधिकार समिति* भी बनायी। इसका मक़सद सरकारी दफ़्तरों और बैंकों व बीमा संगठनों में कार्यरत क्लर्कों, इत्यादि को शिव सेना के झण्डे तले गोलबंद करना था। यहाँ भी शिव सेना की माँग 80 फ़ीसदी महाराष्ट्रियनों को नौकरियाँ देने की थी। बैंकों के कर्मचारियों पर अपना सिक्का ज़माने के पीछे ठाकरे की मंशा यह थी कि अगर कभी मुम्बई को महाराष्ट्र से अलग करने की माँग उठी तो वित्तीय क्षेत्रों में हड़बड़ाहट फैल जाएगी। तब स्वयं प्रधानमंत्री को शिव सेना से समझौता वार्ता करने आना पड़ेगा।

ठाकरे ने जैसे ही ट्रेड यूनियन गतिविधियों में क़दम रखा वैसे ही कई उद्योगपतियों ने उन्हें अपना दोस्त बना लिया और ठाकरे को अपनी फ़ैक्टरियों की श्रम समस्याओं की स्वयं जानकारी दी। टी मानेकलाल और वोल्टास के कारख़ानों में तो मौजूदा यूनियनों के प्रभाव का मुक़ाबला करने के लिए ठाकरे की यूनियन को निमंत्रण दिया गया। पहले ही साल में ठाकरे ने 55 यूनियनें बना डालीं। ये यूनियनें अपनी शक्ति शिव सेना की शाखाओं द्वारा कभी भी की जा सकने वाली जनगोलबंदी की क्षमता से अर्जित करती थीं। शाखा की ताक़त उस समय भी काम आती थी जब यदा-कदा मज़ूदर किसी समझौते को मानने से हिचकते दिखाई देते। 1969 में जब ठाकरे के निर्देश पर कामगार सेना के सदस्य टी मानेकलाल ने हड़ताल तोड़ने से इनकार करने लगे तो ठाकरे ने स्वयं मौक़े

---

[78] यह पूरा विवरण भी दीपंकर गुप्ता के शोध के आधार पर.

पर जाकर उन्हें मजबूर कर दिया। अगले दिन सत्यनारायण की पूजा हुई, ठाकरे का माल्यार्पण किया गया, शिवाजी की प्रतिमा को मालाएँ पहनाई गयीं और शिव सेना को सफल घोषित कर दिया गया।[78]

फ़ैक्टरी में पहले से कार्यरत शिव सैनिकों की मदद से पहले वहाँ कामगार सेना की शाखा खोल ली जाती थी। फिर ठाकरे, मनोहर जोशी, प्रमोद नवलकर या वामन राव महादिक सरीखा कोई नेता उस शाखा की मीटिंग में भाषण देने जाता था। आसपास की यूनियनों के शिव सैनिक उस मीटिंग में शामिल होकर उसे कामयाब बना देते थे। फ़ैक्टरी में हड़ताल होने पर शिव सेना शुरू में ही विरोधी रुख नहीं अपनाती थी। जब हड़ताल कुछ हफ़्ते पुरानी हो जाती और समझौते की सम्भावना नहीं दिखती तो कामगार सेना के लोग मज़दूरों को हड़ताल की व्यर्थता के बारे में समझाते। जब मज़दूर काफ़ी संख्या में उनके साथ चले जाते तो दत्ता साल्वे, दत्ता प्रधान या मनोहर जोशी में से कोई आकर प्रबंधन से बातचीत करता। प्रबंधन कुछ माँगे मान लेता और शिव सेना को समझौते का श्रेय मिल जाता। अगर किसी फ़ैक्टरी में मज़दूर बेहद जुझारू चेतना से लैस होते और वहाँ शिव सेना की कोई इकाई भी नहीं होती तो उद्योगपति ठाकरे को सूचित कर देते और फिर एक ट्रक में भर कर हथियारबंद शिव सैनिक कारख़ाने में घुस जाते और हड़ताल तोड़ देते। हड़ताली मज़दूर निकाल दिये जाते। उनकी जगह ठाकरे के बताए शिव सैनिकों को नौकरी मिल जाती।

हालाँकि, यह हथकण्डा वहीं सफल हो पाता जहाँ अकुशल और अर्धकुशल मज़दूरों की बहुसंख्या हो क्योंकि कुशल मज़दूरों को मनमाने तरीक़े से निकालना या उनकी जगह दूसरे मज़दूरों को देना मुमकिन नहीं था। यूनियनों के आपसी झगड़ों का लाभ उठाकर भी कई जगह कामगार सेना को कामयाबी मिली। छोटे-छोटे कारख़ानेदारों को तो ठाकरे लाइसेंस और पॉवर कनेक्शन, इत्यादि दिलवाने में भी मदद करते थे और बदले में शिव सैनिकों को वहाँ नौकरी दिलवा देते थे। बैंकों और बीमा संगठनों में यही गतिविधियाँ स्थानिक लोक अधिकार समिति के झण्डे तले होती थीं।

ठाकरे और उद्योगपतियों के बीच का यह संबंध इतनी सीधा और आसान नहीं था— जितना ऊपर दिये गये विवरण से लग सकता है। कामगार सेना कई प्रबंधनों को 'बेवकूफ़' क़रार देकर उनके ख़िलाफ़ संघर्ष भी करती थी। वह हमेशा और हर जगह हड़ताल का विरोध भी नहीं कर पाती थी और उसे हड़तालियों का साथ देना पड़ता था। इन ट्रेड यूनियन गतिविधियों में कई दफ़ा ठाकरे को ग़ैर-महाराष्ट्रीयन मज़दूरों के हितों की देखभाल भी करनी पड़ती थी।

ठाकरे को वोट देने वाले

सन् 68 के नगर निगम चुनावों में सर्वाधिक वोट पाने वाली शिव सेना के मतदाताओं की संरचना का अध्ययन कई दिलचस्प निष्कर्ष पेश करता है—

- मुम्बई में जन्मे और पले-बढ़े महाराष्ट्रीयन मतदाताओं ने शिव सेना को सबसे ज़्यादा वोट दिये।
- शिव सेना जिन दक्षिण भारतीयों को निशाना बनाती थी, उन्हीं दक्षिण भारतीयों में से अच्छी ख़ासी संख्या ने उसे वोट दिये।
- मुम्बई में महाराष्ट्र के दूसरे इलाक़ों से आये महाराष्ट्रियनों ने मुम्बई में पले-बढ़े महाराष्ट्रियनों की अपेक्षा शिव सेना को कुछ कम वोट दिये।
- मुम्बई में लम्बे अरसे से बसे गुजरातियों ने शिवसेना के प्रति घोर अरुचि का प्रदर्शन किया। ख़ास बात यह थी कि आव्रजक गुजरातियों का कुछ-कुछ समर्थन शिव सेना को मिला। कुल मिला कर गुजरातियों ने ठाकरे को नापसंद किया।
- ऊँची आमदनी वाले परिवारों ने शिव सेना को तक़रीबन ठुकरा दिया। नीची आमदनी वाले परिवारों ने काफ़ी कम समर्थन दिया लेकिन मँझोली आमदनी वालों अपेक्षाकृत अधिक वोट दिये।

मुम्बई के टाटा इंस्टीट्यूट ऑफ़ सोशल साइंसेज की भी इस सर्वे में मदद ली गयी। दीपंकर गुप्ता ने विश्लेषण के बाद पाया कि ठाकरे ने अपनी चुनावी मुहिम में दक्षिण भारतीयों को एक ऐसा आश्वासन दिया था जिसकी उस समय उनसे उम्मीद नहीं की जाती थी। उन्होंने कहा था कि शिव सेना नगर संबंधी मामलों में मराठियों और दक्षिण भारतीयों में भेदभाव नहीं करेगी। गुप्ता ने यह भी पाया कि शिव सेना की लोकप्रियता किसी एक आमदनी वाले तबक़े पर निर्भर नहीं है।

ठाकरे समेत शिव सेना के दस बड़े नेताओं, ज़िला प्रमुखों, शाखा प्रमुखों, निचले अधिकारियों और अन्य शिव सैनिकों की सामाजिक-आर्थिक और शैक्षणिक पृष्ठभूमि का विश्लेषण करने पर दीपंकर गुप्ता ने पाया कि सेना के दस बड़े नेताओं में केवल दो ब्राह्मण और एक निचली जाति का था और बाक़ी सात नेता मध्य जातियों के थे। बाल ठाकरे को छोड़कर बाक़ी सभी डिग्रीधारी थे। उनकी आयु सीमा 30-45 के बीच थी यानी उन्हें युवा माना जा सकता था। उनकी आमदनी समान नहीं थी। दस में से नौ के ऊपर उनके पिता का राजनीतिक असर कोई ख़ास नहीं था। यानी केवल ठाकरे ही अपने पिता की विचारधारा से

काफ़ी प्रभावित नज़र आते थे। इसमें से केवल दो सदस्य ही शिव सेना में आने से पहले राजनीतिक रूप से सक्रिय रह चुके थे।

शिव सेना के 35 पार्षदों और 123 ज़िला और शाखा प्रमुखों का विश्लेषण करने पर नतीजा निकला कि केवल दो पार्षद 45 वर्ष की वय के थे। इन सभी की औसत आयु 35 वर्ष थी। शाखा, विभाग और ज़िला प्रमुख और भी कम उम्र के यानी तीस के आसपास थे। इनमें से आठ 45 वर्ष से ऊपर और छह 25 वर्ष से नीचे थे। इनमें ज़्यादातर मध्य जातियों के थे और आमतौर पर उनका संबंध राजनीतिक पार्टियों से नहीं था। केवल छह पार्षद और 19 प्रमुख सेना में आने से पहले राजनीतिक तौर पर सक्रिय रह चुके थे। इनमें से अधिकांश की पृष्ठभूमि सामाजिक और सांस्कृतिक सक्रियता की अवश्य थी, लेकिन कुछ तो सार्वजनिक जीवन में एकदम नये थे। जो पहले राजनीति में रह चुके थे, उनका संबंध या तो राष्ट्रीय स्वयं सेवक संघ से रहा था या संयुक्त महाराष्ट्र समिति से। अधिकांश पार्षद मध्य वित्त परिवारों से थे और अधिकांश विभाग शाखा प्रमुख निम्न वित्त परिवारों के थे। इन नेताओं का ज़्यादातर हिस्सा 16 से 25 वर्ष पहले ही मुम्बई में रहने के लिए आ गया था। अधिकांश नेता रोजग़ारशुदा थे लेकिन पार्षदों में अन्य नेताओं की अपेक्षा स्वरोज़गार वालों की संख्या ज़्यादा थी। केवल एक पार्षद को छोड़कर बाक़ी साक्षर थे और कई पार्षद डिग्रीधारी थे।[79]

दीपंकर गुप्ता का यह विश्लेषण कई बातें बताता था कि ठाकरे द्वारा चलाए गये आंदोलन ने मुम्बई के महाराष्ट्रियनों की मध्य जातियों में अच्छा-ख़ासा असर डाला और ऐसे तबक़े को प्रभावित किया जो पहले राजनीति में नहीं था यानी एक सर्वथा नये क़िस्म की राजनीतीकरण की मुहिम चलायी। इससे यह भी साबित होता है कि शिव सेना संघ परिवार की सदस्य नहीं थी और ऊँची जातियों व अमीर लोगों की उसमें सांगठनिक रूप से दिलचस्पी नहीं थी। और सबसे महत्त्वपूर्ण बात यह थी कि शिव सेना मूलत: शिक्षित युवाओं का संगठन था।

ठाकरे ने फ़िल्म जगत में कैसे हस्तक्षेप किया

शिव सेना के अलावा ऐसा कोई राजनीतिक संगठन मुम्बई में नहीं था जिसने फ़िल्म जगत में योजनाबद्ध दिलचस्पी ली हो। चूँकि ठाकरे का ताल्लुक़ भाषा की समस्या से भी था और वे मराठीभाषियों के प्रवक्ता थे इसलिए उनका ध्यान मराठी फ़िल्मों को प्रोत्साहन देने की तरफ़ गया। फ़िल्म जगत में हस्तक्षेप से

[79] चित्रपट शाखा का यह ब्यौरा भी दीपंकर गुप्ता की शोध के आधार पर.

ठाकरे की लोकप्रियता बहुत तेज़ी से बढ़ी। उन्होंने शिव सेना के दबदबे के कारण ऐसी स्थिति बना दी कि कई बार फ़िल्में उनकी इजाज़त के बिना नहीं चल पातीं थीं। कई बार थिएटरों के बाहर लगे विशाल फ़िल्मी बोर्डों पर लिखा होता था कि यह फ़िल्म सेना प्रमुख बालासाहब ठाकरे की इजाज़त के बाद चलायी जा रही है। फ़िल्मों के साथ जुड़कर स्टार वैल्यू भी मिलती थी।

फ़िल्म जगत में ठाकरे के हस्तक्षेप की पृष्ठभूमि पता लगाने पर चार बातों की जानकारी मिलती है। पहली, ठाकरे फ़िल्म जगत को मराठीभाषियों के लिए रोज़गार के एक प्रमुख स्रोत के रूप में देखते थे। दूसरी, मराठी फ़िल्मों का पक्ष लेने के कारण उनके आंदोलन का बुनियादी तर्क और मज़बूत होता था। तीसरी, फ़िल्म निर्माताओं और सितारों को दबाकर वे अपने संगठन के लिए आवश्यक कोष जमा कर सकते थे। चौथी, एक कलाकार (व्यंग्य चित्रकार) के रूप में उनके अंदर लोकप्रिय कलाकारों से जुड़ने की स्वाभाविक आकांक्षा थी। ठाकरे को मशहूर हीरो-हीरोइनों के साथ बार-बार देखने से जनता के मन में उनके व्यक्तित्व की विशिष्टता बढ़ जाती थी। पाँचवीं, फ़िल्म जगत से जुड़ने की उनकी शुरुआती योजना शिव सेना को मुम्बई के लोकप्रिय (पॉप) सांस्कृतिक जगत का अंग बनाने में कामयाब हुई।

अपने निजी व्यक्तित्व और नेतृत्व को विशेष रूप से चमकदार बनाने के लिए ठाकरे ने शिव सेना की फ़िल्म जगत से संबंधित गतिविधियों को सीधे अपनी कमान में रखा। मार्च, 1970 में उन्होंने सेना की चित्रपट शाखा खोली और अपने नज़दीकी दोस्त और फ़िल्म निर्माता गजानन शिर्के को इसका इंचार्ज बनाया। इस काम में ठाकरे ने सम्भवतः जानबूझ कर ग़ैर-महाराष्ट्रियनों को भी लगाया। शिर्के की मदद के लिए तैनात किये गये तीन लोगों में से दो ग़ैर-महाराष्ट्रीयन थे। चित्रपट शाखा ने मराठी फ़िल्मों का मसला उठाया। शाखा की दूसरी वर्षगाँठ के अवसर पर प्रकाशित पत्रक में आरोप लगाया गया कि मराठी फ़िल्मों को अच्छे थिएटरों में प्रदर्शित नहीं किया जाता है इससे मराठी फ़िल्म निर्माताओं पर बुरा असर पड़ता है। इस पत्रक में दावा किया गया था 'चित्रपट शाखा एकमात्र सक्रिय संगठन है जो फ़िल्म उद्योग, उसके निर्माताओं, फ़ाइनेंसरों, कलाकारों, तकनीशियनों और कर्मचारियों की मदद करता है और इस संगठन को शिव सेना प्रमुख सम्माननीय बालासाहब ठाकरे की प्रेरणा, आशीर्वाद, सहायता और सहयोग प्राप्त है।' पत्रक में मराठी निर्माताओं से अपील की गयी थी कि वे अपनी फ़िल्मों को चित्रपट शाखा के ज़रिये प्रदर्शित कराएँ। इसी मक़सद से 'शिव सेना चित्रपट वितरण' नामक संस्था भी खोली गयी और मराठी फ़िल्म *नंदिनी* के निर्माता उसके पहले ग्राहक बने।

दरअसल, चित्रपट शाखा खुलने से पहले ही शिव सैनिक कई थिएटरों के सामने मराठी फ़िल्में रिलीज़ न करने के ख़िलाफ़ धरना दे चुके थे। शिव सेना ने मैजेस्टिक सिनेमा पर हमला भी किया था ताकि वहाँ प्रदर्शित हिंदी फ़िल्म हटा कर मराठी फ़िल्म *तुलसी विवाह* दिखाई जाए। उन्होंने कई फ़िल्मों पर इसलिए भी आपत्ति की थी कि क्योंकि उनमें ऐसे विषयों को इस ढंग से उठाया गया था जो शिव सेना को नापसंद थे। धीरे-धीरे राजेश खन्ना, लता मंगेशकर, मोहम्मद रफ़ी, सायरा बानो, मनोज कुमार, दादा कोंडके और नाना पाटेकर सरीखे मशहूर कलाकार चित्रपट शाखा के संरक्षक बन गये।

फ़िल्म स्टारों को शिव सेना से जोड़ने का ठाकरे का हथकण्डा बड़ा दिलचस्प था। जब चित्रपट शाखा खुली भी नहीं थी, तभी ठाकरे ने इस मामले में अपने रवैये की झलक दिखा दी थी। 11 अगस्त, 1968 को एक सभा में ठाकरे ने दिलीप कुमार को धमकाया कि अगर उन्होंने शिव सेना की आलोचना करने के लिए खेद व्यक्त न किया तो मराठीभाषी दर्शक उनकी फ़िल्मों का बहिष्कार कर देंगे। दिलीप कुमार ने एक वक्तव्य में शिव सेना को राष्ट्रीय एकता के लिए ख़तरा बताया था। इस धमकी के हफ़्ते भर बाद ही अप्सरा सिनेमा में चल रही दिलीप कुमार की फ़िल्म *मुग़ल-ए-आजम* के शो में शिव सैनिकों ने दो सौ सीटें फाड़ डालीं। अगले दिन पुलिस बंदोबस्त में फ़िल्म चलानी पड़ी।[80] बाद में दिलीप कुमार की बाल ठाकरे से ख़ासी दोस्ती हो गयी। दिलीप कुमार ठाकरे के घर जाने लगे। दोनों साथ-साथ बियर पीते और नमकीन खाते।[81]

फ़िल्म स्टारों पर दबाव डालकर निजी सम्पर्क में लाने के ठाकरे के तरीक़े की एक झलक शत्रुघ्न सिन्हा द्वारा दिये गये विवरण से भी मिलती है। शत्रुघ्न सिन्हा ने एक फ़िल्म *गंगा तेरा पानी अमृत* में भूमिका की थी। किसी कारण से फ़िल्म के निर्माता वीरेंद्र सिन्हा उनसे नाराज हो गये और उन्होंने सिन्हा की शिकायत चित्रपट शाखा से कर दी। फ़ौरन शत्रुघ्न और उनके सचिव पवन कुमार को शाखा के दफ़्तर में बुलवाया गया। सचिव पहले गया, बाद में शत्रुघ्न पहुँचे। उन्होंने देखा कि पवन को जमकर डाँट पिलाई जा रही है। चित्रपट शाखा उन दिनों खुली-खुली ही थी पर स्वयं शत्रुघ्न के ही शब्दों में :

> उस ज़माने में शिव सेना की चित्रपट शाखा का बड़ा ख़ौफ़ था, रुतबा था। ....दादर के रूपतारा स्टुडियो में चित्रपट शाखा का दफ़्तर था। .....रूपतारा में एक दिन

---

[80] *ज़ी टीवी चैनल* पर ठाकरे का कथन, आपकी अदालत कार्यक्रम.

[81] शत्रुघ्न सिन्हा (1997), 'पहली मुलाक़ात में दोस्त बन गये', *नवभारत टाइम्स*, 23 जनवरी, 1997.

शूटिंग कर रहा था, तो पहुँच गया चित्रपट शाखा के ऑफ़िस में। दहशत सी थी मन में। ....देखता हूँ मेरे सेक्रेट्री (पवन कुमार) को डाँट पिलाई जा रही है। मराठी कहावत है न, 'लेकी बोल सूने लागे', वैसा ही कुछ चल रहा था। सेक्रेट्री की आड़ से मुझे सुनाया जा रहा था।

शत्रुघ्न ने शिर्के से बात करने से इनकार कर दिया और सीधे ठाकरे से मिलने का समय माँगा। विवरण से लगता है कि शत्रुघ्न को बड़ी आसानी से समय मिल गया। वे ठाकरे के कला नगर स्थित निवास स्थान 'मातुश्री' पहुँचे। उन्हें लग रहा था कि कुछ विवाद होगा पर ठाकरे कुछ दूसरे ही अंदाज़ में मिले—

सच मानिए, बालासाहब ऐसे मिले, जैसे कोई प्यारा दोस्त बरसों बाद मिल रहा हो। खूब स्नेह से मिले। पहली मुलाक़ात थी, लेकिन चार घंटे रहा मैं उनके घर। बालासाहब ने अपने बच्चों से माँसाहब (ठाकरे की पत्नी मीना ताई) से परिचय कराया। मेरे अभिनय की भूरि-भूरि प्रशंसा की। *मेरे अपने* शायद देखी होगी उन्होंने। मुझे कहा, 'तुम तो मर्द कलाकार हो।'....खूब आग्रह और प्यार से खाना खिलाया। मुझे पसंद है इसलिए थाली में हरी मिर्च भी थी।' [82]

ज़ाहिर है कि ठाकरे ने इस मसले में योजनाबद्ध ढंग से काम किया। पहले उन्होंने शिर्के के ज़रिये शत्रुघ्न पर हाज़िर होने के लिए ज़ोर डाला और फिर उन्हें हाथों-हाथ ले लिया। फ़िल्म निर्माता वीरेंद्र सिन्हा की शिकायत एक और फ़िल्म स्टार तक पहुँचने का ज़रिया बन गयी।

ठाकरे की आंदोलनकारी गतिविधियाँ

1966 से 1977के बीच ठाकरे ने दो बड़े जनांदोलनों का नेतृत्व किया। पहला था, बेलगाँव और करवार को मैसूर से निकाल कर महाराष्ट्र में शामिल करने की माँग को लेकर और दूसरा महँगाई के ख़िलाफ़।

ध्यान रहे सम्पूर्ण महाराष्ट्र समिति बेलगाँव और करवार के मुद्दे को आधार बनाकर ही गठित हुई थी लेकिन शिव सेना ने उसे न केवल 1967 के लोकसभा चुनाव में हराया बल्कि फिर 1968 के नगर निगम चुनाव में भी पराजित किया। जब समिति ठप्प हो गयी तो फिर ठाकरे ने होशियारी से उसी का मुद्दा उठा लिया। उन्होंने प्रधानमंत्री से अपील की कि वे मैसूर के इन मराठीभाषी इलाक़ों का महाराष्ट्र में विलय करवाएँ। ठाकरे ने धमकी दी कि अगर ऐसा न हुआ तो कोई केंद्रीय मंत्री मुम्बई में क़दम नहीं रख पाएगा।

27 जनवरी, 1969 को मुम्बई के दौरे पर आये चव्हाण को शिव सैनिकों

---

[82] दीपंकर गुप्ता की शोध के आधार पर.

के गुस्से का सामना करना पड़ा। उनके ऊपर पत्थर बरसाए गये और उन्हें काले झण्डे दिखाए गये। फ़रवरी के पहले हफ़्ते में मोरारजी देसाई की कार के सामने दो शिव सैनिक लेट गये। वे घायल ज़रूर हो गये लेकिन इस चक्कर में मुम्बई के पुलिस आयुक्त को मोरारजी का क़ाफ़िला रोकना पड़ा हालाँकि यह नियमों का उल्लंघन था पर शिव सैनिक मोरारजी को ज्ञापन देने में कामयाब हो गये। ठीक इसी वक़्त दादर और माहिम में दंगे शुरू हो गये। शिव सैनिकों ने सिटी लाइट सिनेमा हाल और एक पुलिस थाना जला दिया। पुलिस ने लाठी चलायी और आँसू गैस छोड़ी। सात से ग्यारह फ़रवरी तक यह दंगा चलता रहा। बाल ठाकरे को निवारक नज़रबंदी अधिनियम में गिरफ़्तार कर लिया गया। उन्हें यरवदा जेल में रखा गया। 44 लोग इस उपद्रव में मारे गये। 3400 गिरफ़्तार हुए। 293 घायल हुए। क़रीब 15 करोड़ की सम्पत्ति का नुक़सान हुआ। 50 सूत मिलें और तीन हज़ार अन्य कारख़ानों को बंद रहना पड़ा। कई कारें और टैक्सियाँ जला दी गयीं। लूट-खसोट और आगजनी का सबसे ज़्यादा नुक़सान दक्षिण भारतीयों को उठाना पड़ा।

इस आंदोलन के दो पहलू नोट करने के क़ाबिल थे जिनसे उस ज़माने में शिव सेना और ठाकरे के प्रति कांग्रेस और समाजवादियों के हमदर्द रवैये की झलक मिलती थी। पहली बात तो यह थी कि जिस समय ठाकरे के सैनिक लूट-मार और फ़साद कर रहे थे उस समय 18 हज़ार पुलिस वाले ड्यूटी पर थे लेकिन उसके बावजूद शिव सैनिक एक सीमा तक अपने इरादे में सफल हो गये। यह तथ्य बताता था कि महाराष्ट्र की कांग्रेस सरकार और उसके महाराष्ट्रीय नेता ख़ुद भी ठाकरे को सीमा विवाद के नाम पर थोड़ा बहुत आंदोलन तो करने ही देना चाहते थे। उन्होंने यरवदा जेल में ठाकरे को सारी सुविधाएँ मुहैया कराईं और ठाकरे वहाँ बैठे-बैठे शांति की अपीलें जारी करते रहे। दंगे तब तक शांत नहीं हो पाए जब तक केंद्र ने मुम्बई में सीआरपी नहीं भेज दी। दूसरी बात यह थी कि नाथ पै और जॉर्ज फ़र्नांडीज जैसे समाजवादी नेताओं ने ठाकरे की रिहाई के लिए सरकार से अनुरोध किया। प्रसोपा के नाथ पै ने तो ठाकरे का मुखर समर्थन किया और उनकी आलोचना करने वालों को निहित स्वार्थी क़रार दिया। इस दौर में केवल जनसंघ ने दंगा कराने वालों की कड़ी आलोचना की और उन्हें विभाजनकारी ताक़तों का कृत्य बताया। अगले साल ठाकरे ने फिर सीमा विवाद उठाया और मुम्बई में जगह-जगह मैसूर के मुख्यमंत्री वीरेंद्र पाटिल के पुतले जलाए गये। तभी बेलगाँव से कुछ महाराष्ट्रियनों ने ठाकरे से शिकायत की कि मराठीभाषियों को वहाँ परेशान किया जा रहा है। ठाकरे ने फ़ौरन मौक़े का फ़ायदा

उठाया और मुम्बई बंद की घोषणा कर दी। यह पूरी तरह कामयाब रहा। शिव सैनिकों ने ट्रेनों भी नहीं चलने दीं। एक बार फिर दक्षिण भारतीयों की शामत आयी। उनकी दुकानें और उडुपि रेस्तराँ लूटे और नष्ट किये गये। बेलगाँव और करवार मैसूर में ही बना रहा लेकिन ठाकरे के शिव सैनिकों ने इस बहाने अपनी ताक़त प्रदर्शित कर दी और एक साल के अंदर-अंदर उनका दबदबा पूरी मुम्बई पर छा गया।[83]

सीमा आंदोलन में ठाकरे गिरफ़्तार तो हुए पर इसके बाद किसी सरकार ने उन्हें हाथ लगाने से पहले सौ बार सोचा। एक मिथक बन गया कि अगर उन्हें पकड़ा गया तो मुम्बई जल उठेगा। शिव सेना से सहयोग की इच्छुक कांग्रेसी सरकारों को भी कई बार यह मिथक अनुकूल लगा और वे भविष्य में ठाकरे को मनमानी की छूट देने के बदले उनके प्रभाव का राजनीतिक फ़ायदा उठाने में लगे रहे।

1973 में शिव सेना ने दो बार महँगाई के ख़िलाफ़ लम्बे-लम्बे आंदोलन चलाए पहली बार दूध की बढ़ी हुई क़ीमतों के ख़िलाफ़ और दूसरी बार गोश्त और मछली की महँगाई के ख़िलाफ़। दोनों ही आंदोलनों में इन रोज़मर्रा के इस्तेमाल की चीज़ों के फुटकर विक्रेताओं के ख़िलाफ़ जमकर हिंसा की गयी। दूसरा आंदोलन मुम्बई के साथ-साथ पुणे, कोलाबा और थाणे में भी फैल गया। धीरे-धीरे शिव सेना ने मांस की क़ीमतों के साथ-साथ अन्य चीज़ों की बढ़ी हुई क़ीमतों को भी अपने आंदोलन में शामिल कर लिया। कई जगह सैनिकों को दुकानकारों के सम्मिलित विरोध का सामना करना पड़ा लेकिन इस आंदोलन ने भी ठाकरे और शिव सैनिकों की पहले से स्थापित आक्रामक छवि को और मज़बूत ही किया।

ठाकरे का संगठन और उनकी नेतृत्व शैली

1966 से 73 के बीच शिव सेना का संगठन और ठाकरे की नेतृत्व शैली एक ऐसे मुक़ाम तक पहुँच चुकी थी जहाँ *लहरों के साथ बढ़ने* के बजाय वे *लहरों को बहा* सकते थे। ठाकरे की मान्यता रही, 'शिव सेना मेरा परिवार है और यहाँ परिवार है और यहाँ परिवार नियोजन लागू है। ज़्यादा नेताओं की ज़रूरत नहीं है।'[84] ज़ाहिर है कि ठाकरे का संगठन 'वन मैन शो' वाले सिद्धांत पर ही खड़ा होना था। उन्होंने संगठन के नियम क़ानून और उसका ढाँचा किसी बहुत सोची-

---

[83] *टाइम्स ऑफ़ इण्डिया*, 1 जनवरी, 1995.

[84] गुप्ता, वही : 73-74.

समझी योजना के तहत नहीं तैयार किया। जैसे-जैसे ज़रूरतें पैदा हुईं, वैसे-वैसे उनके हल की तरक़ीबें निकाली गयीं और शिव सेना का संगठन एक निश्चित रूप लेता चला गया। जिस तरह की 'कल्याणकारी हुक़्मशाही' ठाकरे पूरे देश में चाहते हैं, शिव सेना को उन्होंने उसी का नमूना बनाने में कोई कसर नहीं छोड़ी। शिव सेना के संगठन ने एक तरह की अनौपचारिकता और स्वतःस्फूर्तता हमेशा रही। विभिन्न निर्णयों और नीति निर्धारण का एकमात्र स्रोत ठाकरे का व्यक्तित्व रही। ठाकरे अपने नज़दीकी लोगों से सलाह लेते रहे— लेकिन ऐसे मौक़े भी कम नहीं आये जब उन्होंने सर्वसम्मत सलाह के विपरीत आचरण किया और अपनी व्यक्तिगत प्रतिष्ठा के दम पर अपना निर्णय मनवा लिया। संगठन और नेतृत्व की ठाकरे की शैली आमतौर पर सफल भी रही। शिव सेना ने कमोबेश अपने सेनापति के निर्देशों के ख़िलाफ़ कभी कोई उल्लेखनीय आपत्ति दर्ज नहीं की और न ही सेना में भी कोई ऐसी टूट हुई जिसका उसके भविष्य पर कोई हानिकारक असर पड़ा हो। शिव सेना पर ठाकरे के नियंत्रण के ख़िलाफ़ कभी आम शिव सैनिकों को गोलबंद नहीं किया जा सका। किसी ज़माने में उनके अनन्य साथी रहे माधव देशपाण्डे, छगन भुजबल और बंधु शिंगारे जैसे नेता समय-समय पर उनके ख़िलाफ़ खड़े हुए। ख़ुद ठाकरे के भाई रमेश ठाकरे उनके कटु निंदक बन गये लेकिन इनमें से कोई ठाकरे को शिवाजी की फ़ौज के सेनापति की पदवी से हिला नहीं पाया।

यह सही है कि शुरुआत में शिव सेना का संगठन राष्ट्रीय स्वयंसेवक संघ की तर्ज़ पर विकसित होने की सम्भावनाओं से ग्रस्त था। स्थापना के कई महीने बाद 31 अक्टूबर, 1966 को जब ठाकरे ने पहली 'अभूतपर्व' सभा में अपनी ताक़त का एहसास कर लिया, तभी उन्होंने शिव सेना को बाक़ायदा संगठित करने की ठानी। अगर यह सभा इतनी सफल नहीं रही होती तो शायद ठाकरे का यह संगठन कुछ निजी मित्रों (व्यंग्यकारों, चित्रकारों और कार्टूनिस्टों) का क्लब बनकर रह जाता। जैसा कि हम पहले बता चुके हैं कि ठाकरे को जैसे ही किसी इलाक़े में सामाजिक व सांस्कृतिक रूप से सक्रिय किसी व्यक्ति की जानकारी मिलती, वे फ़ौरन उससे सम्पर्क करते और उससे अपने यहाँ शिव सेना की शाखा खोलने का अनुरोध करते। शखाएँ बनाने के विचार के पीछे राष्ट्रीय स्वयंसेवक संघ का ही मॉडल था लेकिन ठाकरे यह निश्चित नहीं कर पा रहे थे कि शाखाओं के नियम क्या होने चाहिए और उनमें भाग लेने वाले लोगों को क्या-क्या गतिविधियाँ करनी चाहिए। दूसरे, शिव सेना में आ रहे लोगों के पास भी संगठन बना का कोई पूर्व तजुर्बा नहीं था। उनकी पृष्ठभूमि भी विशेष रूप से राजनीतिक नहीं थी।

1968 के नगर निगम चुनावों में भाग लेने से पहले ठाकरे के दिमाग़ में शाखाओं के कार्यभार का तर्कसंगत वितरण और विस्तार की योजना उभरी ताकि चुनावी काम करने के लिए ज़्यादा से ज़्यादा वार्डों को सेना के दायरे में लाया जा सके। एक शाखा को एक वार्ड का जिम्मा सौंपा गया। अगर किसी इलाक़े में दो शाखाएँ थीं तो दूसरी शाखा को बगल के वार्ड की जिम्मेदारी दी गयी। तय किया गया कि अगर किसी वार्ड में कोई शाखा न हो तो बगल के वार्ड के लोग स्थानीय शक्तियों की मदद से वहाँ शाखा स्थापित करें।[85] चूँकि शाखाओं की स्थापना की यह मुहिम चुनाव से ठीक पहले चलायी जा रही थी इसलिए नयी शाखाओं को तुरंत सक्रिय होने का आधार भी मिल गया। निगम चुनावों में शिव सेना की शानदार जीत ने संगठन की इस शैली को ठाकरे के दिमाग़ में वैधता प्रदान की। तुनाव की लोकतांत्रिक प्रक्रिया से जुड़ने के कारण शिव सेना के संगठन का यह प्रारम्भिक स्वरूप राष्ट्रीय स्वयंसेवक संघ से अलग होता चला गया। शाखाओं में होने वाला कामकाज संघ की भाँति अर्धफ़ौजी प्रशिक्षण देने के बजाय स्थानीय समस्याओं के आसपास केंद्रित हो गया।

चुनावी सफलता ने ठाकरे के लिए 40 'नगरसेवकों' (पार्षदों) की सेवाएँ उपलब्ध करवा दीं। इन नगर सेवकों के अलग दफ़्तर खुल गये और उन्होंने शाखाओं से तालमेल बैठा कर काम करना शुरू कर दिया। धीरे-धीरे शाखाओं के कामकाज ने ठोस शक्ल लेनी शुरू कर दी। ऊपर से देखने में शाखाओं के अंदर सेना जैसी कोई बात नज़र नहीं आती थी। न ही ये शाखाएँ दफ़्तरों जैसी लगतीं थी। उनमें केवल इक्का-दुक्का फ़ाइलें होतीं थी और न ही कोई ख़ास रिकॉर्ड रखा जाता था।

सन् 1969 में ठाकरे ने दो सांगठनिक प्रयोग किये। सबसे पहले उन्होंने दत्ता प्रधान को संगठन प्रमुख नियुक्त किया। प्रधान की ज़िम्मेदारी संगठन को औपचारिक स्वरूप प्रदान करके उसे मज़बूत करने की थी। प्रधान के पास जनसंघ में काम करने का अनुभव था और शिव सेना में आने के बावजूद उनके जनसंघी सम्पर्क क़ायम थे। दत्ता प्रधान ने बृहत्तर मुम्बई के 140 वार्डों में शाखाओं का जाल फैला दिया। शाखा प्रमुखों के ऊपर विभाग प्रमुख तैनात किये गये। उपशाखाएँ खोलीं गयीं। लेकिन इससे पहले कि प्रधान संगठन को कोई मनचाहा रूप दे पाते, ठाकरे ने अचानक उन्हें हटा दिया और एक आठ सदस्यीय

[85] गुप्ता द्वारा दिये गये विवरण के आधार पर.

कार्यकारिणी बना डाली। दत्ता प्रधान को जिस शैली में ठाकरे ने हटाया, उससे उनके नेतृत्वकारी रवैये की पहली झलक मिली।

संगठन की ज़िम्मेदारी मिलते ही दत्ता प्रधान ने कोशिश की कि वे ऐसे शिव सैनिक का निर्माण करें जो ठाकरे पर निर्भर हुए बिना स्वतंत्र रूप से सोच सके और निर्णय ले सके। प्रधान के इन विचारों का जैसे ही प्रसार हुआ कुछ शिव सैनिकों ने ठाकरे को इनके बारे में जानकरी दी। ज़ाहिर है कि प्रधान शिव सेना को परम्परागत क़िस्म की कार्यकर्ता आधारित पार्टी के रूप में देख रहे थे। जनसंघ में काम करने का तजुर्बा उन पर हावी था। इसके विपरीत ठाकरे शिव सेना को एक सामाजिक आंदोलन के रूप में देखते थे। निरंतर राजनीति करते रहने वाले पार्टी कार्यकर्ताओं और नेताओं से तो उन्हें चिढ़ थी। दूसरे, दत्ता प्रधान को कहीं यह एहसास भी था कि राष्ट्रीय स्वयंसेवक संघ के दिनों में वे ठाकरे से वरिष्ठ थे और स्वयं ठाकरे उनसे मशविरा किया करते थे। प्रधान ने कई शिव सैनिकों पर रौब झाड़ने के लिए इस तथ्य का भी ख़ूब प्रचार किया था। ठाकरे ने शिव सैनिकों की सभा में यह मुद्दा उठाया और उन्हीं सैनिकों से प्रधान की कोशिशों और प्रचार का सबूत दिलवाया। प्रधान की बड़ी किरकिरी हुई। उन्हें अपना बचाव करने में काफ़ी दिक़्क़त हुई। ठाकरे ने उनकी जमकर खिंचाई की और खिल्ली उड़ाई। मीटिंग ख़त्म होने के बाद प्रधान पूरी तरह से अपमानित होकर ठाकरे के सामने झुक चुके थे। चूँकि प्रधान ने हार मान ली थी इसलिए ठाकरे ने उन्हें संगठन प्रमुख के पद से तो हटा दिया लेकिन इसके बाद गठित की गयी कार्यकारिणी में रख लिया।[86]

इस घटना के बाद ठाकरे की शैली ही बन गयी कि वे अगर किसी को दण्डित करना चाहते तो सरेआम करते। ठाकरे द्वारा पड़ सकने वाली लताड़ का भय सेना के शाखा प्रमुखों, विभाग प्रमुखों और उपविभाग प्रमुखों को इतना ज़्यादा हो गया कि वे कोई भी ज़रूरी निर्णय बिना ठाकरे से पुष्टि कराए नहीं लेते थे। इस तरह शिव सेना का पूरा संगठन बौद्धिक रूप से ठाकरे की विश्लेषण और निर्णय क्षमता पर ही निर्भर हो गया।

नेता पद के लिए लोगों को चुनते समय ठाकरे जिन बातों को महत्त्व देते उनमें सबसे बड़ी बात उस व्यक्ति की वक्तृत्व कला होती और उसका सलीक़ेदार व्यक्तित्व होता। अच्छी अंग्रेज़ी बोलने वाला व्यक्ति ठाकरे को जल्दी ही भा

[86] गुप्ता, वही : 101.

जाता था। नगर निगम के मेयर पद के लिए सुधीर जोशी के चयन के पीछे यही कारण काम कर रहे थे वरना जोशी शिव सेना के लिए नये ही थे। आगे चलकर मुख्यमंत्री पद के लिए मनोहर जोशी के चयन में भी इन बातों ने महत्त्वपूर्ण भूमिका निभायी। ठाकरे को व्यक्ति को परखने की अपनी क्षमताओं पर बड़ा अभिमान था। वे कहते थे, 'मैं अपने अंदर की आवाज़ से व्यक्ति को चुनता हूँ। मैं आदमी को चेहरे से ही पहचान लेता हूँ। मेरी नज़र को कोई धोखा नहीं दे सकता।'[87] शिव सेना में ज़िम्मेदारी के ऊँचे पदों पर चुने जाने के लिए लम्बे अरसे से शिव सेना में काम करते रहने की वरिष्ठता आवश्यक नहीं थी। बस ठाकरे की निगाह में चढ़ जाना काफ़ी था। लेकिन उनकी निगाह से गिरने का ख़ामियाजा भी भारी होता था। ठाकरे न केवल सबके सामने अपमानित करते वरन् *मार्मिक* में भी उस व्यक्ति के ख़िलाफ़ छाप देते। दरअसल, यह बड़ी सुचिंतित रणनीति थी जिसके कारण मतविरोध रखने वाला व्यक्ति बाद में कोई भितरघात नहीं कर पाता था और शिव सैनिक उसे विरोधी मानकर उसकी बात को तरज़ीह देना बंद कर देते थे :

शाखा प्रमुखों को दण्डित करने का ठाकरे की विधि का एक और प्रमाण छगन भुजबल की जुबानी मिलता है। भुजबल मझगाँव से पार्षद चुने गये थे और शाखा प्रमुख रह चुके थे :

> हम सब बाला साहब को अपना सुप्रीम कमाण्डर समझते हैं। वे जो भी आदेश देते हैं, हम उसके ख़िलाफ़ नहीं जाते।...मैं जो भी निर्णय लेता हूँ, वह हमारे प्रमुख के निर्देशों के मुताबिक़ होता है। कभी-कभी हम लोगों के ख़िलाफ़ प्रमुख के पास शिकायत भी जाती है। मुझसे मिलने मराठी, पारसी, सिंधी, मुसलमान हर तरह के लोग आते हैं। अगर वे मेरे ख़िलाफ़ शिकायत करेंगे और बालासाहब को मेरे निर्णय के सही होने का संदेह होगा तो वे मुझे तलब करेंगे और जवाब माँगेगे। अगर मैं उन्हें न समझा पाया तो वे उसी शिकायतकर्ता के सामने ही मुझे डाँटेंगे। अगर ऐसा कई बार हुआ तो वे मुझे पद छोड़ने के लिए कहेंगे। जब शिकायतें बहुत बढ़ जाएँगी तो वे मुझ पर नज़र रखने के लिए एक आदमी नियुक्त करेंगे जो बाद में उन्हें रपट देगा।[88]

ठाकरे ने कार्यकारिणी में आठ सदस्य रखे लेकिन किसी सदस्य की हैसियत नम्बर दो की नहीं थी। वे अपने प्राधिकार को सर्वोच्च रखना चाहते थे। उनका कहना था, 'मैं साफ़ कहता हूँ कि अगर कोई मुझसे मतभेद रखता है और संगठन के बाहर ले जाता है या खुले आम मेरा विरोध करता है तो वह खुशी से संगठन

---

[87] गुप्ता, वही : 87.

[88] *टाइम्स ऑफ़ इण्डिया,* 8 फ़रवरी, 1971 (गुप्ता द्वारा उल्लेख).

छोड़ सकता है। जो संगठन से जाएगा, मैं उसे दोबारा कभी वापस नहीं लूँगा।'

आठ सदस्यीय कार्यकारिणी ने ठाकरे के नेतृत्व में संगठन के कार्यक्रम और रणनीति के बारे में फ़ैसले करने की ज़िम्मेदारी ली। मुम्बई बंद का फ़ैसला हो, चुनाव की रणनीति बनानी हो, संगठन की किसी शाखा या विभाग के बारे में कोई फ़ैसला करना हो या कोई विचारधारात्मक वक्तव्य जारी करना हो—कार्यकारिणी ही विचार-मिमर्श करके निर्णय लेती। ठाकरे की राय जब-जब कार्यकारिणी के सदस्यों की राय के विपरीत भी चली जाती और तब कार्यकारिणी के अन्य सदस्य उनकी बात ही मान लेते।

शुरुआत में ठाकरे ने शाखा प्रमुखों को केवल फ़ौरी उपयोगिता ध्यान में रख कर चुना। 1968 के नगर निगम चुनावों तक उन्हें पता लग गया कि उनके शाखा प्रमुखों में कौन-कौन अक्षम है। ठाकरे ने नाक़ाबिल लोगों को निकाल दिया और उसके बाद से प्रमुखों को चुनने की एक तर्कसंगत कसौटी अपनायी। वे सुशिक्षित, भाषण देने में कुशल, अंग्रेज़ी समझ-बोल लेने वाले और सलीक़ेदार आदमी को ही चुनने लगे। चुनाव के लिए उम्मीदवार चुनते समय बाल ठाकरे उसकी पारिवारिक पृष्ठभूमि, उत्साह और कर्मठता के पहलुओं पर भी ध्यान देते। उम्मीदवारों में जुझारूपन की भी ठाकरे को तलाश रहती। शाखा प्रमुख बनने के लिए अपने क्षेत्र में लोकप्रिय होना और वहाँ के सांस्कृतिक जीवन में सक्रिय होना अनिवार्य हो गया।

1973 के नगर निगम चुनावों के लिए ठाकरे ने शाखा प्रमुखों और विभाग प्रमुखों से सम्भावित उम्मीदवारों के नाम माँगे। इन उम्मीदवारों को न केवल शिव सेना में सक्रिय लोगों के बीच में से चुना गया वरन इलाक़े के प्रतिष्ठित डॉक्टरों, वकीलों और टायपिंग व कोचिंग क्लास चलाने वालों में से भी सम्भावित नामों पर विचार किया गया।

इस दौरान ठाकरे की एक और विशेषता उभरी। वे अपने निजी जीवन की कई ऐसी बातों को सार्वजनिक मंच पर कहने लगे जिन्हें आम नेता छुपाना चाहते हैं। मसलन-शाम के समय बियर पीने की अपनी आदत के बारे में। ठाकरे ने अपने श्रोताओं को यह भी बताया है कि वे कैसी और कौन सी बियर पीना पसंद करते हैं। बेटों और परिवार के बारे में भी अपने भाषण में चर्चा करने से वे नहीं हिचकते। इस रवैये को उनका खुलापन भी माना जा सकता है और श्रोताओं से तादात्म्य जोड़कर अपनी किसी ख़ामी के वैधीकरण की चालाक कोशिश भी माना जा सकता है। अक्सर ठाकरे की यह शैली उनके लिए फ़ायदेमंद साबित हुई है। जब कम्युनिस्टों ने उनपर सीआईए से रकम लेने का आरोप लगाया तो

ठाकरे का जवाब था कि अभी तो सीआईए के पैसे नहीं लिए लेकिन अगर मिले तो ज़रूर लूँगा क्योंकि कम्युनिस्टों का नाश जो करना है।

कांग्रेस ने ठाकरे का और ठाकरे ने कांग्रेस का इस्तेमाल कैसे किया?

बाल ठाकरे और कांग्रेस के अंतर्संबंधों की विस्तार से जाँच पड़ताल किये बिना शिव सेना के राजनीतिक उत्थान की कहानी सम्पूर्ण नहीं हो सकती। अपने विरोधियों को पराजित करने के लिए जुझारू क्षेत्रीय ताक़तों को औज़ार की तरह इस्तेमाल करने के हथकण्डे पर कांग्रेस ने पहली बार महाराष्ट्र में ही हाथ साफ़ किया। बीस साल बाद में इसी का प्रयोग उसने पंजाब में अकालियों के ख़िलाफ़ भिण्डरावाले की पीठ थपथपा कर किया। 1967 के लोकसभा चुनाव में वामपंथियों को शिव सेना की मदद से हराने के बाद चव्हाण ने शिव सेना को 'फ़ासिस्ट' कह कर उसकी उत्तेजक कार्रवाइयों से पल्ला झाड़ लिया। हम देख चुके हैं इससे ठाकरे और उनके पिता को अपना स्वतंत्र वजूद बनाने का ख़याल आया और उन्होंने प्रसोपा को थोड़ी बहुत सीटें देकर नगर निगम का चुनाव अलग से लड़ा। ठाकरे की कामयाबी ने एक बार फिर कांग्रेस के उनके प्रति रवैये पर असर डाला। वसंतदादा पाटिल ने प्रमुख विपक्षी दल के रूप में शिव सेना का स्वागत करते हुए कहा कि उन्हें ख़ुद को विपक्ष समझने की ज़रूरत नहीं है। स्वयं शिव सेना उन दिनों प्रकटतः नगर निगम पार्षदों के ज़रिये राजनीति करने के मूड में नहीं थी। ठाकरे और उनके पिता सिद्धांततः मानते थे कि कॉरपोरेटर को 'नगर पिता' नहीं 'नगर सेवक' कहा जाना चाहिए और निगम के कामकाज को राजनीति से दूर रखा जाना चाहिए। कांग्रेस को उनका यह रवैया अनुकूल पड़ता था।

महाराष्ट्र में मुम्बई को शामिल करने के प्रश्न पर कांग्रेस शुरू से दो भागों में बँटी हुई थी। महाराष्ट्र प्रदेश कांग्रेस कमेटी पर मराठीभाषी नेताओं का प्रभुत्व था और मुम्बई प्रदेश कांग्रेस कमेटी पर गुजराती पूँजी का दबदबा था। ठाकरे शुरू से ही महाराष्ट्र कमेटी के पक्ष में और मुम्बई कमेटी के विरोध में थे। उन्होंने शिव सेना के शुरुआती कार्यभारों में मुम्बई कमेटी को प्रतिबंधित करने की माँग भी रखी थी। राष्ट्रीय स्तर पर ठाकरे कांग्रेस के दक्षिण भारतीय नेताओं कामराज, निजलिंगप्पा, सी सुब्रह्मण्यम और टीटी कृष्णमचारी इत्यादि के ख़िलाफ़ रहते थे क्योंकि ये लोग मुम्बई कमेटी का साथ देते थे। ठाकरे आमतौर पर कांग्रेस की नीतियों की कठोर आलोचना करते और उन्हें यह नाराज़गी भी रहती कि जवाहर

लाल नेहरू मुसलमानों के प्रति, नगालैण्ड के फ़िजो जैसे 'राष्ट्र विरोधी तत्त्वों' के प्रति और कैरो और कृष्ण मेनन जैसे 'भ्रष्ट' तत्त्वों के प्रति कुछ ज़्यादा ही नर्म हैं लेकिन कुल मिलाकर नेहरू पर व्यक्तिगत रूप से ठाकरे ने कभी हमला नहीं किया। उनकी आलोचना करते वक़्त वे हमेशा संयमित हो जाते थे। अपने एक कार्टून में उन्होंने नेहरू को गोवर्धनधारी कृष्ण के रूप में चित्रित किया था जो कांग्रेस का तम्बू अकेले उठाए खड़ा है जबकि उसी तम्बू के नीचे अन्य कांग्रेसजन सत्ता के लिए आपस में लड़ते हुए दिखाए गये थे।

ठाकरे की राजनीतिक महत्त्वाकांक्षाओं ने महाराष्ट्रीयन और राष्ट्रीय रूप तो बहुत बाद में लिया, शुरू के वर्षों में वे केवल मुम्बई में ही सीमित थे। सरकार में होने के कारण कांग्रेस को उनके उभरते हुए व्यक्तित्व और सांगठनिक ताक़त के साथ दोहरा खेल खेलने में सुविधा होती थी। कभी वह शिव सेना के प्रति सख़्त रवैया अपनाती और महाराष्ट्र-मैसूर सीमा विवाद आंदोलन के कारण ठाकरे को गिरफ़्तार तक कर लेती और कभी उसके प्रति सहयोगात्मक रवैया अख़्तियार कर लेती। 1970 से 1972 के बीच के अख़बारों की कतरनें और महाराष्ट्र विधानसभा सर्विस पॉलिटिकल जर्नल द्वारा दिया गया विवरण बताता है कि जब माकपा के गुलाबराव गोनाचार्य ने विधानसभा में शिव सेना की आतंककारी गतिविधियों की तरफ़ ध्यान खींचा तो तत्कालीन गृहमंत्री केबी पाटिल ने शिव सेना का बचाव किया। कांग्रेस के विधायकों वीके वोमन बेहराय और आदम आदिल द्वारा शिव सेना का विधानसभा में समर्थन उसके रिकॉर्ड में दर्ज है। पाटिल ने तो आगे चलकर 80 फ़ीसदी नौकरियाँ स्थानीय लोगों को देने की ठाकरे की माँग को लागू करने का आश्वासन भी दिया।

बदले में शिव सेना ने कई निर्णायक क्षणों में कांग्रेस का साथ दिया। इस काम में धुरवामपंथ विरोध ने उसे तर्क प्रदान किया। जब-जब वामपंथियों ने कोई बड़ा संघर्ष छेड़ा, शिव सेना कांग्रेस के साथ नज़र आयी, चाहे वह 1973 की 42 दिन की सूत मिल हड़ताल हो या संसोपा द्वारा प्रयोजित मुम्बई बंद हो या 1974 की रेलवे हड़ताल।

ठाकरे को यह उम्मीद कभी नहीं रही कि उन्हें कांग्रेस का बाधारहित समर्थन हमेशा मिलता रहेगा लेकिन उन्हें अपने संगठन को बनाए रखने और उसे बढ़ाते रहने के लिए कांग्रेस के समर्थन की ज़रूरत अवश्य रहती थी। इसलिए जब कांग्रेस उन्हें इस्तेमाल कर रही होती थी, तो वे भी अपने हिसाब से कांग्रेस का इस्तेमाल कर रहे होते थे। कांग्रेस के अंदरूनी संघर्ष में किस धड़े का पक्ष लेना है और किसका विरोध करना है, जैसे मुद्दों पर ठाकरे काफ़ी दिमाग़ खपाते थे।

कभी-कभी उनका निर्णय ग़लत भी हो जाता था और इसका उन्हें नुक़सान भी उठाना पड़ता था। इंदिरा गाँधी और कामराज-निजलिंगप्पा ऐंड कम्पनी के झगड़े में वे शुरुआत में अपने दक्षिणपंथी रवैये के कारण संगठन कांग्रेस के साथ चले गये थे। जल्दी ही उन्हें अपनी ग़लती का एहसास हो गया। उन्होंने इसे सुधारा लेकिन इस चक्कर में उनसे और भी कई ग़लतियाँ हो गयीं। परिणामस्वरूप शिव सेना को पहला सांगठनिक टूट का सामना करना पड़ा।

ठाकरे के सामने दुविधा थी। वे कांग्रेस के दक्षिण भारतीय क्षत्रपों का समर्थन करने से इसलिए हिचकिचा रहे थे क्योंकि वे हमेशा से उनका विरोध करते आये थे और ये क्षत्रप भी एकीकृत महाराष्ट्र के विरोध में खड़े रहे थे। लेकिन इंदिरा गाँधी का समर्थन करने में और भी दिक़्क़त थी क्योंकि वे ऐसी रणनीति अपना रही थीं जिससे वामपंथी झलक साफ़ दिखाई दे रही थी। उधर, दक्षिण भारतीय क्षत्रपों के साथ मोरारजी देसाई जैसा नेता था जिसने संयुक्त महाराष्ट्र आंदोलन के ऊपर मुम्बई के मुख्यमंत्री के रूप में बेहद सख़्ती की थी। लेकिन कांग्रेस का यह धड़ा बड़ी आसानी के साथ स्वतंत्र पार्टी के साथ गठबंधन करने की तरफ़ जा रहा था। दरअसल, ठाकरे के विचारधारात्मक आग्रह और कांग्रेस की नयी परिस्थिति एक दूसरे में इस क़दर उलझ गये थे कि सही निर्णय लेने के लिए दूर तक देख पाना मुमकिन नहीं रह गया था। ठाकरे का यह निर्णय 70 के दशक में शिव सेना के विकास पर भारी असर डालने वाला साबित हो सकता था। कम्युनिस्ट पार्टियों से लेकर समाजवादी दल तक इस सिलसिले में अपनी-अपनी रणनीति निर्धारित करने में लगे हुए थे।

तभी कुछ स्थानीय घटनाओं ने ठाकरे को संगठन कांग्रेस के पक्ष में मोड़ दिया। क़रीब एक हज़ार शिव सैनिक कांग्रेस में चले गये जिनका केंद्रीय मंत्री के.के. शाह ने खुला स्वागत किया। ठाकरे की निगाह में यह दल-बदल को प्रोत्साहन देना था। कॉरपोरेशन में भी खूब दल-बदल हुए और शिव सेना के कुछ पार्षद कांग्रेस के सदस्य बन गये। इंदिरा कांग्रेस मज़बूत होती चली गयी। उसने शिव सेना की मदद लेने और उसे मदद देने का सिलसिला बंद कर दिया। इस सबसे चिढ़कर ठाकरे ने कहा कि इंदिरा कांग्रेस का विरोध किया जाना चाहिए क्योंकि इसमें कम्युनिस्ट ही कम्युनिस्ट भरे हैं। विचित्र बात यह है कि विरोध के गूड में होते हुए भी ठाकरे ने अपने इस बयान में इंदिरा गाँधी को अच्छे चाल-

---

[89] नवभारत टाइम्स, 23 जनवरी, 1997.

चलन की 'सनद' दे दी और कहा, 'हालाँकि इंदिरा गाँधी स्वयं कम्युनिस्ट नहीं हैं।'[89] इंदिरा गाँधी के बारे में ठाकरे की यह राय आगे चलकर काफ़ी सही साबित हुई, यद्यपि ठाकरे ने इस हथकण्डे का इस्तेमाल भविष्य के लिए सर्तकता बरतते हुए ही किया था वे केंद्र के सर्वोच्च नेता के साथ कोई पंगा लेने से हमेशा ही बचते रहे थे।

1971 के मध्यावधि चुनाव में ठाकरे ने कांग्रेस (आर) का विरोध किया और इंदिरा गाँधी के ख़िलाफ़ नारे गढ़े। वर्ली में शिव सेना और कांग्रेस के कार्यकर्ताओं के बीच हिंसा हुई। कांग्रेस उम्मीदवार का समर्थन करने के लिए शिव सैनिकों ने *नवकाल* के सम्पादक पर हमला किया। इस चक्कर में ठाकरे अपना दक्षिण भारतीय विरोध भी भूल गये और उन्होंने उत्तर-पश्चिमी मुम्बई से जनरल करियप्पा का समर्थन किया। उन्होंने मनोहर जोशी और दत्ता प्रधान को चुनाव में खड़ा किया। लेकिन कांग्रेस की लहर के सामने सभी हार गये।

संगठन कांग्रेस और स्वतंत्र पार्टी के साथ गठजोड़ करने के पीछे 1970 में हुए परेल के विधानसभा चुनाव परिणाम ने भी महत्त्वपूर्ण भूमिका निभायी। यह सीट भाकपा नेता कृष्णा देसाई की शिव सैनिकों के हाथों हत्या होने से ख़ाली हुई थी। 1967 में कृष्णा देसाई यहाँ से दस हज़ार वोटों से जीते थे। इस बार भाकपा ने श्रीमती देसाई को लड़ाया और शिव सेना ने वामन राव महादिक को खड़ा किया। संगठन कांग्रेस और स्वतंत्र पार्टी ने महादिक का साथ दिया। परेल कम्युनिस्टों का गढ़ था। ज़बर्दस्त संघर्ष हुआ जिसमें श्रीमती देसाई केवल 1, 167 वोटों से हार गयीं। लेकिन शिव सेना ने इस जीत से जो प्रतिष्ठा अर्जित की वह 1971 के लोकसभा चुनाव में हार से धूल धूसरित हो गयी।

इंदिरा गाँधी की 'ग़रीबी हटाओ' की लुभावनी नारेबाज़ी, बांग्लादेश युद्ध के दौरान अर्जित की गयी 'दुर्गा' की छवि और नेहरू परिवार की आक्रामक पुत्री के तेवरों ने मिला-जुला कर उनकी लहर सी पैदा कर दी। स्वयं ठाकरे ने एक कार्टून में इंदिरा गाँधी को प्रचण्ड दुर्गा के रूप में चित्रित किया।[90] शिव सेना इस राष्ट्रीय परिघटना के सामने असहाय सी हो गयी। संगठन की स्थापना के बाद पहली बार शिव सैनिकों को लगा कि उनका सेनापति ग़लती भी कर सकता है। ऐसे में ज़रूरी था कि बाल ठाकरे मुम्बई की राजनीति में अपनी संतुलनकारी ताक़त का एक नमूना प्रदर्शित करते। केवल तभी वे कांग्रेस के नये नेतृत्व को अपनी ओर देखने के लिए

[90] यह समस्त विश्लेषण और ब्यौरा गुप्ता के शोध के आधार पर.

मजबूर कर सकते थे। इसलिए ठाकरे ने कुछ और दिनों के लिए इंदिरा गाँधी का विरोध जारी रखा और 1973 के नगर निगम चुनावों में रिपब्लिकन पार्टी के खोबरागड़े और गायकवाड़ धड़ों के साथ गठजोड़ कर लिया। सेना ने 85 सीटों पर अपने उम्मीदवार खड़े किये तथा रिपब्लिकनों को 20 सीटें मिलीं। इस चुनाव में ठाकरे नवबौद्धों के हित संरक्षक का बाना पहन कर उतरे।

ठाकरे ने स्थानीय राजनीति में अपनी ताक़त का पहला सबूत तब दिया जब चुनाव के ठीक पहले एक जनसभा में विले पार्ले कांग्रेस कमेटी के कई पदाधिकारियों के शिव सेना में शामिल होने की घोषणा की गयी। कांग्रेसियों के शिव सेना में जाने का यह क्रम चुनाव के बाद भी बना रहा। निर्वाचन में शिव सेना को 40 सीटें मिलीं। अगर उसे पाँच सीटें और मिल जातीं तो वह मेयर के चुनाव में अपना उम्मीदवार जिता सकती थी। कांग्रेस विरोधी एकता की सम्भावना जाँचने के लिए शिव सेना ने विपक्षी नेताओं की बैठक बुलाने की पहल की। कोलाबा से जीते एक रिपब्लिकन को मिलाकर शिव सेना के पास 41 सदस्य थे। ठाकरे का गणित था कि संगठन कांग्रेस के चार सदस्य मिलकर उनके पास 45 का समर्थन हो जाना चाहिए। शिवसेना ने अपना मेयर 76 वोटों के साथ चुन लिया। कांग्रेस के उम्मीदवारों को 45 वोट मिले और जनसंघ के उम्मीदवार को 15 वोट।

इस प्रकरण ने कांग्रेस (आर) को शिवसेना का महत्त्व समझा दिया। इसी साल सितम्बर में जब ठाकरे ने सीमा विवाद पर बंद की अपील की तो कांग्रेस ने उसका समर्थन किया क्योंकि मध्य मुम्बई निर्वाचन क्षेत्र का संसदीय उपचुनाव लड़ने के लिए उसे एक बार फिर ठाकरे की ज़रूरत थी। ठाकरे और कांग्रेस, दोनों ही इस सम्भावित समझौते से सार्वजनिक रूप से इनकार करते रहे पर अंदर ही अंदर दोनों के बीच खिचड़ी पकती रही। *लोकसत्ता* और *नवशक्ति* में छपे ठाकरे के बयानों से लग रहा था कि वे न तो कांग्रेस उम्मीदवार का समर्थन करेंगे और न ही जनसंघ के उम्मीदवार का। उधर कांग्रेस के चंद्रजीत यादव भी कह रहे थे कि कांग्रेस ने बंद का समर्थन उपचुनाव में शिव सेना की मदद पाने के लिए नहीं किया था। लेकिन वही हुआ जिसका अंदाज़ा लगाया जा रहा था। अपने बयानों के एकदम विपरीत जाकर कांग्रेस और शिव सेना ने गठजोड़ कर लिया। तर्क यह दिया गया कि जनसंघ ने मेयर के चुनाव में शिव सेना का विरोध किया था, जबकि वास्तव में उस समय कांग्रेस शिव सेना की प्रमुख प्रतिद्वंद्वी थी। पर यहाँ कांग्रेस द्वारा बंद के समर्थन का ही उल्लेख किया गया। ठाकरे का विचार था कि मध्य मुम्बई से एसए डांगे की पुत्री रोज़ा देशपाण्डे को पराजित करने के लिए किसी भी क़ीमत पर कांग्रेस से समझौता कर लेना चाहिए। इसी

लक्ष्य की प्राप्ति के लिए ठाकरे ने पहली बार मुम्बई प्रदेश कांग्रेस कमेटी के प्रति अपने रवैये में भी परिवर्तन किया। मुम्बई कमेटी ने राम राव आदिक को खड़ा किया जो पहले शिव सेना में रह चुके थे। ठाकरे के समर्थकों ने इस उम्मीदवारी को कुछ इस भाँति प्रचारित किया मानो ठाकरे कांग्रेस से अपनी शर्तें मनवाने में सफल हो गये हों।

कांग्रेस से समझौते की यह ज़ोरदार कलाबाज़ी कई शिव सैनिकों के गले नहीं उतरी। उन्हें तो ठाकरे ने ही मुम्बई प्रदेश कांग्रेस कमेटी के विरोध की ख़ुराक पर पाला था। इन सैनिकों की निगाह में मुम्बई कमेटी ख़ुद ही कम्युनिस्टों की एजेंट थी। वे नहीं समझ पाए कि मालिक को कटवाने के लिए उसके कुत्ते को उन्हें क्यों समर्थन देना चाहिए। इस अंतर्विरोध के कारण शिव सैनिक मन लगाकर आदिक के पक्ष में चुनाव प्रचार नहीं कर पाए। दूसरी तरफ़ बंधु शिंगारे जैसे शिव सेना नेता थे जो लाल बाग में कम्युनिस्टों से कड़ी टक्कर लेते रहे थे। शिंगारे अपने कट्टर हिंदुत्व के लिए जाने जाते थे। शिंगारे को लगा कि डांगे की बेटी के मुक़ाबले जनसंघ और हिंदू महासभा के उम्मीदवार का समर्थन करना ज़्यादा ठीक होगा। नतीजतन, शिव सेना में टूट हो गयी।

उधर, सम्पूर्ण राजनीतिक परिस्थिति भी ठाकरे के गणित के ख़िलाफ़ चली गयी। 1973 मे ही रिपब्लिकन पार्टी के प्रयोग की असफलता की प्रतिक्रिया में जुझारू व वामपंथी दलित युवकों ने ब्लैक पेंथर संगठन की तर्ज़ पर 'दलित पेंथर' संगठन खड़ा कर लिया था। शिव सेना को दलित पेंथरों से भी जूझना पड़ रहा था। इन्हीं दलित पेंथरों ने चुनाव बायकाट का नारा दिया जिससे नवबौद्ध भारी संख्या में वोट डालने नहीं गये। ये नवबौद्ध अगर मतदान करते तो आदिक के पक्ष में ही करते। कांग्रेस को करीब 80 हज़ार वोट कम मिले। रोज़ा देशपाण्डे आराम से जीत गयीं।[91]

ठाकरे की राजनीति के लिए यह अच्छा ख़ासा धक्का था। इंदिरा कांग्रेस का विरोध करने पर भी उन्हें नुक़सान हुआ और समर्थन करने पर और भी ज़्यादा नुक़सान हुआ। उनकी समझ में यह भी आया कि स्थानीय राजनीति में उन्हें जो सफलता मिलती है वह राष्ट्रीय राजनीति में अक्सर क़ायम नहीं रहती। इंदिरा गाँधी के नेतृत्व के प्रति उनका आकर्षण बढ़ता गया। जब 1975 में इमरजेंसी लगी तो ठाकरे ने उसकी 'कल्याणकारी हुक्मशाही' कह कर सराहना की।

1977 में जब इंदिरा गाँधी का जनता लहर के सामने भट्ठा बैठ गया तो ठाकरे ने फ़ौरन पाला बदल लिया जनता पार्टी सरकार का समर्थन करने लगे।

---

[91] *फ्रंटलाइन*, 7 फ़रवरी, 1997.

ठाकरे के कुछ समर्थकों ने भी इस उछल–कूद को अच्छी निगाह से नहीं देखा। कांग्रेस के विभाजन के समय से ही ठाकरे ने जिस तेज़ी से दोस्तियाँ बदलीं, वह शिव सैनिकों के लिए तर्क से परे थीं। शिव सेना के जीवनकाल का यह सर्वाधिक कठिन समय था। दक्षिण भारतीयों का विरोध करने का उसका मुद्दा भी हलका पड़ गया था क्योंकि उसने स्वयं जनरल करियप्पा को समर्थन दे दिया था। आदिक को समर्थन देकर मुम्बई कांग्रेस कमेटी का विरोध करने का उसका संकल्प भी ढीला पड़ गया था। वह कम्युनिस्ट उम्मीदवार को भी जीतने से नहीं रोक पाई और स्वयं उसके संगठन में दरार पड़ गयी। जिन जयप्रकाश नारायण की ठाकरे *मार्मिक* के दिनों में कठोर आलोचना करते थे, उन्हीं की रहनुमा में बनी केंद्र सरकार का उन्हें समर्थन करना पड़ रहा था। 'कल्याणकारी हुक्मशाही' की उनकी धारणा, जो उन्हें इंदिरा गांधी की इमरजेंसी में साकार होते दिखी थी, सतहत्तर के चुनाव नतीजों ने भारतीय जनता के लिए अनुपयुक्त ठहरा दी थी। जनसंघ और हिंदू महासभा से भी उनकी पटरी नहीं खा रही थी। रिपब्लिकन पार्टी किसी काम की नहीं रह गयी थी। राष्ट्रीय राजनीति में हस्तक्षेप का कोई फ़ार्मूला ठाकरे की समझ में नहीं आ रहा था। ट्रेड यूनियन मोर्चे पर भी ठाकरे को डॉ. दत्ता सामंत के आक्रमण का सामना करना पड़ रहा था। सामंत ठाकरे की ही तरह मज़दूरों के 'कम्युनिस्टों द्वारा राजनीतिक शोषण' में यक़ीन नहीं करते थे पर उनका तरीक़ा प्रबंधन से संघर्ष का था न कि ठाकरे की भाँति सहयोग का। सामंत को अपने लक्ष्यों की प्राप्ति के लिए हिंसा का सहारा लेने में भी कोई एतराज नहीं था। इस मामले में उनके पास शिव सेना की आतंककारी कार्रवाइयों का उसी की तर्ज़ पर जवाब मौजूद था। 1972 में गोदरेज में हड़ताल के समय प्रबंधन की मदद कर रहे शिव सैनिकों और गुण्डों की पिटाई करके ही दत्ता सामंत ने अपने नेतृत्व जमाया था।[92]

II

शिव सेना का आंतरिक संसार

राजीव गाँधी द्वारा 1985 के निर्वाचन में विपक्ष का पूरी तरह मानमर्दन कर देने के बाद लगभग हर राष्ट्रीय दल जनसमर्थन की क़िल्लत का शिकार हो गया था।

---

[92] विपक्ष के मुख्यमंत्रियों, जो असल में क्षेत्रीय ताक़तों के प्रतिनिधि थे, की गोष्ठियाँ और उनके प्रति राष्ट्रीय विपक्षी दलों की दिलचस्पी इसका प्रमाण थी.

केवल क्षेत्रीय दल ही उस तूफ़ान के आगे टिक पाए थे। राष्ट्रीय राजनीति का वह दौर कमज़ोर जनसमर्थन वाली राष्ट्रीय पार्टियों और मज़बूत जनसमर्थन वाली क्षेत्रीय पार्टियों का दौर था।[93] दरअसल, क्षेत्रीय पार्टियाँ भाषा और स्थानीय संस्कृति की बुनियाद पर टिकी थीं और राजनीतिक सफलता-असफलता से उनकी लोकप्रियता पर कोई निर्णायक असर नहीं पड़ता था। वे पार्टियाँ होने के साथ-साथ सामाजिक आंदोलन का रूप भी लिए हुए थी। 1960 में *मार्मिक* की स्थापना से लेकर 1966 में शिव सेना की स्थापना तक बाल ठाकरे ने इसी तर्ज़ पर अपने आंदोलन की भित्ति तैयार की थी। हम देख चुके हैं कि संयुक्त महाराष्ट्र समिति और फिर मज़दूर आंदोलन की शिथिलता ने अनजाने में ही ठाकरे के लिए ज़मीन तैयार कर दी थी। ठाकरे की आम छवि राजनीतिक तिकड़में करने वाले, 'ठाकरी भाषा' में भड़काऊ भाषण करने वाले, उद्योगपतियों से साँठ-गाँठ करके हड़तालें तुड़वाने वाले प्रांतीय और भाषा संकीर्णता का झण्डा बुलंद करने वाले हिटलर जैसे नेता की थी। लेकिन दूसरी तरफ़ उनका एक और रूप था जिसके तहत वे शिव सेना को मुम्बई में महाराष्ट्रीयन जन जीवन का अनिवार्य अंग बनाने में लगे हुए थे। वे एक लोकप्रिय (पॉप) राजनीतिक संस्कृति का तानाबाना बुन रहे थे। जिसमें स्वेदशाभिमान तथा विदेशी निवेश जैसे अंतर्विरोधी तत्त्वों का शांतिपूर्ण सहअस्तित्व था। इस सामाजिक आंदोलन में महाराष्ट्रीयन युवकों की भीरुता का लाभ उठाकर उन्हें नकारात्मक पुंसत्व(मर्दानगी) का स्पर्श दिया जा रहा था और महिलाओं का राजनीतीकरण कुछ इस तर्ज़ पर करने की व्यवस्था थी कि वे पितृसत्ता के ख़िलाफ़ सोचने के लिए तैयार नहीं होती थीं। इस आंदोलन में व्यावहारिक जातिवाद के लिए कोई जगह न थी। मध्य व पिछड़ी जातियाँ संगठन में पर्याप्त मात्रा में मौजूद थीं लेकिन इसके नैतिक मूल्य पूर्णतः सवर्णवादी थे। शिवसेना और महाराष्ट्रीय जनजीवन का यह अनूठा सम्मिश्रण एक-दूसरे को शक्ति प्रदान करता था। यह पूरी तरह से स्थानीय उत्सवों, त्यौहारों, सांस्कृतिक कार्यक्रमों, रचनात्मक कार्यकलापों में एक विशाल हिंदू संयुक्त परिवार

[93] शिव सेना के संसार का यह विवरण गेरार्ड ह्यूज की कृतियों के आधार पर तैयार किया गया है. ह्यूज ने पहले 1982-83 के दौरान और फिर 1984 के भिवंडी दंगों के बाद 1986-87 में शिव सेना के सदस्यों से लगभग सौ साक्षात्कार लिए. ह्यूज ने मुम्बई के साथ-साथ छत्तीसगढ़ (मध्य प्रदेश) के शिव सैनिकों से भी बातचीत की. इसके बाद 1989 में बेरोज़गारी व राजनीतिक-धार्मिक आंदोलनों के अंतर्संबंधों का अध्ययन करते समय साक्षात्कारों का एक क्रम फिर चला.

की तरह रचा-बसा था। गेरार्ड ह्यूज[94] और दीपंकर गुप्ता[95] ने अपने-अपने अध्ययनों में इस आसाधारण परिघटना के बारीक पहलुओं और उससे बने मनोजगत की तस्वीर कुछ इस तरह पेश की है :

> इस संगठन का एक और चेहरा है। इससे पता चलता है इसके टिकाऊपन का स्रोत क्या है और यह महानगर की आबादी के एक बड़े हिस्से के साथ अपने संबंध कैसे जोड़ता और बनाए रखता है।... क्योंकि शिव सेना इस विशाल शहर की सामाजिक बुनावट के उन आयामों से स्वयं को सम्बद्ध रखती है जिनकी अन्य दल या तो उपेक्षा करते हैं या घृणा करते हैं। इन आयामों को हम 'लोकप्रिय संस्कृति' कह सकते हैं ...

गेरार्ड ह्यूज *सांस्कृतिक लोकप्रियतावाद* के इन पक्षों को न तो सिद्धांतबद्ध करने के लिए तैयार हैं और न ही परिभाषित करने की कोशिश करते हैं। उनकी मान्यता है कि आर्थिक और सामाजिक मानकों की नाप-जोख करके जो राजनीतिक और समाजशास्त्रीय निष्कर्ष निकाले जाते हैं, वे पॉप कल्चर की राजनीति को समझने के लिए अपर्याप्त होते हैं। सांस्कृतिक लोकलुभावनवाद तो एक तरह के मनोगत अथवा आत्मगत विश्लेषण और विवरण की माँग करता है। ह्यूज के मुताबिक़ शिव सेना ने समझ बूझ कर नियोजित रूप से स्वतःर्स्फूतता का सहारा लिया और मुम्बई शहर की लोकप्रिय, बहुलवादी, ग़ैरध्रुव्रीकृत और संकुल 'पॉप कल्चर' को हिंसक जनराजनीति का स्पर्श देकर उसे ध्रुवीकृत, एकीकृत, और सरलीकृत रूप दे दिया। शिव सेना ने इस कल्चर को बड़ी होशियारी से प्रभु वर्ग की अधीनता के तले भी स्थापित किया। इस मक़सद में वह आर्थिक स्थितियों की विशिष्टता के कारण कामयाब हो पाई। महानगर के औद्योगिक मज़दूरों, सड़कों पर दुकानें लगाने वाले खोमचे वालों और छात्रों की आर्थिक हैसियत या तो बुरी तरह गिर रही थी, या काफ़ी जड़ता की शिकार थी। इसलिए ये तबक़े शिव सैना जैसे किसी आंदोलन के लिए कच्चे माल की भूमिका निभाने के लिए तैयार बैठे थे। स्थानीय स्तर पर लोगों की आदतें और विश्वास संक्रमण की स्थिति में थे, आपसी रिश्तों का ताना बाना छिन्न-भिन्न हो रहा था। आकांक्षाओं और यथार्थ के बीच बड़ी भारी खाई बन गयी थी। इन लोगों को इस दरकते हुए समाज में सहारे की ज़रूरत थी। चूँकि शिव सेना मराठी उपराष्ट्रीयता का झण्डा उठाकर सामने आयी और उसने संस्कृति को उसकी आधारशिला

---

[94] दीपंकर गुप्ता ने 1977 के दौरान अपने पी-एच.डी. शोध के दौरान बम्बई में एक प्रश्नमाला तैयार करके शिव सैनिकों से साक्षात्कार लिए थे और शाखाओं के कामकाज का अध्ययन किया था.

[95] सिकता बनर्जी, तीस्ता सीतलवाड़ और मधुश्री दत्ता द्वारा शिव सेना की महिला गोलबंदी के ये अध्ययन काली फ़ॉर वुमेन के संग्रह *वुमॅन ऐंड हिंदू नैशनलिज़म* में प्रकाशित हैं.

घोषित किया इसलिए ये तमाम जनगण शिव सैनिक बनकर स्वयं को इतिहास का प्रमुख अभिनेता मानने की मन:स्थिति में पहुँच गये।

विश्व हिंदू परिषद और राष्ट्रीय स्वयं सेवक संघ की छाप वाले हिंदुत्व से शिव सेना का यह राष्ट्रवाद अलग था। ठाकरे के लेफ्टीनेंटों ने दीपंकर गुप्ता से बातचीत में कहा कि उनका संगठन संघ या जनसंघ से इसलिए ज़्यादा लोकप्रिय है क्योंकि वह तुरंत और तेज़ कार्रवाई में यक़ीन करता है। वह फ़ौरन प्रतिक्रिया करता है। दरअसल एक तो उपराष्ट्रीयता का पहलू और दूसरे एक महानगर का स्पर्श— इन दोनों चीज़ों ने ठाकरे के हिंदुत्व को संघ और परिषद के हिंदुत्व के मुक़ाबले अलग शक्ल दे दी। यह महानगरीय हिंदुत्व लम्बे अरसे तक साम्प्रदायिक होते हुए भी अधिकांशत: ग़ैरसाम्प्रदायिक हरकतें करता रहा। जब वह देहात में फैला तो मुसलमान विरोध उसका मुख्य नारा ज़रूर था लेकिन उसने ऊँची जातियों में नहीं बल्कि निचले तबक़ों में पैठ बनायी।

साठ और सत्तर के दशक में ठाकरे द्वारा जारी 20 पंक्तियों की निर्देशिका के अलावा शिव सेना के पास कोई व्यवस्थित कार्यक्रम नहीं था। उसके पास कोई घोषणापत्र नहीं था। निगम चुनावों के लिए उसके पास सीधी और सपाट ग़ैर राजनीतिक बातें थीं। उसके पार्षद और नेता निगम के अंदर ठाकरे की हिदायत के मुताबिक़ राजनीति करने से बचते थे। लेकिन बाहर शिव सैनिक होने का मतलब था निरंतर अपने दुश्मन के ख़िलाफ़ युद्ध की तैयारी करते रहना। मोटर साइकिलों पर भगवा झण्डा लगाए शिव सैनिक जिस तीव्रता से इधर-उधर जाते थे— उससे देखने वालों पर शिवाजी के घुड़सवार योद्धाओं जैसा असर पड़ता था। स्वयं बाल ठाकरे ने सार्वजनिक मंच पर अपने अवतरण के लिए ऐसी ही प्रतीकात्मक विधि चुनी थी। केके गंगाधरन बताते हैं कि शिव सेना की जनसभाओं की योजना बड़ी सावधानी से बनायी जाती है। उनके केंद्र बिंदु होते हैं सेनापति ठाकरे। युद्धस्थल में मराठा शौर्य की गाथाएँ गाने वाले पवाड़ा गीतों के बीच तुतरी बजती है और शिवाजी की आवक्ष प्रतिमा फूलों से लाद दी जाती है। भगवा ध्वजों की आभा के बीच अपने कमाण्डरों से घिरे हुए बाल ठाकरे मंच पर प्रवेश करते हैं। सेनापति मंच से ही अपने सैनिकों को कोई भी आदेश दे सकते हैं। ज़ाहिर है कि फ़ौज के इस प्रतीकात्मक स्वरूप को कोई नागरिक संगठन ज़्यादा दूर तक क़ायम नहीं रख सकता। इसलिए शिव सेना की शाखाएँ अपनी दैनंदिन कार्रवाइयों में फ़ौज की तरह नहीं बल्कि लोगों की शिकायतें दूर करने वाले एक नागर संगठन की आचरण करती नज़र आती हैं। 1992-93 के भीषण दंगों के दौरान भी इन शाखाओं का स्वरूप नहीं बदला था।

दीपंकर गुप्ता के अनुसार शिव सेना की शाखा उसके सांगठनिक जीवन का केंद्र होती है। एक शाखा के तहत 25 से 35 हज़ार वोटर आते हैं। एक विभाग प्रमुख, तीन उपविभाग प्रमुख, एक शाखा प्रमुख और एक उपशाखा प्रमुख जनता से सीधा सम्पर्क रखते हैं। रोज़मर्रा की समस्याएँ और उलझनें ठाकरे व उनकी कार्यकारिणी तक नहीं पहुँच पातीं। एक शाखा में कई 'गाटा' प्रमुख होते हैं जो अपने-अपने मुहल्लों और इलाक़ों में जनगोलबंदी की भूमिका निभाते हैं। शाखा का दफ़्तर आमतौर पर एक या दो कमरे का होता है। कोशिश की जाती है कि वह या तो रेलवे स्टेशन के पास हो या किसी ख़ास बाज़ार के आस-पास। दफ़्तर पर भगवा झण्डा लहराता रहता है। प्रवेशद्वार के पास बोर्ड लगा होता है जिस पर सेना का प्रतीक चिह्न 'बाघ का सिर' बना रहता है। युवकों का शाखा में आना-जाना बना रहता है। हर शाम पाँच बजे यह दफ़्तर खुलता है। सड़क पर कोई पाइप फ़ट जाने से लेकर, मियाँ-बीवी के झगड़े और रोज़गार की माँग तक, हर तरह की समस्या शाखा दफ़्तर में आती है।

शिव सेना में शामिल होने वाले नौजवान की दीक्षा उसे एक चाकू भेंट करके होती है। साथ में उसे सक्रियता और वफ़ादारी की शपथ भी खानी पड़ती है। कहने के लिए नये शिव सैनिक को केवल एक फ़ार्म भरना पड़ता है लेकिन चाकू और शपथ अन्य राजनीतिक प्रतिबद्धताओं के मुक़ाबले संगठन में उसके पहले क़दम को गहरे जज़्बाती मायनों से भर देता है सैनिक से उम्मीद की जाती है कि वह सेना के लिए 'पूर्णतः' उपलब्ध रहेगा और अन्य सैनिक उसके लिए 'पूर्णतः' उपलब्ध रहेंगे। इस तरह उसके सामने 'हमारे' लोगों की अवधारणा साफ़ हो जाती है। शिव सैनिक बातचीत में दावा करते रहते हैं— 'हम शिव सेना में इसलिए आये है क्योंकि हम कुछ करना चाहते हैं', 'हालात असहनीय थे, हमें कुछ करना ही था', 'मैं अन्याय के ख़िलाफ़ लड़ना चाहता था'। शिव सैनिकों को समझाया जाता है कि उनकी राजनीतिक गतिविधियाँ भी एक तरह का संघर्ष है और इस तरह वे संघर्ष की सतत उत्तेजित मानसिकता को धीरे-धीरे आत्मसात् कर लेते हैं। शिव सैनिकों का यह मनोजगत काफ़ी संक्रामक होता है। उनके आस-पास के जन पर्यावरण तक इसकी तासीर पहुँचती है, और सामान्य जनता उनके इस मुख्य गुण को एक साथ भय और प्रशंसा के मिले-जुले रूप में देखती है। शिव सैनिक अपनी नागरिक कम फ़ौजी एकता के ज़रिये हमेशा प्रतिक्रिया के लिए तैयार रहता है। उसके दुश्मन बदलते रहते हैं पर वह नहीं बदलता। हर नया दुश्मन उसे सैनिक होने का तर्क प्रदान करता है।

शिव सैनिक के लिए शाखा एक तरह के समांतर परिवार की भूमिका अदा

करती है। उद्योगीकरण, बढ़ती गुरबत व बेकारी के दबाव में टूटते रिश्ते-नातों की रेंगती हुई शांत लेकिन जटिल ज़िंदगी के मुक़ाबले शाखा द्वारा संगठित व नियंत्रित जीवन उसे नये मायने प्रदान करता है और एक नयी अस्मिता उसे निरंतर गतिशीलता और उत्तेजना के लिए उकसाती है। शिव सैनिकों को सिखाया जाता है जैसे ही जनता का कोई हिस्सा किसी भी क़िस्म की गतिविधि शुरू करे वैसे ही उन्हें सामने आ कर हालात को अपने हाथ में ले लेना चाहिए, भले ही वह गतिविधि शिवाजी की आवक्ष प्रतिमा की माल्यार्पण करने की साधारण क्रिया ही क्यों न हो। अक्सर शिव सैनिक बनने से पहले अभ्यार्थी द्वारा की गयी 'समाज सेवा' और 'सांस्कृतिक गतिविधि' की पृष्ठभूमि देखी जाती है क्योंकि बिना उसके वह जनता के कार्यकलापों की शिनाख़्त करने योग्य ही नहीं हो पाएगा।

शिव सेना पर अक्सर आरोप लगाया जाता है कि वह हिंसा और दाब-धौंस के ज़रिये अपने संगठन में भर्ती करती है। ऐसा सोच ग़लत है। शिव सेना को अपने सैनिक बढ़ाने के लिए किसी ज़ोर-ज़बर्दस्ती की आवश्यकता नहीं होती। न केवल महाराष्ट्रीय युवक वरन अन्य तबक़ों के युवकों में शिव सैनिक बनने की इच्छा ख़ासी प्रबल रहती है। इस इच्छा को युवकों के मानस में गहराई तक बैठाने की रणनीति कुछ इस तरह काम करती है :

परिवार : शिव सेना की शाखा अपने सैनिकों को ही भर्ती नहीं करती वरन उनके बहाने वह पूरे परिवार से संबंध स्थापित कर लेती है। अक्सर देखा जा सकता है कि पूरे के पूरे परिवार सेना के कार्यक्रमों में हिस्सा ले रहे हैं। स्वयं ठाकरे का परिवार इसके लिए आदर्श प्रस्तुत करता है। शाखाओं में ज़िम्मेदारी के पद अक्सर भाइयों के बीच अथवा भाइयों और चाचाओं के बीच या कभी-कभी पिता और पुत्र के बीच बाँटे जाते हैं। इस तरह शाखाएँ परिवार का विस्तार बन जाती हैं। शिव सेना के संसार में परिवार की यह भूमिका अन्य संगठनों की भाँति सवलिया निशान की शिकार न होकर पूरी तरह से स्वाभाविक और सकारात्मक मानी जाती है।

युवकों के समूह : स्कूल-कॉलेज जाने वाले युवा-छात्र अक्सर समूह बना कर सड़कों पर आवारागर्दी करते हैं या चौराहों पर अड्डेबाजी करते हैं। दरअसल, आजकल की शिक्षा उनके इस जीवन को न बदल पाती है और न ही उसके पास समय बिताने की इस तरक़ीब का कोई विकल्प है। शिव सेना युवकों से उनके इसी स्तर पर अन्योन्यक्रिया करती है लेकिन वह उनके स्वाभाविक रूप से बन गये समूहों में कोई विघ्न नहीं डालती। छात्र राजनीति के ख़िलाफ़ होते हुए भी शिव सेना उनकी प्राकृतिक रूप से एकताकारी आदत का लभा उठाती है।

मित्र मण्डल : शिव सेना की सांगठनिक शक्ति का तोसरा स्रोत मण्डलों अथवा मित्र मण्डलों में निहित है। ये मित्र मण्डल ज़रूरी नहीं कि शिव सेना से जुड़े हुए हों। इनका मक़सद अक्सर खेल-कूद, समाज सेवा अथवा आमोद-प्रमोद के कार्यक्रम करना होता है। मुम्बई की सभी पार्टियाँ इन मित्र मण्डलों का लाभ उठाती

हैं। कम्युनिस्ट इसमें सबसे पीछे हैं और शिव सेना सबसे आगे। सबसे ज़्यादा मित्र मण्डलों पर उसका असर है।

मित्र मण्डलों के केंद्र में सिर्फ़ पुरुष संस्कृति ही होती है। महिलाएँ इनमें नहीं होती। महिलाओं के मण्डल अपवाद ही हैं। यह मर्द संस्कृति शिव सेना को सर्वाधिक अनुकूल लगती है। कोई मर्दानगी के बिना सैनिक नहीं बन सकता। इसलिए मित्र मण्डल की बैठक से उठकर शिव सेना की शाखा में चले जाना भी युवक के लिए दो अलग-अलग नहीं बल्कि एक ही लगातार चलने वाले काम की तरह लगता है। मण्डलों में अक्सर ग़ैरमहाराष्ट्रियनों का महाराष्ट्रीकरण हो जाता है। महाराष्ट्रीयन सांस्कृतिक आधारों, मराठी गीतों और फ़िल्मों, आपसी बातचीत और त्यौहारों में भागोदारी के ज़रिये मित्र मण्डल ग़ैरमहाराष्ट्रीयन तत्त्वों को आत्मसात् कर लेते हैं। किसी भी मुहल्ले, चाल या बस्ती के युवक आपस में बैठ कर मित्र मण्डल का अनौपचारिक गठन कर लेते हैं। वे अख़बार पढ़ते हैं। उस पर सामूहिक चर्चा करते हैं और अपनी स्थानीय व सांस्कृतिक समझ के मुताबिक़ सरलीकृत निष्कर्षों तक पहुँच जाते हैं। शिव सेना से जुड़ने में मित्र मण्डलों के सदस्यों को सबसे ज़्यादा सुविधा उसकी सरलीकृत राजनीति से होती है। ठाकरे के गँवई लहज़े और ठाकरी भाषा की प्रत्यक्षता इन युवकों पर सीधा प्रभाव डालती है। मण्डल अपने सदस्यों के बीच किसी होड़ अथवा परस्पर शोषण की प्रोत्साहित नहीं करके इसलिए वह तात्कालिक तनाव मुक्ति का केंद्र भी बन जाता है। दुर्गा पूजा, गणेश चतुर्थी और शिवाजी जयंती जैसे लोकप्रिय त्यौहार आयोजित करने में मित्र मण्डलों की महत्त्वपूर्ण भूमिका होती है। शिव सेना जिस तरह के सांस्कृतिक और सामाजिक पर्यावरण से रिश्ता जोड़ना चाहती है— मित्र मण्डल उसी पर्यावरण के अंग होते हैं— अनौपचारिक, ग़ैरराजनीतिक और ग़ैरसेकुलर।

एक शिव सैनिक क्या सोचता है!

इस विवरण से स्पष्ट है कि मराठीभाषी समाज से अपने ग़ैरआलोचनात्मक रिश्तों को गहन करके शिव सेना संकट के समय भी टिकी रह सकी। हिंदुत्व को अपनाने से भी यह रिश्ता कमज़ोर नहीं हुआ क्योंकि दक्षिण भारतीय 'दुश्मन' भी मराठीभाषी समाज से बाहर स्थित था और मुसलमान रूपी दुश्मन भी। हिंदुत्व को अपनाने से फ़ायदा यह हुआ कि ठाकरे को ग़ैरमराठियों में भी फैलने की सुविधा मिल गयी। अब उनके पास एक भारतव्यापी विचारधारा थी जिसके तर्क ग़ैरमहाराष्ट्रीयन विरोध की भाँति ही सरलीकृत थे। मुसलमान विरोध के तत्त्व पहले से ही उनकी राजनीति

में मौजूद थे। मध्य प्रदेश और मुम्बई के शिव सैनिकों से बातचीत के ज़रिये मिले उनके चिंतन की एक बानगी यहाँ प्रस्तुत की जा रही है।

एक युवक शिव सैनिक अक्सर बेचैन रहता है। कुछ अपवादों को छोड़ कर वह आमतौर पर पूजा-अर्चना के चक्कर में नहीं रहता। उसका हिंदुत्व मुसलमानों की एक ख़ास तरह की छवि के विरोध में खड़ा होता है। चूँकि मुसलमानों की यह ख़ास तरह की छवि भी गढ़ी हुई है इसलिए उनका हिंतुत्व भी गढ़ा हुआ है। उन्नीसवीं शताब्दी के अधिकांश भारतीय बुद्धिजीवी और समाज सुधारक पश्चिमी संस्कृति के मुक़ाबले भारतीय संस्कृति की श्रेष्ठता साबित करने के फेर में मुसलमान विरोधी हो गये थे। अंग्रेज़ों ने जिन पहलुओं को लेकर हिंदुओं को धिक्कारा था, उनका अधिकांश दोष इन बुद्धिजीवियों ने मुसलमान आक्रमणकारियों के मत्थे मढ़ दिया था। यह राष्ट्रवादी चिंतन आगे चलकर राजनीति के सम्पर्क में आया और हिंदू राष्ट्रवादी चिंतन में बदल गया। मुसलमान की असहिष्णु और हिंदू महिलाओं को अपवित्र करने पर उतारू छवि बनाने में इस चिंतन की प्रमुख भूमिका रही है। इस दृष्टि से बीसवीं शताब्दी के अंतिम वर्षों का शिव सैनिक अपने चिंतन जगत में उन्नीसवीं सदी के इसी मुसलमान विरोधी विमर्श का अनुयायी नज़र आता है।

शिव सैनिक का विमर्श सबसे पहले आत्मदया की भावना से शुरू होता है। अगर वह ऐसा नहीं करेगा, तो स्वयं को दुश्मन पर हमला करने के लिए सन्नद्ध बाघ की मुद्रा में कैसे ला पाएगा! आत्मदया का पहला दौर अपनी बुराइयाँ गिनाने से होता है— हिंदू पिछड़े, संकीर्ण, जातिवादी, साम्प्रदायिक, दब्बू, विभाजित और कमज़ोर हैं। हम लोग कायर हैं और बूढ़ी औरतों की तरह बेकार हो चुके हैं। हम लोग कायर हैं और बूढ़ी औरतों की तरह बेकार हो चुके हैं। फिर इस आत्महीन छवि के मुक़ाबले मुसलमानों की छवि रखी जाती है— हिंसक आक्रामक, गंदे, स्नान न करने वाले, मलेच्छ, मांसाहारी, यौन पीड़ित, बलात्कारी, एक साथ एक ही बर्तन में गंदे तरीक़े से खाने वाले, जिस हाथ से शौच किया जाता है उसी हाथ से खाने वाले, गोमांस खाने वाले, बदबूदार, परिवार नियोजन न अपनाकर अपनी आबादी बढ़ाने में लगे रहने वाले, निचली जातियों का खाड़ी के डॉलरों की मदद से धर्मपरिवर्तन कराने वाले और अंत में निर्विवाद रूप से पाकिस्तानी एजेंट। ज़ाहिर है ऐसे भयानक और ख़ौफ़नाक मुसलमान को दुरुस्त करने के लिए हिंदुओं को अपनी उक्त कमियाँ छोड़नी पड़ेंगी। यानी एक शिव सैनिक के मनोजगत में मुसलमानों से संघर्ष करके शिव सैनिक आत्मप्रक्षालन जैसी कार्रवाई करता है। यहाँ तक कि वह 'सांप्रदायिकता' से भी मुक्त हो जाता है।

शिव सैनिक सोचता है कि 'अभी तीन हज़ार मंदिर और मुक्त कराने हैं।' मुसलमानों ने जो ताजमहल हमसे चुरा लिया था वह फिर से हस्तगत करना है क्योंकि वह ताजमहल नहीं बल्कि 'तेजोमहालय' नामक हिंदू मंदिर था। अमेरिका जब सद्दाम हुसैन की फ़ौजों को कुचलता है तो उसे गहरी तसल्ली मिलती है। कई शिव सैनिक तो खाड़ी युद्ध के समय कहते पाए गये कि अब इन 'कटुल्लों' के लिए प्रलय आ गयी है। ठाकरे अक्सर अपने भाषणों में इस लक़ब के मराठी पर्यायवाची को इस्तेमाल करते हैं।

अंतिम विश्लेषण में शिव सैनिक की आत्मचेतना उसे मुसलमानों जैसा बनने के लिए प्रेरित करती है क्योंकि वह मुसलमानों में पाई जाने वाली धार्मिक एकता, साहस, लड़ने-भिड़ने की क्षमता, युद्ध निपुणता और युद्ध जीतने की क्षमता के कहीं न कहीं कायल है। वे कहते हैं कि अगर मलेच्छपन, लंपटता और असहिष्णुता निकाल दी जाए तो मुसलमानों की युयुत्सा श्लाघनीय है।

इसी बिंदु पर गेरार्ड ह्यूज शिव सैनिक के चेतना संसार के सिलसिले में एक नयी अंतर्दृष्टि देते नज़र आते हैं। उनका विचार है कि शिव सेना का हिंदुत्व 'इस्लामीकृत हिंदुत्व' नहीं है जैसा कि कई प्रगतिशील बुद्धिजीवी आरोप लगाते हैं। शिव सेना ऐसा कोई काम नहीं करती जो कहीं से किसी भी अर्थ में वास्तविक हो। न ही शिव सैनिक द्वारा गढ़ा गया आततायी मुसलमान वास्तविक है। वह तो केवल एक स्वैरकल्पना है जो एक संगठन की राजनीतिक ज़रूरतों के कारण कल्पित की गयी है।

ठाकरे का हिंदुत्व, जातिवाद और औरतें

ठाकरे स्वयं को एक राजनीतिक नेता के रूप में कम और समाज सुधारक के रूप में ज़्यादा देखते हैं। उनके पिता प्रबोधंकर भी स्वयं को पत्रकार कम और समाज सुधारक ज़्यादा समझते थे। पिता के माध्यम से ही ठाकरे को ब्राह्मणवाद विरोधी आंदोलन की चेतना मिली? फलस्वरूप ठाकरे अपने बारे में बातचीत के दौरान जब तब महान् समाज सुधारक ज्योतिराव फुले का हवाला देते हैं :

> एक समाज सुधारक लोगों को वह नहीं देता जो वे चाहते हैं। उलटे वह लोगों के क्रोध का निशाना बनता है। फिर भी समाज हित में अपने दृष्टिकोण पर जमा रहता है। महात्मा फुले ने कभी महिलाओं की राय नहीं माँगी कि क्या वे पढ़ना चाहती हैं, स्कूल जाना जाती हैं? उन्होंने महिला शिक्षा की आवश्यकता महसूस की और अपना आंदोलन शुरू कर दिया।

ज़ाहिर है कि वे शिव सेना के अपने प्रयोग को किसी क्रांतिकारी समाज सुधारक के समक्ष रखकर दिखाना चाहते हैं, जो कि स्पष्ट रूप से एक आत्मश्लाघा ही है। लेकिन फिर भी शिव सेना में समाज सुधार की कुछ प्रवृत्तियाँ अवश्य

मौजूद हैं। ठाकरे की खूबी यह है कि उन्होंने उन प्रवृत्तियों को एक दक्षिणपंथी और यथास्थितिवादी रुझान दे दिया है जिस तरह कभी मराठीवाद को उन्होंने वामपंथी दायरे से निकाल कर कम्युनिस्ट विरोध से जोड़ दिया था उसी तरह उन्होंने दलित जातियों को आम्बेडकर और दलित पेंथरों के जुझारू वामपंथ से निकालने की कोशिश की है तथा उसे विशिष्ट क़िस्म के 'ब्राह्मणवादी ग़ैरब्राह्मणवाद' के तहत लाने का अभियान चलाया है। इसी तरह ठाकरे ने महिलाओं को घरेलू दायरे से निकाल कर राजनीति के दायरे में आने के लिए भी प्रेरित किया, पर उनकी परम्परागत भूमिका पर कोई सवालिया निशान नहीं लगने दिया।

दीपंकर गुप्ता अपना शोध के दौरान शिव सैनिकों से सवाल पूछने के लिए प्रश्नावली बनाकर जब ठाकरे को दिखाने ले गये ते ठाकरे ने शिव सैनिकों की जाति पूछने वाला सवाल काट दिया और कहा कि मेरा संगठन जाति आधारित नहीं है। शिव सेना के संदर्भ में यह दावा विशेष महत्त्व रखता है। शिव सेना में निचले तबक़ों की भागीदारी काफ़ी बड़ी संख्या में है। हम देख चुके हैं कि ठाकरे शुरू से ही राष्ट्रीय स्वयं सेवक संघ के वर्णवादी रवैये के आलोचक रहे हैं और 'दीनदयाल उपाध्याय के एकात्मक मानववाद' *की* आड़ में मौजूद जनसंघ के वर्णवाद को भी उन्होंने कभी अच्छी निगाह से नहीं देखा। उनका हिंदुत्व समरूपीकरण की सोशल इंजीनियरिंग नानाजी देशमुख के प्रकल्पों और गोविंदाचार्य की भाजपाई थीसिस से कहीं पहले से कर रहा है। 1991 में दलित विषयों के अध्येता गोपाल गुरु ने वामपंथी हलक़ों को शिव सेना द्वारा दलितों के हिंदूकरण की मुहिम के बारे में बता कर चौंका दिया था। आम्बेडकर ने *रिडिल्स ऑफ़ हिंदुइज़्म* में हिंदू देवी-देवताओं की कस कर ख़बर ली थी और शिव सेना ने इस पुस्तक के ख़िलाफ़ जमकर अभियान चलाया था। लेकिन दूसरी तरफ़ वह दलितों के ग़ैरमहार हिस्सों को अपनी ओर करने में लगी हुई थी। प्रोफ़ेसर गोपाल गुरु बताते हैं—

> कुछ वर्ष पहले हिंदुत्ववादी शक्तियाँ आम्बेडकर और उनकी रचनाओं, की जैसे—रिडल्स ऑफ़ राम ऐंड कृष्ण, की भौंडी भर्त्सना में लगी हुई थीं। शिव हत्याओं, आम्बेडकर और बुद्ध की तस्वीरों और प्रतिमाओं को नष्ट करने या तोड़ने-फ़ोड़ने एवं बेहद गंदी भाषा में आम्बेडकर और बुद्ध की चरित्र हत्या में लिप्त हैं। लेकिन यहाँ यह कहना विषयांतर न होगा कि शिव सेना ने दलितों के हिंदूकरण की अपनी योजना को कार्यरूप देने के लिए महाराष्ट्र में एक नयी रणनीति अख़्तियार की है। आम्बेडकर की फूहड़ भर्त्सना और महार नवबौद्धों के शारीरिक विनाश का ख़तरा पैदा करके शिव सेना के केवल उस समूह को अपना निशाना बनाया है जो

आम्बेडकर और बौद्ध मत का अनुयायी है। लेकिन साथ में वह माँग, चंभार और ढोर समुदायों को अपने में मिलाने के लिए प्रयासरत है क्योंकि दलितों के ये हिस्से हिंदुत्व की तरफ़ ज़्यादा झुके हुए हैं। शिव सेना इन तबक़ों को अपने सांगठनिक ढाँचे और राज्य में अपने नियंत्रण वाले क्षेत्रों में अवसर देकर मिला रही है। इसके अलावा शिव सेना माँग समुदाय की इस निरंतर जारी शिकायत का भी लाभ उठा रही है जिसके अनुसार वे महारों को आरक्षण के सभी लाभों को हड़प लेने का ज़िम्मेदार मानते हैं। इस भाँति शिव सेना राज्य के माँगों और चंभारों के बीच महार-बौद्ध विरोधी भावनाओं को मज़बूत कर रही है।

इस तरह शिव सेना और हिंदुत्व की राजनीति के दूसरे अलमबरदारों (भाजपा और विश्व हिंदू परिषद) की रणनीति में फ़र्क़ नज़र आता है। भाजपा की कोशिश दलित आंदोलन की मुख्य शक्ति आम्बेडकरवादियों को ही आत्मसात् करने की है। वे डॉ. हेडगेवार से आम्बेडकर तक के विकास की चर्चा करते हुए फुले-आम्बेडकर संदेश यात्राएँ निकाल कर अपना जनाधार विस्तृत करने में लगे हुए थे। जबकि ठाकरे बुद्ध द्वारा ब्राह्मण धर्म पर आक्रमण तथा आम्बेडकर द्वारा धर्म परिवर्तन वाले पहलुओं को भूलने के लिए तैयार नहीं हैं। वे सभी दलितों को नहीं बल्कि हिंदू दलितों को ही अपने साथ लेने के लिए तैयार दिखते हैं। और इस लक्ष्य में उन्हें भारी सफलता मिली है। इस जगह भी ठाकरे अपनी राजनीति द्वारा किसी स्थापित सामाजिक संरचना को तोड़ने से बचते नज़र आते हैं जबकि महारों का नवबौद्ध अस्तित्व हिंदू समाज के ख़िलाफ़ अंदरूनी बग़ावत को प्रतीकात्मक स्वर देता रहता है।

ठाकरे की विचारधारा और राजनीति का यह मिश्रण दलित जातियों के बाद महिलाओं को गोलबंद करने की उनकी शैली में भी दिखाई देता है। मराठी मानस में मर्दानगी को भड़का कर उन्होंने जिस तरह के कठोर पितृसत्तात्मक संगठन की रचना की है— उसमें औरतों की जगह ज़्यादा से ज़्यादा शिव सेना के कार्यक्रमों में विविधता लाने वाले तत्त्वों की तरह हो सकती थी। लेकिन ठाकरे ने इसमें एक नयी बात जोड़ी। उन्होंने महिलाओं को शिव सेना के महिला अघाड़ी के माध्यम से अपनी राजनीति के तहत घर की देहरी से बाहर निकालने की विधिवत् योजना बनायी ख़ास बात यह थी कि औरतों के दहलीज़ से बाहर निकले इस क़दम को पितृसत्ता के ख़िलाफ़ स्त्री के व्यापक संघर्ष का अंग नहीं बनने दिया गया।

ठाकरे ने बड़ी होशियारी से परम्परा और परिवर्तन का संतुलन क़ायम किया। सिकता बनर्जी और तीस्ता सीतलवाड़ ने शिव सेना द्वारा महिलाओं की राजनीतिक गोलबंदी के अध्ययन के दौरान देखा कि शिव सेना ने एक तरफ़ ऐसे त्यौहारों

और कार्यक्रमों को आयोजित करने का सिलसिला चलाया जिसमें महिलाओं की परम्परागत स्त्रीसुलभ भूमिकाओं पर ज़ोर दिया जाना था, और दूसरी तरफ़ उन्हीं महिलाओं को दंगों के दौरान मुसलमान विरोधी हिंसा में व्यवस्थित ढंग से सक्रिय किया गया। एक तरफ़ शिव सेना की शाखाओं में पापड़ बेलने से लेकर बच्चों की देखभाल के कार्यक्रम नियमित और ठोस रूप से किये गये और दूसरी तरफ़ दंगाई शिव सैनिकों की गिरफ़्तारी रोकने के लिए महिलाओं को सड़कों पर निकाला गया। 1985 से 1990 के बीच मध्यवर्गीय महाराष्ट्रीय महिलाओं को शिव सेना इस दोहरी भूमिका में गोलबंद करने में सफल रही। पापड़ बेलने और बच्चों की देखभाल करने से इन महिलाओं की पारिवारिक आमदनी में वृद्धि हुई। हल्दी-कुमकुम और शिवरात्रि जैसे कार्यक्रमों में भाग लेने से उनकी अर्धांगिनी वाली भूमिका पुष्ट हुई और दंगों में शामिल अपने मर्दों की हिफ़ाज़त में पुलिस के सामने अड़ जाने से वे अपने परिवार की रक्षक 'स्त्री शक्ति' के रूप में बदलने के मानसिक अनुभव से गुज़रीं। इस तरह शिव सेना ने औरत के लिए तीन भूमिकाएँ प्रस्तुत कीं— श्रमिक, पत्नी और योद्धा। इसमें श्रमिक, पत्नी और योद्धा के बीच पत्नी की भूमिका पर ज़ोर देकर सेना ने पितृसत्ता विरोधी स्त्रीवादी आग्रहों को निर्मूल कर दिया।

शिव सेना ने हिंदू मराठी और निचली जातियों की महिलाओं को गोलबंद करने पर ज़्यादा ज़ोर दिया। रचनात्मक कार्यक्रमों के माध्यम से छोटे-छोटे आर्थिक फ़ायदे दे कर सेना ने उन्हें अपनी ओर खींचा। मुम्बई में फैली अपनी शाखाओं के गाटा प्रमुखों के ज़रिये सेना ने झुग्गी-झोपड़ियों में रहने वाली महिलाओं के बीच जमकर काम किया और धीरे-धीरे उनके साथ सामाजिक रिश्ते क़ायम कर लिए। शिव सेना की हिंसक राजनीति में इन औरतों द्वारा किया गया योगदान मधुश्री दत्ता के शब्दों में दृष्टव्य है :

> शिव सेना एक समूह के रूप में महिलाओं को एक अस्मिता देने में कामयाब हुई। इसकी मिसाल बांद्रा (पूर्व) में मिली। वहाँ का विधायक शिव सेना का है। वह एक कुख्यात गुण्डा है। इस बारे में दो राय नहीं हो सकती। वह कई बार जेल भी जा चुका है। मधुकर सरपोतदार खुले आम हथियार लेकर घूमता था...दंगों के दौरान किसी ने उसे छूने की हिम्मत नहीं की लेकिन दंगों के बाद जो भी कारण रहा हो, फ़ौज ने उसे गिरफ़्तार करने का निर्णय लिया। रात के बारह बजे हज़ारों औरतें एक आह्वान पर बाहर निकल आयीं। वे सड़कों पर लेट गयीं ताकि फ़ौज की जीप वहाँ से न गुज़र सके...यह था एक सामूहिकता की पहचान से उनका जुड़ना।

सेना की महिला अघाड़ी की कार्यशैली अपने पितृ संगठन से काफ़ी मिलती-जुलती है। महिला शिव सैनिक एकदम पुरुष शिव सैनिकों की तरह

बनना चाहती हैं। अगर महिला अघाड़ी किसी सताई हुई औरत को उसका हक़ दिलाना चाहती है तो आमतौर पर बड़े हमलावर तरीक़े का इस्तेमाल किया जाता है। शिव सेना की शाखा की ताक़त अघाड़ी के पीछे रहती है। अगर कोई पति अपनी पत्नी को गुज़ारा भत्ता नहीं दे रहा है, तो उसे शाखा दफ़्तर बुलाया जाता है और वहाँ आकर उसकी इनकार करने की हिम्मत नहीं होती। अगर अघाड़ी दहेज हत्या के मामले में पति और परिवार वालों की गिरफ़्तारी की माँग को लेकर थाने के सामने प्रदर्शन करती है तो शिव सेना के दबाव के कारण पुलिस को गिरफ़्तारी करनी ही पड़ती है।

अघाड़ी की महिलाएँ घेराव करने में कुशल होती हैं। वे अपनी ताक़त से फ़ौरी राजनीतिक उद्देश्य को तुरत-फुरत प्राप्त कर लेती हैं। मसलन-थाणे में उन्होंने एक बार मंदिर के एक पुजारी (बलात्कार का आरोपी) के पक्ष में खड़े होने वाली वकील को अदालत जाने से रोक दिया था। इसी तरह वे बलात्कार के आरोपियों के वकीलों को अदालत जाने से रोक देती हैं। स्त्री मुक्ति के लिए स्त्रीवादी उसूलों के तहत संघर्ष कर रही संस्थाओं को भी अघाड़ी ने कई बार पीछे छोड़ दिया है। कुछ वर्ष पहले सऊदी अरब में कार्यरत एक महिला कर्मचारी का बकाया वेतन दिलाने में महिला केंद्र नाकाम रहा क्योंकि न तो भारत सरकार ने मामले में हस्तक्षेप किया और न ही सऊदी अरब के दूतावास ने कोई सहयोग किया। जब मामला महिला अघाड़ी के पास गया तो उसकी सदस्य नियोक्ता के मुम्बई स्थित घर गयी और उसे धमका कर वेतन देने के लिए मज़बूर कर दिया। महिला शिव सैनिकों के बीच डिंपल कपाड़िया की फ़िल्म *ज़ख्मी औरत* ख़ासी लोकप्रिय हुई थी। क्योंकि इस फ़िल्म में बलात्कारियों को तुरत-फुरत सज़ा देने की विधि (उनके गुप्तांग काट देना) अपनायी गयी थी। जब शासन और समाज के पास स्पष्ट रूप से दोषी दिख रहे लोगों को दण्डित करने की शक्ति क्षीण हो रही हो तब न्याय-अन्याय के बारे में ऐसी धारणाओं का लोकप्रिय हो जाना स्वाभाविक ही होता है। शिव सेना की महिला अघाड़ी महिलाओं को इंसाफ़ दिलाने वाले *ग़ैरसंवैधानिक सत्ता* केंद्र बनने में दिलचस्पी रखती है।

महिला अघाड़ी विचारधारात्मक शिक्षा के लिए महिलाओं के शिविर लगाती हैं और बच्चों के लिए बालवाड़ी कार्यक्रम किये जाते हैं। इनमें महिलाओं और बच्चों को मध्ययुगीन भारतीय इतिहास की गढ़ी हुई 'रक्तरंजित' कहानियाँ सुनाई जाती हैं जिससे वे 'दुश्मन' को ऐतिहासिक रूप से भी देख सकें और उसके प्रति उनकी घृणा तीव्र हो जाए।

बाल ठाकरे की पत्रकारिता

पिछले अध्याय में हम देख चुके हैं कि बाल ठाकरे ने किस कुशलता से अपने कार्टून साप्ताहिक *मार्मिक* के पृष्ठों का इस्तेमाल करके शिव सेना निर्माण की भूमिका बनायी और किस तरह मध्यवर्गीय मराठीभाषी पाठकों ने उत्साहपूर्वक उनकी दक्षिण भारतीय विरोधी मुहिम को हाथों-हाथ लिया। इस दौरान ठाकरे ने *मराठा* दैनिक के सम्पादक आचार्य अत्रे से भी जमकर प्रतियोगिता की। मराठी भाषियों एवं अन्य समुदायों के विवाद में आचार्य अत्रे मराठी भाषियों की तरफ़दारी ही करते आ रहे थे लेकिन इसके बावजूद ठाकरे ने कई मसलों पर उनकी जमकर खिंचाई की। ठाकरे और अत्रे की बहस से भी *मार्मिक* की प्रसार संख्या बढ़ी।

पत्रकार जीवन में ठाकरे के साथी रहे अंग्रेज़ी पत्रकारों के कथनों से हमें यह भी पता चलता है कि पत्रकारिता के लिए मराठी का माध्यम अपना लेने के बाद ठाकरे अपनी इस मित्र मण्डली से कट से गये और *फ्री प्रेस* के उनके दोस्त मराठी हितों का झण्डा बुलंद करने वाले आक्रामक नेता के रूप में उनके विकास को नज़रअंदाज़ कर बैठे। इसीलिए जब शिव सेना का विस्फ़ोट हुआ तो वे उसके पीछे कोई क्रमबद्धता नहीं देख पाए। उन्हें लगा कि वह तो अचानक एक व्यक्ति के गरम दिमाग़ में आये विचार का फल है। उन्हें यह भी ताज्जुब हुआ कि बाल ठाकरे का वह कार्टूनिस्ट यह सब कैसे कर सकता है। इसकी एक वजह यह भी थी कि ठाकरे का अपने पत्रकार साथियों के प्रति निजी व्यवहार भद्र क़िस्म का रहता था। इसलिए भाषणों में उनकी जुबान से फूटती चिंगारियों को देख कर वे भौंचक्के रह जाते थे। मराठी प्रेस में चलती बहसों की इन अंग्रेज़ी अख़बारवालों को कोई थाह न थी। अंग्रेज़ी प्रेस द्वारा ठाकरे के महत्त्व को कम करके आँकने का भी शिव सेना को फ़ायदा मिला। 1968 में नगर निगम चुनावों में बेहतरीन परिणाम निकालने के बाद कई आलोचक यह अफ़सोस करते नज़र आये कि अंग्रेज़ी प्रेस चाहता तो शिव सेना को कभी भी ख़त्म कर चुका होता। यह एक तथ्य है कि *टाइम्स ऑफ़ इण्डिया* जैसे अख़बार ने शिव सेना और इसके हथकण्डों को लम्बे अरसे तक जानबूझ कर नज़रअंदाज़ किये रखा। बहरहाल, प्रेस को शिव सेना की तासीर का जल्दी ही अंदाज़ा हो गया। सत्तर के दशक के दौरान अपने ख़िलाफ़ छापने वाले अख़बारों के दफ़्तरों पर शिव सैनिकों ने कई बार पथराव किया। ठाकरे का उसूल विरोधियों के ऊपर कोई रियायत न करना रहा है, इसलिए विभिन्न क़िस्म के अख़बार वाले समय-समय पर ठाकरे का विरोध करने लगे। बदले में ठाकरे ने भी उन पर हमला तेज़ कर दिया। *महानगर* के सम्पादक निखिल वागले और *नवभारत टाइम्स* की संवाददाता मणिमाला के ऊपर तो जानलेवा हमले भी

हुए। अख़बारों की आलोचना से निबटने के लिए ठाकरे ने मराठी में *सामना* और हिंदी में *दोपहर का सामना* नामक अख़बार निकाले। *सामना* की भाषा शैली से आहत हो कर मुम्बई से प्रकाशित होने वाले *जनसत्ता* के स्थानीय सम्पादक राहुल देव को ठाकरे के नाम एक खुला पत्र लिखना पड़ा था जिसमें उन्होंने ठाकरी पत्रकारिता को पीत पत्रकारिता से भी आगे जाकर प्रेत पत्रकारिता उपाधि से विभूषित किया था। पूर्व पत्रकार ठाकरे और समाचार पत्र जगत के रिश्तों को समझने के लिए एडीटर्स गिल्ड के सदस्यों द्वारा सेना के ख़िलाफ़ दिये गये उसके धरने का उदाहरण काफ़ी है। विचित्र बात यह है कि एक कलाकार (व्यंग्य चित्रकार) के रूप में ठाकरे को एक ज़माने में अभिव्यक्ति की स्वतंत्रता की काफ़ी फ़िक्र थी। कम्युनिस्टों के विरोध के पीछे उनका एक तर्क यह भी था कि अगर वे सत्ता में आ गये तो यह आज़ादी ख़तरे में पड़ जाएगी। लेकिन वे साथ-साथ हिटलर की भी प्रशंसा करते थे बिना इस तथ्य पर ध्यान दिये कि हिटलरशाही तो अभिव्यक्ति की स्वतंत्रता पर बहस तक चलाने नहीं देती।

वरिष्ठ मीडिया आलोचक जीएस भार्गव द्वारा दी गयी जानकारी के अनुसार मराठी प्रेस जगत राजनीतिक नेताओं और विचारधाओं के प्रति वफ़ादारी में बँटा हुआ है। एक ओर ठाकरे के *सामना* परिवार के दैनिक हैं तो दूसरी ओर *सकाल* और *केसरी* जैसे अख़बार हैं जो शरद पवार का समर्थन करते हैं। *नवकाल* किसी ज़माने में वामपंथी ट्रेड यूनियन आंदोलन से प्रभावित मज़दूरों के बीच पढ़ा जाता था लेकिन आजकल वह खुलकर हिंदुत्व का झण्डा बुलंद कर रहा है। उसकी शैली भी *सामना* से कम असंयमित नहीं है। सांध्य समाचार पत्र थोक में निकल रहे हैं। बाल ठाकरे के बारे में नमक-मिर्च लगा कर ख़बरें छापने से उनका प्रसार बढ़ता है। आज *दिनांक* के सम्पादक कपिल पाटिल का कथन दृष्टव्य है, 'मैं स्वीकार करता हूँ कि बाल ठाकरे और दाऊद इब्राहिम जैसे लोग अगर न होते तो हमारे अख़बारों को बिकने में बड़ी दिक़्क़त होती।' ऐसे माहौल में ठाकरे के *सामना* द्वारा अपनायी गयी बेहद साम्प्रदायिक और आपत्तिजनक भाषा और गाली-गलौज को पनपने का अच्छा ख़ासा आधार मिल जाता है। *सामना* में लगभग प्रत्येक दिन मुखपृष्ठ पर मुसलमानों के ख़िलाफ़ भावनाएँ भड़काने वाली ख़बरें छपती हैं। पत्रकारों और अपने कड़वे रिश्तों के बारे में ठाकरे के पास एक सफ़ाई भी है :

> हमारे पूर्ववर्ती लोग (भाजपा -शिवसेना सरकार से पहले की सरकारें) चौथे स्तम्भ के सदस्यों को तरह-तरह के उपहार देते रहे हैं। दस प्रतिशत कोटे में फ्लैट, या अख़बार के दफ़्तर के लिए प्लाट व मशीनों के लिए क़र्ज़ जैसी सुविधाएँ मुहैया कराई जाती रही हैं। स्वाभाविक है कि प्रेस का एक हिस्सा उन लोगों से सदा उपकृत महसूस करता है जिन्होंने 40 साल तक राज किया।

इतना कहने के बाद ठाकरे सीधे-सीधे अपने विरोधी प्रेस पर पवार समर्थक होने का इल्जाम लगा कर पल्ला झाड़ लेते हैं।

ठाकरे की राजनीति और उनकी शैली की पत्रकारिता ने कुल मिलाकर पत्रकारों को ख़ासी दुविधा में फँसा दिया है। उनके सामने सवाल यह है कि ठाकरे के भाषणों को कैसे छापा जाए। अगर ठाकरे के भाषण पूरे छाप दिये जाएँ तो प्रेस साम्प्रदायिकता भड़काने में ठाकरे का साझीदार हो सकता है और अगर उनके भाषणों को सम्पादित करके छापा जाए तो पाठकों को उनके ज़हर का कोई अंदाज़ा ही नहीं हो पाएगा। उनकी *ठाकरी भाषा* खुले आम मुसलमानों को उनके सुन्नत किये हुए गुप्तांग के हवाले से बार-बार याद करती है और वे अपने गँवई लहज़े में दादा कोंडके शैली के द्विअर्थी संवाद भी ख़ूब इस्तेमाल करते हैं। यहाँ यह उल्लेख करना विषयांतर न होगा कि दादा कोंडके ठाकरे को अपना भगवान मानते हैं। पता नहीं ठाकरे ने उनसे द्विआर्थी संवाद सीखे हैं या उन्हें सिखाए हैं! बहरहाल, प्रेस परिषद और सर्वोच्च न्यायालय ने दो अलग-अलग सुझाव दिये थे। प्रेस परिषद का मानना था कि प्रकाशन से पहले ठाकरे के भाषणों के उकसावे वाले अंश निकाल दिये जाने चाहिए। सुप्रीम कोर्ट का कहना था कि प्रेस आपत्तिजनक वक्तव्य को पूरा छाप सकता है और उसके बाद उसी जगह उसकी आलोचना में अपनी टिप्पणी भी प्रकाशित कर सकता है। इस तरह प्रेस उस भद्दे बयान का असली चेहरा उजागर कर देगा। इन सुझावों से महाराष्ट्र की अख़बारी दुनिया में अच्छी ख़ासी बहस फूट पड़ी और पत्रकारों की राय स्पष्ट रूप से इस संबंध में विभाजित निकली। अंत में वे केवल एक ही निर्णय पर पहुँच पाए कि पत्रकारिता अपनी परिपक्वता के ज़रिये ही ऐसी समस्या से निबट सकती है।

संदर्भ :

अभय कुमार दुबे (1993),'क्षेत्रीय समर्थन की तलाश में हिंदुत्व', अभय कुमार दुबे (सम्पा.), *साम्प्रदायिकता के स्रोत,* विनय प्रकाशन, नयी दिल्ली.

दीपंकर गुप्ता (1982), *नेटिविज़म इन मेट्रोपॉलिस, मनोहर,* नयी दिल्ली.

के.के. गंगाधरन (1970), *सोसियोलॅजी ऑफ़ रिवाइवलिज़म, कलमकार,* नयी दिल्ली.

गेरार्ड ह्यूज (1995), 'कल्चरल पॉपुलिज़म', सुजाता पटेल और एलिस थॉर्नर (सम्पा.), *बॉम्बे : मेटाफ़र फ़ॉर मॉडर्न इण्डिया,* ऑक्सफ़र्ड युनिवर्सिटी प्रेस, नयी दिल्ली.

अरविंदर सिंह (1994), *मोरारजी देसाई— ए प्रोफ़ाइल इन करेज,* नटराज, देहरादून.

सुधा गोगटे, 'राइज़ ऑफ़ रीजनलिज़म', *मेनस्ट्रीम,* 28 मार्च, 1920.

जयंत लेले (1995), 'सेफ़्रनाइज़ेशन ऑफ़ शिव सेना', सुजाता पटेल और एलिस थॉर्नर (सम्पा.), *बॉम्बे : मेटाफ़र फ़ॉर मॉडर्न इण्डिया,* ऑक्सफ़र्ड युनिवर्सिटी प्रेस, नयी दिल्ली.

पट्टाभि सीतारमैया (1969), *हिस्ट्री ऑफ़ इण्डियन नैशनल कांग्रेस,* एस. चाँद, कलकत्ता.

मेरी काट्जेंस्टीन (1973), 'ऑरिजंस ऑफ़ नेटिविज़म : द इमर्जेंस ऑफ़ शिव सेना इन बॉम्बे', *एशियन सर्वे,* फ़रवरी.

अशोक कुमार, 'कट्टर हिंदूवाद से कांग्रेस के रिश्ते', अभय कुमार दुबे (सम्पा.), *साम्प्रदायिकता के स्रोत,* विनय प्रकाशन, नयी दिल्ली.

स्टीफ़न शर्लाक (1996), 'क्लास रिफ़ॉर्मेशन इन मुम्बई', *इकॉनॉमिक ऐंड पॉलिटिकल वीकली,* 28 दिसम्बर.

दिलीप पेंडसे (1995), 'टॉइल, स्वैट ऐंड द सिटी', सुजाता पटेल और एलिस थॉर्नर (सम्पा.), *बॉम्बे : मेटाफ़र फ़ॉर मॉडर्न इण्डिया,* ऑक्सफ़र्ड युनिवर्सिटी प्रेस, नयी दिल्ली.

ग़ैर–कांग्रेसवाद से अयोध्या के युद्ध तक

उत्तर प्रदेश में बाबरी–ध्वंस की पूर्व–पीठिका

I

ग़ैर-कांग्रेसवाद के दिन

ग़ैर-कांग्रेसवाद को साकार रूप देने में डॉ. राम मनोहर लोहिया के साथ जिस व्यक्ति ने प्रमुख वैचारिक और सांगठनिक भूमिका निभायी थी, वे मधु लिमये थे। राजनीति से अवकाश ले लेने के बाद मधु लिमये ने *बर्थ ऑफ़ नानकांग्रेसिज़म* नामक ग्रंथ की रचना की। लिमये ने इस ग्रंथ में पचास, साठ और सत्तर के दशक में पहले डॉ. लोहिया के नेतृत्व में और फिर जयप्रकाश नारायण के नेतृत्व में लागू की गयी इस राजनीतिक रणनीति के जन्म और विकास का प्रामाणिक ख़ाका खींचा है। अत्यंत संक्षेप में उस घटनाक्रम को यहाँ पेश किया जा रहा है—

1957 के आम चुनाव ने भारतीय राजनीति की शक्ल को क़तई नहीं बदला। कांग्रेस का दो-तिहाई बहुमत बरक़रार रहा। उसके वोट 45 फ़ीसदी से बढ़ कर 47.48 फ़ीसदी हो गये। डॉ. लोहिया का ख़्याल था कि जनसंघ और कम्युनिस्ट अपनी ताक़त नहीं बढ़ा पा रहे हैं। समाजवादी तो हार ही गये थे। प्रजा सोशलिस्ट पार्टी को 19 और सोशलिस्ट पार्टी को 8 सीटें मिली थीं। लोहिया और जयप्रकाश में दोनों पार्टियों को एक करने को लेकर विफल वार्ता भी हुई। 1960 आते-आते लोहिया इस बात से चिंतित हो उठे कि समाजवादियों का विकास नहीं हो रहा है। उन्हें लगा कि कहीं लोकतांत्रिक समाजवाद का आंदोलन उनके व्यक्तित्व के आस-पास गोलबंद न बनकर रह जाए। लोहिया को उन दिनों अख़बारों द्वारा 'लोहिया सोशलिस्ट' लिखे जाने से भी गहरा असंतोष होता था। उन्होंने अंग्रेज़ी हटाओ, जाति तोड़ो और दाम बाँधों के मुद्दों पर समाजवादियों को गोलबंद करने का आह्वान किया। 1962 में सोशलिस्ट इन्हीं प्रश्नों पर चुनाव लड़े। नतीजे काफ़ी ख़राब निकले।

इस पराजय के बाद अशोक मेहता और जयप्रकाश जैसे नेता निराशा और अन्य विभिन्न कारणों से दूसरी राहों के बारे में सोचने लगे। पर 1962 के नतीजों के कुछ पहले ही लोहिया का दिमाग़ नये रास्ते खोजने के लिए बौद्धिक बेचैनी से ग्रस्त हो चुका था। एक नयी पार्टी बनाने का विचार उनके अंदर करवटें लेने लगा जिसमें वे कम्युनिस्टों की क्रांतिकारिता और जनसंघ की जीवनी शक्ति का

समावेश देखना चाहते थे। ज़ाहिर है कि वे मान चुके थे कि कोई मौजूदा पार्टी अगले 10–15 वर्षों में भी कांग्रेस को नहीं हरा सकती। अभी तक लोहिया विपक्षी दलों के संयुक्त मोर्चे की कल्पना नहीं कर रहे थे। दरअसल वे तो काफ़ी समय से ऐसे किसी मोर्चे के ख़िलाफ़ थे। प्रसोपा की गठजोड़ों की लाइन का विरोध उन्होंने इसी प्रस्थान बिंदु से किया था।

1962 की पराजय ने लोहिया के मन की इस हिचक को भी निकाल दिया। वे कांग्रेस शासन की निरंतरता को राष्ट्रघाती मान चुके थे। चीन के हाथों सीमा युद्ध में पराजय से उन्हें इसका मज़बूत तर्क मिल गया था। इसी दौर में उन्होंने विभिन्न पार्टियों के चुनावी प्रदर्शन के आधार पर चुनावी गठजोड़ की रणनीति तैयार की ताकि कांग्रेस विरोधी वोट बँटने से रोके जा सकें और कांग्रेस विरोधी तत्त्वों की सरकारें बन सके। कांग्रेस के शासन से परेशान हो चुकी जनता ने 1963 में हुए चार उपचुनावों में लोहिया की इस रणनीति को कामयाब बनाया। इनमें से तीन उपचुनाव उत्तर प्रदेश में हुए थे। चौथा गुजरात में हुआ। स्वतंत्र पार्टी के मीनू मसानी राजकोट में गुजरात से लड़े। डॉ. लोहिया उत्तर प्रदेश के फ़र्रुख़ाबाद से, जनसंघ के दीनदयाल उपाध्याय जौनपुर से तथा आचार्य कृपलानी अमरोहा से खड़े हुए। मिली-जुली चुनावी मुहिम चलायी गयी। मतभेदों को ठण्डे बस्ते में डाल दिया गया। हमले का निशाना सिर्फ़ कांग्रेस को बनाया गया।

विपक्ष ने न केवल संसद के बाहर अपने वोट एकजुट किये बल्कि सांसद और विधायिकाओं के अंदर भी आपसी समन्वय शुरू कर दिया। फिर संसद में संयुक्त विपक्ष नेहरू सरकार के ख़िलाफ़ अविश्वास प्रस्ताव लाया। इस तरह ग़ैर-कांग्रेसवाद ने अपनी पहली प्रतीकात्मक सफलता दर्ज की। इसी दौरान अशोक मेहता अपने साथियों समेत प्रसोपा छोड़कर नेहरू के साथ जुड़ गये।

अब लोहिया के सामने समस्या यह थी कि सोशलिस्ट पार्टी में इस नयी लाइन को स्वीकृति कैसे दिलाई जाए। समाजवादी कार्यकर्ता लम्बे अरसे से 'एकला चलो रे' के उसूल को मानते रहे थे। स्वयं लोहिया ने ही उन्हें यह सीख दी थी। उपचुनावों में यह लाइन लागू ज़रूर की गयी थी लेकिन कार्यकर्ताओं के दिलों में आपत्तियाँ बार-बार सिर उठा रहीं थीं। मधु लिमये ने फ़र्रुख़ावाद में लोहिया की जीत के बाद उनकी मित्र रमा मित्रा को एक लम्बा पत्र लिखकर अपने एतराजों की जानकारी दी। जुलाई, 1963 में जब पार्टी की राष्ट्रीय समिति ने इस लाइन की मान्यता दी तो मधु लिमये ने विरोध में इस्तीफ़ा दे दिया। उत्तर प्रदेश राज्य सम्मेलन में तो यह लाइन पराजित होते-होते बची। ऐन मौक़े पर राजनारायण अकस्मात् इसके पक्ष में खड़े हो गये जिसके कारण ही इसे पास कराया जा सका।

मधु लिमये दिसम्बर, 1963 में हुए कलकत्ता के राष्ट्रीय सम्मेलन में इस डर से नहीं गये कि वहाँ ग़ैर–कांग्रेसवाद के उनके खुले विरोध के कारण अप्रिय स्थिति पैदा होगी। लेकिन फिर भी जॉर्ज फ़र्नांडीज वग़ैरह ने वहाँ इसका विरोध किया पर अंततः कलकत्ता में यह लाइन पास हो गयी। लोहिया को इस बात का दुख रहा कि वे लिमये को अपनी ओर न कर सके। पर दोनों नेताओं ने अपने–अपने पक्ष को सार्वजनिक विवाद से बचाए रखा।

तभी 1964 में प्रजा सोशलिस्ट पार्टी (प्रसोपा) और सोशलिस्ट पार्टी (सोपा) का लम्बे अरसे बाद एकीकरण हो गया। संयुक्त सोशलिस्ट पार्टी (संसोपा) बनी। लिमये को उम्मीद थी कि समाजवादियों में एका हो जाने से ग़ैर–कांग्रेसवाद की आड़ में ताक लगाए बैठी सत्ता की लालसा को मर्यादित करने में मदद मिलेगी। उन्हें पीज़ेंट ऐंड वर्कर्स पार्टी के भी संसोपा में आ जाने की आशा थी जो फलीभूत नहीं हुई। लेकिन बनारस में हुए एकता सम्मेलन में एस.एम. जोशी और राजनारायण के मतभेदों के कारण फिर फूट पड़ गयी। प्रसोपा के कई नेता एक नया हाल किराये पर लेकर समानांतर कांफ्रेंस करने लगे। ये लोग ऊपर से ग़ैर–कांग्रेसवाद के आलोचक थे, लेकिन इसके राजनीतिक फ़ायदे उठाने में सबसे आगे थे। इन लोगों ने पश्चिम बंगाल, बिहार और उत्तर प्रदेश के ग़ैरकांग्रेसी गठजोड़ों में सत्ता की ख़ातिर शिरकत की।

एस.एम. जोशी, कर्पूरी ठाकुर, पुरुषोत्तम कौशिक, कपिल देव सिंह, सालिगराम जायसवाल, मदन तिवारी, रामानंद तिवारी व विश्राम राय जैसे नेता संसोपा में बने रहे। कोटा सम्मेलन से ठीक पहले लोहिया और लिमये में नयी नीति को लेकर जमकर बहस हुई। लोहिया ने लिमये द्वारा उठाई उन सभी आपत्तियों को माना जो इस नीति में निहित सत्तालोलुपता और सिद्धांतविहीनता के बारे में थीं। पर उन्होंने पूछा कि विकल्प क्या है ? कांग्रेस को कैसे अपदस्थ किया जाएगा ? लिमये के पास इन सवालों का जवाब नहीं था। लोहिया ने कहा कि क्यों न तीन साल तक प्रयोग के तौर पर इस नीति को लागू करके देखा जाए। एस.एम. जोशी पहले ही महाराष्ट्र में छोटे रूप में संयुक्त महाराष्ट्र समिति बना कर इसका प्रयोग कर चुके थे। इसलिए काफ़ी सोच विचार के बाद लिमये भी राजी हो गये। लोहिया के आग्रह पर लिमये ने ही नयी लाइन का मसविदा लिखा जिसे कोटा सम्मेलन ने बिना किसी संशोधन के पास कर दिया।

इसी के बाद फूलपुर, सहरसा और मुंगेर के उपचुनाव हुए जहाँ समाजवादी और जनसंघी चुनावी गठजोड़ न कर सके और वोटों के बँटवारे के कारण कांग्रेस फूलपुर और सहरसा में जीत गयी। जनसंघ तीनों जगह समाजवादियों से पीछे

रहा। लोहिया ने जनसंघ के दावों की आलोचना की। 1965 की शुरुआत तक जनसंघ और लोहिया के संबंध कई बार ठण्डे-गरम हुए। बनारस हिंदू विश्वविद्यालय के नाम से 'हिंदू' शब्द हटाने के सवाल पर लोहिया का समर्थन जनसंघ को सख़्त नापंसद आया। लोहिया अलीगढ़ मुसलिम युनिवर्सिटी के नाम से 'मुसलिम' शब्द हटाना चाहते थे। जनसंघ और राष्ट्रीय स्वयंसेवक संघ ने 'हिंदू' शब्द हटाने का कड़ा विरोध किया। लाल बहादुर शास्त्री सरकार ने थोड़े हीले-हवाले के बाद इस विधेयक को ठण्डे बस्ते में डाल दिया। इससे जनसंघ को लगा कि उसके नये प्रधानमंत्री से नये समीकरण उसी तरह बन सकते हैं जैसे कभी नेहरू के वामपंथियों से बने थे। इसी के बाद गोरखपुर में लोहिया की जनसभा में संघ परिवार के कार्यकर्ताओं ने भारी गड़बड़ की। लोहिया ने क्रोध में आ कर लोक सभा में जनसंघ और संघ परिवार की जमकर खिंचाई की।

लोहिया और जनसंघ में इस समय तक काफ़ी मनमुटाव पनप चुका था। कम्युनिस्ट पार्टियाँ समाजवादियों की ग़ैर-कांग्रेसवाद की लाइन के निकट आ रही थीं। 1965 के संघर्षों और आपसी विचार-विमर्श में जनसंघ ने विपक्ष के साथ भागीदारी नहीं की। चौथा आम चुनाव नज़दीक आ रहा था। इस समय तक लोहिया ग़ैर-कांग्रेसवाद की लाइन को पूरी तरह परिभाषित कर चुके थे लेकिन उसके आधार पर कोई व्यापक कांग्रेस विरोधी एकता नहीं दिख रही थी। उत्तर प्रदेश, बिहार और महाराष्ट्र में जनसंघ अपना अलग राग अलाप रहा था। उसे भ्रम था कि वह अकेला ही कांग्रेस को प्रतिस्थापित कर देगा। इसके बावजूद फ़रवरी 1967 के चुनाव की पूर्व संध्या पर अपने मशहूर वक्तव्य में लोहिया ने कांग्रेस के पराभव की भविष्यवाणी कर दी। वे हिंदी प्रदेश में ख़ास तौर से कांग्रेस की पिटाई की उम्मीद कर रहे थे।

चुनावी नतीजों ने लोहिया के विश्वास को सही सिद्ध किया। कांग्रेस को मुँह की खानी पड़ी। विपक्ष के अन्य नेताओं को भी लोहा मानना पड़ा। लोहिया और संसोपा की छाया ने राज्यों में ग़ैरकांग्रेस सरकारें बनाने में पहलक़दमी ली और इस तरह संयुक्त विधायक दलों का प्रयोग शुरू हुआ।[4]

डॉ. लोहिया ने जहाँ एक ओर ग़ैर-कांग्रेसवाद का प्रयोग किया, वहीं दूसरी ओर वे पचास के दशक से ही समाज के राजनीतीकरण की प्रक्रिया को सघन और विस्तारित करने का यत्न कर रहे थे। 1954 में ही वे जातियों और राजनीति की अन्योन्यक्रिया पर चिंतन और लेखन शुरू कर चुके थे। जिस समय राजनीति और समाजशास्त्र में जाति के तत्त्व को महत्त्व मिलना शुरू भी नहीं हुआ था, उस समय लोहिया इस मामले में काफ़ी आगे निकल चुके थे। वे सोशलिस्ट पार्टी में

सांगठनिक पदों पर पिछड़े और दलित वर्ग के प्रतिनिधियों को बैठाने के पक्षधर होते जा रहे थे।

गोवा के आंदोलन की सफलता-असफलता की समीक्षा के दौरान डॉ. लोहिया को शिकायत मिली थी कि संगठन के कुछ नेताओं ने कार्यकर्ताओं को तो जेल भेज दिया पर ख़ुद आंदोलन की देख-रेख करने के नाम पर बाहर बने रहे। डॉ. लोहिया को लगा कि नेतृत्व तो पूरा का पूरा ब्राह्मण है और आंदोलन के कार्यकर्ता अब्राह्मण जातियों के हैं। लोहिया ने नेतृत्व को भी गिरफ़्तारी देने के लिए कहा और कमेटी भंग कर दी। डॉक्टर साहब जब कमेटी दोबारा गठित करने बैठे तो उन्होंने पाया कि मजबूरी में उन्हें फिर 90 फ़ीसदी ब्राह्मणों को ही नामज़द करना पड़ रहा है। तब उन्होंने अपना प्रसिद्ध वाक्य कहा, 'ऐसे में कोई माथे पर हाथ रख कर हँसने के सिवा क्या कर सकता है।' लेकिन वही क्षण था जब डॉ. लोहिया के दिमाग़ में 'पिछड़े वर्ग को विशेष अवसरों' के सिद्धांत ने करवट ली और जिसमें से आरक्षण की माँग निकली। डॉक्टर साहब ने तय किया कि वे पिछड़े और दलित वर्गों में नेतृत्व की क्षमताएँ पैदा करने के लिए पार्टी के अंदर पदों के आरक्षण का सिद्धांत लागू करेंगे, भले ही उससे पार्टी का कुछ नुक़सान ही क्यों न हो जाए। इसके बाद अक्सर ऐसा होने लगा कि कुछ ग़ैरपिछड़े और ग़ैरदलित नेताओं को पदों से इस्तीफ़ा दिलवा कर पिछड़े और दलित कार्यकर्ताओं को पद मिलने लगे। दरअसल यह पिछड़ों में राजनीतिक नेतृत्व के प्रशिक्षण की शुरुआत थी। कालांतर में समाजवादी आंदोलन ने पिछड़े वर्ग के सक्षम नेताओं की लम्बी क़तार पैदा की। कर्पूरी ठाकुर और रामसेवक यादव के रूप में इन नेताओं की पहली पीढ़ी उभरी। इसके बाद की पीढ़ी के नेता थे मुलायम सिंह यादव जिनकी शुरुआती राजनीतिक शिक्षा लोहिया के नेतृत्व वाले ग़ैर-कांग्रेसवाद के तहत हुई, लेकिन जिन्होंने अपनी राजनीतिक परिपक्वता चरण सिंह के नेतृत्व में काम करते हुए प्राप्त की।

II

चरण सिंह के दिन

1969 में उत्तर प्रदेश विधानसभा के मध्यावधि चुनाव हुए जिसमें संविद की असफलता के कारण समाजवादियों को जनता की नाराज़गी झेलनी पड़ी। वे ही नहीं हारे कई बड़े ग़ैरकांग्रेसी नेता भी उनके साथ चुनाव हार गये। इस चुनाव में चरण सिंह के भारतीय क्रांति दल को ख़ास सफलता मिली।

1971 तक जोड़-तोड़ के ज़रिये उत्तर-प्रदेश में चंद्रभानु गुप्त, त्रिभुवन नारायण सिंह और कांग्रेसी मदद से चरण सिंह बारी-बारी से मुख्यमंत्री बने और हटे। कांग्रेस के विभाजन के बाद हुए आम चुनाव में कांग्रेस की भारी जीत हुई। बड़े-बड़े समाजवादी दिग्गज़ धराशायी हो गये। समाजवादी एक बार फिर एक होने पर मजबूर हुए पर जल्दी ही कर्पूरी ठाकुर के नेतृत्ववाली पार्टी कई टुकड़ों में बँट गयी। इस दुर्घटना ने प्रदेश में विपक्ष की राजनीति का संतुलन, चरण सिंह की तरफ़ झुका दिया। डॉ. लोहिया ने पिछड़े वर्ग का जो राजनीतीकरण किया था, वह प्रभावी रूप से चरण सिंह के नेतृत्व में गोलबंद होने लगा।

1974 के चुनाव के पहले जो नेता चरण सिंह को केवल जाटों का नेता मानते थे, उन्हें अपनी राय बदलनी पड़ी। इस पूरे दौर में समाजवादी क़तारों में कार्यरत तमाम पिछड़े वर्ग के नेता धीरे-धीरे चरण सिंह के क्रांति दल की ओर खिसकते रहे। रामस्वरूप वर्मा (कुर्मी), महाराज सिंह भारती (जाट) और मुल्की राज (सैनी) इन पिछड़े नेताओं में उल्लेखनीय थे। संसोपा के नेता रामसेवक यादव उस ज़माने में सर्वाधिक ज़मीन से जुड़े हुए थे। उन्होंने सबसे पहले चरण सिंह को उभरते हुए सितारे को पहचाना था। 1974 के चुनाव तक चरण सिंह पिछड़े वर्गों और किसान जातियों की राजनीति के शक्तिशाली प्रवक्ता बन चुके थे। रामसेवक यादव के निधन के बाद उन्हें एक गतिशील यादव नेता की ज़रूरत थी। उन्हें मुलायम सिंह यादव में ये सम्भावनाएँ दिखाई पड़ीं। चरण सिंह विधानसभा में नेता विरोधी दल बने। सदन में मुलायम सिंह के भाषणों से वे प्रभावित हुए। चरण सिंह की नज़र में मुलायम सिंह का क़द बढ़ता गया। वे महत्त्वपूर्ण विषयों पर उनसे जब-तब सलाह मशविरा करने लगे।

इंदिरा गाँधी ने 18 जनवरी 1977 को इमरजेंसी उठाते हुए आम चुनाव की घोषणा की। 17 मार्च, 1977 चुनाव का दिन तय किया गया। इंदिरा गाँधी की निरंकुशता के ख़िलाफ़ एकजुट हुए विपक्षी नेताओं के लिए यह सुनहरा अवसर था। जयप्रकाश नरायण और चरण सिंह के प्रयासों से लोकदल, जनसंघ, कांग्रेस (ओ) और समाजवादी दल ने 11 फ़रवरी, 1977 को जनता पार्टी नाम से एक राष्ट्रीय पार्टी बनायी। कांग्रेस से जगजीवन राम, हेमवती नंदन बहुगुणा और नंदिनी सत्पथी जैसे नेता भी जनता पार्टी से जुड़ गये।

ग़ैर-कांग्रेसवाद विपक्षी एकता के ज़रिये चुनाव जितवाने में तो सफल हो गया था, लेकिन पाँच साल तक मिल-जुल कर सरकार चलाना एक दूसरी ही बात थी। कहते हैं कि सत्ता में एकता की शक्ति होती है और सत्ता के कारण विपरीत शक्तियाँ भी एक साथ रह सकती हैं। पर ग़ैर-कांग्रेसी दलों का आचरण

इसके एकदम उलटा निकला। ऐसी बात नहीं कि सरकार ने ठीक काम न किया हो। विदेश नीति के मोर्चे पर मोरारजी की सरकार इंदिरा गाँधी की तरह सोवियत ख़ेमे की तरफ़ झुकी नहीं थी, न ही वह अमेरिकी रुझान वाली सरकार थी। मोरारजी ने अमेरिकी राष्ट्रपति द्वारा प्रस्तावित एटमी अप्रसार संधि पर दस्तख़त करने से इनकार करके सच्ची गुटनिरपेक्षता दिखाई थी। दक्षिणपंथी मोरारजी का यह क़दम उन लोगों की आँखें खोलने वाला था जो जनता सरकार को अमेरिकापरस्त माने बैठे थे। चीन और पाकिस्तान से संबंध सुधारने की दिशा में जितना काम जनता सरकार के जमाने में हुआ, उतना पहले कभी नहीं हुआ था।

देश के अंदर भी साम्प्रदायिक तनाव कोई समस्या नहीं रह गया था। जनता पार्टी के उदार चरित्र के दबाव में अटल बिहारी वाजपेयी जैसे दक्षिणपंथी को भी बिछड़े हुए मुसलमान परिवारों को मिलवाने का श्रेय मिल गया। घरेलू मोर्चे पर भी सरकार अच्छी चल रही थी। रोज़मर्रा के इस्तेमाल की चीज़ें सस्ती थीं। लेकिन इस सबके बावजूद जनता पार्टी के घटक दल आपस में भिड़ गये। अतीत और वर्तमान को जब तराजू के दो पलड़ों पर रख कर तौला गया तो अतीत यानी पुरानी पार्टी की शिनाख़्त एकीकृत जनता पार्टी की शिनाख़्त पर हावी निकली। घटक दलों में इस बात की होड़ लग गयी कि सरकार पर कौन हावी हो सकता है। पूर्व घटक जनसंघ के साथ मध्य प्रदेश, हिमाचल और राजस्थान के मुख्यमंत्री थे तो चरण सिंह व राजनारायण के साथ उत्तर प्रदेश, बिहार और हरियाणा के मुख्यमंत्री थे। शिमला के रिज़ पर राजनायारायण की जन सभा को लेकर मुख्यमंत्री शांता कुमार से छिड़े विवाद ने तूल पकड़ा। इसकी अभिव्यक्ति विभिन्न क्षेत्रों में हुई। चरण सिंह ख़ुद प्रधानमंत्री बनना चाहते थे और पूर्व घटक जनसंघ मोरारजी के कंधे पर बंदूक रखकर सत्ता का खेल खेलना चाहता था।

यह संघर्ष 'दोहरी सदस्यता' वाले विवाद में अवक्षेपित हुआ। जनसंघ पर हमला करने के लिए पूर्व समाजवादियों ने उसके राष्ट्रीय स्वयंसेवक संघ से ताल्लुक़ातों का प्रश्न उठाया। धीरे-धीरे अमेरिकी रुझान वाली और सोवियत रुझान वाली राजनीतिक शक्तियों का ध्रुवीकरण होने लगा। यह एक दुखद स्थिति थी। इमरजेंसी की ज़्यादतियों की जाँच करने वाले शाह आयोग की कार्यवाहियों ने इंदिरा गाँधी को शहीदाना प्रभामण्डल प्रदान कर दिया। उनकी असफल गिरफ़्तारी, उनसे लोकसभा सदस्यता छीना जाना और उनका फिर चुनाव जीतकर संसद में पहुँच जाना, उनकी वापसी का रास्ता साफ़ कर रहा था।

उत्तर प्रदेश की राजनीति में मुलायम सिंह ने समाजवादी आंदोलन की ट्रेनिंग के कारण स्वाभाविक रूप से चरण सिंह, राजनारायण, मधु लिमये वग़ैरह का

साथ दिया। उन्होंने भी दोहरी सदस्यता वाला मुद्दा ज़ोरदारी से उठाया। लोकदल और समाजवादियों की स्पष्ट राय थी कि जनसंघ से अपने संबंध का खुलासा करे। उनकी सबसे बड़ी और वाज़िब आपत्ति यह थी कि जनता पार्टी में एक बार विलय हो जाने के बाद भी जनसंघ के नेता और कार्यकर्ता राष्ट्रीय स्वयंसेवक संघ के भी न केवल सदस्य बने हुए हैं, बल्कि संघ नेतृत्व के निर्देशों का पालन भी करते हैं।

पर बात सुलझने के बजाय उलझती ही गयी। पहले उत्तर प्रदेश में 15 फ़रवरी को मुख्यमंत्री राम नरेश यादव की सरकार गिरी। 27 फ़रवरी को बनारसी दास मुख्यमंत्री बनाए गये। यादव की सरकार के गिरने की असली वजह जनकल्याणकारी नीतियों पर अमल नहीं कर पाना रहा। इससे नाराज़ पार्टी विधायकों ने अविश्वास प्रस्ताव के ज़रिये उनकी सरकार गिराने में कोई संकोच नहीं किया। वास्तव में राम नरेश यादव एक अक्षम मुख्यमंत्री साबित हुए। चरण सिंह और राजनारायण ने उन्हें आजमगढ़ के एक स्थानीय नेता की हैसियत से उठाकर मुख्यमंत्री पद पर ज़रूर पहुँचा दिया था, लेकिन उन्होंने स्वयं को इस पद के उपयुक्त साबित नहीं किया। न ही वे यादवों और अन्य पिछड़े वर्गों में अपने लिए कोई आकर्षण पैदा कर पाए।

बाद में केंद्र में जनता पार्टी के बड़े नेताओं में मतभेद बढ़ता चला गया। अंत में पार्टी के कई बड़े नेताओं ने प्रधानमंत्री मोरारजी देसाई सरकार से समर्थन वापस लेने की घोषणा कर दी। राजनारायण के नेतृत्व में एक गुट पार्टी से अलग हो गया। मोरारजी सरकार गिरने के बाद कांग्रेस (इ) के समर्थन से चरण सिंह ने सरकार बनायी। लेकिन राजनीति की चतुर खिलाड़ी इंदिरा गाँधी के तगड़े दाँव ने भारतीय राजनीति की दिशा एक बार फिर कांग्रेस की ओर मोड़ दी। चरण सिंह ने भी सिर्फ़ कुर्सी के लिए इंदिरा गाँधी की शर्तों पर चलने के बजाय सरकार कुर्बान करने का फ़ैसला लिया। इस तरह कांग्रेस के समर्थन वापस लेने से लोक सभा का सामना किये बिना ही 20 अगस्त, 1979 को चरण सिंह की सरकार ने इस्तीफ़ा दे दिया। जनता पार्टी टुकड़ों-टुकड़ों में बँट गयी। जयप्रकाश नारायण के निधन ने विपक्षी एका को और तहत-नहस कर दिया। मध्यावधि चुनाव का सामना करने के लिए चरण सिंह और राजनारायण ने मधु लिमये, जॉर्ज फ़र्नांडीज और बीजू पटनायक के साथ मिलकर लोकदल नाम से एक बार फिर अलग पार्टी बनायी। उत्तर प्रदेश में मुलायम सिंह चरण सिंह के नेतृत्व में ही रहे।

1980 के लोक सभा चुनावों में इंदिरा गाँधी की पार्टी ने अपने विरोधियों को ज़बरदस्त शिकस्त दी। लेकिन इस प्रबल इंदिरा लहर में भी लोक दल को

बाक़ी सब धड़ों की अपेक्षा अधिक सीटें मिली। लोक सभा में लोक दल की 42 तथा मोरारजी–चंद्रशेखर–जनसंघ–जगजीवन धड़े की 31 सीटें। विधानसभा चुनावों में यद्यपि मुलायम सिंह जसवंतनगर क्षेत्र से पराजित हुए, लेकिन लोक दल धड़े को 21.5 प्रतिशत वोट तथा 59 सीटें मिलीं। उनकी संगठन क्षमता को देखते हुए उन्हें उत्तर प्रदेश लोकदल का अध्यक्ष नियुक्त किया गया।

III

अयोध्या का युद्ध

1980 से 1989 के बीच का समय उत्तर प्रदेश में जनता दल की राजनीति के धीरे-धीरे परवान चढ़ने का था। चरण सिंह की राजनीति के उत्तराधिकारी के रूप में मुलायम सिंह यादव इस राजनीति के केंद्र में थे। 1989 के चुनाव में जनता दल को बहुमत मिला। विधायक दल का नेतृत्व व्यावहारिक रूप से मुलायम सिंह का हाथ में थे। लेकिन दिवंगत चरण सिंह के अमेरिका पलट बेटे अजित सिंह को मोहरा बना कर केंद्र में गठजोड़ सरकार चला रहे विश्वनाथ प्रताप सिंह ने प्रदेश की राजनीति में चतुर हस्तक्षेप किया। उन्होंने अजित सिंह को अपने प्रतिनिधि के रूप में मुलायम सिंह के ख़िलाफ़ विधायक दल के नेता का चुनाव लड़ने के लिए भेजा। लेकिन, मुलायम की पकड़ अधिक मज़बूत निकली। उन्होंने वी.पी. सिंह और अजित सिंह के मंसूबों पर पानी फेरते हुए यह चुनाव जीत कर मुख्यमंत्री पद सँभाला।

जनता दल सरकार का नेतृत्व करते हुए मुलायम सिंह को मुख्यतः चार कार्यभार सम्पन्न करने थे। पहला, विकास की दौड़ में पिछड़ रहे प्रदेश को प्रगति की पटरी पर लाना; दूसरा, जनता दल की अंदरूनी राजनीति में विश्वनाथ प्रताप सिंह ख़ेमे द्वारा किये जा सकने वाले भितरघात को निरस्त करते रहना; तीसरा, अपने मुख्यमंत्रित्व पर लोहियावाद की वैचारिक छाप लगाना; और चौथा, बाहर से समर्थन दे रही भाजपा के साथ अपने वैचारिक व उद्देश्यगत अंतर्विरोधों को शत्रुतापूर्ण अंतर्विरोधों में बदलने से रोकना। राजीव गाँधी सरकार इतिहास की गर्द में दबे पड़े अयोध्या विवाद को भड़का चुकी थी और संघ परिवार पहले से ही मुसलमान विरोधी घृणा फैलाने में लगा हुआ था। असलियत यह थी कि इन चारों कार्यभारों में सबसे ज़्यादा विकट समस्या जनता दल के भीतर से उठता हुआ उनका विरोध था जिसकी अभिव्यक्ति विधायक दल के नेता के चुनाव और उत्तर प्रदेश जनता दल अध्यक्ष के चुनाव में हो चुकी थी। मुलायम सिंह समझते थे कि अगर वी.पी.–अजित ऐंड कम्पनी को बेअसर किया जा सका, तो अंदरूनी

मोर्चे पर शांति रहेगी और वे विकास और साम्प्रदायिक प्रश्नों से निबट लेंगे।

बहरहाल, वी.पी. सिंह और अजित सिंह के गुटों ने एक मिनट भी मुलायम को चैन से प्रदेश का शासन नहीं चलाने दिया। शुरुआती पराजयों के बाद यह धड़ा कुछ दिन शांत रहा लेकिन जल्दी ही उसने अपनी मुहिम शुरू कर दी। वी.पी. सिंह की मुख्य समस्या थी कि वे सारी ताक़त अपने हाथ में रखना चाहते थे। वे केंद्र में अपनी सहयोगी भाजपा तथा जनता दल के अन्य धड़ों को भी सत्ता में कोई भागीदारी नहीं देना चाहते थे और स्वयं उत्तर प्रदेश के होने के कारण उत्तर प्रदेश की गद्दी पर अपना कठपुतली मुख्यमंत्री देखना चाहते थे। केंद्र में भाजपा से मिल-जुल कर सरकार चलाने में वी.पी. सिंह की विफलता का परिणाम यह निकला कि उत्तर प्रदेश में भी जनता दल और भाजपा में तनाव पैदा होने लगा। वी.पी. सिंह ने तनाव का लाभ उठाकर मुलायम सिंह को निशाना बनाना चाहा। दूसरी तरफ़ देवीलाल वग़ैरह से वी.पी. सिंह का विवाद इस सीमा तक बढ़ा कि अपने ख़िलाफ़ उमड़ने वाले असंतोष को दबाने के लिए उन्होंने भाजपा से साँठगाँठ कर ली और बाद में देवीलाल को निष्प्रभावी करने के लिए उन्हें मण्डल आयोग की रपट लागू करने का दाँव खेलना पड़ा जिसकी प्रतिक्रिया में आडवाणी ने रथ यात्रा निकाली। मण्डल और मंदिर से जुड़ी इन तमाम घटनाओं के परिणामस्वरूप संकट का अवक्षेपण अयोध्या की धरती पर हुआ जिसका सीधा असर मुलायम सिंह यादव की सरकार पर पड़ा।

केंद्र में विश्वनाथ प्रताप सिंह की सरकार कांग्रेस विरोधी जनादेश के कारण बनी थी। इस तथ्य में किसी को संदेह नहीं था। मधु लिमये का तर्क था कि इसी वजह से सरकार भी सभी ग़ैर-कांग्रेसी दलों की बननी चाहिए थी। चूँकि वामपंथी सरकार में शामिल नहीं होना चाहते थे और भाजपा को भी भागीदारी नहीं करने देना चाहते थे, इसलिए वी.पी. सिंह को चाहिए था कि वे सरकार से बाहर रह गये दलों को भी सत्ता में विभिन्न ज़रियों से भागीदारी देते। लेकिन वी.पी. सिंह ने ऐसा करने की कोशिश भी नहीं की। उत्तर प्रदेश की धरती पर अयोध्या के मुद्दे के आस-पास छिड़ने वाले महासंग्राम की कहानी शुरू करने से पहले आवश्यक है साझे के प्रधानमंत्री के रूप में विशनाथ प्रताप सिंह की विफलता को ठीक से समझ लिया जाए। ग़ैर-कांग्रेसवाद के सिद्धांतवाद मधु लिमये के शब्दों में :

> जब विश्वनाथ प्रताप सिंह की सरकार बन रही थी, तो मैंने लिखा था कि इस सरकार की स्थिरता के लिए यह आवश्यक है कि सत्ता की उचित साझेदारी ने आधार पर सभी ग़ैरकांग्रेसी दलों की संयुक्त सरकार बने। आडवाणी ने स्वयं माना

है कि शुरू में भाजपा का एक तबक़ा सत्ता में साझेदारी के पक्ष में था। किंतु जब विश्वनाथ प्रताप सिंह ने संयुक्त सरकार बनाने की कोई पेशकश नहीं की, तो यह तबक़ा पीछे हट गया। वामपंथी पार्टियाँ शुरू में ही संयुक्त सरकार के विरुद्ध थीं। उन्होंने स्पष्ट कर दिया था कि न तो वे संयुक्त मोर्चा सरकार में शामिल होंगी और न भाजपा को होने देंगी। यह स्थिति विश्वनाथ प्रताप सिंह के मनोनुकूल थी, क्योंकि वे संयुक्त सरकार बनाना ही नहीं चाहते थे। वे पूर्णत: स्वतंत्र रहना चाहते थे। उनकी अपनी घोषित मंशा के अनुसार वे विसंगतियों के बीच काम चलाना चाहते थे, विसंगतियों को दूर नहीं करना चाहते थे। वे दो या तीन परस्पर विरोधी मंतव्यों के बीच जोड़-तोड़ करते रहने के इच्छुक थे। उनके समाधान में उनकी रुचि नहीं थी। भाजपा और वामपंथी दलों दोनों को सरकार से अलग रखकर वे एक-दूसरे के ख़िलाफ़ इस्तेमाल करके सरकार के भीतर और बाहर अपनी स्थिति मज़बूत करना चाहते थे।

वी.पी. सिंह ने पहले तो वामपंथियों के आग्रह का फ़ायदा उठाकर किसी बाहरी समर्थक को सत्ता में भागीदारी नहीं दी, और फिर वे जनता दल के अंदर अन्य गुटों को उपेक्षित करने पर तुल गये :

जनता दल के भीतर भी जन मोर्चे के लोगों को ज़्यादा महत्त्व दिया गया। जन मोर्चे के सभी लोगों को पद दिये गये। अरुण नेहरू, आरिफ़ मोहम्मद ख़ाँ और वी.पी. सिंह के एक अन्य चहेते असम गण परिषद के दिनेश गोस्वामी को दो-दो बड़े विभाग दिये गये। अन्य गुटों की उपेक्षा हुई।

यही वह समय बिंदु था— जब भाजपा से जनता दल के अंदरूनी झगड़ों में भी परामर्श किया जाने लगा था। *हिंदुस्तान टाइम्स* ने एक अगस्त 1990 को लिखा कि भाजपा ने विश्वनाथ प्रताप सिंह से कहा है कि जाली पत्र के संकट को 'जैसा उचित समझें' हल करें और भाजपा नेताओं ने इस संकट का समाधान जल्दी से जल्दी करने के लिए विशनाथ प्रताप सिंह को पूरी स्वतंत्रता दे दी है। इसके बाद ही विश्वनाथ प्रताप सिंह ने देवीलाल को बर्ख़ास्त करने का निर्णय लिया ताकि बोफ़ोर्स काण्ड में संदिग्ध भूमिका वाले अवसरवादी अरुण नेहरू को ख़ुश किया जा सके। सात अगस्त, 1990 को आडवाणी ने देवीलाल की बर्ख़ास्तगी पर संतोष व्यक्त किया। उन्होंने इस बात को दोहराया कि वामपंथी दल और भाजपा राष्ट्रीय मोर्चा सरकार को समर्थन देने के मामले में अपने फ़ैसले पर दृढ़ हैं। (*टाइम्स ऑफ़ इण्डिया,* 8 अगस्त 1990)। लेकिन इसके बावजूद आडवाणी को सात नवंबर के दिन कप्तान विश्वनाथ प्रताप सिंह पर यह व्यंग्य करने में संकोच नहीं हुआ कि उन्होंने '*टीम*' की भावना की बिलकुल उपेक्षा की और जनता दल मुख्यमंत्रियों के साथ उनका सम्पर्क नहीं था।

भाजपा और वी.पी. सिंह एक दूसरे को काटने में भी लगे थे। जब वी.पी. ने भाजपा को सत्ता में नाम मात्र की भी भागीदारी नहीं दी तो भाजपा ने अपने असंतोष को दबाए रखा और उस मौक़े की प्रतीक्षा करने लगी जब वह अपने सांप्रदायिक एजेंडे के मुताबिक़ वी.पी. सरकार को गिरा सकती थी और इस

प्रकार राष्ट्रीय राजनीति में फ़ायदे की स्थिति में आ सकती थी—

जहाँ तक भाजपा का संबंध है, उसे एक राज्यपाल का पद (यज्ञदत्त शर्मा, उड़ीसा के राज्यपाल), एक अतिरिक्त सोलिसिटर जनरल (अरुण जेटली) और एक वित्तीय समिति का अध्यक्ष पद (जसवंत सिंह, अध्यक्ष प्राकलन समिति) देकर संतुष्ट करने की चेष्टा की गयी। सवाल है कि 86 लोक सभा सदस्यों वाली पार्टी, जो महत्त्वपूर्ण मुद्दों पर आये दिन सरकार को समर्थन देने के लिए प्रतिबद्ध है, सत्ता से अपने को हमेशा के लिए बाहर रखे जाने को कितने दिन सहन कर सकती है? निश्चय ही, ज़्यादा दिन नहीं, यह सामूहिक मानव स्वभाव के विरुद्ध है। यह उन राजनीतिक दलों की प्रकृति के ख़िलाफ़ है, जिनका निर्माण सत्ता प्राप्ति के लिए (जनता की भलाई के लिए ही सही) होता है। आमतौर पर ऐसे, राजनीतिक दल आत्मत्याग की भावना से काम नहीं करते।

उन्होंने (वी.पी. सिंह ने) तो प्रमुख मुद्दों पर सलाह-मशविरा करने और संसदीय बहुमत से घटकों के बीच आम सहमति बनाने के लिए स्थायी समन्वय समिति बनाने के सुझाव तक को नहीं माना। उनका कहना था कि औपचारिक परामर्श समिति आदि बनाने की कोई आवश्यकता नहीं है। अनौपचारिक रात्रि भोज बैठकों और वामपंथी दलों तथा भाजपा नेताओं से कभी-कभी टेलीफ़ोन पर बात करना ही काफ़ी होगा। भाजपा के लिए कोई रास्ता नहीं बचा, इसलिए आडवाणी नैतिकता की भूमिका अपना कर न सत्ता की साझेदारी करने और न औपचारिक परामर्श करने की बातें करने लगे। वास्तव में वे मजबूरी को नैतिकता कह कर प्रस्तुत कर रहे थे। आख़िर, दिसम्बर 1989 में उनके सामने विकल्प ही क्या था? विश्वनाथ प्रताप सिंह ने न तो भाजपा को सरकार में शामिल होने का निमंत्रण दिया, न ही समन्वय समिति बनायी। वे सारी सत्ता को अपनी मुट्ठी में पाँच साल तक रखना चाहते थे और इसका किसी के साथ बँटवारा नहीं करना चाहते थे, किंतु भाजपा शुरू में ही समन्वय समिति के लिए ज़ोर डाल सकती थी। यदि उसने ऐसा किया होता, तो उसकी उपेक्षा का सवाल पैदा नहीं होता। केवल सात नवम्बर, 1990 को आडवाणी ने ख़ेद प्रकट करते हुए कहा कि वे विश्वनाथ प्रताप सिंह से इतनी उम्मीद तो करते थे कि वे उनसे महत्त्वपूर्ण मुद्दों पर कम से कम परामर्श कर लेते, किंतु 11 महीनों में ऐसा नहीं हुआ। मेरे विचार से परामर्श न होने का दोष आडवाणी और विश्वनाथ प्रताप सिंह दोनों पर लगता है।

30 अगस्त के *हिंदुस्तान टाइम्स* में आडवाणी ने इन अटकलों का खण्डन किया कि उनकी पार्टी राष्ट्रीय मोर्चा सरकार से समर्थन वापस लेने पर विचार कर रही है। उन्होंने कहा कि इस तरह का कोई प्रस्ताव नहीं है। इसी दिन *इण्डियन एक्सप्रेस* ने भी इसी तरह की रिपोर्ट छापी। लेकिन, अब आडवाणी और उनके साथी विश्वनाथ प्रताप सिंह के वोट बटोरने वाले बयानों की आलोचना करने लगे—जैसे धार्मिक अल्पसंख्यकों को आरक्षण देने पर विचार करने की तत्परता, हजरत मोहम्मद के जन्म दिन पर छुट्टी की घोषणा और अल्पसंख्यक आयोग को संविधान का दर्जा देने का वायदा। इस विरोध में बेचैनी व्यक्त हो रही थी। आडवाणी ने व्यंग्यपूर्वक यह भी कहा कि उनसे एक मंत्री को (देवीलाल) बर्ख़ास्त करने जैसे

मामूली मुद्दे पर तो परामर्श किया गया, लेकिन आरक्षण जैसे महत्त्वपूर्ण मुद्दे पर परामर्श नहीं किया गया।

17 सितम्बर को विश्वनाथ प्रताप सिंह ने इसका जवाब देते हुए कहा कि भाजपा समर्थन वापस ले लेगी, तो वे विपक्ष में बैठेंगे। उन्होंने आगाह किया कि इसका मतलब होगा कांग्रेस की वापसी। भाजपा ने निहित धमकी पर ख़ेद व्यक्त किया, किंतु अगले ही दिन, 18 सितम्बर को कृष्ण लाल शर्मा ने कहा कि राष्ट्रीय मोर्चा सरकार को ख़तरा उसके भीतर से ही खड़ा होगा न कि भाजपा और वामपंथी दलों की ओर से।

इस बीच भाजपा और विहिप अपनी मंदिर नीति को तीव्रता प्रदान करते रहे। भाजपा के प्रमोद महाजन ने अयोध्या, काशी और मथुरा को मुक्त कराने की बात कही। विहिप के भास्कर राव मुण्डले ने कहा कि इन तीन मंदिरों का पुनर्निर्माण करने के बाद विहिप उन 3,000 से 3,500 पूजा स्थलों का पुनरुद्धार करेगी जहाँ मंदिर तोड़कर मसजिदें बनायी गयी हैं। (*इण्डियन एक्सप्रेस,* 21 सितम्बर तथा 19 अगस्त, 1990) भाजपा, विहिप और राष्ट्रीय स्वयंसेवक संघ एक निर्णय की ओर बढ़ रहे थे।

मधु लिमये के विवरण से स्पष्ट है कि वी.पी. सिंह का खेल क्या था और उन्हें जनता दल के अंदर दूसरे धड़ों की उपेक्षा करने की छूट दे कर भाजपा क्या खेल खेल रही थी। वामपंथियों की भूमिका इससे अलग थी। वे जनता दल के अंदर चल रही कलह को लेकर चिंतित थे। पश्चिम बंगाल के मुख्यमंत्री और मार्क्सवादी कम्युनिस्ट पार्टी के नेता ज्योति बसु बार-बार अपील कर रहे थे कि जनता दल को अपना घर दुरुस्त करना चाहिए। उत्तर प्रदेश में भाजपा एक दिन के लिए भी मुलायम से सहयोग की मुद्रा में नहीं आयी। चूँकि उसके साम्प्रदायिक एजेंडे के तीनों पूजा स्थल उत्तर प्रदेश में ही थे और उत्तर प्रदेश के नेता कल्याण सिंह विश्व हिंदू परिषद के साम्प्रदायिक अभियान में अपनी पार्टी भाजपा से भी दो क़दम आगे बढ़कर बहुत पहले से हिस्सा ले रहे थे इसलिए मुलायम के सामने दिक़्क़त ही दिक़्क़त थी।

मुलायम सिंह के मुख्यमंत्रित्व के पहले चार महीने कैसे बीते इसका लेखा-जोखा भाकपा (माले) की समर्थक पत्रिका *समकालीन जनमत* में छपे एक विश्लेषण से लगाया जा सकता है। इस लेख से मुलायम की ख़ूबियाँ और उनकी तत्कालीन सीमाएँ साफ़ हो जाती हैं। यह समीक्षा आनंद प्रधान ने की थी जो बाद में बनारस हिंदू विश्वविद्यालय छात्र संघ के अध्यक्ष भी चुने गये और आजकल मीडिया के अध्ययन-अध्यापन से जुड़े हैं। आनंद प्रधान ने भी स्पष्ट तौर पर लिखा कि मुलायम अपना पाँव रोप कर जैसे-तैसे सरकार चला रहे हैं पर नयी दिल्ली में चल रही उठा-पटक का असर उनके ऊपर पड़ना लाज़िमी है :

उत्तर प्रदेश में मुलायम सिंह यादव की जनता दल सरकार ने आख़िरकार चार महीने पूरे कर लिए। ये चार महीने शांति से नहीं गुज़रे। इनमें वह सब कुछ हुआ जो घटकवाद में गले तक डूबी जनता दल सरकार में सम्भव था। फिर भी जनता दल सरकार चल रही है। यह मुलायम सिंह यादव का सौभाग्य और उपलब्धि दोनों है। हालाँकि उन्होंने पत्रकारों से अपनी सरकार का कामकाज दिखाने के लिए कम से कम छह महीने माँगे थे, लेकिन शायद ही कोई राजनीतिक प्रेक्षक हो जो यह मानता हो कि पिछले चार महीने में जद सरकार की जो कार्यशैली थी, वह अगले दो महीने में बदल जाएगी। वास्तव में जनता दल के अंदर उन्हें वास्तविक चुनौती लोकदल (अजित) घटक से ही मिलती रही है। अजित सिंह को हरा कर उन्होंने कई विवादों को उठाने और लम्बे समय तक दल के अंदर से चुनौती मिलने से ख़ुद को बचा लिया। इससे उनका दल में दबदबा बढ़ा और ख़ुद का संघर्षशील आत्मविश्वास मज़बूत हुआ।

मुलायम सिंह ने जब कुर्सी सँभाली तो उसने उतने तो नहीं, लेकिन फिर भी बहुत से राजनीतिक प्रेक्षकों ने यही सवाल पूछा कि केंद्र सरकार की तरह यह सरकार कितने दिन चल पाएगी। यह ठीक है कि टिकाऊपन के बारे में जितने ज़्यादा और तीखे सवाल केंद्र के बारे में हैं, उतने लखनऊ की सरकार के बारे में नहीं। लेकिन सच्चाई यह भी है कि लखनऊ की सरकार का भविष्य अनिवार्य तौर पर नयी दिल्ली के भविष्य से जुड़ा हुआ है। उत्तर प्रदेश ही वह नया कुरुक्षेत्र है जहाँ नयी दिल्ली और लखनऊ के भविष्य को तय होना है। इसलिए यह मानना भूल होगी कि नयी दिल्ली की राजनीतिक गतिविधियो, दाँवपेंच, घात-प्रतिघात और उठापटक का सीधा असर लखनऊ पर नहीं पड़ेगा।

और बेशक, नयी दिल्ली राजनीतिक झंझावातों से गुज़र रही है। इसमें मुलायम सिंह शुतुरमुर्ग की तरह रेत में सिर छुपाने के बजाय अपना रास्ता तलाश रहे हैं, वे कोशिश कर रहे हैं कि घटकवाद के ऊपर 'सर्वमान्य' हो सकें और इसलिए वह कुशल नट की तरह वी.पी. सिंह, देवीलाल, चंद्रशेखर ख़ेमों में संतुलन बनाए रखने में ऊर्जा लगा रहे हैं। वे राजनीतिक झंझावातों से 'सर्वमान्यता' का कवच पहनकर अपनी कुर्सी बचाने का संघर्ष लड़ना चाहते हैं। वे अपनी निष्ठा और प्रतिबद्धता किसी एक नेता या घटक से न जोड़कर सभी से तालमेल बनाए रखने और कभी-कभी उनके झगड़े में 'पंच' की भूमिका में खड़े होकर लखनऊ का भाग्य नयी दिल्ली के भाग्य से अलग करना चाहते हैं। पर क्या यह सम्भव है?

आज जनता दल की जो स्थिति है, वह किसी से छिपी नहीं है। एक दल के रूप में वह खस्ताहाल है। किसी सांगठनिक ढाँचे के बग़ैर वह आज तक घटकवाद के सहारे चल रहा है। जनता दल के राज्य अध्यक्ष की कुर्सी पर क़ब्ज़ा जमाए रखने की लड़ाई में फिलहाल, उन्होंने वी.पी. सिंह के दाँव रामपूजन पटेल को देवीलाल, अजित सिंह और चंद्रशेखर के सहयोग से चित्त कर दिया है। घटकों की आपसी लड़ाई में जैसे नयी दिल्ली में वी.पी. सिंह 'सर्वमान्यता' का कवच धारण किये हुए हैं वैसे ही लखनऊ में मुलायम सिंह। वे ख़ुद को 'कठपुतली' सरकार में नहीं बदलना चाहते, वे अपनी स्वतंत्र छवि और स्वतंत्र आधार के निर्माण के लिए

संघर्ष करना चाहते हैं। इसके लिए उन्हें आपस में जूझते नरेशों और कमज़ोर केंद्र के कारण इसका मौक़ा भी मिल रहा है और दिक़्क़तें भी झेलनी पड़ रही हैं।

दल और सरकार के अंदर उन्होंने कई सफल कूटनीतिक लड़ाइयाँ लड़कर अपने लिए चुनौतियाँ कम तो की हैं, लेकिन राह निष्कंटक क़तई नहीं हुई है। कई चुनौतियाँ तो बदलते माहौल में भी पैदा होंगी, उन्हें मंत्रिमण्डल विस्तार और जनता दल के संगठनात्मक चुनावों के समय चुनौती मिलेगी और यह देखना दिलचस्प होगा कि वे उनके बीच से रास्ता कैसे निकालते हैं?

बेशक, मुलायम सिंह लम्बे संघर्ष के बाद लखनऊ की कुर्सी तक पहुँच पाए हैं। इटावा के डाकू पीड़ित इलाक़े का एक शिक्षक धीरे-धीरे उतार-चढ़ाव के बीच यहाँ तक पहुँचा। वे गर्व से बताते हैं कि वे लोहिया और चरण सिंह के शिष्य हैं। आज से तीन वर्ष पहले जब मुलायम सिंह लोक दल पर क़ब्ज़े के सवाल को लेकर हुए संघर्ष में चौधरी साहब के परिवार के ख़िलाफ़ खड़े हुए और नतीजे में उन्हें विपक्षी दल के नेता का पद खोना पड़ा, तबसे अब तक का उनका संघर्ष ही उन्हें मुख्यमंत्री की कुर्सी तक लाया। उन्होंने ही चौधरी साहब के आधार पर अपना नेतृत्व स्थापित किया। इसीलिए वे नेता पद के चुनाव में नौसिखिये अजित सिंह को चित्त करने में सफल हुए।

उन्होंने नेता पद का चुनाव जीतने के बाद जो 13 सदस्यीय मंत्रिमण्डल बनाया, वह हालाँकि घटकों के प्रतिनिधित्व पर बना है, लेकिन शायद ही उसमें से कोई मंत्री उनके क़द का है। अधिकांश की निष्ठा मुलायम सिंह के साथ है और मंत्रिमण्डल पर उनकी गहरी छाप है। उनमें से कोई उन्हें चुनौती देने की स्थिति में नहीं है। वे ख़ुद 44 विभागों को देख रहे हैं और साथ ही अन्य मंत्रियों पर भी कड़ी नज़र रखते हैं। महत्त्वपूर्ण नीतिगत घोषणाएँ ख़ुद करते हैं। जैसे उन्होंने 26 मार्च को जब 'अंग्रेज़ी हटाने' जैसी महत्त्वपूर्ण नीतिगत घोषणाएँ कीं तो उनके बारे में शिक्षामंत्री सच्चिदानंद वाजपेयी को कोई सूचना तक नहीं थी। बिजली, गृह, उद्योग, वित्त, परिवाहन जैसे महत्त्वपूर्ण विभाग उन्होंने अपने क़ब्ज़े में रखे हैं।

पिछले चार महीनों से वे मंत्रिमण्डल का विस्तार इस या उस बहाने टालते जा रहे हैं। वे जानते हैं कि जिस दिन विस्तार होगा, उस दिन सभी घटकों, गुटों और नेताओं को पर्याप्त मौक़ा न मिलने पर संघर्ष तीखा और खुला हो जाएगा। वे यह भी नहीं चाहते हैं कि दबंग नेताओं को मंत्रिमण्डल में लाकर अपने लिए स्थायी सिरदर्द ले लें। अब सोचा जा सकता है कि इन राजनीतिक झंझावातों के बीच अपने सिर पर 44 महत्त्वपूर्ण विभागों का बोझ लादे हुए मुख्यमंत्री पिछले चार महीनों में क्या करते रहे होंगे?

बावजूद इसके कि उन्होंने नौकरशाही में ज़िला स्तर पर व्यापक फेरबदल और राज्य सचिवालय स्तर पर ज़रूरी फेरबदल कर, भ्रष्टाचार उन्मूलन के नाम पर 'स्क्रीनिंग योजना' के तहत अफ़सरों पर कार्रवाई कर नौकरशाही की वफ़ादारी मोड़ने की कोशिश करते हुए, उस पर मज़बूत पकड़ बनाने की कोशिश की है।

मुलायम सिंह एक काम बखूबी कर रहे हैं। उन्होंने विपक्ष को साथ लिया है। कांग्रेस विधायक दल के नेता नारायण दत्त तिवारी से उनकी ख़ूब छनती है। बराबर आना-जाना और उठना-बैठना लगा रहता है। आपसी संघर्ष में उलझे और

हार से सकपकाए कांग्रेसियों के अंदर एक ओर तो फिलहाल खड़े होने की स्थिति नहीं है और दूसरी ओर, नारायण दत्त तिवारी सरकार को समय-समय पर उबार ले रहे हैं। जैसे उन्होंने विधानसभा के पहले सत्र में नियम 56, जिसके तहत स्थगन प्रस्ताव लाए जाते हैं, को स्थगित रखना स्वीकार कर लिया था।

भारतीय जनता पार्टी मुलायम के कामों को बड़े ध्यान से देख रही थी। जैसे ही मुख्यमंत्री ने साम्प्रदायिकता निवारण के क़दम उठाने शुरू किये, कल्याण सिंह का रवैया उनके प्रति सख़्त हो गया। वे विधानसभा में सरकार के सहयोगी के बजाय विपक्ष की भूमिका निभाने लगे। इस तरह राज्य में समीकरण बदलने लगा। ग़ैर-कांग्रेसवाद के आधार पर बनी सरकार की व्यावहारिक रूप से मुख्य विपक्षी भाजपा होती चली गयी और कांग्रेस सहयोगी मुद्रा में आने लगी।

मुलायम सिंह ने दंगों को होने से पहले ही रोकने के प्रयास किये। उन्होंने घोषणा की कि दंगों के लिए उस क्षेत्र के ज़िला कलेक्टर और पुलिस अधिकारियों को ज़िम्मेदार माना जाएगा। यह उनकी दिखावटी चेतावनी ही नहीं थी, बल्कि मार्च 1991 में उन्होंने गोंडा के डीएम और बिजनौर के एसएसपी को भी इसी कारण हटाया। सहारनपुर के ज़िला मजिस्ट्रेट व अतिरिक्त पुलिस अधीक्षक को मुअत्तल भी कर दिया। सरकार ने इन दोनों अधिकारियों की लापरवाही की जाँच के लिए अलग-अलग जाँच भी बैठा दी। सरकार ने जनवरी 1991 में भारत में पहली बार दंगे रोकने के लिए विशेष *शांति सुरक्षा बल* के गठन का फ़ैसला किया। इसमें सात बटालियनें तैनात की जानी थीं। इस पुलिस बल को अधिक प्रभावशाली बनाने के लिए इसका पर्यवेक्षण कार्य राज्य के पुलिस महानिदेशक को सौंपा गया और इसमें भर्ती होने वाले जवानों की सेवा अवधि 45 वर्ष की उम्र तक की रखी गयी। उत्तर प्रदेश के इस फ़ैसले की देश भर में सराहना की गयी और राष्ट्रीय स्तर पर भी एक दंगा विरोधी सुरक्षा बल के गठन का प्रस्ताव आया।

IV

राजनीति की शतरंज

मुलायम सिंह के मुख्यमंत्रित्व के ये अच्छे दिन ज़्यादा नहीं चल पाए। केंद्रीय राजनीति की समस्याएँ उनके आड़े आ गयी और देखते-देखते मण्डल और मंदिर के मुद्दे से उनकी सरकार पर घटाटोप छा गया। ये दोनों मुद्दे क्रिया-प्रतिक्रिया के अनूठे नमूने थे और उन्होंने पूरे राष्ट्र को झकझोर दिया। इस घटनाक्रम के तीन

प्रमुख अभिनेता थे विश्वनाथ प्रताप सिंह, मुलायम सिंह यादव और संघ परिवार के नेतागण। मधु लिमये ने उस ज़माने में खेली जा रही राजनीति की शंतरंज की व्याख्या करते हुए जो लिखा उससे साफ़ हो गया कि जिन देवीलाल को निकालने के लिए उन्होंने आडवाणी से सलाह की थी, उन्हीं देवीलाल को निष्प्रभावी करने के लिए जब उन्होंने मण्डल रपट लागू की तो वही आडवाणी जवाब में राम रथ ले कर निकल पड़े। आइए, देखें कैसे और क्यों मण्डल रपट लागू हुई, क्यों आडवाणी ने राम रथ की सवारी की, कैसे वी.पी. सिंह ने मण्डल-मंदिर के अंतर्विरोध में मुलायम की कुर्बानी देने की कोशिश की और मुलायम ने अपने संवैधानिक दायित्वों का पूरा करते हुए सेकुलरवाद का झण्डा कैसे बुलंद किया। यह उत्तेजक कहानी मधु लिमये और मस्तराम कपूर के शब्दों में :

> देवीलाल की बर्ख़ास्तगी के बाद वी.पी. सिंह अपनी स्थिति मज़बूत करने के उपाय खोज रहे थे। उन्होंने राष्ट्रीय मोर्चे के चुनाव घोषणा पत्र से आरक्षण की प्रतिबद्धता का मुद्दा उठा लिया। अपने सहयोगियों से परामर्श किये बग़ैर और पूरी तैयारी किये बग़ैर विश्वनाथ प्रताप सिंह ने देवीलाल को मात देने के लिए मण्डल आयोग की रिपोर्ट लागू करने की घोषणा कर दी। उन्होंने आरक्षण के अंतर्गत आने वाली जातियों की केंद्रीय सूची तैयार नहीं की और गंगा से लेकर पाकिस्तान की सीमा तक सारे इलाक़े के ग्रामीण समुदाय आरक्षण की परिधि से बाहर रह गये। इससे भी आरक्षण-विरोधी उन्माद में तीव्रता आयी।
>
> आडवाणी और अटल बिहारी वाजपेयी ने सार्वजनिक तौर पर कहा है कि विश्वनाथ प्रताप सिंह ने उनसे मण्डल रिपोर्ट को लागू करने के अपने इरादे के संबंध में टेलीफ़ोन पर बात की थी। विश्वनाथ प्रताप सिंह देवीलाल की रैली और उसके परिणामों के संबंध में चिंतित थे। उन्होंने घबड़ा कर मण्डल रिपोर्ट को उठा लिया। भाजपा को लगा कि इसकी उग्र प्रतिक्रिया से उसके परम्परागत आधार का क्षरण होगा और विश्वनाथ प्रताप सिंह के क़दम से उन पिछड़े वर्गों में उसका आधार कमज़ोर हो जाएगा जिन्हें आकृष्ट करने की वह उम्मीद लगाए बैठी थी।
>
> यहाँ छात्र आंदोलन के दौरान आडवाणी और खुराना को मिले अत्यंत कटु अनुभव का ज़िक्र करना मैं आवश्यक समझता हूँ। आडवाणी और ख़ुराना सफ़दरजंग अस्पताल में गये जहाँ राजीव गोस्वामी का इलाज चल रहा था। वे उसके स्वास्थ्य के बारे में पूछताछ करना चाहते थे। छात्रों की क्रुद्ध भीड़ ने उन्हें रोक दिया। छात्र आडवाणी की बात सुनने को तैयार नहीं थे। नारे लगाने वाले छात्रों ने माँग की कि भाजपा अध्यक्ष आरक्षण की नीति का विरोध करें और राष्ट्रीय मोर्चा को दिया समर्थन वापस लें। उन्हें स्कूटर से नीचे खींच लिया गया जिस पर खड़े होकर वे छात्रों को सम्बोधित कर रहे थे। पुलिस को उन्हें छुड़ाने के लिए हस्तक्षेप करना पड़ा। इस बीच खुराना के साथ धक्का-मुक्की हुई, हालाँकि आडवाणी को कोई चोट नहीं आयी। नयी दिल्ली भाजपा का गढ़ है। यह घटना उसके गढ़ में हुई, इससे दोनों नेताओं को बड़ा धक्का लगा होगा। आडवाणी ने स्वीकार किया है कि

इस घटना का उन पर बहुत असर हुआ। उन्होंने *आनलुकर* को बताया, 'जिस तरीक़े से मण्डल रिपोर्ट की घोषणा की गयी और उसे लागू किया जा रहा है उससे सरकार की विश्वसनीयता को बहुत क्षति पहुँची है। चूँकि यह सरकार हमारे समर्थन पर टिकी हुई है, इससे हमारी पार्टी पर भी बुरा असर पड़ेगा, विशेषकर नयी दिल्ली जैसे स्थान में जहाँ छात्र इस निर्णय से विशेष रूप से उत्तेजित हैं'। (15 अक्तूबर, 1990)।

विश्वनाथ प्रताप सिंह ने आरक्षण के मुद्दे को इसलिए चुना ताकि (क) देवीलाल को उत्तर प्रदेश, बिहार, राजस्थान और हरियाणा के पिछड़े वर्गों से अलग किया जा सके, (ख) अजित सिंह का क़द घटाया जा सके, (ग) भाजपा के पिछड़े वर्ग के आधार में सेंध लगाई जा सके, और (घ) बिहार तथा उत्तर प्रदेश में कांग्रेस को उच्च जातियों तक सीमित किया जा सके। अत: भाजपा ने राम जन्मभूमि को भारतीय राजनीति का प्रमुख मुद्दा बना दिया। मण्डल विरोधी आंदोलन में न तो वह शामिल हुई, न उसने उसका विरोध किया। उसने ख़ुद ही एक ऐसा मोर्चा खोलने का निश्चय किया जो आरक्षणवादियों और आरक्षण विरोधियों दोनों में भगदड़ मचा दे। रथ यात्रा में देखे गये उत्साह से भाजपा को बड़ा संतोष मिला। इसमें कोई संदेह नहीं कि रथ यात्रा के हुजूम ने आडवाणी को भावविह्वल कर दिया। जो व्यक्ति 1989 तक केवल पिछले दरवाज़े से संसद में प्रवेश पाता रहा था, वह एक महीने में 'जन नेता' बन गया। सरकार से समर्थन वापस लेने में यह परिवर्तन भी बड़ा सहायक सिद्ध हुआ। भाजपा की इस रणनीति को उम्मीद से ज़्यादा सफलता मिली। विश्वनाथ प्रताप सिंह के ढुलमुलपन, अनिर्णय और अक्षमता से भाजपा को अतिरिक्त लाभ हुआ। विश्वनाथ प्रताप सिंह में दुष्ट प्रवृत्ति भी थी। इसकी एक झलक हमें उस दिन मिली थी जब जनता दल संसदीय पार्टी के नेता के चुनाव में एक तिकड़म खेली गयी थी। वास्तव में उन्होंने देवीलाल से गुप्त सौदा किया था जिसके अंतर्गत देवीलाल को उपप्रधानमंत्री और उनके बेटे को हरियाणा के मुख्यमंत्री का पद देने का वायदा किया था।

विश्व हिंदू परिषद ने 23 और 24 जून को हरिद्वार में एक संत सम्मेलन आयोजित किया। इसमें 'मुलायम सिंह हटाओ–मंदिर बनाओ' का प्रस्ताव पास किया गया। इसी में घोषणा की गयी कि 30 अक्तूबर से अयोध्या में मंदिर निर्माण के लिए कार सेवा शुरू की जाएगी। कार सेवा के लिए 30 अक्तूबर की तिथि सयोगवश ही नहीं चुनी गयी थी, बल्कि इसके पीछे विश्व हिंदू परिषद की सुनियोजित चाल थी। उसे दिन अयोध्या में हर वर्ष की भाँति पंच कोसी और चौदह कोसी परिक्रमाओं का आयोजन होना था। इसमें हर वर्ष लाखों श्रद्धालु भाग लेते हैं। परिषद समझती थी कि इस अवसर पर अयोध्या आने वाले लाखों लोगों की आड़ में वह बाबरी मसजिद तोड़ने और वहाँ कार सेवा शुरू करने में सफल हो जाएगी। एक तो प्रशासन के लिए इन लाखों लोगों को अयोध्या आने से रोकना मुश्किल होगा और अगर उसने ऐसा किया तो उसे जनता के आक्रोश का सामना करना पड़ेगा। साथ ही साथ साम्प्रदायिक संगठनों का जनाधार बढ़ेगा। विश्व हिंदू परिषद की कुटिल रणनीति का दूसरा पक्ष मुलायम सिंह को मुख्यमंत्री पद से हटवाना था। भाजपा ने इस उद्देश्य के लिए उसके कंधे से कंधा मिलाकर काम

किया। साथ ही उन्हें परोक्ष रूप से जनता दल के भीतर से मुलायम सिंह विरोधियों का समर्थन भी मिल गया।

निश्चित रूप से आने वाले दिन उत्तर प्रदेश सरकार व भारत के सेकुलर लोकतंत्र के लिए बड़ी चुनौती से भरे थे, पर केंद्र सरकार इस दिशा में एकदम बेपरवाह दिखाई दे रही थी। उनकी कार्रवाइयाँ महज बयानबाज़ी तक सीमित थीं। सम्भवतः विश्वनाथ प्रताप सिंह भाजपा, विश्व हिंदू परिषद व उसके साथ-साथ अपनी पार्टी के ही कुछ स्वाभिमानी नेताओं को जवाब देने के लिए कोई नयी रणनीति बनाने में व्यस्त थे। यह सब देखते हुए मुलायम सिंह ने पूरे हालात पर अपने ही स्तर पर निपटने का फ़ैसला किया। उन्होंने साम्प्रदायिक ताक़तों को चुनौती देने और लोगों में सेकुलरवाद के प्रति आस्था मज़बूत बनाने के लिए अगस्त में वामपंथी पार्टियों व बहुजन समाज पार्टी के सहयोग से साम्प्रदायिकता विरोधी समिति बनायी। यह देश में अपने प्रकार का पहला प्रयोग था। इस समिति ने प्रदेश में जगह-जगह साम्प्रदायिकता विरोधी रैलियाँ आयोजित कीं। उनसे अयोध्या की वास्तविक स्थिति और विश्व हिंदू परिषद-भाजपा के मंसूबों से जनता को परिचित कराने के लिए जन जागरण अभियान चलाया। जनता दल नेता रमा शंकर कौशिक को समिति का संयोजक बनाया गया।

उत्तर प्रदेश में भाजपा के नेता कल्याण सिंह शुरू से ही मुलायम सिंह को निशाना बनाने में लगे थे। चूँकि तीनों पूजास्थल, जिन्हें विहिप, राष्ट्रीय स्वयंसेवक संघ और बजरंग दल के लोग 'मुक्त' कराने की धमकी दे रहे थे, उत्तर प्रदेश में थे, इसलिए मुलायम सिंह उनके हमले का प्रमुख निशाना बने थे। मुलायम सिंह ने इसका जवाब दिया और भाजपा ने उन्हें हटाने की माँग की। विश्वनाथ प्रताप सिंह ने मुलायम सिंह यादव से अपने को दूर रखने की कोशिश की और विश्व हिंदू परिषद तथा मुसलमान प्रतिनिधियों के साथ बेमन से बातचीत की, किंतु उन्होंने समस्या का समाधान खोजने के उद्देश्य से दोनों पक्षों को इकट्ठा नहीं किया। विश्वनाथ प्रताप सिंह ने मुलायम सिंह को बलि का बकरा बनाकर भाजपा-विहिप को खुश करने का प्रयास किया, किंतु मुसलमानों तथा वामपंथी दलों द्वारा मुलायम सिंह को पूरा समर्थन दिये जाने के कारण विश्वनाथ प्रताप सिंह अपने प्रयास में सफल नहीं हो सके। इस प्रक्रिया में विश्वनाथ प्रताप सिंह विहिप का विश्वास खो बैठे।

भाजपा, विहिप, बजरंग दल के नेताओं ने उत्तर प्रदेश की सरकार से सीधे टकराव की मुद्रा अपना ली। रामशिला यात्राएँ शुरू हुईं और भय-आतंक फैलाते तथा दंगों की आग भड़काते हुए अयोध्या में चारों ओर से मतांध कारसेवकों द्वारा

हमला बोलने की तैयारियाँ होने लगीं। विश्वनाथ प्रताप सिंह इन सब स्थितियों से निरपेक्ष रहकर मात्र बयानबाजी करते रहे। उन्होंने संविधान के भाग 11, अध्याय दो के अनुच्छेद 256 के प्रावधानों का प्रयोग करते हुए उन राज्यों को चेतावनी भी नहीं दी जो अयोध्या में लाखों लोगों की भीड़ जुटा कर क़ानून व्यवस्था को ख़तरे में डाल रहे थे।

मुलायम सिंह अजीब स्थिति से घिरे थे। एक तरफ़ हिंदूवादी साम्प्रदायिक शक्तियाँ थी जो मुलायम सिंह के ख़ून की प्यासी बनी हुई थीं, दूसरी तरफ़ अपने ही प्रधानमंत्री इन साम्प्रदायिक शक्तियों के तुष्टीकरण के लिए उनकी जड़ें खोदने की साजिशें कर रहे थे। 23-24 जून, 1990 को हरिद्वार में हुए विश्व हिंदू परिषद के संत सम्मेलन में 'मुलायम हटाओ, मंदिर बनाओ' का प्रस्ताव पास किया गया। इसके अनुसरण में जगह-जगह तथाकथित संत-महात्माओं द्वारा मुलायम सिंह के ख़िलाफ़ विष-वमन किया जाने लगा। उन्हें मुल्ला, मीर बाक़ी, राष्ट्रद्रोही, गद्दार, नास्तिक, आदि की उपाधियाँ दी जाने लगीं। इतना ही नहीं, मुलायम सिंह के माता-पिता और अन्य संबंधियों को भी असभ्य, फूहड़ तथा गाली-गलौज़ भरी भाषा का लक्ष्य बनाया गया तथा साध्वी ऋतम्भरा एवं उमा भारती के ऐसे भाषणों के कैसेट हज़ारों की तादाद में सारे देश में वितरित किये गये।

1990 के पूरे वर्ष में विश्वनाथ प्रताप सिंह इस कोशिश में रहे कि भाजपा मुलायम सिंह की जड़ें ख़ोदने में लगी रहे। यद्यपि वे सेकुलरवाद और न्यायालय की गरिमा की बातें बड़े जोश के साथ करते रहे और मुसलमानों से कहते रहे कि मसजिद की रक्षा की जाएगी किंतु उन्होंने कार सेवकों को चारों तरफ़ से उत्तर प्रदेश पर हमला करने की छूट दे दी। हर रोज़ हज़ारों स्वयंसेवक नयी दिल्ली से गुज़रते थे। हज़ारों कार सेवक तो नयी दिल्ली के ही थे। किसी को भी रोका नहीं गया।

क्या विश्वनाथ प्रताप सिंह इस बात को नहीं जानते थे कि वे केंद्रीय सरकार के प्रमुख हैं? क्या उन्हें पता नहीं था कि राज्य, संविधान, भारतीय दण्ड संहिता जैसे संघ के क़ानूनों और सेकुलर व्यवस्था की रक्षा की ज़िम्मेदारी केंद्रीय सरकार पर आती है? उन्होंने राज्य को कार सेवकों को रोकने के निर्देश क्यों नहीं दिये? जब सात नवम्बर को आडवाणी लोक सभा में बोल रहे थे, तो राजीव गाँधी ने उठकर कहा कि कांग्रेस की राज्य सरकारों को केंद्र से कोई निर्देश नहीं मिला, अन्यथा इन सरकारों ने उन निर्देशों का पालन किया होता। इसके उत्तर में आडवाणी ने कहा कि विश्वनाथ प्रताप सिंह ने नयी दिल्ली में भी कार सेवकों

को नहीं रोका। संविधान में केंद्र और राज्यों के बीच प्रशासनिक संबंधों का पूरा अध्याय है। मैं इसके दो अनुच्छेदों को नीचे उदधृत कर रहा हूँ—

256. संघ और राज्यों के आभार : प्रत्येक राज्य की कार्यपालिका शक्ति का इस प्रकार प्रयोग होगा कि जिससे संसद द्वारा निर्मित विधियों का तथा किन्हीं वर्तमान विधियों का, जो उस राज्य में लागू है, पालन सुनिश्चित रहे तथा संघ की कार्यपालिका शक्ति का विस्तार किसी राज्य को ऐसे निर्देश देने तक विस्तृत होगा जो कि भारत को उस प्रयोजन के लिए आवश्यक दिखाई दे।

257. कतिपय अवस्थाओं में राज्यों पर संघ का नियंत्रण : (1) प्रत्येक राज्य की कार्यपालिका शक्ति इस प्रकार होगा कि जिससे संघ की कार्यपालिका शक्ति के प्रयोग में कोई अड़चन या प्रतिकूल प्रभाव न हो तथा संघ की कार्यपालिका शक्ति का विस्तार किसी राज्य को ऐसे निर्देश देने तक विस्तृत होगा जो भारत सरकार को उस प्रयोजन के लिए आवश्यक दिखाई दे।

विश्वनाथ प्रताप सिंह ने इन अनुच्छेदों के अंतर्गत कार्यवाही क्यों नहीं की? क्या उन्हें सचमुच विश्वास था कि भाजपा-विहिप सिर्फ़ मुलायम सिंह को दोष देंगी और उन्हें बरी कर देंगी? या उन्होंने यह उम्मीद लगा रखी थी कि मुलायम सिंह को बर्ख़ास्त करके वे भाजपा को ख़ुश कर लेंगे? शायद विश्वनाथ प्रताप सिंह पर अंधविश्वास पूरी तरह हावी हैं उन्हें ज्योतिष में विश्वास है। उनके विनोद पाण्डेय मंत्रिमण्डलीय सचिव ही नहीं थे, 'शाही ज्योतिषी' भी थे। क्या विनोद पाण्डेय ने *हिंदुस्तान टाइम्स* की कुमकुम चड्ढा को दी गयी भेंटवार्ता में साहसपूर्ण भविष्यवाणी नहीं की थी। भेंटवार्ता का अंश इस प्रकार है—

> प्रश्न : आपकी हाल ही की राजनीतिक भविष्यवाणी क्या है?
>
> उत्तर : मैंने कहा है कि जून (वी.पी. के लिए) बुरा महीना है। अगर विश्वनाथ प्रताप सिंह 23 जुलाई तक बने रहते हैं, तो अगले 13 महीनों तक उन्हें कोई नहीं हटा सकता।' (*हिंदुस्तान टाइम्स,* 29 जुलाई 1990)।

विश्वनाथ प्रताप सिंह ने सोचा था कि अंतिम क्षण में कोई चमत्कार उनकी गद्दी को बचा लेगा। अत: 15 दिन तक वे गद्दी से चिपके रहे, इस उम्मीद पर कि कोई दैवी हस्तक्षेप उनकी रक्षा करेगा। कुछ सम्पादकों ने विश्वनाथ प्रताप सिंह पर 'आरोप' लगाया है कि उनमें राजनीतिक पैंतरेबाज़ी और जोड़तोड़ का अदभुत कौशल है। मैं उन्हें इस गम्भीर आरोप से पूर्णतः बरी करता हूँ। मैं नहीं कह सकता कि राजीव गाँधी 1985-89 की अवधि में बड़े मूर्ख सिद्ध हुए या विश्वनाथ प्रताप सिंह 1989-90 की अवधि में। यदि वे सचमुच कुशल और ईमानदार होते, तो उन्होंने विवाद को हल करने का दृढ़ निश्चय से प्रयास किया होता। उन्होंने ऐसा नहीं किया। अगर वे वास्तव में समझदार होते और बातचीत विफल हो

जाती, तो वे रथ यात्रा का उन्माद बढ़ने न देते। वे आडवाणी को गिरफ़्तार करने से पहले अर्थात् 22 अक्तूबर को राष्ट्रपति को लोक सभा भंग करने की सलाह देते। उससे तनाव ख़त्म हो जाता। खूँरेजी पूरी तरह न टलती तथापि बहुत कम अवश्य हो जाती क्योंकि तब विश्वनाथ प्रताप सिंह रेडियो-दूरदर्शन पर विश्व हिंदू परिषद तथा भाजपा से अपील कर सकते थे कि वे कार सेवा रोक दें और सभ्य तरीक़े से आम चुनाव में समस्या को हल करें। अगर वे उनकी बात न सुनते, तो वे सख़्त कार्रवाई करके स्वयं कार सेवा को रोक सकते थे। वे राज्यों से कहते कि वे संविधान के निर्देशों का पालन करें वरना उन्हें बर्ख़ास्त किया जाएगा और इस प्रकार उन्होंने उत्तर प्रदेश पर पड़ने वाले दबाव को कम किया होता। बड़ी बात यह है कि उन्होंने इस तरह पार्टी को टूटने से भी बचा लिया होता।

V

तीस अक्तूबर का दिन

इधर लालकृष्ण आडवाणी की रथ यात्रा का जुनून चरम सीमा को छू रहा था और अयोध्या पर भयानक ख़तरे के बादल मँडरा रहे थे, उधर प्रधानमंत्री विश्वनाथ प्रताप सिंह प्रदेश के अपने मुख्यमंत्री को अँधेरे में रखकर भाजपा-विहिप के नेताओं से गुप्त समझौते कर रहे थे। भाजपा नेता अटल बिहारी वाजपेयी ने ख़ुद 26 अक्तूबर को रथ यात्रा के संबंध में वी.पी. सरकार और उनकी पार्टी के बीच हुई गुप्त सहमति का रहस्योद्घाटन किया। बाबरी मसजिद के आस-पास की भूमि का अधिग्रहण करने के लिए जारी किया और 24 घंटे में वापस लिया गया अध्यादेश भी इसकी मिसाल है। भाजपा नेताओं से यह तय हुआ था कि भूमि को केंद्रीय सरकार अपने क़ब्ज़े में लेगी और 30 अक्तूबर के दिन विश्व हिंदू परिषद को सौंप देगी। विश्व हिंदू परिषद के नेता लखनऊ में थे। उन्हें इस समझौते की ख़बर नहीं थी और न ही मुख्यमंत्री मुलायम सिंह को इसकी सूचना थी। यह तो बात किसी तरह बाबरी एक्शन कमेटी के सदस्यों तक जा पहुँची और उन्होंने हल्ला मचा दिया। इस पर, विश्व हिंदू परिषद के नेताओं ने भी विरोध में आवाज़ उठा दी और अध्यादेश तुरत-फुरत वापस लेना पड़ा। इस विश्वासघात ने मुलायम सिंह को बुरी तरह आहत कर दिया।

23 अक्तूबर को बिहार में आडवाणी की रथ यात्रा रोकी गयी और उन्हें गिरफ़्तार किया गया और उसी दिन भाजपा ने वी.पी. सरकार से समर्थन वापस लेने की घोषणा कर दी। वी.पी. सिंह ने राष्ट्रपति को त्यागपत्र देने और लोक

सभा भंग करने की सिफ़ारिश के बजाय विश्वास मत प्राप्त करने के लिए 15 दिन का समय माँगा। उनका इरादा साफ़ था कि इस बीच वे कांग्रेस से या भाजपा से कुछ व्यक्तियों का समर्थन जुटा लेंगे। कांग्रेस के लोगों के साथ कुछ गुप्त बैठकें भी हुई लेकिन दाल नहीं गली। भाजपा के नेताओं के बारे में उन्हें भरोसा था कि यदि वे 30 अक्तूबर तक मुलायम सिंह यादव को हटा देंगे तो भाजपा सदस्य उन्हें पुनः समर्थन दे देंगे। आख़िर 30 अक्तूबर 1990 का वह दिन आ पहुँचा जिसकी ओर सारे देश के लोग (और विदेश के भी) भय एवं आशंका की नज़रों से देख रहे थे। भाजपा और विहिप नेताओं के दावों के अनुसार 10 लाख की भीड़ अयोध्या पर टूट पड़ी। मुलायम सिंह ने अपनी प्रशासनिक क्षमता को दाँव पर लगा दिया और मुस्तैद पुलिस एवं सुरक्षा बलों ने भीड़ पर काबू बनाए रखा और बाबरी मसजिद को क्षतिग्रस्त होने से बचा लिया। किंतु 2 नवम्बर को भीड़ हिंसा पर उतारू हो गयी और पुलिस बलों को गोली चलानी पड़ी जिसमें कुछ लोग मारे गये। भाजपा-विश्व हिंदू परिषद ने मरने वालों के बढ़ा-चढ़ा कर नाम दिये। भोली-भाली जनता को कानाफूसी, अफ़वाहों और खुले झूठे प्रचार से भड़काया गया कि 15 हज़ार लोग मुलायम सिंह ने मरवा दिये। लेकिन जब अख़बार वालों ने उन्हें घेरा तो उन्होंने 36 मृत व्यक्तियों की एक सूची प्रकाशित की जिसमें कुल जमा 16 व्यक्तियों को छोड़ कर शेष या तो जीवित पाए गये या अन्य कारणों से मृत पाए गये। पाक्षिक *फ्रंटलाइन* में इसका पूरा विवरण छपा। भाजपा-विहिप आदि ने इस पर्दाफ़ाश का कभी प्रतिवाद नहीं किया। हरियाणा में तो जिन आठ व्यक्तियों को मृत घोषित किया गया उन्होंने अदालत में हाज़िर होकर अपने जीवित होने का सबूत दिया।

कई लोग यह उम्मीद लगाए बैठे थे कि केंद्र में विश्वनाथ प्रताप सिंह की सरकार के पतन के बाद मुलायम सिंह भी उत्तर प्रदेश के मुख्यमंत्री नहीं रह पाएँगे। विशेषकर मुलाय्म सिंह द्वारा चंद्रशेखर के समर्थन में आने के बाद वी.पी. प्रेरित जनता दल के कई लोग मुलायम सिंह के समर्थन में आ गये थे क्योंकि सारे देश में मुलायम सिंह के पक्ष में वातावरण बन गया था। 20 नवम्बर को मुलायम सिंह ने विधानसभा में विश्वास मत प्राप्त कर लिया। विश्वास प्रस्ताव के विरोध में केवल भाजपा और वी.पी. समर्थकों ने मत दिया। इसके लिए मुलायम सिंह को कांग्रेस से भी मदद लेनी पड़ी जिसके कारण उनकी आलोचना हुई। लेकिन ध्यान में रखने की बात है कि उस समय न तो देश की जनता और न कोई राजनीतिक पार्टी चुनाव के लिए तैयार थी। इस व्यापक माहौल को देखते हुए चंद्रशेकर को केंद्र में कांग्रेस की मदद से सरकार बनानी पड़ी और चुनाव

टालने पड़े। वैसा ही मुलायम सिंह को भी करना पड़ा। ऐसा भी लगता है कि मुलायम सिंह उन दिनों काफ़ी हिल गये थे क्योंकि हिंदू मतांधों के हाथों मारे जाने का ख़तरा वास्तविक होता जा रहा था। यद्यपि यह बात उन्हें मन ही मन कचोटती रही और जैसे ही चंद्रशेखर सरकार ने कांग्रेस के बोझ को फेंक कर लोकसभा के नये चुनाव कराने की घोषणा की, मुलायम सिंह ने भी उत्तर प्रदेश विधानसभा भंग कराके नये चुनाव कराने का फ़ैसला कर लिया।

VI

1991 का चुनाव

साम्प्रदायिकता के ख़िलाफ़ संघर्ष मुलायम सिंह के लिए आग के दरिया से गुज़रने जैसा हुआ। एकबारगी लगा कि इस आग में उनके राजनीतिक जीवन की इतिश्री ही हो जाएगी। चुनाव आयुक्त टी.एन. शेषन ने इटावा संसदीय निर्वाचन क्षेत्र और उसके पाँचों विधानसभा क्षेत्रों (इटावा, जसवंत नगर, औरैया, लखना और अजीतमल) की चुनाव प्रक्रिया रद्द करने की घोषणा कर दी। किसी भी राजनेता के लोक जीवन की प्रगति के लिए एक बहुत बड़ा धक्का था। पल भर में मुख्यमंत्री मुलायम सिंह मुट्ठी भर विधायकों के विधायक दल के ऐसे नेता बन गये जो ख़ुद विधायक भी नहीं थे।

426 सदस्यों की उत्तर प्रदेश विधान सभा की 21 सीटों का चुनाव रद्द कर दिया गया था। एक सदस्य को मनोनीत किया जाता है। शेष 404 सीटों के लिए वोट डाले गये थे जिनमें से भारतीय जनता पार्टी को 204 सीटें मिलीं। मुलायम सिंह की समाजवादी जनता पार्टी को 35 सीटें ही मिल सकीं। भारतीय जनता पार्टी प्रदेश में पहली बार अकेली दम पर सत्ता में आयी। हालाँकि 1967 और 1977 में वह जनसंघ के रूप में राज्य में सत्ता में हिस्सेदार रह चुकी थी पर यह पहला मौक़ा था जब उसकी अपनी सरकार बनने जा रही थी। इसे देखकर सेकुलरवाद व लोकतंत्र में यक़ीन रखने वाली शक्तियाँ चिंतित थीं कि साम्प्रदायिकों को सत्ता की शक्ति प्राप्त हो गयी थी और अब उनकी करतूतों पर नियंत्रण कर पाना बहुत मुश्किल हो गया था।

मुलायम सिंह यादव ने अपनी हार स्वीकार की। उन्नीस जून को राजधानी में पत्रकारों से बातचीत करते हुए उन्होंने कहा, 'लोकतंत्र में जनता का निर्णय सर्वोपरि होता है। मैं इस बात से संतुष्ट हूँ कि मैंने साम्प्रदायिक ताक़तों के ख़िलाफ़ सेकुलरवादकी लड़ाई अपनी पूरी क्षमता से लड़ी। मुझे पक्का विश्वास है कि सिद्धांतों की इस लड़ाई में अंततः सेकुलरवाद की ही जीत होगी।'

मधु लिमये ने 1991 के संसदीय और विधानसभा चुनाव की व्याख्या करते हुए लिखा : 'इस चुनाव में कांग्रेस और जनता दल के उत्तर प्रदेश में बिखराव की शुरुआत हो गयी। कांग्रेस को देश के अन्य भागों में राजीव गाँधी की हत्या से उत्पन्न सहानुभूति का फ़ायदा मिला लेकिन उत्तर प्रदेश में उसका मताधिकार भाजपा की ओर खिसक गया। भाजपा का वोट प्रतिशत बहुत कम था फिर भी उसने काफ़ी सीटें प्राप्त कर लीं।'

लिमये को लगा कि अगर भाजपा सरकार ने साम्प्रदायकि स्थिति को तनावहीन नहीं किया और केंद्र में कांग्रेस ने ग़लतियाँ करना जारी रखा तो देश का भविष्य ख़तरे में पड़ जाएगा : 'उत्तर प्रदेश में तो एक तरह का अजूबा ही हो गया। किंतु यह परिस्थितियों के असाधारण मेल से हुआ। पहला कारण तो जनता दल का विभाजन था जिसके दोनों धड़े मतदाताओं के एक ही समूह पर निर्भर थे और दल-विभाजन ने इसे बाँट दिया। दूसरा कारण रहा उत्तर प्रदेश की शक्तिशाली उच्च जातियों द्वारा कांग्रेस का पूर्ण रूप से परित्याग। इन जातियों का संख्या-अनुपात उत्तर प्रदेश में लगभग 20 प्रतिशत है और इनका ज़बर्दस्त प्रभाव है। तीसरा कारण था मण्डल आयोग द्वारा पिछड़ी जातियों की सूची में जाट, सैनी और अन्य जातियों को शामिल न किया जाना, जिनका सरकारी नौकरियों में प्रतिनिधित्व नहीं के बराबर रहा। चौथा कारण यह रहा कि बहुजन समाज पार्टी ने कुछ अनुसूचित जातियों के वोट जनता दल से छीन लिए। परिस्थितियों के इस संगम में जनता दल का विभाजन सबसे अधिक विघटनकारी था। यद्यपि आधिकारिक आँकड़े अभी प्राप्त नहीं हुए हैं। 1991 के चुनाव में उत्तर प्रदेश का मत प्रतिशत कुछ इस प्रकार रहा— कांग्रेस 19.94, भाजपा, 35.27, जनता दल 23.27, समाजवादी जनता पार्टी 11.09 प्रतिशत। यदि मुलायम सिंह अलग न होते और जनता दल एक रहता तो आश्चर्यजनक भारी विजय भाजपा को नहीं, जनता दल की होती। जनता दल को 50 सीटें मिलतीं और बिहार की स्थिति उत्तर प्रदेश में भी दोहराई जाती। भाजपा ने उत्तर प्रदेश में 1989 के 8 प्रतिशत के मुक़ाबले 33 प्रतिशत मत प्राप्त करके 50 सीटें जीतीं। राजनीतिक दृष्टि से बुरी तरह टूटे हुए राज्य में ही इतने कम मत प्रतिशत पर इतनी असाधरणा सफलता प्राप्त की जा सकती है। उत्तर प्रदेश में भाजपा को मिले पूर्ण बहुमत से उस पर विशेष दायित्व आता है। क्या वह साम्प्रदायिक तनाव को कम करने का प्रयास करेगी और राम मंदिर की समस्या को बातचीत से हल करेगी? अथवा क्या वह उग्र रवैया अपनाएगी और राज्य को भयानक संघर्ष में उलझा देगी। यदि भाजपा उत्तर प्रदेश में सफल हुई और कांग्रेस ने केंद्र में ग़लतियाँ कीं तो मुझे डर है कि

भारत का भविष्य ही ख़तरे में पड़ जाएगा।'

कल्याण सिंह 24 जून, 1991 को उत्तर प्रदेश की पहली भाजपा सरकार के मुखिया बने। उन्हें मुख्यमंत्री बनाने में भाजपा का संदेश साफ़ था कि पिछड़ी जातियाँ हमारे साथ भी हैं और हम उन्हें आगे बढ़ाने में मण्डलवादियों से पीछे नहीं हैं। वरना उत्तर प्रदेश में भाजपा की पहली सरकार का मुखिया एक पिछड़ी जाति के नेता को क्यों बनाया जाता। इस क़दम से भाजपा ने यह साबित करने की भी कोशिश की कि मण्डलवादी हिंदू समाज को विभाजित कर रहे हैं पर हम उसे एक कर रहे हैं। कल्याण सिंह ने भी दूसरे ही दिन हिंदुत्व के प्रति अपनी निष्ठा साबित करने के लिए अद्भुत क़दम उठाया। 25 जून को मुख्यमंत्री कल्याण सिंह के नेतृत्व में राज्य सरकार का पूरा मंत्रिमण्डल अयोध्या यात्रा पर निकल पड़ा। उस समय राजनीति, धर्म, और विचारधारा के सभी रास्ते अयोध्या की तरफ़ जा रहे थे और कल्याण सिंह की इस यात्रा से इस बात की पुष्टि भी हुई। लगा कि अब देश की सत्ता अयोध्या के मंदिरों से निकलने लगी है। चूँकि उत्तर प्रदेश भारत की राजनीतिक सत्ता में निर्णायक भूमिका निभाता रहा है इसलिए यह भी लगा कि अब देश की सत्ता की चाभी राम मंदिर के गर्भ गृह में रखी है। भाजपा और उनके नेताओं की इन यात्राओं का प्रतीकात्मक महत्त्व उनके सांस्कृतिक (धार्मिक) राष्ट्रवाद के अर्थ में था। राजनीति की यात्राएँ और पदयात्राएँ जब नयी दिल्ली की तरफ़ हो रही हों तब पुराने मंदिरों से युक्त और लगभग नागरिक सुविधाओं से विहीन एक शहर में सत्ता का नतमस्तक होना एक बिलकुल नये ध्रुव की तलाश थी। यह लोकतांत्रिक राजनीति का बिलकुल अलग रूप था। खेतों और खलिहानों से अलग, असमानता और पिछड़ेपन के ध्रुव से भी अलग यह था यह रूप। यह अयोध्या से भभूत या भस्म लेने की नहीं चिनगारी उठाने की तलाश थी।

कल्याण सिंह की इस यात्रा के बारे में जहाँ भाजपा समर्थकों ने मनोहारी और उत्साहवर्द्धक वर्णन किया वहीं आलोचकों ने इसे उन्माद भड़काने वाला बताया। उनकी यह यात्रा हिंदुत्व सर्मथकों के लिए अभयदान थी तो मुलायम सिंह को खुली चुनौती। लेकिन सामान्य जनता ने अगर लम्बे समय के कर्फ़्यू, दंगों और प्रर्दशनों के बाद सरकार बदलने से राहत की साँस ली तो इस यात्रा ने उसके मन में आशंकाएँ भी पैदा कर दीं। अगले दिन यानी 26 जून, 1991 को *टाइम्स ऑफ़ इण्डिया* ने टिप्पणी की— 'लखनऊ से अयोध्या के लिए चला मंत्रिमण्डल की कारों और लगभग आधा दर्जन बसों का यह क़ाफ़िला और उसके स्वागत का सारा माहौल ऐसा लग रहा था जैसे कोई सेना युद्ध करने जा रही हो।

पूरे अयोध्या में भगवा झण्डे लहरा रहे थे और त्रिशूल व तलवारें लिए कार्यकर्ता यहाँ-वहाँ फैले हुए थे। कहीं-कहीं अल्पसंख्यकों के आतंकित समूह भय और अनिश्चय के साथ यह दृश्य देख रहे थे। देश के इतिहास में सम्भवतः यह पहला मौक़ा था जब ख़ुद सरकार ही साम्प्रदायिक उन्माद फैला रही थी और एक समुदाय विशेष के लोग अपने आपको उन्हीं से असुरक्षित महसूस कर रहे थे।'

कल्याण सिंह व उनके मंत्रिमण्डल के लिए पूरा अयोध्या उमड़ पड़ा था। जगह-जगह तोरणद्वारा बनाए गये। घंटे-घड़ियाल और शंख बज रहे थे। फूलों और हवन सामग्रियों से अयोध्या महक रहा था। अयोध्या 'जय श्रीराम', 'जिस जगह राम का जन्म हुआ— 'हम मंदिर वहीं बनाएँगे' और 'कल्याण सिंह जिंदाबाद', 'मुलायम सिंह-मुर्दाबाद', 'मुलायम सिंह हत्यारा है', 'हत्यारों को फाँसी दो' के नारों से गूँज रहा था। पर अयोध्या के मूल निवासी ख़ामोश और सहमे हुए थे। दरअसल अयोध्या भक्त और श्रद्धालु के रूप में आते थे और मंदिर-मंदिर माथा टेककर प्रसाद लेकर चले जाते थे। जिस मंदिर में ठहरते थे उसे बदले में यथासम्भव आटा-चावल-दाल और गुरुदक्षिणा दे जाते थे। वे नागरिक सुविधाओं के लिए समस्या ज़रूर पैदा करते थे पर क़ानून-व्यवस्था के लिए नहीं। लेकिन तीन चार वर्षों से अयोध्यावासी राजनीतिक प्रवासियों की उद्दण्डता और सुरक्षा बलों की बढ़ती निर्ममता से आशंकित रहने लगे थे। जैसे ही अयोध्या में राजनीतिक क़ाफ़िला पहुँचता था लोग कहीं लाठी-चार्ज होने, गोली चलने और कर्फ़्यू लगने की आशंका जताने लगते थे। कल्याण सिंह की अयोध्या यात्रा पर वहाँ की धर्मभीरु जनता पर मिली-जुली प्रतिक्रिया ऐसी ही थी। इस यात्रा में कल्याण सिंह के मंत्रिमण्डल के साथ पार्टी अध्यक्ष मुरली मनोहर जोशी भी थे।

इस क़ाफ़िले ने पहले सरयू में आचमन किया और फिर राम जन्म भूमि-बाबरी मसजिद परिसर में रामलाला का दर्शन। इस मौक़े पर मुरली मनोहर जोशी और कल्याण सिंह ने कहा कि उनकी अयोध्या यात्रा का मक़सद यह बताना है कि राज्य सरकार वहीं मंदिर बनाने के लिए कितनी प्रतिबद्ध है। कल्याण सिंह शिलान्यास स्थल पर गये और ऐलान किया कि उसी जगह कार सेवा फिर शुरू होगी। उन्होंने अपने भाषण में जब कहा कि 'हम मंदिर यहीं बनाएँगे' तो इस नारे से पूरा परिसर गूँज उठा। कल्याण सिंह ने ऐलान किया कि मुलायम सिंह ने शिलान्यास स्थल पर लगी छतरी हटवा दी थी। हम उसे फिर से लगवाएँगे। उनकी इस यात्रा की अंग्रेज़ी व अन्य भाषाओं के सेकुलर मीडिया ने कड़ी आलोचना की। इसे न सिर्फ़ संविधान का उल्लंघन, बल्कि राज्य के सेकुलर

सिद्धांतों की तिलांजलि कहा गया। जबकि हिंदुत्व समर्थक मीडिया ने इस यात्रा की सफलता और प्रभाव को बढ़ा-चढ़ा कर पेश किया।

मुलायम सिंह ने समाजवादी जनता पार्टी के उमीदवारों के सम्मेलन में 29 जून को कहा, 'यह एक अवैध कार्रवाई थी और संविधान का खुला उल्लंघन था। भाजपा सरकार झूठे और दुर्भावनापूर्ण दुष्प्रचार के दम पर सत्ता में आयी है और उसने फ़ासीवादी ढंग से काम कर संविधान की शपथ का उल्लंघन भी शुरू कर दिया है।' तीन जुलाई को राष्ट्रीय मोर्चा और वाम मोर्चे ने प्रधानमंत्री पी.वी. नरसिंह राव को एक पत्र लिख कर माँग की कि कल्याण सिंह मंत्रिमण्डल के अयोध्या दौरे और इस अवसर पर की गयी घोषणाओं के लिए उनकी कड़ी निंदा की जानी चाहिए। रामो-वामो ने कहा कि भाजपा नेताओं ने विवादास्पद भूमि की क़ानूनी स्थिति की चिंता नहीं की और हाई कोर्ट के स्थगन आदेश के बावजूद वहाँ राम मंदिर बनाए जाने की घोषणा की। इस तरह उन्होंने संविधान के अनुच्छेद 164 (3) और तीसरी अनुसूची के तहत मंत्रियों को दिलाई जाने वाली शपथ का उल्लंघन किया है। कल्याण सिंह के इस क़दम पर लगभग 15 दिन तक प्रादेशिक और राष्ट्रीय पत्र-पत्रिकाओं में टीका-टिप्पणियाँ चलती रहीं।

कल्याण सिंह ने सत्ता की बागडोर सँभालने के बाद प्रदेश की गिरती आर्थिक स्थिति सुधारने की बजाय अयोध्या से संबंधित मुद्दों पर ही ध्यान दिया और पूरे शासन के 18 महीने उसी पर लगे रहे। कल्याण सिंह ने राजस्व विभाग से राम जन्मभूमि-बाबरी मसजिद की फ़ाइल अपने पास मँगा ली। वे देखना चाहते थे कि मुलायम सिंह ने अपने मुख्यमंत्रित्व काल में इसमें कोई हेर-फ़ेर तो नहीं किया। पहले यह फ़ाइल राजस्व मंत्री ब्रह्मदत्त द्विवेदी के यहाँ थी। कल्याण सिंह ने एक-एक कर मुलायम सरकार के फ़ैसलों को पलटना शुरू किया। मुलायम सिंह ने 1990 में अयोध्या में हुई घटनाओं की जाँच के लिए तीन सदस्यीय आयोग का गठन किया था। पर जाँच के उस दायरे में विहिप और भाजपा से जुड़े संगठन मुख्य रूप से फँसते थे क्योंकि आयोग की जाँच की शर्तें अक्तूबर और नवम्बर की स्थितियों के लिए ज़िम्मेदार संगठनों व लोगों को पहचानने की थीं। इसलिए कल्याण सिंह ने उस आयोग को भंग कर दिया। उन्होंने इस आयोग के बदले नया आयोग बनाने का भरोसा दिया जिसमें मुलायम सरकार के काम की जाँच शामिल थी। मुलायम सिंह ने प्रदेश में दंगों की रोकथाम के लिए दंगा विरोधी बल का गठन किया था इस बल में अल्पसंख्यकों का भी प्रतिनिधित्व था। कल्याण सिंह ने उसे भी भंग कर दिया।

यह छह दिसम्बर, 1992 के बाबरी मस्जिद ध्वंस की पूर्व-पीठिका थी।

संदर्भ :

अभय कुमार दुबे (1996), *मुलायम सिंह यादव : एक आलोचनात्मक अध्ययन*, राजकमल प्रकाशन, नयी दिल्ली.

अरुण कुमार त्रिपाठी (1996), *कल्याण सिंह : एक आलोचनात्मक अध्ययन*, राजकमल प्रकाशन, नयी दिल्ली.

आर.पी. त्रिपाठी, *मुलायम सिंह यादव : रचना और संघर्ष*, लोहिया ट्रस्ट, लखनऊ.

आर.पी. त्रिपाठी (1996), *मुलायम सिंह यादव : रचना और संघर्ष*, लोहिया ट्रस्ट, लखनऊ : 14–15.

पाल आर. ब्रास (1993), 'चरण सिंह : एन इण्डियन पॉलिटिकल लाइफ़', *इकॉनॉमिक ऐंड पॉलिटिकल वीकली*, 25 सितम्बर.

मधु लिमये (1988), *बर्थ ऑफ़ नॉन कांग्रेसिज़म*, वीआर पब्लिशिंग कॉर्पोरेशन, नयी दिल्ली.

मस्तराम कपूर (1993), *उत्तर प्रदेश की राजनीति और मुलायम सिंह यादव*, समाजवादी विचारमाला, लेखक मंच, नयी दिल्ली.

टेरेंस जे. बायर्स (1989), 'चरण सिंह : मध्यम व धनी किसानों की चिंता', *सांचा*, फ़रवरी.

मुध लिमये (1993), *राजनीति का शतरंज : वी.पी. से पीवी तक*, समता ट्रस्ट, भोपाल.

हिंदुत्व की अर्थव्यवस्था

एक अनर्थकारी विचार की मीमांसा

यह नब्बे के दशक के शुरुआती वर्षों की बात है। यही था वह समय जब पी.वी. नरसिंह राव प्रधानमंत्री थे, और उन्होंने अपने तत्कालीन वित्त मंत्री मनमोहन सिंह और वाणिज्य मंत्री पी. चिदम्बरम के साथ तिकड़ी बना कर इस देश में नव-उदारतावादी अर्थव्यवस्था की शुरुआत करके भूमण्डलीकरण का आगाज़ किया था। अंतर्राष्ट्रीय मुद्रा कोष और विश्व बैंक की भाषा का इस्तेमाल करें तो भारतीय अर्थव्यवस्था ने आर्थिक सुधारों और ढाँचागत समायोजन कार्यक्रम के दौर में क़दम रख लिया था। ऐसे ही समय में ग्रेनेडा के अर्थशास्त्री डेविसन बुधू का भारत आगमन हुआ। बुधू अंतर्राष्ट्रीय मुद्रा कोष में काम करते थे। उसकी नीतियों से असंतुष्ट हो कर उन्होंने इस्तीफ़ा दिया और कोष के चेयरमैन माइकल कैमेडेसस के नाम एक लम्बा पत्र लिखा जो *इनफ़ इज़ इनफ़* शीर्षक से एक दस्तावेज़ के रूप में प्रकाशित हुआ।[1] बुधू जब भारत आये तो इस दस्तावेज़ के कारण काफ़ी चर्चित हो चुके थे।

बुधू के भारत आगमन पर हुई एक बैठक में नयी अर्थनीति के ख़िलाफ़ ज़बरदस्त जुमलेबाज़ी हुई। चूँकि वे अंतर्राष्ट्रीय मुद्रा कोष के ख़िलाफ़ संघर्ष के लोकप्रिय प्रतीक बन चुके थे, और संयोग से भारतीय मूल के भी थे, इसलिए उस बैठक में आशा और प्रेरणा के तत्त्वों की कमी नहीं थी। भारत के एक पूर्व वित्त मंत्री, योजना आयोग के एक पूर्व सदस्य, तीन बड़े रैडिकल अर्थशास्त्री, दो बड़े ट्रेड यूनियन नेता और स्वयंसेवी संस्थाओं के कई कर्ताधर्ता जोश में आ कर नयी अर्थनीति से होने वाले नुक़सानों का बड़ा डरावना चित्र उपस्थित कर रहे थे। बुधू ने उनकी बातें सुनीं और निर्लिप्त भाव से उत्तर दिया कि अगर आप मुद्रा कोष और विश्व बैंक को ठुकरा कर अर्थात् विश्व पूँजीवादी अर्थव्यस्था से ख़ुद को काट कर अपनी अर्थव्यवस्था बनाना चाहते हैं तो आपको एक नयी क्रांति करनी पड़ेगी। एक सामाजिक और राजनीतिक क्रांति, जो जनता के सांस्कृतिक सोच-विचार को स्पर्श करती हो और उसे अलग तरह की जीवन शैली के लिए दिमाग़ी तौर पर तैयार करती हो। ऐसी जीवन शैली, जो पूँजी के उत्तरोतर विकास से बँधी न हो। बुधू ने कहा कि इस तरह की क्रांति के लिए फिलहाल

---

[1] डेविसन बुधू (1990), *इनफ़ इज़ इनफ़ : ओपन लेटर ऑफ़ रेज़िग्नेशन टू द मैनेजिंग डायरेक्टर ऑफ़ द इंटरनैशनल मोनेटरी फंड*, द अपेक्स प्रेस, न्यूयार्क और द अदर इण्डिया प्रेस, गोवा.

आपके देश में कोई गुंज़ाइश नहीं है। गाँधीवादी, समाजवादी और मार्क्सवादी-लेनिनवादी अर्थात् तीनों तरह की परिवर्तनकामी विचारधाराओं के लोग वहाँ थे, लेकिन किसी ने चुनौती भरे स्वर में बुधू का प्रतिवाद नहीं किया। उनमें से कोई क्रांति के भविष्य के प्रति आश्वस्त नहीं था। क्रांति तो छोड़ ही दीजिए, उनमें से कोई यह कहने के लिए भी तैयार नहीं था कि अगर उसकी पार्टी सत्ता में आयी तो उन दावों को साकार कर दिखाएगी जो उन्होंने अभी-अभी किये हैं। दरअसल, उन महानुभावों में से कई ऐसे थे जिन्होंने सत्ता में रहते हुए नयी अर्थनीति को जड़ ज़माने में मदद की थी। सक्रिय समर्थन से लेकर मौन स्वीकृति या असहाय निष्क्रियता तक किसी-न-किसी रूप में वे सब कभी-न-कभी ख़ुद विश्व पूँजीवादी व्यवस्था के स्वार्थों को पूरा कर चुके थे। बुधू की बात पर उनकी प्रतिवादहीनता बता रही थी कि उनका वर्तमान नहीं, सिर्फ़ अतीत ही परिवर्तनकामी था। वे एक तरह से नयी अर्थनीति के कृतज्ञ थे कि उसने उन्हें विपक्ष की भूमिका निभाने का मुद्दा दे दिया था। बुधू ने यह भी कहा कि जिस तरह की 'वैकल्पिक बातचीत' आप कर रहे हैं, वह विश्व बैंक और मुद्रा कोष के अनुकूल बैठती है। ये दोनों संस्थाएँ इस तरह का विरोध होने देती हैं और जब चाहती है एक वाक्य में इसे ख़ारिज कर देती हैं।

नयी अर्थनीति कुछ ऐसी ही विकट चीज़ है। वह अपने ख़िलाफ़ बोलने के लिए काफ़ी सामग्री देती है, लेकिन करने के लिए कोई गुंज़ाइश नहीं छोड़ती। आप अपनी बौद्धिकता से विचार और आँकड़ों के क्षेत्र में उसे तार-तार कर सकते हैं, लेकिन व्यवहार में आपको उससे तालमेल बैठाना ही पड़ता है। अमेरिकी अर्थशास्त्री इसे ही 'एडजस्टिंग टु द रियलिटी' कहते हैं। वह आत्मगत विचार से परे एक वस्तुगत यथार्थ बन जाती है। यह अभूतपर्व स्थिति वह हर तरह की विचारधारा के तत्त्वों और हर तरह की राजनीति के पहलुओं को अपना कर प्राप्त करती है। नयी अर्थनीति पूँजीवादी ज़रूर है और एकल बाज़ार में विश्वास करती है, लेकिन पूँजी के पक्ष में राज्य के हस्तक्षेप की प्रबल समर्थक बन कर भी उभरती है। वह कहने के लिए निजीकरण की हामी है, लेकिन वह सार्वजनिक क्षेत्र को काफ़ी हद तक बनाए रखने की वकालत भी करती है। विज्ञान और टेक्नोलॅजी के पैरों पर वह दौड़ती है, लेकिन धार्मिक और अनुदारतावादी मूल्यों के आधार पर की गयी राजनीतिक गोलबंदी उसके ज़्यादा अनुकूल रहती है। लोकतंत्र, मानवाधिकार और व्यक्तिगत स्वतंत्रता उसके प्रिय नारे हैं, लेकिन वह सारी दुनिया में बेहद तानाशाह, दमनकारी और प्रतिक्रियावादी शासनों का समर्थन भी करती है। नयी अर्थनीति के वैचारिक और व्यावहारिक लचीलेपन का अंदाज़ा इस तथ्य से लगाया जा सकता है कि जिस दास प्रथा को समाप्त कर उसने

औद्योगिक क्रांति के हित में श्रमिकों का मुक्त बाज़ार बनाया था, आज उसके बुद्धिजीवी उसी दास प्रथा को आर्थिक रूप से सक्षम संस्था के रूप में प्रतिष्ठित करने में लगे हैं। 1993 का नोबेल पुरस्कार आर्थिक इतिहासकार रॉबर्ट डब्ल्यू फ़ॉजेल को मिला था। उन्होंने इसी विषय पर शोध की थी। कुल मिला कर नयी अर्थनीति पूँजी की उर्ध्वगामिता के प्रति वफ़ादारी को छोड़ कर एक मूल्यबद्ध श्रेणी नहीं है। वह किसी भी विचार और व्यवहार को अपना सकती है। वह कई रंग बदल सकती है। उसके ख़िलाफ़ संघर्ष करना बेहद मुश्किल है।

बुधू का कहना था कि हम जिस सामाजिक-आर्थिक मॉडल का चयन करते हैं, उसकी जड़ें इन्वेस्टमेंट गैप या निवेश अंतराल की अवधारणा में होती हैं। देशी पूँजी की कमी और विकास के लिए आवश्यक पूँजी के बीच का अंतराल ही निवेश अंतराल बन जाता है। हिंदुस्तान के आज़ाद होने से ठीक पहले औद्योगिक घरानों द्वारा बनाए गये टाटा-बिड़ला प्लान, जिसे बॉम्बे प्लान भी कहते हैं, ने अपने अध्ययन के आधार पर नतीजा निकाला था कि भारतीय अर्थव्यवस्था सात प्रतिशत निवेश अंतराल की समस्या से जूझ रही है। तत्कालीन पूँजीपतियों का एक प्रतिनिधिमण्डल इसी सात फ़ीसदी पूँजी की तलाश में एक लम्बे अंतर्राष्ट्रीय दौरे पर निकल गया था। अगर पचास के दशक में अमेरिका यह अंतराल भरने के लिए तैयार हो जाता तो शायद भारत की रूस की तरफ़ झुकने की भूमिका न बनती। इसी निवेश अंतराल में अंतर्राष्ट्रीय मुद्रा कोष जैसी संस्थाओं का पदार्पण होता है, और वे पूरी की पूरी अर्थव्यवस्था को अंतर्राष्ट्रीय वित्तीय पूँजी के हितों की मातहती में धकेल देती हैं। इस प्रक्रिया में आर्थिक विवशताओं की दलील की आड़ में राजनीतिक-सामाजिक प्रभु वर्ग भी इसी पूँजी के हितों का ताबेदार बन जाता है।

यह प्रभु वर्ग किसी एक विचारधारा का नहीं है। यह मिला-जुला है और कुछ कम या ज़्यादा सभी विचारधाराओं के राजनेताओं से मिल कर इसकी रचना होती है। यही कारण है कि भारत में लगभग सभी राजनीतिक धाराओं ने नयी अर्थनीति के आगमन में सहयोग किया है। जिन्हें सहयोग करने का मौक़ा नहीं मिला है, वे या तो उसका समर्थन कर रही हैं या उन्होंने उसके विरोध को पहले से ही मंद कर दिया है। इंदिरा गाँधी ने अस्सी के दशक में मुद्रा कोष से क़र्ज़ लेकर भारतीय अर्थव्यवस्था को पहली बार विश्व पूँजीवादी अर्थव्यवस्था से जोड़ा। राजीव गाँधी ने इस सूत्र को और मज़बूत किया। फिर आयी समाजवादी मंत्रियों से भरी विश्वनाथ प्रताप सिंह की सरकार, जिसके योजना आयोग में गाँधीवादी, समाजवादी और मार्क्सवादी बुद्धिजीवी सितारों की तरह टँके हुए थे।

इन लोगों ने थोड़ी-बहुत वैचारिक बेचैनी दिखाने के बाद विश्व बैंक के अर्थशास्त्रियों द्वारा तैयार ढाँचागत सुधार कार्यक्रम को हरी झण्डी दे दी। उस ज़माने में चंद्रशेखर वी.पी. सिंह सरकार के इसलिए आलोचक बने हुए थे कि वह औद्योगिक क्षेत्र में विदेशी पूँजी और बहुराष्ट्रीय कम्पनियों के लिए दरवाज़े खोल रही थी। लेकिन जैसे ही उन्होंने प्रधानमंत्री पद सँभाला, वैसे ही उनके वित्तमंत्री ने अपना पहला दौरा कार्यक्रम मुद्रा कोष के प्रबंध निदेशक से मुलाक़ात का बनाया। यह अद्‌भुत सिलसिला उस समय जारी रहा जब भारतीय जनता पार्टी के नेताओं अटल बिहारी वाजपेयी और लालकृष्ण आडवाणी ने 'स्वदेशी' के लिए कुलबुलाते राष्ट्रीय स्वयंसेवक संघ के प्रयासों के जवाब में साफ़ कह दिया कि 'स्वदेशी' सुनने में तो ठीक है, लेकिन व्यावहारिक नहीं है। हमें नहीं भूलना चाहिए कि राष्ट्रीय स्वयंसेवक संघ के बुद्धिजीवी एम.जी. बोकाड़े द्वारा रचित पुस्तक *हिंदू इकॉनॉमिक्स* पढ़ने के बाद अटल बिहारी वाजपेयी ने क्या सवाल पूछा था—'और तो सब ठीक है, लेकिन हिंदू इकॉनॉमिक्स में पूँजी की व्यवस्था कैसे होगी?' यही वह केंद्रीय प्रश्न है जो हर राजनीतिक धारा के सामने आता रहा है। हमारा राष्ट्रीय पूँजीपति वर्ग ऐतिहासिक रूप से इस देश के विकास के लिए पूँजी की ज़रूरतें पूरी नहीं कर सकता। इस कारण पैदा होने वाले निवेश अंतराल में विदेशी पूँजी अपना मौक़ा तलाश करती है। जिस तरह दो बड़े शिलाखण्डों को जोड़ने के लिए एक छोटा-सा पुल सबसे ज़्यादा महत्त्वपूर्ण बन जाता है, उसी तरह देशी पूँजी की कमी से पैदा हुए अंतराल को भरने के लिए विदेशी पूँजी कम होते हुए भी महत्त्वपूर्ण बन जाती है। मात्रा में कम, लेकिन शक्ति और महत्त्व में बहुत ज़्यादा। विदेशी पूँजी की यह क्वालिटी आज़ादी के बाद से ही क़ायम है। पूँजी कहाँ से आएगी— यह प्रश्न केवल अटल बिहारी वाजपेयी का नहीं है। भारतीय पूँजीपति वर्ग हमेशा यह प्रश्न उस समय पूछता है जब उसके सामने आत्मनिर्भरता की धारणा रखी जाती है। भारतीय जनता पार्टी की यह विशेषता है कि वह भारतीय पूँजीपति वर्ग के इस प्रश्न को अपने नेताओं के माध्यम से स्वर देती है। इसलिए नयी अर्थनीति और हमारे अपने पूँजीपति भाजपा में अपना भविष्य देखें तो आश्चर्य नहीं होना चाहिए। मौजूदा दौर में नयी अर्थनीति एक सीमित क़िस्म के लोकतांत्रिक शासन की परिस्थितियाँ चाहती है जिन्हें उपलब्ध कराने में भाजपा समर्थ है। आम जनता की आर्थिक परेशानियाँ नयी अर्थनीति का अनिवार्य परिणाम हैं, इसलिए उसे ग़ैर-आर्थिक मुद्दों पर जनगोलबंदी करने वाली राजनीतिक ताक़त बेहतर लगेगी ही। हिंदुत्व के नयी अर्थव्यवस्था के प्रति रुझानों का चर्चा मैं अपने व्याख्यान में आगे चल कर विस्तार

से करूँगा। लेकिन, यहाँ यह रेखांकित करना ज़रूरी है कि बहुराष्ट्रीय कम्पनियों और कुल मिला कर पूँजीवाद के प्रति ज्योति बसु जैसे सतत सत्तासीन रहे मार्क्सवादी नेता का लास्य भी किसी से छिपा हुआ नहीं रह गया था। रैडिकल राजनीति का दावा करने वाला इण्डियन पीपुल्स फ्रंट भी 'बहुराष्ट्रीय कम्पनियों की सम्पत्ति ज़ब्त' करने का कार्यक्रम बनाते-बनाते उन पर 'कठोर नियंत्रण' की शब्दावली में फिसलने लगा था।

इस समय नयी अर्थनीति नरेंद्र मोदी के नेतृत्व में दक्षिणपंथी रथ पर सवार है। लेकिन, वह वामपंथी विमान पर भी सवार हो सकती है। इंदिरा गाँधी 1977 की घनघोर पराजय के बाद एक नये राजनीतिक आधार और शासक वर्ग की सहानुभूति की तलाश कर रही थीं। 'ब्राह्मण-मुसलमान-हरिजन' का सेकुलर मतदाता गठजोड़ टूट चुका था। उन्होंने 'हिंदू कार्ड' खेला और हिंदू वोट बैंक बनाने की शुरुआत की। साथ में आइ.एम.एफ़. से क़र्ज़ ले कर भारतीय पूँजीपति वर्ग को आश्वस्त किया कि वे अपने औद्योगिक लाभ की रुकी हुई वृद्धि दर को अंतर्राष्ट्रीय पूँजी से सहयोग-समझौता के ज़रिये पुनःगतिशील कर सकते हैं। इस तरह हिंदू कार्ड और मुद्रा कोष का कमोबेश एक साथ भारतीय दृश्यपटल पर पदार्पण हुआ। यह गठजोड़ अभी भी जारी है। भारत जैसे विविधतामूलक देश में एकल बाज़ार बनाने के पूँजीवादी 'प्रोजेक्ट' की सफलता के लिए एकरूपीकरण की सांस्कृतिक और राजनीतिक प्रक्रिया आवश्यक है। भाजपा अपने सांस्कृतिक राष्ट्रवाद और पूँजीवादी नीतियों के समर्थन के ज़रिये इस 'प्रोजेक्ट' में अहम योगदान कर सकती है।

नयी अर्थनीति लागू करने के लिए या तो संकटों में फँसी कमज़ोर सरकार चाहिए या ज़बरदस्त जन-समर्थन रखने वाली ऐसी सरकार जो राज्य की ताक़त का जम कर इस्तेमाल करने की हिमायती हो। नरसिंह राव की अल्पमत कमज़ोर सरकार को टिके रहने के लिए अंतर्राष्ट्रीय पूँजीवाद के सहारे की ज़रूरत थी, इसलिए उसने बाक़ी क्षेत्रों में अनिर्णय की स्थिति बरक़रार रखते हुए भी आर्थिक क्षेत्र में मुद्राकोष के निर्देश पर सुधार कार्यक्रम लागू करने में भारी निर्णयकारी आवेग का परिचय दिया। इस समय भारतीय जनता पार्टी पूर्ण बहुमत के साथ सत्ता में है। वह अल्पसंख्यक विरोध की कभी खुली-कभी छिपी अंतरधाराओं के साथ विकास का नारा देते हुए चुनाव जीती है। यह पार्टी परम्परागत रूप से एक अतिकेंद्रीकृत राज्य की समर्थक है और राष्ट्रीय एकता-अखण्डता के नाम पर पुलिस व फ़ौज के दमनकारी इस्तेमाल में विश्वास करती है। मानवाधिकार संगठन या ग़ैर-सरकारी संगठन उसे स्वाभाविक रूप से नापसंद हैं। अंतर्राष्ट्रीय वित्तीय पूँजी को ऐसी सरकार की ज़रूरत रहती है जो लोकतांत्रिक तरीक़े से

चुनी जाए, पर इस कार्यक्रम के दुष्प्रभावों के कारण होने वाले जन-आंदोलनों की उपेक्षा करे और ज़रूरत पड़ने पर उनके साथ सख़्ती बरते।

नयी अर्थनीति राष्ट्र-निर्माण की जिस प्रक्रिया की देन है, वह लगभग एकरूपीकृत सांस्कृतिक और धार्मिक परिदृश्य में रहने वाले समाजों में चली थी। इस राष्ट्रवाद में अल्पसंख्यक तबक़ों को एक निश्चित दायरे में कुछ अधिकार दिये गये थे और शिक्षा, संचार और सांस्कृतिक मूल्यों को आरोपित करने जैसी ख़ामोश विधियों द्वारा धीरे-धीरे उनका आत्मसातीकरण कर लिया गया था। इसलिए इन समाजों में धार्मिक संघर्ष साम्प्रदायिकता की शक्ल में सामने नहीं आये। वहाँ नस्ली संघर्ष उभरा, क्योंकि अफ़्रीकी मूल की जातियों ने दास से उजरती मज़दूर में बदलना तो पसंद किया, लेकिन धीरे-धीरे आत्मसातीकरण के बजाय तुरंत पूरे नागरिक अधिकारों की माँग की। श्वेत पश्चिमी राष्ट्रवाद के साथ इन जातिथों की जद्दोजहद आज भी जारी है। इसी तरह भारत में जब शक्तिशाली और विशाल अल्पसंख्यक समुदाय ने धीमी गति से आत्मसातीकरण स्वीकार नहीं किया और पृथक् राष्ट्रीयता, पृथक् राष्ट्र, पृथक् पहचान, पृथक् मतदाता मण्डल जैसी धारणाएँ पेश करना जारी रखा तो उनके बलपूर्वक आत्मसातीकरण का सिद्धांत अपनाया गया, जिसकी परिणति बाबरी मसजिद गिराये जाने में हुई। यह तरीक़ा भी पश्चिमी राष्ट्रवाद के मिज़ाज के अनुकूल ही बैठता है। चूँकि सांस्कृतिक एकरूपीकरण के बिना एकल बाज़ार का निर्माण नहीं हो सकता, इसलिए पश्चिमी राष्ट्रवाद के सिद्धांतकारों ने उन समाजों को राष्ट्रत्व हासिल करने से शास्त्रीय तौर-तरीक़ों से कुछ हट कर अपनी मंज़िल पर पहुँचने की इजाज़त दे दी है। वे मानते हैं कि जिन भू-भागों में वे लगभग एकरूपीकृत समाज नहीं हैं और बहुलवादी विचलन के शिकार हैं, उन्हें राष्ट्रत्व और राज्यत्व कुछ ऐसे तरीक़ों से भी मिल सकता है जिनमें आज़ादी, समता इत्यादि मूल्य शुरुआत में नहीं भी रह सकते हैं। इसके लिए ये सिद्धांतकार लोकतंत्र की धारणा, जो पूँजीवाद के साथ-साथ ही पली बढ़ी है, को भी थोड़े दिनों के लिए छोड़ने के लिए तैयार है। उनका कहना है कि आर्थिक विकास के बिना समाज लोकतंत्र ग्रहण करने के योग्य नहीं होता, इसलिए पहले संसाधनों के आबंटन, विज्ञान और प्रौद्योगिकी के प्रयोग और निवेश की ज़रूरतें पूरी कर समृद्धि हासिल की जाए, फिर लोकतंत्र की आवश्यकता उत्पन्न होगी। दक्षिण-पूर्व एशिया के नवविकसित राष्ट्र भी ऐसी ही प्रक्रिया से गुज़र रहे हैं। अब वे तानाशाहियों के तहत विकास कर चुके हैं, इसलिए उन्हें भागीदारीवाला लोकतंत्र 'प्रदान' किया जा रहा है। इस तरह नयी अर्थनीति तय करती है कि किस देश को कितने लोकतंत्र

की ज़रूरत है। इसी हिसाब से पूरा, अधूरा या एकदम अदृश्य लोकतंत्र अल्पविकसित देशों को मिलता है।

लेकिन, भारत में नयी अर्थनीति लोकतंत्र के पूर्ण स्थगन के बारे में नहीं सोचती। वह समझती है कि कितना भी एकरूपीकरण क्यों न हो जाए, वह इस ब्रहुभाषी और बहुजातीय देश को युरोपीय देशों की तरह नहीं बना सकती, क्योंकि बहुलता इस भू-भाग के मूल में विद्यमान है और एकरूपीकरण उस पर केवल थोपा जा सकता है। तालमेल बैठाने के लिए उसे एक तानाशाह क़िस्म की अनम्यता की नहीं, बल्कि लोकतांत्रिक लचीलेपन की ज़रूरत पड़ती है। इसीलिए नयी अर्थनीति के वाहक एक राष्ट्रीय मतैक्य बनाने की चिंता में रहते हैं, ताकि उन्हें ज़्यादा कठोर तानाशाहीपूर्ण क़दम न उठाने पड़ें। इसके लिए रेडियो, टीवी और अख़बारों के कुशलतापूर्वक इस्तेमाल का हथकण्डा अपनाया जाता है। हम देखते हैं कि मीडिया लगातार इसी निर्धारित भूमिका को पूरा कर रहा है। एक तरफ़ वह हिंदुत्ववादी साम्प्रदायिक मूल्यों के प्रचार-प्रसार में व्यस्त है और सांस्कृतिक एकरूपीकरण की प्रक्रिया को तेज़ कर रहा है, दूसरी तरफ़ वह नयी अर्थनीति के प्रचार-प्रसार में लगा हुआ है।

सांस्कृतिक एकरूपीकरण, हिंदुत्ववादी साम्प्रदायिकता के प्रसार और नव-उदारतावादी अर्थनीति को एक साथ प्रभावी करने का सिलसिला इस समय सर्वाधिक सघन है। इसकी पेशबंदी बहुत चतुराई से नब्बे के दशक में 'स्वदेशी' के नाम पर की गयी थी। इसके पीछे चालाकी इस क़दर थी कि कभी-कभी तो लगता था कि हिंदुत्ववादी ताकतें भूमण्डलीकरण की प्रक्रिया का विरोध करने के लिए वामपंथी शब्दावली अपनाने लगी हैं। स्वदेशी के संघी संस्करण में वामपंथी आभा देखने वालों में बाज़ारवादी अंतर्राष्ट्रीय पत्रिका *द इकॉनॉमिस्ट* सबसे आगे थी। 1998 में जब संघ की राजनीतिक शाखा भारतीय जनता पार्टी ने केंद्र में सत्ता सँभाली तो इस पत्रिका ने लिखा, 'भाजपा को अक्सर दक्षिणपंथी कहा जाता है। इसे राष्ट्रवादी कहना ज़्यादा बेहतर होगा। यह पार्टी पहले से आत्म-निर्भरता की नीति पर बल देती रही है। इसके कई सदस्य विदेशी बहुराष्ट्रीय कंपनियों को शुरुआती क़िस्म के साम्राज्यवादियों के रूप में देखते हैं। यह विश्व व्यापार संगठन पर भारत की सम्प्रभुता के हरण का आरोप लगाती है। इस तरह के मसलों पर भारतीय जनता पार्टी और भारतीय वामपंथियों में कोई अंतर नहीं है।'[2] जाहिर है कि विचारों को हड़पने की इस बौद्धिक राजनीति के तहत न केवल गाँधी से स्वदेशी का सूत्र हड़पा गया था, बल्कि वामपंथियों की राजनीतिक अभिव्यक्तियों से भी कई बातें झपट ली गयी थीं। इसकी असलियत समझने में

कन्नड़ के विख्यात साहित्य-मनीषी डी.आर. नागराज सबसे आगे साबित हुए थे। नब्बे के दशक के मध्य में ही, जिस समय राष्ट्रीय स्वयंसेवक संघ द्वारा प्रायोजित स्वदेशी जागरण मंच की गतिविधियाँ अपने शिखर पर थीं, नागराज ने स्वदेशी के इस संस्करण को गाँधी के स्वदेशी की श्रेणी में मानने से इनकार कर दिया था। उन्होंने इसे गाँधी से अलगाने के लिए संघ-स्वदेशी क़रार देते हुए अनर्थकारी विचारों की कोटि में रखा। नागराज ने संघ-स्वदेशी को 'विचारों को हड़पने की राजनीति' के रूप में चित्रित करते हुए दिखाया कि नारा रचने और सांस्कृतिक प्रतीकों के उपयोग के स्तर पर संघ परिवार ने उसी आदमी का इस्तेमाल किया है जो उन्हीं के हाथों मारा गया था। नागराज ने इसे 'श्मशान की प्रतीकात्मक राजनीति' भी कहा था। संघ-स्वदेशी के विचारकों डॉ. यशवंत पाठक और प्रभाकर घाटे के लेखों के साथ-साथ संघ के स्वदेशी से संबंधित दस्तावेज़ से उद्धरण देते हुए नागराज ने रेखांकित किया था कि कांग्रेस सरकार की नयी अर्थनीति की वामपंथियों जैसी आलोचना करने में संघ परिवार के पत्र *ऑर्गनाइज़र* को महारत हासिल हो गयी है।[3] नागराज आज हमारे बीच नहीं हैं। अगर वे होते तो कहते कि देखो मेरा कहना कितना सही था। लेकिन नागराज के विश्लेषण में एक पहलू और था जो सामने आने की प्रतीक्षा कर रहा था।

संघ-स्वेदशी के इस 'वामपंथ' की सैद्धांतिक अभिव्यक्ति का नमूना 1992 में उस समय देखने को मिला जब एम.जी. बोकाड़े की पुस्तक *स्वदेशी इकॉनॉमी फ़ॉर द वार ऑफ़ इकॉनॉमिक इंडिपेंडेंस अगेंस्ट इकॉनॉमिक इम्पीरियलिज़म* का स्वदेशी जागरण मंच ने प्रकाशन किया।[4] बोकाड़े की शख़्सियत भी कुछ इसी

---

[2] 'हू इज़ अफ्रेड ऑफ़ बीजेपी ?', द *इकॉनॉमिस्ट,* 2 अप्रैल, 1998. इस पत्रिका की यह आवरण-कथा भाजपा को भूमण्डलीकरण करने वाली ज़बरदस्त और कांग्रेस से बेहतर शक्ति के रूप में पेश करती है.

[3] डी.आर. नागराज (1995), 'एक अनर्थकारी विचार की मीमांसा / संघ-स्वदेशी : विचारों को हड़पने की राजनीति', *समय चेतना,* खण्ड 1, अंक 7. नागराज मार्क्सवादी नहीं थे. दिल्ली के बौद्धिक क्षितिज पर उनका उभार एक ऐसे बुद्धिजीवी के रूप में हुआ था जो गाँधी और आम्बेडकर में विरोध दिखाने के बजाय मेल-मिलाप के बिंदु उभारना चाहता था. उनका यह लेख हालाँकि भुला दिया गया है, पर उनकी यह दलील आज भी प्रासंगिक है जिसमें उन्होंने कहा था : 'आधुनिकता के मनमाने आधुनिकतावादी विरोध ने संघ-स्वदेशी की धारणा को जन्म दिया है. यह उस परिघटना का सबसे ताज़ा भारतीय उदाहरण है जहाँ धर्म मनसपसंद रूप से आधुनिकता की शक्तियों से समझौता कर लेता है.' हिंदुत्व, पूँजीवाद और भूमण्डलीकरण के संबंधों की अन्य व्याख्याओं के लिए देखें : थॉमस ब्लूम हैंसन (2001), 'हिंदुत्व ऐंड कैपिटलिज़म', हैंसन और जैफ़्रलो, ऑक्सफ़र्ड युनिवर्सिटी प्रेस, नयी दिल्ली; शंकर गोपालकृष्णन (2008), 'फ़ॉसिजम, फ्री मार्केट ऐंड रिस्ट्रक्चरिंग ऑफ़ इंडियन मार्केट : एक्सप्लोरिंग द रिलेशनशिप बिटवीन नियोलिबरलिज़म ऐंड हिंदुत्व' और स्टीफ़न शुलमैन (2008), 'नैशनलिस्ट सोर्सेज़ ऑफ़ इंटरनैशनल इकॉनॉमिक इंटीग्रेशन', *इंटरनैशनल स्टडीज़ क्वार्टरली,* खण्ड 44, अंक 3.

[4] एम.जी बोकाड़े (1993), *स्वदेशी इकॉनॉमी फॉर द वार ऑफ़ इकॉनॉमिक इंडिपेंडेंस अगेंस्ट इकॉनॉमिक इम्पीरियलिज़म,* स्वदेशी जागरण मंच, मुंबई.

प्रकार की थी जिससे संघ-स्वदेशी की 'वामपंथी' आभा में और चमक पैदा हो जाती थी। (बोकाड़े सत्तर के दशक में फुले-आम्बेडकर-मार्क्स को मिला-जुला कर पढ़ने वाली रैडिकल धारा के बुद्धिजीवी रह चुके थे। इसके बाद उन्होंने विदर्भ में कपास के किसानों के आंदोलन की सैद्धांतिक मदद की।) संघ-स्वदेशी को अपनी कार्यक्रमगत राजनीतिक अभिव्यक्ति 1992 में ही जारी किये गये भाजपा के अर्थनीति संबंधी दस्तावेज़ *ह्यूमैनिस्टिक एप्रोच टू इकॉनॉमिक डिवेलपमेंट* में मिली। इस दस्तावेज़ का आह्वान था : 'भारत को उदारीकरण, उद्योगीकरण और आधुनिकीकरण करना ही होगा। लेकिन ऐसा करने के लिए उसे भारतीय विधि अपनानी होगी। ... भारत को अपने ही प्रकाश से प्रकाशित होना होगा।'[5] तीन साल बाद 1995 में भाजपा और शिव सेना की गठजोड़ सरकार ने महाराष्ट्र में बिजली बनाने वाले अमेरिकी कंपनी एनरॉन दाभोल परियोजना को निरस्त करके जम कर तारीफ़ बटोरी। इस प्रोजेक्ट को शरद पवार की कांग्रेसी सरकार ने मंजूरी दी थी। संघ-स्वेदशी के सिद्धांतकारों ने इस फ़ैसले को अपनी 'भारतीय विधि' के अनुसार क़रार दिया। वैसे भी भाजपा-शिव सेना ने इस परियोजना को ख़ारिज करने के वायदे के साथ ही चुनाव लड़ा था। लेकिन, उस समय सभी लोग चकित रह गये जब महाराष्ट्र सरकार ने एनरॉन के साथ दोबारा समझौता वार्ता की और दाभोल परियोजना पर मुहर लगा दी। नये क़रार के तहत एनरॉन को और सस्ती दर पर बिजली बनाने और उसी महँगी दर पर बेचने की छूट मिल गयी जिस पर इस सरकार ने पहले आपत्ति की थी। जब वामपंथी आलोचकों ने इस नये क़रार को अदालत में चुनौती दी तो भाजपा की सरकार के प्रतिनिधि ने बिना पलक झपकाए जज से कह दिया कि उसने जो एनरॉन-विरोधी मुहिम चलायी थी, वह तो राज्य विधानसभा का चुनाव जीतने के लिए राजनीतिक हथकंडा मात्र था।[6]

लेकिन इस घटना के बावजूद स्वदेशी जागरण मंच ने भाजपा-शिव सेना गठजोड़ के ख़िलाफ़ कोई मुहिम नहीं चलायी, और अपना 'वामपंथी' संघ-स्वदेशी जारी रखा। 1998 में जब भाजपा लोकसभा का चुनाव लड़ने उतरी तो उसने ऐलान किया : 'शुल्क-दर घटाने की पथभ्रष्ट नीतियों और भारतीय उद्योग को समान धरातल न देने के कारण भारत की अर्थव्यवस्था ज़बरदस्त दबाव में

---

[5] भारतीय जनता पार्टी (1992), 'ह्यूमैनिस्टिक एप्रोच टू इकॉनॉमिक डिवेलपमेंट', दिल्ली.

[6] अभय कुमार दुबे (1995), 'दक्षिणपंथ का संकट : हवाला और हिंदुत्व के बीच एनरॉन', *समय चेतना*, खण्ड 1, अंक 9.

आ गयी है। ... हालाँकि कुछ अधिसंरचनात्मक क्षेत्रों में विदेशी पूँजी की भूमिका बेहद अहम है, लेकिन स्पष्ट है कि इस पूँजी का भारतीय अर्थव्यवस्था को न के बराबर ही फ़ायदा होने वाला है। ... भले ही हर देश का घोषित एजेंडा मुक्त व्यापार है, पर असली एजेंडा तो आर्थिक राष्ट्रवाद ही होता है। भारत को भी अपने राष्ट्रीय एजेंडे पर चलना चाहिए। इसके मर्म में स्वदेशी का विचार है।' भाजपा ने 'कैलिबरेटिड ग्लोबलाइज़ेशन' की वकालत की जिसका मतलब था अर्थव्यवस्था के भीतर उदारीकरण की नीति जारी रखना, कुछ अधिसंरचनात्मक क्षेत्रों में विदेशी पूँजी को आमंत्रित करना और भारतीय उद्योग को विदेशी प्रतियोगिता से बचाने के साथ-साथ समग्र अर्थव्यवस्था पर पड़ने वाले विदेशी प्रभाव को विनियमित करने के लिए राज्य के हस्तक्षेप की वकालत करना। भाजपा ने अपनी पीठ थपथपाते हुए कम्युनिज़्म और कैपिटलिज़्म को विदेशी मॉडल क़रार देते हुए ख़ारिज कर दिया और देशी परम्पराओं से ऊर्जस्वित मॉडल की पैरोकारी की।[7] संघ के विचारधारात्मक सिपहसालार मुरली मनोहर जोशी इसी आग्रह को व्यावहारिक नज़रिये से इस तरह कह चुके थे : 'कम्प्यूटर चिप्स यस, पोटाटो चिप्स नो'।

भाजपा की इस 'कैलिबरेटिड ग्लोबलाइज़ेशन' की असली परीक्षा उस समय शुरू हुई जब लाल कृष्ण आडवाणी अपने नेतृत्व वाले राष्ट्रीय जनतांत्रिक गठजोड़ की सरकार के शपथ लेने के बाद संसद के केंद्रीय कक्ष में राष्ट्रीय स्वयंसेवक संघ के देश भर में फैले हुए स्वयंसेवकों को धन्यवाद दे रहे थे कि उनके परिश्रम के कारण ही यह सरकार बनी है। सम्भवतः ठीक उसी समय नागपुर और झंडेवालान स्थित संघ के रणनीतिकार यह तय करने में लगे हुए थे कि नयी सरकार का वित्त मंत्री कौन होना चाहिए। नये प्रधानमंत्री अटल बिहारी वाजपेयी की पसंद थे जसवंत सिंह जो पी.वी. नरसिंह राव की कांग्रेसी सरकार के दौरान 'शैडो फ़ाइनेंस मिनिस्टर' की भूमिका निभाते रहे थे। लेकिन संघ ने जसवंत सिंह को वित्त मंत्री बनने से रोक दिया। उसे शक था कि स्वतंत्र पार्टी की पृष्ठभूमि वाले जसवंत सिंह संघ-स्वदेशी के वैचारिक मर्म को ठीक से लागू नहीं कर पाएँगे। इसलिए नागपुर ने यशवंत सिन्हा के पक्ष में फ़तवा जारी किया, क्योंकि सिन्हा चंद्रशेखर की 'समाजवादी' सरकार में वित्त मंत्री रह चुके थे। पर संघ सिन्हा से क्या करवाना चाहता था?

---

[7] बलदेव राज नायर (2001), *ग्लोबलाइज़ेशन ऐंड नैशनलिज़्म : द चेंजिंग बैलेंस इन इंडियाज़ इकॉनॉमिक पॉलिसी, 1995-2000*, सेज पब्लिकेशंस, नयी दिल्ली.

यशवंत सिन्हा ने 'कैलिबरेटिड ग्लोबलाइज़ेशन' की अनूठी व्याख्या की। वित्त मंत्री के रूप में शपथ लेने के बाद उन्होंने कहा : 'भारत को अपनी फ़ौजी ताक़त के सापेक्ष शक्तिशाली आर्थिक राष्ट्र भी बनना है। और आप आर्थिक ताक़त केवल तभी बन सकते हैं जब अपनी शक्तियों की परीक्षा दूसरों के मुक़ाबले करके दिखाएँ। इसका मतलब है बाहर निकलना और दुनिया के पैमाने पर प्रतियोगिता करना, साथ में दुनिया को अपने यहाँ आने देना और प्रतियोगिता करने देना। ... मैं स्वदेशी को बुनियादी रूप से एक ऐसे विचार के रूप में समझता हूँ जिसका मक़सद भारत को महान् बनाना है। ... हम महान् बन सकते हैं प्रतियोगिता करने में सक्षम हो कर ही। मेरा विचार है कि प्रतियोगिता ही असली चीज़ है। ... इसीलिए स्वदेशी, ग्लोबलाइज़र, और लिबरलाइज़र आपस में अंतर्विरोधी पद नहीं हैं। मेरी निजी राय है कि भूमण्डलीकरण स्वदेशी होने का सबसे अच्छा तरीक़ा है।'[8]

ज़ाहिर है कि यह भारत का वित्त मंत्री बोल रहा था और उसकी 'निजी राय' ही भाजपा के नेतृत्व में चलने वाली अर्थनीति थी। उसकी 'निजी राय' और कुछ हो भी कैसे सकती थी? उनका बेटा (जो अब मोदी सरकार में राज्य मंत्री है) अंतर्राष्ट्रीय कंसल्टिंग फ़र्म मैककिंसी में काम करता था और उनकी बहू न्यूयॉर्क स्थित इन्वेस्टमेंट बैंक ओपनहाइमर में काम करती थी। देखते-देखते नये प्रधानमंत्री के कार्यालय, वित्त मंत्रालय, योजना आयोग और आर्थिक मामलों के मंत्रालय पर ऐसे लोग छा गये जो जिनके लिए स्वदेशी और ग्लोबलाइज़ेशन में कोई फ़र्क़ नहीं था। भूमण्डलीकरण समर्थक इस मण्डली के प्रमुख नाम थे : उद्योग मंत्री सिकंदर बख़्त, विद्युत मंत्री पी.आर. कुमारमंगलम, आवास मंत्री राम जेठमलानी, वाणिज्य मंत्री रामकृष्ण हेगड़े, राष्ट्रीय सुरक्षा सलाहकार ब्रजेश मिश्रा, वित्त मंत्री यशवंत सिन्हा, विनिवेश मंत्री अरुण शौरी और योजना आयोग के उपाध्यक्ष जसवंत सिंह।

परिणाम यह निकला कि संसदीय विपक्ष के रूप में भाजपा की स्थिति के मुक़ाबले सत्ताधारी भाजपा 180 डिग्री घूम गयी। भाजपा जब विपक्ष में थी तो उसने बीमा उद्योग को सरकारी जकड़ से छुड़ाने का समर्थन लेकिन उस क्षेत्र में विदेशी पूँजी के आगमन का विरोध किया था। लेकिन जब वह सरकार में आयी तो 1999 में उसने बीमा क्षेत्र में चालीस फ़ीसदी विदेशी पूँजी की भागीदारी पर संसद से मुहर लगवाई। विपक्ष में रहते समय भाजपा ने पेटेंट क़ानून बदलने का

[8] बलदेव राज नायर में उद्धृत.

भी विरोध किया था। लेकिन सत्ता में आने पर उसने पेटेंट बिल पास करवाया जिसके तहत प्रक्रिया को पेटेंट करने के बजाय उत्पाद को पेटेंट करने की इजाज़त मिल गयी। विपक्ष में भाजपा ने जनरल एग्रीमेंट ऑन ट्रेड ऐंड टैरिफ़्ज़ द्वारा तैयार किये गये डंकेल ड्राफ्ट में दर्ज विश्व व्यापार संगठन बनाने का प्रावधान का विरोध किया था। लेकिन सत्ता में आने के बाद भाजपा की देखरेख में भारत विश्व व्यापार संगठन में बना रहा और उसकी सरकार ने आयात शुल्क क्रमवार ख़त्म करने और आयात पर लगी पाबंदियाँ हटाने के लिए आक्रामक क़दम उठाए। विपक्ष में रहते हुए भाजपा इस पक्ष में थी कि प्रत्यक्ष विदेशी निवेश केवल उच्च प्रौद्योगिकी और अधिसंरचनात्मक क्षेत्रों में ही आना चाहिए। उसने ग़ैर-प्राथमिक क्षेत्रों में इस पूँजी के आने का विरोध किया था। लेकिन सत्ता में आने के बाद वह उसने ग़ैर-प्राथमिकता वाले क्षेत्रों को चिह्नित करने की कोई कोशिश ही नहीं की। शराब और तम्बाकू जैसे अ-प्राथमिक क्षेत्रों समेत प्रत्यक्ष विदेशी निवेश को चौतरफ़ा इजाज़त मिलनी शुरू हो गयी। विपक्ष में रहते समय भाजपा ने स्वदेशी के विचार को आर्थिक राष्ट्रवाद के रूप में परिभाषित किया था। इसका मतलब था भारतीय उद्योग को विदेशी कंपनियों के समकक्ष प्रतियोगिता के लिए समान धरातल उपलब्ध कराना। लेकिन अब स्वदेशी का मतलब हो गया विश्व अर्थव्यवस्था के साथ भारतीय अर्थव्यवस्था को उत्तरोत्तर जोड़ना।

तो क्या संघ-स्वदेशी केवल एक झाँसा था? अगर नहीं तो फिर संघ परिवार ने भारतीय जनता पार्टी के नेतृत्व वाली सरकार से नाता क्यों नहीं तोड़ा? स्वदेशी जागरण मंच ने छिपपुट बयानबाजी के अतिरिक्त इन आर्थिक नीतियों के ख़िलाफ़ कोई बड़ी आंदोलनकारी मुहिम क्यों नहीं चलायी? नागराज ने इसे अनर्थकारी विचार क़रार दे कर इसके कारण हो सकने वाले राष्ट्रीय नुक़सान की भविष्यवाणी कर दी थी। भारतीय जनता पार्टी की कार्यकारिणी के सदस्य और अर्थशास्त्री जय दुबाशी के एक वक्तव्य ने संघ-स्वदेशी के रणनीति संबंधी आयामों के एक सर्वथा नये पहलू का उद्‌घाटन यह कह कर किया कि 'वाजपेयी कभी भी स्वदेशी के समर्थक नहीं थे। हर कोई यह बात जानता था। तब फिर उन्हें प्रधानमंत्री कैसे बनने दिया गया? इसलिए कि राष्ट्रीय स्वयंसेवक संघ के सरबराहों ने अपने कारणों से उनके नाम पर हरी झण्डी दिखाई और उनके इन कारणों का आर्थिक नीतियों से कोई ताल्लुक़ नहीं था।'[9] आइए, देखें संघ-स्वदेशी नामक अनर्थकारी

---

[9] जय दुबाशी (2002), 'बीजेपीज़ प्रोक्सिमिटी टू बिग बिज़नेस एलीनेट्स इटसैल्फ फ्रॉम वोटर्स', *फ्री प्रेस जर्नल*, 29 अप्रैल.

विचार के रूप में भूमण्डलीकरण विरोधी ताक़तों और मुहिम को कैसे झाँसा दिया गया, और भाजपा को इस दाँव की ज़रूरत क्यों पड़ी!

भारतीय जनता पार्टी का अतीत भारतीय जनसंघ था। संघ परिवार की इस राजनीतिक शाखा की अर्थनीति निजी पूँजी और उसकी सत्ता अभिव्यक्त करने वाले कारपोरेट घरानों के पक्ष में लामबंद होती थी। जनसंघ पब्लिक सेक्टर, लाइसेंस-कोटा राज और कांग्रेस के 'सरकारी समाजवाद' का विरोध करने के लिए जाना जाता था। उसकी अनुदार अर्थनीति का एक पहलू यह भी था कि वह उद्योग और व्यापार में छोटे और मँझोले दर्जे के आर्थिक हितों की पैरोकारी भी करता था। अस्सी के दशक में जब जनता प्रयोग विफल होने के बाद जनसंघ का नया संस्करण भारतीय जनता पार्टी राष्ट्रीय मंच पर उभरा तो संघ के सरबराहों की इजाज़त से अर्थनीति संबंधी रुझानों में तब्दीली हुई। भाजपा ने लाइसेंस-कोटा राज का विरोध उग्र कर दिया और आर्थिक उदारीकरण की भाषा बोलने लगी। वह व्यापारियों और उद्योगपतियों का समर्थन अपनी ओर खींचना चाहती थी। लेकिन उस समय भाजपा कुछ परेशान हो गयी जब उसने देखा कि 1991 में कांग्रेस की अल्पमतीय सरकार ने व्यवहार में उसी नीति को अपनाना शुरू कर दिया जिसकी वकालत ख़ुद को कांग्रेस से अलग दिखाने के लिए कर रही थी।

जय दुबाशी ने द *ऑर्गनाइज़र* में लिखा : 'कांग्रेस हमारी आर्थिक दावेदारियाँ ले उड़ी है। अब वह हमारा राजनीतिक आधार छीने ले रही है। ... जैसे-जैसे अर्थव्यवस्था के दरवाजे खुलेंगे मध्य वर्ग को कांग्रेस से दूर रखना हमारे लिए उत्तरोत्तर कठिन होता जाएगा।'[10] इन नयी परिस्थिति में संघ परिवार और भाजपा को एक नयी आर्थिक रणनीति सूत्रबद्ध करनी पड़ी। इसी प्रक्रिया में 1992 की शुरुआत में 'स्वदेशी' का फ़िक़रा सामने लाया गया। स्वदेशी जागरण मंच का गठन किया गया। एम.जी. बोकाड़े ने उन्हीं दिनों *हिंदू इकॉनॉमिक्स* शीर्षक से एक पुस्तक लिख डाली[11] जिसका विमोचन सरसंघचालक द्वारा कराया गया। स्वदेशी का सीधा एक ही मतलब था : आर्थिक आत्मनिर्भरता। यही वह दौर था जब संघ ने कुछ दिनों के लिए विदेशी निवेश से मुक्त ऐसी अर्थव्यवस्था का सपना देखा। विदेशी उपभोक्ता वस्तुओं के आयात को नियंत्रित करने की इच्छा भी इसमें शामिल थी। संघ ने बहुराष्ट्रीय कंपनियों द्वारा बनायी जाने वाली 326 चीज़ों की एक सूची जारी की जिसके साथ में हर चीज़ का एक वैकल्पिक

---

[10] दुबाशी ने द *ऑर्गनाइज़र,* 15 मार्च, 1992 को अपने साप्ताहिक स्तंभ में ये विचार व्यक्त किए.

[11] एम.जी. बोकाड़े (1993), *हिंदू इकॉनॉमिक्स,* स्वदेशी जागरण मंच, जानकी प्रकाशन, नयी दिल्ली.

उत्पाद भी था जिसे भारतीय कंपनियों द्वारा बनाया जाता था। 'सांस्कृतिक रूप से अपवित्र' ये विदेशी वस्तुएँ संघ की निगाह में पश्चिम की सुखवादी-आनंदवादी-भोगवादी विचारधारा की नुमाइंदगी करती थीं। संघ ने उपभोक्ताओं से अपील की कि वे हर विदेशी वस्तु का इस्तेमाल त्यागें, और स्वदेशी वस्तुओं का प्रयोग करें। इस सूची को तैयार करने में संघ परिवार के बुद्धिजीवियों और रणनीतिकारों के बीच कई तरह के झंझट हुए। पर आख़िरकार स्वदेशी की प्रतीक लिस्ट सार्वजनिक मंच पर पेश कर दी गयी।

लेकिन, क्या भाजपा के भीतर स्वदेशी के इस व्यावहारिक रूप को लागू करने की किसी रणनीति पर अमल की योजना बन रही थी? 1995 में महाराष्ट्र भाजपा के एक उच्चपदस्थ संगठनकर्त्ता ए. भटकलकर ने इंटरव्यू देते हुए भाजपा के भीतर चल रहे ऊहापोह की जानकारी इस तरह दी, 'हमें पता है कि हम उपभोक्तावाद नहीं ख़त्म कर सकते। हर कोई एक अच्छी सी नौकरी, अच्छा सा घर, एक कार और एक सुंदर बीवी चाहता है। सरकार में आने पर इस हक़ीक़त के कारण हम पर जो दबाव पड़ेगा, उसके बारे में सोच कर मुझे बड़ी चिंता होती है। अगर हम सत्ता में आये तो यह सोच कर मैं डर जाता हूँ कि हमसे जो उम्मीदें की जाएँगी उनका क्या होगा। लोग शिक्षा, अधिसंरचनात्मक सुविधाओं और उत्तम जीवन की माँग करेंगे। जबकि यहाँ तो ग़रीबी, अशिक्षा और बीमारी की बहुतायत है।'[12] हम जानते हैं कि भाजपा के सभी संगठनकर्त्ता संघ की क़तारों से आते हैं। भाजपा इन्हीं प्रचारक-संगठन मंत्रियों के दम पर चलती है। भाजपा में आप उपाध्यक्ष हो सकते हैं या कोई और पद मिल सकता है, पर संगठन मंत्री होने के लिए संघ का प्रचारक होना ज़रूरी है। यह शर्त भाजपा के संविधान में दर्ज है।

यह विश्लेषण बताता है कि जिस समय संघ भूमण्डलीकरण के प्रतिकार में स्वदेशी का नाटक कर रहा था, जिस समय संघ गाँधी का नाम लेकर वामपंथी शब्दावली का इस्तेमाल करके अपने असली इरादों की पर्दापोशी कर रहा था, उस समय भाजपा के वास्तविक संगठनकर्त्ता पार्टी को भूमण्डलीकरण के गर्भ से निकली मध्यवर्गीय महत्त्वाकांक्षाओं के अनुकूल बनाने की रणनीति तलाश रहे थे। अटल बिहारी बाजपेयी के नेतृत्व में भूमण्डलीकरण और बाज़ारवाद के पक्के समर्थकों की मण्डली ने जिस रणनीति पर अमल किया, वह यही थी। उसका

---

[12] भटकलकर का यह वक्तव्य हैंसन में उद्धृत, 'ग्लोबलाइज़ेशन ऐंड नैशनलिस्ट इमेजिनेशन : हिंदुत्वाज़ प्रोमिस ऑफ़ ईक्वलिटी थ्रू डिफरेंस', *इकॉनॉमिक ऐंड पॉलिटिकल वीकली,* खण्ड 31, अंक 10.

गाँधी के उस स्वदेशी से कोई ताल्लुक़ नहीं था जिसके आधार ब्रिटिश साम्राज्यवाद के ख़िलाफ़ जंग लड़ी गयी थी। संघ-स्वदेशी न केवल एक अनर्थकारी विचार था (क्योंकि उसने गाँधीवादी और वामपंथी शब्दावली हड़पी थी), बल्कि वह एक झाँसा था जिसमें कुछ समय के लिए कुछ लोग आ गये थे।

अटल बिहारी वाजपेयी की सरकार को इस आवरण की आवश्यकता थी, क्योंकि पहली बात तो यह है कि उनके पास पूर्ण बहुमत नहीं था और दूसरे उस ज़माने में भूमण्डलीकरण की प्रक्रिया नयी थी और भारतीय समाज में उसकी स्वीकार्यता नेताओं के सामने स्पष्ट नहीं थी। भारतीय पूँजीपति भी अंतर्राष्ट्रीय वित्तीय पूँजी के चरित्र के प्रति पूरी तरह आश्वस्त नहीं थे, इसलिए उनके बीच का एक प्रभावी हिस्सा बॉम्बे ग्रुप बना कर 'लैविल प्लेइंग फ़ील्ड' की माँग करता हुआ दिखाई देता था। आज यह ग्रुप निष्प्रभावी हो चुका है, और कॉरपोरेट पूँजी की अगुआई पक्के तौर पर अम्बानी-अडाणी ऐण्ड कम्पनी के हाथों में जा चुकी है। आज नरेंद्र मोदी की सरकार को स्वदेशी नामक किसी आवरण की ज़रूरत नहीं रह गयी है। इसीलिए संघ के सरसंघचालक मोहन भागवत ने पिछले साल जुलाई में ही स्वदेशी जागरण मंच, भारतीय किसान संघ और भारतीय मज़दूर संघ जैसे संगठनों पर एक आंतरिक प्रतिबंध लगाते हुए निर्देश दिया था कि एक साल तक मोदी सरकार के ख़िलाफ़ आवाज़ नहीं उठाई जानी चाहिए। इसी योजना के तहत इन संगठनों को सावधानी और चालाकी के साथ केवल तभी सक्रिय किया जाता है जब मोदी सरकार की नीतियों के विरोध में कोई राष्ट्रीय पहलक़दमी पनपती दिखाई पड़ती है। वैसे भी भाजपा का मज़दूर मोर्चा भारतीय मज़दूर संघ हड़ताल को 'पाशुपत अस्त्र' मानता है। ज़ाहिर है कि पाशुपत अस्त्र का तो यदाकदा ही इस्तेमाल हो सकता है। इस तरह की पार्टी और इस तरह का मज़दूर संघ नयी अर्थनीति के लिए वरदान है।

नरेंद्र मोदी की सरकार अगले कुछ समय में तीन तरह की माँगों के बीच संतुलन क़ायम करने की कोशिश करते हुए दिखेगी। इनमें पहली माँग है उस मध्यवर्ग, निम्न मध्यवर्ग और गरीब वर्ग की जिसे मोदी की तरफ़ से 'अच्छे दिनों' की उम्मीद है। जनता के प्रगतिकांक्षी हिस्सों की माँग जायज़ है और चुनी हुई सरकार का कर्तव्य है कि उसे पूरा करे। दूसरी माँग है उस कॉरपोरेट पूँजी की जिसने अपने इतिहास में पहली बार किसी एक नेता की राजनीति में इतना ज़बरदस्त आर्थिक और जज़्बाती निवेश किया है। उसने जो धन लगाया है, वह उसकी कई गुणा वापसी की अपेक्षा कर रही है। तीसरी माँग भाजपा और संघ

की निचली और मँझोली कार्यकर्ता पंक्तियों की है जिन्होंने मोदी-मोदी के नारे लगा कर नरेंद्रभाई नामक क्षेत्रीय नेता को राष्ट्रीय आभा प्रदान की थी। हम जानते हैं कि भाजपा का शीर्ष नेतृत्व और स्वयं सरसंघचालक मोहन भागवत मोदी को प्रधानमंत्री पद का उम्मीदवार बनाने के पक्ष में नहीं थे। यह इन्हीं क़तारों का दबाव था जिसने उन्हें मोदी के पक्ष में झुकाया।

कॉरपोरेट पूँजी इंतज़ार नहीं कर सकती। उसे जो चाहिए वह फ़रवरी के बजट में मिलना शुरू हो गया है। इसी तरह से अल्पसंख्यक विरोध की ख़ुराक पर पली हिंदुत्ववादी क़तारें भी इंतज़ार करने के मूड में नहीं हैं। उन्हें भारत को हिंदू राष्ट्र घोषित करने की अपनी तमन्ना फ़ौरन पूरी करनी है। वे इस समय 'ओवर-एक्टिव' हैं। मोदी ने किसी साक्षी महाराज को, किसी अशोक सिंघल को, किसी साध्वी निरंजन ज्योति को दण्डित करने के बजाय अपनी ख़ामोशी से शह देने की रणनीति अपनाने का फ़ैसला किया है। दूसरी तरफ़, जनता के प्रगतिकांक्षी हिस्से इंतज़ार कर रहे हैं कि कब उन्हें रोज़गार और ख़ुशहाली नसीब होगी। उनका मोह धीरे-धीरे भंग हो रहा है। वे कुछ दिन और इंतज़ार कर सकते हैं। लेकिन, सिर्फ़ कुछ दिन ही। मोदी ने भले ही पाँच साल तक प्रधानमंत्री रहने की शपथ ली हो, लेकिन जनता ने उनका पाँच साल तक समर्थन करते रहने की शपथ नहीं ली है।

संदर्भ

डेविसन बुधू (1990), *इनफ़ इज़ इनफ़ : ओपन लेटर ऑफ़ रेज़िग्नेशन टू द मैनेजिंग डायरेक्टर ऑफ़ द इंटरनैशनल मोनेटरी फंड,* द अपेक्स प्रेस, न्यूयार्क और द अदर इण्डिया प्रेस, गोवा.

मानस चक्रवर्ती (2014), 'इलेक्शन रिज़ल्ट अ विक्ट्री फ़ॉर इण्डियन कैपिटलिज़म', *मिंट,* 18 मई, नयी दिल्ली.

आदित्य निगम (2014), 'जनतंत्र और जनवाद के बीच : कुछ सैद्धांतिक सवाल', *प्रतिमान समय समाज संस्कृति,* खण्ड 2, अंक 1.

डी.आर. नागराज (1995), 'एक अनर्थकारी विचार की मीमांसा / संघ-स्वदेशी : विचारों को हड़पने की राजनीति', *समय चेतना,* खण्ड-1, अंक 7.

थॉमस ब्लूम हैंसन (2001), 'हिंदुत्व ऐंड कैपिटलिज़म', हैंसन और जैफ्रलो, ऑक्सफ़र्ड युनिवर्सिटी प्रेस, नयी दिल्ली.

शंकर गोपालकृष्णन (2008) , 'फ़ॉसिज़म, फ्री मार्केट ऐंड रिस्ट्रक्चरिंग ऑफ़ इण्डियन मार्केट : एक्सप्लोरिंग द रिलेशनशिप बिटवीन नियोलिबरलिज़म ऐंड हिंतुत्व' और स्टीफ़न शुलमैन, 'नैशनलिस्ट सोर्सेज़ ऑफ़ इंटरनैशनल इकॉनॉमिक इंटीग्रेशन', *इंटरनैशनल स्टडीज़ क्वार्टरली,* खण्ड 44, अंक 3.

द इकॉनॉमिस्ट, 'हू इज़ अफ्रेड ऑफ़ बीजेपी?', 2 अप्रैल, 1998. इस पत्रिका की यह स्टोरी भाजपा को भूमण्डलीकरण करने वाली ज़बरदस्त और कांग्रेस से बेहतर शक्ति के रूप में पेश करती है.

एम.जी बोकाड़े (1993), *स्वदेशी इकॉनॉमी फ़ॉर द वार ऑफ़ इकॉनॉमिक इण्डिपेंडेंस अगेंस्ट इकॉनॉमिक इम्पीरियलिज़्म,* स्वदेशी जागरण मंच, मुम्बई.

भारतीय जनता पार्टी (1992), 'ह्यूमैनिस्टिक एप्रोच टू इकॉनॉमिक डिवेलपमेंट', नयी दिल्ली.

डेविड ई. अरुलअनंतम ( ), 'द पेराडोक्स ऑफ़ द बीजपीज़ स्टांस टुवर्ड्स एक्सटर्नल इकॉनॉमिक लिबरलाइज़ेशन : व्हाई अ हिंदू नैशनलिस्ट पार्टी फ़रदर्ड ग्लोबलाइज़ेशन इन इण्डिया', एशिया प्रोग्राम, रॉयल इंस्टीट्यूट ऑफ़ इंटरनैशनल एफ़ेयर्स, लंदन.

अभय कुमार दुबे (1995), 'दक्षिणपंथ का संकट : हवाला और हिंदुत्व के बीच एनरॉन', *समय चेतना,* खण्ड 1, अंक 9.

बलदेव राज नायर (2001), *ग्लोबलाइज़ेशन ऐंड नैशनलिज़्म : द चेंजिंग बैलेंस इन इण्डियाज़ इकॉनॉमिक पॉलिसी, 1950–2000,* सेज पब्लिकेशंस, नयी दिल्ली.

जय दुबाशी (2002), 'बीजेपीज़ प्रोक्सिमिटी टू बिग बिज़नेस एलीनेट्स इटसैल्फ़ फ्रॉम वोटर्स', *फ्री प्रेस जर्नल,* 29 अप्रैल.

एम.जी. बोकाड़े (1993), *हिंदू इकॉनॉमिक्स,* स्वदेशी जागरण मंच, जानकी प्रकाशन, नयी दिल्ली.

थॉमस ब्लूम हैंसन (1996), 'ग्लोबलाइज़ेशन ऐंड नैशनलिस्ट इमेजिनेशन : हिंदुत्वाज़ प्रोमिस ऑफ़ ईक्वलिटी थ्रू डिफ़रेंस', *इकॉनॉमिक ऐंड पॉलिटिकल वीकली,* खण्ड 31, अंक 10. (भटकलकर के वक्तव्य के लिए).

जमील मियाँ की मंज़िल

अपवित्र आख्यान के बहाने

अब्दुल बिस्मिल्लाह का 'आख्यान' भले ही 'अपवित्र' न हो, पर वह काफ़ी पेचीदा ज़रूर है। वह देश के सबसे बड़े अल्पसंख्यक समाज और भारतीय आधुनिकता के बीच हुए सांस्कृतिक-राजनीतिक लेन-देन पर सवालिया निशान लगाता है। इस प्रक्रिया में इस आधुनिकता के साथ मुसलमान समाज की जद्दोजहद सामने आ जाती है। *अपवित्र आख्यान* के पन्नों पर जमील नामक जिस शख़्स की दास्तान बिखरी हुई है उसके कंधों पर इतिहास ने दो ज़िम्मेदारियाँ डाली हैं। पहली तो यह है कि आज़ाद हिंदुस्तान के शहरी के तौर पर उसे अपनी निजी मंज़िल तलाश करनी है। यह कोई सरल काम नहीं है, लेकिन दूसरी ज़िम्मेदारी तो इससे भी ज़्यादा कठिन है। अपनी शिनाख़्त करने के साथ-साथ उसे अपने समुदाय की मंज़िल का पता भी लगाना है। चाह कर भी वह इस दुहरे कर्तव्य से नहीं बच सकता। वह अपने समुदाय से पलायन नहीं कर सकता। समुदाय से 'डिफ़ेक्ट' हो कर अपनी दुनिया अलग बसा चुके मॉडर्न और सेकुलर अभिजनों की तरह जमील यह नहीं कह सकता कि अपनी नौकरी, अपनी बहबूदी और अपने नाते-रिश्ते हासिल हो जाने के बाद अब अपने सामुदायिक वजूद की चिंता में दुबला होना उसके लिए ज़रूरी नहीं रह गया है। जमील की यात्रा में दुखों, मोहभंगों, तल्ख़ियों और नाकामियों की यातनाएँ हैं। ऐसे तकलीफ़देह सफ़र की ख़राशें अपने चेहरे पर लिए हुए वह जिस मुक़ाम पर खड़ा है उससे चार रास्ते फूटते हैं। अब्दुल बिस्मिल्लाह का ट्रैजिक हीरो किस रास्ते पर अपने क़दम बढ़ाएगा? कौन सा रास्ता उसे अपनी और अपने समुदाय की साझा मंज़िल की तरफ़ ले जा सकता है?

एक रास्ता वह है जो नसीम और अब्दुस्सलाम 'नादाँ' जैसे लोगों ने उसके सामने पेश किया है। यह अल्पसंख्यकवाद का रास्ता है। इस पर चलने से वह उस भारतीय सार्वदेशिकता (कॉस्मोपॉलिटनिज़म) का अंग नहीं बन सकता जो बहुत धीरे-धीरे परवान चढ़ रही है। दूसरा रास्ता 'स' को 'श' बोलने वाले चंद्रशेखरजी और ट्रेन में अनायास ही मिल जाने वाले एक अजनबी मुसाफिर ओमप्रकाश ने दिखाया है। यह बहुसंख्यकवाद की डगर है। इसे अपना लेने का नतीजा यह होगा कि उसे और उसके समुदाय को बहुसंख्यकवादी राजनीति के सांस्कृतिक वर्चस्व के साथ 'समरस' हो जाना होगा। तीसरा रास्ता साड़ी पहनने

और बिंदी लगाने वाली उसकी बीवी राबिया देवी के गाँव से हो कर गुज़रता है जहाँ हिंदू–मुसलमानों की सामासिक संस्कृति के छिट–पुट अवशेष अपनी चमक आज तक दिखा रहे हैं। अपने तजरूबे के दम पर जमील कह सकता है कि अल्पसंख्यकवाद और बहुसंख्यकवाद के रास्ते उसके और उसके समुदाय के लिए माकूल साबित नहीं होने वाले। भारतीय आधुनिकता की इन बेरहम हक़ीक़तों से मुँह छिपा कर वह गंगा–जमुनी संस्कृति के ममता भरे दामन में सिर छिपा लेना चाहता है। मुश्किल यह है कि शहर में, जो आधुनिकता का थिएटर है, यह सांस्कृतिक साझेदारी उपलब्ध नहीं है। शहर सदियों पुरानी इस सामासिक निर्मिति से पल्ला छुड़ा कर अलग–अलग अस्मिताओं में रम चुका है। वहाँ यह संस्कृति या तो नॉस्टेल्जिया के रूप में मिलती है या फिर सेकुलरवाद के अजायबघर में रखी हुई किसी जज़्बाती शै की तरह देखी–दिखाई जाती है। शहर में उर्दू की 'हे' का मतलब है हिंदू और 'मीम' का मतलब है मुसलमान।

अपवित्र आख्यान के केंद्र में यही तीन संवाद हैं। इनका इस्लाम या हिंदू धर्म से कोई ताल्लुक़ नहीं है। उपन्यास के किरदार इस विमर्श में धर्म और परम्परा का इस्तेमाल तो केवल अपनी बात साबित करने के एक तर्क और हवाले की तरह करते हैं। दरअसल, जमील द्वारा विकल्पों की खोज मुख्यतः एक आधुनिक परियोजना है। अल्पसंख्यकवाद हो, या बहुसंख्यकवाद या फिर गंगा–जमुनी संस्कृति का उजड़ा हुआ वैचारिक चमन हो, तीनों भारतीय सेकुलरवाद की निर्मितियाँ हैं। अब बच गया चौथा रास्ता। यह पथ किस ओर जाता है? उस पर चलने से क्या होगा? यही है वह प्रश्न जिसका उत्तर जमील के पास नहीं है। *अपवित्र आख्यान* के विश्लेषण के ज़रिये इस चौथे रास्ते के पेचो–ख़म का एक अंदाज़ा लगाया जा सकता है कि इस पर चलने से जमील मियाँ का मक़सद पूरा होगा या नहीं। आइए, इन तीन रास्तों के बारे में चर्चा करते हुए चौथी और अभी तक अनजानी उस राह की सैद्धांतिक टोपोग्राफ़ी तैयार की जाए ताकि उसकी रोशनी में जमील को अपनी और अपने समुदाय की ज़िंदगी के बारे में फ़ैसला लेने में कुछ आसानी हो सके।

जिस तरह जमील सिर्फ़ अपनी ज़िंदगी के लिए जवाबदेह नहीं है, उसी तरह हम लोग भी अपने इस फ़र्ज़ से मुँह नहीं चुरा सकते। आख़िरकार ख़ुद को वामपंथी और सेकुलर कहने वाले हम लोगों ने ही तो पिछले सौ–डेढ़ सौ साल में भारतीय आधुनिकता के उस चेहरे को गढ़ा है जिसे पहचानने और अपनाने की कोशिशों में जमील और उसके समुदाय की आँखें बार–बार धुँधला जाती हैं। हमारी आधुनिकता हमें बहुत प्रिय है, पर जमील की परेशानियों को सिर्फ़ यह

कह कर नज़रअंदाज़ नहीं किया जा सकता कि समस्या उसकी निगाह में है, हमारी आधुनिकता में नहीं। कोई भी आधुनिकता अपने-आप में एक मुक़म्मल सिक्काबंद शै नहीं होती। मानवता के इतिहास में हर आधुनिकता दो-तरफ़ा संवाद चला कर लोगों और समुदायों को अपने रंग में रँगती है, और उसी प्रक्रिया में उसकी सार्वभौमिकता को पारिवेशिक संस्कार मिलता है।

उपन्यास के अंत में जमील अपने घर में रखे कुछ ख़तों से छुटकारा पाना चाहता है। वे जिस लिफ़ाफ़े में रखे हुए हैं उसका काग़ज़ आधुनिकता की सामग्री से ही बना हुआ है। यह आधुनिकता मुसलमान समाज को अपने आगोश में लेने के लिए तो तैयार है, पर अपनी शर्तों पर। वह उस समाज की शर्तों के साथ कोई लेन-देन करने की इच्छुक नहीं है। यह देखना ज़रूरी है कि हमारी आधुनिकता मुसलमानों से यह ज़्यादती क्यों कर रही है? अन्य अल्पसंख्यक समाजों से उसका आदान-प्रदान दूसरे लहज़े में हुआ है। मोटे तौर पर कहें तो सिक्ख समाज या ईसाई समाज और भारतीय आधुनिकता के रिश्ते तुलनात्मक रूप से बहुत अच्छे हैं। यह स्थिति अब्दुल बिस्मिल्लाह के नायक की समस्या को और जटिल बना देती है। वह न सिर्फ़ क़िस्म-क़िस्म के अल्पसंख्यकों के बीच खड़ा एक अल्पसंख्यक है, बल्कि एक ख़ास तरह का अल्पसंख्यक है। उसका समाज उसे बहुसंख्यकों के बीच संख्याबल के धनी होने का एहसास ज़रूर दिलाता होगा। उसका समाज बार-बार उसे सैकड़ों साल तक चले राजनीतिक वर्चस्व की याद भी दिलाता होगा। शायद इसीलिए उपन्यास के एक स्त्री पात्र यासमीन द्वारा किये गये एक कटाक्ष के जवाब में जमील कहता है कि अगर वह चाहे भी तो उसे भूलने नहीं दिया जाएगा कि वह मुसलमान है। शायद इसीलिए अब्दुल बिस्मिल्लाह ने अपना उपन्यास 'पवित्र-हृदयों' को समर्पित किया है। मेरे ख़याल से ये पवित्र-हृदयधारी लोग वही हैं जिन्होंने ख़ुद को भूलने की सुविधा मुहैया करा ली है। ये पवित्र-हृदय लोग अपने सुरक्षित अभिजन और रैडिकल मुक़ामों से जमील जैसे मुसलमानों की दिक़्क़तों पर टीका-टिप्पणियाँ करते हैं। लेकिन उनके पास उन अंतर्विरोधों और विरोधाभासों को समझने का कोई औज़ार नहीं है जिनसे गुज़रने के लिए हमारे जमाने का यह ट्रैजिक हीरो अभिशप्त हैं।

I

पहला संवाद : अल्पसंख्यकवाद की आंतरिक आलोचना

'हाँ, तो जमील मियाँ, आपका क्या एम है? किधर जाना चाहते हैं आप। क्यों पढ़ रहे हैं हिंदी?
हिंदुओं को चूतिया बनाने के लिए ... ?' ... ...
'यार ये बताओ, तुम उर्दू में क्यों नहीं लिखते?' नसीम अब ठीक उसके सामने खड़ा था।

'क्यों? हिंदी में लिखना क्या जुर्म है?' ... ...

'देखो, मुझे पहले कुछ कह लेने दो।' नसीम ने उसे रोका। ऊपर से हम अदीब लोग कुछ भी कहें, अंदर की तमन्ना यही होती है। माफ़ करना। तो क्या तुम सोचते हो कि जयशंकर परशाद की कविताओं के साथ तुम्हारी कविताएँ भी कोर्स में रखी जाएँगी?'

'क्यों? क्या लोग मलिक मुहम्मद जायसी को भूल गये हैं?'

'मगर जमील मियाँ, यह क्यों भूलते हो कि जायसी साहब सूफ़ी थे ...'

'और मैं?'

'तुम हो मुसलमान। आज़ाद हिंदुस्तान के यानी पाकिस्तान के एजेंट, समझे।' ... ...

'देखो, नसीम', जमील ने लगभग गुस्से के साथ कहना शुरू किया, 'न तो मैं अपना नाम बदलूँगा और न ही भाषा।'

पहला संवाद (हिंदी पढ़ कर हिंदुओं को चूतिया बनाने वाला) जमील का स्वगत-कथन है। इसके बाद उर्दू के छुटभैया शायर जमील और हिंदी के अध्यापक-कवि जमील के बीच डायलॉग शुरू होता है। इस सवाल-जवाब के ज़रिये हम अल्पसंख्यक अधिकारों के उस व्यावहारिक संसार में प्रवेश करते हैं जिसकी सैद्धांतिक बुनियाद संविधान प्रदत्त सामुदायिक अधिकारों के विमर्श ने रखी थी। भारत का संविधान इस मामले में अनूठा है। वह दुनिया के अन्य आधुनिक और उदारतावादी संविधानों से आगे बढ़ कर व्यक्ति को ही नहीं बल्कि समुदायों के लिए भी अधिकारों की तजवीज़ करता है। यह भारतीय उदारतावाद की अपनी टेक है। इसके पीछे मक़सद यह था कि समुदायों को दिये जाने वाले अधिकारों के ज़रिये वे अपनी विशिष्टताएँ क़ायम रखते हुए एक बनते हुए सार्वदेशिक जगत के अंग बन सकें। यह संवैधानिक इंजीनियरिंग चाहती थी कि पारम्परिक समुदायों की जगह धीरे-धीरे आधुनिक और सेकुलर समुदायों की परिघटना सामने आये। लेकिन, हमारा यह असाधारण संवैधानिक नवाचार आधुनिक स्पर्धाओं की

व्यावहारिक दुनिया के संसर्ग में आने पर उदारतावाद का चौड़ा रास्ता छोड़ कर अल्पसंख्यकवाद के सँकरे रास्ते पर चलता हुआ दिखाई दे रहा है। अब्दुल बिस्मिल्लाह की दिलचस्प कथायोजना हमें अल्पसंख्यकवाद की उस दुनिया में ले जाती है जिसमें क़दम रखने की जुर्रत अभी तक हिंदी के किसी अन्य कथाकार ने नहीं की है। उनका हीरो किसी शिबली, नोमानी, उस्मानिया या इस्लामियाँ कॉलेज में नहीं पढ़ाता। उसे नियुक्ति मिलती है एक ऐसे कॉलेज में जिसका नाम मौलवी फ़ैयाजुद्दीन कॉलेज के बजाय महात्मा गाँधी पर इसलिए रख दिया गया है कि सरकारी मदद मिलने में आसानी हो। कॉलेज का मुसलमान चरित्र क़ायम रखने में यह नाम कोई बाधा नहीं पहुँचाता। बल्कि इससे सुविधा ही होती है। एक तरह से देखा जाए तो यह कॉलेज सेकुलर आवरण में चल रही अल्पसंख्यकवादी सांस्कृतिक राजनीति का रूपक है। इस कॉलेज के प्रिंसिपल का जमील को लिखा हुआ एक पत्र कुछ इस तरह से यह कैफ़ियत बयान करता है :

> जमील साहब,
>
> मुझे मोतबर ज़राय से मालूम हुआ है कि पिछले दिनों आप अपनी ससुराल में अपनी बीवी के साथ किसी हिंदू ख़ानदान में हुए तिलक–बरच्छा के प्रोग्राम में शामिल होने के लिए गये थे। यह भी पता चला है कि आप न सिर्फ़ उस प्रोग्राम में शामिल हुए, बल्कि वहाँ हिंदू देवी–देवताओं के पूजा–पाठ में भी बढ़–चढ़ कर हिस्सा लिया।
>
> आप तो जानते हैं कि महात्मा गाँधी इंटर कॉलेज एक माइनॉरिटी इंस्टीट्यूशन है। इस लिहाज़ से यहाँ का कोई मुसलमान फ़र्द अगर हिंदू देवी–देवताओं के पूजापाठ में शामिल होता है तो उसका अमल न सिर्फ़ ख़िलाफ़े –इसलाम है, बल्कि कॉलेज की पॉलिसी के लिहाज़ से जुर्म भी है।
>
> अगर यह ख़बर कॉलेज के मैनेजमेंट तक पहुँच गयी तो आपके ख़िलाफ़ कोई भी कार्रवाई हो सकती है। इसलिए मेरी दोस्ताना सलाह यह है, कि आप निहायत ख़ामोशी के साथ मेरे नाम एक माफ़ीनामा लिख कर दे दें। बाक़ी मैं सँभाल लूँगा। आगे आपकी मर्ज़ी।
>
> नेक ख़्वाहिशों के साथ—
>
> (हस्ताक्षर अस्पष्ट)

अब्दुल बिस्मिल्लाह नहीं बताते कि जमील ने माफ़ी माँगी या नहीं। बताने की ज़रूरत भी नहीं। जमील का जो किरदार उन्होंने गढ़ा है, उससे अंदाज़ा लगाया जा सकता है कि उसने माफ़ी नहीं माँगी होगी। इस प्रकरण का संदेश साफ़ है कि जमील अपने मज़हबी बिरादरों के बीच लगातार एक संघर्ष चला रहा है। चाहे यासमीन की धार्मिक मौक़ापरस्ती हो, या हाल ही में इसलाम क़बूल करने

वाली विभा अहमद की कट्टरता हो, या अपने दोस्तों की अल्पसंख्यक प्रवृत्तियाँ हों, हर जगह जमील अपने समुदाय के आंतरिक आलोचक के तौर पर उभरता है। वह क़ाफ़िर की परिभाषा पर बहस करता है। हिंदी-उर्दू के मसले पर सेकुलर विचार रखता है। उपन्यास ख़त्म होते-होते लगता है कि जमील अपने उस स्वगत-कथन से परे निकल चुका है। शायद उसे यक़ीन हो चुका है कि वह हिंदुओं को चूतिया बनाने के लिए हिंदी नहीं पढ़ता।

जमील से हिंदी छोड़ कर उर्दू में लिखने का आग्रह करने वाला नसीम अकेला नहीं है। उसके जैसे कई लोग पाले के दोनों तरफ़ खड़े हैं। वे हिंदू भी हैं और मुसलमान भी। उन्हें जमील द्वारा मुसलमान होते हुए भी हिंदी पढ़ने-लिखने की जुर्रत नागवार गुज़रती है। मुसलमान सोचते हैं कि यह अपनी मादरी ज़बान उर्दू क्यों नहीं पढ़ता। हिंदू उसे मिश्राओं और शुक्लाओं की दुनिया में एक विजातीय घुसपैठिये की तरह देखते हैं। लेकिन, दूसरी तरफ़ वे दोनों अपनी-अपनी सांस्कृतिक राजनीति के तहत ऐसे अजूबे इनसान का दोहन भी करना चाहते हैं। मसलन, जमील की हिंदीपरस्ती उसे मुसलमान प्रबंध समितियों द्वारा चलाए जा रहे कॉलेजों के लिए उपयोगी बना देती है। वहाँ हिंदी विभागों पर क़ाबिज़ हिंदुओं का वर्चस्व जमील की नियुक्ति से तोड़ा जा सकता है। सिक्के का दूसरा पहलू यह है कि हिंदी जगत पर हावी ऊँची जातियों के विभागाध्यक्ष एक तरफ़ तो उसे शिबली और नोमानी कॉलेजों की तरफ़ धकेलते हैं, दूसरी तरफ़ उसका सार्वजनिक परिचय जायसी और कुतुबन की परम्परा के कवि के रूप में दिया जाता है। जमील को यह समझ में नहीं आता कि वह सूरदास और तुलसीदास की परम्परा का प्रतिनिधित्व क्यों नहीं कर सकता? पहली नज़र में ही देखा जा सकता है कि हिंदुओं और मुसलमानों के बीच हो रही सांस्कृतिक राजनीति के मुक़ाबले उसका तर्क कमज़ोर साबित होगा। मध्यकाल से ली गयी सामग्री आधुनिकता के दायरे में पहुँचते-पहुँचते अस्मिताओं की राजनीति में बँट चुकी है।

जमील की यह दिक़्क़त केवल मुसलमानों तक ही सीमित नहीं है। दरअसल यह ऐसी हर सार्वदेशिक शख़्सियत की दिक़्क़त है जो अपनी सामुदायिक चौहद्दी से बाहर निकलना चाहता है। जमील जैसी मिसालें असली ज़िंदगी में बिखरी हुई हैं। कम से कम दो मिसालों से तो मैं ही परिचित हूँ। एक हैं सूर्यदेव सिंह जिन्होंने हिंदू होते हुए भी उर्दू पढ़ी और इस समय एक कॉलेज में उर्दू पढ़ाते हैं। एक हैं बलवंत कौर जिन्होंने सिक्ख होते हुए भी हिंदी पढ़ी और आजकल नयी दिल्ली

के एक मशहूर कॉलेज में हिंदी पढ़ाती हैं। सूर्यदेव सिंह को भी वही कुछ सुनना पड़ा जो जमील सुनता है, और बलवंत कौर को भी उसी तरह खालसा कॉलेजों की तरफ़ धकेला गया जिस तरह जमील को इस्लामिक नाम वाले कॉलेजों का रास्ता दिखाया गया था। जिस तरह जमील से उसके प्रिंसिपल ने जवाबतलब किया है, ठीक उसी तरह बलवंत कौर का भी नियुक्ति पत्र खालसा कॉलेज ने इसलिए रोक लिया था कि उन्होंने किसी हिंदू से सगाई कर रखी है।

लेकिन, सूर्यदेव सिंह और बलवंत कौर के साथ जमील की समानता इसी जगह ख़त्म हो जाती है। कारण यह है कि जमील उस ख़ास तरह के अल्पसंख्यक समाज का पुत्र है जिसके भारतीय आधुनिकता से रिश्ते उतने अच्छे नहीं हैं जितने हिंदुओं या सिक्खों के हैं। इसलिए अपने समाज के आंतरिक आलोचक के तौर पर जमील की भूमिका अधिक महत्त्वपूर्ण हो जाती है। उसे बहुत लम्बी लड़ाई लड़नी है। नसीम, यासमीन और विभा अहमद द्वारा डाले गये दबाव का मुक़ाबला करने वाला जमील जब अपने समुदाय के बाहर नज़र डालता है तो वहाँ उसे चंद्रशेखर ओमप्रकाश जैसे लोगों की चुनौती उसका इंतज़ार करते हुए मिलती है।

II
दूसरा संवाद : बहुसंख्यकवाद के ख़िलाफ़ संघर्ष

'मैं तो समझता हूँ ये हिंदू-मुसलमान का लफ़ड़ा ही बेकार है,' चंद्रशेखरजी ने बात का रुख मोड़ा, 'आये दिन दंगा-फ़शाद, मार-काट, जवान लड़कियों-औरतों से दुर्व्यवहार ... एक देश में एक ही क़ौम हो तो ज़्यादा अच्छा। मैं तो कहता हूँ—यानी मैं—आवश्यक नहीं कि आप मुझसे सहमत हों; औरंगजेब सही आदमी था। उसी तरह की नीति आज़ादी के बाद अपनायी जानी थी।'

'यानी, हर आदमी को हिंदू बना दिया जाना चाहिए था।' जमील ने अपनी चाय ख़त्म करते हुए कहा।

'नहीं, नहीं। आप ग़लत समझ गये,' चंद्रशेखर जी ने पत्ते में बँधे पान निकालते हुए कहा, 'हर आदमी को भारतीय बना दिया जाना चाहिए था।' तो क्या हर आदमी भारतीय नहीं है?' ... ...

'भारतीय तो है, मगर समझता नहीं। कोई स्वयं को हिंदू समझता है और कोई मुसलमान।'

'यह इस देश की विशेषता है। यहाँ सदियों से लोग ऐसे ही रहते चले आये हैं। यहाँ तक कि, इस देश के हिंदू भी एक जैसे नहीं रहे, न

हैं। कोई शिव का उपासक है तो कोई विष्णु का ...'

'फिर भी,' चंद्रशेखरजी ने टोका, 'मैं तो समझता हूँ कि औरंगजेब ठीक था। एक देस में एक क़ौम का होना ही ठीक है।'

बहुसंख्यकवाद दो तरह के होते हैं। सेकुलर और कम्युनल। कम्युनल बहुसंख्यकवाद सभी को हिंदू बनाने की ज़िद पर अड़ा है। वह मुसलमानों को भी अलग पूजा पद्धति वाले मुहम्मदिया हिंदुओं के रूप में देखना चाहता है। यह राष्ट्रीय स्वयंसेवक संघ की पुरानी लाइन है जो राजनीतिक ज़रूरतों के मुताबिक़ कभी ख़ामोश होती है तो कभी मुखर। गाँधी की शख़्सियत को सनातनी हिंदू से परे न देख पाने वाले ग़ैर-संघी भी खुले और छिपे रूप में इस लाइन को सही मानते हैं। इसकी ज़ोरदार मिसाल देखनी हो तो वह मोटी पुस्तक पढ़ लेनी चाहिए जिसका शीर्षक *हिंदू होने का धर्म* है। लेकिन, महात्मा गाँधी इंटर कॉलेज के कार्यवाहक प्रिंसिपल चंद्रशेखरजी की दलील इस श्रेणी में फ़िट नहीं होती। इस कॉलेज का मैनेजमेंट मुसलमानों का है, पर स्टाफ़ की भीतरी तिकड़मों के चलते जब स्थायी प्रिंसिपल (ज़ाहिर है कि जो मुसलमान हैं और ख़ुद को पुराना कांग्रेसी कहते हैं) छुट्टी पर जाते हैं तो चार्ज एक हिंदू को ही मिलता है। भले ही चंद्रशेखरजी में वह राजनीतिक और सैद्धांतिक नफ़ासत न हो जो आमतौर पर एक सेकुलर बहुसंख्यकवादी में मिलती है, लेकिन औरंगजेब का फूहड़ उदाहरण अगर नज़रअंदाज़ कर दिया जाए तो उनकी यह दलील सेकुलर बहुसंख्यकवाद की प्रिय दलील साबित होगी। सेकुलर बहुसंख्यकवाद जब जाने-अनजाने भारतीयता और राष्ट्रवाद के नाम पर समरूपीकरण का आग्रह करता है तो अपनी अंतश्चेतना में वह हिंदूकरण की ही कल्पनाएँ कर रहा होता है। यह सेकुलर बहुसंख्यकवाद कम्युनल बहुसंख्यकवाद की ही तरह हिंदुओं को स्वाभाविक और बना-बनाया भारतीय मान कर चलता है। फ़र्क़ यह है कि वह मुसलमानों को उनके धार्मिक अधिकार देने के लिए तैयार है, और उन्हें पूर्ण नागरिकता देने का भी हामी है। लेकिन, वह उन्हें राष्ट्र-निर्माण की प्रक्रिया में भागीदारी देने लायक़ नहीं मानता, इसलिए उसके विमर्श में सेकुलरवाद की पूरी बहस हिंदुओं के बीच ही हो कर रह जाती है। वह ग़ैर-हिंदुओं पर उनका धर्म छोड़ने का दबाव नहीं डालता। वह उन पर ख़ुद को भारतीय समझने की ज़िम्मेदारी डालता है।

दिलचस्प बात यह है कि जमील एक ही क़ौम (समरूप राष्ट्रवाद) के नाम पर दिये जाने वाले इस तर्क का खण्डन बहुलवाद के नाम पर करना चाहता है।

उसके पास हिंदुओं के बहुलवाद की तैयारशुदा मिसाल है। लेकिन, इस दलील में बहुत सी ख़ामियाँ हैं। अब विंध्याचल के इधर की हिंदू जनता शैव, वैष्णव और शाक्त के ख़ानों में बँटी हुई नहीं रह गयी है। सोलहवीं सदी से ही चल रही उनकी आंतरिक सामासिकता की प्रक्रिया ने उनके भीतर एक सनातनी पहचान की बुनियाद डाल दी है। आज उत्तर भारत के किसी हिंदू से उसका सम्प्रदाय पूछा जाए तो उसे यह बताने में बहुत मुश्किल होगी कि वह वैष्णव है या शैव। सनातनी पहचान के पक्ष–विपक्ष में चली सामाजिक–सांस्कृतिक मुहिमों ने हिंदू अस्मिता को और मजबूत कर दिया है। बहुसंख्यकवाद से संघर्ष करते हुए जमील न केवल इस नये हिंदू यथार्थ की शिनाख़्त करने से चूक जाता है, बल्कि इस सनातनी पहचान को हिंदू राजनीतिक एकता में बदलने से रोकने वाले तत्त्व भी उसकी निगाह में नहीं आते। मौजूदा हिंदू बहुलवाद उसके तिरोहित होते जा रहे सम्प्रदायों की वजह से नहीं, बल्कि उसकी जातिगत संरचना के कारण बचा हुआ है। राजनीति का जातिवाद नहीं, बल्कि जातियों का राजनीतीकरण आधुनिक भारतीय राजनीति को उसका बहुलवाद प्रदान करता है। राजनीतिक आधुनिकता से अन्योन्यक्रिया के ज़रिये जातिगत समाज के बदलते हुए रूप की शिनाख़्त करने से लगातार इनकार करना हमारे सेकुलरवादियों की पुरानी विशेषता है। वे इन नये सामाजिक विकास–क्रम की सकारात्मकता नहीं समझ पाते। चूँकि जाति का नाम आते ही उन्हें अपने आधुनिक और सेकुलर नुत्फ़े पर शक होने लगता है, इसलिए वे ग़ैर–हिंदुओं पर जातिप्रथा के असर को भी नज़रअंदाज़ करते रहते हैं। इस समस्या का असर जमील पर भी है। वह हिंदुओं के बहुलवाद का तो हवाला देता है, पर मुसलमानों की संरचनागत बहुलता का नहीं। आख़िरकार मुसलमान अशराफ़, अजलाफ़ और अरज़ाल में बँटे हुए हैं। इन तीनों श्रेणियों के भीतर भी जातियों के आपसी झगड़े हैं। किसी सैयद और पठान के बीच शादी का प्रस्ताव रख कर देखिए, क्या हंगामा मचता है। पसमांदा यानी पिछड़े मुसलमान समाज का आंदोलन धीरे–धीरे ज़ोर पकड़ रहा है। मुसलमानों की बहुत सी जातियाँ आरक्षण हेतु पिछड़े वर्ग की सूची में शामिल हैं। नयी दिल्ली में बुद्धिजीवियों के एक मशहूर अड्डे में डायनिंग हाल की इंचार्जी करने वाले ख़ानसाहब अभी हाल ही में बड़ी तल्ख़ी के साथ फ़र्मा रहे थे कि ये जो जामा मसजिद के पास कोरमा और कबाब बेचने वाले हैं, ये सब सक्के यानी भिश्ती हैं। इन लोगों ने पैसा तो बहुत कमा लिया है, पर तहज़ीब नाम की चीज़ तो आते–आते ही आएगी। ख़ास बात यह है कि जमील के दिमाग़ के एक कोने में मुसलमानों में चलने वाली इस जातिगत ऊँच–नीच की हक़ीक़त मौजूद है।

उपन्यास में कई प्रसंग हैं जिनसे इसका सबूत मिलता है। यानी जमील मुसलमान समाज को एक एकाश्म और समरूप नहीं मानता। फिर, राजनीतिक बहस करते हुए वह इस तर्क का इस्तेमाल क्यों नहीं करता ? वह सिर्फ़ हिंदुओं के बहुलवादी अतीत की चर्चा करके क्यों रह जाता है ?

दरअसल, जमील और भारतीय सेकुलरवादियों की इस समस्या की जड़ एक बार फिर उसी प्रकरण में निहित है जिसे हम संविधान-रचना के नाम से जानते हैं। उदारतावादी आधार के बावजूद संविधान ने न सिर्फ़ समुदायों के लिए अधिकारों का प्रावधान किया, बल्कि उसने इस राष्ट्र की परिकल्पना करते समय उसे हिंदू मैजॉरिटी और मुसलमान, ईसाई या सिक्ख माइनॉरिटीज़ की शब्दावली में गढ़ा। संविधान की किताब इन समुदायों की आंतरिक बहुलता पर रोशनी डालने की ज़रूरत नहीं समझती। चूँकि हिंदू अहले-किताब और एकेश्वरवादी न हो कर बहुदेववादी हैं, इसलिए सेकुलर विमर्श में उनकी बहुलतासम्पन्न संरचना चर्चित होती रही, पर एहले-किताब समाजों की आंतरिक बहुलता की बात करना उत्तरोत्तर मुश्किल होता चला गया। राजनीतिक फ़ायदों की होड़ में लगे इन समाजों के अभिजनों को लगा कि अल्पसंख्यक अधिकारों के नाम पर वे अपने भीतर की अनेकताओं को छिपा सकते हैं। दूसरी तरफ़, पूरे देश को एक क़ौम में बदलने का सपना देखने वाले सेकुलर सिद्धांतकारों को लगा कि अनगिनत जातियों को समरूप करना मुश्किल है, पर बहुसंख्यक और अल्पसंख्यक समुदायों को किसी न किसी प्रकार समरूप किया जा सकता है। इस विकास-क्रम ने धीरे-धीरे प्रचलित राजनीतिक धारणाओं के दायरे में उन समुदायों को लगभग अदृश्य कर दिया जो अल्पसंख्यकों के बीच आज़ादी और प्रगति के अवसरों की कमी के शिकार हैं। सार्वजनिक विमर्श में जाट सिक्ख और रामगढ़िया या मज़हबी के बीच का फ़र्क़ धुँधला पड़ गया। सेकुलर आँख के लिए ईसाइयों में सीरियन क्रिश्चियन और निचली जातियों के ईसाइयों के अलग-अलग चर्चों का यथार्थ देख पाना सेकुलर आँख के लिए मुश्किल हो गया। भारतीय सेकुलरवाद इस भ्रम का पल्ला न जाने कब से पकड़े हुए है। हिंदू हों या मुसलमान, उनके बीच व्यवहार में जातियाँ हैं जिनका राजनीतीकरण भी हो रहा है, पर सेकुलर विचार के लिए यह प्रक्रिया हमेशा अनदेखी रहती है। पूरे देश को बहुसंख्यक-अल्पसंख्यक में बाँट कर देखने का संविधानपरक आग्रह उन लोगों में भी दिखता है जो हमारे सेकुलरवाद के सेकुलर क्रिटिक हैं। ये लोग दैनंदिन सामाजिक जीवन में बरते जाने वाले धर्म को राष्ट्रीय कल्पनाशीलता से अपदस्थ करने के ख़िलाफ़ तो हैं, पर उनकी सारी चर्चा भी अधिकांशतः हिंदू-मुसलमान

पदावली में ही होती है। भारतीय समाज का बहुलवाद उनके लिए सेकुलरवाद को पीटने का डण्डा तो है, पर स्वयं उनके विमर्श का नियामक तत्त्व नहीं बन पाता।

इस विश्लेषण से लगता है कि सेकुलर बहुसंख्यकवाद कम्युनल बहुसंख्यकवाद के ख़िलाफ़ संघर्ष नहीं कर सकता। उसकी इन मुश्किलों को उपन्यास के उस प्रसंग के मार्फ़त समझा जा सकता है जिसका ताल्लुक़ ओमप्रकाश गुप्ता नामक किरदार से है। गुप्ता ट्रेन में सफ़र करते समय जमील को हिंदू समझ कर मुसलमानों के ख़िलाफ़ ज़हर उगलने लगता है। जब उसे पता चलता है कि हिंदी का यह अध्यापक मुसलमान हैं तो उसकी सकपकाहट देखते ही बनती है। लेकिन, हिंदुत्ववादियों की यह सकपकाहट नेहरूयुगीन है। आज वे जो कुछ करते हैं, खुल कर करते हैं। गुप्ता जो बात आमने-सामने नहीं कह पाता, वह जमील के नाम भेजी गयी एक चिट्ठी के ज़रिये कह देता है :

> दरअसल मास्टर साहब, मुसलमानों की उदारता से संबंधित जो घटनाएँ मैंने आपको सुनाई थीं, वे सब पुराने जमाने की बातें थीं। ... ... जहाँ तक पिताजी के उर्दू मिडिल पास होने की बात है तो अंग्रेज़ों ने उसे आवश्यक कर रखा था, वरना वे उर्दू की पुस्तक छप्पर में छिपा कर क्यों रखते? ... ... मेरा स्पष्ट मत है कि इस देश के मुसलमानों को या तो हिंदू संस्कारों में ढल जाना चाहिए, या फिर इस पावन भूमि को छोड़ देना चाहिए। अन्यथा भविष्य में क्या होगा, कुछ कहा नहीं जा सकता। आप मुसलमान तो हैं, किंतु चूँकि आप हिंदी भाषा के अध्यापक भी हैं, अतः हिंदू संस्कारों से थोड़ा-बहुत परिचय तो आपको होगा ही। यही सोच कर जो बात उस दिन खुल कर नहीं कह सका, अपने पत्र में लिख कर आपको प्रेषित कर रहा हूँ।

चंद्रशेखरजी उसके सामने बहुसंख्यकवाद का पान पेश करते हैं जिसे उसका मेदा नहीं झेल पाता। उसे उल्टी करनी पड़ती है। जमील ज़रूर सोचता होगा कि क्या किसी न किसी प्रकार यह पान खाना हर मुसलमान की मजबूरी है। भारतीय सेकुलरवाद इस मामले में उसकी मदद क्यों नहीं करता? ग्रामीण समाज में हिंदू-मुसलमान भाईचारे के नज़ारे देख कर सेकुलरवाद की यही सीमा उसे फूट-फूट कर रोने के लिए मजबूर कर देती है।

III

तीसरा संवाद : सामासिक संस्कृति की सीमाएँ

'कउन राबिया? ननकऊ केर बिटिया? तोर छोटकी दीदी?' बाबा के चेहरे पर बालसुलभ मुस्कान बिखरी।

'हाँ बाबा।'

'मोर बिट्टो कहाँ है?' बाबा तड़पे।

तब, सिर का आँचल ठीक करती हुई, आगे बढ़ कर, राबिया ने बाबा के पैर छू लिए।

बाबा ने अंदाज़ से राबिया के सिर पर अपना हाथ रख दिया।

'जुग-जुग जिय बिटिया। दूधों नहावा, पूतों फला।'

तभी लड़कियों का एक झुण्ड भीतर से बाहर आया और एक शोर उठा :

'श्यामू भैया, दीदी, जीजाजी, कहाँ हैं आप लोग? आप लोगों की वजह से सब नेगचार रुका पड़ा है।'

राबिया तो अपने श्यामू भैया और बुलाने आई लड़कियों के साथ भीतर चली गयी, मगर जमील पास खड़े कटहल के पेड़ के पास जा कर उसके तने से लिपट गया और फूट-फूट कर रोने लगा।

यह अब्दुल बिस्मिल्लाह के उपन्यास का पहला क्लाइमेक्स है। इसके केंद्र में है राबिया देवी, जमील की बीवी। उसका रहन-सहन उस ग्रामीण संस्कृति की देन है जिसे अस्मिताओं की राजनीति ने अभी पूरी तरह से अपनी गिरफ़्त में नहीं लिया है। जमील इसलिए रो रहा है कि शहर में अब ये सम्भावनाएँ नहीं रहीं। क्यों? ग्रामों में जिस संस्कृति के अवशेष ज़िंदा हैं, उसका अभिजन तो वह हिंदू-मुसलमान भद्र वर्ग था जिसकी संरचना सोलहवीं सदी के उदार मुगल शासन से लेकर अवध के शिया नवाबों की हुकूमत के बीच धीरे-धीरे परवान चढ़ी थी। यह अभिजन अब ख़त्म हो चुका है। हिंदुओं और मुसलमानों को अलग-अलग अभिजन बन चुके हैं। जमील के आँसुओं में कई सवाल शामिल हैं जिनकी कसौटी पर इस संस्कृति के सेकुलर आख्यान को कसा जाना चाहिए। उस सेकुलर आख्यान को जो हिंदी बनाम उर्दू के द्विभाजन की टेक पर खड़े और भाषा विवाद पर सिर्फ़ अंग्रेज़ी में लिखने वाले बुद्धिजीवियों की प्रमुख भूमिका है। व्यावहारिक राजनीति की ज़मीन पर सेकुलरवाद की पिटाई होने के बाद यह गंगा-जमनी संस्कृति वामपंथियों को कुछ ज़्यादा ही याद आने लगी है। वैचारिक हलक़ों में मुसलमान शासन के दौरान विकसित हुए भक्ति आंदोलन, सूफ़ी परम्परा और

इस सामासिक संस्कृति का घालमेल कुछ इस अंदाज़ में पेश किया जाता है जैसे कि यह पुराने जमाने का सेकुलरवाद था जिसकी रोशनी में हम आज के जमाने की मुश्किलों को हल कर सकते हैं।

पहली बात तो यह है कि यह सांस्कृतिक सामासिकता उन सदियों के दौरान परवान चढ़ी थी जो आधुनिकता की सदियाँ नहीं थीं। वह कई तरह की सामासिकताओं का युग था। एक सामासिकता हिंदुओं के बीच की थी जिसका ज़िक्र ऊपर किया जा चुका है। शैव, वैष्णव और शाक्त के आपसी हेल-मेल से धीरे-धीरे एक नयी संरचना पैदा हुई जिसे आज हम सनातनी अस्मिता के नाम से जानते हैं। यह कोई छोटी-मोटी परिघटना नहीं थी। इन सम्प्रदायों के आपसी बैरभाव का अगर तख़मीना लगाया जाए तो ताज़्जुब होता है कि वह कई मामलों में तो हिंदू-मुसलमान हिंसा के मौजूदा पैमानों को भी पार कर लेता है। जब आधुनिकता आयी तो कम से कम उत्तर भारत में तो उसे ज़्यादातर हिंदू सनातनी बाना पहने हुए मिले। उनकी अंतर-साम्प्रदायिक कलह ही नहीं मिट चुकी थी, वे सम्प्रदाय भी तक़रीबन नामौजूद हो चुके थे। दूसरी तरफ़ एक भिन्न तरह की सामासिकता मुसलमानों और हिंदुओं के बीच पनपी। इस सामासिकता के ज़रिये दोनों पक्ष अपनी-अपनी प्राथमिक पहचान बरक़रार रखते हुए रोज़मर्रा की ज़िंदगी में सह-जीवन और सह-अस्तित्व के फ़ारमूले तलाश करने में कामयाब रहे जो सदियों तक आम लोगों के काम आते रहे। इस लाजवाब निर्मिति का रास्ता सुगम करने का श्रेय मुसलमानों के उदार राजकाज को जाता है। यह संस्कृति उनके राजनीतिक वर्चस्व को चुनौती नहीं देती थी, बल्कि वे उसका इस्तेमाल अपनी हुकूमत को दीर्घकाल तक टिकाने की बेहतरीन रणनीति के तौर पर कर सकते थे। लेकिन, यह किसी एक धार्मिक समुदाय के भीतर घटित हो रही घटना न हो कर दो पूरी तरह से अलग-अलग धार्मिक परम्पराओं के बीच की सामासिकता थी। इसीलिए कोई तीसरी मुक़म्मल चीज़ पैदा नहीं हो सकती थी जो हिंदुओं और मुसलमानों की जगह ले लेती।

हिंदुओं और मुसलमानों के सीमांत जहाँ मिलते थे, वहीं एक छोटा सा सँकरा इलाक़ा इस सामासिकता का था। शायद इसीलिए इसकी सामाजिक पहुँच उतनी गहरी नहीं हो पाई कि आधुनिकता और उसकी राष्ट्रवादी राजनीति के ताक़तवर हस्तक्षेप के सामने इसकी निर्मितियाँ टिक पातीं। शायद इसीलिए यह सामासिक संस्कृति न तो पाकिस्तान बनाने के आंदोलन में बाधा डाल पाई, और न ही रामजन्मभूमि आंदोलन की लोकप्रियता में। यह संस्कृति न मुसलमान कट्टरपंथ का उभार रोक पाई और न ही हिंदू पुनरुत्थानवाद का। आज यह संस्कृति

अपनी कामयाबियों के लिए कम जानी जाती है और इसकी सूरत उसकी नाकामियों के आईने में ज़्यादा दिखाई पड़ती है। अब्दुल बिस्मिल्लाह का उपन्यास इस हक़ीक़त का साहित्यिक सबूत है कि सेकुलर मक़सदों से इस संस्कृति के अवशेषों का इस्तेमाल हर क़ीमत पर फ़ालतू साबित होने वाला है।

जमील जब राबिया देवी और अपनी बेटी के साथ गाँव में प्रवेश करता है, उसी समय अब्दुल बिस्मिल्लाह दिखाते हैं कि ग्रामीण माहौल भी किस तरह बदल गया है। निहायत काँइयाँ क़िस्म के दो लोगों से उसकी मुलाक़ात होती है। उनमें एक उससे मंदिर बनवाने का चंदा इस दलील के साथ माँगता है कि चंदा देने से जमील के पुरखों के पाप धुल जाएँगे। दूसरा उसकी बीवी को धिक्कारता है कि उसने एक हिंदू के बजाय किसी मुसलमान को अपना भाई क्यों नहीं बनाया। उस गाँव ने अपनी टेढ़ी-मेढ़ी पगडण्डियों, नदी, तालाब, खेत-खलिहान से जमील का मन मोह लिया था। पर उसी गाँव में उस समय एक मिली-जुली हवा बह रही थी जिसमें हिंदू-मुसलमान सामासिकता की महक के साथ-साथ साम्प्रदायिकता की बास भी थी।

VI

जमील मियाँ की मंज़िल

कटहल के पेड़ से लिपट कर रोने के बाद जमील मियाँ शहर लौटेंगे जहाँ तरह-तरह की चिट्ठियाँ उनका इंतज़ार कर रही हैं। इनमें एक-दूसरे के ख़िलाफ़ खड़ी और किसी भी क़िस्म की सामासिकता की सम्भावनाओं से इनकार करती हुई हिंदू और मुसलमान अस्मिताओं के आख्यान हैं। इन पत्रों में एक-दूसरे की फूहड़ रूढ़ छवियों को पुष्ट किया गया है। एक लिफ़ाफ़े में जमा करके जमील इन चिट्ठियों का क्या करता है, यह भेद हम यहाँ नहीं खोलेंगे। यह उपन्यास का दूसरा क्लाईमेक्स है। लेकिन, यहाँ इतना ज़रूर कहा जा सकता है कि जमील को अब चौथे रास्ते पर चलना है। भारतीय उदारतावाद और आधुनिकता की तमाम ख़ामियों और विकासमान स्वरूप के बावजूद यह चौथा रास्ता उसी मोड़ से होकर गुज़रता है।

हम देख चुके हैं कि किस तरह उदारतावाद ने भारतीय समाज की विशेष परिस्थितियों में व्यक्ति को ही नहीं बल्कि समुदायों को भी अधिकारों से नवाज़ा। संविधान सभा में माइनॉरिटी राइट्स को लेकर चली समृद्ध बहस में इसका सबूत दर्ज है। लेकिन भारतीय उदारतावाद को उसके आगे भी विकसित होना चाहिए था। उसे उन समुदायों के साथ संवाद स्थापित करने का शास्त्र विकसित करना चाहिए था जो किन्हीं ऐतिहासिक परिस्थितियोंवश उसकी शर्तों को पूरी तरह से

मानने के लिए तैयार नहीं हैं। अगर मुसलमान समुदाय ज़ोर दे कर कहता है कि वह जिस तरह रह रहा है, उस तरह रहने के उसके पास कारण मौजूद हैं, तो उदारतावादियों द्वारा उसे एक दकियानूसी रवैया मानने के बजाय भारतीय नागरिकता की एक ख़ास तरह की श्रेणी के तौर पर देखना चाहिए। इसी जगह उदारतावादी उसूलों पर आधारित भारतीय राजनीति की विफलता सामने आती है। यह राजनीति मुसलमान समाज को दिये गये सामुदायिक अधिकारों को नागरिकता और समतामूलकता की भाषा में परिभाषित नहीं कर पाई है। इसीलिए इस समाज के पास अपने प्रभावशाली नागरिक प्रवक्ताओं का अभाव है। जमील में एक ऐसे ही प्रवक्ता की सम्भावनाएँ दिखाई दे रही हैं। ध्यान रहे कि मुसलमान समाज हमेशा से ही ऐसा नहीं था। आज़ादी के बाद मुसलमान समाज आज़ादी से पहले के मुसलमान समाज से भिन्न है। वह समाज औपनिवेशिक राज्य से अपने भीतरी मामलों में हस्तक्षेप करने के लिए ख़ुद अपील करता था, ठीक उसी तरह जैसे आज़ादी के बाद का हिंदू समाज भारतीय राज्य को अपने धार्मिक मामलों में दखलंदाज़ी करने की इजाज़त देने के लिए तैयार है।

अपने समाज का उदारतावादी प्रवक्ता बनना एक कठिन ज़िम्मेदारी है, पर उसे पूरा करने की पूरी अहलियत जमील में है। जमील पहले से ही अपने समाज के आंतरिक आलोचक की भूमिका निभा रहा है। भले ही उसका संघर्ष कमज़ोर हो, पर समाज के बाहर बहुसंख्यकवाद की आक्रांता राजनीति के ख़िलाफ़ उसकी लड़ाई भी लगातार जारी है। इस समाज को ऐसे ही प्रवक्ताओं की ज़रूरत है। यह भूमिका टीवी पर अकसर नमूदार होने वाले आज़मियों और अख़्तरों के बस की बात नहीं है। ये नाम तो अपने समाज से 'डिफ़ेक्ट' हो चुके अभिजनों के रूपक हैं। केवल जमील जैसे व्यक्ति के पास ही वह वैधता हो सकती है जिसके दम पर कोई अपने समाज को अपनी बात सुनाते हुए उसकी माँग बृहत्तर समाज और राज्य के सामने बुलंद कर सकता है। जमील समुदाय के भीतर माँग करेगा कि उसे विनियमित करने वाली ताक़त आंतरिक रूप से अधिक लोकतांत्रिक और प्रतिनिधित्वमूलक होनी चाहिए। उसकी राजनीति न तो अल्पसंख्यकों को मुख्यधारा में विलीन करने का आग्रह करेगी, और न ही उसमें अलगाववाद की प्रवृत्तियाँ होंगी। अपनी और अपने समुदाय की पैरोकारी करता हुआ जमील एक ऐसे मुक़ाम पर खड़ा होगा जहाँ से स्वायत्तता का झण्डा उठा कर ख़ुद की नुमाइंदगी ख़ुद करने का दावा बुलंद किया जा सकेगा। यह दावा करते ही जमील अपने समुदाय के भीतर अधिक लोकतंत्र, अधिक आधुनिकता, अधिक समतामूलकता और अधिक सार्वदेशिकता के विकास पर ज़ोर डालने के लिए ज़रूरी नैतिक प्रभामण्डल से सम्पन्न हो जाएगा।

भारतीय मुसलमान : कुछ अवलोकन

एक मर्यादाहीन कार्टून और नागरिक समाज

मुसलमान समाज के प्रवक्ता की तलाश

अल्पसंख्यकवाद और वहाबी इस्लाम

आधुनिकता और इस्लाम के बीच जवाब-सवाल

सेकुलर-साम्प्रदायिक विमर्श साँसत में !

धर्मांतरण और बहुसंख्यकवाद का खेल

ओसामा की छाया

I

एक मर्यादाहीन कार्टून और नागरिक समाज

आलोचना का औज़ार हमेशा दोधारी तलवार की तरह काम करता है। उसकी एक धार जिस समय किसी को काटती है, उसी क्षण दूसरी धार किसी और की हिफ़ाज़त कर रही होती हैं। यह दोधारी भूमिका जितनी परिष्कृत होगी, आलोचना की ग्रहणशीलता उतनी ही बढ़ती चली जाएगी। आक्रमण और रक्षा का यह बेहद नाज़ुक संतुलन जब गड़बड़ाता है, तो उस कार्टून का जन्म होता है जो डेनमार्क के अख़बारों में छपा, और जिसकी तासीर सारी दुनिया के मुसलमानों को उत्तेजित करते हुए मेरठ के हाजी याकूब तक पहुँची। इस कार्टून ने भारतीय सार्वजनिक जीवन में साम्प्रदायिक गोलबंदी का ख़तरा पैदा कर दिया।

पत्रकारिता की दुनिया में कार्टून सामाजिक-राजनीतिक आलोचना के बेहद प्रभावी माध्यम के रूप में स्थापित हो चुके हैं। कार्टूनिस्ट का ब्रुश अपनी ज़रा सी हरकत से बहुत स्थायी क़िस्म का प्रभाव छोड़ने की सामर्थ्य रखता है। वह अपने पात्र को ख़ास तरह के कपड़े पहना कर उसका एक स्टीरियो टायप रचता है। एक रूढ़ छवि बनती है, जिससे कार्टून में दर्शाए गये इंसान से परे जाकर एक सम्पूर्ण सामाजिक परिस्थिति की तरफ़ इशारा होता है। इसका एक विख्यात उदाहरण आर. के. लक्ष्मण द्वारा रचे गये नेहरू के कार्टून में मिल सकता है। नेहरू वास्तविक ज़िंदगी में हमेशा एक कलफ़दार टोपी लगाए हुए दिखते थे, पर लक्ष्मण ने काफ़ी .दिमाग़ लड़ाने के बाद उनके सिर से टोपी हटा दी। भारत के पहले प्रधानमंत्री का गंजा सिर जैसे ही सामने आया, वैसे ही अभिजनीय आभा से दपदपाते हुए चेहरे के बजाय राष्ट्र-निर्माण के जोड़-तोड़ में लगा एक परेशानहाल राजनेता दिखने लगा। लक्ष्मण के समकालीन कार्टूनिस्ट नेहरू को टोपी पहनाए रहे, पर उनके नेहरू का चेहरा राष्ट्र-निर्माण की उलझनों का आईना कभी नहीं बन पाया।

लक्ष्मण का इरादा सकारात्मक था, पर जिस डेनिश कार्टूनिस्ट ने पैगम्बर मुहम्मद का दाढ़ी वाला चेहरा बनाया, उसने उन्हें एक ऐसी पगड़ी पहनाई जिसमें

बम का फ़्यूज़ लगा दिखता है। उस पलीते की सुतली सुलग रही है, वह किसी समय फट सकता है। ज़ाहिर है कि बम उस सिर के भीतर है जिसे हज़रत मुहम्मद के रूप में दिखाया गया है। पैगम्बर से ज़्यादा बड़ा मुसलमानों का प्रतीक तो कोई नहीं हो सकता। कार्टूनिस्ट कहना चाहता है कि आतंकवाद और उसकी हिंसा मुसलमानों के दिमाग़ में बैठ गयी है। उसका पलीता लगातार सुलगता रहता है। वह एक स्थायी जोखिम है। इस तरह कार्टून के ज़रिये मुसलमान की आतंकवादी के रूप में एक रूढ़ छवि बनती है। जिस अख़बार में कार्टून छपा था, वह जीसस के ऊपर कार्टून छापने से यह कह कर इनकार कर चुका था कि इससे ईसाइयों को आपत्ति हो सकती है। यहाँ आलोचना की दोधारी तलवार जो करना चाहती है, उसे स्पष्ट रूप से देखा जा सकता है।

कार्टूनिस्ट चाहता तो किसी भी चर्चित आतंकवादी मुसलमान शख़्सियत का सहारा लेकर अपनी बात कह सकता था। वह तालिबानी नेता मुल्ला उमर की मुखाकृति बना सकता था, ओसामा बिन लादेन का चेहरा बना सकता था। पर, इन दोनों चेहरों की छवियों से शायद सभी मुसलमानों का प्रतिनिधित्व करने वाली रूढ़ छवि नहीं उभर पाती। इसलिए, उसने इस्लाम की सबसे पवित्र हस्ती पर अपना ब्रुश चलाना पसंद किया। उसने इस बात का ख़याल नहीं रखा कि इस्लाम में मुहम्मद साहब का चित्र बनाना, या उनकी मुखाकृति को किसी भी रूप में कल्पित करने की सख़्त मुमानियत है। इसके बारे में धर्मशास्त्रीय तर्क यह है कि जो धरती पर ख़ुदा के पैगम्बर के रूप में आया उसे इंसानी शक्ल में नहीं दिखाया जा सकता। वैसे भी इस्लाम की निगाह में ईश्वरत्व केवल निर्गुण ही हो सकता है। कार्टून छपने के बाद डेनमार्क में जब इसके ऊपर आपत्ति की गयी तो अख़बार ने उसकी कोई परवाह नहीं की। जैसे-जैसे आपत्ति का स्वर ऊँचा हुआ, वैसे-वैसे अन्य युरोपीय अख़बारों के माध्यम से इस कार्टून का प्रसार होता चला गया। जैसे कि इसके पीछे कोई ज़िद काम कर रही हो। धीरे-धीरे सारी दुनिया में मुसलमान आंदोलित होते चले गये। भारत में इसकी पराकाष्ठा उस समय हुई जब मेरठ के हाजी याकूब ने कार्टूनिस्ट की हत्या के लिए 51 करोड़ रुपये देने की घोषण कर डाली। दलितों और ग़रीब मुसलमानों के वोटों से विधायक बने याकूब मियाँ की छवि अपने इलाक़े में हिंदुओं के बीच भी बहुत अच्छी रही है। 2002 के चुनाव के समय पश्चिमी उत्तर प्रदेश का दौरा करते समय मैंने स्वयं देखा था कि बसपा के टिकट से लड़ने वाले इस निचली जाति के मुसलमान के प्रति ग़ैर-मुसलमानों में कितनी आश्वस्ति का भाव है। उस डेनिश कार्टूनिस्ट ने भारत के इस उदार मुसलमान को भी फ़ण्डामेंटलिस्ट बना दिया। हाजी याकूब

का नाम पश्चिम उत्तर प्रदेश की सीमाओं के बाहर जाकर कट्टरपंथी भावनाओं को स्पर्श देने का प्रतीक बन गया। उन्हें दूर-दूर से भाषण देने के बुलावे आने लगे। नयी दिल्ली के बग़ल में धार्मिक भावनाओं का एक विशाल कढ़ाव अपनी पूरी उत्तेजना के साथ खदबदाने लगा।

ग़ैर-मुसलमानों के उदारतावादी खित्ते का ख़याल है कि डेनमार्क के उस कार्टूनिस्ट ने ग़लत किया, पर साथ में वे दबी ज़ुबान से यह भी कहते हैं कि मुसलमान प्रतिक्रिया में इतने ज़्यादा इसलिए भड़क रहे हैं क्योंकि वे हैं ही कुछ ज़्यादा नाज़ुक मिजाज़। यूरोप में छपे कार्टून पर भारत में उत्तेजित होने की क्या ज़रूरत है। ऐसा कहते हुए उदारतावादी स्वर अखिल-इस्लामिज़म की तरफ़ इशारा करता नज़र आता है। मुसलमानों की प्रतिक्रिया के प्रति इस अ-स्वीकारोक्ति के परिप्रेक्ष्य से अखिल-ईसायइत की हमेशा से मौजूद या अखिल-हिंदुइज़म की ताजा प्रवृत्तियों की हक़ीक़त ग़ायब है। यह आलोचना भारतीय इस्लाम के विशिष्ट इतिहास की अनदेखी पर भी आधारित प्रतीत होती है।

भारतीय इस्लाम की संरचनाएँ अलग तरह की रही हैं। यहाँ धार्मिक मुमानियत के बावजूद मुसलमान हस्तियों के भव्य मक़बरे मिलते हैं। यहाँ के मुसलमान बादशाह न तो तुर्की के ख़लीफ़ा द्वारा भेजा गया चोगा पहनते थे। न ही वे हज़ करने जाते थे। यहाँ सूफ़ी दरगाहों की जियारत कर लेना ही मक्का-मदीना जाने के बराबर माना जाता था। औपनिवेशिक काल में एक दौर ऐसा भी था जब भारतीय मुसलमान सरकार से अपने धार्मिक मामलों को विनियमित करने की अपील करते भी नज़र आते हैं। उदारतावादियों को यह सोचना चाहिए कि ऐसा आत्म-विश्वस्त भारतीय इस्लाम कैसे धीरे-धीरे असुरक्षाग्रस्त होता चला गया। डेनिश कार्टून की भारतीय प्रतिक्रिया पर आपत्ति करते समय उन्हें याद रखना चाहिए कि आज कोई क़ौम, जातीयता या कोई भी प्रजाति ग्लोबल प्रभावों से कट कर नहीं रह सकती। चाहे स्टॉक एक्सचेंज हो, या राम जन्मभूमि आंदोलन, उसके तार सारी दुनिया से मिले होने लाज़िमी हैं। जब हमने आधुनिकता के भूमण्डलीकृत रूपों को स्वीकार किया है, तो हमें अलग-अलग समुदायों पर पड़ सकने वाले उसके असर को भी ध्यान में रखना चाहिए। अंतर्राष्ट्रीय स्तर पर मुसलमानों की असुरक्षाएँ भारतीय मुसलमानों को प्रभावित करेंगी ही। आज भारतीय इस्लाम मध्ययुग की भाँति दुनिया की राजनीति से कट कर अपने पुराने आत्म-विश्वस्त रूप में नहीं रह सकता।

इसमें कोई शक नहीं कि हाजी याकूब का फ़तवा एक मर्यादाहीन कार्टून का मर्यादाहीन जवाब है। लेकिन, शुरुआत में यह मसला भारतीय शैली की

साम्प्रदायिकता से जुड़ा हुआ नहीं था। हाजी याकूब जैसे योद्धाओं की ज़मीन भारत ज़रूर है, पर उनके सरोकार ग्लोबल थे। ऐसा लग रहा था कि एक ग्लोबल बहाने से उत्तर भारतीय मुसलमानों को अपना एक नेता मिलने जा रहा है, भले ही उसके स्वर पर सेकुलर के बजाय धार्मिक प्रवृत्तियाँ हावी क्यों न हों। भारतीय राजनीति और सार्वजनिक जीवन ने दबी ज़ुबान से आलोचना करते हुए इसीलिए याकूब द्वारा खुले आम किसी की हत्या के आह्वान को बर्दाश्त कर लिया। लेकिन, राजनीतिक घटनाएँ किसी की मर्जी से नहीं चलतीं। बुश के विरोध में बाज़ार बंद करवाने पर लखनऊ में हुआ साम्प्रदायिक तनाव और फिर बनारस के बम विस्फोटों ने हालात को दूसरा ही रंग दे दिया। मुसलमान समाज एक बार फिर असुरक्षा के कोने में सिकुड़ने पर मजबूर हो गया।

कुल मिला कर इस मसले पर नागरिक समाज आगे बढ़ कर सकारात्मक हस्तक्षेप नहीं कर पाया। यह हस्तक्षेप मुसलमान समुदाय के प्रति हमदर्दी के स्वर में ही हो सकता था। इस हस्तक्षेप की दिशा मुसलमानों के ग्लोबल सरोकारों को स्पर्श देते हुए अल्पसंख्यक अधिकारों और नागरिकता के दायरे में सूत्रबद्ध की जा सकती थी। लेकिन, इस पर अल्पसंख्यक साम्प्रदायिकता की आलोचना का पानी चढ़ा होना ज़रूरी था। वजह यह है कि बहुसंख्यक साम्प्रदायिकता का मुक़ाबला भारतीय मुसलमान अपनी अलग से साम्प्रदायिकता गोलबंदी करके नहीं कर सकते। हिंदुत्ववादियों को अलग-थलग डालने के लिए उन्हें सेकुलर नागरिक समाज के साथ एकताबद्ध होना होगा। दिक़्क़त यह है कि नागरिक समाज में इस पहलू को लेकर कुछ अनकही झिझक है जो उसे न तो हाजी याकूब की आलोचना करने देती है, न ही अमेरिकी राष्ट्रपति बुश के ख़िलाफ़ रामलील मैदान में जमा हुए हज़ारों-हज़ार मुसलमानों के साथ कंधा से कंधा मिला कर खड़ा होने देती है। आख़िरकार वामपंथियों और समाजवादी पार्टी को अपना प्रदर्शन दूसरे दिन करने की क्या ज़रूरत थी? मेरठ के इलाक़े से तीन सौ बसों में भरकर आये मुसलमानों को लोकतांत्रिक शक्ति मानने के प्रति नागरिक समाज का संकोच क्या अपने-आप में भारतीय मुसलमानों के असुरक्षाग्रस्त होने की बहुत बड़ी वजह नहीं है? क्या उन अनगिनत मुसलमानों में हज़ारों नौजवान अपने सिरों पर चाँद-तारा युक्त तिरंगी पट्टी बाँधकर यह संदेश नहीं दे रहे थे कि वे भारतीय और मुसलमान दोनों ही हैं?

II

मुसलमान समाज के प्रवक्ता की तलाश

सेकुलर राजनीति की पहली और सबसे संगीन समस्या यह है कि उसने बहुसंख्यकवाद की आलोचना करने की भाषा तो विकसित कर ली है, पर वह अल्पसंख्यकवाद का पर्दाफ़ाश करने का मुहावरा सूत्रबद्ध नहीं कर पाई है। इसलिए जैसे ही सेकुलरवाद की आड़ लेकर अल्पसंख्यकवाद अपना दावा पेश करता है, वैसे ही सेकुलर ताक़तें नज़र चुराने लगती हैं। उन्हें लगता है कि अगर उन्होंने मुँह खोला तो वे हिंदुत्व की भाषा बोलते नज़र आएँगे। यही कारण है कि जब पश्चिमी उत्तर प्रदेश में हाजी याक़ूब का साम्प्रदायिक सितारा बुलंद हुआ तो नागरिक समाज की किसी महत्त्वपूर्ण ताक़त ने पहलक़दमी नहीं ली। किसी ने अदालत में उसके ख़िलाफ़ जनहित याचिका दाख़िल नहीं की। सेकुलर पार्टियाँ भीतर ही भीतर कुनमुनाती रहीं, पर उनका नेतृत्व आमतौर पर चुप्पी साधे रहा। उधर केरल में तो रिकॉर्ड ही टूट गया। सत्ता पक्ष यानी कांग्रेस और विपक्ष यानी मार्क्सवादी कम्युनिस्ट पार्टी (माकपा) ने मिल कर विधानसभा से प्रस्ताव पास करा दिया कि सुप्रीम कोर्ट भी जिसकी जमानत की अर्ज़ी ठुकरा चुका था, उस इस्लामी कट्टरपंथी मदनी को छोड़ दिया जाए। अख़बारों में छपे एक-दो सम्पादकीयों के अलावा नागरिक समाज इस सवाल पर भी चुप रहा।

ऐसा नहीं है कि सेकुलरवाद के सिपहसालार इन मुद्दों की आलोचना नहीं करना चाहते होंगे, पर समस्या यह थी कि आलोचना करें तो कैसे करें? उन्हें अपना यह कर्तव्य निभाने में सुविधा होती अगर मुसलमान समाज ने उन्हें कुछ ऐसे उदारतावादी प्रवक्ता दे दिये होते जिनका एक पैर अपनी बिरादरी के भीतर होता और दूसरा बिरादरी से बाहर। यानी, जो एक साथ भीतरी मंच से अपने बिरादरों को भी सम्बोधित कर सकते, और बाहरी मंच पर खड़े होकर शेष समाज के सामने मुसलमानों की हकतलफ़ी के ख़िलाफ़ आवाज़ भी बुलंद कर सकते। भारतीय सेकुलरवाद अल्पसंख्यक समाज से निकलने वाले ऐसे ही उदारतावादी प्रवक्ताओं की कमी का शिकार है। ध्यान रहे कि जावेद अख़्तर और शबाना आज़मी जैसे सेकुलर लोग अपनी समस्त अभिव्यक्ति कुशलता के बावजूद यह ज़िम्मेदारी नहीं निभा सकते। उनकी आवाज़ मुसलमानों के भीतर नहीं सुनी जाती। वे ज़्यादा से ज़्यादा मुसलमान समाज द्वारा प्रदत्त सेकुलर शो-पीस ही हैं जिनकी क़ीमत हिंदू समाज की निगाह में कहीं अधिक है।

अगर हमारे पास अल्पसंख्यकवाद की आलोचना करने का ताक़तवर मुहावरा होता तो हम ये ज़रूरी कसौटियाँ भी गढ़ सकते थे जिनके आधार पर तय हो सकता था कि कौन सा क़दम तुष्टीकरण है, और कौन सा नहीं। बहुसंख्यकवादी कहते हैं कि केंद्र सरकार द्वारा कश्मीर में अलगाववादियों से बातचीत करना तुष्टीकरण है। सच्चर कमेटी के ज़रिये फ़ौज में मुसलमानों की गिनती करने को तुष्टीकरण क़रार देना तो उनके लिए बाएँ हाथ का खेल हैं। हिंदुत्व के ऐजेंडे पर मौजूद ये आरोप जैसे ही उछाले जाते हैं वैसे ही सेकुलरवाद के पैरोकारों की बेचैनी का ठिकाना नहीं रहता। वे छटपटा कर जवाब देना चाहते हैं, पर ऐसे तर्क नहीं जुटा पाते जो लोगों की निगाह में दूध का दूध और पानी का पानी करते हुए लगें। ग़नीमत है कि वक़्त बदल गया है, राजनीति बदल गयी है। बहुसंख्यकवाद का संघी संस्करण उतार पर है। वरना ये तमाम आरोप ठीक उसी तरह रंग लाते जिस तरह अस्सी के दशक में शाहबानो वाले मामले ने तूल पकड़ा था। मदनी की रिहाई के प्रस्ताव और हाजी याक़ूब को मिली छूट वही असर डालती जो रशदी की किताब पर प्रतिबंध लगाने से पड़ा था। अगर हमारे पास सही कसौटियाँ होतीं, और साथ में अल्पसंख्यकों के बीच काम करने वाला उदारतावादी सेकुलर प्रवक्ता भी होता तो यही तर्क समुदायगत सांस्कृतिक अधिकारों की संविधानपरक भाषा में पेश होते, और उनकी अनुगूँजें मुसलमान समुदाय के बीच भी सुनाई देती और हिंदू समुदाय के बीच भी। यह प्रवक्ता इस मंथन में साहस के साथ खड़ा होता और हिंदू समाज में रूबरू होकर कहता कि अल्पसंख्यक होना अपने आप में साम्प्रदायिक होने का पर्याय नहीं है, और न ही अल्पसंख्यक समुदाय राष्ट्रीय मुख्यधारा से अलग होने के लिए अभिशप्त हैं। यह एक संविधानगत और सेकुलर श्रेणी है जिसके नागरिक अधिकारों की सुरक्षा करने के लिए संविधान सभा ने अपने जीवन की सबसे गम्भीर बहस की थी। यह प्रवक्ता मुसलमानों से कहता कि वे न तो अपराध-बोध से ग्रस्त हों और न ही असुरक्षाग्रस्त होकर किसी घटिया क़िस्म के साम्प्रदायिक तत्त्व के हाथों में अपने वोटों का सौदा थमा दें। इसके भी आगे जाकर यह प्रवक्ता मुसलमान समाज के सेकुलरीकरण में महत्त्वपूर्ण योगदान करता। वह समुदाय की सांस्कृतिक और धार्मिक स्वायत्तता का आधुनिक जीवन में उसकी भागीदारी के साथ मेल बैठाने की कोशिश करता। हिंदू समाज की हमदर्द निगाह से उसकी यह कोशिश रंग ला सकती थी।

सवाल यह है कि ऐसा प्रवक्ता कहाँ से आएगा जो नागरिक समाज को अल्पसंख्यकवाद के ख़िलाफ़ संघर्ष कर सकने वाली भाषा प्रदान कर सके? ऐसा प्रवक्ता आज हमारे पास दो कारणों से नहीं है। पहली वजह यह है कि नेहरूयुगीन

सेकुलर विरासत के प्रभाव में उसकी ज़रूरत ही नहीं समझी गयी। गाँधी विचार की रूढ़िमुक्त व्याख्या करने के लिए ख़्याति प्राप्त विद्वान भीखू पारेख ने इस विरासत पर लिखी अपनी बेहद दिलचस्प टीका में दिखाया है कि किस तरह नेहरू की सरकार का मानस हिंदू मानस था। ख़ास बात यह है कि यह एक सेकुलर हिंदू मानस था यानी सरकार और नेहरू समेत उसके प्रमुख कारकुन मन ही मन मानते थे कि हिंदू इस सरकार को अपनी मानते हैं और इसलिए इसके किसी भी क़दम के प्रति वे स्वाभाविक रूप से सद्भावनापूर्ण रवैया ही अख़्तियार करेंगे। आचार्य कृपलानी ने इसी नेहरू की सरकार पर आरोप भी लगाया था कि वह केवल हिंदू समुदाय के सेकुलर विकास के लिए ही चिंतित है, और मुसलमानों व अन्य अल्पसंख्यक समुदायों के सेकुलर विकास में उसकी कोई रुचि नहीं है। विडम्बना यह है कि संघ परिवार सेकुलरवाद के इस संस्करण को विकृत करके अल्पसंख्यक तुष्टीकरण के रंग में रँग देता है। दूसरी वजह यह है कि उदारतावादी राजनीतिक सिद्धांत अपने पश्चिमीकृत दुराग्रहों के कारण इस तरह के प्रवक्ता की कल्पना तक कर पाने में असमर्थ है। पार्थ चटर्जी ने अपनी व्याख्या में बड़ी कुशलता से दिखाया है कि कैसे भारत जैसे देश के लिए इस सिद्धांत की यह ख़ामी बहुत बड़ी समस्या बन जाती है।

भारतीय संविधान इस सिद्धांत की सीमाओं से परे जाते हुए दो तरह की नागरिकताओं का प्रावधान करता है। पहली व्यक्ति आधारित नागरिकता, और दूसरी समुदायगत सांस्कृतिक अधिकारों पर आधारित नागरिकता। उदारतावाद की निगाह में पहली नागरिकता जायज़ है, लेकिन दूसरी को वह बुनियादी त्रुटि मानता है। इसी दूसरी तरह की नागरिकता के आधार पर भारत का कोई भी सांस्कृतिक अल्पसंख्यक बाक़ी समाज के साथ अपने मतभेदों को क़ायम ही नहीं रख सकता, बल्कि उन विभेदों का कारण बताने से इंकार भी कर सकता है। वह कह सकता है कि अगर विभेद क़ायम रखने के उसके कारणों को जानना है तो उसके तय किये हुए मंच पर आना होगा। उसकी भाषा में उसकी बात सुननी होगी। तभी और केवल तभी अल्पसंख्यकों के लिए लोकतंत्र सुनिश्चित किया जा सकता है। चूँकि उदारतावादी सिद्धांत ऐसे सभी आग्रहों को विकृति मानता है इसलिए उसके पैरोकार इसके आधार पर किसी प्रवक्ता के विकास को प्रोत्साहित नहीं करते। सांस्कृतिक समुदायों के भीतर असहमति के अधिकार के नाम पर वे जिन प्रवक्ताओं को प्रोत्साहित करते हैं, उनकी हैसियत अल्पसंख्यक समुदाय के बीच बाग़ियों जैसी होती है। वे केवल नाम के मुसलमान होते हैं। मुसलमान उन्हें अपना सहयात्री नहीं मानते। ध्यान रहे कि भारतीय संदर्भों में

उदारतावाद और वामपंथ दो अलग-अलग श्रेणियाँ नहीं हैं। भारतीय वामपंथी कमोबेश उदारतावादी उसूलों के आधार पर ही लोकतांत्रिक राजनीति का तात्पर्य ग्रहण करते हैं।

कुछ अन्य वजहें भी होंगी, पर मुख्यतः इन्हीं दो कारणों से मदनी और हाजी याक़ूब जैसे प्रकरणों का विरोध मुसलमान समाज के भीतर से नहीं उठा, नतीजा यह निकला कि हिंदू समाज से आये नागरिक समाज के कारकुन संकोच कर गये और अपने सेकुलर कर्तव्य की पूर्ति नहीं कर पाए। और भी कुछ मुद्दे भारतीय सेकुलरवाद के गले में फँसे हुए हैं। समान नागरिक संहिता की उलझन तो पुरानी है, अभी कुछ वर्षों से मुसलमानों को धार्मिक आधार पर आरक्षण की माँग भी सेकुलरवाद को सता रही है। सेकुलरवादी पूरी ज़ोरदारी के साथ यह माँग उठाने वालों से कह पाने में असमर्थ हैं कि पिछड़ों को मिला आरक्षण धर्म आधारित नहीं है। वह केवल हिंदुओं की पिछड़ी जातियाँ को ही नहीं मिलता। उसके दायरे में मुसलमानों की पिछड़ी जातियों की एक-दो नहीं, बल्कि बीसियों जातियाँ पहले से ही आती हैं। ताज़े सर्वेक्षणों का हवाला देकर सेकुलरवादी यह बताने में भी असमर्थ हैं कि भारतीय लोकतंत्र में मुसलमानों समेत सभी अल्पसंख्यक उतनी बुरी हालत में नहीं है जितना एक फ़र्ज़ी रेडिकल शैली में प्रचारित किया जाता है। ख़ास तौर से मुसलमान द्विजों से पीछे ज़रूर हैं, पर विकास के अन्य सभी मानकों पर वे हिंदू समाज के अन्य हिस्सों से या तो बराबर हैं, या कहीं बराबर तो कहीं थोड़े पीछे हैं, या आगे हैं। दलित समाज और आदिवासी समाज के मुक़ाबले देखने पर मुसलमानों की हालत अच्छी है। वे अति-पिछड़ी जातियों से भी बेहतर स्थिति में है, पर भूस्वामी पिछड़ों यानी मलाईदार पिछड़ों के मुक़ाबले कमज़ोर हैं।

ज़ाहिर है कि मुसलमानों को विकास की दौड़ में और आगे जाने की ज़रूरत है, पर उनकी स्थिति कोई विशेष तौर से ख़राब नहीं है। विकास के पैमाने पर हिंदू समाज का बहुत बड़ा हिस्सा मुलसमानों से कहीं बुरी हालत में गुज़र बसर कर रहा है। तीसरा प्रश्न धर्मांतरण का है जिस पर सेकुलरवाद अपनी राय दे पाने में या तो संकोच करता रहा है, या फिर बुद्धिवादी-नास्तिकवादी शैली में देता है जो व्यापक समाज को हज़म नहीं होती। भाजपा की राज्य सरकारें अल्पसंख्यकों के विरुद्ध इस्तेमाल किया जा सकने वाला धर्मांतरण विरोधी क़ानून पास करा ले जाती है, और नागरिक समाज टुकुर-टुकुर देखता रह जाता है।

III

अल्पसंख्यकवाद और वहाबी इस्लाम

मेरे पिछले लेख पर प्रतिक्रिया करते हुए एक पाठक ने छोटी-सी चिट्ठी लिख कर माँग की थी :

आदरणीय अभयजी,

हंस में आपका लेख पढ़ा। आपके विचारों से अवगत हुआ। पर, एक बात जो इस नासमझ की समझ में नहीं आयी वह कि किस तरह से जावेद अख़्तर और शबाना आज़मी सेकुलर शो-पीस हैं? क्या इनका योगदान बस इतना ही है? थोड़ा सा काग़ज़-कलम उठाइए और लफ़्ज़ों की जादूगरी दिखाते हुए यह बात इस नासमझ को समझाइए। ख़ुदा हाफ़िज़।

—अरविंद यादव पुत्र रामबली यादव,
ग्राम सराय यूसुफ़, पोस्ट मछली शहर,
जौनपुर (उप्र)

व्यंग्यात्मक लहज़े में लिखे गये इस पत्र का जवाब देने का सही मौक़ा अब आया है। अभी तक दुनिया के मुसलमानों की समस्याओं की व्याख्या दो प्रचलित दलीलों के ज़रिये की जाती रही है। पहला तर्क कहता था कि जिन देशों में मुसलमान अल्पसंख्यक हैं, वहाँ राजनीतिक-आर्थिक उत्पीड़न के कारण उनके भीतर सामाजिक आत्मविश्वास का अभाव हो गया है। इसलिए इस्लामी बहुसंख्या वाले देशों के सुधारवादी अनुभवों को झुठलाते हुए वे अपनी धार्मिक संरचनाओं में राज्य के हस्तक्षेप से इनकार करते हैं और परिणामस्वरूप आधुनिकता से लाभान्वित न होकर धर्मांधता के चक्कर में फँस जाते हैं। दूसरा तर्क कहता था कि खाड़ी युद्धों और अमेरिका पर हुए आतंकवादी हमलों के कारण पश्चिमी ताक़तों की विदेशनीति ने दुनिया में हर जगह मुसलमानों को निशाना बनाने की नीति अपनायी हुई है, इसलिए अपेक्षाकृत अधिक आत्मविश्वस्त इस्लामिक बहुसंख्यक वाले देशों में भी प्रतिक्रियास्वरूप कट्टरपंथी-धार्मिक आधार पर उग्र गोलबंदी के हालात बन गये हैं। इन दोनों व्याख्याओं में हक़ीक़त के ऐसे पहलू हैं जिन्हें कोई नज़रअंदाज़ नहीं कर सकता, लेकिन यह तर्कपद्धति मुसलमानों की समस्याओं को सिर्फ़ और सिर्फ़ बाहरी कारकों के मत्थे मढ़ने के रवैये की चुगली भी खाती है।

इस्लामाबाद, ग्लासगो और ऑस्ट्रेलिया से जुड़े ताज़े घटनाक्रम के दबाव में एक नयी परिस्थिति बनी है जिसके तहत दुनिया के पैमाने पर मुसलमान समाज मुद्दतों बाद अपने भीतर झाँक कर देखने की स्थिति में आया है। वे लोग तो ऊहापोह कर ही रहे हैं जो भारत जैसे देश में दुनिया की सबसे बड़ी धार्मिक अल्पसंख्यक आबादी के तौर पर हिंदुत्ववादी अहुसंख्यकवाद के ख़िलाफ़ संघर्षरत हैं, गिरेबान में झाँकने की इस प्रक्रिया में वे लोग भी शामिल हैं जो अपने-अपने देशों में मुसलमान बहुसंख्या का निर्माण करते हैं। यानी जहाँ सत्ता भी मुसलमान समाज के हाथों में है। यह भीतरी विचारमंथन ऐसे देशों में भी शुरू हो गया है जहाँ इस्लामिक धर्मतंत्रीय राज्य क़ायम कर दिया गया है, जैसे पाकिस्तान, ईरान आदि।

सवाल यह पूछा जा रहा है कि क्या उत्पीड़ित होना अपने आप में फ़िदायीन हमलों और अन्य हिंसक आतंकवादी वारदातों को वाज़िब ठहरा सकता है? भारत के उदाहरण की रोशनी में देखा जाए तो दलितों से ज़्यादा उत्पीड़ित समुदाय शायद ही दुनिया में कोई हो। पर, उन्होंने आतंकवादी रास्ता कभी अख़्तियार नहीं किया। यहाँ तक कि पिछड़ी जातियों का इतिहास भी उत्पीड़न और उपेक्षा झेलते रहने का रहा है। इस आधार पर उनके यहाँ भी आतंकवाद की कोई परम्परा नहीं मिलती। भारतीय मुसलमान भी आज़ादी के बाद प्रगति की दौड़ में पिछड़ते गये हैं, और उनके साथ भेदभाव भी किया जाता रहा है। पर, मोटे तौर पर उनके बीच उग्रवादी रुझान बहुत ही कम लोकप्रिय हुए हैं। नस्ली उत्पीड़न के ख़िलाफ़ अश्वेतों के संघर्ष में आतंकवाद की मौजूदगी रही है, पर केवल हाशिये पर ही। स्त्रियों से ज़्यादा स्थायी रूप से उत्पीड़ित समुदाय और कौन होगा! पर नारीवादी आतंकवादी गुटों की कल्पना कर पाना भी नामुमकिन है। ज़ाहिर है कि उत्पीड़न और भेदभाव के ख़िलाफ़ संघर्ष की धाराएँ पिछले सौ साल से लोकतांत्रिक विकल्प ही अपनाती रही हैं। आतंकवाद उनके संघर्ष का प्रधान पहलू कभी नहीं बना। तब फिर अंतर्राष्ट्रीय स्तर पर मुसलमान अनुक्रिया ऐसा क्यों नहीं कर पाती? क्या इस्लाम के भीतर लोकतांत्रिक संसाधनों और विकल्पों का अभाव है? केवल इस्लाम विरोधी ही इस प्रश्न का उत्तर 'हाँ' में देंगे।

दरअसल विश्व-इस्लाम में चल रहा मौजूदा मंथन ही अपने आप में इस हक़ीक़त का सबूत है कि धार्मिक दायरे में चल रहे विचारधाराओं के संघर्ष में अब पाला खिंच चुका है। एक तरफ़ सोलहवीं सदी के कट्टरपंथी धर्म प्रचारक इब्न वहाब द्वारा चलायी गयी वह ख़ौफ़नाक लहर है जिसे वहाबी विचारधारा के नाम से जाना जाता है। यह विचारधारा ही तालिबान, अल-क़ायदा और दूसरी

आतंकवादी जत्थेबंदियों की हत्यारी कार्रवाइयों की प्रेरणास्रोत बनी हुई है। इसके मुक़ाबले दूसरे पाले में स्वयं इस्लाम का वह अंतर्निहित तात्पर्य खड़ा हुआ है जिसके मुताबिक़ अपने शाब्दिक अर्थों में वह 'रिलीजन ऑफ़ पीस' यानी शांति का धर्म है। एक ऐसा धर्म जो साफ़ तौर से कहता है कि इंसान की जान बचाने वाले को अल्लाह के दरबार में सारी इनसानियत की जान बचाने का सबाब मिलता है।

इस्लाम के भीतर छिड़े इस वैचारिक गृह-युद्ध में वहाबी विचारधारा के प्रवक्ता बिन लादेन, अल-जवाहिरी, मुल्ला उमर, सऊदी अरब की सरकार, इस्लामाबाद की लाल मसजिद के मुअज्जिन और भारत की तबलीगी जमात के कर्ताधर्ता शामिल हैं। इस्लाम को शांति का धर्म बताने वालों की पैरोकारी करने वालों में सूफ़ी परम्परा के वाहकों के साथ-साथ भारतीय, इण्डोनेशिया व कश्मीरी इस्लाम जैसी विविध इस्लामी संस्कृतियों के प्रवक्ता शामिल हैं। अगर आधुनिकता के नज़रिये से देखें तो धार्मिक उग्रपंथ से टकराने वाले इस ख़ित्ते में इस्लाम और विज्ञान के संबंध पर अनुसंधान करके मशहूर हुए परवेज़ हूदभॉय, ईरान के इस्लामिक प्रोटेस्टेंट अब्दुल करीम सोरौश, अपनी धर्मपरायणता के लिए मशहूर पश्चिमी दर्शन के विद्वान ज़ियाउद्दीन सरदार और इस्लामी मामलों के विख्यात टिप्पणीकार हसन सुरूर जैसी हस्तियाँ खड़ी हैं। ज़ियाउद्दीन सरदार साफ़ तौर से कहते हैं कि अगर समस्या के केंद्र में इस्लाम है, तो उसका हल भी इस्लाम में से ही निकलेगा।

अरविंद यादव पुत्र रामबली यादव साकिन सराय यूसुफ़ को मालूम हो कि इन दोनों पालों में जो ताक़तें सक्रिय और प्रभावी हैं, उनमें जावेद अख़्तर और शबाना आज़मी जैसे सेकुलर शो-पीसों के लिए कोई जगह नहीं है। ज़ाहिर है कि सेकुलर होने के नाते ये लोग इब्न वहाव की क़तार में तो खड़े हो नहीं सकते। लेकिन, कट्टरपंथ के ख़िलाफ़ लड़ने वालों की बिरादरी में भी वे इसलिए शामिल नहीं हो सकते कि वहाँ मोर्चा अब ऐसे लोगों के हाथों में आ गया है जो धार्मिकता, नमाज़ पढ़ने, रोज़े रखने, ईश्वरीय पवित्रता में यक़ीन रखने और निजी और सामाजिक ज़िंदगी की संरचनाओं को इस्लामिक उसूलों के मुताबिक़ ढालने के आग्रह की विचारधारात्मक मुख़ालफ़त नहीं करते। सोरौश और ज़ियाउद्दीन सरदार जैसे लोग मुसलमान समाज पर नास्तिकता और बुद्धिवाद के शिकंजे में फँसा आधुनिकतावादी सेकुलर ऐजेंडा थोपने के चक्कर में नहीं हैं। ये लोग आज़मी और अख़्तर जैसे लोगों की तरह अपनी नास्तिकता को अपने सीने पर तमगे की तरह लगाए नहीं घूमते। न ही धर्मप्राण मुसलमान इन लोगों की निगाह

में कोई कमतर हस्ती हैं। दुनिया भर में आलिम-फ़ाज़िल के रूप में मशहूर ये लोग चाहते हैं कि आधुनिकता इस्लामिक परम्परा को भौंडे तरीक़े से प्रतिस्थापित करने के बजाय स्वयं इस्लाम की स्थापित परम्परा बन जाए।

अरविंद यादव अगर हिंदू समाज के आधुनिकीकरण के इतिहास पर नज़र डालेंगे, तो उनके सामने साफ़ हो जाएगा कि किसी भी पारम्परिक समाज को आधुनिकता के रास्ते पर ले जाने का इससे ज़्यादा कामयाब रास्ता कोई और नहीं हो सकता। आक्रामक आधुनिकीकरण नहीं, बल्कि परम्परा का आधुनिकीकरण ही यह विधि है जिसने ईसाई और हिंदू समाजों को वहाँ पहुँचाया है, जहाँ वे आज हैं। वैसे भी नास्तिक या बुद्धिवादी किसी भी व्यापक परिवर्तन की चालक शक्ति कभी नहीं बन पाते। संख्या में वे हमेशा ही गिने-चुने होते हैं। ख़ुद को जन-साधारण की भ्रांत चेतना से ऊपर समझने वाले इन चमकदार महानुभावों को किसी न किसी रूप में अभिजन समाज के भीतर एक गद्देदार जगह मिल जाती है, जहाँ से वे अपने सेकुलर और रेडिकल फ़तवे जारी करते रहते हैं। टीवी और अख़बारों में उनकी धूम रहती है, लेकिन तभी तक जब तक सामाजिक ज़मीन में अपनी जड़ें रखने वाला समुदाय का असली उदारतावादी प्रवक्ता क्षितिज पर नहीं उभर आता। अस्सी के दशक की शुरुआत में हमारे यहाँ सेकुलरवाद पर एक बहुत बड़ी बहस छिड़ी थी, जिसमें आशिस नंदी, त्रिलोकीनाथ मदन, पार्थ चटर्जी, राजीव भार्गव, जवीद आलम, थामस पेंथम आदि विद्वानों ने जम कर भाग लिया था। इनमें सिर्फ़ पार्थ चटर्जी ही अकेले समाज-वैज्ञानिक थे जिन्होंने मुसलमान समाज के भीतर असली उदारतावादी प्रवक्ता की सम्भावनाओं को टटोला था। प्रोफ़ेसर चटर्जी का तर्क था कि अल्पसंख्यक समाज का उदारतावादी प्रवक्ता वह होगा जो अपनी लड़ाई एक साथ भीतर और बाहर चला सके। समाज और समुदाय की ज़मीन पर खड़े होकर वह अपने बिरादरों से अंतर्मुखी प्रवृत्तियाँ त्यागने के लिए कह सके, और साथ ही राज्य और व्यापक समाज पर हक़तलफ़ी ख़त्म करने की ज़िम्मेदारी डालने में कामयाब रहे। आज़ादी के बाद शायद यह सर्वाधिक सम्भावनापूर्ण मौक़ा है जब मुसलमान समाज के भीतर राष्ट्रीय अंतर्राष्ट्रीय स्तर पर इसी तरह के उदारतावादी प्रवक्ताओं के उभरने की गुंजाइशें बन रही हैं।

अगर मौजूदा ऊहापोह की प्रक्रिया आगे बढ़ी तो पूरे यक़ीन के साथ कहा जा सकता है कि भारतीय इस्लाम इसमें ख़ासी रैडिकल भूमिका निभा सकता है। इसकी वजह यह है कि वहाबी विचारधारा भारतीय मुसलमानों पर बहुत कम असर डाल पाई है, और इसका कारण हमारे इस्लाम की ऐतिहासिक प्रवृत्तियों में अंतर्निहित है। अगर वहाबियों की चलती तो हमारे मुसलमान हज़रत मुहम्मद

का जन्मदिन ईद-मीलादुब-नबी के रूप में समारोहपूर्वक न मानते। इब्न वहाब का बस चलता तो उन्होंने सऊदी अरब में बना मुहम्मद साहब का मक़बरा ही गिरा दिया होता। वहाबी किसी भी क़िस्म की कब्र या मक़बरा बनाने के ख़िलाफ़ होते हैं। वे ख़ुदा तक पहुँचने के लिए पैगम्बर या किसी सूफ़ी औलिया को मध्यस्थ बनाने की सख़्त मुमानियत करते हैं। वे दरगाहों पर जाने वाले मुसलमानों को क़त्ल करने या लूट लेने को उचित बताते हैं। सऊदी अरब में इब्न वहाब के अनुयायी ऐसे तमाम कुकृत्य कर भी चुके हैं। जिस दिन वहाबियों का भारतीय इस्लाम पर प्रभुत्व हो जाएगा, उस दिन सबसे पहला हमला ताजमहल पर होगा और चिश्तिया सिलसिले की सूफ़ी दरगाहें गिरा देने के फ़तवे दिये जाने लगेंगे। वहाबियों के हाथ में जिस दिन भारतीय मुसलमानों का नेतृत्व पहुँच जाएगा, उस दिन हिंदुस्तानी संगीत के मशहूर उस्तादों के सिर कलम करने के आदेश जारी किये जाएँगे। भारतीय इस्लाम की मुख्य प्रवृत्तियाँ बहावी विचारधारा के बुनियादी रूप से ख़िलाफ़ हैं, इसलिए विश्व-इस्लाम पर हावी होते जा रहे आतंकवाद के ख़िलाफ़ भारत में बहुत बड़ा मोर्चा खुल सकता है। अभी तक आधुनिकता और लोकतंत्र की जो परियोजना इस्लामी समाजों के संदर्भ में नाकाम मानी जाती रही है, उसकी कामयाबी का सिलसिला शुरू करने में हमारे समाज की बहुत बड़ी भूमिका हो सकती है।

IV

आधुनिकता और इस्लाम के बीच जवाब-सवाल

एक बार फिर हमारे सार्वजनिक जीवन में बहस फूट पड़ी है कि हमारी तेज़ी से विकसित होती हुई आधुनिकता और भारतीय मुसलमानों का आपसी रिश्ता इस समय किस क़िस्म का है और आगे चल कर उसे क्या रूप लेना चाहिए। यह एक पेचीदा बहस है, इसलिए इसके आस-पास हमारे जमाने के दानिशमंद कई तरह की कलाबाज़ियाँ खा सकते हैं। पर मुश्किल यह है कि यह बहस विशुद्ध बौद्धिक दायरों में न हो कर रोज़मर्रा के व्यावहारिक जीवन में घटित घटनाओं को केंद्र में रख कर चल रही है। इमराना प्रकरण की याद दिलाते हुए एक बार फिर एक लम्पट श्वसुर ने अपनी पुत्रवधू को वासना का शिकार बनाया है और बजाय इसके कि मुसलमान समाज बलात्कारी को सजा देने की तजवीज़ करे, धर्म के नियंता पति-पत्नी का तलाक़ करवाने में ज़्यादा दिलचस्पी दिखा रहे हैं।

बहस के दो अन्य मुक़ाम फ़ौज में नौकरी करने और अदालत में पेश होने से जुड़े हुए हैं। सवाल उठ रहा है कि क्या भारतीय फ़ौज में नौकरी करने के इच्छुक मुसलमान दाढ़ी रख सकते हैं या नहीं, और क्या कोई मुसलमान वकील अदालत में जज के सामने सफ़ेद गोल टोपी पहन कर अपने मुवक्किल की पैरवी कर सकता है या नहीं? यह तीनों मसले मुसलमान समाज की मौजूदा स्थिति पर एक बेरहम रोशनी डालते हैं। दूसरी तरफ़ इनके कारण उतनी ही बेरहमी से भारतीय आधुनिकता और हमारे उदारतावादी सोच-विचार की सीमाएँ उजागर हो जाती हैं।

यह तर्क आसानी से दिया जा सकता है कि मुसलमान समाज के आधुनिकीकरण का वक़्त अब सिर पर आ गया है। पहले ही काफ़ी देर हो चुकी है और अगर बारह-पंद्रह करोड़ भारतीय मुसलमान आज के जमाने में भी ख़ुद को आधुनिक कसौटियों के मुताबिक़ ढालने से इनकार करते रहे तो वे न केवल अपना नुक़सान करेंगे, बल्कि पूरे राष्ट्र और समाज के आधुनिकीकरण की प्रक्रिया उनकी वजह से धीमी हो जाएगी। पहली नज़र में यह दलील सेकुलर लग सकती है, क्योंकि इसका आग्रह मुसलमान समाज को समान नागरिक संहिता का अंग बनाने का तो है ही, साथ ही इसका ज़ोर यह भी है कि मुसलमानों को वेष-भूषा से संबंधित अलग धार्मिक पहचान छोड़ कर आधुनिक समझे जाने वाले तौर-तरीक़े और पहनावा अपना लेना चाहिए। सेकुलर तर्क और आगे जा कर दावा कर सकता है कि उसकी राय मान लेने से मुसलमानों को फ़ायदा ही फ़ायदा होने वाला है। अगर वे अपने धार्मिक चिह्नों का आग्रह छोड़ कर फ़ौज या अन्य सुरक्षा बलों में ज़्यादा से ज़्यादा संख्या में भर्ती होने की कोशिश करेंगे तो न केवल सशस्त्र सेनाओं और बलों का साम्प्रदायिक संतुलन दुरुस्त होगा, बल्कि ख़ुद मुसलमान समाज में फैली असुरक्षा की भावना कम होगी। इसी तरह अगर मुसलमान उलेमा, उनका लॉ बोर्ड और अन्य संबंधित संस्थाएँ समान नागरिक संहिता पर राज़ी हो जाते हैं तो उससे न केवल मुसलमानों पर लगने वाली सामाजिक अलगाववाद की तोहमत ख़त्म होगी, बल्कि ख़ुद को प्रगतिशील, आधुनिक और स्वाभाविक रूप से सेकुलर कहने वाले अन्य धर्म भी आधुनिकता की कसौटियों पर नये सिरे से कसे जाने की स्थिति में आ जाएँगे। हम जानते हैं कि हिंदू विवाह संहिता के तहत भी स्त्री के अधिकारों का कोई विशेष ख़याल नहीं रखा गया है। जैसे ही मुसलमान अपनी अलग नागरिक संहिता की ज़िद छोड़ कर सेकुलर आग्रह मानने के लिए तैयार होंगे, हिंदू और ईसाई समाज भी समान नागरिक संहिता के सम्भावित प्रभावों को लेकर विचार-मंथन की स्थिति

में आ जाएँगे। इस बहस का नतीजा भारतीय सेकुलरवाद के लिए सम्पूर्णता की वह मंज़िल होगी जिसका इंतज़ार हमारा समाज संविधान निर्माण के जमाने से ही कर रहा है।

पर, इसकी जवाबी दलील भी कम ज़ोरदार और कम सेकुलर नहीं है। इस तर्क के मुताबिक़ संविधानसभा ने जिस दस्तावेज़ को मंजूरी दी थी, उसमें व्यक्ति के लिए ही नहीं, बल्कि समुदायों के लिए भी अधिकारों का प्रावधान है। ऐसा प्रावधान दुनिया के किसी और संविधान में मिलना मुश्किल है। यह उदारतावादी चिंतन की अपनी भारतीय टेक है जिसका सूत्रीकरण हमारे संवैधानिक माता-पिताओं ने समाज की विशिष्ट परिस्थितियों को ध्यान में रख कर किया था। यही विचार सेकुलरवाद को सर्वधर्मसमभाव के रूप में परिभाषित करने के रूप में सामने आया। इसका व्यावहारिक मतलब सभी धर्मों से समान दूरी न हो कर यह उसूल था कि आधुनिक भारतीय राज्य किसी भी धार्मिक समुदाय के जीवन में उतना ही हस्तक्षेप करेगा जितना वह धर्म ख़ुद इजाज़त देता है। इस लिहाज़ से यह तर्क सवाल पूछ सकता है कि क्या भारतीय इस्लाम मुसलमानों को किसी तरह की समान नागरिक संहिता के तहत लाने के लिए अपनी मर्ज़ी से तैयार है? क्या मुसलमानों का समाज अपने सदस्यों को वेषभूषा और तौर-तरीक़ों के मामले में आधुनिकता द्वारा तजवीज़ किये गये पहनावे-उढ़ावे और आचरण-संहिता अपनाने की इजाज़त आसानी से दे देगा? पिछले डेढ़ सौ साल के इतिहास पर नज़र डालने से पता लग सकता है कि मुसलमानों के अपने संगठन अंग्रेज़ सरकार से अपने विवाह क़ानून में तब्दीलियाँ करने की अपील करते रहे हैं। विभाजन की राजनीति के दबाव में ये परम्पराएँ भंग हो गयीं। यानी अगर भारतीय राज्य धैर्यपूर्वक प्रतीक्षा करना जारी रखे तो आने वाले वक़्त में मुसलमान समाज के भीतर से ही अपने धार्मिक मामलों में राज्य के हस्तक्षेप की माँग उठ सकती है और तब बिना किसी नाराज़गी और उथल-पुथल के यह समुदाय भी आधुनिक सुधारों को स्वीकार कर सकता है। दुनिया के कई मुसलमान प्रधान देश इस तरह की तब्दीलियों के दौर से गुज़र चुके हैं।

यही तर्क और आगे जा कर यह भी पूछ सकता है कि क्या आधुनिक और उदारतावादी समझ में किसी ऐसे समुदाय के लिए गुंजाइश नहीं है जो उसके प्रचलित मानकों के मुताबिक़ ख़ुद को बदलने के लिए तैयार न हो? क्या आधुनिकता और उसकी संरचनाओं को इतना संकीर्ण होना चाहिए कि वह उसके सामने सांस्कृतिक समर्पण करने से इनकार करने वाले किसी भी समुदाय और व्यक्ति के साथ परायों जैसा सुलूक करे? क्या आधुनिकता कोई प्रतियोगी धर्म

है जो अन्य धर्मावलम्बियों को अपने रंग में रँगने का अभियान चला रही है? आख़िर भारतीय क़ानून के आधार पर अपने मुवक्किल की पैरवी करने वाला कोई वकील अपने सिर पर धार्मिक प्रतीत होने वाला चिह्न क्यों धारण नहीं कर सकता? क्या कोई न्यायाधीश किसी सिख वकील द्वारा पहनी जाने वाली पगड़ी पर इस तरह की आपत्ति करता है? क्या भारतीय फ़ौज के सभी अंग सिखों की वेषभूषा को स्वीकार नहीं करते? और तो और, सिख सैनिकों के लिए तो मिलिट्री हैलमेट पहनना तक ज़रूरी नहीं है। हर बार ख़ास तौर से मुसलमानों की पहचान ही आधुनिकता और उसकी संरचनाओं की कसौटी पर क्यों कसी जाती है?

इस तर्क-वितर्क से इतना तो साफ़ हो ही जाता है कि समस्या दोनों तरफ़ है। मुसलमान समाज अगर आधुनिक विकास से अलग-थलग रहना चाहता है तो तेज़ी से पश्चिमी क़िस्म की आधुनिकता की तरफ़ बढ़ रहा बृहत्तर भारतीय समाज अब उसके साथ और निभाने के लिए तैयार नहीं है। ख़ुद आधुनिकता का सिद्धांत ऐसे समुदायों और व्यक्तियों को अपने दायरे के बाहर की एक नाख़ुशगवार मौजूदगी ही मान कर चलता है। मुसलमान समाज की बदक़िस्मती यह है कि उसके पास ऐसे प्रवक्ताओं का तक़रीबन अभाव है जो अलगाव के इस वक़्त में आधुनिकता और उसके बीच एक पुल का काम कर सकें। ऐसे प्रवक्तागण समुदाय से बाहर मुसलमानों के अलग रहने और दिखने के अधिकारों को बुलंद करते हुए समुदाय के भीतर उसे अधिक लोकतांत्रिक और समतामूलक बनाने का प्रयास कर सकते थे। अगर मुसलमानों के पास ऐसा दोतरफ़ा संघर्ष चलाने वाले प्रवक्ता होते तो शायद यह अलगाव इतना हाहाकारी प्रतीत नहीं होता, और न ही आधुनिकीकृत हो रहा समाज उसके प्रति अपना धैर्य खोने की स्थिति में पहुँचता।

V

सेकुलर-साम्प्रदायिक विमर्श साँसत में!

मुंबई में हुए आतंकी रक्तपात से पैदा हुए राष्ट्रीय संकट में कुछ ऐसे पहलू भी हैं जिनके बिना पर भारतीय सार्वजनिक जीवन के एक लाइलाज़ मर्ज़ से एक हद तक छुटकारा पाया जा सकता है। एक-दूसरे के ख़िलाफ़ होने के बावजूद एक-दूसरे को पानी देने की भूमिका निभाने वाले सेकुलर और साम्प्रदायिक विमर्शों ने आज़ादी के बाद से ही हमारी राजनीति की तंदुरुस्ती को लगातार साँसत में बनाए रखा है। इन विमर्शों का तीखापन मंद करने की हर कोशिश अभी तक

नाकाम रही है। लेकिन, इस बार सीमा पार से आये हुए दस फ़िदायीन आतंकियों की बंदूकों से निकली गोलियों ने संयोगवश एक ऐसी परिस्थिति पैदा कर दी है जिसका फ़ायदा उठा कर सेकुलर और साम्प्रदायिक का विभाजन ठण्डे बस्ते में डाला जा सकता है। मुंबई की घटनाओं का महत्त्व ऐतिहासिक है। उनके कारण हिंदू जनता और मुसलमान जनता के राजनीतिक मानस ने स्थायी करवट ले ली है। महाराष्ट्र पुलिस के आंतकवाद निरोधक दस्ते (एटीएस) के प्रमुख हेमंत करकरे की शहादत ने हिंदुओं के सचेत हिस्से को संदेश दे दिया है कि मालेगाँव बम कांड में फँसे हुए हिंदुत्ववादी तत्त्व और उनसे हमदर्दी रखने वाला भाजपा-शिवसेना गठजोड़ का रवैया किस तरह राष्ट्रीय हितों के लिए नुक़सानदेह ही हो सकता है। इसी तरह मुसलमानों के सचेत हिस्से को संदेश गया है कि इस्लामिक आतंकवाद से हमदर्दी रख कर वे इक्कीसवीं सदी के भारत में भी अपने हिस्से से उसी तरह वंचित हो जाएँगे जिस तरह बीसवीं सदी में हो गये थे।

अगर मध्यवर्गीय ड्राइंग रूमों में चलने वाले मौखिक विमर्श को गम्भीरता से लिया जाए तो असंतोष और क्षोभ से भरी यह टिप्पणी सुनने को मिल सकती है कि ये न्यूज़ चैनल आख़िर प्रज्ञा ठाकुर सिंह को 'साध्वी' कह कर क्यों सम्बोधित कर रहे हैं। जो औरत अपने साथी षड्यंत्रकारियों से फ़ोन पर यह कहते हुए सुनी जा रही है कि बम ज़्यादा भीड़ भरी जगह पर क्यों नहीं रखा गया, उसे साध्वी कहे जाने की क्या तुक है? इसी तरह 26/11 के बाद इमामों के संगठन द्वारा मारे गये आंतकियों को किसी मुसलमान कब्रिस्तान में जगह न देने का फ़ैसला भी कुछ इसी तरह के तात्पर्यों से सम्पन्न है। ऐसा फ़ैसला शायद ही पहले कभी किया गया हो। मुसलमानों का धार्मिक नेतृत्व यहीं नहीं रुका। उसने ईदुज्जहा के मौक़े पर हर मुसलमान से कहा कि वे बाँह पर शोक की प्रतीक काली पट्टी बाँधें। ईद ख़ुशी का त्योहार है और उस मौक़े पर शोक मनाने की अपील एक धर्मशास्त्रीय हस्तक्षेप है जिसकी अहमियत बहुत गहरी समझी जानी चाहिए। याद नहीं पड़ता कि मुसलमानों के धार्मिक नेतृत्व ने पहले कभी ऐसी अपील की हो। उनके उलेमाओं की सारे देश ने टीवी कार्यक्रमों में बिना किसी हीले-हवाले के कहते हुए सुना है कि 'हम भारतवासियों को' न केवल 'देश के क़ानून को मानना चाहिए, बल्कि देश के क़ानून की भी माननी चाहिए।' यह एक सार्थक भाषा है जिसे बोलने में उलेमागण पहले संकोच करते रहे हैं। कांग्रेस, भाजपा और अन्य राजनीतिक दलों को चाहिए कि वे इन सामाजिक-राजनीतिक संकेतों को कान खोल कर सुनें और उसी के मुताबिक़ अपनी आगे की रणनीति बनाएँ। मानस के धरातल पर आयी इसी तब्दीली के कारण सतही सेकुलरवाद

के नाम पर अपना बौद्धिक करियर बनाने वाला वाचाल तबक़ा भी आज चुप्पी साधे हुए सोच रहा है कि अब उसके पास कहने के लिए नया क्या बचा है। उसे महसूस हो रहा है कि 'सेकुलरवाद ख़तरे में है' जैसे उसके प्रिय नारे का भविष्य उज्ज्वल नहीं रह गया है। दूसरी तरफ़ 'छद्म सेकुलरवाद' को गाली दे कर राष्ट्रवाद का दावा करने वाले हिंदुत्ववादी भी सिटपिटाए हुए हैं। पिछले ढाई दशक में पहली बार उनकी नारेबाज़ी पूरी तरह बेअसर दिख रही है। उनका राष्ट्रवाद समग्र भारतीय राष्ट्रवाद का पर्याय नहीं बन पा रहा है।

हिंदुत्ववादियों की पूरी रणनीति आंतकी हमले के बाद गड़बड़ा गयी है। देश के भीतर मुसलमानों पर निशाना साधने की उनकी पुरानी हथकण्डेबाज़ी फ़िलहाल कारगर नहीं रह गयी है। दरअसल, हिंदुत्ववादियों के राजनीतिक नुमाइंदों की ये परेशानियाँ 'मुम्बई : 26/11' के कुछ पहले से ही शुरू हो गयी थीं। इसका कुछ-कुछ पता पिछले दो महीनों से पहले पार्टी में चल रही उठा-पटक का एक जायज़ा लेने से चल सकता है। इस कलह का चरित्र वैचारिक है जिसके विश्लेषण से उस ज़माने की याद आ जाती है जब गुजरात में अल्पसंख्यकों के नरसंहार की दोषी मोदी सरकार की बर्ख़ास्तगी के सवाल पर अटल बिहारी वाजपेयी और आडवाणी में मतभेद पैदा हो गये थे। ठीक उसी तर्ज़ पर जैसे ही मालेगाँव बम विस्फोटों की जाँच करने वाले आतंकवाद निरोधक दस्ते ने हिंदुत्ववादी राजनीति के उग्रवादी पहलुओं पर पड़े पर्दे उठाने शुरू किये आडवाणी और राजनाथ सिंह के बीच पाला खिंच गया। राजनाथ सिंह ने रैडिकल मुद्रा अख़्तियार की और पूरे नेतृत्व को विश्वास में लिए बिना आतंकवाद पर पार्टी की स्थापित मुद्रा के ख़िलाफ़ जा कर उग्र हिंदुत्ववादियों के प्रति हमदर्दी का प्रदर्शन शुरू कर दिया। ताज्जुब की बात यह थी कि प्रज्ञा ठाकुर सिंह और पुरोहित जैसे तत्त्वों की कार्रवाइयों को संघ परिवार के किसी घटक का सांगठनिक समर्थन प्राप्त नहीं था। ये लोग तो संघ परिवार को कमतर हिंदुत्ववादी मान कर चल रहे थे और उन्होंने संघी नेताओं की हत्या तक की योजना बना रखी थी। इसीलिए भाजपा और विश्व हिंदू परिषद के भीतर इन तत्त्वों के ख़िलाफ़ ख़ासी नाराज़गी थी, और आडवाणी अच्छी तरह जानते थे कि इस तरह की कार्रवाइयाँ बहुसंख्यकवादी लोकतंत्र की स्थापना करने के दूरगामी संघी उद्देश्य को नुकसान पहुँचा सकती हैं। राजनाथ सिंह की इस लाइन के दबाव में आकर आडवाणी को भी अपनी चुप्पी तोड़नी पड़ी। उन जैसे पके हुए नेता ने प्रज्ञा ठाकुर सिंह के अदालती हलफ़नामे का हवाला दे कर जैसे ही हमदर्दी का बयान जारी किया, कांग्रेस ने मौक़ा ताड़ कर पूर्व उपप्रधानमंत्री को घेर लिया। मनमोहन सिंह के

पत्र और फिर राष्ट्रीय सुरक्षा सलाहकार की ब्रीफ़िंग ने आडवाणी को एक बार फिर चुप्पी साधने पर मजबूर कर दिया। लेकिन इस चक्कर में पार्टी का आतंकवाद विरोधी राष्ट्रवाद साँसत में फँस गया।

गुजरात के सवाल पर आडवाणी के दबाव के कारण अटल बिहारी नरेंद्र मोदी को बर्ख़ास्त नहीं कर पाए थे और मालेगाँव के सवाल पर राजनाथ सिंह के के कारण आडवाणी को अपना रुख बदल कर नुक़सान उठाना पड़ा। झण्डेवालान और नागपुर में बैठे संघ के सरबराह भी कुछ नहीं कर पाए। वे करते भी क्या? उस समय भी वे बँटे हुए थे, और इस बार भी उनके बीच एकता की कमी ने भाजपा का नुक़सान किया। भीतर की ख़बर रखने वाले प्रेक्षक जानते हैं कि भाजपा को निर्देश देने वाले सरसंघचालक के अलावा तीन शीर्ष संघी प्रचारकों में से एक आडवाणी समर्थक है और दूसरे का हाथ राजनाथ सिंह की पीठ पर है। तीसरे वरिष्ठ प्रचारक का काम इन दोनों ताक़तों के बीच तालमेल बैठाना रह जाता है। भाजपा जब तक इस हिंदुत्ववादी फेर से नहीं निकलेगी, तब तक वह बार-बार अपनी ही गति को रोकती रहेगी। गुजरात और मालेगाँव से निकली दुविधाओं का संदेश यही है कि संघ ने भारतीय राष्ट्रवाद की जो संकीर्ण परिभाषा उसे थमाई है, उससे वैचारिक संतोष मिल सकता है और कभी-कभी कुछ विशेष परिस्थितियों में फ़ौरी क़िस्म का राजनीतिक फ़ायदा भी हो जाता है। नब्बे के दशक में ऐसा लाभ भाजपा ने उत्तर प्रदेश में उठाया था, 2002 में वही लाभ उसे गुजरात में मिला और अभी हाल ही में इसी आधार पर उसने जम्मू के चुनाव में बढ़त हासिल की। लेकिन, कुल मिला कर व्यापक लक्ष्यों के लिहाज़ से यह संकीर्ण राष्ट्रवाद इस पार्टी को सम्भावना होते हुए भी जड़ता की तरफ़ धकेलता है। भाजपा का स्वर्णकाल वही था जब वाजपेयी और आडवाणी की जुगलबंदी जाने-अनजाने उसे संघ की जकड़बंदी से मुक्त कराने की तरफ़ ले जाने की कोशिश कर रही थी। मुश्किल यह है कि वह ऐतिहासिक अवसर भाजपा के हाथों से निकल चुका है। आडवाणी अकेले पड़ चुके हैं। उन्हें अपना साथ देने के लिए उसी तरह से एक आडवाणी चाहिए जिस तरह कभी वे अटलजी का साथ दिया करते थे। पर आडवाणी को कोई दूसरा आडवाणी मिलने की उम्मीदें केवल ख़्वाबों में ही की जा सकती हैं।

उधर कांग्रेस के भीतर अगर अल्पसंख्यक मामलों के केंद्रीय मंत्री अब्दुल रहमान अंतुले और उनके समर्थकों की चलती तो वे भारतीय राजनीति को दोबारा पुराने सेकुलर-साम्प्रदायिक ख़ानों की क़ैद में बंद कर देते। वे ऐसा नहीं कर पाए तो इसका कारण यही है कि 'मुंबई : 26/11' के बाद आंतकवादी हमलों के

बाद पहले जैसा राजनीतिक विमर्श चलाना मुमकिन नहीं रह गया है। अंतुले ने अपनी तरफ़ से पूरी तैयारी करके मुहिम छेड़ी थी। यदि सरकार के पास कसाब नामक आंतकवादी का क़बूलनामा न होता और आतंकी रक्तपात के कारण भारतीय मानस में आयी तब्दीली कमज़ोर साबित होती तो इस समय तक़रीबन वैसा ही साम्प्रदायिक ध्रुवीकरण हो गया होता जैसा पिछले पच्चीस-तीस साल से बार-बार होता रहा है। चीन के कुछ अख़बारों, पाकिस्तानी मीडिया के एक हिस्से और भारत के उर्दू अख़बारों ने बार-बार यह शक प्रकट करके अनुकूल पृष्ठभूमि बना दी थी कि करकरे की हत्या के पीछे उन हिंदुत्ववादी शक्तियों की भूमिका हो सकती है जिनके ख़िलाफ़ मालेगाँव बम धमाकों के सिलसिले में जाँच चल रही थी। अंतुले को अपनी पार्टी समेत कई राजनीतिक हलक़ों से जैसा समर्थन मिला, वह कान खड़े करने के लिए काफ़ी था। मोटे तौर पर इस समर्थन के पीछे तात्कालिक राजनीतिक नुक़सान रोकने की कांग्रेसी इच्छा काम कर रही थी। देश की यह सबसे पुरानी पार्टी सब कुछ देख सकती है पर अपना वोट बैंक खिसकते नहीं देख सकती। अभी कुछ दिन पहले ही मालेगाँव से कोई पचास-साठ किलोमीटर दूर स्थित धुले में स्थानीय निकाय के निर्वाचन में कांग्रेस की जैसी धुलाई हुई, उसने महाराष्ट्र में पार्टी के रणनीतिकारों को चिंतित कर दिया था। धुले में लगभग तीस फ़ीसदी मुसलमान वोट हैं और वहाँ कांग्रेस का सूपड़ा साफ़ हो गया था। वैसे भी सारे देश में मुसलमान वोट धीरे-धीरे इस पार्टी का दामन छोड़ता जा रहा है। 1967 में यह प्रक्रिया मंद गति से शुरू हुई थी, 1977 में इसने थोड़ी रफ़्तार पकड़ी और 1992 में बाबरी मसजिद ध्वंस के बाद स्पष्ट हो गया कि मुसलमान वोटर कांग्रेस के साथ अपने भविष्य को जोड़ कर देखने के लिए तैयार नहीं हैं। उत्तर प्रदेश में समाजवादी पार्टी और बसपा ने मुसलमान वोट छीन लिए। बिहार में लालू यादव की पार्टी ने यही भूमिका निभायी। अब वहाँ पिछड़े और दलित मुसलमानों के लोकतांत्रिक मोर्चे के हस्तक्षेप ने एक अलग ही तरह की स्थिति पैदा कर दी है।

बाक़ी देश में भी मुसलमानों की संसदीय गोलबंदी अपनी शक्ल-सूरत बदल रही है। असम में मौलाना कासमी के नेतृत्व में जिस तरह से मुसलमान वोटों ने अपनी दावेदारी पेश की, और उसी तर्ज़ पर महाराष्ट्र में जिस तरह से मुसलमानों का मोर्चा गठित होने की स्थिति बन रही है, उससे ज़ाहिर है कि कांग्रेस के हाथ से और ज़्यादा मुसलमान वोट निकलने वाले हैं। इस रोशनी में समझा जा सकता है कि अंतुले को कांग्रेस से ठोकर मार कर क्यों नहीं निकाला गया और सिर्फ़ अपना बयान वापिस करने पर उनकी हरकत को प्रधानमंत्री ने मानवीय ग़लती

कह कर क्यों लीपापोती कर दी। अभी तक होता यह रहा है कि मुसलमानों ने अधिकतर सेकुलर होने का दावा करने वाली पार्टियों को ही अपने वोट दिये हैं और अपनी अलग से पार्टी बनाने से परहेज़ किया है। पर असम में हुई मुसलमान गोलबंदी केरल वाले मॉडल की तरफ़ संकेत कर रही है। केरल अकेला ऐसा प्रांत है जहाँ विभाजन की राजनीति से हुई बदनामी के बावजूद मुस्लिम लीग और उसके धड़े सक्रिय हैं। दिलचस्प बात यह है कि देश के जिन इलाक़ों में मुसलमान पार्टी नहीं रही, वे तो साम्प्रदायिकता की समस्या से आक्रांत बने रहे, पर जहाँ मुसलिम लीग का प्रभाव है उसे मोटे तौर पर हिंदू-मुसलमान तनाव के लिए नहीं जाना जाता। उलटे मुसलिम लीग के धड़े मार्क्सवादी पार्टी और कांग्रेस के साथ सेकुलर गठजोड़ में रहते हैं। इससे ज़ाहिर होता है कि मुसलमानों की धर्मआधारित पार्टी लाज़िमी तौर पर साम्प्रदायिक समस्या का स्रोत नहीं हो सकती। उसके होने या न होने से साम्प्रदायिकता का कोई सीधा संबंध नहीं है। मुसलमानों की अलग से गोलबंदी ऐसे लोकतांत्रिक आधारों पर की जा सकती है जो भले ही प्रत्यक्षतः सेकुलर न लगते हों। यह भी आवश्यक नहीं है कि मुसलमानों की अलग से पार्टी बनने से हिंदुत्ववादी संगठनों को विशेष प्रोत्साहन मिलेगा। ज़्यादा सम्भावना यही है कि उस स्थिति में भी मुसलमान और हिंदू मिल कर केरल की तरह किसी सेकुलर गठजोड़ को ही वोट देते नज़र आएँगे। इन नये घटनाक्रम के आलोक में अगर अगले चुनाव में सेकुलरवाद का मुद्दा कुछ पीछे की सीट पर जाते हुए दिखाई दे, तो हमें ताज्जुब नहीं होना चाहिए।

जो भी हो, परिस्थिति में आया यह परिवर्तन अभी सम्भावनाओं के दौर में ही है। अगर इन सम्भावनाओं की टिकाऊ राजनीतिक अभिव्यक्तियाँ नहीं हुईं और उनके सकारात्मक परिणाम नहीं निकले तो राजनीति एक बार फिर सेकुलर-साम्प्रदायिक विमर्श के चक्कर में फँस सकती है। इसी विमर्श के कारण आज हम मुसलमान समाज से यह कहने की स्थिति में नहीं रह गये हैं कि ग़ैर-मुसलमानों से सेकुलर होने की जायज़ उम्मीद रखने के साथ-साथ उन्हें अपने समुदाय के भीतर सेकुलरीकरण की प्रक्रिया भी चलानी चाहिए। इसी विमर्श के कारण हम हिंदू समाज को आलोचना की यह गोली खिलाने में नाकाम हैं कि बहुसंख्यकों का समाज नैसर्गिक रूप से सेकुलर नहीं है और बहुसंख्यकों की साम्प्रदायिकता को सेकुलरवाद का जामा पहनने की इजाज़त नहीं दी जा सकती। यह विमर्श जितनी जल्दी तिरोहित हो जाए, उतना ही अच्छा है। इस विमर्श से बहुत पेचीदा क़िस्म की मुश्किलें ही पैदा हुई हैं। इसके ख़ात्मे से किसी को नुक़सान नहीं होने वाला।

VI

धर्मांतरण और बहुसंख्यकवाद का खेल

हाल ही में सम्पन्न हुई इतिहासकारों की कांग्रेस में देश के एक अत्यंत प्रतिष्ठित मार्क्सवादी विद्वान ने अपने वक्तव्य में सूफ़ियों को इसलिए आड़े हाथों लिया कि वे स्त्री-स्वतंत्रता के पक्षधर नहीं थे और उनका विमर्श अधिकांशतः मर्दवादी क़िस्म का था। जिस समय इतिहासकार महोदय मध्य युग के सूफ़ी संतों को आधुनिक जेण्डर डिस्कोर्स की कसौटियों पर कसने का शग़ल फ़रमा रहे थे, उसी के आस-पास ओडिशा के आदिवासी बहुल कंधमाल ज़िले में विश्व हिंदू परिषद के आतताइयों ने चर्चों और मिशन दफ़्तरों पर हिंसा और आगज़नी का कहर बरपा कर रखा था। हिस्ट्री कांग्रेस की विशुद्ध बौद्धिक कार्यवाही के इस प्रसंग और ओडिशा के पहाड़ों और जंगलों में खदबदाती हुई साम्प्रदायिकता के बीच संबंध खोज निकालने की कोशिश किसी को भी दूर की कौड़ी लग सकती है। लेकिन, वास्तविकता यह है कि दोनों के बीच एक ठोस सूत्र मौजूद है जिसकी रचना धर्मांतरण की राजनीति के सूफ़ियाना और उदारतावादी पहलुओं से मिल कर होती है। आमतौर से 'पॉलिटिकली करेक्ट इतिहास लेखन' इस हक़ीक़त के नाकाफ़ी बयान का ज़िम्मेदार है कि भारत में सूफ़ियाना प्रोजक्ट भी किस तरह से वह जमीन तैयार करने का एक ज़िम्मेदार है जिस पर आगे चल कर धर्मांतरण और परावर्तन (यानी शुद्धि) की साम्प्रदायिक प्रतियोगिता परवान चढ़ी।

हिस्ट्री कांग्रेस के मंच पर सूफ़ियों की आलोचना जेण्डर डिस्कोर्स की रोशनी में न हो कर दरगाहों से जुड़ी ख़ानकाहों में होने वाली धार्मिक इंजीनियरिंग के संदर्भ में होनी चाहिए थी जहाँ मध्य युग से ही गरीब-गुरबा पनाह लेने और भोजन-पानी मिलने के दौरान इस्लामीकरण की मंद और शांत प्रक्रिया से दो-चार होते रहे हैं। ज़ाहिर है कि सूफ़ियों के मर्दवाद (हालाँकि इस मर्दवाद की कई नरम व्याख्याएँ भी की जा चुकी हैं) से आज के स्त्री-अधिकार आंदोलन पर कोई नुक़सानदेह असर नहीं पड़ रहा है, लेकिन ख़ानकाहों में जो होता रहा है उसके आसपास चलने वाली बहस का साम्प्रदायिक राजनीति से गहरा ताल्लुक़ है। ज्ञान की राजनीति के कुछ पैंतरे भीतर तक मार करते हैं। चोट लगती है, पर समझ में नहीं आता कि दर्द क्यों हो रहा है। मार्क्सवादी-बुद्धिवादी मानस अगर सूफ़ियों को ख़ारिज करना चाहता है तो मध्य युग में धर्म-परिवर्तन के ग़ैर-सरकारी और अ-राजनीतिक दायरों में उनकी भूमिका के बजाय उनके स्त्री

विरोधी वक्तव्यों को उभारना उसे ज़्यादा सुरक्षित लग सकता है। जानबूझ कर चलायी गयी ज्ञान की इसी राजनीति के कारण सूफ़ियों के भारतीय प्रसंग का केवल उदार, प्रेममार्गी और सामासिक हिस्सा ही लोगों के सामने आ पाता है। सेकुलर बुद्धिजीवी पता नहीं, इतिहास की वे तमाम अप्रिय चुनौतियाँ कब क़बूल करेंगे, जिन्हें दरकिनार करने से बहुसंख्यकवाद को पानी मिलने का अंदेशा रहता है।

भारतीय संविधान धार्मिक स्वतंत्रता का अधिकार देता है। इसके मुताबिक़ किसी भी व्यक्ति को अपना धर्म बदलने का पूरा-पूरा अधिकार है। कंधमाल की वारदातों में गुजरात जैसी अल्पसंख्यक विरोधी मुहिमों का अंदेशा देखने वाली मिशनरी और तबलीगी ताक़तें संवैधानिक प्रावधानों के इसी सीधे-सरल तात्पर्य पर ज़ोर देती हैं। वे यह मानने के लिए तैयार नहीं हो सकतीं कि इन्हीं प्रावधानों के दम पर हिंदुत्ववादी धर्मांतरित लोगों को वापिस हिंदू धर्म में लाने का अधिकार ख़ुद को देने में कामयाब हो जाते हैं। दूसरी तरफ़, नयी दिल्ली के दानिशमंदों के बीच इस मुद्दे पर होने वाली बहस पश्चिम द्वारा थमाए गये उदारतावादी सिद्धांतशास्त्र के पेचीदा गलियारों में भटकती रहती है। चूँकि कोई निष्कर्ष नहीं निकल पाता, इसलिए धर्मांतरण और उसके ख़िलाफ़ चलाए जा रहे परावर्तन यानी शुद्धि के आंदोलन से निकलने वाली विकृतियों पर रोशनी डालने के कर्तव्य में बुद्धिजीवीगण विफल होते रहते हैं।

ओडिशा की वारदातों पर हो रही चर्चा की ख़ास बात भी यही है। यहाँ धर्मांतरण की राजनीति उदारतावाद की आड़ में छिपाई जा रही है। हिंदुत्ववादियों द्वारा जलाए गये गिरजाघरों की आग ने आधुनिक, सेकुलर और उदारतावादी नागरिकों में बेचैनी ज़रूर पैदा की है, लेकिन इसका नतीजा केवल पटनायक सरकार की आलोचना तक ही सीमित रह गया है। यह रवैया इस प्रचलित समझ पर आधारित है कि अगर इस सरकार ने समय रहते ईसाई पादरियों की शिकायत पर ध्यान दिया होता तो शायद साम्प्रदायिक शक्तियाँ इस सीमा तक माहौल बिगाड़ने में कामयाब न हो पातीं। अगर चर्चों और मिशन के दफ़्तरों पर तत्परता से पुलिस तैनात कर दी जाती तो वक़्त रहते हिंदुत्ववादियों के इरादों पर पानी फेरा जा सकता था। दिक़्क़त यह है कि ऐसा होने की स्थिति में भी यह आग ज़्यादा से ज़्यादा किसी अगली तारीख़ के लिए स्थगित हो सकती थी। चूँकि हमारा सेकुलर और उदारतावादी ख़ित्ता आगजनी और हिंसा की इन साम्प्रदायिक कार्रवाइयों की जड़ में धर्म-परिवर्तन और उसकी प्रतिक्रिया में पनपी राजनीति देखने के लिए तैयार नहीं है, इसलिए उसे इन वारदातों की दूसरी और तीसरी

क़िश्तें देखने के लिए भी अभिशप्त रहना होगा।

सूफ़ी प्रसंग इस बात का सबूत है कि धर्मांतरण की राजनीति कितनी पुरानी है। हमारे आधुनिक इतिहास पर भी इसका गहरा असर पड़ा है। उपनिवेशवाद विरोधी संघर्ष के दौर में गाँधी को भी इसके विरोध में अपनी राय देनी पड़ी थी। अस्सी के दशक से इसका सीधा रिश्ता वोट की राजनीति से जुड़ गया है। धर्मांतरण के कारण दोनों तरह की (सेकुलर और साम्प्रदायिक) बहुसंख्यकवादी राजनीति परवान चढ़ती है। साम्प्रदायिक रुझान रखने वाली पार्टियाँ इसमें हिंदुओं के अल्पसंख्यक बन जाने का ख़तरा दिखाती हैं। इसीलिए वे धर्मांतरितों के परावर्तन के समर्थन में खड़ी होती हैं। इसी के फलस्वरूप कंधमाल हुआ है और उससे पहले कियोनझार हुआ था। नौ साल पहले कियोनझार के मनोहरपुर गाँव में पादरी स्टेंस और उनके बेटों को ज़िंदा जला दिया गया था। उससे पहले मीनाक्षीपुरम में धर्मपरिवर्तन हुए थे जिसकी प्रतिक्रिया में तक़रीबन मुर्दा पड़ी विश्व हिंदू परिषद में जान पड़ गयी थी। यदि उन धर्मपरिवर्तनों पर हम उसी समय जम कर बहस करके इस निष्कर्ष पर पहुँच जाते कि एक बहु-धार्मिक देश में सामूहिक धर्मांतरण का अभियान उदारतावाद की एंटीथीसिस है तो शायद हम कियोनझार और कंधमाल से बच सकते थे। तब शायद हिंदुत्ववादियों को सेकुलरवाद के प्रचलित रूपों को छद्म साबित करने में इतनी कामयाबी न मिलती और हमारा सार्वजनिक जीवन आज अधिक स्वस्थ होता। बहुसंख्यकवाद की राजनीति का एक सेकुलर चेहरा भी है जिसके तहत कम से कम एक सेकुलर राजनीतिक दल (बहुजन समाज पार्टी) ने अपनी बुनियादी विचारधारा में धर्मांतरण के बाद मुसलमान और ईसाई बने वोटरों को दलितों और अति-शूद्रों के साथ जोड़ने पर विशेष ज़ोर दिया है।

इस सिलसिले में एक सवाल यह भी है कि क्या डॉ. आम्बेडकर द्वारा कराए गये ऐतिहासिक धर्म-परिवर्तन की धर्मप्रचारवादियों द्वारा चलायी गयी मुहिमों से तुलना की जा सकती है? हक़ीक़त यह है कि न हिंदू समाज ने दलितों के बौद्ध हो जाने को कभी ख़तरे के रूप में देखा, और न ही बौद्ध संस्था महाबोधि सभा ने उसे अपने धार्मिक फ़ायदे के रूप में लिया। महाबोधि सभा ने आम्बेडकर को बौद्ध मानने से इनकार कर दिया था और वह आज तक नव-बौद्धों को अपने आगोश में लेने के लिए तैयार नहीं है। धर्म बदलने के ज़रिये दलित समुदाय सहस्राब्दियों के हीनता बोध से छुटकारा पा कर आधुनिक मध्यवर्गीय समाज की मुख्यधारा में आना चाहते थे। धर्मांतरण उनकी यह परियोजना पूरी करने में उम्मीद के मुताबिक़ सफल नहीं हुआ, इसलिए अब दलितों में बौद्ध बनने के प्रति वैसा

उत्साह नहीं दिखाई देता। बौद्ध धर्मांतरण के आयोजन यदा-कदा हो कर यूँ ही गुज़र जाते हैं। हिंदुत्ववादियों के कान कुछ खड़े होते हैं, कुछ रोक-थाम होती है, बौद्ध धर्मांतरण के आयोजन के लिए कुछ मुश्किलें खड़ी की जाती हैं, लेकिन कोई व्यापक हिंदू-प्रतिक्रिया नहीं होती। इसके उलट दलितों और आदिवासियों को ईसाई या मुसलमान बनाने की कोशिश बहुसंख्यक समुदायों के भीतर उसी असुरक्षाग्रस्त मानस की रचना करती हैं जिसे अल्पसंख्यक मनोवृत्ति कहते हैं। बहुसंख्यक अल्पसंख्यकों की तरह सोचने लगते हैं। राष्ट्रीय स्वयंसेवक संघ जैसे संगठनों का प्रभाव बढ़ता चला जाता है।

वैसे भी आम्बेडकर के जमाने के मुक़ाबले आज हमारे पास धर्म-परिवर्तन के सामाजिक फलितार्थों पर नज़र डालने की सुविधा मौजूद है। हम देख सकते हैं कि धर्म-पविर्तन करने वाली निचली जातियों, वंचितों और दरिद्रों के साथ कथित समतामूलक धर्मों के भीतर कैसा सुलूक हुआ। धर्मप्रचारवादियों से यह सवाल पूछा जाना चाहिए कि केरल के सीरियाई क्रिश्चियन (जो ख़ुद को ब्राह्मणों से कम नहीं समझते, और जो दरअसल किसी जमाने में ब्राह्मण ही थे) दलित ईसाइयों को अपने बराबर जगह देने के लिए तैयार क्यों नहीं हैं? यह भेद-भाव केवल वर्गीय नज़रिये से ही नहीं होता, बल्कि इसके पीछे ईसाइयों की अघोषित जातिप्रथा है। इसी जाति प्रथा के कारण निचली जाति के ईसाइयों को अपने अलग चर्च बनाने पड़ते हैं। जहाँ तक भारतीय इस्लाम का सवाल है, अयाज़ (गुलाम) और महमूद (सुलतान) के एक ही सफ़ में खड़े हो कर नमाज़ पढ़ने की दावेदारी इक़बाल की कविताओं तक ही सीमित रह गयी है। मुसलमानों के भीतर भी वही जाति प्रथा अपनी कारगुज़ारियाँ दिखा रही है जिसके कारण हिंदू धर्म की एक विषमतामूलक धर्म के रूप में शिनाख़्त की जाती है। हलालखोरों और लालबेगियों (मुसलमानों में सफ़ाई मज़दूर का पेशा करने वाले) को उनका ख़ुदा उस मसजिद में नहीं मिलता जिसमें शेख़ों, मुगलों, सैयदों और पठानों को मिलता है।

कमज़ोर वर्गों के सामूहिक धर्मपरिवर्तन की मुहिमें किसी भी तरह की वैचारिक कलाबाज़ी के बावजूद मानवाधिकार के उपभोग की श्रेणी में नहीं गिनी जा सकतीं। धर्मप्रचारवादियों और उनके विरोधियों को इनके दूरगामी फलितार्थों की कोई चिंता नहीं है। लेकिन, यह चिंता सेकुलर राष्ट्र के पैरोकारों को होनी चाहिए। अगर वे वास्तव में लोकतंत्र को बहुसंख्यकवादियों के हाथों में जाने से रोकना चाहते हैं तो उन्हें धर्मांतरण और उदारतावाद के भारतीय रिश्तों पर दोबारा सोचने की शुरुआत कर देनी चाहिए। अगर कोई व्यक्ति निजी स्तर पर

धर्मपरिवर्तन के सार्वभौम मानवाधिकार का उपभोग करना चाहता है तो उस पर किसी को कोई आपत्ति नहीं हो सकती। न ही आज तक इस तरह के धर्मपरिवर्तनों पर कोई हंगामा हुआ है। दक्षिण भारतीय और हिंदी फ़िल्मों के यशस्वी संगीतकार अल्लाह रक्खा रहमान पहली पीढ़ी के मुसलमान हैं। उनके माँ-बाप अभी तक हिंदू ही हैं। लेकिन सूफ़ी दर्शन से प्रभावित हो कर धर्मांतरण करने वाले रहमान के ख़िलाफ़ कोई आवाज़ नहीं उठी। इसी तरह मलयालम को प्रसिद्ध लेखिका कमला दास जब अपनी पसंद से मुसलमान बन गयीं और बुर्का पहनने लगीं तो उनके ख़िलाफ़ कोई हिंसा नहीं हुई। बंगाल के इतिहास में तो ब्रह्मबांधव उपाध्याय से शुरू करके ऐसे मशहूर लोगों की लम्बी क़तार है जिनका धर्मपरिवर्तन का निर्णय किसी राजनीतिक हिंसा का कारण नहीं बना। लेकिन जैसे ही कमज़ोर सामाजिक-आर्थिक स्थिति के शिकार समुदायों की सांस्कृतिक दुर्बलता का फ़ायदा उठा कर उनका धर्मपरिवर्तन करने की नियोजित मुहिम चलती है, वैसे ही यह मानवाधिकार संख्याओं के खेल में बदल जाता है। यह जानने के लिए राजनीतिशास्त्र का विद्वान होने की ज़रूरत नहीं है कि इसी खेल से बहुसंख्यकवाद और अल्पसंख्यकवाद निकलता है।

VII

ओसामा की छाया

अमेरिका की नेवी सील कमाण्डो यूनिट द्वारा ओसामा बिन लादेन को पाकिस्तान के एबटाबाद में मार गिराने के बाद ज़्यादातर चर्चा पाक-अमेरिकी संबंधों और पाकिस्तानी राज्य के भविष्य को लेकर की जा रही है। मीडिया और संबंधित विशेषज्ञ इस घटना के भारतीय मुसलमानों से रिश्ते पर बात करने से आमतौर पर क़तरा रहे हैं। इलेक्ट्रॉनिक मीडिया पर आयोजित बहसों में पगड़ी और चोगाधारी उलेमाओं को बुला कर खड़ा कर दिया जाता है और फिर उनसे इस्लाम और आतंकवाद के अंतर्सबंधों पर रटे-रटाए सवाल पूछे जाते हैं। यह नज़ारा देख कर ऐसा लगता है कि जैसे भारतीय मुसलमानों का नागरिक और राजनीतिक वजूद उनके धर्मशास्त्रियों में ही निहित हो। असलियत यह है कि भारतीय मुसलमान और उनकी राजनीति कई बार अपने धार्मिक नेताओं के प्रभाव से आज़ाद होने का सबूत देती रही है। एक राष्ट्र-राज्य के रूप में पाकिस्तान की मौजूदा स्थिति और आतंकवाद के सरगना के रूप में ओसामा की मौत के नये परिप्रेक्ष्य में देश

के सबसे बड़े अल्पसंख्यक समूह पर पड़ने वाले असर के गम्भीर अध्ययन का एजेंडा आज की सबसे बड़ी ज़रूरत है।

एबटाबाद पर अमेरिका के खुफ़िया हमले के भारतीय फलितार्थों का आकलन मोटे तौर पर चार तरीक़ों से किया जा सकता है। पहला, आम भारतीय मुसलमान ने इसे किस तरह से ग्रहण किया। यहाँ 'आम मुसलमान' को परिभाषित करना ज़रूरी है। इस आम मुसलमान को मुख्यत: ग्रामीण और क़स्बाई बाशिंदा मान कर चलना चाहिए जो मुख्यत: रोज़ी-रोटी की जद्दोजहद में उलझा हुआ है। सामाजिक दर्जे के रूप में इसे पसमांदा यानी पिछड़े-दलित मुसलमानों की श्रेणी में रखा जाएगा। दूसरा, ख़ास भारतीय मुसलमानों की निगाह में इस घटना के क्या मायने हैं। ये ख़ास मुसलमान ऊँची जाति यानी शुरफ़ा तबक़े के पढ़े-लिखे, शहरी, कमाऊ नौकरियाँ और धंधे करने वाले हैं। इन्हें देश-दुनिया के घटनाक्रम की पूरी जानकारी रहती है और अपनी रोज़मर्रा की निजी बातचीत में पान-इस्लामिज़्म की परिघटना पर इनकी टीका-टिप्पणियाँ चलती रहती हैं। मुसलमानों के बीच मौजूद एक मुखर सेकुलर तबक़ा इसी श्रेणी से आता है। धीरे-धीरे इस प्रकार के मुसलमानों की वर्गीय संरचना में पसमांदा मुसलमानों की मलाईदार परत के कुछ प्रतिनिधि भी जगह पाने लगे हैं लेकिन अभी उनकी संख्या कुछ कम है। तीसरा, मुसलमानों का वह राजनीतिक नेतृत्व ओसामा प्रसंग को किस प्रकार ग्रहण कर रहा है जो संसदीय राजनीति में लगा हुआ है। ऐसे राजनीतिकृत मुसलमान देश की सभी पार्टियों में मौजूद हैं। दिलचस्प बात यह है कि कांग्रेसी हों, भाजपाई हों या सपा और बसपा की राजनीति के साये में पनपने वाले मुसलमान हों, उनका मानस एक ही तरीक़े से चलता है। उनकी पार्टियाँ अलग-अलग इसलिए हैं क्योंकि उनके ज़रिये उन्हें विभिन्न तरह के अवसर मिलते हैं। चौथा, मुसलमान नेताओं के उस छोटे से हिस्से की एबटाबाद काण्ड पर प्रतिक्रिया क्या है जो किसी न किसी रूप में पान-इस्लामिक राजनीति के संदेशों को आत्मसात कर चुका है।

ओसामा बिन लादेन के संदर्भ में मुसलमानों को चार भागों में बाँट कर देखने की इस तजवीज़ से स्पष्ट है कि भारतीय मुसलमान कोई इकहरी और एकरंगी शै नहीं हैं। विभाजन के बाद नेहरूवादी प्रभाव में पनपे राजनीतिक विमर्श में उन्हें एकाश्म समुदाय मानने की भूल की गयी थी जिसके नतीजे न मुसलमानों के लिए अच्छे साबित हुए और न ही समग्र भारतीय समाज के लिए। हालाँकि विश्लेषण की एक श्रेणी के रूप में अब मुसलमानों को विभेदित दृष्टि से देखा जाने लगा है, पर चलताऊ टिप्पणियों में आज भी सारे मुसलमानों को एक ही

पलड़े में तौल दिया जाता है। लेकिन लादेन का मसला बहुत नाज़ुक है, इसलिए विभेदीकरण की पेचीदगी से गुज़रना ही होगा।

इसमें कोई शक नहीं कि पहली श्रेणी मुसलमान ही बहुसंख्यक हैं और इसमें भी कोई शक नहीं है कि उनका पान-इस्लामिज़्म या उस पर आधारित आतंकवादी तहरीकों से कोई सुपरिभाषित रिश्ता नहीं माना जा सकता। यह मुसलमान जनता भारतीय राज्य, राजनीति और स्थानीय परिस्थितियों के दायरे में सोचती और सक्रिय रहती है। इन लोगों की धार्मिक परम्परानिष्ठता का दोहन करके उन्हें पल भर के लिए भरमाया तो जा सकता है, पर दीर्घकालीन में इन सबका आचरण वैसा ही है जैसा किसी भी अन्य भारतीय का हो सकता है। इन लोगों के लिए ओसामा बिन लादेन एक दूरस्थ अजूबा ही हो सकता है। अल जज़ीरा चैनल पर दिखाया जाने वाला ओसामा न तो इन लोगों की भाषा बोलता है, और न ही इनके फ़ौरी या दूरगामी हितों को स्पर्श करता है। दूसरी श्रेणी के उच्चवर्गीय मुसलमान अल्पसंख्यक हैं। जैसा कि हमें पता है इनका एक छोटा और मोटे तौर पर अंग्रेज़ीदाँ हिस्सा सेकुलर है। यह सेकुलर हिस्सा समेत उनका बड़ा हिस्सा भारतीय राज्य और लोकतंत्र में अपना दाँव लगा चुका है। उनके हित और उनकी बहबूदी के सूत्र भारत के साथ बँधे हुए हैं। बातें वह कैसी भी करे और अखिल-इस्लामिज़्म द्वारा दिये गये इस्लामिक पुनरुत्थान के तत्त्वों के प्रति उनमें कैसा भी आकर्षण हो, ऐसे ज़मीनी हालात नहीं दिखाई दे रहे हैं जिनके तहत वह भारतीय राष्ट्रवाद के सर्वसमावेशी दायरे से बाहर अपना मुक़ाम खोजने के लिए जा सके। तीसरी श्रेणी मुसलमानों के संसदीय नेतृत्व की है। इस तबक़े के ज़्यादातर लोग साठ के दशक के बाद हुई भारतीय राजनीति की पैदाइश हैं। इसने रामजन्मभूमि आंदोलन और बाबरी-ध्वंस को झेला है। इसकी सहनशीलता और लचीलापन ग़ज़ब का है। पिछले चालीस साल में इस राजनीतिकृत समुदाय ने समझ लिया है कि किसी पार्टी और नेता की जेब में पड़े रहना उसके हित में नहीं है। इस नेतृत्व ने लेन-देन और समझौते का बेहतरीन राजनीतिक कौशल विकसित कर लिया है। इसलिए ओसामा प्रसंग पर चुप रहना या हिसाब-किताब लगा कर बोलने को उसकी रणनीति समझना चाहिए।

चौथी श्रेणी ही ऐसी है जिसका आचरण न केवल संदिग्ध है, बल्कि आपत्तिजनक भी है। कट्टरपंथी संगठनों से खुले तौर पर जुड़े लोग तो सार्वजनिक वक्तव्य जारी करते नहीं, पर कश्मीर में चल रही अलगाववादी मुहिम के नेताओं की कारगुज़ारियों ने इसे स्पष्ट कर दिया है। ये अलगाववादी ओसामा की मौत पर शोक का इज़हार भी कर रहे हैं और साथ में कश्मीरी

पण्डितों को वापिस बुलाने की अपीलें भी जारी कर रहे हैं। इन अपीलों पर कोई पण्डित कभी यक़ीन नहीं कर सकता। ओसामा और उसके आतंकवादी साम्राज्य को हमदर्दी और समर्थन की निगाह से देखने वाला मुसलमान नेताओं का यह बहुत छोटा सा तबक़ा कुछ इस अंदाज़ से बोलता है कि जैसे देश के सारे मुसलमानों का प्रतिनिधित्व कर रहा हो। लेकिन हम जानते हैं कि आम और ख़ास मुसलमानों का उससे वास्ता न के बराबर ही है। यह संतोष का विषय है कि भारतीय मुसलमान अखिल-इस्लामाबाद और उसके गर्भ से उपजे आतंकवाद से काफ़ी दूर हैं।

अनुक्रमणिका